马克思主义理论研究
和建设工程重点教材

国际公法学
（第二版）

《国际公法学》编写组

主　编　曾令良

副主编　江国青　周忠海

主要成员

（以姓氏笔画为序）

邓　烈　白桂梅　朱文奇

李寿平　杨泽伟　何志鹏

余敏友　赵建文　黄　瑶

高等教育出版社·北京

二维码资源访问

使用微信扫描本书内的二维码,输入封底防伪二维码下的20位数字,进行微信绑定,即可免费访问相关资源。注意:微信绑定只可操作一次,为避免不必要的损失,请您刮开防伪码后立即进行绑定操作!

教学课件下载

本书有配套教学课件,供教师免费下载使用,请访问 xuanshu.hep.com.cn,经注册认证后,搜索书名进入具体图书页面,即可下载。

图书在版编目(CIP)数据

国际公法学/《国际公法学》编写组编. -- 2版. -- 北京:高等教育出版社,2018.8(2019.8重印)
马克思主义理论研究和建设工程重点教材
ISBN 978-7-04-050115-5

Ⅰ.①国… Ⅱ.①国… Ⅲ.①国际公法-高等学校-教材 Ⅳ.①D99

中国版本图书馆 CIP 数据核字(2018)第157344号

| 责任编辑 | 姜 洁 | 封面设计 | 王 鹏 | 版式设计 | 于 婕 |
| 责任校对 | 李大鹏 | 责任印制 | 毛斯璐 | | |

出版发行	高等教育出版社	网　　址	http://www.hep.edu.cn
社　　址	北京市西城区德外大街4号		http://www.hep.com.cn
邮政编码	100120	网上订购	http://www.hepmall.com.cn
印　　刷	高教社(天津)印务有限公司		http://www.hepmall.com
开　　本	787mm×1092mm　1/16		http://www.hepmall.cn
印　　张	28.5	版　　次	2016年10月第1版
字　　数	530千字		2018年8月第2版
购书热线	010-58581118	印　　次	2019年8月第5次印刷
咨询电话	400-810-0598	定　　价	54.50元

本书如有缺页、倒页、脱页等质量问题,请到所购图书销售部门联系调换
版权所有　侵权必究
物 料 号　50115-00

目 录

绪 论 ·· 1
  第一节 国际法的重要性与国际法学研究的对象和方法 ···················· 1
    一、国际法的地位与作用 ·· 1
    二、国际法学研究的对象与范围 ·· 3
    三、学习和研究国际法的理论指针和基本方法 ······························ 4
  第二节 马克思主义经典作家对国际法的贡献 ······································ 7
    一、马克思、恩格斯的国际法观点 ·· 7
    二、列宁的国际法立场 ·· 10
  第三节 中国国际法学的形成与发展 ·· 11
    一、新中国成立之前的中国国际法学 ·· 11
    二、新中国成立之后的中国国际法学 ·· 13
    三、新时代中国国际法观念的提升与创新 ·································· 19

第一章 国际法的性质与发展 ·· 24
  第一节 国际法的概念与特征 ·· 24
    一、国际法的名称与定义 ·· 24
    二、国际法与国际关系、国际政治 ··· 25
    三、国际法的性质与特征 ·· 25
    四、国际法效力的根据与范围 ··· 28
  第二节 国际法的形成与发展 ·· 32
    一、古代社会及中世纪的国际法 ··· 32
    二、近代国际法的产生与发展 ··· 33
    三、现代国际法的发展 ·· 35
    四、当代国际法的趋势与挑战 ··· 39
  第三节 中国与国际法 ·· 41
    一、中国古代国际法的遗迹 ·· 41
    二、近代国际法输入中国 ·· 41
    三、中国与20世纪上半叶的国际法 ··· 42
    四、新中国对现代国际法的贡献 ··· 43

第二章 国际法的渊源 ·· 47

第一节　国际法渊源的内涵与类别 ……………………………………… 47
一、国际法渊源的内涵 ………………………………………………… 47
二、国际条约 …………………………………………………………… 48
三、国际习惯 …………………………………………………………… 49
四、一般法律原则 ……………………………………………………… 51
五、司法判例 …………………………………………………………… 52
六、公法学家的学说 …………………………………………………… 53
七、国际组织的决议 …………………………………………………… 54
八、单边行为在国际法上的意义 ……………………………………… 54

第二节　国际法渊源的位阶与强行法 …………………………………… 55
一、国际法渊源的位阶 ………………………………………………… 55
二、国际强行法 ………………………………………………………… 56

第三节　国际法的编纂 …………………………………………………… 58
一、国际法编纂的含义与类型 ………………………………………… 58
二、联合国编纂国际法的活动 ………………………………………… 60

第三章　国际法与国内法的关系 …………………………………………… 64

第一节　国际法与国内法关系的学说 …………………………………… 64
一、一元论 ……………………………………………………………… 64
二、二元论 ……………………………………………………………… 66
三、协调论 ……………………………………………………………… 67

第二节　国际法在国内的适用 …………………………………………… 68
一、国际法在国内适用的方式 ………………………………………… 68
二、国际法与国内法的冲突及其解决 ………………………………… 71
三、国际法在中国的适用 ……………………………………………… 74

第三节　国内法对国际法的影响 ………………………………………… 78
一、国内法对国际法实体规则的影响 ………………………………… 78
二、国内法对国际法程序规则的影响 ………………………………… 79

第四章　国际法基本原则 …………………………………………………… 81

第一节　概述 ……………………………………………………………… 81
一、国际法基本原则的概念与特征 …………………………………… 81
二、国际法基本原则的形成与发展 …………………………………… 82
三、和平共处五项原则的地位与贡献 ………………………………… 86

第二节　国际法基本原则的主要内容 ································ 89
一、国家主权平等原则 ·· 89
二、禁止以武力相威胁或使用武力原则 ··························· 90
三、和平解决国际争端原则 ·· 92
四、不干涉内政原则 ··· 93
五、善意履行国际义务原则 ·· 95
六、民族自决原则 ·· 96
七、国际合作原则 ·· 98
八、保护基本人权原则 ·· 100

第五章　国际法的主体 ··· 102
第一节　概述 ·· 102
一、国际法主体的概念 ·· 102
二、国际法主体的范围 ·· 103
第二节　国际法主体的种类 ··· 105
一、国家的国际法主体资格 ······································· 105
二、国际组织的国际法主体资格 ································· 106
三、争取独立民族的国际法主体资格 ·························· 109
第三节　个人的国际法地位问题 ····································· 110
一、自然人作为国际法的主体问题 ······························ 110
二、法人作为国际法的主体问题 ································· 112

第六章　国际法上的国家 ·· 115
第一节　国家的要素与类型 ··· 115
一、国际法上国家的构成要素 ···································· 115
二、国家的类型 ··· 116
第二节　国家的基本权利与义务 ····································· 118
一、独立权 ··· 119
二、平等权 ··· 119
三、自卫权 ··· 120
四、管辖权 ··· 121
第三节　国家豁免 ··· 125
一、国家豁免的概念 ··· 125
二、国家豁免原则的发展 ··· 126

三、国家豁免的主体……128
　　　四、不得援引国家豁免的诉讼……129
　　　五、国家豁免权的放弃……130
　第四节　国际法上的承认……131
　　　一、承认的概念与方式……131
　　　二、国家承认……132
　　　三、政府承认……134
　第五节　国际法上的继承……136
　　　一、国际法上继承的概念……136
　　　二、国家继承……137
　　　三、政府继承……140

第七章　国际组织法……144
　第一节　概述……144
　　　一、国际组织的概念与特征……144
　　　二、国际组织的类型……146
　　　三、国际组织法的基本内容……148
　第二节　国际组织的一般法律制度……150
　　　一、国际组织的章程……150
　　　二、国际组织的成员资格……150
　　　三、国际组织的组织结构与职权……152
　　　四、国际组织的议事规则……154
　第三节　联合国及其法律制度……156
　　　一、联合国概述……156
　　　二、联合国的宗旨与原则……157
　　　三、联合国的会员国……158
　　　四、联合国的主要机关及其职权……159
　第四节　专门性国际组织及其法律制度……165
　　　一、概述……165
　　　二、专门性国际组织的基本体制……166
　　　三、联合国专门机构……167
　第五节　区域性国际组织及其法律制度……168
　　　一、区域性国际组织的建立与发展……168
　　　二、区域性国际组织的基本特征……169

三、区域性国际组织与全球性国际组织的法律关系 ……………… 169
第六节 中国与国际组织 ……………………………………………………… 170
　　一、中国与联合国 ………………………………………………… 170
　　二、中国与专门性国际组织 ……………………………………… 173
　　三、中国与区域性国际组织 ……………………………………… 174

第八章　国际法上的个人 …………………………………………………… 180
第一节　个人的国籍 ……………………………………………………… 180
　　一、国籍的概念及意义 …………………………………………… 180
　　二、国籍的取得与丧失 …………………………………………… 181
　　三、国籍的抵触（冲突）及其解决 ……………………………… 184
　　四、中国的国籍法 ………………………………………………… 186
第二节　外国人的法律地位与待遇 ……………………………………… 188
　　一、外国人的概念与法律地位 …………………………………… 188
　　二、外国人待遇的一般原则 ……………………………………… 189
　　三、外交保护 ……………………………………………………… 191
　　四、中国对外国人的管理制度 …………………………………… 193
第三节　引渡和庇护 ……………………………………………………… 195
　　一、引渡 …………………………………………………………… 195
　　二、庇护 …………………………………………………………… 198
第四节　难民 ……………………………………………………………… 200
　　一、难民和国际难民法的概念 …………………………………… 200
　　二、难民身份的确定 ……………………………………………… 201
　　三、难民的法律地位 ……………………………………………… 202
　　四、中国保护难民的基本立场和实践 …………………………… 203

第九章　国际人权法 ………………………………………………………… 205
第一节　概述 ……………………………………………………………… 205
　　一、国际人权法的概念 …………………………………………… 205
　　二、国际人权法的形成与发展 …………………………………… 207
　　三、国际人权法的渊源 …………………………………………… 209
第二节　国际人权法保护的对象与范围 ………………………………… 211
　　一、国际人权法保护的对象 ……………………………………… 211
　　二、国际人权法保护的权利范围与类型 ………………………… 212

三、关于和平权问题……………………………………………………213
　　　四、关于发展权问题……………………………………………………214
　　　五、关于环境权问题……………………………………………………216
　第三节　国际人权保护的监督机制……………………………………………217
　　　一、国际监督机制………………………………………………………217
　　　二、国内监督机制………………………………………………………222
　第四节　中国关于人权问题的基本立场与实践………………………………225
　　　一、中国关于人权问题的基本立场……………………………………225
　　　二、中国积极践行人权保护的努力与成就……………………………226

第十章　国家领土法……………………………………………………………230
　第一节　国家领土的概念与构成………………………………………………230
　　　一、国家领土的概念……………………………………………………230
　　　二、国家领土的构成……………………………………………………230
　第二节　领土的取得与变更……………………………………………………232
　　　一、传统国际法取得领土的方式………………………………………232
　　　二、现代国际法变更领土的方式………………………………………234
　　　三、领土争端及其解决…………………………………………………235
　第三节　领土主权及其限制……………………………………………………236
　　　一、领土主权……………………………………………………………236
　　　二、对领土主权的限制…………………………………………………236
　第四节　边界和边境制度………………………………………………………238
　　　一、边界的形成与划分…………………………………………………238
　　　二、边境制度……………………………………………………………239
　　　三、中国的边界现状……………………………………………………239
　第五节　南极和北极……………………………………………………………240
　　　一、南极的法律地位……………………………………………………240
　　　二、北极的法律地位……………………………………………………242

第十一章　国际海洋法…………………………………………………………245
　第一节　国际海洋法的发展……………………………………………………245
　　　一、海洋的重要性………………………………………………………245
　　　二、国际海洋法的概念…………………………………………………246
　　　三、国际海洋法的编纂与发展…………………………………………246

  第二节　领海与毗连区 249
    一、领海的概念与法律地位 249
    二、领海基线与领海宽度 250
    三、海岸相向或相邻国家间领海界限的划定 252
    四、毗连区制度 252
    五、中国的领海与毗连区法 253
  第三节　专属经济区 254
    一、专属经济区概念的形成 254
    二、专属经济区的法律地位 254
    三、专属经济区的法律制度 255
    四、中国的专属经济区制度 256
  第四节　大陆架制度 256
    一、大陆架的概念 256
    二、大陆架的法律地位 257
    三、相邻或相向国家间大陆架的划界问题 258
    四、中国的大陆架制度 259
  第五节　用于国际航行的海峡及群岛水域 260
    一、用于国际通行的海峡与过境通行制度 260
    二、群岛与群岛国 261
    三、南海诸岛、钓鱼岛的法律地位 263
  第六节　公海 265
    一、公海的概念与法律地位 265
    二、公海的法律制度 266
  第七节　国际海底区域制度 267
    一、国际海底区域的概念及其意义 267
    二、国际海底区域的法律地位 268
    三、国际海底区域的开发与管理制度 268
    四、关于执行《联合国海洋法公约》第十一部分的协定 269

第十二章　空间法 271
  第一节　概述 271
  第二节　空气空间法 272
    一、空气空间法的法律渊源 272
    二、空气空间的法律地位 273

三、国际民用航空运输法律制度……274
　　四、国际航空安保法律制度……276
　　五、中国的航空法律制度……278
第三节　外层空间法……279
　　一、外层空间法的法律渊源……279
　　二、外层空间的法律地位……280
　　三、外层空间的基本法律制度……281
　　四、中国的外层空间立法……286

第十三章　条约法……289

第一节　概述……289
　　一、条约的概念与特征……289
　　二、条约的名称与种类……289
　　三、条约法的编纂……291
第二节　条约的缔结……291
　　一、缔约权能……291
　　二、缔约程序……293
　　三、条约的加入……295
　　四、条约的保管、登记与公布……296
　　五、中国的缔结条约程序法……296
第三节　条约的保留……297
　　一、条约保留的定义……297
　　二、条约保留的范围……298
　　三、条约保留的接受与反对及其法律效果……298
　　四、条约保留的程序……300
第四节　条约的生效与暂时适用……300
　　一、条约的生效……300
　　二、条约的暂时适用……300
　　三、条约的有效期……301
第五节　条约的遵守与适用……301
　　一、条约必须遵守……301
　　二、条约的适用……302
第六节　条约与第三方……303
　　一、条约的相对效力原则……303

二、条约为第三方创设权利…………………………………………… 304
　　三、条约为第三方创设义务…………………………………………… 304
第七节　条约的解释………………………………………………………… 304
　　一、条约解释的含义…………………………………………………… 304
　　二、条约解释的主体…………………………………………………… 304
　　三、条约解释的原则与基本方法……………………………………… 305
第八节　条约的修订、终止与无效………………………………………… 306
　　一、条约的修订………………………………………………………… 306
　　二、条约的无效………………………………………………………… 307
　　三、条约的终止及暂停施行…………………………………………… 309

第十四章　外交与领事关系法…………………………………………… 313
第一节　概述………………………………………………………………… 313
　　一、外交与外交关系…………………………………………………… 313
　　二、外交关系法的编纂与发展………………………………………… 314
第二节　外交关系机关与外交人员………………………………………… 314
　　一、国内外交机关……………………………………………………… 315
　　二、外交代表机关……………………………………………………… 316
　　三、特别使团…………………………………………………………… 319
　　四、外交团……………………………………………………………… 320
　　五、外交代表职务的终止……………………………………………… 321
第三节　外交特权与豁免…………………………………………………… 321
　　一、外交特权与豁免的根据…………………………………………… 321
　　二、使馆的特权与豁免………………………………………………… 322
　　三、使馆人员的特权与豁免…………………………………………… 323
　　四、特别使团及其人员的特权与豁免………………………………… 326
　　五、外交代表机关及其人员对接受国的义务………………………… 328
　　六、防止和惩处侵害应受国际保护人员……………………………… 329
第四节　领事关系法………………………………………………………… 331
　　一、领事关系法的编纂………………………………………………… 331
　　二、领事关系的建立与领馆的设立…………………………………… 332
　　三、领事职务…………………………………………………………… 333
　　四、领馆人员…………………………………………………………… 333
　　五、领事特权与豁免…………………………………………………… 335

六、领馆及其人员对接受国的义务 337
　第五节　中国关于外交与领事工作的立法和制度 337
　　　一、中华人民共和国外交特权与豁免条例 337
　　　二、中华人民共和国领事特权与豁免条例 339
　　　三、中华人民共和国驻外外交人员法 340
　　　四、有关领事保护与协助工作的法律制度 342

第十五章　国际责任法 345
　第一节　概述 345
　　　一、国际责任的概念 345
　　　二、联合国框架下有关国际责任的编纂活动 346
　　　三、国际责任制度的新发展 347
　第二节　国际不法行为的责任 349
　　　一、国际不法行为责任的概念 349
　　　二、国际不法行为责任的构成要件 349
　　　三、国际不法行为责任的免责事由 351
　　　四、国际不法行为的责任形式 353
　第三节　国际法不加禁止行为造成损害性后果的国际责任 355
　　　一、国际法不加禁止行为造成损害性后果的国际责任的概念及适用范围 355
　　　二、国际法不加禁止行为造成损害性后果的国际责任的构成要件 358
　　　三、国际法不加禁止行为造成损害性后果的国际责任的形式 358

第十六章　国际争端解决法 360
　第一节　国际争端的特征与类型 360
　　　一、国际争端的概念与特征 360
　　　二、国际争端的类型 361
　　　三、解决国际争端的方法 362
　第二节　国际争端的政治解决方法 363
　　　一、谈判与协商 363
　　　二、斡旋与调停 364
　　　三、其他方法 364
　第三节　国际争端的法律解决方法 366
　　　一、仲裁 366

二、司法或准司法方法 368
第四节　中国解决国际争端的立场与实践 373
　　一、一贯坚持和平解决国际争端 373
　　二、坚持协商与谈判为首选方法 374
　　三、不排除法律方法或准司法方法 375

第十七章　国际刑法 378
　第一节　概述 378
　　一、国际刑法的概念与特征 378
　　二、国际刑事司法机构 381
　第二节　国际刑法的基本原则 389
　　一、国家主权原则 390
　　二、合法性原则 391
　　三、司法公正原则 393
　　四、被告的人权保障原则 393
　第三节　国际罪行 394
　　一、种族灭绝罪 394
　　二、反人道罪 395
　　三、战争罪 397
　　四、侵略罪 398
　第四节　国际刑事责任的原则 399
　　一、个人刑事责任 399
　　二、指挥官责任 401
　　三、官方身份不免责 402
　　四、执行命令引起的刑事责任 404

第十八章　国际人道法 406
　第一节　概述 406
　　一、基本概念 406
　　二、形成与发展 407
　第二节　国际人道法的适用范围与特点 409
　　一、适用范围 409
　　二、基本特点 410
　第三节　对战争受难者的保护 415

一、保护体系的形成…………………………………………………… 415
　　二、保护体系的基本原则……………………………………………… 417
　　三、保护体系的内容及范围…………………………………………… 418
第四节　对作战手段和方法的限制………………………………………… 420
　　一、区分原则…………………………………………………………… 420
　　二、避免不必要痛苦原则……………………………………………… 421
　　三、比例原则…………………………………………………………… 422
第五节　战俘待遇…………………………………………………………… 423
　　一、战斗员地位的基本定义…………………………………………… 423
　　二、战俘的权利与义务………………………………………………… 424
　　三、反恐及战俘的最新发展…………………………………………… 426

阅读文献……………………………………………………………………… 429
国际机构译名对照表………………………………………………………… 433
人名译名对照表……………………………………………………………… 437

后　　记……………………………………………………………………… 440

第二版后记…………………………………………………………………… 441

绪　　论

第一节　国际法的重要性与国际法学研究的对象和方法

一、国际法的地位与作用

长期以来，国际法，即国际公法，在国家和社会生活中的地位与作用往往被忽略。历史上，甚至还存在对国际法的否定论或怀疑论。究其原因，一是国际法本身相对于国内法具有一定的特殊性，二是普通大众对于国际法有一定的距离感。谈到法律，人们会自觉地联系到刑法、民法、商法等国内法，因为它们表现为书面的法律文件，有明确的文字表述，而且具有强制性的约束力，违者要接受相应的制裁（惩罚）。相比之下，国际法中有些规则，不是成文的，表现为国际习惯，而且国际法没有国内法那样的强制力，尤其是"冷战"结束以来一些重大的国际事件，如科索沃战争、伊拉克战争、北约轰炸中国驻前南使馆、伊朗核危机、朝鲜核试验、马航客机被炸等，给人们的印象是，国际法似乎起不了什么作用。更重要的是，国内法与人们的生活和工作紧密相连，"接地气"。而在普通大众的脑海里，很少有国际法的概念，认为国际法"高高在上"，是有关国家和国际社会的事情，与个人的工作和生活似乎没有多大的直接联系。

的确，与国内法相比，作为主要规制国家间关系的国际法在诸多方面具有特殊性（详见本书第一章第一节）。例如，国际社会没有统一的立法、执法和司法体系；国际法渊源除了成文的条约之外，还有大量不成文的国际习惯；国际法除了硬法规范之外，更有大量的软法形式的渊源；等等。但是，国际法属于具有约束力和一定强制力的法，则是毋庸置疑的事实。

就像国内社会经常有犯罪行为的发生，但不能因此否定国家刑法的存在和重要性一样，我们不能因国际社会中严重违反国际法的行为没有得到及时和应有的惩罚而否定国际法的存在和重要性。国际法，作为国际社会成员必须遵守的行为规范，在调整国际关系、指引国家治国理政和促进人民生活及福祉等方面发挥着不可或缺的重要作用。

首先，国际法是国家自身生存与发展的需要。当今和未来的世界，国家间相互依存不断增强，全球化日益扩展且不断深化。在这种趋势下，没有任何一个国家能独善其身，仅仅依靠自力更生实现国富民强。这是因为：一国的稳定与安全离不开其所在的区域和整个世界的和平与安全；一国的经济发展离不开区域和全球贸易与投资的持续增长和长期稳定的金融秩序；一国的社会发展（如保护环境、维护人权、网络安全等）离不开这些领域中区域和全球机制的建立与有效运作。

一言以蔽之，一个国家的治国理政，离不开依照国际法建立的国际政治、经济和社会秩序。

"冷战"结束后的事实证明，如果一个国家的治国理政遵守国际法，顺应国际法治要求，该国不仅能获得持久的和平与安全，还能保持经济社会的持续发展，并在国际上建立起良好的声誉，成为维护国际和平与安全可靠的中坚力量。中国改革开放40年来所取得的辉煌成就和为世界和平与发展所作出的巨大贡献就是最好的正面范例。与之相反，如果一个国家的政策我行我素，对国际法不屑一顾，甚至公然践踏现行有效的国际法规则，必然导致严重的负面后果，招致国际社会的经济制裁，甚至军事制裁。1990年伊拉克入侵科威特给该国带来的政治、经济和社会灾难，可谓深刻而又惨痛的教训！

其次，国际法是全球治理与国际法治的需要。随着全球化不断扩大和深化，国家间相互依存性与日俱增，世界各国和人民同属一个"地球村"。各国及其人民在和平、安全、发展、环境、能源、人权、健康等领域面临的各种挑战，一方面具有国别特色和地区属性，另一方面又具有全球性。因此，要持续和有效地应对这些挑战，仅仅依靠各个国家单枪匹马的治理和国内法治，难以奏效，必须依靠全球治理和国际法治的途径，而全球治理和国际法治的基础就是国际法。同样，当今和未来的法治中国建设以及中国治理体系和治理能力的现代化必须融入全球治理和国际法治的进程之中。

再次，国际法是个人（自然人）生活和福祉的需要。过去，人们一般通过跨国越洋电话、电传进行声音、文字交流，在如今的网络时代，人们更多地采用电子邮件、微博、微信进行文字、声音甚至视频互动的跨国交流。人们的通信之所以能如此便利，依赖的是国家间在电信领域缔结的协定和建立的国际合作机制。人们之所以能够从北京飞往纽约、伦敦、巴黎、多伦多、悉尼等地留学、讲学、访问、研究、旅游，依赖的是有关国家间缔结的教育交流协定、科研合作协定或旅游服务协定。外交官甚至包括其家属在驻在国法院之所以不能被起诉，是因为他们在国际法上享有外交特权与豁免。海盗、贩卖毒品、拐卖妇女儿童等罪犯，不论罪犯身处何处、犯罪发生何处、犯罪对象是谁，之所以各国都可以将其绳之以法，是因为这些犯罪属于国际罪行，各国对于这些犯罪享有普遍的管辖权。至于战争罪、侵略罪、违反人类罪、种族灭绝罪的罪犯，不论是何种身份，不仅各国的法院享有管辖权，国际刑事法院也享有"补充性"管辖权。联合国的9项核心人权公约不仅保护个人的政治权利、公民权利、经济权利、社会权利和文化权利，还保护特殊人群（妇女、儿童、残疾人等）的专门权益，并且针对特殊的人权侵犯行为制定了专门的惩处条约（如《禁止酷刑和其他残忍、不人道或有辱人格的待遇或处罚公约》）。如此种种，不胜枚举。

最后，国际法是法人经营活动的需要。首先，企业，尤其是跨国企业，不仅是各国市场经济的主体，而且还是全球治理重要的行为体，它们的跨国投资、跨国融资、跨国生产、跨国运输、跨国销售、跨国服务等经营活动必须以国际法建立的国际和平与安全的政治秩序为前提。没有稳定安全的国际环境，正常的跨国经营活动就得不到保障。其次，企业的跨国经营活动必须遵行国际经贸规则和诚信，而这些国际经贸规则和诚信大都以国际法的形式表现出来。再次，国际经营和商贸活动中的各种纠纷在所难免，国际法为解决跨国争端提供机制、规则和程序。最后，企业和跨国公司的经营活动还必须承担一定的社会责任，如环境保护、劳工保护、消费者权益保护等，企业的社会责任一方面依靠行业自律，另一方面也需要国内法和国际法进行规制。

总之，国家和人类活动的各个领域，上至外层空间，下至海床洋底，无论是政治事务或军事事务还是经济社会事务，也不论是公共事务还是私人事务，都离不开国际法，都与国际法密切相连。国际法是辨别各种国际法主体的行为是否合法的标准，是国际正义的标志，它为建立国际秩序和开展各种国际交流与合作提供法律基础和框架，并为解决国际争端提供有效的法律依据、机制、程序和方法。可以说，国际法在当今和未来的生活中无处不在，无处不发挥应有的作用。国际法不仅仅是国家治国理政的需要，也是企业法人经营活动的需要，同时也是个人生活的需要。因此，国际法并不神秘，并非遥不可及。关键是我们如何去认识它、学习它、研究它，并充分利用它。

二、国际法学研究的对象与范围

任何一门学科都有自己特定的研究对象和范围，而学科的研究对象与范围主要取决于该学科的内容以及该学科在社会中的地位和作用。国际法学研究的对象主要是规制国际法主体行为的各种法律原则、规则、规章、制度和机制，而国际法学研究的范围主要是围绕这些对象而展开和确定的。需要指出的是，国内外国际法教科书对于上述国际法研究对象的认识基本上是相同的，但是对于具体的研究范围和内容的阐述，则不尽一致。例如，有的国际法教科书采用总论和分论的方式将国际法研究的内容分别纳入其中，凡属于国际法基本问题的归于总论，凡属于部门国际法内容的归于分论。另有国际法学者将国际法研究的内容分为三大板块，即国际法的制定或国际立法、国际法的实施或执行、国际法的遵守与国际争端解决。还有的教科书将国际法研究的内容划分为国际法主体、国际法客体、部门国际法、国际法的遵守与执行。近年来，还有的国际法学者认为，国际法为国际关系提供的是两种系统，即规范系统和操作系统。国际法的规范系统主要通过设置应追求的实质价值和目标为国际关系提供方向，即价值取向；国际法的操作系统如同一台计算机的操作系统一样，为国际行为体确立具体的权力、责任以及行使这些权力、履行这些责任应遵行的程序，包括违反相应规则应受到的处罚等。①

根据绝大多数中国学者撰写的国际法教科书的体系结构，国际法学研究的范围可以概括为两大部分，即国际法基本原理和部门国际法（制度）。

国际法基本原理研究的内容主要包括：（1）国际法的本质与基本特征；（2）国际法的地位与作用（或意义）；（3）国际法的形成与发展及其社会基础；（4）国际法与其他相邻学科（如国际关系、国际政治、国际经济、国际私法、国际经济法等）的关系；（5）国际法与国内法的交互关系；（6）国际法的编纂与国际法渊源；（7）国际法的效力依据；（8）国际法基本原则和国际强行法在国际法体系中的地位；（9）各种国际法主体及其基本特征；（10）国家的构成要素和类型、国家的基本权利和义务；（11）国家及其政府的承认与继承；（12）国家的管辖与豁免。

部门国际法（制度）研究的内容主要包括：（1）领土法；（2）海洋法；（3）极地法；（4）空气空间与外层空间法；（5）国际组织法；（6）国际法上的居民；（7）国际人权法；（8）条约法；（9）国际责任法；（10）外交关系与领事关系法；（11）国际人道法；（12）国际刑法；（13）国际争端解决法。

此外，国际法研究的对象与范围还扩展到国际环境法、国际经济法、国际发展法等与国际公法学密切关联的领域。

三、学习和研究国际法的理论指针和基本方法

关于学习和研究国际法的方法问题，可谓仁者见仁，智者见智。有的从一般方法论或法学理论来谈国际法的研究方法，有的只从国际法学本身的特点阐述国际法的研究方法，另有学者从交叉学科角度，尤其是从国际法学与国际关系学密切关联的角度来叙述国际法的研究方法。近年来，有的国际法学者将国际法的研究方法分为技术的方法和思想层面的方法。②

学习和研究好国际法是运用好国际法的基础和前提，而要学习和研究好国际法必须树立科学的世界观和掌握正确的方法。历史和实践表明，马克思主义的世界观和方法论是最为科学的世界观和方法论，最根本的就是辩证唯物主义和历史唯物主义的统一。因此，我们学习和研究国际法，首先必须以马克思主义唯物史

---

① Charlotte Ku and Paul F. Diehl (eds.), *International Law—Classic and Contemporary Readings*（《国际法——经典与当代读物》），2nd ed., Lynne Rienner Publishers, 2003, pp. 1-19.
② 何志鹏、王元：《国际法方法论：法学理论与国际关系理论的地位》，刘志云主编：《国际关系与国际法学刊》第2卷，厦门大学出版社2012年版，第202—274页。

观和辩证法为理论指针和基本方法。

根据马克思主义的唯物史观，包括国际法在内的世界一切事物都是物质的，国际法是国际社会的一种客观存在，而国际法学是国际法主体的一种意识，是国际法长期发展的产物，它依赖于国际法并反作用于国际法，促进着国际法的发展。

根据马克思主义的辩证法，对立统一规律是任何事物发展的根本规律。国际法的发展也是如此。在多极化的当今世界里，各国在国际交往、合作与斗争中必然要利用国际法来争取和维护自身的国家利益（尤其是核心利益）。然而，各国的利益之间势必发生矛盾，甚至存在冲突，这就需要各国通过合作，达成妥协，形成和发展维护正常的国际关系和符合国际社会整体利益的国际法体系。因此，国际法的建立和发展自始至终是各国利益要求和国际法主张的矛盾（对立）的运动。以下从专业素养、知识面和具体方法的角度来阐述如何学习和研究国际法。

（一）以专业素养为"本"

学好国际法，并能运用国际法，最根本的是要通过系统地学习国际法课程、教材和辅助材料，全面掌握国际法的基本原理和部门国际法制度。国际法体系和部门法律制度必然蕴含着一定的国际法原理，这些原理通常反映在国际法学者的著述之中。这些著述是国际法的理论基础。我们在学习国际法基本原理时要精读，做到融会贯通。国际法的各部门法律制度是国际法在相关领域的具体实体规则、程序规则和机构规则，它们直接调整国际法主体之间在特定领域的权利和义务关系，自然构成学习和研究国际法的主要内容。

（二）以法律基本知识和法理学（法哲学）为"基"

虽然国际法与国内法相比有着比较明显的特殊性，但是它毕竟属于法的范畴，与国内法的法理基础一脉相通。法理学或法哲学的一般理论同样适用于国际法。因此，要深度了解和掌握国际法，还必须具备一定的法理学（法哲学）知识。从法的起源和发达程度来看，国内法要比国际法早得多，完善得多。很多国际法原则、规则、规制和制度，都是从国内法中借鉴、移植或演变过来的，或来自国内法的理念，更何况在实践中国际法与国内法有着千丝万缕的联系。因此，要学好国际法，必须首先学好国内法和具备一定的法理学（法哲学）知识。

（三）以通晓其他相邻学科为"面"

国际法学科不只是法学学科中的一个分支，更是众多学科中的一员。在学科系统的这个"面"中，国际法只是一个"点"。因此，国际法学与其他学科的关系是"点"和"面"的关系。在科学技术快速发展和全球化日益扩展和深化的时代，许多国际法问题涉及多个学科。全面、正确认识这些问题，并合理地解决这些问题，需要相邻学科知识作支撑。因此，在学习国际法的同时，还须学习其他人文社会科学，甚至自然科学的知识，尤其是与国际法关系最密切的国际关系、国际政治、国际经济和科普知识。

（四）及时跟踪国际时事政治和国际法发展及其研究的新动态

国际上时有重大事件发生，而这些事件通常与国际法有着直接或间接的关联。在学习国际法过程中，要善于捕捉国际时事政治，并将它们与国际法结合起来进行思考，分析其中可能涉及的国际法问题以及可能运用国际法解决问题的途径与方法。国际法不是一成不变的，在实践中会有新的国际法诞生，中外国际法学界也会不断地有新的国际法研究成果问世。而这些新的发展在国际法教科书和课程讲授中往往不能及时涉猎，只有通过平时自觉地跟踪获取，才能丰富自己的国际法知识，不断提升自己运用国际法的水平。

（五）掌握至少一门外文

国际法是一门国际性的或涉外的学科。国际组织或国际会议通过的各种政治与法律文件的制作最普遍的是英文版，其次分别为法文、西班牙文版本，国际会议和国际组织的官方语言或工作语言也大多如此。此外，在国际法的教学与研究方面，西方国家要比中国和其他发展中国家早得多，出版著述也要多得多，在国际上产生的影响也要大得多。因此，我们要学好国际法，并在国际规则制定中不断提升中国的话语权和影响力，一个重要的前提是，必须学好一至两门外语，并应首选英语和法语。这样，在了解、借鉴和批判西方国际法学的过程中就不仅仅是中文的"一只眼"（只能阅读中文翻译文献），还有外文的"另一只眼"（直接阅读外文原版）。如果毕业后从事与国际法相关的工作，外文娴熟，就会如鱼得水，应用自如。

（六）培养理论联系实际的学风

理论联系实际是一种马克思主义的学风，我们应将它贯彻到国际法的学习与研究之中。具体来说，就是要养成一种习惯，在学习过程中，有意识地将国际法基本理论和规则同相关的国际法案例、国际事件和中国对外关系的实践结合起来进行思考和分析，形成自己的看法、评价、意见或建议。理论联系实际是一种以问题为导向的学习与研究方法，是一种善于发现问题并解决问题的学以致用的方法，长期坚持下去，必然会取得很好的学习效果或研究成果。

（七）养成逻辑思维的习惯

国际法学，如同其他法律学科一样，是一门严肃而又严谨的学科，需要学习研究人员和相关的从业者养成逻辑思维的习惯。国际法学的逻辑思维，是指对国际法律现象（国际法事实、问题、规则等）通过细致的观察、认真的比较、缜密的分析和综合的推理，得出是与非的推断或合理的结论。国际法的逻辑思维，是对国际法现象的前因后果、来龙去脉、上下左右、纵横关联的抽象思维。

第二节　马克思主义经典作家对国际法的贡献

一、马克思、恩格斯的国际法观点

马克思和恩格斯是马克思主义的创始人,其国际法思想是二位伟人法律思想的组成部分。尽管二人并没有在国际法方面发表系统的专论,但是他们的许多著述都涉及国际法问题。马克思和恩格斯的国际法观点深受多名近代国际法先驱学说的影响,如荷兰国际法学家格劳秀斯、德国国际法学家普芬多夫、瑞士国际法学家瓦特尔、美国国际法学家惠顿、英国国际法学家菲利莫尔等。马克思和恩格斯的国际法观点集中体现在19世纪50至60年代的一系列有关研究民族解放运动和国际问题的著述之中,主要是运用国际法基本理论揭露和谴责欧洲列强的侵略和霸权行径,以最终服务于无产阶级的解放事业。二人对国际法理论和实践的发展所作出的贡献可以概括为如下六个方面[①]:

第一,揭示了1815年维也纳会议及《维也纳条约》反动性的实质。1815年的维也纳会议是世界近代史上规模空前的国际会议,会议的直接成果就是参与会议的国家缔结的《维也纳条约》。中外历史、国际法和国际关系学界对于维也纳会议及《维也纳条约》的评价褒贬不一。抨击者认为,这次外交会议及其成果名义上是重建欧洲持久的和平,确立欧洲列强的政治均势,实际上是战胜国实现重新划分版图和殖民地、复辟旧王朝、镇压民族解放运动的目的。肯定者认为,维也纳会议及《维也纳条约》中所采取的对战败国的处理手法较宽容,更重要的是建立了欧洲协作常规架构,废除奴隶买卖,建立了外交代表等级制度,实现了国际河流的开放,从而使欧洲获得了此后近一百年的相对和平时期。马克思和恩格斯在一系列有关国际问题的论文中严厉抨击了维也纳会议和《维也纳条约》,认为这是欧洲国家反动统治者建立的国际关系体系,这个体系恢复了欧洲的专制制度,重新建立了所谓的"正统主义"的法律秩序,阻碍了欧洲的进步发展和被压迫民族的解放。因此,《维也纳条约》是一项实行武装镇压一切革命的干涉主义原则的反动条约,"是人类有史以来最突出的国际法假象之一"[②]。

[①] 李光灿、吕世伦主编:《马克思、恩格斯法律思想史》(修订版),法律出版社2001年版,第367—381页;蔺运珍:《论马克思恩格斯的国际法思想》,山东师范大学法学博士学位论文,2008年;刘丰名:《马克思主义与国际法学》,《科社研究》1983年第1期;吕岩峰:《马克思主义与国际法研究》,《当代法学》1991年第3期。

[②] 《马克思恩格斯全集》第12卷,人民出版社1962年版,第706页。

第二，鲜明地反对霸权主义和不平等条约。恩格斯曾撰写《波河与莱茵河》一文，对"中欧大国"鼓吹的所谓"自然疆界论"进行了驳斥。"自然疆界论"主张，没有自然疆界的国家有权寻求和取得自然疆界。恩格斯认为这种主张完全是为一些扩张主义国家企图扩展疆土、侵占邻国版图的政策服务的。马克思对这一著述给予高度评价。恩格斯还应马克思的请求，专门撰写《德国和泛斯拉夫主义》一文，同时在《新奥得报》和《纽约每日论坛报》上发表，揭露泛斯拉夫主义的霸权主义本质。① 马克思和恩格斯《与波斯签订的条约》《波斯与中国》《中国和英国的条约》等文章抨击了西方列强强加给弱小国家的条约的不平等性以及给国家主权和内政所带来的严重恶果，并否定其法律效力。

第三，指出了殖民主义侵略战争的强盗性质。在 19 世纪，西方国家及其国际法学者极力主张和推行国际法只有在所谓的"文明国家"之间才适用，而不属于其他国家或民族，将殖民主义者说成是文明的使者和被奴役人民利益的维护者。对此，马克思和恩格斯多次撰文指出，殖民战争是最露骨的抢劫形式，是违反国际法的野蛮行径。二人旗帜鲜明地指出，英国殖民者征服印度是以最无耻、最粗暴和最残酷的方式实现的一连串的海盗行为。他们强烈谴责英国殖民者对中国进行的鸦片战争是对中国人民实行的海盗政策，是丝毫不加掩饰的抢劫，是对国际法准则最粗暴的践踏。

第四，阐明了反对殖民统治的解放战争的正义性和合法性。19 世纪西方殖民者入侵亚洲迫使殖民地和半殖民地人民纷纷举行武装起义，形成了亚洲历史上首次大规模的民族解放运动。马克思、恩格斯认为殖民地人民的武装起义是为争取国家独立和民族解放的正义战争，应当视为完全符合国际法。例如，恩格斯在《波斯与中国》一文中明确地写道：中国人民在第二次鸦片战争期间对英国侵略者的反抗是真正的人民战争，"对于起来反抗的民族在人民战争中所采取的手段，不应当根据公认的正规作战规则或者任何别的抽象标准来衡量，而应当根据这个反抗的民族所刚刚到达的文明程度来衡量"②。

第五，提出了一系列国际法基本准则。首先是正义原则。19 世纪 60 年代，战争与和平问题是马克思、恩格斯十分关注的问题。马克思在《国际工人协会宣言》一文中旗帜鲜明地号召工人阶级"洞悉国际政治的秘密，监督本国政府的外交活动，在必要时就用能用的一切办法反抗它；在不可能防止这种活动时就团结起来同时揭露它，努力做到使私人关系间应该遵循的那种简单的道德和正义的准则，

---

① 《马克思恩格斯全集》第 11 卷，人民出版社 1962 年版，第 219 页；《马克思恩格斯全集》第 35 卷，人民出版社 1971 年版，第 263 页。
② 《马克思恩格斯文集》第 2 卷，人民出版社 2009 年版，第 626 页。

成为各民族之间的关系中的至高无上的准则"①。

其次是和平原则。1870年7月,普法战争爆发,马克思在他撰写的第一篇宣言中指出,拿破仑三世是破坏德国统一的大敌,只要这场战争是反对他个人的,就是正义战争;并在末尾写道:"这个事实表明,同那个经济贫困和政治昏聩的旧社会相对立,正在诞生一个新社会,而这个新社会的国际原则将是和平,因为每一个民族都将有同一个统治者——劳动!"② 随着拿破仑三世的投降和法兰西共和国的建立,普法战争的性质发生了根本变化。马克思起草了第二篇宣言。其中抨击普鲁士军国主义行径,号召德国工人阶级竭尽全力去阻止兼并,迫使同法国签署和平条约,并使世界人民在外交上承认新生的法兰西共和国。③

再次是殖民地人民和民族独立与自决原则。尽管马克思、恩格斯没有就这一原则发表专门的著述,但是他们有关抨击欧洲列强对殖民地的侵略战争和支持殖民地人民奋起反抗的解放战争的论述实质上体现了他们主张民族独立和自决的立场。

最后是和平解决国际争端原则。马克思撰写的有关英国邮轮"特伦特号"拦截美国军舰"圣贾辛托号"事件引发的英美冲突事件的一系列文章,援引一些著名国际法学家的论述,明确主张和平解决争端。④

第六,创立了辩证唯物主义和历史唯物主义的国际法观和研究方法。马克思、恩格斯的国际法观点是建立在他们所创建的历史唯物主义和辩证唯物主义基础之上的。他们称历史唯物主义为"唯物主义历史理论"或"唯物主义历史观",而列宁评价历史唯物主义为"科学的社会学",是"唯一的科学的历史观"和"社会科学的唯一科学方法即唯物主义的方法"。辩证唯物主义构成了马克思主义的哲学理论基础,也构成了马克思主义的国际法观和研究方法。

按照历史唯物主义和辩证唯物主义的观点,包括国际法在内的法属于社会上层建筑,其存在和发展取决于经济基础。作为主要调整国家间关系、建立和维持国际秩序的国际法,必须适应不同时期国际关系的需要。正如马克思、恩格斯在其著述中多次强调的,近代国际法反映的是欧洲列强间"势力均衡"的国际关系,体现的是欧洲统治阶级的意志,建立的是所谓的"正统主义"的法律秩序,排斥的是欧洲以外的所谓非"文明国家"。此后,现代国际法和当代国际法的发展轨迹和特征无不验证了历史唯物主义和辩证唯物主义的国际法观和方法的科学性。因此,我们应该毫不动摇地坚持运用马克思主义唯物辩证法来研究当今和未来的国

---

① 《马克思恩格斯文集》第3卷,人民出版社2009年版,第14页。
② 《马克思恩格斯文集》第3卷,人民出版社2009年版,第117页。
③ 《马克思恩格斯文集》第3卷,人民出版社2009年版,第120—130页。
④ 《马克思恩格斯全集》第15卷,人民出版社1963年版,第431—436页。

际法问题。

二、列宁的国际法立场

列宁是苏联共产党和世界上第一个社会主义国家的创始人，他生前发表了大量的关于国际政治和国际法问题的著述和演说，丰富了马克思主义的国际法观点。他的国际法立场集中体现于俄国十月革命前后他对俄国的对外关系和国际关系中许多重大政治问题的评论之中，可以概括为如下五个方面：

第一，抨击秘密条约的反动性质，主张废除秘密条约。20世纪初，日俄战争和俄国革命有力地推动了亚洲人民的政治觉醒。巴尔干、土耳其、波斯相继爆发革命。俄、奥、德、意、法、英等欧洲列强为了阻止革命的成功和蔓延，以秘密条约的方式结成反革命联盟。列宁直截了当地指出，"毫无疑问，俄、奥、德、意、法、英六国的九月反动密约，包括了俄国有反对波斯革命的'行动自由'……这是反对无产阶级和反对民主的密约。这是为了直接镇压亚洲革命或间接打击这个革命的密约。这是为今天在巴尔干、明天在波斯、后天或许在小亚细亚、在埃及等地继续进行殖民掠夺和领土侵占的密约"①。列宁对于西方列强之间缔结秘密条约的掠夺性在他的多篇著述和演讲中都有揭露和批判。此外，列宁主张废除秘密条约，提出缔结符合民主条件的全面和约。民主和约的主要条件是放弃兼并（掠夺），保证无论是欧洲或殖民地的每一个民族有充分的自由，直到分离的自由。②

第二，反对殖民主义统治，主张民族自决。列宁的民族自决理论是马克思主义民族思想的发展，这一理论不仅成功地解决了当时苏联的国内民族问题，而且对世界民族运动的发展产生了重要影响。列宁不是从法权的"一般概念"中得出自决的法律定义，而是从民族运动的历史经济条件来研究民族自决的意义。他认为，"所谓民族自决，就是民族脱离异族集体的国家分离，就是组织独立的民族国家"。他注意到，"民族运动并不是第一次在俄国发生，也不是俄国特有的现象。在全世界，资本主义彻底战胜封建主义的时代，是同民族运动联系在一起的"。因此，"建立最能满足现代资本主义这些要求的民族国家，是一切民族运动的共同趋向（意向）"③。

第三，揭示战争的本质，提出区分不同类型的战争。列宁指出，"1789年至1871年的法国大革命是资产阶级进步和民族解放的战争。这种战争的主要内容和历史意义是推翻专制制度和封建制度以及异族压迫，因此是进步的战争"。他进一

---

① 《列宁论国际政治与国际法》，世界知识出版社1959年版，第75页。
② 《列宁论国际政治与国际法》，世界知识出版社1959年版，第362页。
③ 《列宁论国际政治与国际法》，世界知识出版社1959年版，第113—114页。

步指出，保卫祖国或防御战争具有合理性、进步性和正义性。"假如明天摩洛哥向法国宣战，印度向英国宣战，波斯或中国向俄国宣战，等等，那么不管谁先进攻，这些战争都是'正义的''防御的'战争"。① 与此同时，列宁深刻地揭露了帝国主义战争的欺骗性、压迫性和反动性的三个基本特点：（1）通过所谓的更"公平地"瓜分殖民地和今后更"和睦地"剥削殖民地来巩固殖民地的奴隶制；（2）巩固对异族的压迫，因为只有靠这种压迫才能生存，并且用战争来加强这种压迫；（3）巩固和延长雇佣奴隶制，因为无产阶级被分裂、受压制，而资本家则得到好处，发战争财，挑起民族偏见，加强反动势力。②

第四，提出"不割地、不赔款"的和约原则。十月革命胜利后，列宁亲自为苏维埃俄国起草了第一个对外政策的纲领性文件——《和平法令》，其中建议订立"全面、民主、公正"的、"不割地、不赔款"的和约，并将"不割地、不赔款"作为苏维埃政府与其他交战国举行政治谈判的主要问题和基本原则。③

第五，首次提出和平共处的国家间关系的准则。1919年年底，列宁在俄共（布）第八次全国代表会议上明确指出，"俄罗斯社会主义联邦苏维埃共和国希望同各国人民和平相处"④。列宁和平共处思想不仅是指社会主义制度同资本主义制度之间的和平共处，也是指社会主义国家同世界其他一切国家之间的和平共处。

第三节　中国国际法学的形成与发展

一、新中国成立之前的中国国际法学

（一）近代中国的国际法学

国际法学发轫于欧洲，是西方近代文明的产物。到了19世纪末、20世纪初，国际法学在西方国家已经成为比较成熟的法学学科，而此时封建中国的大门也被西方列强通过武力打开，国际法随之开始传入中国，近代中国国际法学得以诞生，并开始走上一条从移植西方国际法学到逐步本土化的发展道路。中国近代国际法学的形成与发展呈现出如下明显的特点：⑤

第一，国际法的译著和编著占有较大的比重，尤其是在起步时期，大量的国际法出版物是译著或编译的作品，其中20世纪初日本著名国际法学家中村进午所

---

① 《列宁论国际政治与国际法》，世界知识出版社1959年版，第153—154页。
② 《列宁论国际政治与国际法》，世界知识出版社1959年版，第156—157页。
③ 《列宁论国际政治与国际法》，世界知识出版社1959年版，第371、390页。
④ 《列宁专题文集·论社会主义》，人民出版社2009年版，第164页。
⑤ 何勤华：《中国近代国际法学的诞生与成长》，《法学家》2004年第4期。

著的《战时国际公法》和《平时国际公法》[①] 最有影响。

第二，从事国际法教学与研究者几乎都是法科留学归国人员，而且基本上都是欧美的留学生，如周鲠生、梅汝璈、倪征燠、李浩培、王铁崖、赵理海、周子亚等。他们不仅是西方国际法学的引入者，而且是新中国尤其是改革开放后中国国际法学的奠基人和引领大师。

第三，中国近代的国际法著述与译著涉及战时国际法的数量较多。这是因为中国近代一直处在帝国主义列强的侵略或武力威胁之下，特殊时期的国情决定了中国近代国际法学所关注和研究的重点。

第四，中国近代国际法著述中聚焦较多的国际法问题是不平等条约和领事裁判权，体现了中国国际法学术界呼吁国家主权完整和民族平等的正义和爱国情怀。

(二) 中华民国时期的国际法学

进入中华民国时期以后，中国的国际法学界一方面继续大量翻译和引进西方国际法的著述，另一方面在移植西方国际法理论的基础上撰写和出版了一些国际法著作。其中周鲠生著《国际法大纲》和崔书琴著《国际法》最有影响。[②] 这两部著作适当借鉴西方国际法学，结合中国的国情，基本构建了中国国际法学的体系，是当时中国著名大学国际法教学的教科书。周鲠生的著作中将国际法的理论与实践分为导论和本论两大部分。其中导论的内容主要包括国际法的意义、国际法的历史与发展、国际法根据、国际法的渊源等。本论又分为两卷：卷上为实体法，共四编，分别阐述国际法的主体、国际法的客体、国际法交涉和国际交涉机关；卷下为程序法，共两编，分别阐述国际争议及其解决手段、战争与战争法。崔书琴的著作为六编的结构，分别为绪论、国际法人、平时法、争议法、战时法和中立法。[③]

还需要指出的是，周鲠生先生在20世纪20年代末至50年代期间发表了大量的国际法论文，涉及广泛的国际法领域，其中单就不平等条约问题就曾经撰写了《不平等条约十讲》的专论，系统揭示了不平等条约的概念、历史发展、主要内容和废除不平等条约的步骤。诚如王铁崖先生所评价的，周鲠生先生的国际法的教学和研究有两个突出的特点：一是理论联系实际，并且在国际法的教学和研究中重视外交史和国际政治问题；二是理论探讨深入。"周鲠生先生一生的卓越贡献是

[①] 两书均由陈时夏翻译，《战时国际公法》由上海商务印书馆1911年出版，《平时国际公法》由上海商务印书馆1914年出版。
[②] 周鲠生：《国际法大纲》，商务印书馆1929年版；崔书琴：《国际法》，商务印书馆1948年版。
[③] 何勤华：《略论民国时期中国移植国际法的理论与实践》，《法商研究》2001年第4期。

对国际法的学术研究","推动了国际法在中国的发展"。①

第二次世界大战结束后,为了伸张国际和平与正义,惩处战争罪犯,维持世界和平与安全,在东京成立了远东军事法庭。中国的国际法学者在这一国际法庭中发挥了重要作用。当时,中国籍法官梅汝璈、检察官向哲浚、检察官顾问倪征燠都曾留学欧美著名的法学院并在多所中国著名大学任教。他们凭借坚实的法律知识、扎实的国际法功底以及高度的正义感和责任感,在法庭上以大量的事实为依据,以国际法律为准则,义正词严,成功取得了对东条英机等28名日本甲级战犯进行审判的胜利,为国际法的实践作出了重大贡献。

二、新中国成立之后的中国国际法学

中华人民共和国成立之后,中国国际法学进入了一个新的发展时代,在不同的阶段呈现出不同的特点。

新中国成立之初提出的一系列外交政策为我国在新时代国际法学的形成确立了指导方针。例如,在外交关系上,毛泽东提出的"另起炉灶"和"打扫干净屋子再请客"原则,为新中国独立和平等的国际法学提供了政治方向。所谓"另起炉灶",就是不承认国民党政府同各国建立的旧外交关系,而是在相互尊重主权和领土完整、平等互利的基础上建立新的外交关系。所谓"打扫干净屋子再请客",就是先清除帝国主义在旧中国留下的残余,如不平等条约、领事裁判权等,然后再与外国建立外交关系。② 这标志着中国开始摆脱过去长期受西方国家主导的国际法的约束。

与此同时,在毛泽东提出的"一边倒"的原则指引下(即在国际事务中与苏联保持一致),中国国际法学界将重心从过去移植西方的国际法著述转向注重引进苏联的国际法学。③ 例如,1961年,世界知识出版社依据俄文版《列宁论国际政治和国际法》一书的体例和内容,从中译本《列宁全集》中抽出列宁撰写的148篇文章,编成中文版《列宁论国际政治和国际法》。列宁和斯大林关于国际法的理论对我国20世纪50年代的外交政策和国际法学产生了较大影响。

不过,这一时期也有为数不多的西方国际法著作的中译本出版,如1955年由中国人民外交学会翻译出版的《奥本海国际法》(第七版)和1958年由王铁崖翻译出版的凯尔森著《国际法原理》。

"文化大革命"期间,受法律虚无主义的影响,中国国际法学几乎陷入停滞的

---

① 王铁崖、周忠海编:《周鲠生国际法论文选》,海天出版社1999年版,王铁崖序,第1—5页。
② 王绳祖主编:《国际关系史》第8卷,世界知识出版社1995年版,第5页。
③ 何勤华:《20世纪50年代后中国对苏联国际法的移植》,《金陵法律评论》2001年第2期。

状态：全国除了北京大学、吉林大学和湖北财经学院保留了法学专业之外，其余的政法院校一律关停；从事国际法教学与研究的人员或者遭受政治迫害，或者转行；包括国际法学在内的法学研究和法学期刊陷入瘫痪，没有公开发表的国际法论文，也没有公开出版的国际法著作和教科书，与国际和外国的国际法学术团体断绝了一切关系，与世隔绝。

尽管如此，中国国际法学界的一代宗师周鲠生先生不顾当时恶劣的政治环境，晚年抱病撰写了60多万字巨著——《国际法》（上、下册）。① 这部著作是他毕生从事国际法教学、研究和实践的总结，书中旁征博引，批判并合理借鉴了苏联和西方的国际法思想，系统阐述了国际法的一般理论，并且还紧密结合了新中国成立后的外交和国际法实践。该书是第一部具有中国特色的国际法著作，是新中国国际法学的标志性成果。该书在"文化大革命"的特殊时期作为内部出版物予以发行，改革开放后迅速在中国国际法学界广泛流行，在全国统编《国际法》教材出版以前成为我国使用范围最为广泛的国际法教材，迄今仍是被引用率最高的国际法著作之一。

1978年中国共产党十一届三中全会的召开，标志着我国进入改革开放年代，中国的国际法学迎来了繁荣和发展的春天，步入了发展的快车道。

（一）国际法教学在中国迅速恢复和蓬勃发展

从1979年开始，"文化大革命"期间关停的政法大学、法学院（系）逐步得到恢复和重建，一大批新的法学院（系）迅速成长起来。国际公法学一直是法学核心课程的组成部分。与此同时，国际法学的研究生教育也蓬勃发展起来，到1995年，我国的国际法学从学士、硕士到博士，已经形成了完整的学位教育体系，而且一批条件较好的高校还陆续建立了国际法学博士后流动站。

1980年，我国首部全国统编《国际法》教材出版发行。这本教材是改革开放后教育部法学教材编辑部审定出版的第一本国际法教科书，由王铁崖先生担任主编，编写人员多达20人，汇集了当时全国国际法学领域的资深和知名学者。这本教材是全国重印次数最多、发行量最大、使用范围最为广泛的法学教科书之一。如今，中国的国际法教材数以百计，分别适用于不同类型的高校、学位层次和专业。与教材配套的还有国际法文献资料的汇编出版和原版欧美国际法教材的引进和翻译出版。

（二）国际法研究在中国日趋全面和深入

改革开放政策为我国国际法研究的繁荣提供了良好的环境和强大的动力。1980年，武汉大学和北京大学在国内率先建立国际法研究所。外交学院和中国社会科

---

① 周鲠生：《国际法》（上、下册），商务印书馆1976年版。

学院相继恢复或建立国际法研究所或研究室。如今,全国的许多高校和研究单位都专门建立了国际法的研究机构。有的国际法研究机构不仅从事国际法的理论和实践研究,而且还成为教育部重点研究基地和国家"2011"协同创新中心和智库,直接为国家的重大发展战略、外交和对外开放提供研究报告和咨询服务。

最近40年来,我国的国际法学术团体迅速发展起来。1980年,中国国际法学会成立,成为国家一级学术团体,组织了多种形式的活动,促进了国际法在中国的研究、实践、传播和发展以及国内外学界的交流,服务于国家的外交外事工作和法治建设。各省(市)、自治区也先后成立了地方一级的国际法研究会,为相应的地区开展国际法学术交流和咨询服务提供平台。

1982年,中国国际法学会主办的《中国国际法年刊》正式创刊和出版发行。该刊不仅成为我国国际法学术交流的专门园地,而且与国际上著名的国际法年刊或学报,如《英国国际法年刊》《加拿大国际法年刊》《荷兰国际法年刊》《印度国际法年刊》《美国国际法学报》《欧洲国际法学报》等相对照,尽管在国际声誉和影响力上尚存在差距,但彰显出中国的国际法学特色。如今,一些由中国国际法学人主办的国际法刊物在国内外的影响正在逐步增强,如英文版《中国国际法论刊》(牛津大学出版社出版发行),中文版《国际法研究》《环球法律评论》《武大国际法评论》,等等。中国人民大学书报资料中心还专门出版发行《国际法学》月刊,定期转载研究国际法前沿性理论和实践问题的论文。

改革开放之后,尤其是近20年来,中国出版的国际法著作逐渐增多,涉及国际法领域的各个方面,既有国际法基本理论的著作,又有大量国际法部门领域的专著,还有一系列紧密联系国际实践和中国和平发展的国际法著作。尤其可喜的是,已有中国国际法学者在国外著名出版社出版国际法著作。

在国际法论文发表方面,发展的速度更是惊人。根据中国知网的统计,1979年以前,年度公开发表的国际法学论文(含国际公法、国际私法、国际经济法)是个位数,有的年份为零;从1984年开始增长为百位数;从2000年开始增长为千位数;近年来每年发表量都在4 000篇左右,仅2017年发表的国际法学论文达3 282篇。

(三)中国特色的国际法理论逐步形成

随着我国改革开放的不断扩大和深化,我国的国际法研究,一方面合理借鉴国外先进国际法理论和研究成果,另一方面运用马克思主义的唯物辩证法,并同国际和中国的实践相结合,逐步形成了具有中国特色的国际法理论。

第一,鲜明地提出国家主权是第一位的,是实现人权的前提和保障。早在1984年10月22日中央顾问委员会第三次会议上,邓小平在谈到相关问题时就强调"主权问题是不能谈判的",是处于第一位的。1989年10月,邓小平在会见美国前总统尼克松时指出:"人们支持人权,但不要忘记还有一个国权。谈到人格,但不要忘记还有一个国格。特别是像我们这样第三世界的发展中国家,没有民族自尊心,不珍惜自己民族的独立,国家是立不起来的。"[①] 因此,他得出结论,"国权比人权重要得多"[②]。邓小平这里所讲的"国权",指的就是国家主权。国家主权是人权的前提和基础,维护国家主权是实现人权的根本保障。

第二,鲜明地提出和平共处五项原则是现代国际法基本原则。1980年出版的由王铁崖先生主编的《国际法》奠定了改革开放40年来中国国际法教科书的基本体系。王先生在这本教科书中首次提出国际法基本原则的概念,并对其要件和特征作出了系统的阐述。更重要的是,这本书首次提出中国和印度、缅甸共同倡导的和平共处五项原则构成国际法的基本原则(详见本书第四章第一节第三目)。

第三,根据现代国际法的新特点,先后提出了国际合作和尊重基本人权构成现代国际法的基本原则,丰富了国际法基本原则。[③] 国际合作,作为一项具有普遍意义的国际法基本原则,是《联合国宪章》和一系列联大决议确立起来的,第二次世界大战后70多年来各国在政治、经济和社会各个领域缔结的各种条约以及建立的各种机制无不是在国际合作的原则下缔结和建立起来的。尊重基本人权,作为一项国际法基本原则,是基本人权在世界范围内的普遍价值和各国的普遍认可所决定的。这一基本原则通过《联合国宪章》、《世界人权宣言》、联合国核心人权公约和联合国通过的一系列重要决议得以确立和反复重申,并得到国际法院、国际刑事法院、有关的国际刑事法庭等司法判决或咨询意见的确认。

第四,以"三个世界划分理论"为指导,强调发展中国家对现代国际法发展的影响。20世纪70年代初,毛泽东提出了"三个世界划分理论"。80年代初,王铁崖先生根据"三个世界划分理论"先后在国内外撰文,系统阐述第三世界(即发展中国家)与现代国际法的关系及其对国际法发展的贡献,鲜明地提出新国家的兴起和第三世界(即发展中国家)的形成,是第二次世界大战后国际关系的主要特点之一。"这个特点必然反映在当代国际法上"[④],主要表现为国家数目的大量增加,使国际社会的结构发生了深刻的变化,而这种变化必然使国际法发生重大的变动,如国际法主体的增多、国际法范围的扩大和国际法质量的变化。

第五,明确地提出现代国际法不仅与国内法相比具有不同的特性,而且与传统国际法相比呈现出一系列新的特点。李浩培先生早在20世纪80年代就指出,

---

[①] 《邓小平文选》第3卷,人民出版社1993年版,第331页。
[②] 《邓小平文选》第3卷,人民出版社1993年版,第345页。
[③] 梁西主编:《国际法》,武汉大学出版社1993年版,第61页;2011年第三版,第63—64页。
[④] 王铁崖:《第三世界与国际法》,载邓正来编:《王铁崖文选》,中国政法大学出版社2003年版,第27页。

"早期的国际法主要是共处法……随着国际互赖日益增加……为了保持良好环境，促进国际经济的繁荣，达成原料的公平分配，以及使人类免于核战争的毁灭，都需要国际合作。因此就产生了合作法"①。他进一步指出，国际法在原则上只直接规定国家的权利义务，只发生集体责任。但是，现代国际法上这个原则已有突破，如国际人权法的形成与发展，这是国际法的前进发展。②

第六，辩证地看待国际法上的强行法规则。20世纪80年代初，李浩培先生对国际法上的强行法作了深入研究，指出国际法规则中的绝大多数是任意法规则，但也有强行法规则，《维也纳条约法公约》确认强行法和违反强行法规则的条约无效的原则，是国际法历史上的一件大事。强行法规则处于上位，任意法规则处于下位；前者是绝对的规则，后者是相对的规则。他同时指出，该公约这一规定不能认为是完美的，其缺点主要在于对强行法规则产生的程序及其范围和内容没有足够的规定，实践中易生争议，不利于条约的稳定性。③

第七，在国家主权豁免问题上，不盲从所谓的限制主义，而是站在发展中国家的立场上，主张在坚持国家主权豁免原则的基础上根据不同情况采取不同的处理方式。20世纪80年代初，倪征燠先生系统考察了国家豁免的理论和有关国家的实践，得出结论：国家主权豁免是基于国家主权平等和独立的原则，始于西方国家判例法，并逐步得到立法和条约的普遍确认；国家在主权豁免上先后形成了绝对主义和限制主义；对于发达国家晚近热衷于限制主义的趋势，发展中国家应予以谨慎的应对；在实践中可以通过有关的条约或协议来解决关于国家豁免的争端；在没有条约或协议的情况下，各国可以根据相互原则对特定的外国决定是否给予管辖豁免。④

第八，根据第二次世界大战以来特别是"冷战"结束之后国际法的新情况，提出了现代国际法人本化的发展趋势。⑤ 人本化不仅仅是应然国际法的一种新的理念和价值取向，而且越来越突出体现于实在国际法之中。现代国际法一方面注重建立和完善国家间共处与合作的和平与发展秩序，另一方面又致力于确立和维护以"个人权利为本"和"人类权益为本"的人本秩序。

第九，创建中国特色的国际组织法学。中国国际组织法学的开拓者梁西先生于1984年出版的《现代国际组织》一书，是我国系统论述国际组织法的第一本专

---

① 李浩培：《李浩培文选》，法律出版社2000年版，第475页。
② 李浩培：《李浩培文选》，法律出版社2000年版，第481—482页。
③ 李浩培：《李浩培文选》，法律出版社2000年版，第513页。
④ 倪征燠：《倪征燠法学文集》，法律出版社2006年版，第362—380页。
⑤ 曾令良：《现代国际法的人本化发展趋势》，《中国社会科学》2007年第1期。

著。① 该书历经五次修订和再版,不断完善了中国的国际组织法学体系。同国外同类著作相比,这部著作在深刻分析人类社会发展规律和国际社会结构的基础上,将对国际组织法的研究与国际法的发展趋势和与中国有关国际组织的实践紧密地结合在一起,并提出了一系列独到的见解,例如:国际组织是国家间多边合作的法律形态;国际组织法律人格的"职能性原则";国际法和国际组织的"极限论";国际组织法渊源与国际法渊源的共性与个性的关系;国际组织法体系的构成;国际专门机构的"三级结构"论;联合国安理会常任理事国否决权的"三脚架"原理;等等。②

第十,创造性地提出"一国两制"和"搁置争议,共同开发",发展了和平解决国际争端原则。对于中英两国关于香港问题的解决办法,邓小平指出:"只有两个方式:一个是谈判方式,一个是武力方式。用和平谈判的方式来解决,总要各方都能接受,香港问题就要中国和英国,加上香港居民都能接受。"③"我们主张用谈判方式解决国际争端,如同我国和英国通过谈判解决香港问题一样。"④ 通过和平谈判利用"一国两制"方式解决中英、中葡之间的香港、澳门争端,为世界上其他国家解决类似问题提供了一个示范。

邓小平还首创了"搁置争议,共同开发"原则,以解决中国与有关国家之间的领土和海洋权益争端。他指出,对于中国与日本之间的钓鱼岛争端,中国与菲律宾、马来西亚、越南等国的南海诸岛争端的解决,"一个办法是把主权问题搁置起来,共同开发,这就可以消除多年积累下来的问题"⑤。所谓搁置主权,就是把那些有争议的主权问题暂时放在一边,避免双方矛盾激化,但并不意味着放弃主权,而是指在没有条件用和平方法解决主权争端时暂不谈主权之争,待到将来条件成熟,最后解决主权归属问题。所谓共同开发,是指在主权问题解决之前,争议双方用经济利益的共同纽带连接起来,共同开发有关争议地区,共同得利。

(四) 中国国际法学者的国际影响力不断提升

改革开放以来,随着中国综合国力的增强和国际影响力的提升,越来越多的中国国际法专家、学者在国际司法机构或争端解决机构中担任职务。例如,倪征燠、史久镛、薛捍勤相继当选联合国国际法院法官;李浩培、王铁崖、刘大群先后

---

① 最新版本是梁西著、杨泽伟修订:《梁著国际组织法》(第六版),武汉大学出版社 2011 年版。
② 曾令良:《梁西与国际法》,《武大国际法评论》第 16 卷第 2 期,武汉大学出版社 2014 年版,第 1—9 页。
③ 《邓小平文选》第 3 卷,人民出版社 1993 年版,第 84 页。
④ 《邓小平文选》第 3 卷,人民出版社 1993 年版,第 70 页。
⑤ 《邓小平文选》第 3 卷,人民出版社 1993 年版,第 87 页。

当选前南斯拉夫国际刑事法庭法官；赵理海、许光建、高之国相继当选国际海洋法法庭法官；王铁崖、邵天任、端木正、李浩培当选国际常设仲裁院仲裁员；张月姣当选世界贸易组织上诉机构首位中国籍成员，另有多名中国籍专家当选世界贸易组织争端解决机构专家指示名单成员。倪征㠗、黄嘉华、史久镛、贺其治、薛捍勤先后当选联合国国际法委员会委员；王铁崖、李浩培、倪征㠗、陈体强当选国际法研究院院士。

此外，中国国际法学者在世界上著名出版社出版的国际法著作越来越多，在全球范围内的重要学术期刊上发表的国际法研究论文的数量也呈现出快速上升的趋势。

三、新时代中国国际法观念的提升与创新

进入 21 世纪以来，中国领导人根据"冷战"后国际关系的新特点，先后在不同的国内和国际场合提出了一系列重要的国际法新理念。这些新的理念，不仅是中国新时期外交的指导方针，而且为推进中国国际法学的发展、增强其在全球范围内国际法理论和实践中的话语权和影响力提供了新的政治动力。

（一）习近平新时代外交思想的国际法意义

2012 年以来，以习近平为核心的中国领导集体对于外交问题进行了更为深刻的阐释，提出了构建新型国际关系、构建人类命运共同体等一系列具有理论和实践意义的观点，对当代国际法的发展有着非常重要的指引价值和意义。

21 世纪以来，国际格局变化给外交带来了深刻的影响，大国外交和元首外交变得越来越显著，对于国际关系的基调和进程都意义重大。此时，中国日益走向世界舞台的中央，开始在国际社会中起到越来越积极的作用。在全球治理格局中，虽然在世界上的很多区域都出现了逆全球化的浪潮，但是中国仍然坚持多边主义，坚持合作共赢的外交理念，通过"一带一路"、亚洲基础设施投资银行、丝路基金等方式，使得全球有机会共享发展。这是中国对于新时代、全球治理的转向与健康发展以及全球化的积极促进具有重要影响的举措。对于国际法而言，中国通过一系列的国际组织、国际会议和机制，倡导了与时俱进的国际法治思想和理念，通过《巴黎协定》《亚洲基础设施投资银行协定》《上海合作组织成员国长期睦邻友好合作条约》《中华人民共和国和俄罗斯联邦关于促进国际法的声明》等国际文件，表达中国以及广大发展中国家的国际法治主张，促进了国际法向公正有效的方向积极发展。

（二）推动全球治理体制变革

全球治理是 20 世纪晚期出现的新思想、新理念。从主体上看，"治理"意味着政府之外的行为体参与秩序的建构之中；从工作方式上看，治理则意味着除了

传统的"命令—服从"式推进，还添加了披露、说服、引导等行为塑造模式。而全球治理，则是针对全球风险所采取的跨国界协同治理，其行为体既包括国家，也广泛地包括政府间国际组织、非政府组织、其他相关实体和专家个人等。这种处理问题的网状结构，需要更多的信息沟通、决策民主和作业协同。①

中国对于全球治理有着敏锐的洞察和积极的态度。2015年10月12日，习近平在中共中央政治局第二十七次集体学习时强调，要推动全球治理体制向着更加公正合理方向发展，为我国发展和世界和平创造更加有利的条件。加强全球治理、推进全球治理体制变革已是大势所趋，这不仅事关应对各种全球性挑战，而且事关给国际秩序和国际体系定规则、定方向；不仅事关对发展制高点的争夺，而且事关各国在国际秩序和国际体系长远制度性安排中的地位和作用。全球治理重在国际规则的制定和国际制度的确立。在公正、平等的规则下和平共处、互利共赢是全球各国所需要的。目前，全球治理的主要问题在于，广大的发展中国家拥有的国际话语权与自身规模不相匹配。习近平反复指出，中国将继续同广大发展中国家站在一起，坚定支持增加发展中国家特别是非洲国家在国际治理体系中的代表性和发言权，为推动全球治理体制更加公正合理贡献中国力量。此时，中国已经迈向了在全球治理的格局中提出中国主张、推动世界发展的新台阶。

（三）坚持正确的义利观

习近平先后在2013年和2014年我国外交工作会议上发表的重要讲话中提出和强调坚持正确义利观的思想。这一新思想的核心是正确处理我国自身发展与世界共同发展的关系。这里所指的"义"应理解为既包括国际法上的义务，又包含国际道义。这里所指的"利"就是要恪守互利共赢原则，不搞我赢你输，要实现双赢。② 坚持正确的义利观，一是坚持履行做负责任大国的承诺，从世界和平与发展的大义出发，以更加积极的姿态参与国际事务；二是构建发展中国家命运共同体，进一步增加对发展中国家特别是对最不发达国家的援助，帮助它们实现自主发展和可持续发展；三是坚持与邻为善、以邻为伴，同周边国家和睦相处、守望相助，聚焦发展合作。

（四）推动国际关系民主化、法治化和合理化

2014年6月28日，习近平在纪念和平共处五项原则发表60周年纪念大会上发表的主旨讲话中，根据当今和未来国际关系发展的需要，提出了如下三项基本原则：

第一，各国应共同推动国际关系民主化。其要旨是，世界的命运必须由各国

---

① 参见俞可平：《全球治理引论》，《马克思主义与现实》2002年第1期。
② 王毅：《坚持正确义利观 积极发挥负责任大国作用——深刻领会习近平同志关于外交工作的重要讲话精神》，《人民日报》2013年9月10日。

人民共同掌握,世界上的事情应该由各国政府和人民共同商量来办。垄断国际事务的想法是落后于时代的,垄断国际事务的行动也肯定是不能成功的。

第二,各国应共同推动国际关系法治化。为此,他特别强调推动各国在国际关系中遵守国际法和公认的国际关系基本原则,用统一适用的规则来明是非、促和平、谋发展;在国际社会中,法律应该是共同的准绳,适用法律不能有双重标准;各国应共同维护国际法和国际秩序的权威性和严肃性,依法行使权利,反对歪曲国际法,反对以"法治"之名行侵害他国正当权益、破坏和平稳定之实。

第三,各国应共同推动国际关系合理化。他强调,全球治理应适应国际力量对比新变化,不断推进全球治理体制改革,以体现各方关切和诉求,更好维护广大发展中国家的正当权益。

王毅指出:"坚持国际法治是中国基于自身经历作出的郑重选择。……中国比任何国家都更希望在国际关系中以法治反对霸权强权、以规则维护公平正义,不愿看到我们经历过的屈辱和苦难在其他国家重演。"①

(五) 构建人类命运共同体

推动构建人类命运共同体,是习近平新时代中国特色社会主义思想的重要组成部分。2012年,党的十八大报告中明确提出,"要倡导人类命运共同体意识,在追求本国利益时兼顾他国合理关切,在谋求本国发展中促进各国共同发展,建立更加平等均衡的新型全球发展伙伴关系,同舟共济,权责共担,增进人类共同利益"。此后,习近平在六十多个国内外不同场合持续地阐释和强调命运共同体思想,从而向整个国际社会展示这一先进理念所蕴含人类利益和价值的相称性和国与国之间关系的公分母。②命运共同体理念是以往中国所提出的"和谐世界"③ 图景的升级版,是中国外交思想理念的集中表达,也是对当前世界逆全球化格局的

---

① 王毅:《中国是国际法治的坚定维护者和建设者》,《光明日报》2014年10月24日,第2版。
② Guo Jiping, *To Promise a Better Future for the World:Towards Community of Human Common Destiny*, People's Daily, 18 May 2015.
③ 2005年9月,胡锦涛在联合国总部发表演讲,首次在全球最普遍性的国际组织中阐述"和谐世界"的主张和理念,继而又在党的十七大报告中全面、系统阐述"和谐世界"的深刻内涵,即:"应该遵循联合国宪章宗旨和原则,恪守国际法和公认的国际关系准则,在国际关系中弘扬民主、和睦、协作、共赢精神。政治上相互尊重、平等协商,共同推进国际关系民主化;经济上相互合作、优势互补,共同推动经济全球化朝着均衡、普惠、共赢方向发展;文化上相互借鉴、求同存异,尊重世界多样性,共同促进人类文明繁荣进步;安全上相互信任、加强合作,坚持用和平方式而不是战争手段解决国际争端,共同维护世界和平稳定;环保上相互帮助、协力推进,共同呵护人类赖以生存的地球家园。""和谐世界"论的核心是"和谐共处"。与"和平共处"相比,"和谐共处"对国家间关系和人类社会关系要求的构建层次更高。它不仅要求维护和平,实现"和平共处",而且要在和平的基础上,促进和睦、合作和共同繁荣,实现"和谐共处"。

准确认知和有力应对。它是一种"以应对人类共同挑战为目的的全球价值观",其中包含"相互依存的国际权力观、共同利益观、可持续发展观和全球治理观"。①

2017年,在党的十九大报告中,习近平进一步系统阐释了中国坚持和平发展道路,推动构建人类命运共同体的具体内涵。从中国构想的蓝图看,人类命运共同体的理念是:"各国人民同心协力,构建人类命运共同体,建设持久和平、普遍安全、共同繁荣、开放包容、清洁美丽的世界。要相互尊重、平等协商,坚决摒弃冷战思维和强权政治,走对话而不对抗、结伴而不结盟的国与国交往新路。要坚持以对话解决争端、以协商化解分歧,统筹应对传统和非传统安全威胁,反对一切形式的恐怖主义。要同舟共济,促进贸易和投资自由化便利化,推动经济全球化朝着更加开放、包容、普惠、平衡、共赢的方向发展。要尊重世界文明多样性,以文明交流超越文明隔阂、文明互鉴超越文明冲突、文明共存超越文明优越。要坚持环境友好,合作应对气候变化,保护好人类赖以生存的地球家园。"② 中国在推动构建人类命运共同体的过程中,将高举和平、发展、合作、共赢的旗帜,恪守维护世界和平、促进共同发展的外交政策宗旨,坚定不移在和平共处五项原则基础上发展同各国的友好合作,推动建设相互尊重、公平正义、合作共赢的新型国际关系。中国坚持对外开放的基本国策,坚持打开国门搞建设,积极促进"一带一路"国际合作,加大对发展中国家特别是最不发达国家援助力度,促进缩小南北发展差距。中国秉持共商共建共享的全球治理观,倡导国际关系民主化,坚持国家不分大小、强弱、贫富一律平等,支持联合国发挥积极作用,支持扩大发展中国家在国际事务中的代表权和发言权。中国将继续发挥负责任大国作用,积极参与全球治理体系改革和建设,不断贡献中国智慧和力量。③

2018年3月,第十三届全国人大第一次会议通过《中华人民共和国宪法修正案》,宪法序言中增加了坚持和平发展道路、坚持互利共赢开放战略和推动构建人类命运共同体三方面的内容。④ 这是1982年宪法公布施行后,首次对宪法中有关外交政策的内容进行充实完善,从而也使人类命运共同体的理念上升为国家意志。推动构建人类命运共同体是中国为全球治理和国际法治建设贡献的重要国际公共产品,有助于各国建立国际机制,共同谋求世界和平与发展。

---

① 曲星:《人类命运共同体的价值观基础》,《求是》2013年第4期。
② 习近平:《决胜全面建成小康社会 夺取新时代中国特色社会主义伟大胜利——在中国共产党第十九次全国代表大会上的报告》,人民出版社2017年版,第58—59页。
③ 习近平:《决胜全面建成小康社会 夺取新时代中国特色社会主义伟大胜利——在中国共产党第十九次全国代表大会上的报告》,人民出版社2017年版,第58、60页。
④ 《中华人民共和国宪法》序言第十二自然段。

思考题:

1. 国际法在国际关系中的重要地位是什么?
2. 阐述国际法对于国家、社会、个人、企业的重要意义。
3. 学习和研究国际法有哪些基本方法?
4. 阐述马克思主义经典作家的主要国际法观点或立场。
5. 阐述不同历史时期中国国际法学的特点。

第一章 国际法的性质与发展

第一节 国际法的概念与特征

一、国际法的名称与定义

国际法（international law）有狭义和广义之分。狭义的国际法指的是国际公法（public international law），而广义的国际法还包括国际私法（private international law）和国际经济法（international economic law）。本教材所编写的内容仅限于国际公法。

国际公法，通称为国际法，其名称由来已久。古代罗马法曾有"市民法"（jus civile）和"万民法"（jus gentium）的区分。前者指的是调整罗马人之间关系的法律，后者则指调整罗马人与外国人之间以及外国人相互之间关系的法律。其实，当时的万民法并不是近代以来所指的国际法，至多也只是近代以来的国际私法。

一般认为，被冠以"国际法之父"的荷兰人格劳秀斯首次使用"万民法"来阐述调整国家之间的法律。他在1623—1624年所撰写的名著《战争与和平法》中所沿用的"万民法"实质上就是"万国法"（law of nations）或"国家间法"（law among nations）。1879年英国哲学家和法学家边沁在其著作《道德与立法原理》中改用"国际法"（international law），此后，这一名称逐步得到普遍接受，并一直沿用至今。

值得注意的是，国际法学界还将国际法分别定义为"一般国际法"（general international law）和"特殊国际法"（particular international law）或"区域国际法"（regional international law）。前者指的是对整个国际社会成员（国家和其他国际法主体）都具有法律约束力的原则、规则、制度和机制，后者则只对特定（区域）的成员具有法律约束力，如美洲国际法、欧洲国际法等。一般国际法不仅适用的范围要比特殊国际法广泛，而且其效力也高于特殊国际法。因此，一般国际法是学习和研究的重点。

与国际公法密切关联的是国际私法和国际经济法。国际私法并不直接调整国家之间和其他国际法主体之间的关系，而是调整不同国家的自然人或法人之间的民事关系的一种法律。从这个意义上讲，国际私法是一个国家的国内法，而不是国际法，有的学者甚至将其称为"涉外民法"。不过，在当今全球化不断拓展和深化的国际社会里，跨国民事交往日益频繁，国家之间或在国际组织的框架内有关调整跨国民事关系的条约和习惯不断增多，这表明国际私法与国际公法之间存在着密切的关系。

国际经济法原本是国际公法的组成部分。第二次世界大战后,随着国际经济组织的迅速发展和调整国际经济关系的原则、规则和制度的不断增多,国际经济法逐步形成为一个相对独立的法律体系。其法律规范基本上由两部分构成:一部分是调整国家与国家之间、国家与其他国际法主体之间以及其他国际法主体相互之间各种贸易、金融、投资、货币、税收、运输、知识产权等经济关系的条约和国际习惯;另一部分是各国或区域一体化组织在这些领域制定的涉外经济法律或规范。可见,国际经济法与国际公法的关系尤为密切。

二、国际法与国际关系、国际政治

国际法与国际关系拥有一个共同的基本元素和纽带——国家。

国家是国际法产生和国际关系形成的前提。没有国家的存在,就不会出现国际法;没有国家的力量,即使有了国际法,也无法得到适当的实施。同样,没有众多国家的并存并相互交往而形成国际关系,国际法就没有规范的客体。可见,国际关系是国际法形成和发展的社会基础。一言以蔽之,离开国际关系,国际法无根存在;而忽视国际法的作用,国际关系则无序而言。①

国际法与国际政治同样有着紧密的关系。美国的路易斯·亨金教授甚至认为国际法是国际政治的组成部分:法是政治主张的反映,是政治的规范表述,法就是政治,国际法就是国际政治。② 究其原因,国际法是民族国家组成的国际体系的法律。当然,它会反映该体系中的政治主张与各种价值,并服务于各种目标。可以说,国际法反映的是国际体系中的各种政治、经济势力,并由这些势力塑造而成。而且,任何一个时期世界秩序的剧变必然会引起国际法的变化,这表明国际法律从属于国际政治。一个国家在国际上的实力(政治、经济、军事等)在很大程度上既决定着该国对国际政治的影响,也决定着该国对国际法发展的影响。随着中国的和平崛起,中国对国际政治和国际法的影响必定会随之扩大和增强。

三、国际法的性质与特征

关于国际法的性质,首先要回答的问题是:国际法是不是法律?

凡是对国际法有所认知的人都不会怀疑国际法的法律属性。然而,从历史到现在,对国际法的法律性持否定论者也不乏其人。否定论者的早期代表人物17世纪的法学家普芬多夫就认为,只有自然法才是法,一切实在的国家间协议或"相

---

① Conway W. Henderson, *International Relations—Conflict and Cooperation at the Turn of the 21st Century*(《国际关系——21世纪之交的冲突与合作》), McGraw-Hill, 1998, p. 396.
② [美]路易斯·亨金:《国际法:政治与价值》,张乃根等译,张乃根校,中国政法大学出版社2005年版,第5—6页。

互义务"都可能被个别国家随意解除,因此它们不构成国际法律。19世纪英国法学家奥斯丁从法律就是国内法的观点出发,否定国际法是真正的法律,认为国际法只是"实在道德"(positive morality)。从两次世界大战直到"冷战"后时代的前南战争、科索沃冲突、海湾战争、利比亚战争等,每当国际法遭到粗暴的破坏或违反,就会引起人们对国际法的法律属性的怀疑。

否定或怀疑国际法的法律属性的一个重要理由是国际法的软弱性,即违反国际法的行为屡屡发生,但得不到应有的惩罚。其实,一般情况下,国际法通常是得到各国遵守的,违反甚至破坏国际法的现象毕竟是少数。正如美国的国际法教授富兰克所指出的,"在国际制度中,规则通常没有被强制执行,但它们大都得到遵守"。① 如同一个国内社会不能因常有刑事犯罪而否定一个国家刑法的存在,我们不能因为国际社会发生严重破坏国际法的行为(如侵略、种族灭绝)而否定国际法作为法律的存在。更何况国际法中已经建立了各种各样的责任制度、赔偿制度、制裁制度,甚至还有国际刑罚制度。

国际法是法,与"国际道德"或"国际礼让"是有区别的。历史上,英美法院曾经在判例中将国际法称为"国际礼让"。例如,在1880年"比利时国会号案"中,英国法官裁定关于外国大使和君主的豁免权的规则是"使每一个主权国家尊重每一个其他主权国家的独立和尊严的国际礼让"②。国际法与国际道德或国际礼让的区别在于:国际法是一种必须遵守,否则要承担违反责任的强制行为规范,而国际道德或国际礼让则是"通过舆论形成"并"依仗信仰及道义力量来维持"的行为规范。③

关于国际法的性质,要回答的第二个问题是,国际法是国家之间的法律,还是国际社会或国际共同体的法律?

在联合国成立之前,中外国际法著作或教科书几乎无一例外地将国际法界定为"各国在彼此交往中形成的有法律约束力的规则总体"。简而言之,国际法就是调整国家间关系的法律,即"国家间法"。在承认国际法整体为国家间法的前提下,不同宗教传统或不同社会制度国家的国际法学者在不同时期对国际法性质的认识也存在明显的差异。在国际联盟成立之前,西方国际法著作甚至将国际法认定为只是"近代文明或基督教国家之间的法律"。苏联的国际法教科书则强调国际法是"调整各国间在斗争和合作过程中的关系,旨在保证国家间和平共处,表现

---

① Thomas Franck, *The Legitimacy of Power Among Nations*(《国家间权力的正当性》),Oxford University Press,1990,p. 3.
② 转引自王铁崖:《国际法引论》,北京大学出版社1998年版,第11—12页。
③ 原著主编梁西、修订主编曾令良:《国际法》(第三版),武汉大学出版社2011年版,第8页。

这些国家统治阶级意志"。我国国际法学家周鲠生在1964年所著的《国际法》中也明确指出国际法"表现国家统治阶级的意志",不过,他同时强调不同政治和社会制度的各国统治阶级不可能有共同的意志,只能说是代表它们的"协调的意志"。

联合国成立之后,随着国际组织的迅速发展和民族解放组织的兴起,它们参与国际关系的行为能力和权利能力日益增多,国际法上的权利和义务不再局限于国家之间,而是扩展到其他国际行为主体。现在,普遍认为,虽然国际法仍然主要是调整国家间的关系,但它不再只是国家间的法律,而是属于整个国际社会的法律。还有的学者认为,"冷战"时期的国际法是共处的,而缓冲时期的国际法是合作的,而"后冷战"时代的国际法正在朝着"共进"(co-progressiveness)迈进。① 近年来,还有的国际法学者鉴于国际法的内容越来注重个人权利和全人类整体利益的保护,认为当代国际法已经具有明显的国际共同体法(law of international community)性质,或人本化趋势。②

作为适用于国际社会的国际法,与国内法相比,具有如下一些基本特征:③

第一,从主体来看,国际法的主体主要是公权机构。国家是基本的主体,此外还有国际组织和民族解放组织,个人只是在特定领域和范畴内享受国际法上一定的权利或承担一定的义务。在国内法中,个人(自然人和法人)是基本的主体,公权机构只有在特定的领域才是主体。

第二,从调整的对象来分析,国际法调整的是国际关系,其中主要是国家与国家之间、国家与国际组织之间、国际组织相互之间以及国家和国际组织与其他国际法主体之间的关系,只有在特定的领域中(如国际人权法、国际刑法、国际行政法等)才涉及个人的权利和义务关系。国内法则主要是调整自然人之间、法人之间、自然人与法人之间、自然人和法人与公权机构之间以及公权机构与个人之间的关系。

第三,从形成的方式来考察,由于国际社会是一个高度分权的、横向的"平行式"社会,国际社会的基本成员——各国之间的关系是平等者之间的关系,国际社会没有也不可能有一个超越各国的权力机构来进行国际立法,尽管当今国际社会的组织化和集中化程度有了很大的提高。因此,国际法的形成主要依靠各国在长期反复实践中形成的国际习惯和彼此之间通过谈判缔结的各种协议,即条约。

---

① 易显河:《向共进国际法迈步》,《西安政治学院学报》2007年第1期。
② Antonio Cassese, *International Law*(《国际法》), Oxford University Press, 2001, pp. 15-27; 曾令良:《现代国际法的人本化发展趋势》,《中国社会科学》2007年第1期。
③ 曾令良、饶戈平主编:《国际法》,法律出版社2005年版,第12—14页。

与之相对照，国内社会是一种纵向的"宝塔式"社会，[①] 有统一的中央权力机关来制定法律。

第四，从调整的法律关系的相互性来看，国际法的大部分规则是相互的和对等的。这是由国际法本质上是平等者之间的法律所决定的。国家主权平等是国际法首要的基本原则，任何国际法原则、规则和制度的确立都建立在这一原则的基础上。在国际法上，一国的权利就是他国的义务，反之亦然。国内法则不同，尽管法律面前人人平等是任何法律所固有的本质，但这主要体现在个人（自然人和法人）之间的法律关系，而在个人与国家之间的关系上，对个人而言，更多的是义务，例如服兵役、纳税、维护国家安全、遵守社会公德，等等。

第五，从国际法规则的性质来分析，大部分规则都属于任意性规则（jus dispositivum），不具有强制性。也就是说，在国际法上，国家既然拥有主权，当然可以选择是否缔结或参加某项国际条约从而同意受其约束。虽然1969年《维也纳条约法公约》确立了强行法或强制规范（jus cogens）概念，但是此等性质的国际法规则毕竟处于少数，而且国际法并没有列举哪些属于强制性规则，实践中有很大的不确定性，通常需要在具体案件中进行辨识。在国内法中，强制性规则和任意性规则基本上平分秋色：有的部门法主要是强制性的，如刑法；有的部门法主要是任意性的，如民法；而多数部门法既有任意性规则，又有强制性规则。

第六，从实施的方式着眼，国际社会没有统一的行政机关来执行国际法。国际法的实施主要依靠各国的执行行动或措施，即通过国家的"自助"（self-help），尽管有关的国际组织根据其章程在本组织框架内享有一定的执行权和监督执行权。国内社会则不同，每一个国家设立了完整的执法体系，具体负责国家法律的实施，而且设立了诸如军队、警察、税务之类的强制执行机关。

第七，从司法权来看，国际社会没有统一的司法体系来适用和解释国际法并解决各种国际争端。虽然有些国际组织设立了司法机关，或者通过特定的协议建立了专门性的法庭或仲裁机构，但是它们的管辖权是特定的、专门性的，不具一般性或普遍性，而且建立在国家自愿接受的基础上。国内社会则大不相同，各国都建立有统一和完整的司法体系，不同级别或不同类型的法院分别行使国家宪法和法律赋予的司法审判和法律解释权。

四、国际法效力的根据与范围

（一）国际法效力的根据

与国际法的法律性质相关的一个更深层的问题是，国际法的约束力源自哪里，

[①] 原著主编梁西、修订主编曾令良：《国际法》（第三版），武汉大学出版社2011年版，第11—12页。

即国际法效力的根据是什么？自近代以来，国际法学界对这个理论问题的研究从未间断，先后形成了一些学派，对不同时期的国际法发展产生了重要影响。以下简要阐述一些具有代表性的国际法学派的主张。①

1. 自然法学派

自然法学派主张昭示着宇宙和谐秩序的自然法为正义的标准，坚持正义的绝对性，特别重视法律存在的客观基础和价值目标，即人性、理性、正义、自由、平等、秩序，强调对法律的终极价值目标和客观基础的探索。在国际法学史上，自然法学派的代表人物主要有荷兰的格劳秀斯、德国的普芬多夫和瑞士的瓦特尔以及英国的劳里默。按照格劳秀斯的观点，自然法是国际法的独立渊源，国际法对各国的约束力不仅来自各国的意志，而且也来源于自然法。瓦特尔甚至认为，理性是国际法的主要依据，而国家的同意是次要的依据。普芬多夫则更为极端，强调自然法是国际法的唯一根据，在自然法之外并不存在具有真实法律效力的国际意志法或实在法。劳里默的特点是，在当时实在法学派已经流行的情况下仍然坚持自然法观点，认为人类法只是宣示了自然法，国际法只是在国家关系上实现自然法。

2. 实在法学派

实在法学派是与自然法学派相对立的一个学派，兴起于17世纪，19世纪末在国际法理论和实践中占据绝对优势。20世纪初之前，欧洲著名的国际法学者大都属于实在法学派，其主要的代表人物有英国的苏支、荷兰的宾刻舒克、德国的摩塞尔和马顿斯等。实在法学派主张国际法效力的根据不是自然法或抽象的人类理性，而是现实的国家同意或共同意志。各国的同意或国际社会的公认是国际法唯一的基础。例如，在苏支的国际法著作中，并没有提及传统的自然法。他以平时国际法为主，将整个国际法体系分成平时国际法和战时国际法，认为国际法是大多数国家间合乎理智的惯例所形成的法律（即国际习惯），以及国家之间所表示同意的法律（即国际条约）。宾刻舒克的国际法著作同样不涉及自然法，主要是从荷兰缔结的近代条约和先例中来阐述国际法。摩塞尔主张"像旅行家观看景色那样

---

① 杨泽伟：《国际法史论》，高等教育出版社2011年版，第96—197页；[英] 马尔科姆·N. 肖：《国际法》（第五版）（上），北京大学出版社2005年版，第22—64页；徐崇利：《决策理论与国际法学说——美国"政策定向"和"国际法律过程"学派之述评》，《国际关系与国际法学刊》第1卷，厦门大学出版社2011年版，第25—38页；王铁崖：《国际法引论》，北京大学出版社1998年版，第25—36页；白桂梅：《政策定向学说的国际法理论》，载《中国国际法年刊》（1990年卷），法律出版社1991年版，第217—221页；万鄂湘、王贵国、冯华健主编：《国际法：领悟与构建——W. 迈克尔·赖斯曼论文集》，法律出版社2007年版，第1—25页；Charlotte Ku and Pau F. Diehl (eds.), *International Law—Classic and Contemporary Readings*（《国际法——经典与当代读物》），Lynne Reinner Publishers, 2003, pp. 23-51。

记述国际法现象"，所以，他的国际法代表作全文刊载条约，并将宫廷之间的书简作为实例全文照录。对于习惯国际法，他认为应从惯例存在于现实之中这样一种经验主义的认识里去寻找国际惯例的终极基础。马顿斯的主要贡献是，他从1791年开始出版《马顿斯条约汇编》和被称为欧洲最早的国际先例集——《欧洲国际法主要先例详论》。

3. 国家意志说与国家自我限制说

在近代国际法学者阐述国际法效力根据的过程中，德国法律思想家黑格尔提出的"国家意志说"具有重要的影响。一方面，他主张法律完全属于国家这一抽象概念，国家是有主权的，并且还是至高无上的，没有任何东西能够凌驾于国家之上；另一方面，他也承认国际法的存在，将国际法理解为国家的"对外公法"。根据黑格尔的观点，国家意志决定了条约的存在和条约的具体内容。他将国际法的效力根据归结于"国家意志"的主张无疑属于实在法学派的思想范畴。

另一位德国法学家耶利内克所主张的国家"自我限制说"，或称为"自愿主义"或"自愿实在法主义"，是实在法学派衍生的另一种观点。这种观点是在上述黑格尔的"国家意志说"基础上发展起来的，认为国家同意受习惯国际法和协定的约束是国家最高意志的体现，正是这种最高国家意志限制了国家的主权。因此，国际法的效力来自国家本身通过"同意"这种机制对其主权意志所施加的"自我限制"。

4. 社会连带主义法学派

社会连带主义法学派或社会自然法学派是20世纪上半叶兴起的一个法学派，其代表人物有狄骥、波利蒂斯、塞尔等。该学派认为，一切法律的根据在于社会连带，而不是国家创造或国家同意。国际法的根据即建立在"国际的连接"上。法律纯粹是一种社会的产物，是为社会成员所自觉遵守的一种纯粹事实，有关的社会统治者只是把它制定成法律或条约的形式。国际法的唯一根源是各国的法律良知，它给予各国之间的连带关系所产生的经济的和道义的规则以约束性。

5. 规范法学派

规范法学派，亦被称为"维也纳学派"，也是20世纪上半叶形成的一个很有影响的国际法学派，代表人物是凯尔森、菲德罗斯、孔慈等。这一学派将自然法与实在法分开，建立一种所谓的"纯粹法学"，故该学派又被称为"纯粹法学派"。在凯尔森的著作中，他主张一切法律规则属于一个体系，其效力源于上一级的法律，最高一级为国际法，而国际法则来自一个所谓的"最高规范"，这一最高规范或称为"原始规范"就是"约定必须信守"。菲德罗斯也认为"约定必须信守"是国际法的最高规范，是国际法的效力依据，因为这个规则是一个客观规范，具有与生俱来的客观价值，不依赖人的意志，它不仅是一个纯粹的法律规范，而且也是一个伦理规则。

6. 政策定向说

"政策定向说"是第二次世界大战后兴起的一种国际法理论,主要用来挑战传统的实在法学派。该学说由耶鲁大学法学院麦克杜格尔和拉斯韦尔共同创立,后来毕业于该校的学生又继承和发展了该派理论,其中最具有代表性的人物是耶鲁大学法学院的赖斯曼教授。因此,该学派又被称为"纽黑文学派"或"耶鲁学派"。该学派反对分析实证主义法学派只注重国际法规则的形式和强调国际法自主性的观点,主张法律必须服从于社会之目的,法律必须通过解释以保证共同体基本目标的实现。该学说尤其主张在广泛的社会背景下考察国际法,把国际法看作一种特殊的动态政治和社会决策过程,而不是静止的法律规则体系。确切地说,该学说将法律界定为"权威决定过程"。在这个广泛的社会过程中运作的是另一个过程,即"世界权力过程",正是各种过程使得世界上的特定价值得以实现。换言之,"世界权力过程"决定具体的结果,控制具体的行为。"政策定向说"受国际政治学中"强权政治说"影响。依照这个学说,国际法是国家对外政策的表现,国际法的效力取决于国家的对外政策。

综上所述,在国际法效力的根据问题上,国际法学界的认识可谓莫衷一是。上述诸种理论或学说各有其合理性,分别试图从历史、社会、政治、道德、规范本身和法律本质等不同的角度来说明国际法约束力的来源。考察不同学说产生的背景,不难发现每一种学说都带有明显的历史或时代的印迹,同时都难免存在固有的片面性或缺陷。最早形成的自然法学派以自然理性和正义来说明国际法的效力,与中世纪形成的神权法学相比,无疑是一个飞跃。后来兴起的实在法学派及其各种分支流派突出"国家意志"或"国家共同意志"是国际法约束的决定因素,可以说是对自然法理论的又一次飞跃,即第二次飞跃。第二次世界大战前后到晚近产生的一些关于国际法效力根据的理论,并没有对实在国际法学派的观点有实质性的突破,只不过特别强调社会因素和政治因素对国际法效力的决定性影响而已。

我国的国际法学者从周鲠生开始,受苏联国际法思想的影响,一般都认为国际法的效力依据是"各国意志的协调"。应该说,"意志协调说"是一种科学的国际法效力依据的理论,它反映了国际法的本质特征和普遍实践,因为:国际社会是由不同的政治与社会制度和经济发展水平以及宗教文化差异的各国组成的,在价值取向、政治意愿和利益取舍等方面难免会发生矛盾、分歧和冲突。在纷繁复杂的国际社会里,国际法很难产生于各国的共同意志。但是,国家之间通过谈判、协商,矛盾是可以化解的,分歧是可以协调的,冲突也有可能避免。国际法(尤其是条约)正是通过谈判和协调各国的意志而逐步形成的。

最后，需要专门指出的是，在当今国际社会全球化不断扩展和深化趋势下，除了国家之外，政府间组织、非政府组织、国际民间团体、跨国公司，甚至私人，越来越多地参与国际关系和全球治理，它们的意志或多或少地反映在有关的协定和国际组织的决议之中。因此，当代国际法的效力根据不仅仅是各国意志的协调，还应该是国际社会各种行为体意志的协调。

（二）国际法效力的范围

国际法效力的范围涉及国际法适用的地域范围和时效两个方面。

1. 国际法适用的地域范围

一般来说，从理论上讲，一般国际法或普遍国际法适用于世界范围内的所有国家或整个国际社会，而区域国际法或特殊国际法适用于地球上特定区域内的国家或区域社会，例如，美洲国际法适用于美洲国家，欧洲联盟法适用于欧洲联盟的成员国。然而，在近代，受强权政治和殖民主义的影响，一般国际法效力的范围限于欧洲国家或所谓"基督教文明国家"。

还需要指出的是，国际条约的适用有其特定的地域范围。一般情况下，条约只适用于缔约方的领土，除特殊情形外，条约不适用于第三方的领土（详见第十三章第六节）。

2. 国际法的时效

国际法的时效是指国际法适用在时间上的效力，即国际法效力的时间长度或到何时为止。一般来说，国际法具有永久的效力。但是，就条约的时效而言，有的条约是永久的，有的条约明确规定了适用的期限。在实践中，即使是一项永久性的条约，也有可能被废止或修改。这样一来，被废止的条约从被废止之日起就失去了地域效力和时间效力，而被修改的条约的效力则遵行修订后的条约规定。国际法习惯规则也是如此。一项国际法习惯规则具有持久的效力，除非被废止或被新的习惯规则所取代；如果被废止或被取代，就存在原来的习惯规则的时间效力范围，这就是所谓的"时际法"。①

第二节 国际法的形成与发展

一、古代社会及中世纪的国际法

古代是否有国际法的存在，是一个有争议的问题。较为普遍的观点认为，虽

---

① [美]凯尔森：《国际法原理》，王铁崖译，华夏出版社1989年版，第18—79页；李兆杰：《国际法中的时际法原则》，《中国国际法年刊》（1989年卷），法律出版社1990年版，第109—112页。

然古代没有国际法的词汇和概念，但是在一些文明古国（如古希腊、古罗马、古印度和古代中国）的确存在一定形式的国际法。只不过，当时的国际法形式原始、零散，而且与神权、宗教、道德等思想或观念联系在一起，它们对于后来国际法的形成和发展（尤其是欧洲国际法）产生了不可忽视的影响。据记载，在古埃及，公元前3100年就曾出现了美索不达米亚城邦之间订立的条约，公元前1291年埃及法老拉姆捷斯二世和赫梯皇帝哈图希里二世所签署的和约被认为是国际法历史上的第一个正式条约。在古印度，也有关于国家之间频繁交往并形成了国际法规则和制度的史料记载，尤其表现在战争和人道法规方面。在古希腊，众多"城邦"或"城市国家"（city state）并存，它们在彼此交往过程中形成了较多的国际法制度。除了各种条约之外，最重要的一种制度就是仲裁，仲裁通常是战争发生之前所采用的解决争端的办法。在古罗马，无论是作为一个城邦的第一时期，还是成为一个帝国的第二时期，都有类似于国际法的一些制度，诸如设立由僧侣组成的祭司团负责执行关于条约和战争以及其他国际事项（派遣使节、引渡等）的宗教仪式，制定专门调整罗马人与外国人之间关系的"万民法"以及较为系统的战争法则，等等。关于古代中国的国际法，详见本章第三节。

整个中世纪大致可以划分为四个时期，即从古代到中世纪的过渡时期（400—800）、中世纪早期（800—1300）、中世纪后期（1300—1500）和"西班牙时代"（1500—1648）。概括地讲，从过渡时期到中世纪早期的几百年间，由于罗马教皇和皇帝是欧洲社会至高无上的权威，形成了一个以封建割据为基础的统一的基督教社会，国际法没有多少适用的空间，从而使国际法的发展几乎处于停滞的状态，尽管基督教帝国与伊斯兰帝国之间也订立一些与战争有关的协定。到了中世纪后期，欧洲国家体系开始逐步形成，各国相继享有一定的自主权，尽管形式上仍然属于罗马皇帝之下。在这一时期，有两项制度对国际法的发展具有特别的意义：一是常驻使团开始设立；二是通过订立条约取得和划分海外领土。在"西班牙时代"，对国际法发展具有重要意义的是西班牙、葡萄牙、荷兰和英国等海洋强国争夺海洋地位，最终导致通过签订条约划分海域和确立"海洋自由"原则。

二、近代国际法的产生与发展

1648年《威斯特伐利亚和约》标志着近代国际法的形成。

《威斯特伐利亚和约》具有划时代的意义，它是国际关系和国际法史上的一块重要的里程碑。该和约不仅结束了欧洲长达30年的新教与旧教之间的战争，促成了一大批罗马帝国统治下的城邦国家取得了独立并使荷兰和瑞士成为主权国家，从而在欧洲建立了主权国家体系，确立了领土主权、国家平等、条约必须遵守、国家承认等原则，而且还建立了通过国际会议解决国家间争端的制度。

1789年的法国大革命和1806—1815年的拿破仑战争促进了近代国际法的发展。

法国大革命期间通过的一些重要文件，如1789年的《人权宣言》和1795年的《国家权利宣言》，以及与其他欧洲国家签订的有关条约中确定的一些原则，如人民民主原则、人权平等原则、不干涉原则、领土和边界不受侵犯原则、公民投票原则（决定领土变更）、海洋自由原则、引渡与庇护原则、国际河川使用原则、宣战原则等，不仅是法国处理内政和对外关系的重要准则，而且后来逐步被吸收为国际法的一般原则。

拿破仑战争加速了神圣罗马帝国的最终解散，从此国家主权和独立盛行于整个欧洲。战争期间，法国、英国等交战国大行海上封锁和陆地封锁之道，禁止船舶和货物在各自控制的领域和海域通行和港口停靠，并相互指责对方违反国际法。

从1815年维也纳公会到1914年第一次世界大战爆发前，欧洲出现了100年的所谓"欧洲协作"时期。所谓"欧洲协作"，就是欧洲主要国家之间通过举行一系列多边会议（如1814年6月至1815年10月的维也纳会议、1818年的亚琛（夏佩勒）会议、1856年的巴黎会议、1871年和1912年两次伦敦会议、1878年和1884年两次柏林会议、1899年和1907年两次海牙和平会议等），协商和处理各种欧洲事务。"欧洲协作"是近代欧洲主要国家之间彼此既斗争又合作的维持权势均衡的一种模式。这种模式不仅维系了欧洲长达一个世纪的总体和平（虽然局部小规模的战争偶有发生），而且在许多方面创造性地发展了国际法，主要表现在：

第一，开创和发展了定期多边会议制度。在"欧洲协作"期间，平均每两年至少要举行一次多边协商会议，先后召开了三十多次多边会议。为此，19世纪被称为"国际会议的世纪"①。这些会议在议程、议事、代表资格、座次安排、决策程序、表决、工作语言、秘书机构及其职责等方面形成的规则和制度，不仅对后来的国际会议制度起到了先导作用，更重要的是，为19世纪下半叶建立国际河流管理机构和国际行政联盟及20世纪建立普遍性国际组织奠定了基础。

第二，促进了外交制度的法典化。虽然《威斯特伐利亚和约》之后，欧洲国家间派遣和接受常驻外交使节已经成为一种通例，英国还专门通过了《外交大使、公使和官员特权保护法》，但是直到1815年的《维也纳公会文件》的一个附件才首次正式将外交代表分为大使（教廷大使）、公使和其他全权代表三级，从而在国际法上首次实现了外交代表等级的法典化。

第三，带来了国际条约数量的明显增多和种类的多样化。在"欧洲协作"时期，几乎每一次国际会议都会产生国际条约，甚至有的国际会议还会诞生多项条

---

① 梁西：《国际组织法（总论）》（第五版），武汉大学出版社2001年版，第22页。

约。这些条约既有多边的，也有双边的，数量显著增多。更重要的是，条约的类型呈多样化趋势，除了处理战争与媾和问题的政治性条约之外，更多的条约涉及通商、贸易、宗教、少数民族、海洋、国际河流、人道主义和国际争端解决等广泛的领域。

第四，明确地禁止奴隶买卖，为后来反对种族歧视和人权法的发展发挥了先导作用。在维也纳公会之前，买卖奴隶不仅在国内法上被允许，国际法上也不加禁止。维也纳公会首次通过了《各国关于取缔贩卖奴隶的宣言》，接着于1841年签署了专门的《制止奴隶制度条约》，后来的一些公约更加全面地禁止奴隶贸易，从而为20世纪国际法上禁止种族歧视和整个人权法的发展奠定了基础。

第五，推动了国际河流制度的建立。随着各国贸易往来的发展，途经界河和流经多国河流变得必不可少。从1815年维也纳公会开始，通过签署有关国际条约，国际河流的概念和商业航行自由的原则得以确立，与此同时，这些国际河流的常设管理机构也相继建立起来。

第六，战争法、人道主义法和国际争端解决法的编纂有了新的突破。近代国际法的一个特点是有关战争和人道主义的规则较多。但是，直到19世纪末20世纪初，有关战争、人道主义和国际争端解决规则的法典化或制度化才真正形成（详见第十八章）。遗憾的是，战争法、人道主义法和国际争端解决法的这些发展并没有阻止第一次世界大战的爆发。

需要特别强调的是，在肯定近代国际法的进步性的同时，还必须正视其反动性。近代国际法带有明显的强权政治、欧洲主义和殖民主义色彩。在整个近代，国际法和国际法学起源于欧洲，主要适用于欧洲或"基督教文明国家"，非洲、亚洲和美洲则是欧洲列强的殖民地或半殖民地，被排斥在国际法的适用范围之外。直到18世纪，随着美国的崛起，国际法才逐步在美洲和非洲得到适用。至于亚洲（尤其是近东和远东），直到19世纪，西方列强为了侵略和扩张的需要，才将国际法有选择地适用于这些地区的国家，而且主要适用那些对西方列强有利的国际法规则。

三、现代国际法的发展

关于现代国际法的起始，国际法学界主要存在三种观点。一种观点认为，现代国际法以1917年俄国十月革命胜利或第一次世界大战结束为标志，因为第一次世界大战和俄国十月革命打破了旧的国际法格局，国际社会从此出现了不同社会制度并存的国家体系，尤其是十月革命期间通过的一系列法令、宣言、决议以及缔结的条约中确立的不割地、不赔偿、不兼并、废除不平等条约、禁止侵略战争、民族自决、和平共处等原则，对国际法的发展具有质的飞跃意义。另一种观点认为，现代国际法应以国际联盟的建立为标志，因为《国际联盟盟约》首次限制国家的战争权并且建立了第一个普遍性国际组织和集体安全制度。更有学者主张，现代国际法是从第二次世界大战结束或联合国建立时才真正开始，因为《联合国宪章》不仅建立了更加强大的普遍性国际组织——联合国和更为强化的集体安全制度，更重要的是，首次系统确立了国际法的基本原则。与近代相比，现代国际法进入了一个崭新的阶段，发展的速度明显加快，既有横向领域的扩展，又有纵向方面的深化，而且更具有历史的进步性。概括起来，主要体现在如下一些方面：①

第一，国际法主体的数量急剧增加，国际法主体的类型由单一趋向多元。传统国际法只承认主权国家是唯一的国际法主体，在近代，国际法主体不仅数量有限，而且类型单一。进入20世纪后，尤其是第二次世界大战以后，国际法主体无论在数量上还是质量上都发生了很大的变化。在数量上，自50年代末开始，随着全球殖民体系的逐步瓦解，一大批亚、非、拉地区的殖民地纷纷独立，相继成为主权国家，形成了国家数量迅速增多的一次高潮。到了80年代末90年代初，伴随苏联和南斯拉夫的先后解体，东欧在短短的几年内增加了十多个新国家，形成了国家数量激增的第二次高潮。以联合国为例，成立之初，只有50个创始会员国，如今会员国已经增至193个。主权国家数量不断增多的必然结果是：国际法的基本主体和效力空间真正具有了普遍性。

除了主权国家之外，一些准国家实体，如正在争取独立的民族也获得了国际法主体的资格，它们在争取独立和组建国家的过程中也与主权国家和国际组织发生交往与合作，并由此产生国际法上的权利义务关系。引起国际法主体数量急剧增多的另一个主要动力是国际法组织的迅猛发展。20世纪被称为"国际组织的世纪"②。国际社会的日益组织化不仅表现在国际组织数目的增长上，更重要的是体现在国际组织职权范围的扩大上，它早已冲破初创时期的地域和领域的局限，其活动涉及当今人类生活的所有方面。随着国际组织参与国际关系权能的发展，它们作为国际法主体的资格得到了普遍的认可，从而使国际法主体的数量有了更大幅度的扩充。

正在争取独立的民族和国际组织成为国际法主体，不仅扩大了国际法主体的数量，而且丰富了国际法主体的类型。国际法主体不再是主权国家的专利，还包括能够独立承受国际法上的权利和义务的其他实体，或者是过渡性的国际法主体，

---

① 王铁崖：《国际法引论》，北京大学出版社1998年版，第305页；原著主编梁西、修订主编曾令良：《国际法》（第三版），武汉大学出版社2011年版，第23—28页；曾令良、饶戈平主编：《国际法》，法律出版社2005年版，第35—40页。

② 梁西：《国际组织法（总论）》（第五版），武汉大学出版社2001年版，第22—23页。

或者是派生的国际法主体。

第二,国际法客体和领域不断扩展,纯属国家主权管辖的范围相对缩小。国际法主体的多样性还意味着国际法所调整的法律关系也发生了变化。现代国际法不再只是调整国家之间的关系,还要调整国家与其他国际法主体之间以及其他主体相互之间的关系,甚至还要调整国家和其他国际法主体与个人之间的关系。

近代国际法主要集中于国际间政治关系或外交关系的调整,特别重视战争法和外交法以及与战争相关的法律,和平法则相对滞后。尽管从"欧洲协作"时期开始和平法逐步发展起来,如海洋法、航海通商法、国际争端解决法等,但是这些和平法则只适用于所谓的"基督教文明国家"。传统国际法把国家主权推至极端,国内法管辖广泛的范围,国际法调整的范围则相对窄小。而且,即使是这个狭小的范围,其所维持的也是西方列强组成的"小范围的秩序",此等秩序之外的大范围则处于"无序"的状态。

经过两次世界大战的浩劫,人类社会对国际法的功能和作用有了更全面和更深刻的认识。除了强化防止侵略、制止战争和维持和平与安全之外,还需要国际法在促进国际经济和社会发展等领域发挥更广泛的作用,因为历史经验证明:人类的和平、安全、经济发展和人权保护密不可分,相互支撑。伴随着现代科学技术的发展和经济全球化的不断扩展和深化,现代国际法的领域迅速扩大,逐步渗透到国家和人类生活的方方面面。而且,在传统国际法基础上,现代国际法体系中逐步形成了一系列新的分支,如国际经济法(包括国际贸易法、国际投资法、国际货币金融法、国际竞争法、国际税法、国际知识产权法等)、国际组织法、国际人权法、外层空间法、极地法、国际刑法、国际环境法,等等。

现代国际法领域不断扩展的一个重要后果是,国家主权管辖的范围相对缩小,或者说,纯属国家内政的事项相对减少。另一个重要后果是,国际法由过去以规范各国管辖权为核心的"共处"国际法逐步朝着规范各国间"合作"的方向发展。

第三,国际社会日益组织化,促使国际法的制定从分散的状态朝着更加集中的方向发展。传统国际法发展缓慢固然是由多种因素造成的,如通信不发达、交通不便利等,但是最根本的原因是国际社会没有一个统一的立法机构,国际法的制定完全依靠国家自身的实践和国家间的协议。尽管后来通过召开国际会议的方式缔结条约,但是由于这种会议不是常设的,并不能改变国际法制定方式分散、效率低下、不具有稳定性和系统性等缺陷。

如前所述,20世纪是国际组织快速发展的一个世纪。这种发展不仅催生了一个新的国际法分支——国际组织法,更重要的是,它带来了国际法发展方式的转变。首先,国际组织提高了国际习惯辨识和确认的速度和效率。过去,考究国际习惯规则是否确立或被各国所认可,要考察各国的国内法和司法实践以及对外关系的各种行为，极为费时。如今，普遍性国际组织决策机关的决议、国际司法机构和仲裁机构的裁决和咨询意见以及各会员国在国际组织中的言行等，都是确认国际习惯规则的重要方式。其次，在普遍性国际组织诞生之前，除了一些国际法学者和民间团体的编纂之外，很少有官方的国际法编纂活动。虽然到了19世纪末20世纪初通过国际会议编纂国际法取得了一些有限的成效，但总体上国际法的编纂处于十分零散的状态。国际组织成立之后，国际法编纂成为这些组织的持久的常规活动。尤其是《联合国宪章》明确规定，促进"国际法之逐步发展与编纂"是联合国大会的主要职权之一。七十多年来，经联合国国际法委员会和其他专门委员会起草的国际条约数以百计，如果加上在其他专门性机构主持下签署的条约，数量更大。尽管与国内法相比，国际法仍然显得较为分散，但是从其自身的发展来看，国际组织给国际法发展带来的集中化趋势是显而易见的。

第四，国际法更具有时代的进步性，更符合国际社会整体的利益和需要。现代国际法的进步性首先体现在国家的政治目标的确定和实现目标的方式的选择上。在传统国际法中，受绝对主权原则的支配，各国首先选择自己的政治目标，然后确定采用和平方式还是战争方式来予以实现。在现代国际法中，和平与安全是各国首选的政治目标。第一次世界大战后的《国际联盟盟约》首先规定，国家间争端在提交一定程序解决之前不得诉诸战争。1928年的《巴黎非战公约》宣布废弃战争作为实行国家政策的工具。第二次世界大战后的《联合国宪章》则进一步明确规定禁止使用武力或以武力相威胁，并且建立了比国际联盟更加系统和强化的国际集体安全体制。在国际经济关系领域，现代国际法强调国家对其自然资源拥有永久主权的权利，对于广大的发展中国家尤其是最不发达国家的贸易强调普遍优惠制度以及特殊与差别待遇原则。在国际环境保护领域，强调发展中国家承担共同但有区别的责任制度。尤其重要的是，现代国际法在坚持维护国家主权利益的同时，开创了外层空间为"人类共有物"、国际海底为"人类共同继承财产"、文化多样性为"人类共同遗产"等维护人类整体利益的原则和制度。

第五，国际法的强制力进一步加强，国际法的遵守机制更趋完善。现代国际法在明确规定禁止使用武力或以武力相威胁的同时，加强了维护国际和平安全的机制和措施，如联合国维持和平和建设和平行动、联合国安理会的制裁行动，等等。此外，还建立了国际刑事责任制度，例如第二次世界大战后建立的纽伦堡军事法庭和远东军事法庭以及对德国和日本实行的限制主权的措施。在禁止大规模杀伤性武器的试验和研制方面，联合国先后主持制定了一系列具有较强操作性的公约，并与国际原子能机构一起建立了常态化的检查、监督和制裁机制。在国际立法方面，1969年《维也纳条约法公约》明确规定了"强行法"概念。现在，国际社会普遍认为，国际强行法不仅是一项条约法的规则，而且同样存在于国际习惯规则之中，从而很大程度上消除了人们对国际法软弱性的疑虑。国际人权法是现代国际法发展的主要标志之一，这不仅表现在国际人权条约的众多，更重要的是各种人权条约都建立了相应的实施与监督机制，从而大大增强了国际人权法在各缔约国的效力。

四、当代国际法的趋势与挑战

进入 21 世纪，当代国际法呈现出如下一些新的挑战和趋势，引人瞩目①：

第一，随着一系列重要公约的诞生，国际法适用的领域或空间得到进一步拓展。例如，在反恐领域，虽然关于防止和打击国际恐怖主义的全面性公约仍在谈判之中，但是继 20 世纪的一系列专门性的反恐条约之后，2005 年通过了《制止核恐怖主义行为国际公约》，而且联合国还通过了一系列打击国际恐怖主义的决议。在反腐败领域，2005 年 12 月生效的《联合国反腐败公约》具有深远的意义，标志着反腐败已经超出了各国国内法和区域机制的范畴，正式进入国际法管辖的领域。在文化领域，联合国教科文组织继 2001 年通过了《世界文化多样性宣言》之后，于 2005 年通过了《文化多样性公约》，首次以多边公约的形式确立了"文化多样性是人类共同遗产"，从而拓展和进一步丰富了国际法上原有的"人类共同继承财产"或"人类共同物"的概念、原则和制度。

第二，国际法上"对一切义务"（obligations erga omnes）或共同体义务（community obligations or rights）概念的形成和发展，在很大程度上增强了国际法的强制效力。这种新兴的国际法义务的基本特点是：（1）它们是一种旨在保护基本价值的义务，如和平、人权、民族自决、环境保护，等等；（2）它们是一种对国际社会所有成员（或多边条约中所有缔约国）或人类整体的义务；（3）它们是一种属于任何其他国家（或任何其他缔约国）的权利相伴随的义务；（4）这种权利（即共同体权利）可以由任何其他国家（或任何其他缔约国）来行使，而不论该国在物质上和道德上是否受到这种违反义务的损害；（5）这种权利是代表国际社会整体（或缔约国整体）为维护整个国际共同体基本价值而行使的。② 可见，这种新兴的国际义务超出了国际法上的权利与义务的对等原则。

第三，在当今国际社会全球化不断扩展和深化的背景下，国际法与全球治理之间日益呈现出高度的时代契合性。"全球治理"的概念兴起于 20 世纪 80 年代末 90 年代初，主要是指国际社会对关涉人类整体利益和共同命运的事务进行治理的

---

① 原著主编梁西、修订主编曾令良：《国际法》（第三版），武汉大学出版社 2011 年版，第 28—29 页。
② Antonio Cassese，*Introduction to International Law*（《国际法导论》），Oxford University Press，2001，p. 16.

实践及相关理论。① "冷战"结束后特别是进入 21 世纪以来,人类社会开始进入"国际共同体时代",全球治理与国际法的交互关系日益明显,并对当代国际法的发展产生了以下几个方面的影响②:(1) 人权、法治和民主成为全球治理和国际法更高和更深层次的价值取向,维护全人类共同利益成为全球治理和国际法的首要使命;(2) 非政府组织、国际民间团体、跨国公司等非国家行为体在全球治理和国际法进程中的作用和影响越来越大,国家的"绝对强势"地位则有所下降;(3) 全球治理进程中的规制工具趋于多样化,各种"软法"规范的重要性日益凸显,私人机构或行业协会制定的自主规范也成为自成一类的全球治理工具;(4) "对一切义务"原则、《联合国反腐败公约》等当代国际法的新发展,使国际规则的遵守与执行机制得到一定的丰富和创新,并表现出更大的灵活性。

第四,在 20 世纪国际人权法和国际人道法的基础上,21 世纪的国际法人本化趋势尤为突出。所谓国际法的人本化,主要是指国际法的理念、价值、原则、规则、规章和制度越来越注重单个人和整个人类的法律地位及其各种权益的确立、维护和实现。当代国际法的人本化主要表现在两个基本方面:一方面,国际法中已经出现了大量有关确立个人和人类的法律地位和各种权益的原则、规则、规章和制度(如国际人道法、国际人权法、国际难民法、国际刑法等);另一方面,国际法人本化的主体和对象不仅指个人,还包括整个人类。诚然,国际法的人本化不但没有改变国际法的"国家间"属性,而且归根结底还是通过"国家间"协议和各国的认可予以确立和实现的。没有国家间的条约和各国承认的国际习惯法,不可能有国际法的人本化现象;没有国家间的合作,国际法的人本价值,无论多么崇高,也不能变成现实。③

第五,在 20 世纪一系列临时性国际刑事法庭的基础上,21 世纪初常设国际刑事法院的建立,实现了国际刑事责任制度的历史性突破,具有划时代的意义。首先,它突破了临时性国际刑事法庭是"胜利者的正义"或"临时的正义"的局限和嫌疑,实现了国际刑事领域的持久正义。其次,国际刑事法院与国内法院以及联合国安理会之间在惩处诸如灭绝种族罪、违反人类罪、违反人道罪、侵略罪等严重的国际罪行方面建立了一种固定的合作、协助和补充关系。

在新的世纪里,国际法在取得诸如上述一系列新发展的同时,也伴随着新的挑战。例如在反恐领域,国际社会对恐怖主义还没有形成国际法上的定义,在实践中存在着如何避免反恐行动伤害无辜人群、恐怖分子嫌疑人的人权和反恐行动

---

① 刘建飞:《全球治理中的国际秩序变革》,《学习时报》2016 年 7 月 4 日。
② 曾令良:《全球治理与国际法的时代特征》,肖永平、黄志雄编:《曾令良论国际法》,法律出版社 2017 年版,第 17—40 页。
③ 曾令良:《现代国际法的人本化发展趋势》,《中国社会科学》2007 年第 1 期。

的扩大化等问题。又如，在强调国家保护人类整体权益和惩处最严重国际罪行的责任的同时，如何防止国家的保护责任不违背国家主权和不干涉内政等国际法基本原则，即国家保护责任的范围问题。再如，在诸如人权、环境、知识产权、贸易自由化、金融安全、投资便利化、公平竞争、卫生、动植物安全、生物多样性、世界文化遗产和文化多样性等全球治理的广泛领域中，如何保障国际决策与立法的科学性、民主性和透明性，尤其是广大发展中国家的充分参与和自身发展问题。如此种种挑战，决定着21世纪国际法的发展道路势必崎岖曲折，任重道远。

第三节　中国与国际法

一、中国古代国际法的遗迹

中国古代社会是否存在着国际法，是一个有争论的问题。根据美国传教士丁韪良的研究报告——《中国古代国际法的遗迹》，春秋战国时期诸侯各国间的关系规则类似于近代国际法规则。① 这一时期，诸侯林立且彼此交往，必定形成一些共同信守的习惯和规则。这些习惯和规则名为"礼、信、敬、义"，其中"礼"近似国际规则，"信"近似国际道德，"敬"近似国际礼节，"义"近似国际公理。②

公元前221年，秦始皇统一了中国，从此中国进入了长达两千多年的大统一的封建帝国时代。在这样的时代里，中国与邻邦和外国是一种"天朝"与"藩属"或"夷狄"的关系，这不是一种平等交往的关系，而是一种阶层或等级关系，维系这种关系的是"朝贡制度"。在这样的关系中，国际法没有存在的社会基础。

二、近代国际法输入中国

近代中国第一次接触国际法是在1662—1690年清朝与荷兰的交往中。荷兰在谈判中提到"万国法"和"一切王君的习惯"，并主张使节的豁免权，但由于清朝官员没有平等交往的国际法观念而拒绝接受。1689年中国与俄国签署的《尼布楚条约》被认为是中国与外国缔结的第一个条约，也是近代中国与外国缔结的为数极少的平等条约。一般认为，国际法正式引入中国始于1840年的鸦片战争。1839年，清朝钦差大臣林则徐到广州禁烟期间，为了取缔鸦片和阻止英国的鸦片贸易，寻找国际法依据。他派人翻译了瓦特尔的《万国法》一书中有关战争、封锁和扣船等章节。1862年清朝政府聘请美国传教士丁韪良将惠顿的著作 *Elements of Inter-*

---

① 王铁崖：《国际法引论》，北京大学出版社1998年版，第305、358—364页。
② 原著主编梁西、修订主编曾令良：《国际法》（第三版），武汉大学出版社2011年版，第29页。

national Law 翻译成中文，并于 1864 年正式出版，名为《万国公法》。

但是，整个近代，国际法在中国的适用是极其有限的，而且大都在不平等的条件下予以适用，因为西方列强从根本上将当时的中国排斥在所谓的"文明国家"之外。从 1842 年中英签订第一个不平等条约——《南京条约》开始，中国进入了一个屡遭西方列强武力侵略、勒索和强加不平等条约的时代，如 1858 年第二次鸦片战争期间签订的《天津条约》、1860 年第二次鸦片战争后签订的《北京条约》、1895 年中日甲午战争后签订的《马关条约》，等等。八国联军侵华战争之后，西方列强与清政府于 1901 年签订的《辛丑条约》，将不平等条约体系发展到了高峰，中国半殖民地社会由此完全形成。

据统计，西方列强通过不平等条约在中国掠取的特权十分广泛，主要包括：领事裁判权；固定的低关税；通商口岸的外国租界；租借地；外国使馆区和使馆卫队；铁路的外国驻军；沿海口岸和长江的外国炮舰和军舰；铁路沿线的外国警察；外国管理海关、邮政和监狱；内河航行权；免除直接税；偿付赔款；铁路、采矿和电信让与权；借款和借款担保；发行钞票权；教徒的居住、取得不动产和传教的权利；设立不受中国监督的教育机构；片面的、无条件的和范围广泛的最惠国条款；等等。

三、中国与 20 世纪上半叶的国际法

经过第一次世界大战，中国于 1920 年参加国际联盟，从形式上进入了国际社会。当时的中国政府虽然在 1921—1922 年的华盛顿和会上提出了废除不平等条约的主张，但是遭到日本的反对，西方列强也只是半心半意地支持。结果，在九国公约中只是一般性规定：尊重中国领土主权完整和政治独立。

孙中山坚决主张废除不平等条约，1924 年 1 月 31 日在他作为领袖的国民党第一次全国代表大会发表的宣言中，将废除一切不平等条约作为国民党的目标之一，并在其政治纲领中规定一切不平等条约，如租借地、领事裁判权、外国人管理海关以及外国人在中国行使政治权力等，应予以取消，并在平等和相互尊重主权的基础上缔结条约。1925 年 3 月，孙中山在他的遗嘱中再次提及废除不平等条约。

1927 年 5 月至 1928 年 7 月，国民党南京政府曾分别发表采取正当手续废除一切不平等条约的宣言、关于条约的宣言、对外宣言和关于重订条约的宣言。1931 年 5 月，国民议会再次发表宣言，声明"中国国民对于各国以前所加于中国之不平等条约，概不予以承认"。然而，由于内政不稳和国力不强，国民党政府与外国政府的谈判没有取得任何具体结果。

第二次世界大战爆发客观上为中国废除不平等条约提供了契机。中国作为反法西斯同盟的重要国家之一，在对日、德、意战争宣言中声明与这些国家订立的

一切不平等条约从此取消。从 1941 年到 1947 年，中国国民党政府先后与英、美、比、卢、挪、加、瑞典、瑞士、荷、法、丹、葡等国通过谈判，废除不平等条约和订立新约。但是直到中华人民共和国成立，不平等条约在中国才彻底瓦解。①

四、新中国对现代国际法的贡献

1949 年新中国成立后，中国与国际法的关系进入了一个崭新的时代。尤其是改革开放 40 年来，言行一致、表里如一，对国际法的发展作出了突出的贡献。概括起来，主要表现在如下六个方面：②

（一）一贯主张和坚持公平、正义和进步的国际法发展方向

新中国从一开始就奉行独立自主、友好合作的外交政策，始终如一地坚持在尊重国家主权和平等互利的基础上建立和发展同各国的关系。早在 1949 年具有"临时宪法"之称的《共同纲领》中就确定对旧中国与外国缔结的各种条约和协定进行审查，废除一切不平等条约，取消西方列强在中国的一切特权。紧接着，中国政府先后收回或征用英、美、法、荷在北京、天津、上海等地的驻军兵营；宣布实行海关自主权；统一航运管理，外轮未经许可一律不得进入内河；等等。中国政府一贯谴责国际关系中各种殖民主义行径和侵略行为，声援和支持亚非拉国家的民族独立运动，为全球范围内殖民体系的瓦解作出了应有的贡献。1954 年，中国首次以五大国之一的身份参加讨论朝鲜和印度支那问题的日内瓦会议，为这一地区的和平稳定发挥了重要作用。1955 年，中国参加了第二次世界大战后第一次亚非拉国家会议（即万隆会议），最终促成这次会议确立了十项国际关系准则。

（二）创造性地提出国际关系的基本准则

1954 年 4 月中国和印度签订的《中印关于中国西藏地方和印度之间的通商和交通协定》在序言中明确宣告，将互相尊重领土主权、互不侵犯、互不干涉内政、平等互利、和平共处作为中印两国关系的基础。同年 6 月 28 日，两国总理在共同发表的联合声明中重申，这些原则"不仅适用于各国之间，而且适用于一般国际关系之中，它们形成和平和安全的坚固基础"。次日，中国与缅甸两国总理签订的联合声明中同样声称上述五项原则也应当成为指导中缅两国关系的原则，并表示如果这些原则得到一切国家的遵守，则社会制度不同的国家和平共处就有了保证。虽然五项原则中的每一项在其他国际法律文件中已有规定，但是将它们作为一个整体提出来，无疑是一个创举。半个多世纪的国际实践证明，和平共处五项原则构成现代国际法基本准则的组成部分（详见绪论第三节、第四章第一节）。

---

① 王铁崖：《国际法引论》，北京大学出版社 1998 年版，第 305、398—400 页。
② 曾令良：《中国践行国际法治 30 年：成就与挑战》，《武大国际法评论》第 14 卷第 1 期，武汉大学出版社 2011 年版，第 1—24 页。

近年来，中国根据"冷战"后国际关系的新特点，先后提出了一些新的国际法理念和指导原则，如国权（主权）高于人权原则，新安全观，和谐世界论，国际关系发展的民主化、法治化与合理化原则，正确的义利观，构建人类命运共同体的理念，共商共建共享的全球治理观，等等（详见绪论第三节）。

（三）不遗余力地促进世界范围内的和平、发展、人权和法治事业

中国是联合国的五大常任理事国之一，自1971年恢复中华人民共和国在联合国的合法席位以来，始终坚持多边主义，反对单边主义；坚决维护《联合国宪章》的权威和联合国在解决世界政治、经济和社会事务中不可替代的作用；一贯主张在联合国集体安全体制下依照国际法和《联合国宪章》解决和处理地区热点问题；积极促进旨在建立世界经济新秩序和有利于广大发展中国家经济发展的各种国际机制的形成以及千年发展目标的实施；积极推动旨在保护健康、食品卫生、环境、生物多样性、知识产权、文化遗产、消费者权益、网络安全等社会领域的国际规范的制定与实施；在人权和法治领域，既坚持普遍性，同时又强调国别特色，积极参加推动全球范围内的人权、民主、法治和良治建设。

（四）积极参与全球治理，推动当代国际法体系变革与完善

随着时代的发展特别是国际力量对比消长变化和全球性挑战日益增多，既有全球治理体系不适应现实需要的地方越来越多，国际社会对于推动全球治理体系变革的呼声日益高涨。为此，中国一方面坚决维护以联合国宪章宗旨和原则为核心的国际秩序，坚决维护中国人民以巨大民族牺牲换来的第二次世界大战胜利成果，另一方面适时提出"一带一路"倡议，发起成立亚洲基础设施投资银行等新型多边金融机构，促成国际货币基金组织完成份额和治理机制改革，积极参与制定海洋、极地、网络、外空、核安全、反腐败、气候变化等新兴领域治理规则，推动改革全球治理体系中不公正不合理的安排。① 上述主张和实践，为加强全球治理和完善全球治理体系作出了重要贡献。在党的十九大报告中，明确提出"倡导构建人类命运共同体，促进全球治理体系变革"，同时表明"中国将继续发挥负责任大国作用，积极参与全球治理体系改革和建设，不断贡献中国智慧和力量"。这无疑也会促进当代国际法体系的变革与完善。

（五）全面参与国际立法和国际决策

在当今国际社会组织化的趋势下，国际立法和国际决策几乎都在各种不同的国际组织框架下运作和展开。因此，评价一个国家对国际法发展的影响和作用，一个重要的指标体系是看其在国际立法和决策中的地位，而一个国家在国际立法

---

① 《加强合作推动全球治理体系变革 共同促进人类和平与发展崇高事业》，《人民日报》2016年9月29日。

和国际决策中的地位基本上取决于它参与国际组织的广度和深度。40年来的改革开放，伴随着中国国际地位的迅速提升，我国通过参加各种政府间组织全面参与国际立法和决策，国际话语权日益增强。以联合国为例，中国一直是联合国国际法委员会、联大法律第六委员会（法律委员会）、国际贸易法委员会、外空委员会等国际法编纂机构的委员，通过在这些专门机构中发表书面、口头评论和意见等，表明中国政府在有关国际立法议题上的原则、立场和建议，不断增强和提升了中国在国际立法与决策中的声音和影响力。

（六）积极参加国际条约和适用国际法

中国的改革开放为全面参加多边条约（包括签署、批准和加入）提供了良好的契机，标志着中国践行国际法治进入了一个全新的时代。据统计，自新中国成立至2017年年底，中国共签订多边条约400余项，其中1949—1978年签订了26项，而1979—2017年签订的数量是前三十年的十多倍。中华人民共和国成立以来，与外国签署了23 000多项双边条约，广泛涉及政治、军事、领土、经济、交通、外交领事等国际事务的各个方面。

与此同时，中国还积极通过国内立法促进国际法在中国的适用。虽然我国宪法没有明确规定国际法在中国法律中的地位，但是我国通过其他多种方式对国际法的适用作出了适当的规定（详见第三章第二节）。①

（七）一贯主张和平解决国际争端，并创造性地解决香港、澳门回归祖国的问题

中国始终不渝地坚持和平解决国际争端的原则，尤其注重通过友好协商解决国际争端的方法。经过不懈的努力，我国逐步稳妥地解决了与大多数邻国之间历史遗留的边界问题，并一直本着互谅、互让、相互调整的原则与有关国家协商谈判尚未解决的陆地边界、海洋划界和有关海洋权益问题。尤其令世界瞩目的是，中国创造性地采用"一国两制"模式先后同英国和葡萄牙达成协议，实现了香港和澳门和平回归祖国。在这种创新模式下，一方面，中国作为一个国家，其主权、领土完整和统一得到维护和保证；另一方面，香港、澳门实行高度自治，长期形成的有别于内地的社会制度、法律制度和生活方式可以保持不变。"一国两制"模式不仅通过中国宪法和两个特别行政区基本法等国内法固定下来，而且还分别以中英、中葡联合声明的形式予以保障。此外，随着我国对外经贸往来的日益频繁和不断扩大，尤其是中国加入WTO之后，中国与有关国家或地区之间的经贸纠纷也逐步增多。为此，中国分别与主要的贸易伙伴建立了定期磋商机制，并通过加入WTO接受了该组织的强制性争端解决机制。近年来，中国还同一系列国家或国

---

① 赵建文：《国际条约在中国法律体系中的地位》，《法学研究》2010年第6期。

际组织缔结了自由贸易区协定。在这些协定中，不仅规定了解决争端的政治方法，而且规定了诉诸仲裁解决争端的法律方法。

思考题：

1. 比较国内法与国际法，阐述国际法的基本特征。
2. 阐述国际法与国际社会、国际关系、国际政治之间的相互关系。
3. 在国际法与国内法的关系问题上的代表性学说有哪些？你的看法是什么？
4. 近代国际法有哪些主要特征？其进步性、局限性和反动性是什么？
5. 如何认识新中国尤其是改革开放以来对现代国际法所作出的贡献？

▶ 自测习题及参考答案

第二章 国际法的渊源

认识和应用国际法，必须从国际法的渊源入手。实践中，国际法的论争如同其他各个法律部门一样，讲究以事实为依据，以法律为准绳，而把握国际法渊源的内涵、种类和彼此关系就是精确定位这一准绳的前提和基础。

第一节 国际法渊源的内涵与类别

对于什么是国际法的渊源、具体包含哪些方面，世界各国的基本认知是一致的。其中，《国际法院规约》第 38 条构成国际法渊源的基本框架，仅在时代发展的新境况下有一些增补。

一、国际法渊源的内涵

本书所称"国际法渊源"，是指国际法的具体表现形式。[①] 例如，当学者提出"根据国际法钓鱼岛是中国领土"的主张时，需要进一步说明：他们的立场所依据的国际法具体是什么？这些是否属于具有约束力的法律规范？这些说明就是在阐释一个具体问题上的国际法渊源。

当然，我们需要知道，对国际法的渊源的含义，历来有不同的理解。有的学者提倡从历史的角度去理解国际法的渊源，认为是国际法的原则、规则和制度第一次出现的地方；也有人主张从法律生成的角度去理解国际法的渊源，认为是指国际法规范的形成方式或程序。尽管存在上述的不同理解，但从国际法规范表现形式的角度理解国际法的渊源的观点受到了广泛的认同和支持。国际法的渊源是认识和适用国际法的基础。只有明确了解并妥当掌握国际法的渊源，才有可能对国际法有全面的掌握，才有可能恰当地运用国际法，解决实践中的问题。

在国内法上，由于宪法体系的存在，什么是法律、什么不是法律才有了一个相对清晰的界限，至少会有相对权威的判定。但由于国际社会的无政府性，对于什么被视为国际法、什么不属于国际法，则并没有一个自上而下的说明，本质上靠的是各国的共识和实践。《国际法院规约》第 38 条规定了国际法院在处理案件时应当依据的国际法规范，被视为国际法各种渊源存在的权威说明。

---

① 在法理学的体系中，"渊源"一词可能有多种理解。参见《法理学》编写组：《法理学》，人民出版社、高等教育出版社 2010 年版，第 91 页。

《国际法院规约》第38条：

一、法院对于陈诉各项争端，应依国际法裁判之，裁判时应适用：

（子）不论普通或特别国际协约，确立诉讼当事国明白承认之规条者。

（丑）国际习惯，作为通例之证明而经接受为法律者。

（寅）一般法律原则为文明各国所承认者。

（卯）在第五十九条规定之下，司法判例及各国权威最高之公法学家学说，作为确定法律原则之补助资料者。

二、前项规定不妨碍法院经当事国同意本"公允及善良"原则裁判案件之权。

在这里，需要说明的有四个方面：第一，《国际法院规约》规定的是国际法院的工作程序和规范，并非面向整体国际法，所以它的相关规定并不必然具备对国际法的宏观概括和指导功能。第二，国际法院是影响最广泛的国际组织——联合国的司法机构，而且长期是最具影响和标志意义的司法机构，其地位决定了该规约所具有的重要地位。第三，《国际法院规约》形成于1945年，其前身是《常设国际法院规约》，具有悠久的历史，而且被实践经验证明为有效。由于国际社会和国际法发展的分散性质，这种长期的历史经验可能为其所具有的重要地位带来很大的助益。所以，尽管《国际法院规约》无意创立国际法渊源的标准，但是其列举仍然被广泛接受和采用。第四，因为《国际法院规约》出现的时间比较早，其所面对的国际法状况是20世纪初期的格局，具有历史的局限性。随着时代的发展，《国际法院规约》所列举的国际法渊源是有可能也有必要拓展的。

《国际法院规约》第38条将国际法的主要渊源归结为三种：条约、习惯国际法和为各国承认的一般法律原则。此外，还确立了国际法的辅助资料。国际法的辅助资料虽然不是国际法的直接渊源，但它们对解释说明国际法原则、规则的存在以及对国际法的形成和发展具有重要的辅助功能。按《国际法院规约》的规定，国际法的辅助资料有权威的公法学家的学说和司法判例。随着实践的发展，国际组织的决议成为国际法的重要渊源或者辅助资料。

二、国际条约

国际条约是国家间、国家与国际组织间或国际组织相互之间所缔结的、以国际法为准的国际书面协定。

条约是当代国际法最主要的渊源。在20世纪之前，国际法的大多数规范都是以习惯的方式表现的，条约仅仅占一小部分。但是，20世纪以后，随着国际社会的逐渐组织化，国际条约的数量迅速增加。大多数国家都愿意通过条约的方式解决与他国的领土、贸易与投资、司法协助等方面的问题，而所有的国际组织都需要通过条约来确定其宗旨、原则、权限与工作程序。而且，国家与国际组织之间、国际组织彼此之间也经常需要以条约的方式确立彼此的权利义务。更重要的是，在国际组织的努力之下，原有的国际习惯以国际条约的方式编纂和固定下来。与此同时，也出现了很多框架性的国际协议。① 因此，在国际法的语境下，20世纪不仅是一个组织化的世纪，还是一个条约化的世纪。与国际法其他渊源相比，国际条约的内容更加清晰明确。

从国际法渊源的视角看，绝大多数条约是特别法，而非普遍法。虽然在国际法的理想上，一直试图呈现出各国普遍遵循的法律规范的状态，但是，占据国际法最主要分量的条约规范都是各国根据自己的意志与利益确立起来的特别法，而不是外在于国家的立法机构为所有国家订立的普适规范。任何条约都不可能是世界上所有国家都参加的，再普遍，也要通过未参加国实践中所表示的默示同意而起到所谓的"立法"作用。严格地说，虽然《联合国宪章》是参与方最多的国际法文件，但是作为条约，它仍然只能约束成员国，对于非成员国而言，不具有直接的约束力。仅在其宗旨和原则方面，规定了非成员国需要承担的义务，② 这是对传统条约法的一个重要突破。

条约作为国际法，其约束力不仅来自缔约国自身的诚信，还来自缔约国之间的监督和条约设立的机构（如果存在的话）对于缔约国的约束。按照来自罗马法的"约定必须遵守"（pacta sunt servanda）的谚语，条约对国家有拘束力，国家必须信守条约。因此，《国际法院规约》第38条第1款规定国际法院处理案件时应当适用的国际法时，首先提到了国际条约，可见条约在国际法渊源中居于重要地位。

关于国际条约的进一步问题，在本书第十三章中有更加细致的阐述。

三、国际习惯

（一）国际习惯的内涵与基本要素

国际习惯，更准确的称谓是习惯国际法，是指被接受为法律的一般实践或通例或做法。习惯国际法常常以早期条约的某些条款或者国家的某些行为作为其基础，这些条款或行为后来就被广泛接受成为法律。

根据规约的措辞和国际法院审理的"庇护权案""核武器使用合法性案"，国际习惯的形成有两个因素：一是有一般的实践或通例（usus, general practice）存在；二是一般的实践或通例被各国接受为法律，即"法律确信"（opinion juris）。法律确

---

① R. P. Barston, *Modern Diplomacy*（《现代外交》），4th ed., Routledge, 2014, p. 11.
② 参见《联合国宪章》第2条第6款。

信,是构成国际习惯的要素之一,是指国家确信其一贯的行为是基于国际法义务要求的。前者是客观因素,或称物质因素,后者是主观因素,或称心理因素。

(二) 国际习惯在一般实践方面的要求

关于一般实践,有四个方面值得注意:

1. 实践的持续性。作为习惯的基础,某种实践的持续时间可以很长,也可以不太长,延续时间的长短应当根据具体情况而定。但显然不能仅仅经过一次行为就宣称为习惯,因为习惯的基础是反复的行为,应当有必要的沉淀时间。

2. 实践的一贯性。尽管在实践的具体时间上没有一个非常明确的要求,但一个非常明确的要求是,如果主张一种行为模式有资格成为国际习惯,应当是一种在给定的范围内一贯的行为,而不是既存在此种行为,又存在与此矛盾的行为。

3. 实践的主体应结合具体案情。虽然习惯试图设立一种普遍法,但并不是每一个案件都需要证明该实践被所有国家所采用或者接受。在国际司法的经验中,可能存在着区域实践,如国际法院处理的哥伦比亚诉秘鲁的"庇护权案"即暗示了此种区域习惯的可能;也可能存在双边实践,如国际法院审理的葡萄牙诉印度的"通行权案"即认定在两个国家之间也可以存在一种习惯。

4. 实践的具体方式。主要从三个方面去寻找国际习惯法的存在依据:一是国家间的外交实践,表现为条约、宣言及各种外交文书、国家法律顾问的意见;二是国际组织和机构的实践,表现为它们的决议、决定和判决;三是一国内部的实践,表现为国内法律法规、法院判决或者仲裁裁决、国家政策说明、行政命令、新闻公报、关于武装部队行为规范等法律问题的官方手册等。这三方面的资料表明了国家的实践和意志,可作为国际习惯法的证据。

拓展阅读

英挪渔业案:持续反对者规则

(三) 国际习惯在法律确信方面的问题

关于法律确信,有两个问题值得注意:

1. 持续反对者规则。国际法院审理的"英挪渔业案"确立了这样一项规范,即被视为习惯国际法的规范对于一直反对该项规则的国家没有约束力。这在一定程度上再度重申了国际法的"自愿性",也就是当国家不认可一项国际规范时,该规范对该国而言并不存在。

2. 速成习惯国际法主张的利弊。由于时代发展迅速,在外空等领域确实出现了很多短时间就被大多数国家接受的习惯国际法规范,由此,华裔英国国际法学家郑斌等学者提出了速成习惯国际法的观点。这一观点更讲究法律确信,而不再考量反复实践。这种提法虽然有其内在的合理性,但如果大幅度推广,就很容易沦为大国霸权的工具,因为大国可以对其单次的行动(例如武装干涉)泛化解释,使之被视为国际习惯,这对于国际社会的平稳发展、中小国家利益的维护显然是风险极大的。

（四）国际习惯的地位及其与条约的关系

习惯国际法的主要规则体现在国家主权及其领土完整、国家及政府承认、同意、信实、公海自由、国际责任、自卫等。近几十年来，习惯国际法的作用随着条约的大量产生而有所减弱，但习惯国际法依然具有其存在的独立价值，它在条约未涉及的国际社会的诸多领域，仍然起着不可替代的作用。国际习惯与条约的关系可以从以下几个方面认识：

第一，条约与习惯相互补充和配合。条约因为其细致、可操作，可以为一些习惯确立程序方面的规范；反之，习惯因其相对模糊、宽泛，可以在没有条约的领域发挥作用。

第二，习惯可以被编纂为条约。国际社会的很多多边条约，如《维也纳外交关系公约》《维也纳条约法公约》等，都是在习惯的基础上编纂而成的。

第三，条约可以被作为习惯的证据。例如，1925年《关于禁用化学武器及细菌武器的日内瓦议定书》虽然并没有使所有的国家参加，但禁止这两种武器却已经成为战争和武装冲突法领域的习惯；1961年《维也纳外交关系公约》、1982年《联合国海洋法公约》的很多规定被绝大多数国家认可为习惯，所以不仅对成员国有效，对非成员国也有一定的约束力，甚至在这些条约生效之前就已经被很多国家援引作为权利义务的根据。

四、一般法律原则

关于一般法律原则，在国际法学者中存在着不同的观点。有的学者，如菲德罗斯认为，一般法律原则在国际法渊源中的存在就是"自然法"这一观念在现代国际法中的守护，它避免不正当的条约和习惯发挥作用。根据法学家的解释，将"一般法律原则"置于国际法渊源之列，主要是为了避免法院在处理案件时，因为法律的空白，认为无法可用而导致不能裁决案件的情况。《国际刑事法院规约》第21条更明确地确立了这一思想："无法适用上述法律时，适用本法院从世界各法系的国内法，包括适当时从通常对该犯罪行使管辖权的国家的国内法中得出的一般法律原则，但这些原则不得违反本规约、国际法和国际承认的规范和标准。"由于一般法律原则只在国际习惯法或条约没有相应的规则适用的情况下才起作用，所以其地位是辅助性的。另外的学者，如古根海姆、童金，则认为这一规定毫无作用。[①]

"一般法律原则"在国际法渊源的意义上，至少包含以下三个方面：

---

① ［苏联］童金主编：《国际法》，邵天任等译，法律出版社1988年版，第52—53页。

第一，法律的一般逻辑原则。比如"后法优于先法"（lex posterior derogat legi priori）、"特别法优于普通法"（lex specialis derogat generali）等。

第二，各国在其国内法律体系中所共有的原则，如诚实信用原则、一事不再理原则等。国际司法机构使用此类一般法律原则的机会并不多，但并非没有。"不当得利原则"就在美国与伊朗求偿委员会审理的案件中被使用；① 在"巴塞罗那电车案"中，国际法院采纳了"揭开公司面纱"的原则，用以确定在特定的情况下股东的所在国可以替代公司的所在国来保护股东。② 在前南特别刑事法庭的实践和《国际刑事法院规约》中也确立了一般法律原则应用的机会。当然，国际司法机构也有拒绝将一些规范视为一般法律原则的例子。例如，在1978年"德士古诉利比亚案"的仲裁裁决中，法国法中的"行政契约"概念因为在其他法域中没有被普遍接受而未被认定为一般法律原则；在1966年国际法院的"西南非洲案"中，公益诉讼也因为仅为少数国家认可而失去了作为一般法律原则的机会。

第三，有的学者提出，除了来自各国国内法的一般原则之外，还应当有国际法的一般原则，例如国家主权平等、尊重和保护人权、国际环境法中的预警（precaution）原则、可持续发展原则，等等。《国际刑事法院规约》第21条提出了人权和不歧视的原则，"依照本条适用和解释法律，必须符合国际承认的人权，而且不得根据第七条第三款所界定的性别、年龄、种族、肤色、语言、宗教或信仰、政见或其他见解、民族本源、族裔、社会出身、财富、出生或其他身份等作出任何不利区别。"这一规定可以作为国际刑事法院法律适用的最高条款，也是其工作的基本准则。

规约第38条第2款规定了"公允及善良原则"，一些学者曾经将此作为国际法的"一般原则"，但按照规约的文义，它指的是一种工作方式，即在获得当事国各方同意的前提下，法院可以不严格按照国际法裁判。从实践上看，国际法院尚无依照此原则进行裁判的事例。

五、司法判例

司法判例并不是国际法的主要渊源，而仅仅是确定国际法规则的辅助手段，这是其地位与条约、习惯、一般法律原则不同的地方。

国际司法判例包括国际法院与国际仲裁法庭的裁决。从现行规则文本的角度，国际判例作为国际法渊源之一的地位仍然是值得怀疑的。《国际法院规约》第38

---

① Iran-US Claims Tribunal, *Sea-Land Services, Inc. v. Iran*, 6 IRAN-U. S. C. T. R. (1984), at 149 et seq.

② *Case Concerning Barcelona Traction, Light, and Power Company, Ltd. (Second Phase), International Court of Justice Reports 1970*, p. 3.

条明确规定，司法判例的适用范围受规约第 59 条的限制。规约第 59 条的规定是，法院裁判仅对当事国及本案有约束力。这条规定的目的在于说明，国际法院并不试图按照英美法系的传统建立起判例法制度。但是，在司法判决中所进行的法律解释原则与方法、法律适用手段、法律原则的理解却可以作为法院处理问题的依据。

然而，实践远比文本规定走得远。在现实的法律实践中，常设国际法院、国际法院的判决经常被引用，国际法院自身就经常援引先前（包括国际法院的前身——常设国际法院）的判例，虽然有的时候可以视为习惯存在的证据，但在另外一些场合，显然人们是直接当作法律来使用的。不仅如此，一些早期的国际案例也经常被反复提及，并作为法律的根据。

国际判例法之所以能够超越原有的文本而得以在实践中立足和发展，其核心原因是法律发展中的一个内在动力，即"论证路径依赖"。遵循先例的说理成本比较低，在一个事项上按照既有的成例去适用和理解规则，以往的论证就可以承袭，而不必进行全新的说明。其先前的法律规范经过了良好的论证，自然会获得各主体的认同；而即使未得到充分论证的法律规范，也会因为被相关方面认可和遵守而获得正当性。嗣后出现类似或相关的情势之时，如果相关的法律论证建立在先前的判例所确立的规范基础之上，则其论证的成本很小，获得赞同的可能性很大。反之，如果不遵循先前的判例、不顾先前形成的判例规范，而形成新的、不同的甚至相反的规范，新规范的确立就需要大量的理论与实践证据去说服相关专家和当事方，去确立新规范的基础和目标，这种论证的成本是巨大的，而且其成功的概率也不高。从这个意义上讲，国际法院在事实上形成了一定程度的判例法。

值得注意的是，《国际刑事法院规约》直接规定了判例的作用，在第 21 条"适用的法律"中，第 2 款规定，"本法院可以适用其以前的裁判所阐释的法律原则和规则"。这种规定提升了国际刑事法院中判例的地位。很多其他处理国际问题的司法机构也经常援引相关的司法判例。①

根据《国际法院规约》，国内法院的判决、其他国际司法机构的裁决，也可以被国际法院接受，作为证明存在某些习惯或者法律原则的依据。在这个意义上，司法判例并没有成为一种渊源，而更多是习惯存在的证明。

六、公法学家的学说

与司法判例一样，权威公法学家的学说也仅仅是国际法存在的证明，而不是

---

① *Arrest Warrant* (*Democratic Republic of Congo v. Belgium*, 2002); *Pinochet Case* (UK House of Lords); *Qadaffi Case* (French *Cour de cassation*).

国际法本身。这些法学家会以逻辑的方法、从理论的角度对既有的实践进行良好的梳理,对于相关的规则进行解释和评论。这种总结、归纳、评价,对于法院认识国际法显然具有贡献和价值。

从国际法院自身的实践看,在裁决或咨询意见中直接引述国际法学家观点的情况非常少,在法官的个别意见、反对意见中体现得比较多。

国际仲裁机构的裁决、英美等国的国内法院判决则经常引述国际法学家的观点。

在引用法学家观点方面,一般很难区分"权威"和"非权威"的界限,在司法实践中,也很少认真做这样的区分。

七、国际组织的决议

国际组织决议并不在《国际法院规约》的范围内。这主要是由于国际组织的迅速发展是20世纪国际联盟运作以后的新景观,规约草拟之时对此尚无预计。

不同国际组织决议的效力并不一样,应当根据该组织的章程确立。根据《联合国宪章》第25条、第35—45条,安理会对威胁国际和平与安全的决议具有约束力;而根据第10—15条,联合国大会的绝大多数决议(除涉及托管外)则没有约束力。这些有约束力的决议,不仅对于该组织的机构有约束力,对于该组织涉及的国家也有约束力。根据《欧洲联盟条约》和《欧洲联盟运行条约》,欧盟不同形式的次级立法(或称二级立法)对成员国具有不同的约束力。

值得说明的是,没有约束力的文件,虽然一般只具有建议性质,不构成法律规范,但并非没有影响,它代表了国际社会的否定、认可或者接受,作为国际社会主流观念的证明、作为国际法的发展导向,被国际法院多次援引,其法律价值应被置于公法学家学说之上。联合国大会的决议所包含的宣言有时会发展成为国际条约,例如,1963年《各国探索和利用外层空间活动的法律原则宣言》即发展成为1967年《关于各国探索和利用包括月球和其他天体在内外层空间活动的原则条约》。

包括国际组织或国际会议的一些不具有法律拘束力的决议、宣言、建议、指导方针、行动纲领等在内的文件,被很多学者称为"国际软法",在人权、环境、经济领域获得了广泛的重视。①

八、单边行为在国际法上的意义

虽然大多数国际法规范都是在国家之间协商的基础上形成的,但国际法上也

---

① Dinah L. Shelton, Soft Law, in *Handbook of International Law*(《国际法手册》), Routledge, 2008.

有很多单方行为,为推动国际法的形成和发展作出了贡献。其中包括条约的批准、给予外国人的待遇、对外国人予以庇护、接受引渡请求并采取引渡措施、宣布领海宽度、宣布进行军事演习、宣布防空识别区、宣布使用直线基线,等等。这些行为具有国际法的意义,有些是国际法制度的一部分,而且,所有这些行为都可能被作为习惯存在的依据。如果我们类比民法,单方的意思表示也可以成就民事关系,则国家的单方行为同样可以形成和发展国际法。因为国际法不是超国家的主体制定的,而是由一系列国家允诺和行为构成的,所以单边行为促进国际法的成长,不容忽视。例如,在国际法院1974年作出的"核试验案"判决中,法国单方宣布不再进行核试验的行为被视为该案没有必要继续审理的基础。

从这个意义上讲,国际法是各国力量的博弈和平衡,而不完全是国家之间的"共同意志"。

第二节 国际法渊源的位阶与强行法

国内法的各种规则形成了一个较为完整的体系,而且国内法规则基本上是强行性的,法律主体选择的范围不大。那么,国际法的各方面规则之间的关系如何呢?是否有规则对国家具有强制的约束力,而不允许任意选择和更改呢?这就涉及国际法渊源的位阶与强行性的问题。

一、国际法渊源的位阶

国际法渊源的位阶,是指在国际法不同种类的渊源之间,以及在同一种类的不同渊源之间,是否存在着优先适用的问题。例如,条约是否优于习惯,双边条约是否优于多边条约,等等。

迄今为止,尚无明确的国际法规则确立渊源的位阶。在《国际法院规约》的前身即《常设国际法院规约》第38条草拟之时,曾有一种建议,在列举国际法各项渊源之前,说明"按照如下次序适用"[①],并说明,这句话并不是泛泛而论,它要求法官不能跳过第一、二种而直接到第三种渊源。而另外的专家则强调"自然的秩序",即两国之间如果有特别的条约,是不会用到习惯的,如果存在良好的习惯,一般也就不会用到法律原则,所以他们主张不要求确立顺序。另有专家认为,列出顺序是不必要的,因为法律的根本原则是"特别法优于普通法",所以条约必

---

① Permanent Court of International Justice, Advisory Committee of Jurists, *Procésverbaux of the Proceedings of the Committee*, June 16–July 24, 1920, UN Publication, p. 344.

然优于习惯。而且,各种渊源的性质是不同的,而且可能同时适用。所以在规约的最后正式文本中删去了适用法律位阶的规定。

当然,在世界法律发展过程中形成的普遍规则在国际法中的适用,在很多时候可以解决规则之间的冲突问题,例如"后法优于先法""特别法优于普通法""后出普通法不废止先前特别法"等。

这些原则不能解决所有的问题。不同目标的条约之间可能会产生冲突,各方主张的习惯之间也会产生矛盾。由于国际社会的无政府性,理论上并没有超越国家之上的权力,也就不存在统一的国际法立法机关、立法程序,因而国家可以按照自身的愿望和需求确立法律规范,这就导致了现实中国际法不成体系的状况。①这种不成体系的现实也就表明了,在国际法的规范内部,并没有一个清晰的位阶体系。在实践中,位阶理论在确定国际法等级以及效力层次上的作用十分有限。国际法院的判决在某种程度上仅仅是指明某些义务具有强制性,而并不能证明强行法规范具有高于一般规范的效力。

国际法与国家之间的约定以国家的同意为基础,国家当然可以视需要而改变。值得注意的是,国家违背国际法的责任机制也并不明确。但是这种任意法的局面在20世纪后半叶发生了变化,国际强行法的主张获得了广泛的关注和认同。

二、国际强行法

(一)国际强行法的内涵

国际强行法(*jus cogens*, peremptory norms),又称强制法或绝对法,与任意法(*jus dispositium*)相对称,是指国际法中普遍适用于所有国际法主体,国际法主体之间必须绝对服从和执行、不能以约定的方式予以损抑的法律规范。作为国际法的特殊原则和规范,国际强行法存在的目标是保护国际社会普遍认可的利益与价值。

(二)国际强行法观念的起源与发展

关于国际强行法的主张,体现了自然法理论在国际法领域的深远影响。自然法学派认为,法律是普适于自然界和人类社会的最高规范,因而,人类社会的制定法(实在法,或称实证法)应当符合这种自然法。把强行法概念引入国际法的是奥地利学者菲德罗斯。国际强行法的概念为国际法的发展带来了新的动力,在一定程度上扭转了国际法作为约定法、平位法、弱法的传统地位,被赋予很高的期望。

---

① 例外的情况可参见《联合国宪章》第103条。

（三）国际强行法的特征

1969 年的《维也纳条约法公约》第一次正式使用了强行法概念。参照该公约第 53 条的规定，① 可归纳出强行法的特征：（1）普遍性。国际强行法被国际社会绝大多数的成员所接受，这种接受和承认的方式既可以明示，也可以默示，既可以通过条约，也可以通过习惯。（2）强制性。任何违反国际强行法的国际法律行为归于无效，并需承担相应的法律后果。例如，联合国大会在 1972 年通过决议，宣布以色列在被占阿拉伯领土上所做的变动因违反 1949 年《日内瓦公约》而无效；联合国安理会于 1990 年通过第 662 号决议，宣布伊拉克对科威特的吞并不具有法律效力。（3）优先性。即具有更高的法律拘束力，被公认为不许损抑，非同等强行性质之国际法规则不得予以更改。

（四）国际强行法所包含的规则

国际强行法涉及对人类整体义务（obligation erga omnes）的法律适用范畴，其保护的价值具有最重要、最基础性的意义。现在人们认可的国际强行法主要体现在维护人的基本安全、保护基本人权和促进国家的基本利益几个层面。

在维护人类基本安全领域，主要体现为对侵略罪、危害人类罪、战争罪、海盗罪、劫持航空器罪等国际公认罪行的普遍管辖和全球惩治。

在保护基本人权方面，只有那些保护最基本的人权规范才具有国际强行法的绝对强制效力，而不是所有国际人权法规范都在强行法的范围之内。保护人权的具体措施、程序规范，都仅具有一般效力。具有强行法性质的人权规范主要包含禁止种族隔离、禁止酷刑和其他有辱人格待遇、禁止奴隶、禁止奴役或强迫劳动、保护妇女和儿童免受贩运的权利，等等。

保护国家基本利益的相关规范则包含国家主权平等、不干涉内政、禁止使用武力或武力威胁、和平解决国际争端、民族自决、善意履行国际义务等原则。中国一直坚持和主张的"和平共处五项原则"，即是从国际法原则的基础上印证《联合国宪章》及有关的后续文件，确立维护国家主权与领土完整的强行法。

（五）国际强行法的适用

国际强行法规范应适用于国际社会的一切成员。但是，国际法上并没有明确规定哪些规则是强行法、哪些规则是任意法，也没有超国家的权威性机构来裁判某项条约是否与国际强行法相抵触。在实践中，强行法主要通过国际司法机构的判例在具体案件中予以辨识和确认。在国际范围内，对于公认的强行规范有时也

---

① 《维也纳条约法公约》第 53 条规定："就适用本公约而言，一般国际法强制规律是指国家之国际社会全体接受并公认为不许损抑且仅有以后具有同等性质之一般国际法律始得更改之规律。"

没有很好地遵行，从而严重削弱了强行法的实际意义。

第三节 国际法的编纂

在相当长的历史时期，国际法的渊源体现为国家之间经反复实践而积累的习惯。但是习惯的模糊性使得国家存在着使之成为条约的需求。将习惯明确化为条约，是很多国际组织在19—20世纪进行法律编纂的成果。

一、国际法编纂的含义与类型

（一）国际法编纂的含义

国际法的编纂是指国际法的法典化，即把国际法的原则、规则和制度编制成为系统化和成文化的条文。英国哲学家边沁在1786—1789年写的文章中最早提出了编制一部国际法法典的思想。他主张国际法编纂不但应当统一现有的习惯法，而且应当就有争论之点制定新法。国际法的编纂有两种取向：一方面是把现有的原则、规则和制度，即现有法，订成法典，即把分散的原则、规则和制度法典化；另一方面是通过签订国际条约，使各国对国际法的某些问题达成协议，以建立新的原则、规则和制度，即应有法，促进国际法的建立和发展。

（二）国际法编纂的社会意义

由于国际社会没有统一的立法机构，国际法的原则、规则和制度多以条约和习惯为表现形式，因此，国际法的编纂能够改善国际法不成体系和不够精确的现象。而官方的编纂，即使尚未形成生效的公约，其编纂过程中产生的有关文件，作为确立和阐述国际法原则的重要证据，对于国际法的发展也有重要的作用。

（三）国际法编纂的类型

1. 从形式的角度看，国际法的编纂有两种类型：（1）全面编纂，即把所有国际法的原则、规则和制度编纂成一部法典；（2）个别编纂，即将国际法的原则、规则和制度按部门编成法典。前一种形式目前未采用，后者已为编纂者所采用。由于国际法体系庞杂并且不断发展，至今没有而且也不可能有全面完整的法典。迄今的编纂都只能是针对某个部门或方面进行的，结果是将某一方面的规则编纂成专门的法典。

2. 从主体的角度看，国际法的编纂有两种类型：（1）民间的非官方编纂，由学者个人或学术团体、机构进行，这种编纂不具有法律拘束力，但有很强的学术研究意义，对国际法的发展有积极的影响，它们为召集各种外交会议，通过具有造法性质的一般性多边公约的工作提供了便利。（2）官方编纂，或称为政府间编纂，即由政府合作以国际外交会议或政府间国际组织的形式进行编纂，最后把编纂结果缔结为有拘束力的国际公约。通常所称的编纂即指官方编纂。

（四）国际法编纂的历史

1. 非官方编纂。尽管只有得到各国政府承认的具体条文才能直接构成成文国际法的实体，但私人为编纂作出的努力，也对国际法的发展产生了相当大的影响。

（1）法学家的个人编纂活动。国际法编纂的著名先驱、法国的 A. 格雷古瓦尔于1795年向法国国民议会提出《国际法宣言草案》21 条。此后，瑞士的 J. K. 布伦奇利于1868年发表了《现代国际法》862 条；美国的 D. D. 菲尔德于1872年发表了《国际法典纲要草案》982 条；意大利的 P. 菲奥雷于1890年发表了《国际法法典》1985 条。

（2）学术团体的编纂活动。1873 年成立于比利时根特的国际法研究院通过了《国际仲裁程序条例草案》（1875）、《陆战法规手册》（1880）、《国际海上捕获条例》（1882、1883）、《海战法规手册》（1913）、《国际人权宣言》（1929）等重要草案。1873 年成立于比利时布鲁塞尔的国际法协会（原名国际法革新和编纂协会，1895 年改名）草拟过《国际仲裁程序规则》（1895）、《领水管辖权规则》（1895）、《交战与中立法》（1905）、《战俘待遇条例》（1921）、《国际刑事法庭规约》（1926）、《海上中立公约》（1928）等。1927 年成立的美国哈佛大学国际法研究部草拟过"国籍""领水""条约法""中立"各项法典草案和建议。红十字国际委员会对于国际人道法的编纂也是这样的例子。①

2. 官方编纂。包括各国国内的编纂、国际会议的编纂和国际组织的编纂。官方进行编纂的活动始于 19 世纪。

（1）各国政府编纂国际法的努力包括美国 1863 年颁布的《美国野战军管理令》，因由 F. 利伯尔草拟，通称《利伯尔法典》。该法典规定陆战中应当遵守的一些规则，后为许多国家所仿效，并成为海牙陆战法规的先驱。1860 年以后，许多欧洲国家和美国公布海军条例，互相仿效，形成不少共同的规则。

（2）国际会议的编纂活动集中于 19 世纪初到 20 世纪上半叶这一时期，编纂的成果除了外交关系法、国际河流管理制度、知识产权等领域外，主要体现在战争法、国际人道法以及和平解决争端法领域，例如 1899 年第一次海牙和平会议制定的 3 个公约（关于和平解决国际争端、陆战法规和习惯、海战中实施 1864 年日内瓦红十字公约）、3 个宣言（关于战争中使用的武器）；1907 年第二次海牙和平会议制定的 13 个公约（关于和平解决国际争端和战争法规等）、1 个宣言；1908—

---

① Major J. Jeremy Marsh, Lex Lata or Lex Ferenda? Rule 45 of the ICRC Study on Customary International Humanitarian Law, 198 *Military Law Review* 116 (2008).

1909 年伦敦会议制定的《海战法规宣言》（未批准）；1925 年《关于禁用毒气或类似毒品及细菌方法作战议定书》；1929 年关于战俘待遇和改善战地武装部队伤者病者境遇的两个公约；1936 年《潜艇作战规则议定书》；1949 年 8 月 12 日通过的关于保护战争受害者的日内瓦四公约；1977 年 6 月 10 日通过的日内瓦四公约的第一、第二附加议定书；等等。（详见第十七章）

（3）国际组织的编纂主要是联合国和国际联盟的编纂活动。在国联主持下，于 1920—1939 年制定了 120 项规定国家间一般关系的公约。1924 年 9 月 22 日，国联大会通过决议，拟创立"国际法逐渐编纂专家委员会"，其人员组成应能代表"世界主要文明形式和主要法律体系"。该委员会由 17 名专家组成，草拟一个适于并可能形成国际协定的问题清单，既而研究各国政府的意见并就足够成熟的问题及准备召开会议解决问题的程序提出报告。这是在世界范围内第一次尝试对所有领域的国际法进行编纂和发展，国际社会为促进国际法编纂与发展的努力进一步深化。1930 年 3 月 13 日至 4 月 12 日，国联在海牙召开了国际法编纂会议，47 个国家政府的代表参加，讨论了国籍、领水、国家责任 3 个问题，但是会议的工作只产生了《关于国籍法抵触的若干问题的公约》、3 个议定书（关于双重国籍人的军事义务问题、无国籍问题、原国籍国接受其前国民的义务问题）和 8 项建议，并通过了关于领水的某些条款草案①，但就国家责任问题未通过一项建议。那些暂时通过的关于领水的条款草案后来由于各国政府对其予以承认，认为它们重申了现行国际法，因此产生了重大影响。1930 年以后，国际联盟未在编纂国际法方面进行其他的尝试。

第二次世界大战后，在联合国的主持下，国际法的编纂活动非常活跃并取得了成功，尤其是联合国国际法委员会对国际法的编纂起了重要作用。国际劳工组织等机构也进行了部分的编纂活动。

二、联合国编纂国际法的活动

（一）国际法委员会

联合国框架下的具体法律编纂工作由联合国的国际法委员会（ILC）或联合国有关专门机构进行。通常的程序是：国际法委员会向联合国大会提出编纂选题或大会提出选题，由委员会讨论草拟公约草案，然后提交大会。公约草案由大会或召开外交会议讨论通过，然后开放给各国签署和批准。1947 年成立了联合国国际法委员会，全面开始国际法的编纂工作，由其起草经联合国主持缔结了一系列国

---

① 具体包括两项原则（航行自由、沿海国对领水的主权）、一项决议（外国船通过领水）和两项建议（外国船在内水的地位、渔业保护）。

际公约,如《联合国海洋法公约》《维也纳外交关系公约》等。

1947年11月21日,大会通过决议,在建立国际法委员会的同时,通过了该委员会章程。此后,章程经历了4次修改。按照章程第3—10条的有关规定,1948年11月,进行了国际法委员会的第一次选举,该委员会于1949年4月12日召开第一届年会。国际法委员会委员分别代表世界各主要文化体系和主要法系,由联合国各会员国政府提名,经联合国大会选举,以个人资格履职,任期5年。委员数最初有15名,1956年增至21名,1961年增至25名,1981年增至34名。

根据国际法委员会章程,关于逐渐发展国际法的建议不由该委员会正式提出,而应由大会(第16条)或联合国会员国和其他授权机构(第17条)送交该委员会。但该委员会本身可选择有待编纂的专题,尽管它必须优先处理大会请它处理的任何问题(第18条)。该章程设想,该委员会先草拟公约草案,然后大会再决定是否应采取步骤,以缔结一项国际公约。此外,对于该委员会从事的编纂工作(即更精确地表述并系统整理现有的习惯法),该章程设想了其他两种结束其工作的可能方式:(1)简单地发表其报告;(2)由大会通过表示注意到该报告或通过该报告的决议(第23条第1款)。该章程还规定了该委员会在进行逐渐发展(第16、17条)和编纂(第18—23条)工作时所应采取的具体步骤。

国际法委员会明确区分国际法的"编纂"和"逐渐发展"。前者的主要目的在于确定现有法;后者的目的则在于创立新的国际法规则,无论是通过为新专题订立规章,还是通过全面修订现行的规则。但实际工作中,二者难以截然分开。委员会的基本方法是:为每一专题任命一个特别报告员;制订适当的工作规划;适当时,要求各国政府提供有关法律、法令、司法裁决、条约和外交信件的案文;特别报告员提交报告,委员会以该报告为基础通过一个临时草案,这一草案一般采取条款形式,并附有说明判例、委员会委员所表示的任何意见分歧及考虑采取的各种解决办法的评注。该临时草案作为委员会的文件分发并提交大会,同时也提交各国政府以征求其书面评论。鉴于经验表明,在较短时间内相当一部分政府是不会作出答复的,所以,根据现行程序,各国政府一般可有一年多的时间来研究这些临时草案和提出它们的书面评论。特别报告员对所收到的答复,连同第六委员会辩论中所提出的任何意见一并进行研究,然后提出另一份报告,建议对临时草案作出适当的修改。国际法委员会再以该报告及评论为基础通过一项最后草案,并将该草案连同有关采取进一步行动的建议,一并提交大会。

委员会章程第23条第1款规定:"委员会可向大会建议:(a)报告既已发布,不必采取行动;(b)以决议方式表示注意,或通过这项报告;(c)向会员国推荐这项草案,以求缔结一项公约;(d)召集会议以缔结一项公约。"

国际法委员会曾建议大会通过其1953年载有关于大陆架和捕鱼区草案的报告

及其1958年载有仲裁程序示范规则的报告。委员会还曾建议就下列专题缔结国际公约：仲裁程序（1953年），消除或减少未来无国籍状态（1954年），海洋法（1956年），外交交往和豁免（1958年），领事关系（1961年），条约法（1966年），特别使团（1967年），国家在其对国际组织关系上的代表权（1971年）；关于条约的国家继承（1974年），最惠国条款（1978年），条约以外事项的国家继承（1981年），国家与国际组织间或两个或两个以上国际组织相互间缔结的条约问题（1982年）；外交信使和没有外交信使护送的外交邮袋的地位（1989年）；国家及其财产的管辖豁免（1991年）；国际水道非航行使用法（1994年）和国际刑事法院问题（1994年）。

大会随时请国际法委员会审查特定案文或就特定法律问题提出报告。委员会向大会报告其结论，只是供其审议，而不建议采取委员会章程第23条第1款所列的任何行动。委员会应大会的特别请求，研讨了如下专题并提交了报告：国家权利义务宣言草案（1949年），纽伦堡原则的系统表述（1950年），国际刑事审判机构问题（1950年和1994年），侵略定义问题（1951年），多边公约的保留（1951年），危害人类和平及安全治罪法草案（1951年和1954年），扩大参加在国际联盟主持下缔结的一般性多边条约的问题（1962年）；依国际法应受特别保护的外交代表及其他人员的保护和不得侵犯问题（1972年），多边条约拟订程序的审查（1979年）。在上述9项特别任务提出的报告中，有5项载有附有评注的条款草案，即国家权利义务宣言草案、纽伦堡原则的系统表述、国际刑事审判机构问题、危害人类和平及安全治罪法草案、依国际法应受特别保护的外交代表及其他人员的保护和不得侵犯问题。委员会就其他四项专题取得结论认为，不宜就其拟订条款草案。

联合国法律事务厅编纂司担任国际法委员会的秘书处工作。为便于委员会的工作，编纂司就有关逐渐发展与编纂的一般性问题及委员会议程上的特定专题编写了许多研究报告和调查报告。除1948年和1949年编写的报告外，所有这些研究报告和调查报告都刊登在《国际法委员会年鉴》第2卷。除主要协助委员会工作外，编纂司还在联合国法律丛书中出版关于如下主题的法律、法令和条约规定汇编：公海制度，船舶国籍，领海制度，外交和领事特权与豁免，国际组织的法律地位、特权和豁免，国籍，条约的缔结，为除航行以外的其他目的利用国际河流，国家的继承，海洋法，国家及其财产的管辖豁免。编纂司还在《国际仲裁裁决集》上刊载仲裁裁决书原文。

（二）联合国的其他机构

除了国际法委员会为国际法编纂作出贡献以外，其他机构也在这方面作了不少努力。其中最值得关注的是联大第六（法律）委员会的工作。当然，法律委员会的主要关注点在于确立新的国际法规则，而不限于对既有规范进行总结。

1967年10月设立的国际贸易法委员会在国际法编纂方面作了不少努力。其目标是"促进国际贸易法的逐步协调与统一"。其任务包括：协调在国际贸易法领域开展活动的国际组织的工作并促进它们之间的合作；促使更多的国家加入现有的国际条约；草拟新的国际公约、标准和统一的法律，并促使通过这些公约和法律；促进国际公约和统一法的统一解释和适用；等等。国际贸易法委员会自设立以来，讨论了国际货物买卖、国际支付、国际商事仲裁、国际航运立法、跨国公司等问题，其中比较有影响的编纂工作包括《国际销售货物时效期限公约》《汉堡规则》《联合国国际货物销售合同公约》《联合国国际贸易法委员会仲裁规则》。

　　此外，联合国人权理事会（前人权委员会）、和平利用外层空间委员会、联合国秘书处以及国际劳工组织、国际海事组织、世界卫生组织、世界银行集团、国际货币基金组织等一些联合国的专门机构都在各自的领域从事过法律编纂的活动。

思考题：
1. 如何认识国际习惯在当代国际法中的地位？
2. 一般法律原则作为国际法的渊源有何价值？
3. 国际组织决议对于国际法的渊源、编纂和发展有何影响？
4. 国际强行法有哪些特征？如何识别？

▶ 自测习题及参考答案

第三章 国际法与国内法的关系

国际法与国内法的关系是一个理论问题，更是一个实践问题。理论上主要有一元论和二元论；实践上主要是国际法在国内的适用以及国际法与国内法冲突的处理问题。

第一节 国际法与国内法关系的学说

关于国际法与国内法关系的学说，主要是一元论和二元论，其他学说的影响较小。

一、一元论

一元论（monism）学者有主张国内法优先的，有主张国际法优先的。他们共同的基本见解是：(1) 国际法与国内法是同一个法律体系，是一个法律概念或一个法律体系的两种表现，具有一系列共性或统一性：在法的主体方面，国际法与国内法没有本质不同，真正的主体都是个人，只不过在国际关系中个人行为的后果被归因于国家；在法的性质方面，国际法与国内法都是独立于法律主体意志的对法律主体有拘束力的律令。(2) 由于国际法与国内法是一个法律体系，国际法无须转化就可以在国内法院直接适用。(3) 国际法与国内法作为一个法律体系的不同组成部分，在效力关系上有高低之分。

（一）国内法优先说

19世纪末叶，受黑格尔"国家至上"思想的影响，耶利内克、佐恩等实证法学派的德国公法学者提倡国内法优先说，认为在国际法与国内法构成的法律体系中，国内法效力优先。

其主要理由是：

1. 国家主权是绝对的，国家的意志是至高无上的。除非国家同意遵守限制其自由的行为规范，否则国家有绝对的行动自由。

2. 国际法是国家对其主权意志"自我限制"的表现。耶利内克在其1880年发表的《论条约的法律性质》中说，只要没有凌驾于各国之上的权力，国家的权利和义务就仅仅来自它们自己的意志。每个国家享有绝对的主权，有权决定在什么条件下以及在何种程度上受国际法的拘束。国家可以本国法律为依据作出这种决定，可以在任何时候以与国家利益不符为由解除其承担的国际义务。

3. 国际法的效力来自国内的宪法，国家的缔约权是由国内的宪法直接授予的，国际法实际上是国内法中的"对外公法"。

这种实际上否定国际法的地位和价值的理论，在第一次世界大战之后就沉寂下去了。20世纪30年代，这种理论在法西斯德国再度出现。第二次世界大战以后，已经看不到明确坚持这一理论的国际法学者了。

（二）国际法优先说

一元论的国际法优先说的主要倡导者是社会连带法学派的代表人物法国学者狄骥、波利蒂斯和规范法学派的代表人物美籍奥地利学者凯尔森、英国学者劳特派特、奥地利学者菲德罗斯、美国学者杰赛普等。这些学者大多有自然法学说的倾向。尽管他们的论据或论证方法不尽相同，但他们都认为在国际法与国内法构成的法律体系中，国际法的效力优先。

其主要理由是：

1. 国际法决定国际关系和国际秩序。劳特派特指出："正是国际法，它决定各国的属人和属地的权力的管辖范围。同样的，也只有提到一种更高的法律秩序——各国在对这种秩序的关系上都是平等的——才能设想许多主权国家的平等和独立。"① 如果没有这种更高的法律秩序，就会面临众多主权国家都主张自己的至高无上地位的乱象。

2. 国际法优先于国内法适合人类发展需要。劳特派特属自然法学派，具有坚定的道德理想，将国内法和国际法的目标统一于人权或人类福利，认为坚持国际法优先于国内法才能实现这种目标。

3. 国内法的效力来自国际法。凯尔森的学说以康德的哲学思想为基础，认为法律是一种秩序。国内法和国际法都是人类的行为规范、都以制裁为后盾，在逻辑上是统一于最高的基本规范的法律体系。在这个体系中，国际法是比国内法更为基本的法律，所以具有优先的地位。凯尔森指出，"国内法中的一些基本规范是由国际法的基本规范决定的"，"国际法律秩序中的基本规范是国内法律秩序发生效力的最终的原因"②。

相对国内法优先说而言，在反思第一次世界大战的背景下产生的一元论的国际法优先说，是有利于国际和平与发展的学说。它能够解释一个符合国内法而违背国际法的行为为何应当承担国际责任。第二次世界大战后国际法委员会编纂的"纽伦堡原则"包括"不违反所在国的国内法不能作为免除国际法责任的理由"。

---

① ［英］劳特派特修订：《奥本海国际法》（上卷第一分册），王铁崖、陈体强译，商务印书馆1971年版，第26页。
② Ian Brownlie, *Principles of Public International Law*（《国际法原理》），Oxford University Press, 1973, p. 35.

当年的纽伦堡审判、东京审判所适用的原则,今天的《国际刑事法院规约》的相关规定,都表明了国际法的优先地位。国际法就像"臭氧层"一样,保护着人类的生存和发展,它应当具有优先于国内法的地位。

但是,强调国际法的优先地位不能否定或取消国家主权。社会连带法学派在主张国际法优先的同时否定国家主权。规范法学派关于各国宪法的效力来自国际法的观点不符合国际社会的实际情况。国际法优先的原则并不能使不符合国际法的国内法不产生效力或失去效力,只是在国际法与国内法发生冲突时承认国际法的优先地位,使符合国内法而违反国际法的行为在国际关系中不具有合法性,不能逃避国际责任。

二、二元论

二元论的提倡者有德国的特里佩尔、意大利的安吉洛蒂、英国的奥本海等人。二元论的主要观点是:

1. 国际法与国内法有重大差异,是两个不同的法律体系。二元论学者指出的国际法与国内法的差异主要是:(1)法的主体不同。国内法的主体是国内民众,国际法的主体是国家关系中的国家本身。(2)法的对象不同。国内法的对象主要是私人之间的关系,国际法的对象主要是国家或政府间的关系。(3)法的渊源不同。国际法的渊源主要是国际条约和习惯国际法,国内法的渊源主要是国内立法和国内习惯法。(4)法的本质不同。国内法是一国的主权意志的对内表现,而国际法是国家的主权意志的集体表现。国内法的效力来自单个国家的意志,国际法的效力来自各国的共同意志或共同同意。

由于这些差异,奥本海认为国际法和国内法有本质的不同,国际法无论作为整体或是其各部分,都不能当然成为国内法的一部分,国内法也不能当然成为国际法的一部分。①

2. 国际法与国内法没有隶属关系,在效力上是平行的。二元论学者认为,国际法与国内法没有共同适用的场所或领域,因而不存在一个支配另一个的隶属关系或效力上的优先位次。它们在各自的法律体系内都是最高的。特里佩尔认为:"国际法与国内法不仅是不同的法律,而且也是不同的法律秩序。这两种法律秩序从未互相交错。"②

3. 国际法只有转化成国内法才能在国内法院适用。二元论学者认为,国际法

---

① [英]劳特派特修订:《奥本海国际法》(上卷第一分册),王铁崖、陈体强译,商务印书馆1971年版,第24—25页。
② Hochen Von Benstorf, *The Public International Law Theory of Hans Kelson*(《汉斯·凯尔森国际法公法理论》),Cambridge University Press, 2010, p. 40.

在特殊情况下在国内适用，是经过国内法的程序把国际法转化成为国内法以后才予以适用的，不是作为国际法在国内适用的，更不是国际法对国内法有什么影响或作用。

二元论学者大多属于实证法学派。二元论在19世纪末叶曾经在国际法学界占据优势，现在还有相当的影响。然而，即使二元论符合其产生和兴盛时期的国际法与国内法关系的事实情况，也肯定是不能适应当代国际法与国内法关系的实际情况的。随着国际人权法、国际人道法、国际刑法、国际环境法、国际投资法等国际法分支的形成，国际法与国内法在主体和对象等方面的相互交叉以及在内容上的相互渗透，在国际法律程序中考虑国内法、在国内法律程序中考虑国际法和适用国际法的情况越来越多，二元论的部分理论根据明显地不成立了。

三、协调论

同样的国际法与国内法关系的事实，一元论和二元论两派学者得出相反的结论。在思考一元论和二元论的合理成分和缺陷的基础上，我国学者提出了"协调论"。

我国不少学者认为二元论的国际法与国内法属于两个不同的法律体系的观点是有道理的，但是二元论强调国际法与国内法的差别，以致把它们解释成互不联系的两个法律体系，是不足取的。随着经济全球化和国际互联互通程度日益加深，一国的几乎每一个重大行动都会影响其他国家。国际法与国内法在人权、环境和贸易领域等的相互渗透的程度不断加深。国际法除了规范国家关系之外，也规范国内法律主体之间的关系；国内法除规范国民之间的关系以及国民与政府之间的关系之外，也规范某些国际关系问题。

周鲠生教授对"协调论"有比较全面的论述。他认为，国际法与国内法是相互联系的，因为国家是制定国内法的，同时也是参与制定国际法的，并且国家的对外政策影响其对国际法的立场。"因此，可以断言，国际法和国内法按其实质来看，不应该有谁属优先的问题，也不能说彼此对立"；"作为一个实际问题来看，国际法和国内法的关系问题，归根到底，是国家如何在国内执行国际法的问题，也就是国家履行依国际法承担的义务的问题。国际法，按其性质，约束国家而不直接拘束它的机关和人民，尽管国内法违反国际法，法庭仍须执行，但国家因此要负违反国际义务的责任。所以国家既然承认了国际法规范，就有义务使它的国内法符合于它依国际法所承担的义务……从法律和政策一致性的观点说，只要国家自己认真履行国际义务，国际法和国内法的关系是可以自然调整的。"[①]

[①] 周鲠生：《国际法》（上册），商务印书馆1976年版，第19—21页。

我国学者王铁崖教授、程晓霞教授等与周鲠生教授的观点相似。① 他们都借助国家对外和对内行为的内在统一性与差异性来说明国际法与国内法的关系。

关于国际法与国内法关系的其他学说大体上可以归入一元论、二元论或协调论的框架之中。

第二节 国际法在国内的适用

一、国际法在国内适用的方式

所谓国际法在国内适用的方式，主要是指国际法在国内生效的方式。

（一）习惯国际法

关于习惯国际法如何在国内生效，英、美、法、德、意、荷、俄等大多数国家的占主导地位的理论和实践，都承认习惯国际法是其法律体系的一部分，无须经转化或特定的纳入程序即可在国内发生法律效力，可以在国内法院作为裁判依据。至于有关的理论和实践承认习惯国际法是其法律体系的一部分还是其法律体系的一个渊源，都不影响习惯国际法在各国国内的效力问题。

例如，《德国基本法》第25条规定，"国际法的一般规则（即习惯国际法——作者）构成联邦法律的一部分……并对其领土内居民直接创设权利义务"。《葡萄牙宪法》第8条第1款规定：一般国际法的原则规则是葡萄牙法律的组成部分。在英美，主流的理论和实践是承认和遵循一项普通法的规则：习惯国际法被普通法所采纳或纳入，是本国法的一部分，当然在本国具有法律效力。

（二）国际条约

在国际法上对一国发生了法律效力的条约，如何在该国发生效力，使其能够作为该国法律的组成部分在该国法院作为裁判案件的依据，并且能够由案件当事人作为权利义务的依据来援引？对此，各国的制度不尽相同，大体有"转化"和"并入"两种方式。

1. 转化方式

转化方式是指为使在国际法上对本国有效的条约在国内法律体系中生效，需要通过立法机关的立法程序将国际条约转变为自己国家的国内法。转化方式是同二元论联系在一起的。其理论基础是：国际条约与国内法不是一个法律体系，国际条约仅对国家在国际关系中的行为有拘束力，不是国内法的组成部分，不能直接

---

① 王铁崖主编：《国际法》，法律出版社1995年版，第32—33页。程晓霞、余民才主编：《国际法》，中国人民大学出版社1999年版，第25—26页。

在国内发生法律效力,不能直接在国内法院适用。只有通过立法将对本国有效的国际条约转化为国内法,才能使条约成为国内法的组成部分。由条约的规定转化来的国内法,与条约的性质是不同的。转化后形成的国内立法的效力与条约的效力不再有直接联系。如果有关条约的效力终止,只要有关国内法没有被废止,该项国内法在该国仍然具有法律拘束力。

在条约与国内法的关系上,英国是二元论的典型代表。在国际法上对英国生效的任何条约,依英国国内法在英国国内都并不当然发生效力,都不能在英国法院直接适用。这就是说,条约一经英王批准,在国际法上便对英国生效,但未经英国议会使它在英国生效,它在英国国内法上便没有效力,个人不能援引条约作为在英国法院主张权利或义务的根据。因为按照英国宪法,条约缔结权是英王的特权。这项特权不受司法的制约,但须受立法的限制。影响私人权利的条约,以及一般地只有修改普通法或国内立法才能在英国执行的条约,必须通过国会的授权法取得国会的认可,才能成为英国法律的一部分,才可以在英国法院适用。在国际法上对英国生效的条约,未经国内立法纳入英国的法律体系,仅仅是不能在英国法院适用,并不是英国可以不履行条约义务。

加拿大、澳大利亚、南非等英联邦国家和德国、意大利、比利时、丹麦、以色列等国也采取转化方式。1997 年《南非宪法》第 231 条第 4 款规定:"国际协议在依据国家立法并入法律时转变为南非共和国的法律。"

2. 并入方式

并入方式是指通过宪法或法律的统一规定,从总体上将条约合并到一国法律体系中,无须采取立法的转化。并入法与一元论联系在一起,其理论依据是:对一国生效的所有条约,都是该国国内法的组成部分,在性质上不需要转化。自然人、法人可以直接以国际条约为依据提起诉讼和主张权利。

荷兰、瑞士、美国、法国、日本等国采取并入法。荷兰、瑞士是采取并入法的典型代表。在国际法上对荷兰生效的条约,同时也在荷兰国内生效,能够直接适用。荷兰宪法第 93 条规定:"条约条款及国际机构决定中就其内容对任何人都有约束力的规定,均在公布之后生效。"瑞士宪法第 85 条规定,条约不需经过立法行为,而只要在联邦政府的法令公报上颁布之后,即具有联邦法律的效力,约束本国人民和法院。

大部分采取并入法的国家区分"自身可执行"(self-executing)与"非自身可执行"(non-self-executing)的条约或条款。自身可执行条约或条款可在法院直接适用,而非自身可执行条约或条款则要通过某种立法行为——通常是通过一个履行某条约的立法后该条约才能在国内法院适用。

在美国的司法实践中,这种区分最早是由美国最高法院大法官马歇尔 1829 年在"福斯特诉尼尔森案"的判决中提出的。美国加利福尼亚州最高法院 1952 年审理的"富士君诉加利福尼亚州案"是这方面的典型案例。在该案中,原告日本人 1948 年在加利福尼亚购买的土地因为违背该州《外国人土地法》关于外国人不得取得该州土地所有权的规定而面临最终被没收的处罚。原告认为加州法律的这一规定违反《联合国宪章》序言、宗旨和第 55、56 条的精神。但法院认为,《联合国宪章》的上述规定没有体现缔约国使其在国内直接适用的意图,"其目的不是对成员国施加法律义务或为个人创设权利"。因为《联合国宪章》第 55 条只规定联合国应促进对人权与基本自由的尊重,第 56 条也只是规定会员国应与联合国合作以促进人权与基本自由的尊重,第 73 条第 1 款只是空泛而含糊地规定了一般的标准和目标。这些条款缺乏命令性和确定性,不能作为自身可执行条款来适用。① 该案的终审判决对原告并无不利,但法院所认可的是其他的法律依据或理由。

非自身可执行条约,法院不能直接适用,自然人或法人不能在国内法院援用为权利或义务的依据。例如,有些条约只作了框架性的规定,明确要求缔约国制定相关法律。又如,有些防止及惩治国际或跨国犯罪的条约,制定国内立法以执行这些条约是缔约国的义务。再如,有些政治性条约,如同盟互助条约,所规定的义务原则上只涉及缔约国政府,若需把这类义务延伸为自然人或法人的义务,就需要国内立法予以补充。此外,有些经济或贸易类的条约,如 WTO 协定这样的多边贸易协议,通常只需要在缔约国政府间适用。政府间的关系通常不是国内法院的管辖对象,这类条约也就不是自身可以在国内法院适用的条约。这类条约所规定的权利义务要延伸到自然人或法人,也需要国内立法的补充或细化。

至于如何区分自身可执行条约与非自身可执行条约,一般是从条约规定判断缔约国的意图和条约自身的规定的完备程度两个方面入手。自身可执行条约或条款是指缔约国有使条约在国内直接适用的意图并且条约自身规定已经十分明确具体,无须国内立法机关予以补充或细化,可直接由国内法院予以适用的条约,后者是指缔约国没有使条约在国内直接适用的意图或者条约自身只规定一般性义务,不具有可操作性,必须经过国内立法机关的补充或细化,才能在国内法院直接适用的条约或条款。实践中,有关国家对二者的区分和认定是有很大任意性的。1992 年美国在批准《公民权利和政治权利国际公约》时专门作出一项声明,宣布该公约第 1—27 条关于各项公民权利和政治权利的规定都是非自身可执行条款。

---

① Yuji Iwasawa, The Doctrine of Self-executing Treaties in the United States: A Critical Analysis, 26 (3) *Virginia Journal of International Law*, 628, 671 (1986).

(三) 欧盟法与其成员国国内法的关系的特殊性

欧洲联盟条约和欧盟的立法（例如欧盟理事会和欧洲议会通过的条例、欧盟委员会作出的决定）具有直接的适用性，无须各成员国国内法的转化，国内法院在具体案件中可以直接适用，当事人或其代理人可以在国内法院直接援引。

二、国际法与国内法的冲突及其解决

一般而言，可以推定各国立法者不会制定违背习惯国际法和条约义务的法律，因而应尽可能地以不与国际法冲突的方式解释国内法。如果国内法可以有两种或更多种解释，应当推定与习惯国际法或国际条约不相冲突或最相符合的解释是正确的解释。例如，在"美国诉巴勒斯坦解放组织案"中，根据美国司法部长的解释，美国《反恐怖主义法》要求关闭巴解组织在美国的所有办事处，巴解组织驻联合国办事处也应在关闭范围之内。如果关闭巴解组织驻联合国办事处，势必违背美国根据其与联合国缔结的《总部协定》所承担的义务。在该案中，美国地区法院指出，断定美国《反恐怖主义法》有违反《总部协定》义务的明确意涵的观点是不成立的。① 根据《南非宪法》第233条，在解释立法时，所有法院必须选择符合国际法的任何合理的解释，而不是与国际法相冲突的解释。

（一）习惯国际法与国内法的冲突及其解决

各国国内法通常都是符合习惯国际法的，除了纳粹德国那样的情况，没有哪个国家故意制定违背习惯国际法的国内法。所以，在国际实践中，对于国内法与习惯国际法的并不明显的冲突，往往推定国内法没有改变国际法的含义。由于习惯国际法的不成文及有弹性的特点，往往能够把国内法解释成不与习惯国际法相冲突。在无法将国内法与习惯国际法作一致解释的情况下，各国采取的立场有以下两类：

1. 习惯国际法优先于国内立法

意大利、德国等国明确规定习惯国际法优先。《意大利宪法》第10条规定，"意大利的法律制度，符合公认的国际法原则"，即符合习惯国际法，表明了习惯国际法优先于国内立法的地位。《德国基本法》第25条规定："一般国际法规则（即习惯国际法——作者）构成联邦法律的一部分。此等规则之效力在法律之上，并对联邦领土内居民直接创设权利义务。"

2. 国内立法优先于习惯国际法

如果遇到习惯国际法与国内立法明显的不可调和的冲突，由于习惯国际法不

---

① ［英］马尔科姆·N. 肖：《国际法》（第六版）（上），白桂梅等译，北京大学出版社2011年版，第132页。

成文，在成文法优先于不成文法的国家里，如在英国、荷兰等国，是国内立法优先。

在英国，当习惯国际法与国内成文法有冲突时，通常是推定英国国会没有违反英国的国际义务而行事的意图。但如果遇到国内立法用词并无模糊之处，明显与习惯国际法相冲突，英国法院则只能适用国内立法。这就是说，习惯国际法在英国的适用，以不与现行国内立法相抵触并且不影响上级法院的判例的效力为条件。如果法院适用了违背习惯国际法的国内法，将由政府承担国际责任。

在比利时，如果法律的规定与习惯国际法发生冲突，则法院适用法律的规定。根据《南非宪法》第232条，除非与宪法或议会法案相冲突，习惯国际法是共和国的法律。

在实行国内成文法优先于不成文的习惯国际法的国家，习惯国际法应当是指习惯国际法中的任意性规范，而不是国际社会整体接受的公认为不许损抑的一般国际法强制规范。

（二）国际条约与国内法的冲突及其解决

关于条约与国内法的冲突，各国一般也是推定本国无意制定或实施违反条约义务的国内法，除非这种冲突如此明显，足以推翻这种推定。

大部分国家在处理条约与国内法的效力关系的问题上，都是符合《维也纳条约法公约》所反映的习惯国际法的要求的，都是善意遵守对本国有效的条约的。这里的区别是形式上的，实际上各国适用条约是常态，即使条约与本国国内法有抵触。

具体说，可以分为以下类型：

1. 国际条约与宪法具有同等效力

荷兰、秘鲁等国实行国际条约与宪法具有同等效力的制度。

《荷兰宪法》第91条规定："（1）非事先获得议会同意，荷兰王国不受任何条约的约束，也不得宣布废除条约。但议会法令另有规定者不在此限。（2）议会表示同意或默认的方式由议会法令规定。（3）任何违反宪法或导致这一结果的条约条款须获得议会两院2/3多数赞成始得通过。"第92条规定："在遵守第91条第（2）款规定的条件下，可以授予根据条约设置的国际机构以立法、执行及司法权。"第93条规定："条约条款及国际机构决定中就其内容对任何人都有约束力的规定，均在公布之后生效。"第94条规定："王国的现行法令法规，如果与具有普遍约束力的条约规定，或国际机构决定相抵触，不得施行。"上述规定表明，在荷兰，国际条约不仅优先于国内立法，还与国内宪法具有同等效力。因为议会两院能够以2/3多数通过违背荷兰宪法的条约，而不是要求必须事先修改宪法。

《秘鲁宪法》第10条规定人权条约与宪法具有同等效力，即："关于人权的条约中包括的规定与宪法属同等级别。非经与修改宪法同样的程序不得修改。"

从欧洲联盟的实践看，欧共体法/欧洲联盟法优先于成员国的一般国内法，也优先于成员国具有宪法性质的国内法。

2. 国际条约的效力低于宪法高于国内立法

俄罗斯、法国等国实行国际条约的效力低于宪法但高于国内立法的制度。

《俄罗斯联邦宪法》第15条第4款规定："公认的国际法原则和准则和俄罗斯联邦签署的国际条约是俄罗斯联邦法律体系的组成部分。如果俄罗斯联邦签署的国际条约规定的规则与俄罗斯联邦法律规定的规则有不同之处的话，则以国际条约中的规则为准。"该宪法第125条第2款和第6款规定，俄罗斯宪法法院可以审查尚未生效的条约是否符合宪法，"不符合俄罗斯联邦宪法的俄罗斯联邦国际条约不能生效和适用"。这说明国际条约在俄罗斯的效力低于宪法，高于法律。

许多国家的宪法规定，遇有与宪法相抵触的条约，修宪后才能缔结。1958年《法国宪法》第54条（为批准条约修改宪法）规定："如果经共和国总统、总理或者议会任何一院议长提请审查，宪法委员会宣告一个国际协议含有违反宪法的条款时，必须在宪法修改后，才可以授权批准或者核准该国际协议。"该宪法第55条（法律效力，优先原则）规定："依法批准或者核准的条约或者协议，自公布后即具有高于各种法律的效力，但就每一个协议或条约而言以其他缔约方予以适用为限。"法国最高法院曾指出，国际协议在国内秩序中的优先性不得对抗宪法的规定。①

在采取条约效力低于宪法高于国内立法的制度的国家，如果宪法符合国际法，实际上并不影响国际义务的履行。

3. 国际条约与国内立法具有同等效力

美国、韩国等国家，把条约与国内法置于具有同等效力的地位，用后法优于前法的原则处理条约与其国内法的冲突。

《美国宪法》第6条第2项规定："本宪法，与依据本宪法制定之美国法律，及在美国的权力下缔结和将缔结的一切条约，均应为全国之最高法律，即使与任何州的宪法或法律相抵触，每一州之法官均应受其拘束。"在实践中，美国并没有把国际条约放在与其宪法具有同等效力的地位，而是坚持其宪法优先于国际条约的地位。实际上，美国缔结的条约是与其国会制定的法律处于同等地位的。美国处理国际条约与其国会立法的冲突适用后法优于前法的办法。经美国批准的自身

---

① [英]马尔科姆·N. 肖：《国际法》（第六版）（上），白桂梅等译，北京大学出版社2011年版，第139页。

可执行的条约或条款,都可约束美国法院,即使它与先前的成文法相冲突也在所不顾;同样的,美国国会在条约缔结之后通过的法律优先于已成为美国法律一部分的国际条约。

《韩国宪法》第6条规定:"根据宪法缔结、公布的条约及公认的国际法规范具有与国内的法律同等的效力。"

拓展阅读

塞加号案

1969年《维也纳条约法公约》第26条规定了"条约必须遵守"原则:"凡有效之条约对其各当事国有拘束力,必须由各该国善意履行。"第27条规定了"国内法与条约之遵守"的关系:"一当事国不得援引其国内法规定为理由而不履行条约。"这里的"国内法"是包括宪法在内的。因此,那种将包括宪法在内的国内法放在优先于国际条约或与国际条约同等地位的做法是不符合该公约的上述规定的,是不符合关于国际法与国内法关系的习惯国际法原则的。

例如,在中美关系中,美国通过制定和实施国内法而逃避其依照中美三个联合公报对中国所承担的国际义务,就属于以国内法为理由而不履行条约义务的行为。1972年2月28日,中美两国政府发表《上海公报》,在该公报中,美国承认中国的唯一合法政府是中华人民共和国政府,只有一个中国,台湾是中国的一部分。1979年1月1日,美国与台湾当局"断交",并且"废约、撤军",中美两国发表《建交公报》,宣布建立外交关系,并确认《上海公报》的原则。1981年8月17日的《中美联合公报》规定了美国逐步减少直至最后终止向台湾出售武器问题。中美间的这三个联合公报,无论在美国国内法上属于哪种类型的国际协议,都属于《维也纳条约法公约》所指的条约范围,具有国际法效力。然而,1979年4月10日经卡特总统签署生效的《与台湾关系法》包含一系列违背一个中国原则的内容,例如:在美国国内法体系上给予台湾类似"国家"的地位,称美国法律中提及外国、外国政府或类似实体时,"也适用于台湾";台湾的地位不受"断交"影响;台湾驻美机构享有"外交特权与豁免权"。2018年3月16日美国总统特朗普签署的《与台湾交往法》旨在解禁美台高层级官员"互访"。这些都是美国的霸权主义和强权政治在中美关系中的表现。

三、国际法在中国的适用

《中华人民共和国宪法》序言载明:"中国坚持独立自主的对外政策,坚持互相尊重主权和领土完整、互不侵犯、互不干涉内政、平等互利、和平共处的五项原则,坚持和平发展道路,坚持互利共赢开放战略,发展同各国的外交关系和经济、文化交流，推动构建人类命运共同体"。这表明：虽然我国宪法、立法法、缔结条约程序法没有关于国际法与我国法律的关系的明确规定，但是中国坚持和平共处五项原则等国际法基本原则，遵守国际习惯法和国际条约，善意履行国际义务的立场是毫无疑问的。2016年6月25日在北京签署的《中华人民共和国和俄罗斯联邦关于促进国际法的声明》载明："各国享有平等地参与制定、解释和适用国际法的权利，并有义务善意履行和统一适用国际法"；"中俄谴责与国际法不符、将一国国内法进行域外适用的做法"。

（一）习惯国际法在中国适用的方式

由于习惯国际法是各国反复适用的国际法规范，它在我国国内发生效力的方式同各国实践相一致，是自动的，不需要任何法律程序的。

中国的宪法有纳入习惯国际法规范的条款。例如，《中华人民共和国宪法》第32条规定："中华人民共和国保护在中国境内的外国人的合法权利和利益，在中国境内的外国人必须遵守中华人民共和国的法律。中华人民共和国对于因为政治原因要求避难的外国人，可以给予受庇护的权利。"

此外，中国有一系列法律纳入了相关的习惯国际法规范。例如，在享有外交特权与豁免的外国人的司法豁免方面，中国法律作了与国际习惯法相一致的规定。《中华人民共和国刑法》（以下简称《刑法》）第11条规定："享有外交特权和豁免权的外国人的刑事责任，通过外交途径解决。"

再如，关于外国人的民事诉讼地位，我国法律作了与习惯国际法相一致的规定。《中华人民共和国民事诉讼法》（以下简称《民事诉讼法》）第5条规定："外国人、无国籍人、外国企业和组织在人民法院起诉、应诉，同中华人民共和国公民、法人和其他组织有同等的诉讼权利义务。外国法院对中华人民共和国公民、法人和其他组织的民事诉讼权利加以限制的，中华人民共和国人民法院对该国公民、企业和组织的民事诉讼权利，实行对等原则。"

（二）国际条约在中国适用的方式

从实践看，中国以"并入"的方式适用国际条约。

1. 直接适用"自身可执行"的条约或条款

我国在一系列法律、法规中对条约的适用作出明确规定，表明相关条约的可直接适用性质。

（1）法律规定中国法律、法规与国际条约有不同规定的，适用国际条约的规定。1982年《民事诉讼法》第189条是最早作此类规定的法律条款。后来，1986年《中华人民共和国民法通则》（以下简称《民法通则》）第142条规定："中华人民共和国缔结或者参加的国际条约同中华人民共和国的民事法律有不同规定的，适用国际条约的规定，但中华人民共和国声明保留的条款除外。"此后，一系列法律，无论实体法还是程序法，都有优先适用国际条约的规定。然而，2017年《民法总则》没有保留1986年《民法通则》第142条那样的规定，还有一些法律在修改时删去了类似的规定。这表明，中国关于国际法与国内法关系的法律规定，正在从分散式的规定向在宪法或宪法性法律中作集中的和总括性的规定的发展过程之中。

（2）法律规定依照有关国际条约承担义务。全国人大常委会1987年6月23日通过《关于对中华人民共和国缔结或者参加的国际条约所规定的罪行行使刑事管辖权的决定》，规定"对于中华人民共和国缔结或者参加的国际条约所规定的罪行，中华人民共和国在所承担条约义务的范围内，行使刑事管辖权"。中国《刑法》第9条进一步规定，中国在所承担条约义务的范围内行使刑事管辖权的，适用本法。

（3）法律规定条约有特殊或具体规定的适用条约的规定。1996年《中华人民共和国红十字标志使用办法》第23条规定："本办法有关红十字标志保护性使用的规定未尽事宜，依照日内瓦公约及其附加议定书的有关规定执行。"

（4）法律规定在相关领域适用相关条约。中国《刑事诉讼法》第17条规定："根据中华人民共和国缔结或者参加的国际条约，或者按照互惠原则，我国司法机关和外国司法机关可以相互请求刑事司法协助。"中国《民事诉讼法》第261条规定："对享有外交特权与豁免的外国人、外国组织或者国际组织提起的民事诉讼，应当依照中华人民共和国有关法律和中华人民共和国缔结或者参加的国际条约的规定办理。"

中国1987年加入《承认及执行外国仲裁裁决公约》、1988年加入《联合国国际货物销售合同公约》时，最高人民法院都向全国法院下发了适用的通知。

2. 间接适用"非自身可执行"的条约或条款

我国已经根据国际条约制定、修改或补充了一系列的国内法律、法规。

（1）根据国际条约的内容制定单行法，并按照中国国情作一些变通或补充。根据《维也纳外交关系公约》《维也纳领事关系公约》《联合国海洋法公约》，1986年制定了《中华人民共和国外交特权与豁免条例》，1990年制定了《中华人民共和国领事特权与豁免条例》，1991年制定了《中华人民共和国领海及毗连区法》，1998年制定了《中华人民共和国专属经济区和大陆架法》等。

（2）通过修改或补充国内法的方式履行条约义务。如果中国国内法与中国缔结的国际条约不一致，中国总是在事先或事后废除、修改现有法律或制定新法律，确保与条约义务相一致。《中国加入WTO工作组报告书》第67条指出，"中国代表表示，中国一贯忠实履行其国际条约义务。根据《宪法》和《缔结条约程序法》,《WTO 协定》属于'重要国际协定',需经全国人大常委会批准。中国将保证其有关或者影响贸易的法律和法规符合《WTO 协定》及其承诺,以便全面履行其国际义务。为此,中国已开始实施系统修改其有关国内法的计划。因此,中国将通过修改其现行国内法和制定完全符合《WTO 协定》的新法的途径,以有效和统一的方式实施《WTO 协定》。"中国在加入世界贸易组织前后,根据世界贸易组织各项协定修改现行法律、法规或制定新的法律、法规,如《中华人民共和国对外贸易法》《中华人民共和国中外合资经营企业法》《中华人民共和国中外合作经营企业法》《中华人民共和国外资企业法》《中华人民共和国著作权法》《中华人民共和国商标法》《中华人民共和国专利法》（以下分别简称为《对外贸易法》《中外合资经营企业法》《中外合作经营企业法》《外资企业法》《著作权法》《商标法》《专利法》）和《外商投资产业指导目录》等。

上述我国的此类法律或条例中都规定,如果中国缔结或者参加的国际条约有不同规定的,适用国际条约的规定。这表明,相关立法没有包括的有关条约的规定,即没有转化为中国国内法的条约规定,仍然可以直接适用。

(三) 国际法与中国法冲突的解决

1. 习惯国际法与中国法冲突的解决

中国一贯遵守习惯国际法。中国首先提出、积极倡导和一贯坚持和平共处五项原则的实践就是重要例证。和平共处五项原则中每一项具体原则都体现了习惯国际法规范。我国在相关立法活动中都要考虑习惯国际法的相关规范。所以,应当把我国法律与习惯国际法做一致的解释。

2. 国际条约与中国法冲突的解决

我国是《维也纳条约法公约》的缔约国,对该公约关于条约与国内法的关系的规定并没有提出保留。更重要的是,我国一系列的法律都作了条约优先于我国法律的规定,而没有任何相反的规定,更没有相反的行为。这反映了条约优先于国内法的原则是我国处理条约与国内法冲突问题的一般原则。

1987 年 8 月 27 日外交部、最高人民法院、最高人民检察院、公安部、国家安全部、司法部《关于处理涉外案件若干问题的规定》规定："涉外案件应依照我国法律规定办理,以维护我国主权。同时亦应恪守我国参加和签订的多边或双边条约的有关规定。当国内法以及某些内部规定同我国所承担的条约义务发生冲突时,应适用国际条约的有关规定。根据国际法的一般原则,我国不应以国内法规定为由拒绝履行所承担的国际条约规定的义务。"该规定更加具体地反映了中国处理国际法与中国国内法的效力关系的一贯立场。

为了适应中国和平发展和做负责任大国的需要,近年来,中国的国际法学界一直呼吁中国应当考虑在宪法或立法法中明确规定国际法与中国法的效力关系。①

第三节 国内法对国际法的影响

一、国内法对国际法实体规则的影响

（一）国内私法对国际法实体规则的影响②

劳特派特认为："构成国际公法的各种法律关系的内容通常都是按照或者类比某种私法观念加以塑造的。"法学家们将国内私法的概念和制度类推适用于国家间的关系，近代意义上的国际法才形成体系。国内私法是以法的主体、所有权、契约的约束性为其基本范畴的，国际法也有法的主体（国家）、主权（统治权）、条约的约束性等基本范畴。

1. 国内私法上的自然人、法人的主体制度对国际法上的主体制度的影响。国内私法上的主体或人格概念对于构建近代国际法是有启示的。自然人的监护制度与宗主关系和保护条约关系、自然人的代理制度与委托统治、自然人的出生与死亡制度与新国家的产生及其承认和继承制度、自然人的人格利益与国际法对国家尊严的保护、私法中社团等组织享有的人格与国际组织的国际法人格制度等，都有相似相通之处。

2. 国内私法上的所有权制度对领土主权制度的影响。国际法上领土主权的理论深深地打上了国内私法所有权理论的烙印。例如，国内私法的所有权的取得与丧失制度与国家领土的取得和丧失的规则相似；国内私法所有权领域的共有关系对海洋法和空间法上"人类共同财产原则"的形成的影响；罗马法上的添附制度和国际法上的添附制度相似；国内私法中的时效问题常常被人们运用到国际法上的争议解决；国内私法上的动产所有权转让与国际法上的割让制度等形式基本吻合；国家间通过条约对其领土主权施加特定限制的制度，诸如共管、租借和国际地役制度，亦源于国内私法。

3. 国内私法的契约法对国际法上条约制度的影响。例如，条约必须遵守原则，在语源上，就是契约法上的约定必须信守原则；国际法上条约有效的实质要件与契约的实质要件均与当事人意思自由有关；条约无效时有关条约履行的问题，同私法上可撤销与效力待定的合同情况相似；条约的解释的通则，如善意原则、整

---

① 万鄂湘主编：《国际法与国内法关系研究》，北京大学出版社2011年版，第482页。
② 本标题下的内容摘编自：张文彬：《论私法对国际法的影响》，法律出版社2001年版；李思璇：《评〈论私法对国际法的影响〉》，《武大国际法评论》第1卷，武汉大学出版社2003年版，第340页。

体解释和目的解释等，与人们对合同解释的要求相当；条约与第三国的关系与契约与第三方的关系相仿，契约上"约定对第三人既无损亦无益"也是条约法的内容。

（二）国内公法对国际法实体规则的影响

国内公法对国际法实体规则的影响是多方面的。

1. 国内公法对国际人权法的人权理念的影响。1776年《独立宣言》宣告了美利坚合众国的诞生，并在人类历史上第一次以政治纲领的形式提出了一系列人权理念。例如：人人生而平等，人具有不可剥夺的生命、自由和追求幸福的权利；政府必须经人民的同意而组成，应为人民幸福和保障人民权利而存在，人民有权起来革命以推翻不履行职责的政府。《独立宣言》被马克思誉为世界上"第一个人权宣言"[①]。上述人权理念在1948年《世界人权宣言》中都有所反映。

2. 国内公法对国际法原则的影响。例如，1793年《法国宪法》第119条规定：法国人民不干涉其他国家政府事务，也不允许其他民族干涉法国的事务。这项原则原是为反对外国封建势力干涉法国革命而提出的，因其与国家主权原则相一致，是保卫国家主权的有力武器，很快就被各国所接受，成为国际习惯法原则和国际法的基本原则。再如，1793年《法国宪法》规定：法国给予为争取自由而从本国逃亡到法国的外国人以庇护。1833年，比利时制定了第一个禁止引渡政治犯的法令。此后，国家间订立的引渡条约，大都有政治犯不引渡的条款，该原则逐渐演变为各国公认的国际法原则。

二、国内法对国际法程序规则的影响

（一）国内法对联合国国际法院的程序规则的影响

联合国国际法院的诉讼程序规则绝大部分来自国内诉讼程序规则。例如：

《国际法院规约》第一章规定了"法院之组织"，第二章规定了"法院之管辖"，第三章规定了"程序"。这和国内民事诉讼法的规定相似。

《国际法院规约》第43条规定："一、诉讼程序应分书面与口述两部分。二、书面程序系指以诉讼、辩诉状及必要时之答辩状连同可资佐证之各种文件及公文书、送达法院及各当事国。三、此项送达应由书记官长依法院所定次序及期限为之。四、当事国一造所提出之一切文件应将证明无讹之抄本一份送达他造。五、口述程序系指法院审讯证人、鉴定人、代理人、律师及辅佐人。"规约第46条规定："法院之审讯应公开行之，但法院另有决定或各当事国要求拒绝公众旁听时，

[①] 马克思：《致美国总统亚伯拉罕·林肯》，《马克思恩格斯全集》第16卷，人民出版社1964年版，第20页。

不在此限。"规约第 53 条第 1 款规定:"当事国一造不到法院或不辩护其主张时,他造得请求法院对自己主张为有利之裁判。"这些条款与国内诉讼法高度相似。

(二) 国内法对国际刑事法院的程序规则的影响

《国际刑事法院规约》规定的刑事诉讼程序规则直接来自国内刑事诉讼程序规则。例如:

《国际刑事法院规约》第 66 条关于"无罪推定"的规定是:"(一)任何人在本法院被依照适用的法律证明有罪以前,应推定无罪。(二)证明被告人有罪是检察官的责任。(三)判定被告人有罪,本法院必须确信被告人有罪已无合理疑问。"这完全是从国内刑事诉讼法移植过来的。

《国际刑事法院规约》第 67 条关于"被告人权利"的规定包括:在确定任何指控时,被告人有权获得符合本规约各项规定的公开审讯,获得公正进行的公平审讯,及在人人平等的基础上获得下列最低限度的保证:以被告人通晓和使用的语文,迅速被详细告知指控的性质、原因和内容;有充分时间和便利准备答辩,并在保密情况下自由地同被告人所选择的律师联系;没有不当拖延地受到审判;审判时本人在场,亲自进行辩护或者通过被告人所选择的法律援助进行辩护,在被告人没有法律援助时,获告知这一权利,并在为了实现公正而有必要的时候,由本法院指定法律援助,如果无力支付,则免费提供;等等。这些规定都来自国内刑事诉讼法关于被告人的辩护权的规定。

思考题:

1. 如何评价国际法与国内法关系学说中的一元论、二元论和协调论?
2. 为什么国际法在各国国内的适用方式有所不同?
3. 如何区分自身可执行条约和非自身可执行条约?
4. 如何完善国际法在中国的适用制度?

▶ 自测习题及参考答案

第四章 国际法基本原则

第一节 概 述

一、国际法基本原则的概念与特征

（一）国际法基本原则的概念

国际法基本原则（fundamental principle of international law），是与国际法上的具体原则相对应的一个概念。一般来说，国际法基本原则是指那些被各国公认或接受、具有普遍约束力、适用于国际法各个领域并构成国际法基础的法律原则。

通常来说，原则系指某一具体法律制度或者一般法律中固有的或从中发展而来的、有法律约束力的行为规范的抽象表述。与易于直接适用的具体规则不同，原则的表述比较抽象。国际法上的原则，既可以为国际法规范的系统化服务，又可以成为国际法的解释、适用和进步发展的工具，也可能直接产生法律上的权利和义务。[①]

虽然《联合国宪章》具体规定了联合国及其会员国应该遵守的基本原则，但是第一次正式明文出现"国际法基本原则"一词的全球性国际法文件则是联合国大会1970年10月24日通过的《关于各国依联合国宪章建立友好关系及合作之国际法原则宣言》（以下简称《国际法原则宣言》）。

（二）国际法基本原则的特征

1. 国际社会公认。"国际公认"是国际法基本原则的基本特征和要件之一。因此，一个或几个国家提出的原则，在未得到国际社会接受之前，不能称为国际法基本原则。只有当一项原则在国际社会中反复出现，并被整个国际社会认定为指导国际关系的一般准则时，它才有可能成为国际法基本原则。

2. 具有普遍约束力。就其适用对象而言，国际法基本原则一经确认，不仅对某些国家或某一类国际法主体具有约束力，而且对所有国家及所有的国际法主体都具有约束力。从这个意义上讲，国际法基本原则不仅具有强行法的特性（关于强行法，详见第二章第二节），而且具有对世义务或对一切义务的特征。所谓对世义务或对一切义务就是一国对国际社会整体的义务，乃所有国家之关切，所有国家都有"法律利益"对其进行保护。当前，下列义务被认为是对世义务：禁止侵

[①] Rüdiger Wolfrum（2010）：General International Law：Principles, Rules, and Standards, in R. Wolfrum（ed.），*The Max Planck Encyclopedia of Public International Law* [*MPEPIL*]（《马克思·普朗克国际公法百科全书》），Oxford University Press, 2013, online edition.

略行为，禁止种族灭绝，保护基本人权，民族自决，保护共同空间的环境。①

3. 适用于一切国际法领域。就其适用空间而言，国际法基本原则是适用于国际法各个领域的原则，对国际法的各个分支部门具有普遍指导作用。这是区别基本原则与各种具体规则的一个重要标准。国际法的具体规则仅适用于特定的国际法领域或部门。

4. 构成国际法体系的基础。国际法的具体规则和规范是从国际法基本原则中派生和引申出来的，它们必须符合国际法基本原则，不能违背国际法基本原则。

总之，国际法基本原则是国际社会的宪法性原则，体现了国际法律秩序的基本价值，代表了国际交往的基本标准和最重要的法律标准，不仅是国际法体系的法律基础，而且构成了整个国际法大厦的顶梁柱。

二、国际法基本原则的形成与发展

（一）国际法基本原则的沿革

国际社会是平等者组成的国家间社会，在这个社会中不可能有一个最高权力机关来制定国际法基本原则，国际法基本原则只能在主权国家的交往中逐渐形成。

1648 年的《威斯特伐利亚和约》被公认为历史的里程碑，开创了一个由主权独立与平等原则主导的新国际关系时代。到 18 世纪，国家主权概念盛行，资产阶级为了反对封建的压迫和禁锢，倡导了诸如国家主权、不干涉内政、国家平等之类的国家间关系一般指导原则。然而，在 20 世纪以前，如同整个国际法一样，国际法基本原则的适用范围，仍主要局限于所谓"基督教文明国家"之间的关系。

第一次世界大战之后，经过《国际联盟盟约》和《巴黎非战公约》等国际法律文件的确认，互不侵犯原则、和平解决国际争端原则等也初步确立起来了。从第二次世界大战废墟中诞生的《联合国宪章》在第 2 条确立了七项原则：会员国主权平等、善意履行宪章义务、和平解决国际争端、禁止以武力相威胁或使用武力、集体协助、确保非会员国遵守宪章和不干涉内政。这些原则被公认为国际法基本原则。

战后兴起的独立国家倡导了若干指导国家间关系的基本原则，如中国与印度、缅甸共同倡导的和平共处五项原则，亚非会议提出的十项原则等。20 世纪 60 年代以来，联合国大会先后通过了一系列载有国际法基本原则的决议，其中较为重要的有：1960 年《给予殖民地国家和人民独立宣言》、1965 年《关于各国内政不容干涉及独立与主权之保护宣言》、1970 年《国际法原则宣言》、1974 年《各国经济

---

① Jochen A Frowein (2008): Obligations erga omnes, in R. Wolfrum (ed.), *The Max Planck Encyclopedia of Public International Law* [*MPEPIL*] （《马克思·普朗克国际公法百科全书》），Oxford University Press, 2013, online edition.

权利和义务宪章》等。特别是《国际法原则宣言》，郑重明确地宣布七项原则作为"国际法基本原则"，要求"所有国家在其国际行为上"予以"严格遵守"。这七项原则是：（1）禁止以武力相威胁或使用武力；（2）和平解决国际争端；（3）不干涉任何国家内政；（4）各国依照宪章彼此合作；（5）各民族权利平等与自决；（6）各国主权平等；（7）善意履行宪章义务。1975年8月1日《欧洲安全与合作会议最后文件》的原则宣言，规定了处理与会国互相关系的10项原则。鉴于欧洲安全与合作会议与会国所代表的不同政治与法律制度和原则宣言声明遵守联合国宪章，该原则宣言对《联合国宪章》的解释具有特别重要的意义，也有助于对国际法基本原则的进一步阐述。① 至此，一个由若干原则构成的现代国际法基本原则体系，初步形成。

20世纪80年代联合国大会又通过了一系列阐释国际法基本原则的重要决议，如1981年《不容干涉和干预别国内政宣言》、1982年《关于和平解决国际争端的马尼拉宣言》、1987年《加强在国际关系上不使用武力或进行武力威胁原则的效力宣言》。这些宣言进一步重申了现代国际法基本原则的效力和重要性。

"冷战"结束以来，特别是进入21世纪之后，面对全球化的挑战，联合国大会通过新的宣言和决议重申和坚持上述国际法基本原则，如2000年第55届联合国大会通过的《联合国千年宣言》、2005年第60届联合国大会通过的《世界首脑会议成果》、2012年11月30日联合国大会通过的《国内和国际的法治问题大会高级别会议宣言》均规定："我们决心按照《联合国宪章》的宗旨和原则，在全世界建立公正持久的和平。我们再度承诺将竭力支持一切努力，维护所有国家的主权平等并尊重其领土完整和政治独立，在国际关系中不以不符合联合国宗旨和原则的任何方式进行武力威胁或使用武力，坚持以和平手段并按照正义和国际法原则解决争端，尊重仍处于殖民统治和外国占领下的人民的自决权利，不干涉各国内政，尊重人权和各项基本自由，尊重所有人的平等权利，不分种族、性别、语言或宗教，开展国际合作以解决经济、社会、文化或人道主义的国际问题，并诚意履行根据宪章承担的义务。"

（二）《联合国宪章》对国际法基本原则的发展

在国际法律文件中，《联合国宪章》是第一次系统地明文规定国际关系基本原则的多边条约。鉴于现代国际法律秩序建立在《联合国宪章》及其法律制度基础之上，《联合国宪章》规定的七项原则，改变了以前国际法基本原则的零散状态，

---

① Sir Michael Wood, Daniel Purisch (2011): Helsinki Final Act (1975), in R. Wolfrum (ed.), *The Max Planck Encyclopedia of Public International Law* [*MPEPIL*] (《马克思·普朗克国际公法百科全书》), Oxford University Press, 2013, online edition.

标志着国际法基本原则的发展进入了较为系统的新时代。

虽然《联合国宪章》是从组织法的角度规定联合国及其会员国应该遵守的基本原则的，但是由于联合国成员国的广泛代表性和宪章本身的"造法性"，已使得这些原则具有普遍的法律意义。联合国是迄今拥有成员国最多的一个全球综合性国际组织。加入联合国的国家愈多，接受这种规则的国家就愈普遍，从而使某些重要规则有可能产生一般国际法的效力。因此，宪章虽然形式上是基于一般国际法而制定的一个国际组织的组织章程，只对联合国及其会员国有拘束力，但就其实质来说，却是一项对全球所有国家产生普遍影响的最大公约。由几乎世界上所有国家都参加的组织的章程所确立的原则，无疑具有权威性，能充分表明其公认和接受的最大普遍性。在这个意义上，宪章所载各项宗旨和原则及其相关规定，是世界各国公认的国际法基本原则。诚然，宪章中的个别原则只能专门适用联合国组织及其会员国，但这并不影响宪章所确立的七项原则作为一个整体在国际法基本原则体系中的核心地位和最高的权威性。

宪章是现代国际法基本原则的体系趋于完善的重要标志。宪章之后联合国内外的各种国际文件所列的原则，虽然数目不等、内容不同、措辞也不完全一样，但都是在宪章基础上的引申和发展。不论是和平共处五项原则，还是亚非会议十项原则；也不论是《欧洲安全与合作会议最后文件》十项原则，还是联合国大会通过的《国际法原则宣言》《各国经济权利和义务宪章》《国内和国际的法治问题大会高级别会议宣言》等决议，都与宪章的宗旨和原则保持一致，其中有的是进一步宣示、解释、强调或重申宪章的原则，有的则是对宪章原则的发展。其他国际组织章程或组织性条约也都明确承认联合国宪章原则，如1949年8月24日生效的《北大西洋条约》、2002年6月7日生效的《上海合作组织宪章》、2004年5月1日生效的《欧洲联盟条约》。

（三）《国际法原则宣言》对国际法基本原则的发展

《国际法原则宣言》宣布："本宣言所载之各项宪章原则构成国际法之基本原则，因之吁请所有国家在其国际行为上遵循此等原则，并以严格遵守此等原则为发展其彼此关系之基础。"这是国际社会第一次通过联合国大会以宣言的形式来列举并确认国际法基本原则。这不仅对所有国家在其国际行为上遵守国际法和贯彻《联合国宪章》的各项宗旨和原则具有非常重要的意义，而且表明现代国际法基本原则体系已经形成。

《国际法原则宣言》所载之各项宪章原则，与前述《联合国宪章》第2条所规定的七项原则，既有联系，也有区别。

第一，尽管它们都来自联合国宪章，但并不是来自同一条文。《国际法原则宣言》七项原则中有五项原则①来自第 2 条的规定，另外两项原则来自宪章其他条文②。

第二，虽然它们都是对国际法基本原则的编纂，但是路径和方式不同。《联合国宪章》第 2 条所规定的七项原则是通过《联合国宪章》这一对全球所有国家产生普遍影响的最大公约确立的，《国际法原则宣言》则是通过联合国大会决议确立的。前者采取缔结条约的方式，后者则采取协商一致通过的方式，因此，其法律效力有别。如前所述，《联合国宪章》本身及其所确立的这些原则具有国际法上的约束力。但是对于联合国大会决议的法律效力问题，争论甚多。

虽然《联合国宪章》并没有授权大会作出有法律拘束力的决定（除组织监督与内部行政管理外），但是一般都认为大会决议对现代国际法具有下列影响：它们反映了各国政府的意愿，是世界舆论的积累和集中表达，有很大的政治影响力，特别是其中一些有关国际法原则、规则及制度的所谓规范性决议（声明、宣言等），因其具有广泛的代表性和舆论价值，具有重大的道德及政治影响，必然影响产生国际习惯的传统方式；它们代表一种普遍的信念，可以作为国际习惯形成的有力证据，在不同程度上具有某种阐明、确认或宣示国际法原则及规则的作用，甚至有的被认为构成国家目前的实践的要素和法的信念的必要证明。③

在实践中，尽管《国际法原则宣言》不是创立新的国际法规范，但是它不仅影响新的国际法规范的产生，而且构成法律上确认或宣示国际法原则的证据，甚至被视为对联合国宪章有关条文的一种权威性解释。例如，在国际法院对"尼加拉瓜的军事行动和准军事行动案"④ 和 "使用或威胁使用核武器的合法性"的咨询意见⑤中，它被当作法的信念的证明。

第三，在国际法基本原则的发展方面，《国际法原则宣言》所载之各项宪章原则是对前述《联合国宪章》第 2 条所规定的七项原则的澄清与补充，前者以后者为基础。它虽以后者为主，但不局限于后者，而是从宪章整体来选择适合于所有国家而非只适合于联合国及其会员国的国际法基本原则。

---

① 即：禁止以武力相威胁或使用武力（宪章第 2 条第 4 款）；和平解决国际争端（宪章第 2 条第 3 款）；不干涉任何国家内政（宪章第 2 条第 7 款）；各国主权平等（宪章第 2 条第 1 款）；善意履行宪章义务（宪章第 2 条第 2 款）。
② 即：各国依照宪章彼此合作（宪章第 1 条第 3 款、第 11 条第 1 款和第九章）；各民族权利平等与自决（宪章第 1 条第 2 款）。
③ Bin Cheng, United Nations Resolutions on Outer Space: "Instant" International Customary Law? 5 *INDIAN J. INT' L L.* 23 (1965).
④ Military and Paramilitary Activities in and against Nicaragua (Nicaragua v. United States of America), Merits, Judgment, *ICJ Reports* 1986, p. 14, Paras184 and 188.
⑤ Legality of the Threat or Use of Nuclear Weapons, Advisory Opinion, *ICJ Reports* 1996, p. 226, Para73.

第四,联合国大会有意把《国际法原则宣言》作为推进国际法编纂与进步发展的"里程碑"。20世纪70年代东西方之间意识形态的深刻分化、"冷战"时期两大阵营的尖锐对立和南北矛盾的日益凸显,都使得《国际法原则宣言》的诞生具有不同于《联合国宪章》的价值。首先,与《联合国宪章》制定者相对照,《国际法原则宣言》的制定者包括了众多新独立的国家,它们不仅是既有国际法基本原则的被动接受者,也是促进国际法基本原则发展的积极参加者。因此,《国际法原则宣言》既是新独立国家融入国际社会进程的重大一步,也是国际社会提升其包容性的重要标志。其次,《国际法原则宣言》既体现了不同类型国家间的利益争斗,也反映了各方为避免激烈冲突而寻求合作的意愿。在"冷战"高潮之时通过的《国际法原则宣言》,说明该决议的重要性获得了国际社会的普遍公认。正因为如此,它被联合国大会、安理会、国际法院和其他国际组织机构多次引用,其中禁止使用武力和不干涉内政原则对国际习惯法的发展发挥了无可争辩的作用。

三、和平共处五项原则的地位与贡献

(一)和平共处五项原则的产生与发展

在战后兴起的非殖民化运动中,亚非拉民族独立解放事业蓬勃发展,新生的国家渴望建立平等的国际关系。中国、印度、缅甸顺应这一历史潮流,共同倡导了互相尊重主权和领土完整、互不侵犯、互不干涉内政、平等互利、和平共处五项原则。

1953年12月31日,当中印两国政府代表团在北京就中国西藏地方的关系问题举行谈判时,周恩来总理在谈话中首先提出了这五项原则。其后正式写入1954年4月29日《中华人民共和国和印度共和国关于中国西藏地方和印度之间的通商和交通协定》的序言中,并声明以这五项原则作为该协定的基础。同年6月28日和29日,中印、中缅分别发表联合声明,确认这五项原则将在相互关系以及各自国家同亚洲及世界其他国家的关系中予以适用。

自此以来,和平共处五项原则已发展成为中国独立自主和平外交政策的基石,载入《中华人民共和国宪法》,并被纳入中国与160多个国家的建交公报或双边条约。同时,五项原则也被载入1955年《亚非会议最后公报》"十项原则"①、1957年联合国大会关于国家间和平与睦邻关系的第1236号决议、1970年联合国大会《国际法原则宣言》、1974年联合国大会《各国经济权利义务宪章》等当今世界国际组织的一系列国际文件,获得国际社会的广泛认同和遵循,成为指导国与国关

---

① 1955年万隆会议通过的十项原则是对和平共处五项原则的引申和发展。20世纪60年代兴起的不结盟运动把五项原则作为指导原则。

系的基本准则和国际法基本原则。

和平共处五项原则作为一个开放包容的国际法原则体系,高度概括了相互尊重、公平正义、合作共赢的新型国际关系的本质特征,集中体现了主权、正义、民主、法治、和平和共赢等核心价值观。① 60多年来,五项原则不断被赋予新的内涵,从"和平共处"到"和平发展",到"和谐世界",再到"持久和平、普遍安全、共同繁荣、开放包容、清洁美丽"的"人类命运共同体",既有传承,更有发展,具有强大的生命力和广泛的适用性。五项原则是一个相互联系、相辅相成、不可分割的统一体,适用于各种社会制度、发展水平、体量规模国家之间的关系。②

第一,互相尊重主权和领土完整,是五项原则中的首项,也是国际关系和国际法的一条最根本的原则。它包括两个方面的内容,即互相尊重主权和互相尊重领土完整。由于国家的主权和国家的领土完整密切相关,尊重一国主权首先意味着尊重该国的领土完整。因此,将这两个不尽相同但又密不可分的概念合并为一项原则提出来,是一种创新,具有重要意义。互相尊重主权和领土完整原则是国际法的基础和维护国际关系稳定的基石。③ 各国有自由选择政治、法律、经济、社会及文化制度的权利,也有义务相互尊重世界文明和发展模式的多样性。各国在独立、平等的基础上享有权利,并在完全自愿和相互尊重的基础上承担义务和责任。国家有权在其领土内依法采取措施,捍卫其领土完整及自保和发展。

第二,互不侵犯原则,是从互相尊重主权和领土完整原则直接引申出来的,也是第一项原则的重要保证。互不侵犯原则是国际和平与安全的根本保障。④ 各国在国际关系中除经安理会授权或行使自卫权外,不得使用武力或以武力相威胁侵犯他国的主权、领土完整和政治独立,特别是不得发动任何形式的侵略。各国应维护以联合国安理会为核心的集体安全机制,倡导互信、互利、平等和协作的新安全观,寻求实现共同安全、综合安全、合作安全、普遍安全和可持续安全。国际社会可通过联合国安理会,根据《联合国宪章》,包括第七章的规定,在个案基础上,采取集体行动,保护人民免遭战争罪、危害人类罪、种族清洗罪和灭绝种族罪。

第三,互不干涉内政原则意味着,在现代国际关系中,国家不分大小、强弱

---

①② 习近平:《弘扬和平共处五项原则 建设合作共赢美好世界——在和平共处五项原则发表60周年纪念大会上的讲话》,2014年6月28日。
③④ 外交部:《"和平共处五项原则与国际法的发展"国际研讨会总结文件》,http://www.mfa.gov.cn/mfa_chn/ziliao_611306/zt_611380/dnzt_611382/hpgc_668028/t1160467.shtml,2014年5月27日。

均不应进行非法的武装干涉、经济干涉、外交干涉和其他方式干涉。互不干涉内政原则是确保国家独立自主、抵御霸权主义和强权政治的坚强屏障。① 任何国家均不得组织、协助、煽动、资助、鼓动或容许目的在于以暴力推翻另一国政权的颠覆、恐怖或武装活动，或干预他国的内政。国家或国际组织，经安理会依据《联合国宪章》授权或经他国同意，建设性地介入该国事务，不违反互不干涉内政原则。

第四，平等互利，是在传统的平等原则基础上发展起来的一项新原则。和平共处五项原则倡导"互利"，抓住了国际关系的实质，注重国与国的务实合作。其新意在于：它更强调国家间的真正平等，即真正的平等应该是与互利相联系的，形式上的平等不一定是互利的，而只有互利的平等才是真正的平等。平等互利原则是国家间进行交往、开展合作的行为准则。② 各国不论大小、贫富、强弱，不论采取何种政治、经济、社会制度，应一律平等，相互尊重，应通过民主协商处理国际事务。各国在追求本国利益时，应兼顾他国利益和维护国际社会共同利益，谋求互利共赢。

第五，和平共处，既是五项原则的总称，又是一项单列的原则。《联合国宪章》在序言中规定各国必须"和睦相处"。中国和印度、缅甸将和平共处作为一个单项基本原则提出来，可以说是创新。和平共处原则的深刻含义是，各国不应因社会制度、意识形态和价值观念的不同，而在国际法律地位上有所差别，而应在同一个地球上和平地并存，友好地往来，善意地合作，并利用和平方法解决彼此间的争端。和平共处原则是维护国际秩序稳定的必要条件。③

（二）和平共处五项原则在国际法基本原则中的地位

和平共处五项原则，是国际法基本原则的重要组成部分，丰富和发展了以宪章原则为核心的国际法基本原则。在整个基本原则体系中，和平共处五项原则占有重要地位，主要表现为：

1. 和平共处五项原则与《联合国宪章》的宗旨和原则是一致的，不仅生动地反映了《联合国宪章》的宗旨和原则，而且赋予这些宗旨和原则以可见、可行、可依循的内涵。④

2. 和平共处五项原则浓缩了国际法基本原则体系各项原则的精华。虽然五项原则中的每一单项原则早已存在，但是将它们作为一个彼此既有区别的含义又有

---

① ② ③ 外交部：《"和平共处五项原则与国际法的发展"国际研讨会总结文件》，http://www.mfa.gov.cn/mfa_chn/ziliao_611306/zt_611380/dnzt_611382/hpgc_668028/t1160467.shtml，2014 年 5 月 27 日。

④ 习近平：《弘扬和平共处五项原则 建设合作共赢美好世界——在和平共处五项原则发表 60 周年纪念大会上的讲话》，2014 年 6 月 28 日。

密切的内在联系的整体提出来，无疑是一种创造性的发展。在这五项原则中，第一项是根本，其他几项既是延伸，又是保证，相互联系，密不可分。

3. 和平共处五项原则不是对国际关系现状的简单认可，而是科学揭示正常国际关系的本质特征。五项原则中的前四项都有一个"互"字，后一项有一个"共"字。这不是简单的措辞技巧，而是高度概括了国际社会主权国家相互间彼此依存、共同发展的最基本的特征。它意味着：以国际法基本原则为核心的国际法，只有建立在主权国家"互相尊重""和平共处"的基础上，才能成为一种真正有效促进人类和平与发展的法律秩序。

4. 和平共处五项原则，体现了东方智慧①，代表了广大发展中国家和新独立国家建立平等国际关系的愿望，反映了国际法的本质要求，表明了发展中国家遵循国际法基本原则的坚定立场。60多年前，中印缅三国在借鉴《联合国宪章》宗旨和原则的基础上提出了五项原则，因应了广大发展中国家反帝、反殖、反霸的时代要求，反映了发展中国家追求独立、自主、自强、发展的普遍诉求，开启了不同意识形态和社会制度国家之间交往的合作旅程，面向亚洲，面向世界，成为国际法和国际关系史上的创举。② 60多年来，和平共处五项原则为推动建立相互尊重、公平正义、合作共赢的新型国际关系作出了历史性贡献，加强与扩大了各国和国际社会的共同利益，促进了国际关系健康稳定发展，维护了国际公平正义，为世界和平与人类进步作出了重要贡献。

第二节　国际法基本原则的主要内容

国际法基本原则包括国家主权平等、禁止以武力相威胁或使用武力、和平解决国际争端、不干涉内政、善意履行国际义务、民族自决、国际合作和保护基本人权等八项原则。

一、国家主权平等原则

根据1970年《国际法原则宣言》的澄清与解释，主权平等包括下列内容：
第一，各国一律享有主权平等。

---

① 和平共处五项原则之所以在亚洲诞生，是因为它传承了亚洲人民崇尚和平的思想传统。中华民族历来崇尚"和为贵""和而不同""协和万邦""兼爱非攻"等理念。
② 刘振民：《遵循五项原则　携手构建命运共同体——在纪念和平共处五项原则60周年国际法研讨会上的讲话》，http://wcm.fmprc.gov.cn/pub/chn/pds/wjb/zzjg/xybfs/dqzzhzjz/zgalb/xgxw/t116030.Htm，2014年5月27日。

第二，各国不问经济、社会、政治或其他性质有何不同，均有平等权利与责任，并为国际社会之平等会员国。

第三，主权平等尤其包括下列要素：(1) 各国法律地位平等；(2) 每一国均享有充分主权之固有权利；(3) 每一国均有义务尊重其他国家之人格；(4) 国家之领土完整及政治独立不得侵犯；(5) 每一国均有权利自由选择并发展其政治、社会、经济及文化制度；(6) 每一国均有责任充分并一秉诚意履行其国际义务，并与其他国家和平相处。

国家主权平等是国际法基本原则体系的核心，是其他各项原则的基础与前提。每个国家不论大小、强弱和政治经济制度如何，都应互相尊重主权，平等交往。国家主权平等也意味着各国尊严的平等、各国文化与遗产的平等。

国家主权平等，应该被理解为各国在法律上的机会平等和地位平等，而不应该被理解为保证各国的政治与经济平等，更不应该被理解为各国有义务消除国家之间实际存在的实力与能力的不平等。① 国家主权平等，不仅不禁止国家之间的不同待遇（国际环境法中的共同而有区别责任原则、世界贸易组织法中的特殊而不同待遇原则等），而且还赋予某些国家特别的责任及其相应的特权（如《联合国宪章》关于安理会常任理事国及其责任与权利的规定），但前提是必须获得有关国家的自由同意。

二、禁止以武力相威胁或使用武力原则

《联合国宪章》是第一个明文规定禁止以武力相威胁或使用武力的国际公约。宪章第 2 条第 4 款规定：各会员国在其国际关系上不得使用武力威胁或武力，或以与联合国宗旨不符之任何其他方法，侵害任何会员国或国家之领土完整或政治独立。在《联合国宪章》及其实践的基础上，自 1946 年以来，联合国大会通过了重申禁止以武力相威胁或使用武力的众多决议。如 1949 年《和平要素决议》、1965 年《关于各国内政不容干涉及其独立与主权之保护宣言》、1970 年《国际法原则宣言》、1974 年《关于侵略定义的决议》和 1987 年《加强在国际关系上不使用武力或武力威胁原则的效力宣言》等。

1970 年《国际法原则宣言》不仅重申了这一原则，而且还将这一原则置于各项原则之首。该宣言还列举了一些禁止威胁或使用武力的行为的具体内容，主要包括：(1) 侵略战争构成危害和平之罪行，在国际法上须承担责任。(2) 各国皆有义务避免从事侵略战争之宣传。(3) 每一国皆有义务避免使用威胁或武力以侵

---

① Juliane Kokott (2011): States, Sovereign Equality, in R. Wolfrum (Ed.), *The Max Planck Encyclopedia of Public International Law* [*MPEPIL*]（《马克思·普朗克国际公法百科全书》），Oxford University Press, 2013, online edition.

犯他国现有之国际疆界,或以此作为方法,解决包括领土争端及国际疆界问题在内的国际争端。(4)每一国亦有义务避免使用武力威胁或以武力侵犯国际界线,诸如经由该国为当事一方或虽非当事一方亦必须尊重之国际协定所确立或依此种协定确立之停火线。(5)各国皆有义务避免涉及使用武力之报复行为。(6)每一国皆有义务避免对阐释各民族享有平等权利与自决权原则时所指之民族采取剥夺其自决、自由及独立权利之任何强制行动。(7)每一国皆有义务避免组织或鼓励组织非正规军或武装团队,包括佣兵在内,侵入他国领土。(8)每一国皆有义务避免以涉及使用威胁或武力的方式在他国发动、煽动、协助或参加内争或恐怖活动,或默许在其本国境内从事以犯此等行为为目的之有组织活动。(9)国家领土不得作为违背宪章规定使用武力所造成之军事占领之对象。国家领土不得成为他国以使用威胁或武力而取得之对象,使用威胁或武力取得之领土不得承认为合法。

1986年国际法院在"尼加拉瓜案"中明确宣称:《联合国宪章》第2条第4款确立的禁止使用威胁或武力原则构成习惯国际法的一部分。国际法院在"渔业管辖权案"和"威胁或使用核武器的合法性案",常设国际仲裁法院在"圭亚那诉苏里南案"中,也对此进行了论述。此外,1969年《维也纳条约法公约》第52条规定:条约系违反《联合国宪章》所含国际法原则以威胁或使用武力而获缔结者无效。

值得注意的是,《联合国宪章》也明文规定了禁止以武力相威胁或使用武力原则的两种例外情况:一是根据《联合国宪章》第51条,对武力攻击的单独或集体自卫;二是联合国安理会根据《联合国宪章》第42条所采取的执行行动,或者根据《联合国宪章》第53条授权区域组织采取的执行行动。不过上述例外也是有相应的条件限制的,如安理会授权使用武力应有一定的限度、范围、特定的目标和明确的期限;区域组织采取强制执行行动,必须获得安理会预先明确的授权;自卫行动应遵循必要性和相称性原则等,否则同样构成对该原则的违反。后来在联合国实践中,这种例外进一步扩大到殖民地或半殖民地的人民为摆脱殖民统治而进行的武装斗争。此外,使用武力实行民族自决权是合法的,不违反禁止以武力相威胁或使用武力原则。

禁止以武力相威胁或使用武力原则具有下列法律效果:第一,各国或国际组织不能以协议的方式约定不受该原则的约束。第二,与该原则不符或相冲突的任何协议、决定、义务和主张均属无效。第三,该原则对世界上所有国家都有拘束力,每个国家都应承担相应的义务。第四,即使《联合国宪章》今后不复存在或者进行了修改,该原则依然具有拘束力。第五,违反该原则的行为将引起国际法律责任问题,包括国际法上的国家责任和个人的国际刑事责任。

"冷战"结束后,特别是进入21世纪以来,国际关系发生重大变化,出现了相信武力可以解决一切问题的单边主义倾向。例如，1999年，北约以"人道主义干涉"名义轰炸南联盟；2001年，美国以反恐为名发动阿富汗战争；2003年，英美没有获得联合国安理会授权即在伊拉克采取单边军事行动；2018年4月14日，美、英、法以叙利亚境内发生的疑似化学武器袭击事件为由，对叙利亚发动空袭。这些都给禁止以武力相威胁或使用武力原则带来挑战。禁止以武力相威胁或使用武力原则的遵守和适用，仍然是国际社会的一项艰巨任务。

三、和平解决国际争端原则

《联合国宪章》第2条第3款规定：各会员国应以和平方法解决其国际争端。《国际法原则宣言》《关于和平解决国际争端的马尼拉宣言》和其他有关国际文件对此做了进一步澄清和解释，主要内容包括：

1. 所有国际争端必须且只能以和平方法解决；任何国际争端当事方不得因为争端的存在，或者某一种和平解决争端程序的失败，而使用武力或以武力相威胁。

2. 任何国际争端的解决，必须依据国际法和正义原则且不得危及国际和平、安全及正义；除遵守国际法基本原则外，还必须遵守可以适用于争端当事方的普遍性条约、区域性条约和双边条约以及国际习惯法等。

3. 国际争端应在主权平等和自由选择方式原则的基础上，尽早地、迅速地及公平地实现完全的解决。在寻求这种解决时，争端当事各方有权自由选择和协议选择适合于有关争端的性质和情况的国际法所确认的载于《联合国宪章》之中的和平解决争端的各种具体方法；有义务善意履行其所缔结的争端解决协定的各项义务；并有义务在未能以任一和平方法达成解决的情况下继续以其商定的其他和平方法寻求争端的解决。

4. 在寻求国际争端的和平解决时，争端当事各方及其他国家均不得采取可能使情况恶化的任何行动。为此，有关各方以协议方式达成的或者处理该争端的机关所采取的临时预防措施，均不得损害争端当事各方的权利、要求或立场。

5. 争端各方在解决争端活动中负有合作的义务。这种义务不仅是条约法中的义务，而且也是和平解决国际争端国际习惯法的必然要求。[①] 合作义务首先体现在谈判争端解决方法中。当事方在谈判中只有相互合作、互相让步才能达成双赢结果，否则谈判就失去了应有的意义。合作义务也体现在第三方介入的政治解决方法中。在调解、斡旋或和解中，当事方决定是否采纳调解员或和解人的建议时，合作义务尤为重要。即使在传统意义上对抗性很强的国际司法裁判机制中，当事

---

① Anne Peters, International Dispute Settlement: A Network of Co-operational Duties, 140 *European Journal of International Law*, 1-34 (2003).

方也存在合作的义务。一方面，争端当事方必须同意将争端提交国际司法机关，这种合作是国际司法机构享有管辖权的基础，也是争端解决的基础。在某些特殊情况下，争端当事方还必须合作解决管辖权的冲突问题。更为重要的是，在一些制度完善的争端解决机制中，合作义务甚至被看作对一切人的义务。合作在这种情况下的重要性不仅在于保证争端的顺利解决，而且在于保证整个解决机制的完整性。

6. 国际争端的和平解决不得违反公平和正义原则。公平和正义是国际争端和平解决的内在价值要求，直接影响到争端解决结果的稳定性。首先是争端解决过程的公平性，即要求争端当事方地位平等、自由选择解决争端的和平方法。这是公平结果的前提和程序保障。其次是争端解决的结果要符合公平正义。公平的解决结果能得到当事方的共同维护和遵守，而不公平的解决结果容易引起当事方的反抗，引发新的争端。最后，国际争端的解决态度应是积极的，其目的是促进争端早日解决而不是恶意拖延。

和平解决国际争端的原则表明，一项国际争端的解决过程和结果必须是和平的，和平方式是解决国家间争端的唯一手段，当事方应平等自由地选择一种或多种和平方法解决争端，以求得争端的迅速、公平解决。这就意味着，和平解决国际争端原则本身是强制性的，至于具体采用哪种和平方法，有关国家可以任意选择，但必须用尽和平方法。

四、不干涉内政原则

不干涉内政原则，又称禁止干涉原则（the principle of non-intervention），是指任何国家或国家集团在国际关系中不得以任何理由或任何方式，直接或间接地干涉其他国家主权范围内的一切内外事务，同时也指国际组织不得干涉成员国国内管辖的事项。[1] 国际社会对不干涉原则的强烈情感，反映了不干涉原则作为"各国享有主权、领土完整和政治独立权利的合理推论"的重要性。[2]

《联合国宪章》第2条第7款规定："本宪章不得认为授权联合国干涉在本质上属于任何国家国内管辖之事件，且并不要求会员国将该项事件依本宪章提请解决；但此项原则不妨碍第七章内执行办法之适用。"自1957年以来，联合国大会通过了35项专门涉及不干涉和不干预事项的决议，确认、重申和强调国家间负有不得以任何形式干涉别国内政的义务，还有很多决议间接涉及该事项。其中1981年《不容干涉和干预别国内政宣言》具体地界定了干涉的范围，明确列举不干涉

---

[1] 梁西主编：《国际法》，武汉大学出版社2003年版，第48页。
[2] Maziar Jamnejad and Michael Wood, The Principle of Non-intervention, 22 (2) *Leiden Journal of International Law*, 346 (2009).

内政原则所包含的14项义务：

"(1) 各国有义务不以任何方式威胁或使用武力以侵犯另一国已经获得国际公认的现有国界，破坏其他国家的政治、社会或经济秩序，推翻或改变另一国的政治制度或其政府，或剥夺他国人民的民族特性或文化遗产；(2) 各国有义务确保其领土不被以任何方式用来侵犯另一国的主权、领土完整和国家统一，或扰乱其政治、经济和社会稳定；(3) 各国有义务避免对另一国或国家集团进行武装干涉、颠覆、军事占领或其他任何形式的公开的或隐蔽的干涉或干预；(4) 各国有义务避免采取任何暴力行为去剥夺处于殖民统治或外国占领下的人民的自决、自由和独立权利；(5) 各国有义务避免以任何形式或以任何借口采取任何动摇或破坏另一国稳定或其任何制度的行动或企图；(6) 各国有义务避免以任何借口直接或间接地促进、鼓励或支持其他国家内部的叛乱或脱离主义活动，并避免采取任何谋求破坏其他国家统一或颠覆其政治秩序的行动；(7) 各国有义务制止在其领土内训练、资助和招募雇佣军和派遣此等雇佣军进入另一国领土，并有义务拒绝提供包括资助雇佣军装备和过境在内的便利；(8) 各国有义务避免采取任何措施来加强现有军事集团或建立或加强新的军事同盟、联防安排、部署干涉军或大国为了争霸而设立的军事基地和其他有关军事设施；(9) 各国有义务避免从事任何旨在干涉或干预别国内政的诽谤运动、诬陷或敌意宣传；(10) 各国有义务在处理其经济、社会、技术和贸易领域的国际关系上避免采取任何措施以干涉或干预另一国家内政和外交事务，包括不得利用其经济外援方案，或施行任何多边或单边经济报复或封锁，或利用其管辖和控制下的跨国公司和多国公司，作为向另一国施加压力或进行胁迫的手段；(11) 各国有义务避免利用或歪曲人权问题，作为对其他国家施加压力或在其他国家或国家集团内部或彼此之间制造猜疑和混乱的手段；(12) 各国有义务避免使用恐怖主义做法作为对付另一国家或对付处于殖民、外国占领或种族主义统治下人民的国际政策，并避免援助、利用或容忍恐怖主义集团、破坏分子或颠覆分子来对付第三国；(13) 各国有义务避免组织、训练、资助和武装其本国领土或其他国家领土内蓄意在其他国家进行颠覆和制造混乱或动乱的政治和种族集团；(14) 各国有义务避免在另一国领土内进行未经同意的任何经济、政治或军事活动。"

"冷战"结束以来，不干涉内政原则遭到了巨大的冲击和挑战。一方面，一些国家内部的民族、种族、宗教矛盾激化，由此所导致的内战在数量上大大超过了以往国家之间的战争，甚至严重威胁到本地区和全世界的和平与安全，从而增加了国际社会介入和干涉国家内战的压力。另一方面，某些国家和地区发生的大规模侵犯人权的紧急人道事件，大大激发了国际社会的人权保护情感，产生了"保护的责任"（the responsibility to protect）之类的国际法新概念。

自 2001 年起,"保护的责任"概念进入国际法领域,其包含两层基本含义:第一,国家主权意味着责任,保护公民的首要责任在国家。第二,如果一国内战、叛乱、镇压或者国家失败使其人民遭受大规模伤害,而该国不能或者不愿制止或避免此种事态,那么不干涉内政原则就应该让位于保护的责任。[①] 一定程度上,保护的责任是人道主义干涉因不得人心而在称谓上的一个变体,它将有关不干涉内政原则的讨论从主观的干涉权转向更客观的保护的责任。[②] 根据保护的责任,只要一国国内发生了"本可避免的灾难",那么这就不再是该国内政从而成为国际社会必须关注和解决的事项。如果该国没有能力或不愿意承担其对国民的保护责任,国际社会就有权对此进行干预,甚至必要时采取军事干涉。因此,保护的责任不仅缩小了"内政"的含义和"不干涉内政原则"的适用范围,而且加剧了不干涉内政原则的争论。2004 年威胁、挑战和改革问题高级别小组向联合国秘书长提交的《一个更安全的世界:我们共同的责任》报告、2005 年联合国秘书长的报告《大自由:实现人人共享的发展、安全和人权》和 2005 年联合国大会通过的《2005 年世界首脑会议成果》都重点对"保护的责任"进行了阐述。这些联合国文件以保护的责任为基础,寻求建立协调人道主义干涉与尊重国家主权关系的合适渠道,重振人道主义干涉。改装后的"保护的责任"不仅得到了联合国大会的认可,而且使安理会在利比亚 2011 年政局变化中进行了第一次试验;一些区域组织,如欧盟、非盟和东盟等都允许在涉及严重违反人权的情况时对成员国采取行动。

然而,人权保护能否作为不干涉内政原则的例外,如何在应对新的挑战的同时维护不干涉内政原则,仍然是国际法和国际社会长期面对的课题。

五、善意履行国际义务原则

善意履行国际义务包含四项基本内容:第一,各国均有责任一秉善意履行其依《联合国宪章》所负之义务;第二,各国均有责任一秉善意履行其依公认国际法原则与规则所负之义务;第三,各国均有责任一秉善意履行其根据公认国际法原则与规则生效之国际协定所负之义务;第四,如依其他国际协定所负之义务与《联合国宪章》所负之义务发生抵触时,宪章义务优先。

善意履行国际义务原则的法律地位和在国际法中的重要性,得到了联合国大会多项重要文件的反复确认,其中最主要的有 1962 年《关于天然资源之永久性主权宣言》、1974 年《各国经济权利和义务宪章》和 1981 年《和平解决国际争端马

[①②] Ingo Winkelmann (2010): Responsibility to Protect, in R. Wolfrum (ed.), *The Max Planck Encyclopedia of Public International Law* [*MPEPIL*] (《马克思·普朗克国际公法百科全书》), Oxford University Press, 2013, online edition.

尼拉宣言》等。国际法院在 1974 年"核试验案"中指出：不管一项法律义务来自何处，有关创设和履行该义务的基本原则就是善意履行原则。体现善意的信任和信心是国际合作的内在要素，在众多领域日益盛行国际合作的时代，尤其需要强调这一点。①

善意履行国际义务在国际法中具有根本性的基础地位。② 首先，国家主权平等原则派生的一项国际法基本规范是"国家非经其同意不受约束"，通过主权国家的明示同意或默示同意才能产生的国际法，是在相互寻求共识的基础上逐渐形成的一种较为确定的行为规范，虽然必要时可由外力加以强制实施，但主要依靠国家及其他国际法主体的自愿遵守和善意履行。

其次，依照国际法建立的国际秩序和国际制度，实质上就是各国依照国际法而享有的权利和承担的义务。只有善意履行义务，才能保证各国依照国际法享有这些国际秩序和国际制度所产生的权益。善意履行国际义务不仅不与国家主权原则冲突，而且是实施国家主权原则的实际结果。在一般情况下，国际义务只有在依国家主权原则自愿承担的情况下才具有国际法上的约束力；违背国家主权原则的任何义务都没有法律效力。事实上，只有各国真诚履行国际义务，国家主权才能真正得到尊重。

最后，国际法的有效性和国际秩序的稳定性，主要取决于各国忠实遵守国际法的规范和善意履行其承担的国际义务。如果国际义务得不到善意履行，国际社会成员之间就会相互失去信任，国际法就会名存实亡，各种国际合作制度就无法正常运作，国际秩序就无法维持。因此，无论是国家、国际组织，还是其他非国家行为体，都应善意履行其基于习惯国际法、国际公约和其他国际法渊源所产生的国际义务，甚至还要善意对待没有约束力的建议，如联合国大会的决议或者其他形式的软法。

六、民族自决原则

《联合国宪章》是第一个正式载入民族自决的国际多边条约。《联合国宪章》第 1 条第 2 款宣布："发展国际间以尊重人民平等权利及自决原则为根据之友好关系，并采取其他适当办法，以增强普遍和平。"联合国大会通过了一系列宣言和决议，使民族自决原则得到进一步明确和发展，其中最主要的有 1952 年《关于人民与民族的自决权》、1960 年《给予殖民地国家和人民独立宣言》、1970 年《国际法

---

① Nuclear Tests (Australia v. France), Judgment, *ICJ Reports 1974*, p. 268, para. 46.
② Markus Kotzur (2009): Good Faith (Bona fide), in R. Wolfrum (ed.), *The Max Planck Encyclopedia of Public International Law [MPEPIL]*(《马克思·普朗克国际公法百科全书》), Oxford University Press, 2013, online edition.

原则宣言》、1974年《各国经济权利和义务宪章》等。1966年《经济、社会和文化权利国际公约》和《公民权利和政治权利国际公约》等也确认了民族自决原则。国际法院分别在"西南非洲案"①、"西撒哈拉案"②、"巴勒斯坦隔离墙案"③ 的咨询意见以及"东帝汶案"④ 的判决中指出，民族自决权不仅是联合国倡导和促进的一项指导性原则，而且是一项权利（即可以主张建立独立主权国家），具有对一切义务的性质。通过众多国际法文件以及国际法院裁决的确认，民族自决原则已经成为一项国际法基本原则，得到了国际社会的普遍承认和接受，极大地推动了战后非殖民化运动。

1970年《国际法原则宣言》宣布，"深信人民平等权利及自决原则对现代国际法之重要贡献，其切实适用对于促进国际间以尊重主权平等原则为根据之友好关系，至为重要"。

> 拓展阅读
> 国际法院2004年7月9日对在被占领巴勒斯坦领土修建隔离墙的法律后果发表的咨询意见案

民族自决原则包括下列内容：

1. 根据联合国宪章所尊崇之各民族享有平等权利及自决权之原则，各民族一律有权自由决定其政治地位，不受外界之干涉，并追求其经济、社会及文化之发展，且每一国均有义务遵照宪章规定尊重此种权利。

2. 每一国均有义务依照宪章规定，以共同及个别行动，促进各民族享有平等权利及自决权原则之实现，并协助联合国履行宪章所赋关于实施此项原则之责任，以便：（1）促进各国间友好关系及合作；（2）妥为顾及有关民族自由表达之意旨，迅速铲除殖民主义，并毋忘各民族之受异族奴役、统治与剥削，即系违背此项原则且系否定基本人权，并与宪章不合。

3. 每一国均有义务依照宪章以共同及个别行动，促进对于人权与基本自由之普遍尊重与遵行。

4. 一个民族自由决定建立自主独立国家，与某一独立国家自由结合或合并，或采取任何其他政治地位，均属该民族实施自决权之方式。

5. 每一国均有义务避免对上文阐释本原则时所指之民族采取剥夺其自决、自由及独立权利之任何强制行动。此等民族在采取行动反对并抵抗此种强制行动以

---

① Legal Consequences for States of the Continued Presence of South African Namibia (South West Africa) notwithstanding Security Council Resolution 276 (1970), Advisory Opinion, *ICJ Reports 1971*, p. 16.

② Western Sahara, Advisory Opinion, *ICJ Reports 1975*, p. 12.

③ Legal Consequence of the Construction of a wall in the Occupied Palestinian Territory, http://www.icj-cij.org/docket/index.php?p1=3&p2=4&k=5a&case=131&code=mwp&p3=4.

④ East Timor (Portugal v. Australia), *ICJ Reports 1995*, p. 90.

求行使其自决权时，有权依照宪章宗旨及原则请求并接受援助。

6. 殖民地领土或其他非自治领土，依宪章规定，享有与其管理国之领土分别及不同之地位；在该殖民地或非自治领土人民依照宪章尤其是宪章宗旨与原则行使自决权之前，此种宪章规定之分别及不同地位应继续存在。

7. 以上各项不得解释为授权或鼓励采取任何行动，局部或全部破坏或损害在行为上符合上述各民族享有平等权及自决权原则并因之具有代表领土内不分种族、信仰或肤色之全体人民之政府之自主独立国家之领土完整或政治统一。

8. 每一国均不得采取目的在局部或全部破坏另一国国内统一及领土完整之任何行动。

近些年来，国际上先后发生了一些与民族自决原则有关的重大事件，例如：1998年8月20日，加拿大最高法院就"魁北克分离案"作出裁决；2010年7月22日，国际法院应联合国大会要求就"科索沃自治政府单方面宣布独立是否符合国际法"发表咨询意见；2014年3月16日，乌克兰克里米亚进行公投；2014年9月18日，英国苏格兰进行公投；等等。对于如何理解民族自决权的行使与尊重国家主权和领土完整之间的关系，民族自决权是否包括分离权，国际社会充满争论。

七、国际合作原则

国际合作原则指各国均有义务在国际关系的各个方面彼此合作，同时也指各国和国际组织之间以及各国际组织之间需相互合作，以解决国际间属于经济、社会、文化及人类福利性质之国际问题，共同维护国际和平与安全。国际合作是指两个或两个以上国家在一定法律制度下为实现约定的某种特定目标而采取的自愿性协调行动。这种目标无法也不可能由单个国家的行动而只有通过各国的联合行动才能实现。因此，国际合作意味着国家负有为实现特定目标（如促进有关各国的利益、维护国际社会的共同利益等）参与协调行动的义务，合作的意义与价值取决于所要实现的目标而非合作本身。

《联合国宪章》序言指出：为维护国际和平与安全，促进人类经济与社会的进步和发展，会员国"务当同心协力"。《联合国宪章》还明确地将"促成国际合作"列为其宗旨之一。为实现这一宗旨，《联合国宪章》还做了一系列的具体规定。除序言外，《联合国宪章》在其载明的四项宗旨中，其中第三项专门规定"促成国际合作，以解决国际间属于经济、生活、文化及人类福利性质之国际问题"。作为联合国及其会员国应遵行的原则，《联合国宪章》第2条第5款从积极义务和消极义务的双重角度规定了合作的义务，即："各会员国对于联合国依本宪章规定而采取之行动，应尽力予以协助，联合国对于任何国家正在采取防止或执行行动时，各会员国对该国不得予以协助"。《联合国宪章》第11条第1款涉及国际和平与安全领域的合作问题。《联合国宪章》第九章以"国际经济及社会合作"为题，专门就国际间经济、社会、卫生、文化、教育等领域合作的目的、义务和机构作出了规定。《联合国宪章》的生效及联合国的诞生，标志着一个以联合国为中心的各国平等的全球政治、经济、社会、文化等各方面国际合作机制的基本形成。

1970年《国际法原则宣言》列举了《联合国宪章》第1条第3款和第55条强调的国际合作义务所适用的领域，包括经济、社会、文化和教育领域，以及《联合国宪章》第11条第1款涉及的国际和平与安全领域，明确宣布"各国依照宪章彼此合作之义务"构成国际法的基本原则，并全面地阐释了国际合作原则的性质和含义。根据这一原则，各国不问在政治、经济及社会制度上有何差异，均有义务在国际关系的各个方面彼此合作。为此，第一，各国应与其他国家合作以维持国际和平与安全；第二，各国应合作促进人权及基本自由的普遍尊重与遵行，并消除一切形式的种族歧视和宗教不容异己；第三，各国应依照主权平等及不干涉内政原则处理其在经济、社会、文化、技术及贸易方面的国际关系；第四，联合国会员国均有义务依照宪章有关规定采取共同及个别行动与联合国合作；第五，各国应在经济、社会、文化以及科学与技术方面并为促进国际文化及教育进步，彼此合作。各国应在促进全世界尤其发展中国家之经济增长方面彼此合作。与《联合国宪章》相比，该宣言增加了科学和技术领域，但遗漏了健康领域。它强调了合作必须是非歧视的，对不同的政治、经济和社会制度的国家，强调国家主权原则和不干涉内政原则必须得到尊重，却没有明确是否允许附条件的经济援助和贸易限制。①

联合国大会还在其后一系列决议中特别强调和反复重申国际合作原则在建立国家经济新秩序中的重要性。《建立新的国际经济秩序宣言》《建立新的国际经济秩序行动纲领》和《各国经济权利和义务宪章》都贯穿了"国际合作以谋发展"这一基本精神，后者更是明确将其列为指导各国经济关系的十五项原则之一。

国际合作原则，是现代国家间相互依存、共同发展的根本体现。自联合国成立以来，国际合作无疑已经发展成为一项具有普遍意义和强制规范性质的国际法基本原则，因为通过各种条约规定的国际合作义务和建立的国际合作机制已遍及国家间关系和人类生活的方方面面②，更何况《联合国宪章》明确规定确保非会员国遵行宪章的各项规定，其中包括有关国际合作的规定。实践也充分表明：如果国家不履行有关的国际合作义务，它就必须承担违反此等义务而产生的一切责任。

---

① Helen Keller（1970），Friendly Relations Declaration，in R. Wolfrum（ed.），*The Max Planck Encyclopedia of Public International Law* [*MPEPIL*]（《马克思·普朗克国际公法百科全书》），Oxford University Press，2013，online edition.

② 国际合作原则不仅体现在国际海底、外空、极地等人类共同领域的法律制度中，而且具体反映在国际环境法、国际人权法、国际经济法、国际组织法、国际争端解决法和国际刑法中。

八、保护基本人权原则

20世纪初期，人权保护成为国际社会关切的问题。国联时期曾试图制定一种国际法律框架，以便与国际监督机制一起保护少数群体。"二战"促使国际社会痛下决心确保世界大战永不再现，并推动建立现代国际人权保护体系的运动。《联合国宪章》虽然未在第2条的七项原则之中列入尊重和保护基本人权，却在第1条关于联合国的宗旨中明确规定，促成国际合作，以解决国际间属于经济、社会、文化或人道主义性质的问题，并且不分种族、性别、语言或宗教，促进和鼓励对于一切人的人权和基本自由的尊重。①《联合国宪章》序言申明基本人权、人的尊严与价值、男女权利平等、大小国权利平等的信念。要维持国际和平与安全，必须在平等基础上广泛地促进经济、社会、文化等的合作，尊重全人类的人权和基本自由，不进行任何歧视，以消除引起战争的经济及其他因素。为实现这一宗旨，《联合国宪章》在第九章至第十三章进一步作了具体规定，其中第56条承诺，愿意采取共同和个别行动，适当地注重发展有效的国际合作，以达成第55条所载之宗旨，包括普遍尊重和遵守所有人的人权和基本自由。《联合国宪章》第2条规定的七项原则是为实现尊重和保护基本人权服务的，不能因为未被列入第2条就认为保护基本人权不是国际法基本原则。联合国大会于1948年颁布了《世界人权宣言》②，使《联合国宪章》促进和保护人权的规定第一次得到具体表达。《世界人权宣言》是国际人权法体系的基石。《世界人权宣言》确定了两大类权利：一类是公民权利和政治权利；另一类是经济、社会和文化权利。

保护人权和基本自由，应遵守《联合国宪章》宗旨和原则以及国际法。虽然人权和基本自由是全人类与生俱来的权利，但是保护和促进人权和基本自由是各国政府的首要责任。国家依照《联合国宪章》、九大核心人权条约③及其他一百多项国际性和区域性人权公约、宣言、整套规则和原则，履行其促进普遍尊重、遵守和保护所有人的一切人权和基本自由的义务。加强人权领域的国际合作对于充分实现联合国的宗旨至关重要。在这些宗旨和原则的框架内，促进和保护所有人

---

① 《联合国宪章》第1条第2款、第3款。
② 虽然《世界人权宣言》并不是有直接法律约束力的条约，但对其重要性不应低估。它具有崇高的道义力量，确实是对所有人的权利首次提出了国际约定的定义。宣言也为其后几十年出现的人权条约奠定了基础。而且，宣言还将不同类型的权利全面集合在一起，突出强调所有权利的共同性、相互关联性和相互依存性，并得到了1993年《世界人权会议维也纳宣言》的再次肯定。
③ 九大核心人权条约是：1965年《消除一切形式种族歧视国际公约》、1966年《经济、社会和文化权利国际公约》和《公民权利和政治权利国际公约》、1979年《消除对妇女一切形式歧视公约》、1984年《禁止酷刑和其他残忍、不人道或有辱人格的待遇或处罚公约》、1989年《儿童权利公约》、1990年《保护所有移徙工人及其家庭成员权利国际公约》以及2006年《保护所有人免遭强迫失踪国际条约》和《残疾人权利公约》。

的人权是国际社会合法的关注。国际社会必须站在同样立场、以同等重视的眼光、以平等的态度全面公平地看待人权。虽然要考虑民族特性和地域特征以及不同的历史、文化和宗教背景，但是各国，不论其政治、经济和文化体系如何，都有义务促进和保护一切人权和基本自由。

人权既是权利也是义务。国家承担国际法下的责任和义务，尊重、保护和实现人权。尊重义务是指国家必须避免干预或限制人人享有人权。保护义务是指国家必须保护个人和群体的人权不受侵犯。实现义务是指国家必须采取积极行动以便于人人享受基本人权。在个人层面，人人在享有自己的人权的同时，也应该尊重他人的人权。

综上，促进和保护人权是国际社会的优先事项之一。人权是人类生存和共处的基础。人权是所有人与生俱来的权利，不分国籍、住所、性别、民族或种族、肤色、宗教、语言或其他身份地位。人人都平等且不受歧视地享有自己的人权。各项人权均普遍适用、不可分割而相互依存。人权通常通过条约、习惯国际法、一般原则和国际法的其他渊源，由法律加以明文规定和保护。国际法为政府设定了在某些方面采取行动或保持克制的义务，以促进和保护人权以及个人或群体的基本自由。为争取以公正、均衡的方式增强并促成更充分地遵守这些权利，国际社会应该坚决维护《联合国宪章》和《世界人权宣言》所载的宗旨和原则。

思考题：

1. 阐述国际法基本原则的特征和《联合国宪章》的宗旨与原则在国际法基本原则体系中的地位。
2. 和平共处五项原则的内容是什么？怎样认识它的重要意义？
3. 阐述国家主权平等原则在国际关系中的适用。
4. 简述禁止以武力相威胁或使用武力原则、和平解决国际争端原则各自的基本含义与相互关系。
5. 阐述国际合作原则的重要意义。
6. 阐述保护基本人权原则与不干涉内政原则的关系。

▶ 自测习题及参考答案

第五章 国际法的主体

国际法没有对哪类实体具有国际法律人格、其行为能力和权利能力的范围如何等问题作出明确规定。有关国际法主体的理论认识和国际实践，受到国际社会基本结构变化、法律观念发展、客体范围扩大等因素的影响，在不同的历史阶段呈现出不同的内容和特点。

第一节 概　　述

一、国际法主体的概念

何谓国际法主体，或者说，作为一个国际法主体应当具备什么样的要件，学者们的看法不尽相同。

索伦森认为要具备三个条件：第一，能承担国际法上的义务，因此当它违反义务时会引起国际责任；第二，能主张其在国际法上的权利；第三，可以与国际法的其他主体缔结契约或发生其他法律关系。① 王铁崖教授主编的《国际法》一书主张，国际法主体应具有独立参加国际关系的能力，能直接承受国际权利和义务，并且应当是集合体。有些学者则特别强调，进行国际求偿的能力也是决定主体资格的要件。

理论上说，国际法主体也是法律主体，因此在讨论其构成时，也应从法律主体的两要件（行为能力和权利能力）出发较为适当，这也是《中国大百科全书》定义"国际法主体"这一条目时的做法：

首先，一个国际法主体必须具备以自己的行动独立参加国际法律关系的行为能力。一般认为，作为法律主体的行为是建立在两方面基础上的：第一，要有作为意识和行为载体的同一的实体，即赖以存在和活动的物质机体。例如，国家当有领土、人民和资源财富等，国际组织亦要有会址、经费、人员和财产等。第二，要有通过自己的意识而建立的独立的主观意志，即独立的意思能力。这在国家表现为政府结构和主权的结合，而在国际组织则有赖于常设机构和表决机制的完善。正是这两个方面结合而成行为能力，使得国际法主体得以自己的行为促进国际法律关系的产生、变更和消灭——缺少物质条件，主体的意识和行为就是"无皮之

---

① Max Sørensen (ed.), *Manual of Public International Law*（《国际公法手册》），6th ed., Butterworth, 1967. p. 249.

毛",不可能有现实性;而缺少独立的意思能力(如殖民地)就无所谓自己的行为,当然无法使国际法律关系发生、变更和消灭。

其次,仅具有行为能力尚不足以成为国际法主体,更重要的是还应具备一定的权利能力,即能够依法享受权利和承担义务的资格。在国际社会,参加国际关系的主体在其相互交往中既承担义务也享受权利。国际法上的很多权利,如独立权、平等权、缔约权、国际求偿权等,要予以行使,就必须具有享受这些权利的资格,没有这种资格就不可能行使这些权利。国际法上的义务也很多,如互不侵犯、和平解决国际争端等,要承担这些义务,除了具备承担义务的行为能力外,还必须以具有承担这些义务的资格为前提,没有这种资格,即使具备行为能力,也不可能承担这些义务。

二、国际法主体的范围

关于国际社会中谁是国际法主体的问题,长期以来一直存在分歧。从理论的角度看,该问题至少与三个因素有关:一是国际社会基本结构的变化;二是占主导地位的法律观念和法学理论的影响;三是国际法客体范围的扩大。

与上述三个因素的变化相关联,有关国际法主体范围的认识和实践大致有以下三个发展阶段:

第一个阶段是18世纪以前的早期国际法时期。中世纪的欧洲社会处于以罗马教皇和神圣罗马帝国皇帝为普遍权威的统一基督教世界之中。新大陆的发现、文艺复兴、宗教改革和宗教战争等因素,动摇了欧洲封建秩序的根基,促成了统一基督教世界的瓦解,这一漫长的转型过程一直持续到1648年威斯特伐里亚和会之后。在这种国际社会基本结构大变革的时代,国际关系处于一种异常活跃和复杂的状态,各种政治力量纷纷登上国际舞台角逐各自的利益,这当中既有羽翼渐丰的民族国家,也有势力受损图谋再起的宗教团体、封建势力等其他个体。而这一时期受罗马法和古典自然法影响的占主导地位的法律观念,从本质上说并不排斥国家以外的个体——国际社会不是仅仅由国家构成的社会,除了国家之外,还包括君主、军队、商人、教士、流亡者和居民个人等,就是说,是普遍的人类社会。① 应当说,这一时期关于国际法主体范围的理解和实践是相当开放的,除了承认民族国家的国际人格外,并不一般地排斥和否定其他个体的法律主体地位。

第二个阶段是18、19世纪的实在法时代。这一时期,欧洲实现了向近代资本

---

① [日]寺泽一、山本草二主编:《国际法基础》,朱奇武等译,中国人民大学出版社1983年版,第9页。

主义社会的转型，社会结构的重组基本完成。主权国家成为国际舞台上角逐的最后胜者，其他各种政治力量如果不是完全消失（例如还残留有罗马教廷、马耳他骑士团等少数有一定国际地位的非国家实体），起码也被逐到了无关紧要的舞台边缘。相对单纯、完整的国家间体制是这一时期欧洲社会的典型特征。与这一结构转型相适应，处于支配地位的法律思想也发生了深刻变化。新的实在法理论偏重形式上的有效性，国际社会被看成只是由国家构成的社会，国际法被看成该社会所特有的法律体系。到了19世纪，这种实证主义的国际法观念被推向更彻底的国家崇拜之中，很多重要学者如惠顿、霍尔等，甚至只承认所谓的"欧洲基督教文明国家"才是国际法的主体。[①] 应该说，此时的国际法主体制度是相当封闭的。

第三个阶段当从20世纪特别是两次世界大战前后起算。进入20世纪以后，在十月革命、两次世界大战、非殖民化运动及新技术革命等一系列重大历史因素的影响下，传统的由单一民族国家组成的近代欧洲社会开始向更为复杂、多元和日益组织化的现代国际社会转变。在新的社会结构中，国际关系的复杂性，首先是由转型过程中的不稳定因素引起的。例如革命和大战引起了对难民、流亡政府、革命政府及傀儡政权国际地位的承认与否问题，而非殖民化运动又带来了托管领土、争取独立民族的国际法地位等问题。其次，随着国际社会由欧洲社会向全球社会演变，各种文化、宗教、传统、政治经济体制上的多元差异，也加深了国际关系的复杂程度。再次，在新科技革命的推动下，人类不仅相互依赖程度大大加深，而且涉及的领域和面对的问题都前所未有的广泛、重大和复杂。最后，在传统国际法理论和实践中被边缘化的个人，由于两次世界大战期间大规模践踏人权的暴行以及战后世界经济一体化发展的客观需要，其在国际社会中的地位受到广泛关注。总之，现代国际关系的复杂性与近代欧洲的国家间关系不可同日而语，国际社会正经历着新的结构性变革。面对这种深刻变化，传统的实在法理论暴露出许多严重不足，"国家是唯一国际法主体"的理论框架无法对国际组织的出现、争取独立民族地位以及区域一体化等新问题作出较圆满的解释。在国际法主体问题上比较包容开放的自然法理论又再度回到人们的视野当中。

在上述因素的共同影响下，现有的理论和实践都广泛地承认，除了民族国家以外，政府间国际组织和争取独立民族也在一定范围内具有国际法主体资格。不仅如此，越来越多的中外国际法学者，对个人的国际法主体地位问题都抱有较为

[①] H. Wheaton, *Elements of International Law*（《国际法原理》）, Vol. I, B. Fellowes, 1836, p. 54; W. E. Hall, *International Law*（《国际法》）, 5th ed., Stevens & Sons Limited, 1904, p. 40.

积极和开放的态度。

第二节 国际法主体的种类

一、国家的国际法主体资格

在近代欧洲国家间体制下，认为只有国家才是唯一国际法主体的观点，曾长期占据支配地位。而现在，国家已无过去的独尊地位，不再是国际舞台上唯一的舞者。有些西方学者如狄骥等，甚至设想在未来国际社会达到极端组织化、个人国际地位得到大幅度提升时，国家的国际法主体资格有可能会失去。对于这些变化和预言，人们不禁会产生疑虑：国家还是国际法的主体吗？如果是，与其他国际法主体相比，它又居于一种什么样的地位呢？

对此，多数学者的看法是，国家当然还是国际法的主体，而且在可预见的将来，国家仍将是最重要和最主要的国际法主体，有着其他国际法主体无法比拟的根本性。为了说明这一点，他们提出了基本主体和非基本主体的认识标准。

一般认为，所谓国际法基本主体，是指在国际法律关系中处于主要地位和起着主要作用的主体。在目前已被广泛接受的几种国际法主体当中，国家是基本主体，而国际组织和争取独立民族等是非基本主体。区分的主要依据有三个：第一，是不是组成国际社会的首要和主要的结构因素；第二，是否具有完全的权利能力和行为能力；第三，其活动是否构成国际法的主要调整对象。依此三个标准，可以了解国家与其他国际法主体在一些基本方面的差异：

首先，主权国家仍是国际社会首要和主要的单元，国家与国家之间的关系仍是国际法律关系的主要部分和基本形式。离开国家的参与和彼此实践，国际法律关系的基本架构就难以形成、存在和发展。

其次，国家无疑具有最完整的权利能力和行为能力。国家不仅可以享有独立权、平等权、管辖权和自保权这些基本权利，而且还可以通过订立条约或创制习惯的方式设立各种具体的国际权利和义务。国家所享有的国际权利能力的广泛程度，是其他国际法主体所无法相比的。在享有和承担这些广泛的国际权利和义务时，国家所表现的行为能力也是其他国际法主体难望项背的。由现代国家体制所统合的居民、领土、资源财富等物质因素，其力量的强大和运用这种力量的国家独立意志的有效性，充分说明了国家行为能力的完整。

最后，国际法的调整对象主要是国家之间的关系，关于国家之间关系的规则构成了国际法规范总体的主要部分。无论是领土法、海洋法、外交法、条约法、战争法等传统国际法部门，还是空间法、环境法等新领域，国际法规范的大部分仍然是由约束国家的规则组成的。①

现代国际社会虽然正在变得更加多元和组织化，但毕竟在性质上主要还是一个主权国家分立的"列国体制"。正如英国学者斯塔克所说："近年来的发展表明，国家是唯一主体的理论在今天已不再被公认为在各方面都视为准确了。以国家为中介和间隔来实施国际法，对现代制度的全部长远目标来说，不能完全做到公正合理。然而，为挽回传统理论的颓势而故意将新发展别作他解，或者相反，极度轻视这个传统理论，都是错误的。国际法的大部分是由约束国家的规则组成的，而法学家们所关注的，将个人与非国家实体作为国际法主体的情况，虽然重要，但仅是少数。"②

二、国际组织的国际法主体资格

在国际社会，谁具有国际法主体资格？关于这个问题的理论和实践，是随着国际关系的发展而调整变化的。

在20世纪以前，政府间国际组织为数甚少，当时的国际关系基本上是国家间关系，所以传统国际法一直主张国家是唯一的国际法主体，一般并不讨论国际组织的法律人格问题。进入20世纪后，国际组织开始有较快发展，行政性国际组织数量多有增加，特别是第一次世界大战结束后，成立了人类历史上第一个一般政治性国际组织——国际联盟。此时，有关国际组织法律人格的疑问已在实践层面出现，并反映在理论争论当中。例如国际联盟到底是一种外交会议形式，还是一个有别于会员国整体的独立的国际组织，当时就引起争议和关注。第二次世界大战以后，情况有了更大变化，国际组织数量激增，结构的组织化日臻完善，独立的行为能力得到很大的发展，作用已不仅限于构成主权国家协调中心和便利场所，而是作为国际关系的重要参加者，深入到国际生活的各个层面。在此情形下，有关国际组织法律人格的问题就成为了学界关注的重点。

关于这一问题的争论，主要围绕两个方面的内容：一是国际组织法律人格的确定性问题，即国际组织到底是不是国际法主体？二是国际组织法律人格的范围问题，即国际组织如果有法律人格，那么它们在什么样的范围内享有此等人格？

先来看国际组织法律人格的确定性问题。关于国际组织是否是国际法主体的问题，首先应从国际组织所具有的国际上的行为能力和权利能力两方面入手加以研究。

严格意义的国际组织，如联合国、世界银行、国际劳工组织等，都有一个赖

---

① 王献枢主编：《国际法》，中国政法大学出版社2012年版，第65—66页。
② J. G. Starke, *Introduction to International Law*（《国际法导论》），9th ed., Butterworth, 1984, p. 67.

以建立和存在的组织文件，根据这种条约性质的组织文件所建立的各种机构，具有常设性质。这些机构由独立的国际公务员和成员国代表（或独立法官团体）共同组成。组织本身拥有经费、活动场所、资料档案、动产和不动产等实现组织宗旨所需的物质条件。此外，国际组织还具有与其成员国相区别的独立地位，组织本身及其国际公务员都享有豁免地位或外交特权，而且组织的任何决定都是依章程所规定的程序（一般是多数决定的表决制度）以组织名义作出。由此可见，国际组织不仅具备赖以存在和活动的物质基础，还有独立的意思能力，这两方面共同构成了国际法律人格所需的行为能力。

国际组织仅有行为能力，尚不足以成为国际法主体，同时还应具备一定的权利能力。尽管现代国际组织种类繁多，宗旨不一，但它们都具备实现职能所需的权能。这一方面表现在，国际组织在其成员国领域内，一般有资格订立契约、购置财产、进行诉讼，且其会所、会员国赴会代表及其机关官员均享有特权及豁免等；另一方面表现在，国际组织在国际范围内，有资格缔结条约、派遣使节或代表、组织国际会议、调解国际争端、请求国际赔偿、承担国际责任，以及享有和承担作为国际法主体的其他权利和义务。

国际组织具备权利能力和行为能力而成为国际法的主体，从实践角度讲，是出于实现其宗旨的客观需要。一个国际组织，如果不具有国际法律人格，它就不可能在国际法和国内法上享有一定的法律地位和能力。缺少了这种地位和能力，它既无法维持内部正常的运作，也不能开展对外交往与合作。如果是这样，设立国际组织的特定目标，终会因此而落空。可见，赋予国际组织法律人格，是实现组织宗旨的一个基本前提。

就目前的情况看，国际组织的国际法律人格已为世人所广泛承认和接受。这种承认和接受主要表现在四个方面：

第一，许多国际文件和条约均明文确认国际组织的国际法主体地位。例如，《世界卫生组织章程》第66条将其法律行为能力规定如下："本组织应在每一成员国领土内享有为实现其宗旨……所需的法律行为能力"；《联合国宪章》第104条规定，"本组织于每一会员国之领土内，应享受于执行其职务及达成宗旨所必需之法律行为能力"。1946年《联合国特权及豁免公约》亦规定，联合国具有法律人格，有订立契约、取得并处置财产和进行诉讼的能力。

第二，国际组织的国际法主体地位为广泛的国家实践所支持。例如，1947年瑞士曾同联合国签订协定，确认了联合国的法律人格和法律上的权利能力。联合国以及联合国的各专门机构，曾与各国缔结了大量的条约和协定。作为一体化组织的欧洲联盟更是享有广泛的缔约权。国际组织（如联合国、欧洲联盟等）还与成员国相互交换常驻使节。

拓展阅读

执行联合国职务时所受损害的赔偿案

第三，国际组织的国际法主体地位还为国际法院的咨询意见所肯定。国际法院在 1949 年"执行联合国职务时所受损害的赔偿案"的咨询意见中确认，"该组织（指联合国）是国际人格者。这并不等于说它是一个国家……这是说它是一个国际法主体，有能力享受国际权利和承担国际义务，并且有能力以提起国际求偿来维护自身的权利"。①

第四，国际组织的法律人格亦为国际法学界所普遍承认。西方权威学者，如英国的劳特派特、斯塔克等，都认为联合国和其他国际组织是国际法主体。苏联学者在战后曾有很长一段时期否定国际组织的法律人格，而后来观点也发生了改变，如童金等亦认为国际组织是新的国际法主体。② 我国学界在 20 世纪 70 年代以前曾否定国际组织的主体地位，包括周鲠生教授在内的很多学者长期支持"国家是国际法唯一主体"的观点。改革开放后，我国学界有了新的认识，现有的著述都普遍承认国际组织的国际法主体地位。

由上可见，国际组织作为国际法主体的确定性，目前从理论到实践已无太多争议。一些学者认为，国际组织虽然是国际法主体无疑，但国际组织又不同于作为国际法基本主体的国家。国家的权利能力和行为能力是以主权为基础的，是固有的，而国际组织是国家合作的一种法律形式，它的权利能力和行为能力要受组织章程制约，归根到底要受成员国权力的限制，不是固有的，而是派生的、有限的。从这个意义上说，国际组织是一种有限的、派生的、非基本的国际法主体。

国际组织在什么样的范围内具有法律人格？这一问题包括三个方面：一是国际组织具有哪些权利能力？二是国际组织是在国内法体系内，还是同时也在国际法体系内具有法律人格？三是国际组织是仅对成员国具有法律人格，还是对非成员国也具有法律人格？对这三个问题，学界有相当大的分歧。

根据"固有权利说"，一些学者主张，国际组织具有某些权利能力已为国际习惯法所确认，因此其法律人格是客观的，可以不依赖于组织章程的授权或国家的承认而独立存在。③ 这样，(1) 一个国际组织除了具备习惯法所确认的一般的权利能力外，还应具备为该组织所特有的其他权利能力。这种特有的权利能力在范围上是不可限定的，只要组织章程未加禁止并且依该组织的行为能力可能实际达到，则都可以享有。(2) 国际组织的法律人格既然是一般和客观的，当然对成员国和

---

① The Advisory Opinion on Reparation for Injuries (1949), *ICJ Reports 1949*, pp. 177-178, 180.
② ［苏联］童金主编：《国际法》，邵天任等译，法律出版社 1988 年版，第 169—171 页。
③ ［瑞士］潘逊：《国际公法（和平法）和国际组织术语手册》，马洪力等译，中国对外翻译出版公司 1989 年版，第 164 页。

非成员国来讲都一样,都具有国际法主体资格。(3)这就意味着国际组织在所有国家的国内法体系内和整个国际法体系内都具有法律人格。

多数学者倾向于"授权说"或"暗含权力说"。他们认为,并不存在由习惯法所确认的一般标准的权利能力,每一国际组织所享有的权利能力,或由章程明确授权,或由章程暗含赋予,或由成员国通过对其实践的事后承认而设定。权利的范围限于"为实现宗旨所必需",而划定范围的最终标准是创立国际组织的国家的意志。① 既然国际组织的法律人格是由成员国通过条约确立的,那么对非成员国并不当然具有法律人格,除非非成员国以某种方式特示其承认。这就意味着国际组织通常仅在成员国国内法体系内和与宗旨相关的国际法体系内具有法律人格,具体范围一般由组织章程或专门条约加以规定。

三、争取独立民族的国际法主体资格

争取独立民族的国际法主体资格问题,是在非殖民化过程中被提出来的。争取独立民族之所以能够被国际社会接受为国际法主体,与民族自决权作为国际法上实在权利的确立有着密不可分的联系。

1918年,美国总统威尔逊为重建战后世界秩序而提出的"十四点计划",就是以民族自决为基础的。十月革命后,苏俄政府发表的《和平宣言》也提出了被压迫民族通过民族自决而获得解放的主张。第二次世界大战后,《联合国宪章》将"发展国际间尊重人民平等权利及自决原则为根据的友好关系",作为联合国的目的之一。为了落实《联合国宪章》的规定,联合国大会通过了一系列决议,包括《关于人民与民族自决权》《给予殖民地国家和人民独立宣言》等,明确规定了民族自决原则。

民族自决权作为实在法权利的确立,为争取独立民族的国际法主体地位奠定了法律基础。根据上述国际文件,争取独立民族在一定范围内具有独立参与国际关系、直接承受国际法上权利义务的能力。首先,从行为能力角度看,这些争取独立的民族,虽然尚处于斗争阶段,暂未建立起自己的国家和对全国实行有效统治的政府,但它们往往建立了代表和领导本民族解放斗争的政治实体,在很多情况下还具备国家的某些特征,如控制和管理着一定领土和居民,建立有某种形式的政权机构等。其次,从权利能力角度看,基于民族自决原则,争取解放民族有权进行国际交往、派遣外交代表、参加谈判、出席国际会议、缔结国际协定、参加国际组织、享受战争法规的约束和保护、请求和接受外国和国际组织的援

---

① G. Schwarzenberger, *International Law* (《国际法》), 3rd ed., Vol. 1, Stevens & Sons Limited, 1957, pp. 137-138;[英]布朗利:《国际公法原理》,曾令良等译,法律出版社2003年版,第759—760页。

助等。

　　争取独立民族国际法主体地位的确定，首先是实现民族自决权的客观需要。没有国际人格，就没有国际法上的地位和能力，民族解放组织就无法合法地开展争取独立的对内对外活动，民族自决的合法权利就成了一句空话。其次，就目前的国家实践看，争取独立民族的国际法主体资格已得到国际社会的广泛承认。例如，第一次世界大战期间，捷克斯洛伐克和波兰为争取民族独立，就在巴黎成立了民族委员会，该民族委员会被当作捷克和波兰人民的合法代表为英、法等许多国家所承认，并作为协约国的同盟者参加了巴黎和会。最后，争取独立民族的国际法主体资格，已为国际法学界所普遍接受。

　　需要注意的是，争取独立民族虽然具有国际法主体资格，但作为一种类国家的实体，其行为能力和权利能力与国家相比，实际上仍有相当大的差异。例如，争取独立民族尚未建立起自己的国家，未能在全国范围内实行有效统治，当然不可能享有和履行全部的国际权利和义务。应该说，争取独立民族是一种过渡性的国际法主体，是一种特殊和有限的国际法主体。

第三节　个人的国际法地位问题

一、自然人作为国际法的主体问题

　　如前所述，直到18世纪欧洲民族国家分立的国际体制基本定型之后，个人才被排除在国际舞台之外，因此个人是否具有某种国际地位的问题，并不像有些学者所说的那样完全是一个当代的问题。不过在18、19世纪，国家是国际法的唯一主体，则是一个被人们所普遍接受的观念。

　　进入20世纪后，人类经历了许多具有重大变革意义的历史事件，德、日等法西斯国家对人权大规模践踏的残暴行径以及战后对战犯个人国际刑事责任的追诉，引发人们对传统国际法理论将个人排除在国际法以外这种做法的反思——在这里，首先被关注的是作为自然人的个人，他们直接被赋予国际法上的权利或者承担国际法上的责任。面对这些实践，传统国际法理论有捉襟见肘之感，需要发展和创新。但是，个人国际法地位的变化牵涉深远，甚至会带来对国际法的重新理解和定义，对国际法的发展具有重要的变革意义，所以从一开始就引起学界的激烈争论。

　　实证法学派基于传统的主权理论，主张只有国家才是国际法主体，而个人绝不可能享有国际法律人格。如德国学者李斯特确信："国际法上的权利义务，仅归于国家本身，与组成国家的人民无关——后者除依本国的中介外，与国际社会中的其他国家不发生关系。因此，惟国家是国际人格者。"①

与这种传统学说相对立的现代理论大致可以归为三种：

第一种理论较为激进，尤其体现在有社会学—人类学倾向的国际法学说中。代表性的学者如狄骥、勒富尔、波利蒂斯等，根本否认国家是国际法主体，而只承认个人（特别是自然人）的国际法主体地位。狄骥曾言："一切法律规范都是为着建立个人生存的秩序，因而其最后的目的总是指向作为自然人的个人。像其他所有的法律一样，国际法所包含的同样也是对个人而立的规则，而其基础在于不同国家的个人之间存在的连带关系。换言之，不是国家，而是组成国家的那些个人才是国际法的主体，唯有依据这个条件才能给国际法一个坚固的基础"。②

第二种理论被称为折中说，它认为正常情况下国家是国际法主体，但在特定的场合中作为个人的自然人也有可能成为国际法的主体，英美学者多支持这一观点。在《国际法原理》一书中，美国学者凯尔森论证道："说国际法的主体是作为法人（人格者）的国家，并不意味着个人不是国际法的主体。这仅仅意味着，个人只以特殊的方式成为国际法的主体，并且作为例外，直接地、个别地构成国际法义务主体。"③《奥本海国际法》的修订者劳特派特、詹宁斯等列举了一系列传统理论无法包容的、个人作为国际法主体的例外情况，例如：（1）欧共体的运作提供了条约规定可以直接适用于个人的明显例证；（2）许多关于人权和自由的条约也直接适用于个人；（3）个人在一些国际法庭，例如欧洲人权法院、联合国行政法庭等，可以提起诉讼；（4）各交战国武装部队人员以及一般的个人直接受战争法的支配，并且可以由于他们违反战争法规而受惩罚；（5）个人可因危害人类罪受国际法的惩罚；（6）许多国内法体系视国际法为国内法的一部分，其实是表明国际法可以直接适用于个人，而个人在这个限度内就成为国际法的主体。④

第三种理论较折中说保守，虽不支持国家是唯一国际法主体的看法，但也不肯定个人在国际法上的主体地位已然确立，而是在重视个人国际法主体地位问题新进展的前提下，持一种开放的"个人主体地位未定论"观点。例如，瑞士学者

---

① Franz von Liszt, *Le droit international*（《国际法》），A. Pedone, Editeur, 1927, pp. 47–48.
② ［法］狄骥：《宪法论》第 1 卷，钱克新译，商务印书馆 1959 年版，第 49 页。塞尔也认为，"法律的主体总是个人，且只能是个人，无论是在公法还是在私法方面。唯有个人是国际法主体，任何一道片面的意志的宣布，一项条约，乃至一个人们说是引起国家责任的不法行为，总是出自被赋予代表权能的个人或政府人员的行为，而绝不是所谓国家那个拟制体的行为"。Georges Scelle, *Précis de droit des gens*（《国际法摘要》），Librairie du Recueil Sirey, 1933, pp. 7–13.
③ ［美］凯尔森：《国际法原理》，王铁崖译，华夏出版社 1989 年版，第 96 页。
④ ［英］劳特派特修订：《奥本海国际法》（上卷第一分册），王铁崖等译，商务印书馆 1989 年版，第 14—15 页。［英］詹宁斯、瓦茨修订：《奥本海国际法》（第一卷第一分册），王铁崖等译，中国大百科全书出版社 1995 年版，第 10—11 页。

潘逊说:"个人是国际法主体的这种主张,是不那么确定的。的确,依据习惯国际法和协定国际法,个人是有某些权利,但是这些权利(除了依据欧洲法的某些例外)只能由这些个人作为国民所属的国家来维护……在所有这些场合,个人的权利纯粹系以国家间的条约为根据,也可以由国家间的一项新的协定予以取消,而无须取得有关个人的同意。因此,除了极少数例外,个人似乎仍然是国际法的客体,虽然联合国当前鼓励保护基本人权的努力也许可能在很远的将来改变这种状况。"①

目前,承认于国家之外赋予个人以法律上有限国际人格的学者越来越多,折中说似有渐成主流的趋势。这种理论之所以流行,斯塔克认为在国际实践层面起码有三个原因:一是个人或非国家实体按现代的实际做法享有权利,或者依国际法直接成为义务主体,这类例外事例的数目日益增多;二是经由本人所属国外不许个人依国际法提起诉讼的那种僵化教条式的程序常轨,在某种程度上已经松动;三是个人利益、个人的基本权利和自由已成为国际法关注的重要问题。②

我国学者对个人国际法主体地位问题的认识亦有一个发展变化的过程。在 20 世纪 90 年代以前,国内学界的一般看法是否定个人的国际法主体地位,这可以从周鲠生的《国际法》及王铁崖主编的《国际法》这两本权威著作的论述中得到佐证。③ 90 年代以后,随着改革开放的深入和中国更进一步地融入国际社会,我国学界的观点亦发生松动,许多学者开始接受"个人主体地位未定论"的主张。他们承认随着人权国际法、有关个人责任制度和国际司法制度等的发展,个人国际地位有加强的趋势,未来的发展对国际法走向极为重要,个人主体地位问题值得进一步研究。④

二、法人作为国际法的主体问题

从严格法律意义上讲,国际法上的个人概念既指自然人也指法人。所以,法人是否能像自然人那样具有国际法律人格,实际上也是个人在国际法上主体地位问题的另一个方面。

---

① [瑞士]潘逊:《国际公法(和平法)和国际组织术语手册》,中国对外翻译出版公司 1989 年版,第 26 页。
② J. G. Starke, *Introduction to International Law* (《国际法导论》), 9th Edition, Butterworths, 1984, p. 67.
③ 周鲠生:《国际法》(上册),商务印书馆 1976 年版,第 62—63 页;王铁崖主编:《国际法》,法律出版社 1981 年版,第 98—100 页。
④ 梁西主编:《国际法》,武汉大学出版社 1993 年版,第 17—19 页。1994 年,李浩培在《国际法的概念和渊源》(贵州人民出版社 1994 年版,第 21—27 页)一书中,肯定个人是一定范围的国际法主体。

一般来讲，自然人国际人格的确定性决定着法人在国际法上的地位。对于自然人的国际法主体资格问题，目前虽然折中说占据上风，但质疑者认为该学说在国际实践方面尚缺乏压倒性的、特别有说服力的证据，因此理论上的分歧依然很明显。由于相关的国际实践更为薄弱，对于法人的国际法地位问题，各方面的争议更多。

就法人来说，引起理论界特别关注的问题主要有四个。从根源上讲，这些问题都和21世纪新技术革命、经济全球化及国际社会组织化程度加深有关。

其一，引起理论界广泛讨论的是对非政府的民间国际组织是否给予国际法主体地位的问题。这些国际组织虽然是由私人倡议成立的，但其宗旨和目的具有国际性，其从事的有关教育、学术、宗教、经济和文化等活动也具有国际性。许多这类非政府国际组织，如国际奥林匹克委员会、国际红十字组织、国际律师协会等，在其本专业领域的国际活动中，有极为重要的地位和作用。对于它们，传统理论一向认为它们只是其总部所在地的国内法上的法人，不具有国际法主体地位；但是也有一些学者认为，单纯地把它们当作国内法人来对待，并不利于实现其宗旨和活动的国际性，并且有碍其活动的有效进行和发展，因此应保障其一定的国际地位。

其二，跨国公司的国际管制也是一个引起学界高度重视的问题。随着经济全球化的进程，许多影响力巨大的跨国企业虽然事实上在一国存在并进行商业活动，但在法律上却可能不受该国的属人管辖。对于这些跨国公司的全球性经营活动，各自为政的各国政府难以加以有效控制，既无法掌握跨国公司商业活动的整体信息，也难以有效协调和克服各国法律制度之间的差异、缺陷和冲突。相反，跨国公司可以游走在各国管辖的空隙之间，轻易地规避国家的管制。鉴于这种情势，有学者主张应承认跨国公司在其商业活动必要范围内的国际权利和义务，由国际社会用国际法规则来规范和调整跨国公司的行为。但是发展中国家不太支持这种设想，它们担心承认跨国公司的国际法法人地位，可能会使其所具有的各种问题合法化，其势力会进一步扩大，以致完全脱离各国内法的约束。对此，联合国和一些区域性组织相当关注，例如联合国大会及经社理事会、联合国贸发会议和国际劳工组织一直都在重点研究跨国公司的法律控制问题。经社理事会于1974年还专设了政府间的跨国公司委员会，其最主要的任务就是制定跨国公司的行为法典。总的来看，对跨国公司进行国际调控的必要性已得到承认，但对于由此而提出的跨国公司在国际法上消极和积极的主体地位问题，仍存在很大争议，这也使得联合国的应对方案都只能停留在研究阶段。

其三，企业法人与一国间的"国际契约"问题。国家和外国公司在签订契约时，有时会约定契约将适用国际法并且在发生争端时诉诸国际仲裁解决。对于这类契约，有的学者主张它有"准国际条约"的性质，而作为这种"准条约"当事一方的外国公司，当然也就应有一定的国际法主体地位。这种主张一度受到广泛的批评，许多学者认为这种契约应完全适用国内法，与国际法无涉。这种理解得到了 1929 年常设国际法院"塞尔维亚公债案"、1952 年国际法院"英伊石油公司案"判决直接或间接的支持。不过，现在不少学者认为，把"国际契约"完全认定为国内合同交由作为当事一方的国家解决虽然简单，却并不完全合理和公正。因为如果作为契约缔结方的国家既是当事者又是裁判者的话，作为契约相对方的外国公司就完全没有了正当的法律保障。这一问题还值得深入研究。

其四，与法人国际法主体资格相关的还有所谓的国际联合企业问题。所谓国际联合企业，指的是自 20 世纪 50 年代开始，以政府间协议为基础建立的企业法人。例如，1955 年德、法等 16 个欧洲国家曾签订一项公约，设立欧洲供应铁路设备公司（EUROFIMA）。① 虽然该公司总部设在巴塞尔，也依瑞士法律登记，但就其法律基础而言，登记地国内法是次要和补充性的，条约成分则是主要和优先的——这样做的用意在于确保国际联合企业不为所在地国或其他特定创设国所控制，在其资本构成和业务执行责任方面维持多国籍性，实现国际性的共同目的。这样的企业法人既不是普通的国内企业法人，又不同于政府间国际组织，而是介于两者之间，这就给国际法主体地位的认定带来了新的困难。

思考题：

1. 为什么说国家是国际法的基本主体？
2. 为何说国际组织和争取独立民族都是有限的国际法主体？
3. 如何理解个人在国际法上的地位？

▶ 自测习题及参考答案

---

① http://www.eurofima.org/international-body.php.

第六章 国际法上的国家

本章主要涉及国家在国际法上的地位和与之相关的法律制度问题，其内容可分两大部分：一是与国家本身有关的内容，包括国际法上国家的构成要素、国家的类型、国家的基本权利与义务、国家豁免等；二是与国家相关的法律制度，主要是国际法上的承认和继承制度。

第一节 国家的要素与类型

一、国际法上国家的构成要素

国际法上的国家是指由定居的居民和特定的领土组成的、有一定的政府组织和对外独立交往能力的政治实体。

作为国际法意义上的国家，必须具备一些必要的条件，即：（1）定居的居民；（2）确定的领土；（3）一定的政权组织或政府；（4）主权。这些要件又被称为"国家的要素"。

第一，定居的居民。国家首先是由一定的人组成的。有定居的或固定的人口，即永久性的居民，才能形成社会和一定的经济及政治结构，进而构成国家。世界上有多达十亿以上人口的国家，如中国和印度；也有少至仅约一万人口的"微型"国家，如太平洋岛国瑙鲁就只有约一万居民。但一个国家人口的多寡、种族和民族的构成如何，并不影响一个国家的存在。

第二，确定的领土。国家是在一定的领土上建立起来的。领土既是国家存在和发展的物质基础，也是国家主权活动的空间。有了确定的领土，一国居民的生存和发展才有了物质基础，而一个没有固定领土、漂泊不定的民族或部落是不能形成现代意义上的国家的。尽管在世界上国家的领土有大小之别，但领土面积的大小并不妨碍国家的存在。而且，无论是大国还是小国，它们在国际法上的地位均是平等的。

第三，一定的政权组织或政府。在特定领土上存在建立和维持法律秩序的有效政府是证明该领土构成国家的最佳证据。① 政府是执行国家职能的机构，包括行政机关、立法机关和司法机关。政府代表国家对内实行管辖，对外进行国际交往。

---

① James Crawford, *Brownlie's Principles of Public International Law*（《布朗利国际公法原理》），8th ed., Oxford University Press, 2012, p.129.

至于一个国家采取何种形式的政权组织,是各国自己决定的内政问题。需指出的是,国家一旦建立,无论是受到他国的军事占领,还是爆发内战,都不影响该国作为国家的法律地位。即使那些因为中央政府在较长时期内无力控制该国大部分领土而被西方人士称为"失败国家"者,也并不因此丧失国家地位。

第四,主权。主权是国家的根本属性。《奥本海国际法》(第9版)将"主权"界定为:"主权是最高权威……是在法律上并不从属于任何其他世俗权威的法律权威。因此,在最严格和最狭隘的意义上,主权含有全面独立的意思,无论在国土以内或在国土以外都是独立的。"① 换言之,主权是国家具有的对内的最高权力和对外的独立地位。

二、国家的类型

按照不同的标准可以将国家分为不同的类型。按国家的结构形式,可分为单一国和复合国两种类型。按国家行使主权的状况,可分为主权完全国家和主权受限制的国家。而后者又可分为两种情况:一是该国自愿放弃部分主权,如永久中立国自愿放弃诉诸战争权;二是一国因成为他国的附属国,丧失或部分丧失了主权,如附庸国和被保护国。

(一) 单一国

单一国(单一制国家),是指由若干行政区域构成的单一主权的国家。单一国的中央政府行使对外职能,是国际法主体的代表。其各行政区域一般没有对外职能,不是国际法主体。在单一国,全国只有一部宪法,其人民拥有统一的国籍,中央政府行使最高的立法、司法和行政权力。

中国是单一制国家。根据中国宪法和相关法律,中央人民政府(国务院)是国家权力的最高执行机关,行使对内对外职能。我国的地方行政单位(省、自治区、直辖市、特别行政区),特别是香港和澳门两个特别行政区,在中央政府授权下可以享有部分对外交往的权力,但这不影响中国作为单一制国家的国家形式。

(二) 复合国

复合国(复合制国家),是两个或两个以上的成员邦组合起来形成复合结构的国家或国家联合体。目前,这种国家有联邦和邦联两种形式。历史上曾有过"君合国"和"政合国"两种不同的国家组合,但早已绝迹。

联邦是指由若干个成员单位根据联邦宪法组成的国家。它是复合国中最典型和最主要的形式,如美国、俄国、加拿大、瑞士、德国、印度等都是联邦国家。

---

① Robert Jennings and Arthur Watts (eds.), *Oppenheim's International Law* (《奥本海国际法》), 9th ed., Vol.1, Longman, 1992, p.122.

联邦国家的特点是，其有统一的宪法、统一的最高权力机关和最高行政机关、统一的联邦国籍。联邦政府与其各成员单位之间的权限范围由宪法划定。各成员单位也有自己的宪法、立法机关和行政机关，但其公民是联邦的公民，受联邦法律的约束。成员单位有较大的自主性，但联邦国家的对外权力主要由联邦政府行使，联邦国家本身是国际法主体，而其成员单位不是国际法主体。不过，各联邦国家的成员单位的对外交往权不尽相同。

邦联是由若干个主权国家根据条约组成的国家联合体。邦联没有统一的中央权力机关和行政机关，没有统一的国籍。组成邦联的各成员国是独立的主权国家，其公民各有本国国籍。在对外关系上，邦联本身不是国际法主体，各成员国才是国际法主体。邦联的当代例子是由波黑穆克联邦和克罗地亚共和国组成的邦联。1991年6月，南斯拉夫开始解体。波黑（"前南"六个共和国之一）境内穆斯林族、克罗地亚族和塞尔维亚族三个主要民族就波黑前途发生严重分歧，随后导致战争爆发。1994年3月18日，波黑的穆斯林族及克罗地亚族两族领导人和克罗地亚共和国领导人签订《华盛顿协议》，波黑穆斯林族和克罗地亚族合并为穆克联邦，并与克罗地亚共和国之间建立邦联关系。

除了联邦和邦联两种国家形式外，国际社会还有一些特殊的国家集合体，如英联邦和法兰西共同体。英联邦是从英国与其殖民地之间的关系演变而成的特殊国家结合体，其成员国主要是已获得独立的前殖民地或被保护国。目前，英联邦成员国都是主权国家，而英联邦本身没有国家主权，没有联邦宪法和对各成员国及其公民行使权力的联邦机构，也没有代表各成员国进行国际交往的权力。英联邦中各成员国互派的使节不称大使，而称为高级专员。英联邦国家之间的争端一般不提交国际法院。尽管如此，英联邦本身不是国际法主体。法兰西共同体是由法兰西共和国与法国在非洲的前殖民地根据1958年《法国宪法》建立起来的。它是类似于英联邦的国家结合体，它没有能够对各成员国行使权力的机构，也无权代表成员国进行国际交往。法兰西共同体不是国际法主体，但其各成员国都是国际法主体。

（三）永久中立国

永久中立国是指根据国际条约或国际承认，在对外关系中承担永久中立义务的国家。

永久中立国的存在必须具备两个条件：第一，自愿承担永久中立义务。永久中立义务主要包括：（1）不得对他国进行战争或参与战争，但有权对外国的武力攻击进行自卫；（2）不缔结与中立义务相抵触的条约，如军事同盟条约、共同防御协定等；（3）不采取任何卷入战争的行动或承担这方面的义务，如允许外国军队入境或允许外国在其境内建立军事基地等。永久中立国承担永久中立义务，使其与战争有关的权利受到了一定限制，但这并不影响该国的国际法主体地位，因为这类国家只是自愿地放弃了有限的权利，并没有放弃国家主权。第二，永久中立地位由国际条约加以保证。实践中通常由一些强国通过缔结国际条约以保证中立国的中立地位不受侵犯。

瑞士永久中立国的地位始于1815年的维也纳会议。在此次会议上，英国、俄国、法国等部分欧洲国家在一个宣言上签字，承认并集体保障瑞士的永久中立。第一次世界大战后，瑞士永久中立国的地位为1919年《凡尔赛和约》再次确认。1955年，奥地利国民议会通过联邦宪法，宣布奥地利为永久中立国。1995年12月，第50届联合国大会一致通过决议，赋予土库曼斯坦永久中立国地位，土库曼斯坦成为亚洲唯一的永久中立国。目前受到广泛承认的永久中立国有瑞士、奥地利和土库曼斯坦三国。

（四）附属国

附属国是指对他国居于从属地位的国家，其对外交往权不同程度地受到他国的控制。附属国主要有附庸国和被保护国两种类型。

附庸国是指在对内事务上有自主权，但在对外关系事务上的权利完全或主要地由宗主国行使的国家。宗主国即控制附庸国对外关系的国家。宗主国对附庸国享有的权力称为宗主权，以区别于主权。① 例如，19世纪的埃及和保加利亚是土耳其的附庸国。现今，附庸国已不存在。

被保护国是指根据条约将自己重要的国际事务交由一个强国（保护国）处理而自己处于被保护地位的国家。被保护国把重要的对外事务交给保护国处理，因此被保护国的主权是不完全的，但这种国家在一定限度内保有其国际地位，仍是国际法的主体。而且，被保护国不是保护国的一部分，保护国与第三国进行战争不当然使被保护国处于战争地位。被保护国的例子有：埃及，1914—1922年由英国保护；朝鲜，1905—1910年由日本保护。②

第二节　国家的基本权利与义务

国家在国际法上的权利可分为基本的权利和派生的权利两种。国家的基本权利是指由国家主权直接派生出来的国家所固有的权利。这种权利是国家在国际法上当然享有的根本性权利，是国家不可剥夺的和不可侵犯的权利。所有国家在享

---

① 周鲠生：《国际法》（上册），商务印书馆1976年版，第80页。
② 陈致中编著：《国际法教程》，中山大学出版社1989年版，第57页。

有国家基本权利上是没有差别的。国家的派生权利是指从国家基本权利中引申出来的权利,它是行使国家基本权利的结果,因此,各国享有的派生权利是不同的。

国家的基本权利是与国家的基本义务相对应的一个概念。一国享有基本权利的同时,也负有尊重别国基本权利的义务。国家的基本义务实际上与国际法基本原则密切相关,两者的内容有不少重叠之处。例如,根据1946年联合国大会通过的《国家权利和义务宣言草案》的规定,国家承担的基本义务有不干涉他国内政、不使用武力或武力威胁、和平解决国际争端、真诚履行国际义务、尊重人权及基本自由,等等。

国家的基本权利到底有哪些?国际法学者对此有不同的见解。上述《国家权利和义务宣言草案》反映的是国际法学界在此问题上的一般看法,它将国家的基本权利列为四项:独立权、平等权、自卫权和管辖权。

一、独立权

独立权是指国家按照自己的意志处理本国事务而不受他国干涉的权利。独立自主和不受干涉是独立权的两个特征。依据独立权,在对内事务上,国家可以独立自主地选择本国的社会制度、政治制度、经济制度和文化制度,采取立法、司法和行政措施,制定本国的各项政策和法律;在对外事务上,国家可以独立自主地实行本国的对外政策,处理它的国际关系。

独立权是国家主权的重要标志,一个国家若丧失了独立,就意味着丧失了主权。譬如,某个国家在处理其对内对外事务时听命于别国,则该国就沦为了殖民地或附属国。在对外关系的文件上,"独立"一词有时被用作"主权"的同义词。与独立权相对应的国家基本义务之一是不干涉别国内政,国家的独立权是不干涉内政原则的基础,对别国内政的干涉构成对别国独立的损害。

随着现代国际法的发展,独立权的内容从原来的仅指国家在政治上的独立,扩大到还包括国家在经济上的独立,即不受外国掠夺和剥削的权利。联合国大会在1974年通过了关于建立国际经济新秩序的三个文件,即《建立新的国际经济秩序宣言》《建立新的国际经济秩序行动纲领》和《各国经济权利和义务宪章》。这三个文件在强调国家政治独立的同时,还主张国家的经济独立。

二、平等权

平等权是指各个国家在国际法上地位平等的权利。由于国家是主权的,因而是平等的,而不问其大小强弱、社会制度和发展水平如何,各国的法律地位一律平等。国家平等权一般表现为如下五个方面:(1)在国际会议上和国际组织中享有同等的代表权和投票权(除了国际金融组织和联合国的否决权制度等少数特殊规定外）。(2) 每个国家在外交文件上有使用本国文字的权利，缔约时，本国文字与其他缔约国的文字有同等效力（条约另有规定者除外）。按照"轮签制"（又称"轮换制"），每个缔约国在它自己保存的文本上名列首位，其全权代表在此份文本上首先签字。(3) 国家在外交礼仪上享有平等的尊荣。(4) 国家在外国享有司法豁免权。(5) 一国侨民享受与各国侨民的平等待遇。

在现代国际法上，平等权的含义有了进一步的发展——将平等和互利结合起来，使平等不仅具有形式上的意义，更有实质的意义。

三、自卫权

自卫权是指国家为了保卫自己的生存和独立而具有的权利。广义的自卫权（又称"自保权"）包括两方面的内容：(1) 国家平时进行国防建设的权利，即国防权。国家有权使用自己的一切力量进行国防建设，防备可能来自外国的侵略。(2) 国家在受到外国武力攻击时，实施单独的或集体的武装自卫行动的权利，这是狭义的自卫权概念，亦即一般意义上的自卫权。

自卫权的行使受到严格的条件限制。根据《联合国宪章》第 51 条和国际习惯法，自卫权行使的条件包括：(1) 自卫权行使的前提条件须是"受武力攻击"，即国家只有在"受武力攻击"的情况下，自卫权的行使才被准许。"武力攻击"不仅包括一国正规部队跨越边界的直接攻击行为，还包括一国或以其名义派遣武装小队、武装团体、非正规军或雇佣兵，对另一国使用武力，如果其严重性等同于正规部队进行的实际攻击。但武力攻击不包括向反对派提供武器或后勤、财政或其他支持的援助行为，尽管这种行为可能构成使用武力或武力威胁，或对一国内部或外部事务的干涉。① (2) 自卫的时间应在安理会"采取必要办法，以维持国际和平与安全之前"。换言之，一旦安理会采取了维护国际和平与安全的必要措施，自卫行动即告结束。这表明，在《联合国宪章》体制下，自卫是受制于安理会的临时性补救办法。(3) 联合国会员国行使自卫权所采取的行动应向安理会报告，并不得影响安理会行使维持国际和平与安全的职权。(4) 自卫权行使的武力限度是须遵守必要性和相称性原则。必要性原则意味着，受攻击国必须是在没有其他切实可行的和平手段可供选择作出反应的情况下，才不得不使用武力诉诸自卫，此时的自卫权行使才是必要的。而"相称性"，又称"成比例性"或"程度相当原则"，是指自卫所使用武力的强度和规模要与所遭受的武力攻击大体一致。此限制条件具有突出的意义，否则，在行使自卫权时动辄扩大使用武力的强度和规模，

---

① Military and Paramilitary Activities in and against Nicaragua (Nicaragua v. United States of America), Merits, *ICJ Reports 1986*, pp. 103–104, para. 195.

边界冲突的小事件就有可能成为发动一次全面战争的借口。实践中，自卫权利弊俱存，它犹如一把双刃剑，既是国家在必要时使用武力保卫自己的一项重要权利和救济措施，又可能被一些别有用心的国家滥用以侵犯他国的权利。① 根据国际法和《联合国宪章》的规定，国家在行使自卫权时要承担相应的义务，不得对他国造成威胁。

四、管辖权

作为国家的一项基本权利，管辖权（又称"国家管辖权"）是指国家根据国际法对特定的人、物和事件进行管理或施加影响的权力，它反映了国家主权平等原则和不干涉内政原则。② 实际上，管辖权一词在不同的语境中有不同的含义。在国内，国家行使管辖权通常采用制定、执行、适用国内法的方式。从国家的职能上可将管辖权分为立法管辖权、执行管辖权和司法管辖权。立法管辖权是指一国制定国内法用以规范特定的人、物、行为的权限；执行管辖权是指一国主管机关采取征税、搜查、没收、逮捕等强制措施的权限；而司法管辖权（又称"裁判管辖权"）是指一国对事件或人依法审理、判决或决定的权限。执行管辖权和司法管辖权也被统称为强制管辖权或执行管辖权。此外，从程序性质上可将管辖权分为民事程序管辖权、刑事程序管辖权和行政程序管辖权。在国际法上，一般将管辖权分为属地管辖权、属人管辖权、保护性管辖权和普遍性管辖权四种。其中，属地管辖权和属人管辖权是主要的。

管辖权是国际法上一个重要而复杂的问题，国际法至今尚未形成有关管辖权的详细和确定的规则。

（一）属地管辖权

属地管辖权，又称领域管辖权、属地优越权或属地最高权，是指国家对本国领域内的一切人、物和所发生的事件，除国际法公认的豁免者（如享有外交特权与豁免的人士）外，有行使管辖的权利。此处所指的"领域"，包括一国的领陆、领海和领空。基于属地管辖权，外国自然人和法人都必须遵守居留国法律，并服从当地的立法、司法和执行管辖。

实践中较复杂的情况是，某一犯罪行为是由一系列的活动构成的，如该行为包括了犯罪准备、犯罪实施、犯罪完成等，而这些不同活动发生在不同的国家境内。如犯罪行为在一国开始，而在另一国完成的情况。较为典型的例子是，一个

---

① 关于自卫权滥用的论述，可参阅黄瑶：《论禁止使用武力原则——联合国宪章第二条第四项法理分析》，北京大学出版社2003年版，第303—322页。
② Malcolm N. Shaw, *International Law*（《国际法》），8th ed., Cambridge University Press, 2017, p. 483.

人站在本国边界的一侧开枪打死或打伤边界另一侧另一个国家的人。在各国的实践和学界中，对犯罪准备、犯罪实施等行为行使属地管辖权的称为"主观的属地管辖原则"（主观属地管辖权），而因犯罪结果在本国发生或者犯罪行为在本国完成的原因而行使属地管辖的称为"客观的属地管辖原则"（客观属地管辖权）。主观属地管辖原则和客观属地管辖原则均为各国立法和国际实践所支持。例如，《中华人民共和国刑法》第6条规定："犯罪的行为或者结果有一项发生在中华人民共和国领域内的，就认为是在中华人民共和国领域内犯罪。"实践中，若国际条约或双边协定中对犯罪行为发生地的管辖权问题有规定的，则依从条约或协定的规定处理。如1929年订于日内瓦的《制止伪造货币的国际公约》规定，构成伪造货币的行为发生地国都应将该行为按照普通犯罪办理。

国家管辖权原则上以领土为主，即所谓管辖权的属地原则。属地原则是基本的和普遍接受的管辖权基础，它是国家主权的具体表现，也是国家领土主权的重要内容。因此，在各种管辖权类型中，属地管辖权往往居于优先地位。

鉴于属地管辖权的重要性，一国若要在他国领土上行使管辖权，必须事先取得对方国家的同意。如果一国的执法人员未经对方国家的同意就进入该国领土执法，将侵犯所在地国家的属地管辖权即领土主权，构成违反国际法的行为。在1960年的"艾希曼案"中，对于艾希曼这个双手沾满犹太人鲜血的刽子手，以色列安全人员（即特工）在未经阿根廷允许的情况下，于1960年将他绑架回以色列加以审判。这一行为侵犯了阿根廷的领土主权，事后阿根廷将此案提交给联合国安理会，指出：这类事件如果继续发生，必将导致国际摩擦，甚至危及国际和平与安全。对此，以色列承认其行为是对阿根廷主权的侵犯，以色列政府就绑架行为向阿根廷作出道歉，并保证不再发生此类事件。

诚然，属地管辖权也不是绝对的，也存在例外或受限制的情形：第一，基于外交豁免权，一国不得对外国国家元首和外交代表行使属地管辖权。对此，1997年《中华人民共和国刑法》第11条规定："享有外交特权和豁免权的外国人的刑事责任，通过外交途径解决。"第二，基于主权豁免原则，国家不能对他国的国家行为和国家财产行使管辖权。第三，在领海行使属地管辖权时，应不干预外国船舶的内部事务，并允许它们无害通过。第四，属地管辖权的行使有时受到外国的属人管辖权的限制，如国家无权强迫在其本国内的外国人服兵役。

属地管辖权的对象是一国领土范围内的人、物和行为。那么，国家对在不属于任何国家管辖的地方（如公海或外层空间等）的具有本国国籍的航空器、船舶等交通工具上的人、物及事件行使管辖，其所依据的原则是否也是属地管辖原则呢？答案应当是否定的。依照国际法，一国可以对处于其属地领域以外具有该国国籍的航空器、船舶等交通工具上的人、物或事件行使管辖。如《中华人民共和国刑法》第 6 条规定："凡在中华人民共和国船舶或者航空器内犯罪的，也适用本法。"但对这种情况行使管辖权的依据不是属地原则，而是一种具有独立基础的管辖原则。①

（二）属人管辖权

属人管辖权，又称国籍管辖权、属人优越权或属人最高权，是指国家对具有其本国国籍的人实行管辖的权利，而无论该人在国内还是在国外。根据属人管辖权，国家可以对本国人在国外的犯罪行为进行司法管辖。例如，《中华人民共和国刑法》第 7 条规定："中华人民共和国公民在中华人民共和国领域外犯本法规定之罪的，适用本法，但是按本法规定的最高刑为三年以下有期徒刑的，可以不予追究。"

属人管辖权的行使要受到所在国属地管辖权的限制，如对在外国境内的本国人，如果没有所在国有关当局的协助，一般不能采取强制措施。

西方有的国际法著作将基于被告国籍而行使的管辖权称为"积极国籍原则"（或译"主动国籍原则"），而与之相对的"消极国籍原则"（或译"被动国籍原则"）则是指基于受害者的国籍而行使的管辖权。根据后一原则，当本国国民在国外受到伤害时，国家可以将有关外国人的行为置于本国司法管辖之下。

（三）保护性管辖权

保护性管辖权是指国家对于外国人在该国领域外侵害该国的国家或公民的重大利益的犯罪行为行使管辖的权利。这种管辖是国家为了保护本国的安全、领土完整和重大的经济利益（包括本国国民的重大利益）免受犯罪行为的严重侵害而实施的。

根据保护性管辖权进行司法管辖的对象是外国人在国外从事的犯罪行为，它们一般都是世界各国所公认的犯罪行为，例如，间谍行为、伪造一国的货币或印章罪、违反移民或海关法、杀人罪、纵火罪，等等。《中华人民共和国刑法》第 8 条就规定："外国人在中华人民共和国领域外对中华人民共和国国家或者公民犯罪，而按本法规定的最低刑为三年以上有期徒刑的，可以适用本法，但是按照犯罪地的法律不受处罚的除外。"

保护性管辖权是国家在例外的情形下对本国领土外的外国国民所具有的一种有限的管辖权，又称域外管辖权，其行使受到罪行发生地国家的属地管辖权的限制，也就是说，这种管辖权的实际行使一般得通过这些途径：引渡犯罪嫌疑人，或者缺席判决，或者在罪犯进入受害国领土时将其逮捕。

---

① *Restatement of Law*，*Third*，*Foreign Relations Law of the United States*（《美国对外关系法重述（第三版）》），The American Law Institute，1987，p. 241.

(四) 普遍性管辖权

普遍性管辖权，又称普遍管辖权、普遍管辖原则，是指根据国际法的规定，对于严重危害国际和平与安全以及全人类利益的某些特定的国际犯罪行为，各国均有管辖权，而不问这些犯罪行为发生的地点和罪犯的国籍。

由于普遍管辖权突破了地域、国籍和利益保护这三种传统管辖的因素，因而它在国际法上历来受到严格的限制。基于这个缘故，属于普遍管辖权范围的犯罪，应当是被国际社会认为其行为的严重性非常之大以至于它们应该受到所有国家的管辖。至于哪些犯罪是各国有普遍管辖权的，在国际法上并没有明确的规定，已获得明确公认的此类犯罪有公海上的海盗行为、奴隶贸易和战争罪等。其他的国际犯罪行为，如灭绝种族罪、空中劫持、贩卖和走私毒品、危害人类罪等，也被较多的国家和学者认为是各国有普遍管辖权的犯罪。《中华人民共和国刑法》与普遍管辖权相关的规定为第9条："对于中华人民共和国缔结或者参加的国际条约所规定的罪行，中华人民共和国在所承担条约义务的范围内行使刑事管辖权的，适用本法。"

一般来说，一国只能在本国管辖范围内或者不属于任何国家管辖的区域行使普遍管辖权。上述提及的1960年"艾希曼案"就是一例。根据《纽伦堡国际军事法庭宪章》的规定，犯有战争罪、反和平罪和危害人类罪的人属于战争罪犯。而且根据联合国大会1968年的决议，战争罪犯无权要求庇护和不适用法庭时效原则，艾希曼是战争罪犯，因此，他应受到普遍性管辖，任何国家都可以对他进行管辖。以色列作为犹太人的国家，最有权对沾满犹太民族鲜血的艾希曼进行审判。以色列根据独立后颁布的《惩治纳粹法》，对艾希曼进行审判并判处其死刑。①

现今，有越来越多的国家将普遍管辖权引入国内法中，将之作为国家行使管辖权的一项原则和依据。例如，1993年6月，比利时议会颁布《关于惩治严重践踏国际人道法行为的法律》（该法曾于1999年和2003年做过几次修正）。2001年6月，比利时国内刑事法庭对卢旺达国内武装冲突中的四名犯罪嫌疑人在卢旺达所犯的战争罪行进行了审判。该案中，违反人道主义法的罪行发生地在卢旺达，被起诉的四个人的国籍也是卢旺达，被他们杀害的是卢旺达人，与比利时没有任何关系，但比利时的法庭适用普遍管辖原则，用本国的法律审理了该案。②

普遍管辖权是近十多年来国际实践的一个热点问题。由于国际社会对有效防止和惩治各种国际罪行的日趋关注和国际人权运动的迅速发展，普遍管辖权的重要性得以进一步增强。普遍管辖权的发展对传统国际法关于豁免权的理论带来了

---

① 陈致中编著：《国际法案例》，法律出版社1998年版，第46—50页。
② 朱文奇：《国际刑法的最新发展》，中国人民大学复印报刊资料《国际法学》2002年第5期。

一定的冲击。这方面的典型案例是"皮诺切特案"和"刚果诉比利时逮捕令案"。

在"皮诺切特案"（1998—2000）中，作为智利前总统的皮诺切特在 1998 年到英国治病时，被西班牙以他犯有酷刑等国际罪行为由，要求英国政府将他引渡给西班牙进行审判。西班牙请求引渡皮诺切特的依据是普遍管辖权，而皮诺切特方面则以外交豁免权进行抗辩。英国法院的最后判决指出，一国的前国家元首犯有酷刑罪不能要求享有司法豁免权而免于引渡或起诉，皮诺切特应引渡到西班牙受审。不过，2000 年，英国政府又以"健康""出于人道主义考虑"等原因，决定让他回国。

与"皮诺切特案"不同，国际法院在"刚果诉比利时逮捕令案"的判决中，坚持了国际法上权威人士的管辖豁免原则。2000 年 4 月 11 日，比利时布鲁塞尔初审法院根据本国的《万国管辖权法》，对刚果外交部长努道姆巴西发出国际逮捕令，指控其犯有危害人类罪，要求发现该人的相关国家予以拘留并将其引渡给比利时。2002 年 10 月 17 日，刚果向国际法院提起诉讼，认为比利时的行为违反了一国不得在另一国领土上行使权力的原则、《联合国宪章》第 2 条规定的会员国主权平等原则以及 1961 年《维也纳外交关系公约》规定的外交部长所享有的外交豁免原则，要求国际法院裁定撤销比利时的逮捕令。国际法院在判决中认定，比利时发布国际逮捕证的行为违反了国际习惯法所规定的外交部长享有的刑事管辖豁免权和不可侵犯性，裁定比利时必须撤销该逮捕令并通知其他收到通缉令的国家。但法院的判决并没有对普遍管辖权加以否定。

第三节　国 家 豁 免

一、国家豁免的概念

国家豁免（state immunity），又称"国家主权豁免"或"主权豁免"（sovereign immunity）或"国家管辖豁免"（state immunities from jurisdiction），是指国家根据国家平等原则不受他国管辖的特权。具体地说，就是国家及其机构和财产在外国法院享有管辖豁免权（jurisdictional immunities）。换言之，一国对外国的国家元首、政府首脑和外交代表以及外国的国家行为和国家财产不能行使管辖权。鉴于国家元首、政府首脑和外交代表在东道国所享有的外交特权与豁免在其他章节有专门论述，本章仅从国家行为和国家财产两个方面阐述国家豁免问题。

"豁免"是相对"司法管辖"而言的，即免除所在国法律的管辖。管辖权有三种类型，即立法管辖权、司法管辖权（包括审判及审前措施）和执行管辖权，而豁免的对象主要针对司法管辖权和执行管辖权而言。但一般认为，拒绝司法管辖豁免也就意味着拒绝立法管辖豁免。据此，国家豁免的内容主要包括三个方面：（1）一国法院不得受理以外国国家为被告或以外国国家财产为标的的诉讼，即外国国家不能被诉，除非经后者同意；（2）国家可以作为原告在另一国法院起诉，在这种情况下，该法院可受理被告提出的同本诉有直接关系的反诉；（3）即使国家在外国法院败诉，该国也不受强制执行的约束，即国家财产不受所在国法院的扣押和强制执行。

国家豁免在性质上是程序性的。对此，国际法院在 2012 年的"德国诉意大利国家管辖豁免案"判决中予以了确认，指出国家豁免是一项程序性抗辩。① 因此，国家豁免的抗辩排除了对某一外国国家行为的合法性问题作出判断。这意味着，国家豁免规则是确定有关管辖权的行使问题，而与有关外国的行为不当性、救济和责任问题没有关系，因而给予某一外国管辖豁免并不等于认可该国违反国际法的行为。

二、国家豁免原则的发展

国家豁免是一项国际法原则，其理论依据是国家主权平等原则，即所谓的"平等者之间无管辖权"这一罗马法格言。按照此理论，所有的主权国家都是平等的，所以没有一个国家可以对另一个国家主张管辖权，一个国家在其他国家享有豁免权。国家豁免具有习惯国际法的一般规则地位，国际法院也确认了这一点。2012 年国际法院在"德国诉意大利国家管辖豁免案"判决中支持德国的主张，认为意大利违反了尊重德国根据习惯国际法所享有的豁免的义务。②

国家豁免原则的发展可分为两种模式：绝对豁免主义和相对豁免主义。直到 19 世纪末，按照国家豁免原则，国家的一切行为和财产均免受外国法院的司法管辖，这称为"绝对豁免原则"或绝对豁免主义。根据该原则，国家在外国法院的诉讼中可以对自己所有的行为援引管辖豁免。但到了 20 世纪尤其是第二次世界大战之后，随着国家参与商业活动的增多，越来越多的发达国家逐渐采取了"有限豁免原则"，或称"限制豁免原则"或"相对豁免原则"（相对豁免主义）。该原则的主要做法是将国家行为分为两类：一类是国家传统上所从事的政治、外交以及军事行为，这类行为在欧洲大陆法系国家中称为"统治权行为"（*acta jure imperii*）或公法行为，在英美法系国家中称为"主权行为"；另一类则是经济、贸易等原来

---

① Jurisdictional Immunities of the State (Germany v. Italy, Greece Intervening), Judgment, *ICJ Reports 2012*, para. 93.

② Jurisdictional Immunities of the State, Judgment, *ICJ Reports 2012*, para. 56.

主要由私人或法人从事的行为,这类行为在欧洲大陆法系国家中称为"管理权行为"或"私法行为",在英美法系国家中称为"商业交易行为"。① 对这两类国家行为,前者可以享受豁免,而后者则不能享受豁免。在区分国家行为是否具有主权性的标准上,多数国家根据国家行为的性质来确定某一国家行为是"统治权行为"还是"管理权行为",有的国家则根据国家行为的目的或动机来区分"统治权行为"和"管理权行为"。

目前,虽然有部分国家已经采取了限制豁免原则,但仍有相当多的国家继续坚持绝对豁免原则。② 欧洲人权法院在 2013 年的一项判决中认为,俄罗斯联邦已经接受了有限豁免作为一项习惯国际法原则。③ 在原则层面,中国仍然坚持绝对豁免立场,这体现在香港法院审理的"美国 FG 公司诉刚果民主共和国案"〔简称"刚果(金)案"〕中。2011 年 6 月,香港终审法院判决刚果(金)等赢得上诉,刚果(金)在香港法院享有国家豁免,撤销强制执行裁决的命令及有关禁制令。④ 不过在实践中,中国通过国际协议方式,与有关缔约国基于对等原则相互放弃国家豁免。⑤ 例如,中国政府在与外国政府签订的相互促进和保护投资的双边协定中放弃绝对豁免的立场。可以说,中国在整体上坚持绝对豁免原则,但在某些领域存有例外情况。

有关国家豁免的法律,即国家豁免法,是国际法和国内法的混合体,因此,在决定国家豁免问题时,国际法和国内法均应考察。在国内法层面,一些国家存在国家豁免的国内立法和判例法。目前,不少发达国家采取有限豁免原则并颁布了国内制定法,譬如,美国 1976 年《外国主权豁免法》、英国 1978 年《国家豁免法》、加拿大 1982 年《外国国家在加拿大法院豁免法》、澳大利亚 1985 年《外国国家豁免法》等。在国际法层面,当今国家豁免的法律渊源主要是习惯国际法。虽然在区域层面,1972 年欧洲理事会以有限豁免原则为基础制定了《欧洲国家豁免公约》,但目前只有一个普遍性条约,即联合国大会于 2004 年 12 月通过的《联

---

① 龚刃韧:《国家豁免问题的比较研究》,北京大学出版社 1994 年版,第 411—412 页。
② Hazel Fox and Philippa Webb, *The Law of State Immunity* (《国家豁免法》), 3rd ed., Oxford University Press, 2013, p. 48.
③ Lori Fisler Damrosch and Sean D. Murphy, *International Law: Cases and Materials* (《国际法:案例与资料》), 6th ed., West Academic Publishing, 2014, pp. 824-825.
④ Democratic Republic of the Congo et al. v. FG Hemisphere Associates LLC, Hong Kong Court of Final Appeal, FACV 5-7/2010 (June8, 2011), paras. 415 and 533.
⑤ Bing Bing Jia, A Synthesis of the Notion of Sovereignty and the Ideal of the Rule of Law: Reflections on the Contemporary Chinese Approach to International Law, 53 *German Yearbook of International Law*, 50-53 (2010);卜凌嘉:《国家豁免原则在香港特区的适用问题——刚果(金)案件述评》,《北大国际法与比较法评论》第 10 卷(总第 13 期),北京大学出版社 2013 年版,第 305—306 页。

合国国家及其财产管辖豁免公约》（以下简称《公约》），并且《公约》尚未生效。① 尽管如此，《公约》的条款规定，不仅被国际法院在 2012 年的"德国诉意大利国家管辖豁免案"判决中给予了认真考虑，而且被欧洲人权法院所适用，甚至还适用于《公约》非缔约国。有些非缔约国的国内法院已经在它们的判决中援引《公约》。②

中国政府于 2005 年 9 月签署了《公约》，但至今尚未批准《公约》。我国尚未制定一般性的外国国家豁免法律。但是，2005 年 10 月 25 日，全国人大常委会通过的《中华人民共和国外国中央银行财产司法强制措施豁免法》第 1 条规定，中国对外国中央银行财产给予财产保全和执行的司法强制措施的豁免。同时，该法第 3 条规定，外国不给予中国中央银行或中国特别行政区金融管理机构的财产以豁免，或者所给予的豁免低于本法规定的，中国根据对等原则办理。

三、国家豁免的主体

顾名思义，国家豁免的主体应是国家。然而，"国家"是一个抽象的概念，国家行为是由代表国家的个人或团体来完成的。因此，"国家豁免的主体问题主要涉及哪些机关以及个人有权在外国法院代表国家并援引管辖豁免。对于国内法院来说，豁免主体又意味着什么是'外国国家'的问题。"③

根据《公约》第 2 条对"国家"一词的解释，享有国家豁免权的主体有四类：（1）国家及其政府的各种机关；（2）有权行使主权权力并以该身份行事的联邦国家的组成单位或国家政治区分单位；（3）国家机构、部门或其他实体，但须它们有权行使并且实际在行使国家的主权权力；（4）以国家代表身份行事的国家代表。该条规定表明：享有管辖豁免权的"国家"包括国家和政府的各种机关、联邦制国家的成员邦（州）和一国的地方政府、行使主权权力的机构和部门或其他实体以及国家代表。然而，这并不意味着所有的国家或政府机关的行为在外国法院都享有豁免权，因为第 2 条所规定的第三类主体"国家机构、部门或其他实体"附有一个限定条件，即它们必须是"有权行使并且实际在行使国家的主权权力"。换

---

① 根据该公约第 30 条规定，它自第 30 份批准书、接受书、核准书或加入书交存联合国秘书长之日后第 30 日生效。截至 2018 年 4 月 10 日，该公约签字国有 28 个，批准国有 21 个。见联合国网站：https://treaties.un.org/Pages/ViewDetails.aspx?src=TREATY&mtdsg_no=III-13&chapter=3&lang=en。

② Hazel Fox and Philippa Webb, *The Law of State Immunity*（《国家豁免法》），3rd ed., Oxford University Press, 2013, p.613.

③ 龚刃韧：《国家豁免问题的比较研究——当代国际公法、国际私法和国际经济法的一个共同课题》，北京大学出版社 1994 年版，第 167 页。

言之，如果"国家机构、部门或其他实体"没有行使国家的主权权力，则无权援引国家豁免。

关于国有企业与国家的关系问题，一方面，《公约》第 10 条第 3 款规定了国家豁免不因那些具有独立法律人格的国有企业涉诉而受影响；另一方面，《公约》的附件《对公约若干规定的理解》指出，该条款并不影响"掀开公司面纱"原则的适用。①

中国学界和实务界在国家豁免主体问题上一般认为：中国的国有企业是具有独立法人资格的实体，不享有主权豁免；中国作为一个主权国家享有国家豁免，中国本身及其财产不受任何外国法院的强制管辖；中国赞成通过达成国际协议来消除各国在国家豁免问题上的分歧，如果外国国家侵犯我国的国家及其财产豁免权，我国有权采取对等措施。②

四、不得援引国家豁免的诉讼

《公约》第三部分（第 10—17 条）列举了国家不得援引管辖豁免的八种情况，即国家豁免的例外情形：（1）商业交易，指一国与外国自然人或法人进行的商业交易。商业交易是国家不得援引豁免的诉讼的核心，其判断标准规定在《公约》第 2 条第 2 款中：在确定一项合同或交易是否为第 1 款（c）项所述的"商业交易"时，"应主要参考该合同或交易的性质，但如果合同或交易的当事方已达成一致，或者根据法院地国的实践，合同或交易的目的与确定其非商业性质有关，则其目的也应予以考虑"。可见，在判断何为"商业交易"时，除了应从交易的性质加以判断外，还应考虑交易的目的。（2）雇用合同，指一国在该国和个人间关于已全部或部分在另一国领土进行或将进行的工作之雇用合同。这类合同的诉讼不得享有豁免。（3）人身伤害和财产损害。（4）财产的所有、占有和使用。（5）知识产权和工业产权。（6）参加公司或其他集体机构。（7）国家拥有或经营的船舶。然而，在第（2）(3)(4)(5)(7) 种情形下，如有关国家之间另有协议，被告国亦可主张管辖豁免。（8）仲裁协定的效果也构成国家豁免的例外情形。这表明，同意仲裁意味着国家放弃对有关仲裁协定的有效性、解释或适用、裁决的确认等所引起的诉讼的管辖豁免。

---

① 《公约》第 10 条第 3 款规定：当国家企业或国家所设其他实体具有独立的法人资格，并有能力起诉或被诉，以及获得、拥有或占有和处置财产，包括国家授权其经营或管理的财产，其卷入与其从事的商业交易有关的诉讼时，该国享有的管辖豁免不应受影响。《公约》的附件《对公约若干规定的理解》规定：第 10 条第 3 款并不预断"掀开公司面纱"的问题，涉及国家实体故意虚报其财务状况或继而减少其资产，以避免清偿索赔要求的问题，或其他有关问题。

② 段洁龙主编：《中国国际法实践与案例》，法律出版社 2011 年版，第 2 页。

从《公约》的规定来看,在区分国家行为是否具有主权性的标准上,主要是根据国家行为的性质,但在有关情况下,也可考虑国家行为的目的。① 例如,根据《公约》第11条,雇用合同的诉讼一般不予豁免,但如果雇用合同是与政府行使权力紧密相关的职务(如招聘某雇员是为了履行行使政府权力方面的特定职能),那么有关该雇用合同的诉讼也享有豁免。

五、国家豁免权的放弃

国家豁免权的放弃是指国家同意在外国法院不援引管辖豁免,接受外国法院的管辖。国家豁免权的放弃是国家的一种主权行为,但这种放弃必须是自愿的和清楚确定的。

国家豁免权的放弃可分为明示放弃和默示放弃两种形式。明示放弃是指国家通过条约、合同、其他正式文件或声明,表示接受外国法院的管辖。《公约》第7条对国家豁免权的明示放弃形式做了如下的规定:"一国如以下列方式明示同意另一国法院对某一事项或案件行使管辖,就不得在该法院就该事项或案件提起的诉讼中援引管辖豁免:(a)国际协定;(b)书面合同;或(c)在法院发表的声明或在特定诉讼中提出的书面函件。"默示放弃是指国家通过在外国法院作出与特定诉讼直接有关的积极行为,表示其同意接受法院的管辖。根据《公约》第8条和第9条,默示放弃包括一国本身在外国法院提起诉讼、介入该诉讼或采取与案件实体有关的任何其他步骤、提起反诉。在上述情况下,一国不得在另一国法院的诉讼中援引管辖豁免。

但是,根据《公约》第7条第2款和第8条第2—4款的规定,在下列情况下,一国的行为不应解释为同意另一国的法院对其行使管辖权:(1)一国同意适用另一国的法律;(2)一国仅为援引豁免或对诉讼中有待裁决的财产主张一项权利或利益的目的而介入诉讼或采取任何其他步骤;(3)一国代表在另一国法院出庭作证;(4)一国未在另一国法院的诉讼中出庭。

需要特别指出的是,国家在外国法院放弃管辖豁免,并不意味着也放弃执行豁免,执行豁免的放弃必须另做明确的表示。也就是说,如果一国放弃了管辖豁免但没有明确表示放弃执行豁免,那么外国法院不能对该国的国家财产采取扣押、查封等强制执行措施。依据《公约》第18条和第19条的规定,执行豁免的放弃只存在明示放弃的形式,而不存在默示放弃的形式。《公约》第20条还明确指出,即使一国依照《公约》第7条的规定明示放弃管辖豁免,也并不构成该国默示同

---

① [日]松井芳郎等:《国际法》(第四版),辛崇阳译,中国政法大学出版社2004年版,第89页。

意对其国家财产采取强制措施。

第四节　国际法上的承认

一、承认的概念与方式

国际法上的承认是指国际法主体（如现存国家和国际组织等）对新国家、新政府或其他情势的出现表示接受，并表明愿意与有关实体发展正常关系的单方面行为。

（一）承认的特征

作为国际法上的一项制度，承认具有以下主要特征：（1）承认的对象主要是国家和政府，此外，还包括交战团体和叛乱团体等实体。从承认对象来划分，承认可分为国家承认、政府承认、对交战团体的承认和对叛乱团体的承认几种。本节主要阐述国家承认和政府承认这两种常见的类型。（2）承认是国际法主体单方面的政治行为。国家承认是既存国（承认国）对新国家所作的单方行为。通常情况下，现存国家对新国家或新政府的出现是否予以承认、何时加以承认以及以何种方式承认，完全由承认国自由裁量和决定，而无须征得对方同意，因此，承认带有任意性。同时，承认行为具有很强的政治色彩，一国对国际社会新出现的实体是否承认以及何时承认，常常基于政治上的考量。（3）承认将产生一定的法律效果。承认虽然是承认者单方面的政治行为，但承认一经宣布，便会引起一定的法律效果，影响承认者和被承认者之间的权利义务关系，所以承认又是一项法律行为。

（二）承认的方式

承认既可以通过明示的方式也可以默示的方式来表达。前者是明示承认，后者是默示承认。明示承认是一种直接的、明文表示的承认，一般由承认者通过向被承认者发出照会、函电或发表声明，表示予以承认。明示承认是最常用的承认表示形式。默示承认则是一种间接的、通过某种行为表示的承认。例如，通过建立或维持外交关系或领事关系、缔结条约等行为表示承认新国家的地位。但与新国家共同参加国际组织、国际会议或多边国际公约，并不当然构成对新国家的默示承认。

此外，根据内容和法律效力可以将国家承认区分为法律上的承认和事实上的承认。法律上的承认也称正式承认，是一种完全的、永久的承认。它表明承认者愿意与被承认者进行全面交往，因而构成两者之间发展正常关系的法律基础。这种承认是不可撤销的。人们通常所说的承认指的是法律承认，国家承认一般都是法律上的承认。事实上的承认是一种非正式承认,具有暂时的和不稳定的性质,它有可能随着政治关系的变化而被撤销或收回。这种承认表明承认者与被承认者之间只发生一定的交往,而不建立全面的正式关系。

二、国家承认

（一）国家承认的概念

国家承认是指既存国家以明示或默示的方式对新国家出现这一事实的确认,并表示愿意与新国家建立外交关系的单方面国家行为。承认对承认国和被承认国都引起一定的法律效果。

国家承认包含两层含义:一是对某一地区的居民组成为一个国家这一事实的确认;二是承认国表示愿意与新国家建立外交关系,也就是说,承认虽然不等于建交,但承认往往成为双方建交的法律基础从而有利于促成建交。

（二）国家承认的法律性质和作用

关于国家承认的法律性质和作用,即承认对新国家的国际法主体资格的影响问题,学界有构成说和宣告说两种不同的理论。

1. 构成说

承认的构成说或"创设说"认为,一个新国家只有经过既存国家的承认才能成为国际法主体;承认具有创造国际法主体的作用,国家之所以能够成为国际人格者从而成为国际社会的成员,是承认的结果。这个学说曾流行于19世纪的欧洲。但该学说在理论上是存在问题的。根据现代国际法的国家平等原则,所有国家,不论大小强弱,都是平等的国际法主体及国际社会平等的一员。而构成说并不符合国家平等原则。此外,依据构成说,如果没有承认,一个实体纵然具备了国家的要件也不能成为国际法主体。这样,当一个新国家诞生时,对于已经给予承认的那些承认国而言,该新国家是国际法主体,而对于尚未承认该新国家的其他国家而言,则该新国家不是国际法主体。这在国际社会无疑将导致混乱的情况。

不过,承认在客观上是具有一定的作用的,至少承认可以提供有关一个实体已具备国家资格的强有力证据。在许多情况下,明确的承认对一个实体的国家资格产生重要的影响。在这个意义上,承认与国家资格的标准之间存在密切的关系,尤其是在一个新产生的实体是否具备国家资格问题上存有争议的情况下。"在特定情形下,国际承认的范围越大,对坚持国家标准的客观证明的要求就越少。反之,国际承认越少,对坚持国家标准的事实证据之关注就越多。"[①] 也就是说,在某些

---

① Malcolm N. Shaw, *International Law*（《国际法》）, 8th ed., Cambridge University Press, 2017, p. 164.

情况下，国家承认的作用具有构成（创设）的性质。对此，英国的阿库斯特博士说得更加直白：当一个实体或政权的有效统治事实是清楚的时候，承认或不承认的证据价值就不足以影响国家或政府存在的结果；在这种情况下，承认是宣告的性质。但在有关事实不那么清楚时，承认的证据价值就具有决定性的作用，在这种情况下，承认是半构成性的。① 如此看来，承认的作用是不能忽视的。

2. 宣告说

与构成说不同，宣告说认为，承认只是既存国家对新国家存在的事实给予确认或宣告而已，并不具有创造国际人格的作用，国家的成立及其国际法主体资格的取得不决定于他国的承认。② 这一观点在国际法院的裁决中有所体现。在"波黑诉南斯拉夫的《防止及惩治灭绝种族罪公约》适用案"中，南斯拉夫声称，它与波黑在1991年没有相互承认，公约还没有在两国间生效，波黑无权根据该公约起诉。但是，国际法院驳回了南斯拉夫的辩解，理由是法院没有必要考虑多边条约成员国之间没有承认关系是否影响该多边条约的效力的问题，只要波黑被接受为联合国的会员国，就有资格成为该公约的成员国。③

(三) 国家承认发生的情形

国家承认通常发生在国家的合并、分离、分立和独立四种情形下。（1）合并，即两个或两个以上的国家合并为一个新国家。例如，1990年5月，阿拉伯也门共和国（北也门）和也门民主人民共和国（南也门）合并为也门共和国。（2）分离，指一国的某一部分或某几部分领土脱离该国，成立一个或数个新的独立国家，而被缩小了的原国家仍然存在的一种情况。例如，1971年独立的孟加拉国，它是从巴基斯坦分离出来组成新国家的。（3）分立，即"解体"，是指一个国家分裂为几个新国家，原国家（母国）不复存在的情况。明显的例子是，1991年苏联分裂为俄罗斯、乌克兰等15个国家，1991—1992年南斯拉夫联盟分裂为五个独立国家：斯洛文尼亚、马其顿、克罗地亚、波斯尼亚和黑塞哥维那（波黑）、塞尔维亚—黑山联盟（塞黑联盟）。（4）独立，指在国际关系上不依附于任何实体的自主地位。独立的主体一般是殖民地或非自治领土，即在非殖民化运动中宣布独立的多数实体都是殖民地和其他附属领土。上述四种情况下产生的新国家，一般都发生承认的问题，各国可以自行决定是否予以承认。

---

① [英] M. 阿库斯特：《现代国际法概论》，汪瑄、朱奇武等译，中国社会科学出版社1981年版，第69页。
② James Crawford, *Brownlie's Principles of Public International Law*（《布朗利国际公法原理》），8th ed., Oxford University Press, 2012, p. 145.
③ Application of the Convention on the Prevention and Punishment of the Crime of Genocide (Bosnia and Herzegovina v. Yugoslavia), Preliminary Objections, *ICJ Reports 1996*, pp. 595, 612-613.

当一个政治实体具备了国际法上国家的要件后，就符合了国家承认的条件。反之，当一个政治实体尚未完全形成一个国家，或者某一叛乱团体尚未完全建立一定程度上的永久性和有效统治时，第三国或政府就给予其作为国家或政府的承认，这属于"过早承认"（又称"过急承认"）。"在国际法上，过早承认是对有关现有国家的内部事务的干涉，并被认为构成国际不法行为。"①

对违反国际法原则用武力建立的国家，国家和国际组织不仅不应给予承认，而且应该反对。例如，1931年日本发动"九一八"事变，侵占我国东北三省，并于1932年一手制造了"满洲国"这一傀儡政权，当时的美国国务卿史汀生对此照会中日两国政府，声明不承认用违反1928年巴黎《非战公约》的手段所造成的任何情势、条约或协定。该声明所表明的观点被称为"史汀生不承认主义"或"不承认主义"。

（四）国家承认的效果

一般而言，承认一经作出就意味着接受新国家作为国际社会成员存在的事实，承认它作为一个国家所具有的权利和义务。

对新国家承认将产生一系列的法律效果，其主要包括以下几个方面：（1）国家承认奠定了承认国和被承认国之间全面交往的基础，两国之间可以建立正常的外交关系和领事关系。但承认本身并不等于建交，因为建交是国家之间的双方行为，而承认是一国的单方面行为。而且，建交不单单取决于双方的相互承认，还需要经过一定的程序，如有关国家之间进行建交谈判，并达成建交协议。（2）双方可以缔结政治、经济、文化等各方面的条约。（3）承认国尊重新国家作为国际法主体所享有的一切权利，尤其是承认被承认国的法律、法令的效力及其立法、行政和司法行为的有效性，承认新国家在承认国法院进行诉讼的权利和新国家及其财产享有的管辖豁免权。

根据国际实践，承认的法律效果具有溯及力，即对新国家承认的效力可以追溯到新国家成立之时。因此，一切在新国家成立以后而未被承认之前所作的法律行为，应承认为有效。

三、政府承认

（一）政府承认的概念

政府承认是指既存国家承认另一既存国家的新政府，即承认某一新政府为国家的正式代表，并表明愿意同它建立或继续保持正常关系的行为。

---

① Robert Jennings and Arthur Watts（eds.），*Oppenheim's International Law*（《奥本海国际法》），9th ed.，Vol.1，Longman，1992，pp.143-144.

政府承认一般发生在由于社会革命或叛乱等以非宪法手段造成的政府更迭情况。而一国按照宪法程序所进行的政府变动，如正常的王位继承、通过正常选举而产生的新政府等，不发生政府承认问题。

政府承认和国家承认有别，其主要区别之一是：政府承认不涉及或影响国家的国际人格，国家的国际法主体资格不因政府更迭而有所改变。而国家承认是承认一个新产生的国际法主体，在国际社会中，国际法主体的数量因此而有所增减。例如，对中华人民共和国的承认，属于政府承认而不是国家承认，即中央人民政府取代了国民党政府。尽管国家的名字从"中华民国"改为了"中华人民共和国"，但是，中国作为国际法主体依然继续存在、不受影响，中华人民共和国作为一个国际法主体是旧中国的继续。政府承认和国家承认既有区别，也有联系，这体现在有时国家承认和政府承认被合二为一。具体而言，当新国家产生时，总是同时建立新政府，因而承认了新国家也就同时承认了新政府；承认了新国家的政府，也就承认了它所代表的新国家。但在既存国家仅仅发生政府更迭的情况下，只发生对新政府的承认，而不发生对国家的承认。

（二）政府承认的条件

根据国际实践，一个新政府获得承认的必要条件是"有效统治"，也就是说，新政府已经在其国家的全部或绝大部分领土内有效地行使权力或进行了有效控制。因为只有在这个条件下，新政府才能在国际关系中代表国家，承受国际法上的权利和义务。因此，有效统治原则成为一国承认新政府的根据。例如，1950年1月6日，英国政府通知承认中华人民共和国电称："察悉中央人民政府已有效控制中国绝大部分之领土，今日业已承认此政府为中国法律上之政府。"1950年1月14日，瑞典政府通知承认中华人民共和国电，亦称："鉴于中华人民共和国中央人民政府已有效控制着中国大部分领土的事实，现决定法律上承认中央人民政府为中国政府。"[①]

政府承认不取决于新政府依据其本国国内法所具有的合宪性或合法性，而只取决于该政府对该国的有效统治。换言之，在有效统治原则基础上对新政府的承认，一般不必再考虑该政府的政权起源及其存在的法律依据。因此，一国内部通过政变或革命所产生的新政府，只要不违反国际法，他国可以对该政府予以承认或不予承认，但不得利用承认干涉别国内政。历史上，在19世纪初期，欧洲封建王朝提出以"正统主义"（又称"法统主义"）作为政府承认的标准，即承认的标准取决于某当局是否具有王朝或宪法上的合法性。类似的，1907年厄瓜多尔外长托巴提出，凡是依宪法之外的手段掌握政权的政府，只有在其得到全民广泛选

---

① 周鲠生：《国际法》（上册），商务印书馆1976年版，第144页。

举承认之后,才可以予以承认。这就是所谓的"托巴主义"(Tobar Doctrine)。1913年,美国总统威尔逊宣布,拒绝承认以破坏宪法的方式执政的政权,此即"威尔逊主义"(Wilson Doctrine)。威尔逊主义是20世纪初期托巴主义在美国的适用,美国现已不再坚持这种做法。以上三种主张因涉及对他国内部事务进行调查,不符合国际法,已为国际实践所否定。

与上述主张不同,历史上受大国干涉之苦的墨西哥,认为政府承认会干涉一国的内政。于是,在1930年,墨西哥外长艾斯特拉达发表声明:鉴于承认的给予意味着对外国内政的判断,墨西哥今后只限于继续保持或不保持与外国政府的外交关系,而不采用承认的形式。这便是有名的"艾斯特拉达主义"(Estrada Doctrine)。实际上,这一立场中的建立或保持外交关系就是一种默示承认。艾斯特拉达主义与有效统治原则的做法相接近,为许多国家所采行。但在实践中,有些国家却背离艾斯特拉达主义而使用承认或不承认作为一种政治工具。

(三) 政府承认的法律效果

政府承认同样会引起一定的法律效果,其与国家承认的法律效果相类似。例如,现存国家对一个新政府的承认,往往成为双方建立或保持外交关系的基础。然而,这并不意味着承认之后双方就随之建交,有时,承认与建交之间可能相隔较长的时间。例如,英国1950年就承认了中国,但直到1972年3月13日两国才建立大使级外交关系。

又如,新政府是作为其国家的合法代表而被承认的,所以承认者应承认新政府拥有的作为国家合法代表的一切资格和权利,包括对位于国内外的其国家财产的权利以及在国际组织或国际会议中的代表权等。

此外,一国新政府一旦获得承认,对该国原政府的承认就自动终止和撤销,原政府在承认国不再享有任何基于承认的权利,包括在承认国法院进行诉讼的权利。而且,承认的效果原则上可追溯到新政府成立之时。

第五节 国际法上的继承

一、国际法上继承的概念

国际法上的继承是指国际法上的权利和义务由一个承受者转移给另一个承受者所发生的法律关系。譬如,一个国家、国际组织被一个新国家、新的国际组织所取代,如何处理这些消亡的实体在国际上的权利和义务,这就是国际法上的继承所涉及的问题。

国际法上的继承借用了国内法上的继承概念,但它与因自然人死亡而引起的国内民法上的继承在性质上是不同的。国际法上的继承具有如下特点：（1）继承的主体有国家、政府和国际组织，但不包括个人，个人只能作为民法继承关系的主体。（2）继承的对象是国际法上的权利和义务，而不是个人的权利和义务，后者只能作为民法继承的对象。而且，在国际法上，国家是一个主权者，它有权根据本身的特点继承被继承者的某些权利和义务，这一点也不同于国内民法的继承。（3）继承的发生是由于国家领土的变更、涉及国家政权性质发生重大变化的新政府的产生、国际组织的改组或解散，而不是由自然人的死亡所引起，后者属于国内民法继承发生的原因。

根据参加继承关系的主体不同，国际法上的继承可分为国家继承、政府继承和国际组织的继承。其中，最主要和最基本的是国家继承。

二、国家继承

国家继承是指因国家领土变更而引起一国的权利和义务转移给另一国的法律关系。引起国家继承的原因是国家领土的变更，发生国家继承的领土变更有合并、分离、解体、部分领土转移（即国家之间割让或交换部分领土）和独立五种情况。

根据国际法，国家继承必须具备两个条件：（1）国家继承的合法性，即国家继承必须符合国际法，尤其是《联合国宪章》所体现的国际法原则，不合法的权利义务不属继承范围。例如，被继承国违反国际法所引起的国际责任，继承国不予负责。然而，联合国国际法委员会在 2001 年的《国家对国际不法行为的责任条款草案》第 11 条的评注第三段中说："在国家继承的情况下，新国家是否继承被继承国在领土方面的任何国家责任，并不明确。" 2017 年，国际法委员会决定将"国家责任方面的国家继承"专题列入当前工作方案。[①]（2）国家继承的权利和义务必须与所涉领土有关联，换言之，被继承的条约和条约以外的事项必须具有一定的领土性，与领土变更无关的权利义务不在继承之列。

关于国家继承的法律渊源，目前主要是习惯国际法。联合国国际法委员会起草了两个有关的公约草案：一个是 1978 年通过的《关于国家在条约方面的继承的维也纳公约》（以下简称《条约继承公约》），于 1996 年生效，但缔约国很少；另一个是 1983 年通过的《关于国家对国家财产、档案和债务的继承的维也纳公约》（以下简称《国家财产继承公约》），至今尚未生效。这两个公约的许多规定反映了国家继承的习惯法规则。尽管有这两个公约，但国际法上的国家继承问题依然非常复杂。因为，许多的有关规则是在具体回应特定的政治变化当中发展起来的，而国际社会对待这些政治变化的做法又不总是一致。正如由欧洲共同体主持召开

---

① See International Law Commission, *ILC Report*, A/72/10, 2017, Chapter IX, paras. 211-252.

的南斯拉夫和平会议所建立的仲裁委员会在1992年所强调的,"几乎没有什么业已确认的国际法原则可适用于国家继承。虽然1978年和1983年通过的两个维也纳公约确实提供了一些国家继承的指引,但这些原则的适用很大程度上应视个案而定。"

国家继承的对象是与继承领土有关的特定国际权利和义务,它主要包括两方面的内容:一是条约方面的权利和义务,二是条约以外事项的权利和义务。

(一) 条约的继承

条约的继承实质上是被继承国缔结或参加的国际条约对继承国是否继续有效的问题。

一般认为,在处理条约继承问题时,与国际法主体人格有关的所谓"人身条约",随着被继承国的消灭而消灭,不予继承。此外,政治性条约,诸如和平友好条约、同盟条约、共同防御条约等,由于情势变迁,一般不继承。而与所涉领土有关的所谓"非人身条约",如有关领土边界、河流使用、水利灌溉、道路交通等方面的条约或协定,应予继承。但上述规则并不排除有关国家达成协议或通过谈判来解决条约的继承问题。

1978年《条约继承公约》第11条规定:"国家继承本身不影响(1) 条约规定的边界;(2) 条约规定的同边界制度有关的义务和权利。"据此,边界条约应由继承国继承,这也符合国际法确立的疆界不变更原则(principle of *uti possidetis*,又译为"占领原则"或"保持占有原则")。在1986年的"布基纳法索诉马里边界案"中,国际法院的一个分庭指出:疆界不变更原则构成一般性质的原则,其旨在防止新独立国家的独立和稳定受到因边界争议引起的手足厮杀的危险。①

由于领土变更的情况不同,各类继承国对条约继承的情况也有所不同,1978年《条约继承公约》对此做了具体的规定:(1) 两个或两个以上国家合并组成一个继承国时,对其中任何一个国家有效的任何条约,继续对继承国有效,但原则上只对原来适用该条约的那部分领土有效,而不适用于合并后的全部领土。(2) 在分离或解体的情况下,不论被继承国是否存在,原来对被继承国全部领土有效的条约,对所有继承国继续有效;原来仅对被继承国部分领土有效的条约,只对该领土组成的继承国有效。(3) 在部分领土转移的情况下,出让国的条约对该部分领土失效,而受让国的条约对所涉领土生效。(4) 由殖民地或附属领土取得独立而建立的新国家的条约继承,采取特殊的规则:新独立国家没有义务继承所有的条约或成为其当事国,它们对被继承国的条约是否继承,原则上可以自主决定。为了维护新独立国家作为国际法主体所固有的权利,它们对于原宗主国参

---

① Frontier Dispute, Judgment, *ICJ Reports 1986*, pp. 566-567.

加的多边条约,有继承的权利。对此,1978年《条约继承公约》规定,新独立国家对所涉领土有效的多边条约,可发出继承通知,确立其成为该条约当事国的地位(第17条);对有关的双边条约,在新独立国家与别的当事国之间作出明示同意的情况下被视为有效(第24条)。

(二)条约以外事项的继承

条约以外的事项主要包括国家财产、国家档案和国家债务。以下根据1983年《国家财产继承公约》的规定,对这些事项的继承分别予以说明。

1. 关于国家财产的继承

这指的是被继承国的国家财产转属继承国。此处所称的"国家财产",是指国家继承发生时,按照被继承国国内法为该国所拥有的财产、权利和利益。国家财产继承只涉及继承国与被继承国之间财产所有权的转属问题,而对第三国在被继承国领土内所拥有的财产不发生影响,即国家财产继承不涉及第三国的财产和权益。

国家财产分为不动产和动产,处理继承问题时的一般做法是:不动产随领土转移;动产按所涉领土的实际生存原则转移。也就是说,关于国家动产的继承,不是单纯以该动产的地理位置为依据,而是以该动产是否与所涉领土活动有关为根据,与所涉领土的活动有关的国家动产,应转属继承国。这就是所谓的所涉领土实际生存原则。①

国家财产继承因国家领土变更的不同情况而有不同的规则。1983年《国家财产继承公约》对此做了详细的规定:(1)部分领土转移时,应按照被继承国与继承国之间的协议解决。如无协议,则位于所涉领土内被继承国的不动产以及与所涉领土活动有关的国家动产,均应转属继承国。(2)国家合并时,被继承国的国家财产,包括动产和不动产,都转属继承国。(3)国家分离时,除非双方另有协议,位于所涉领土内的被继承国不动产应转属继承国,那些与所涉领土活动有关的被继承国的动产,也应转属继承国;其他的国家财产应按照公平的比例转属继承国。(4)国家解体时,即被继承国不复存在情况下,位于被继承国领土外的国家不动产,应按照公平比例转属继承国。如果无法按有关标准解决其转属问题,只能将有关不动产转属其中一个继承国,但该继承国应对其他继承国给予公平补偿。(5)对新独立国家的财产继承采取特殊的规则。

鉴于作为继承国的新独立国家与被继承国(原宗主国或殖民地)之间关系的特殊情况,国家财产的继承应首先根据领土生存原则,而不是按被继承国与继承国之间的协议。而且,即使双方之间订有协定,也不应违反"各国人民对其财富

---

① 端木正主编:《国际法》(第二版),北京大学出版社1997年版,第101页。

和自然资源享有永久主权"的原则。再者，即使不属于原所涉领土的国家所有以及与所涉领土活动无关的被继承国动产，由于附属地人民对创造财产曾作出贡献，应根据附属地人民所作出的贡献，按比例转移给新独立国家。

2. 关于国家档案的继承

就国家继承而言，国家档案是指属于被继承国所有并由被继承国作为国家档案收藏的一切文件。国家档案不同于国家财产，它们一般不能分割，所以不能在继承国和被继承国之间或几个继承国之间按比例分配。但国家档案可以复制以供使用。

对于国家档案的继承，除了新独立国家作为继承国这一特殊情况外，通常由继承国和被继承国协议解决；若无协议，一般将与所涉领土有关的档案转属继承国。当新独立国家作为继承国时，在领土附属期间成为被继承国的国家档案，应归还新独立国家；被继承国的国家档案中与所涉领土有关部分，其转属或复制问题，应由被继承国与新独立国家协议解决。

3. 关于国家债务的继承

国家债务继承是指被继承国的国家债务转属继承国。就国家继承而言，国家债务，也称"公共债务"，是指一国对另一国、某一国际组织或任何其他国际法主体所负的财政义务。国家债务通常包括两类：一是国债，即以国家名义所借并用于全国的债务；二是地方化债务，即以国家名义所借但用于国家领土的某一部分的债务。国债和地方化债务都在继承的范围。而由地方当局所借并用于该地区的债务——地方债务，则不属于国家债务的范围，国家对此不承担责任。"恶债"也不在国家继承范围之列。"恶债"，即恶意债务，是指被继承国违背继承国或转移领土人民的利益，或违反国际法基本原则所举借的债务，如征服债务或战争债务等。"恶债不予继承"已成为一项公认的国际法原则。

国家债务继承的规则因国家领土变更的情况不同而异。（1）国家合并时，根据"债务随财产一并转移"原则，被继承国的国家债务应转属继承国。（2）在分离、解体或部分领土转移的情况下，首先应通过有关国家之间的协议来解决；若无协议，则应按照公平的比例转属继承国。（3）新独立国家为继承国时，被继承国的债务原则上不应转属新国家，但不排除有关双方依协议来合理解决债务的转属问题，但这种协议不能违反"各国人民对其财富和自然资源享有永久主权"之原则，不应损害新独立国家的经济平衡发展。

总的来说，国家继承的情况千差万别，这是因为国家继承的权利和义务各种各样，继承的范围又有全部继承和部分继承之分，有关的国家实践和理论也不尽相同。

三、政府继承

（一）政府继承的概念

政府继承是指由于革命或政变导致政权更迭，旧政府在国际法上的权利和义务由新政府所取代的法律关系。

政府继承与国家继承不同，这主要表现在：（1）发生继承的原因不同。国家继承是由领土变更的事实所引起，而发生政府继承的原因则是政府的更迭。政权更迭是引起政府继承的原因，但并非一切政府变动都引起政府继承。按照宪法程序进行的政府更迭，一般不发生政府继承。即使是由于政变而引起的政府更迭，如果政变后成立的新政府声明尊重旧政府的国际权利和义务，也不引起政府继承问题。只有在政府的更迭是由于社会革命而引起的根本性政府变动，新政府在本质上不同于旧政府的情况下，才发生政府继承问题。（2）参加继承关系的主体不同。国家继承关系的参加者是两个不同的国际法主体，而政府继承发生在同一国际法主体内部的新旧两个政府之间。（3）国家继承因领土变更的情况不同而在范围上有全部继承和部分继承之分，而政府继承一般是全部继承，即凡符合国际法的权利和义务，皆应由新政府完全接受。

有些国际法学者根据国家连续性原则，对政府继承持否定态度。他们认为，政府虽然发生了变更，但不影响国家的国际人格，所以国际承诺仍要继续遵守，即不存在政府继承问题。持这种观点的学者还以联合国国际法委员会不考虑政府继承或任何形式的社会革命的结果为其例证。但实际上，通过革命产生的新政府与旧政府是根本对立的。在这种情况下，国家的同一性和连续性并不意味着新政府必须无条件地接受旧政府所签订的任何条约或协定、继承旧政府所遗留的任何义务。而且，国际实践也表明，剧烈的社会革命造成的政府变动，往往引起政府继承问题。

政府继承主要涉及条约、财产、债务、在国际组织的代表权等方面的继承问题。政府继承的一般规则是：（1）对于条约，新政府通常根据条约的具体内容来决定是否继承。对一切不平等的掠夺性的秘密条约以及与新政府所代表的国家利益根本对立的条约，不予继承。（2）旧政府的一切国家财产及权益都应转属新政府。（3）对旧政府的债务不予继承或者根据具体情况区别对待，但新政府可无条件地废除一切恶意债务。

（二）中华人民共和国政府继承的实践

1949年，中华人民共和国中央人民政府成立后，新政府在政府继承方面采取了如下做法：

第一，在条约方面，对清政府以来的历届中国政府所缔结或参加的条约，按其性质和内容逐一审查，区别对待。1949年《中国人民政治协商会议共同纲领》第55条规定："对于国民党政府与外国政府所订立的各项条约和协定，中华人民共和国中央人民政府应加以审查，按其内容分别予以承认，或废除，或修改，或重订。"按照这一规定，中华人民共和国政府废除不平等条约，修改或重订一般旧约（如 1930 年的中捷条约），重新表态国际公约（如 1925 年的日内瓦议定书和 1949 年的日内瓦公约），维持或谈判修订边界条约。"任何旧条约在未有经过中国政府表示承认以前，外国政府不能据以提出要求来对抗中华人民共和国。"①

第二，在国家财产方面，新中国政府有权继承解放前中国政府在中国境内外的一切财产。自中华人民共和国成立之日起，对当时属于中国所有的财产，包括动产和不动产，无论在何地，也不论财产所在地的国家是否承认了中华人民共和国政府，一律归新中国政府所有。在新中国成立初期，中华人民共和国政府就几宗国家财产继承事件发表声明，一再主张中华人民共和国完全继承 1949 年以前中国在国外的财产，并坚持国家财产享受司法豁免的原则。涉及中国航空公司和中央航空公司留在香港的资产的"两航公司案"就是其中的一个例子。1949 年 9 月，中国国民党政府把几十架飞机转到香港，并拨归中央航空运输公司，该公司当时是国民党政府控制下的国家企业。1949 年 12 月，国民党政府把这批飞机卖给一个美国股东，该股东又把飞机转卖给美国民用航空公司。当时英国已承认中华人民共和国政府为事实存在的政府，但同时还承认台湾的国民党政府为法律上的政府。1952 年，香港高等法院根据英国枢密院的指令把我国这批飞机扣留，后来判给了原告。对此，新中国政府发表声明，抗议英国政府侵犯中国政府继承国家财产的权利及违反国际法上的国家财产享受司法豁免原则的行为。②

第三，在国家债务上，中华人民共和国政府对旧中国历届政府留下来的债务，根据其性质和情况，分别处理。对外国政府为援助旧政府进行内战，镇压革命而借给旧中国的债务，因属于恶债，一律拒绝继承。对合法的债务，由中国新政府与有关国家通过友好协商进行清理，公平合理地解决。以"湖广铁路债券案"为例。1979 年 11 月，美国亚拉巴马州地方法院受理了美国公民要求中国新政府偿还湖广铁路债券提出的诉讼，并于 1982 年作出缺席判决，判决中华人民共和国向原告赔偿该债券的本息。中国政府拒绝接受该判决，认为：依据国际法，国家享有主权豁免，一国法院不得强行将外国列为被告，故美国法院对中华人民共和国政府没有管辖权。此外，中华人民共和国政府调查了该债券的来源，认为中国清朝政府 1911 年举借的湖广铁路债券，是清政府为了维护其反动统治和镇压人民，勾结在华划分势力范围的帝国主义列强，加紧压迫和掠夺中国人民的产物，故属于恶债。根据恶债不予继承原则，中国新政府不承认这笔旧外债。在中国政府的交涉下，1983 年该法院重审该案并撤销原判，驳回原告的诉讼。原告后来上诉到美国联邦第十一巡回法院，该法院于 1986 年 7 月作出维持原判的判决。同年 8 月，

---

① 周鲠生：《国际法》（上册），商务印书馆 1976 年版，第 157 页。
② 陈致中编著：《国际法教程》，中山大学出版社 1989 年版，第 75—76 页。

原告又要求美国最高法院复审。美国最高法院拒绝听取原告申诉，裁定维持联邦第十一巡回法院的判决。

第四，在国际组织的代表权方面，从1949年10月1日起，中华人民共和国中央人民政府是中国的唯一合法政府，理应取代已丧失代表中国及中国人民资格的中华民国政府，继承中国在一切国际组织的代表权。在联合国系统，1971年10月15日，第26届联合国大会以压倒多数通过第2758号决议，决定立即恢复中华人民共和国在联合国的席位和一切合法权利，台湾当局被驱逐出联合国。之后，联合国系统的所有机构，包括联合国的各专门机构，分别通过正式决议，恢复中华人民共和国的合法席位，驱逐了台湾当局的代表。至此，中华人民共和国政府在所有重要的政府间国际组织中的代表权终得以恢复。

思考题：

1. 为什么说中国台湾地区不能构成国际法上的国家？
2. 自卫权的行使条件有哪些？
3. 属地管辖权与属人管辖权发生冲突时何者优先？为什么？
4. 何谓普遍管辖权？哪些犯罪是各国有普遍管辖权的？
5. 国家豁免主要包括哪些内容？享有国家豁免权的主体有哪些？执行豁免的放弃能否采取默示的方式？

▶ 自测习题及参考答案

第七章 国际组织法

第一节 概 述

一、国际组织的概念与特征

（一）国际组织的概念

国际组织是现代国际社会的重要组成部分与合作形式。在19世纪，各种类型的国际行政联盟就有了长足的发展，涉及交通、通信、度量衡、卫生、气象、人道、经贸合作、国际法等各个领域。这些联盟既有民间组织，也有政府间组织，一般只限于处理某个特定领域的业务，但为20世纪以来各种类型的国际组织的迅猛发展奠定了基础。在当代的国际社会，国际组织可谓无处不在。除了联合国、世界贸易组织等著名国际组织外，几乎在每个国际事务领域都存在一个或多个国际组织。在一个全球化的世界，当代国际组织既可以作为独立的国际行为体或国际法主体参与国际事务，同时又为世界各国和人民之间的交往与合作架起了一座座桥梁。当代国际组织的合作功能在相当程度上减缓了国家主权与相互依存之间的矛盾或张力。

在国际法上，国际组织仅指政府间国际组织。1975年《维也纳关于国家在其对国际组织关系上的代表权公约》和1986年《国家与国际组织及国际组织相互间条约法公约》均规定，"国际组织"指政府间组织，但并没有作出明确定义。2011年联合国国际法委员会通过的《国际组织责任条款草案》有了进展，其第2条规定："为本条款草案的目的，国际组织是指根据条约或其他受国际法调整的文件所建立，并具有自己的国际法律人格的组织。国际组织的成员除了国家也可以包括其他实体。"该条款草案尚未在联合国大会正式通过，但在相当程度上反映了国际组织法的理论与实践。[①] 因此，国际法意义上的国际组织可以界定为：国家以及这些国家所认可的其他实体为实现特定合作目的，以条约或其他国际法文件而建立的具有国际法律人格的常设机构。换言之，只有政府间的国际组织才是根据国际法建立的，从而也必须受国际法的调整。比较而言，非政府间国际组织往往是根据有关国家的国内法建立的，因此也只能由这些国家的国内法所调整。有些非政府间国际组织在国际上也有很大的影响，但一般国际法对它们的法律地位并无具

[①] 梁西：《国际组织法（总论）》（第五版），武汉大学出版社2001年版，第4页；饶戈平主编：《国际组织法》，北京大学出版社1996年版，第13—18页；Henry G. Schermers & Niels M. Blokker, *International Institutional Law*（《国际机构法》），5th revised ed., Martinus Nijhoff Publishers, 2011, pp. 30–32.

体规定。国际法范畴的国际组织是严格意义上的政府间国际组织。

(二) 国际组织的特征

从国际法的角度看,国际组织主要有以下特征:

第一,国际组织的主要参加者是国家或其政府。国家既是国际法的基本主体,也是国际组织的基本成员。在实践中,有些国际组织允许一些非国家实体作为其成员或准成员。例如,联合国成立之初允许苏联的两个加盟共和国作为其创始成员,世界贸易组织允许中国香港、中国澳门和中华台北以"单独关税区"的身份作为其正式成员。此外,还有些国际组织甚至允许欧洲共同体(2009年12月1日之后为欧洲联盟)以"事实成员"或"混合成员"的资格参加其活动。但这些成员都是作为国际组织基本成员的主权国家共同同意或认可的结果,而并没有改变国际组织主要是由国家或其政府组成的这个本质特征。

第二,国际组织是根据国家间协议而建立的。这种协议一般称为国际组织的组织文件或章程,实质上是一种多边条约。国际组织的宗旨与原则、机关与职权、活动程序以及成员国的权利与义务,均应以这种协议为法律根据。国际组织的基本文件或章程应符合一般国际法和条约法的准则,是以自愿加入为基础的,原则上只有那些明确表示愿意成为其成员的国家和有关实体才受其约束。

第三,国际组织具有特定的目的或宗旨,其权力也具有职能性(functional character)的特征。[①] 与主权国家所具有的一般性权力不同,国际组织的权力或职权往往受职能性原则的制约。国际组织的权力是由建立它们的国家所赋予的,并限于这些国家所认可的在某个或某些特定领域促进其共同利益的职权范围。这些权力或职权可以是其组织文件中的明文规定,也可以是一些辅助性的暗含权力,后者是指即使在组织文件中没有明文规定但国际组织履行其职务所必需的权力。无论是明文规定的还是暗含的权力,它们都是成员国为了实现其特定目的与宗旨所授予或认可的,具有明显的职能性特点。

第四,国际组织是具有连续性工作机制的常设机构。国际组织具有比较完整的结构体系,起码拥有一个常设机关和经常性的工作地点。这种地点通常称为国际组织的总部,在国际社会中具有一定的稳定性和持续性。除非某一国际组织的宗旨已经最后实现,或因情势变迁而解散,国际组织都会通过其机关进行经常性活动。国际组织的连续性特征是其区别于临时性国际会议的一个重要标志。

第五,国际组织具有自己的国际法律人格。国际组织一旦基于成员国的同意而建立,就成为具有一定自主意志的国际行为体,具有独立于成员国的法律地位

[①] Henry G. Schermers & Niels M. Blokker, *International Institutional Law*(《国际机构法》), 5th revised ed., Martinus Nijhoff Publishers, 2011, pp. 17-22; N. D. White, *The Law of International Organizations*(《国际组织法》), Manchester University Press, 1996, pp. 2-7.

和国际法律人格。国际组织具有不同于成员国的结构体系和自己的决策程序,并能够制定适用于成员国的决议和规范。有些国际组织还有自己的司法机关或争端解决机制。这表明国际组织并不仅仅是一种被动的会议场所或国际交往平台,而是能够和成员国一样作为国际法主体,可以在国际上单独行使法律权力和承担法律责任。值得注意的是,国际组织的这种自主意志或法律人格根据其组织文件的规定往往不尽相同。如有的国际组织具有一定自主行为能力,但并不具有相应的国际责任能力。可见,这些国际组织的法律人格显然是有限制的或不完全的。[①] 而有的国际组织则拥有一些成员国也不具有的权力,如在集体安全领域联合国安理会拥有比成员国仅限于自卫更为广泛的权力。然而,国际组织本质上仍然是介于国家之间的组织,而不是凌驾于国家之上的世界政府。国际组织的自主意志或法律人格仍然是由成员国的国家意志所决定和赋予的,即使在某些方面具有一定的超国家因素,也并不损抑国家主权的主要属性,而是国家主权在国际范围内作用的结果。

二、国际组织的类型

为了更好地理解国际组织的性质与作用,在国际组织法的理论与实践中,国际组织通常可以区分为以下几种不同的类型:

1. 政府间组织与非政府间组织。这是根据国际组织成员的性质作出的分类,即凡是由国家或其政府组成的常设机构,均为政府间组织;凡是由不同国家的自然人或法人组成的跨越国界的非官方联合体,均为国际民间组织,通常称为非政府间组织。如前所述,在严格的国际法意义上,国际组织都是指政府间组织。

2. 全球性组织与区域性组织。这是根据国际组织的地域特点作出的分类。全球性(亦称世界性)组织是旨在向国际社会所有国家开放,不问其地理位置及其他因素如何,解决涉及整个国际社会各种有关问题的机构。区域性组织是那些由某一地区的国家组成,其目的为促进该地区国家间合作的机构。这种分类方法揭示了现代国际组织全球普遍化和区域集团化的并行发展趋势。不过,国际组织的全球性和区域性是相对而言的,即使是拥有最多成员国的组织也未必包括世界上

[①] 国际组织的责任是当代国际法中一个比较突出和重要的问题。联合国国际法委员会经过多年的努力,于2009年一读通过了《国际组织责任条款草案》(Draft Articles on the Resiponsibility of International Organizations)。该条款草案共有66个条文,涉及国际组织的概念、国际组织责任的构成、国际组织责任的主体、国际组织责任的形式以及国际组织与其成员的关系等内容,在相当程度上对国际组织的责任制度进行了初步编纂。但由于各种原因,国际法委员会在这一议题上的工作至今并没有取得实质性进展。Henry G. Schermers & Niels M. Blokker, *International Institutional Law*(《国际机构法》), 5th revised ed., Martinus Nijhoff Publishers, 2011, pp. 1016-1020.

所有的国家，即使是区域性组织，有的也接纳本区域之外的国家为其成员国。

3. 开放性组织与封闭性组织。这是根据对成员资格规定的条件作出的分类。如果一个国际组织对一切国家开放，即为开放性组织。如果一个国际组织只对特定类型的国家开放，即为封闭性组织。一般看来，全球性国际组织属于开放性的，而区域性组织则多为封闭性的。有些封闭性组织，并不以地区为标准，而是以若干国家间相同或类似的政治与经济利益为纽带，如北大西洋公约组织、经济合作与发展组织以及各种原料生产和输出国组织等。

4. 一般性组织与专门性组织。这是按国际组织宗旨和职能范围作出的一种分类。一般性组织，是以某一领域活动为中心并涉及其他广泛领域的组织，如联合国是以国际和平与安全活动为主且具有广泛经济及社会文化等职能的一般政治性组织，欧洲联盟是以经济活动为主并涉及政治、社会等其他广泛领域的一般经济性组织。专门性组织则只具有较专门的职能，是以某种专业技术活动为主的组织，如世界气象组织等。值得注意的是，有些专门性组织是完全单独分立的组织，如世界贸易组织；有些则与某种一般性组织依特别协定而具有法律及工作关系，如联合国各个专门机构。

5. 国家间组织与超国家组织。这是根据国际组织的一体化程度作出的分类。所谓一体化，是指将成员国更紧密联系起来的一种组织形式。依照这种方法，一个国际组织如果其权力机关由独立于成员国的人员组成，能够接替成员国的权力机关行使某些职能，其决定不仅约束成员国政府而且也直接约束成员国的居民，它就是一个超国家组织。比较而言，如果一个国际组织的权力机关由成员国政府的代表构成，其职权只是协调成员国间的关系，而且其决定只约束成员国，并不对成员国的个人创设权利和义务，即为国家间组织。

这种分类的意义在于其揭示了现代国际社会的组织化程度呈现不平衡的态势。在某些国际事务领域或一定区域范围内，国家基于共同利益的需要或类似政治社会制度，有可能建立甚为紧密的组织体系，并同意受此等权力的法律约束。但是，现代国际社会并不存在真正意义上的超国家组织。在理论上有人曾提出超国家组织的五个要素，即：组织的决定必须约束成员国政府；作出决定的机关并不应完全取决于所有成员方的合作；有权制定直接约束成员国居民的规则；有实施其决定的权力；有一定的自主财政。① 而在实践中，没有任何一个国际组织同时具备这些要素。即使像欧洲联盟这样的组织，尽管它拥有许多近似国家机关的权力，一体化程度越来越高，具有若干超国家因素，但这些权力从根本上讲还是来源于各

---

① H. G. Schermers, *International Institutional Law* (《国际机构法》), Sijhoff & Nordhoff, 1980, pp. 29-30.

成员国间达成的协议。①

三、国际组织法的基本内容

(一) 国际组织法的概念

世界上每个国际组织都有其独特性,都有适用于自己的组织法,如联合国的法律制度、世界贸易组织法、欧洲联盟法等。但不同国际组织之间也存在许多共同的特征和相似的法律规则。这就是国际组织法研究中的"差异性中的一致性"理论。② 一般而言,国际组织法作为现代国际法的一个重要分支,泛指用以调整国际组织内部及其对外关系的各种特定性和共同性的法律规范(包括国际组织的建立、职权范围与活动程序等方面的一切有约束力的原则、规则和制度)的总体。

国际组织法与一般国际法有着密切的关系并相互影响。国际组织法一方面是国际法基本原则与一般规则的具体运用,另一方面,它反过来又对国际法内容的丰富与发展产生了深远影响。因此,国际组织法在现代国际法体系中具有特别重要的地位。

(二) 国际组织法的渊源

从法理学角度而言,国际组织法的渊源也包括实质渊源和形式渊源。

实质渊源是指国际组织法形成过程中对其内容产生直接或间接影响的各种因素。它们广泛涉及政治、经济、文化、思想观念、伦理、哲学等各个方面,是法律规范生存与发展的基础或深层原因。

形式渊源指国际组织法规范所由形成的各种外部方式。从广义上理解,相当于《国际法院规约》第38条第1款的全部列举。国际组织法的形式渊源主要有国际条约和国际习惯。国际条约包括普遍适用于所有国际关系的一般性条约和直接关于国际组织的组织性条约;国际习惯包括适用于国际组织的一般国际习惯和在国际组织内部及其对外关系中长期形成的各种惯例和做法。此外,国际组织可以倡议、发起或主持国际会议签订国际条约,也可以通过决议、宣言、声明等来阐明或形成新的国际习惯。

形式渊源关系各种实在法规则和制度,是国际法重点研究的对象;实质渊源则溢出了法学领域,除国际法必须做相应研究外,也是包括法社会学、法哲学等在内的其他相关学科的主要研究范围。

(三) 国际组织法的内容体系

就形式渊源而言,国际组织法的体系构成可以根据以下几个标准予以多维度

---

① 梁西主编:《国际法》(第二版),武汉大学出版社2000年版,第340—342页。
② Henry G. Schermers & Niels M. Blokker, *International Institutional Law* (《国际机构法》), 5th revised ed., Martinus Nijhoff Publishers, 2011, pp. 22-28.

的分析。

第一,以法律效力的层次为标准,可以将国际组织法分为各种组织性条约与各种行政性法规两部分。前者如建立政府间组织的各种组织章程或基本文件,后者如国际组织中各机构根据基本文件所赋予的管理职能自行制定的各种规则、规定、条例、命令、决定等。一般来说,前者的效力高于后者的效力,后者的效力是以前者为根据的。

第二,以法律调整的对象为标准,可以将国际组织法区分为对外关系法与内部关系法。前者主要包括以协调组织本身与成员国或非成员国之间的关系、本组织与其他组织的交往关系以及其他为实现本组织对外职能之一切活动的各种法律。后者主要包括用以协调组织范围内各成员国的权利与义务、各机构间的横向分工与纵向隶属关系、议事及决策过程、各种预算及会费分摊、人事安排与招聘、信息与资料交流以及语言文字处理等工作的各种有法律约束力的规章制度。

第三,以组织的各种事项及问题性质为标准,可以将国际组织法区分为国际组织机构法和国际组织实体法来进行研究和分析。一般来说,国际组织机构法包括国际组织的章程、法律地位、成员制度、组织结构、职能范围、成员国的权利与义务、国际组织的责任、争端解决、财政制度、总部问题、特权与豁免、议事程序与规则等内容,主要涉及国际组织法中具有共性的问题和规则。国际组织实体法主要是指国际组织所制定的用以调整其成员在各自职能或行业领域行为的规则,如联合国的集体安全体制、欧盟农业条例、国际货币基金组织的货币规则、国际劳工组织劳工公约、国际捕鲸委员会有关商业捕鲸的禁止与捕捞限制规则等。与国际组织机构法不同,国际组织间这些实体规则的内容是各不相同的。国际组织实体法直接反映的是各国际组织特定的职权范围及其成员的行为规则。

第四,以组织的职能和地域范围为标准,可以将国际组织法区分为综合性组织法律制度与专门性组织法律制度,或者区分为全球性组织法律制度与区域性组织法律制度。其中,综合性组织法律制度以联合国法最具有代表性,专门性组织的法律制度主要包括联合国系统的18个专门机构的规章制度,一般称为国际专门机构法。就区域性组织法而言,主要包括欧、美、亚、非几个洲组织的法律制度,其中以欧洲联盟法最为典型。

上述几种分析方法,各有优点和缺点。本章的结构体系主要以第三、第四种分析标准为基本线索,并参考梁西教授所著《国际组织法(总论)》的架构,具体包括概述、国际组织的一般法律制度、联合国及其法律制度、专门性国际组织及其法律制度、区域性国际组织及其法律制度以及中国与国际组织等内容。[1]

---

[1] 梁西:《国际组织法(总论)》(第五版),武汉大学出版社2001年版,第11—13页。

值得注意的是，尽管国际组织法是现代国际法的一个重要分支，但是现行国际法中并不存在一项专门规定国际组织法具体内容的国际条约，可以说国际组织法尚未形成一个完整的体系。随着国际社会组织化程度的不断提高，国际组织法也有待于进一步发展和完善。

第二节　国际组织的一般法律制度

虽然国际组织可以划分为不同的类型，但它们在其建立与活动过程中，仍有若干彼此相似或相同的基本表现形态和规章制度，这就是所谓国际组织的一般法律制度。国际组织的一般法律制度主要包括国际组织的基本文件、成员资格、组织结构、职权范围、活动程序与表决规则等内容。

一、国际组织的章程

国际组织的章程是国际组织据以产生、存在和进行活动的基本文件和法律基础，因此，它在国际组织法体系中具有重要意义，人们常称之为国际组织的"宪法"。国际组织机构的设立、法律人格的授予、运行机制和决策程序等，都是以国际组织的章程为根据的。在国际组织法的渊源体系中，它处于效力的最高层次。国际组织所有其他内部管理和对外关系的法规，都受组织章程的制约，有关活动都不得违背其宗旨和原则。

国际组织的章程并无统一形式，名称和内容也各不相同。但它们都属于国家间的正式协议，其效力与作用在实质上并无差别。任何国际组织都有一个章程作为其基本组织文件。

二、国际组织的成员资格

国际组织的成员是国际组织的主体。国际组织的章程一般都将有关成员及其资格的事项作为重要条款加以规定。这些条款主要涉及成员资格的取得与丧失及其程序和条件。

（一）成员资格的分类

国际组织的成员资格，根据不同的标准可以有不同的分类。

1. 原始成员与纳入成员。这是根据参加国际组织时间进行的分类。通常，前者指参加了组织创建或在组织创建文件上签字的成员；后者是指组织成立后被接纳的成员。一般而言，原始成员与纳入成员除了加入组织的程序和时间上的区别外，其在组织中的实际法律地位并没有什么不同。凡开放性组织的成员资格往往有这种区分。

2. 正式成员与联系成员。这是根据成员所享受权利与义务的不同而作出的分类。正式成员又称完全成员，是在组织中享有完全权利和承担所有义务的成员。联系成员又称准成员，是可以在一定的范围内参与各有关组织的活动，但并不能和其他正式成员那样享有完全权利和承担完全义务的成员。国际组织的正式成员一般都是主权国家或其政府，而联系成员往往是一些非主权的实体。联系成员或准成员在国际组织的活动中一般有投票权和当选资格的限制。如世界卫生组织的联系成员在大会和几个主要委员会没有投票权，并不得当选为执委会成员。

3. 观察员。有些国际组织（包括联合国）还实行观察员制度。观察员既可能来自非成员国，也可能是来自其他国际组织的代表。观察员不是一种成员资格，但可以通过这种制度同有关国际组织建立联系。其具体地位一般由有关国际组织的大会决议或相关法律文件决定。

（二）成员资格的取得

国际组织成员资格的取得是由其组织文件规定的。不同类型的成员，其加入的程序与条件也不相同。

一般来讲，取得原始成员资格的程序比较简单。有关国家只要参加了组织的创建会议或在建立组织的基本文件上签字，并在某一特定日期之前批准、接受或加入了该组织章程，即取得原始成员资格。国际组织的正式成员原则上只能是国家，一些政治性较强的组织对此要求更为严格。但是也有例外情况，特别是一些专门性国际组织，为了发挥其最大专业功能，也允许某些非国家实体作为其正式成员。如《建立世界贸易组织的协定》第12条规定，"任何国家或在处理其对外贸易关系及本协定和多边贸易协定规定的其他事项方面拥有完全自主权的单独关税区，可按它与世界贸易组织议定的条件加入本协定"。据此，一些符合上述条件的单独关税区可以作为世界贸易组织的正式成员。

就纳入成员而言，一般来说，开放性国际组织采取普遍原则，而封闭性组织采取限制原则。但是无论采取什么原则，一个组织在接纳新成员时，都需要按照其组织章程所规定的条件与程序行事。除其他实质性条件外，在程序上国际组织纳入新成员主要有两个步骤：首先是由有关国家提出申请；然后经有关机关审议核准。有的还需要申请国和组织签署加入条约或议定书。

前面提到，有些专门性国际组织设有联系成员制度。但无论作为原始联系成员或加入联系成员，这些非国家实体都不能直接或申请参加某一国际组织。一般而言，只有负责非国家实体的主权国家或其他有关权力机构才可以根据有关组织章程的规定通知该组织作出一个适当声明，把在国际关系上附属于这个国家或在其管理之下的某一领土，视为或者请求视为一个单独成员或联系成员。这种通知或声明有的可以直接生效，但大部分情况下仍需要有关国际组织大会的同意。

（三）成员资格的丧失

国际组织成员资格的丧失主要有两种情况，一种是成员的自愿退出，另一种是成员被组织开除。此外，还有一种暂时中止权利的情况。

1. 自愿退出。国家既然可以经一定程序自主地加入国际组织，当然也可以自主地退出。大多数国际组织的组织文件，都明文规定了退出条款。国际组织对成员退出组织的权利没有太多条件限制，但一般要求退出国提前通知和清偿债务。实践中，有关国际组织章程即使没有退出条款，也有其成员退出组织的事例。①

2. 开除。除了自愿退出以外，国际组织的章程还规定了成员资格的开除。开除是一种最严厉的制裁措施。一成员国如果严重或屡次违反组织章程和国际法基本规范，则有可能遭到被除名的后果。如《联合国宪章》第6条规定，联合国之会员国中，有屡次违反本宪章所载之原则者，大会经安理会之建议，得将其由本组织除名。在实践中，不少联合国专门机构都曾根据联合国大会的有关决议，开除过南非的成员资格，以作为对其长期实行的种族隔离政策的制裁。

3. 中止权利。国际组织使用开除来制裁其成员的情况实际上并不多见，而比较普遍采用的是一种中止行使权利或暂停成员资格的办法。如国际货币基金组织的基本文件规定，如一会员国不履行本协定任何义务，基金组织得宣告该国丧失使用普通基金的资格。被中止的权利在一定条件下是可以恢复原状的。与开除相比，中止权利是一种较为温和的制裁方式，这种方式在一些经济性组织中或针对财务拖欠行为是比较常见的。

三、国际组织的组织结构与职权

国际组织的运行有赖于组织内部各种不同机构的活动。各种国际组织机构的设置，虽然没有统一和固定的模式，但还是有些基本相似之处。因此可以对之进行科学分类。

国际组织的各种机关，若依其组成人员分类，可将其区分为由成员国代表组成的机关和由国际公务员组成的机关。前者是反映成员国意志的，后者强调对组织整体负责，更具有国际社会组织化的特征。此外，若依机关的等级归类，可以将其区分为中央机关与下属或区域机关；若依机关的主次归类，可以将其区分为主要机关与辅助机关；若依机关的连续性归类，可以将其区分为临时机关与常设机关等。然而，国际组织机关的分类方法采用最多的是依其职能范围来分类，即将其分为审议机关、执行机关和行政机关。这三种机关基本上是所有国际组织都

---

① 江国青：《联合国专门机构法律制度研究》，武汉大学出版社1993年版，第88—93页。

必须具备的，通常称为国际组织的"三分结构"。一个国际组织缺少这三种机关中的任何一种都很难正常运转，因此它们是必备的。有些发达的国际组织还有裁判机关和区域机关等。

(一) 审议机关

国际组织一般都有一个作为决策或最高权力机关的审议机关。这种机关由所有成员国派代表参加，一般称之为"大会""代表大会"或"全体会议"等。其主要职能是制定方针政策、审查预算、接纳新成员、选举行政首长、选举执行机关成员并审议其报告、制定及修订有关约章、就有关事项提出建议或作出决定、实行内部监督，等等。审议机关不是一个常设机关，一般每年召开一次例会，但也有规定更长时间的。成员出席大会的代表一般都是由各自政府自行决定的，但各国际组织的章程在这方面也有一些相应的规定，如对代表的数量限制和身份、资格要求等。

(二) 执行机关

国际组织均设有一个执行机关，一般称理事会或执行局等。执行机关的主要职能是执行最高权力机关的决定，处理本组织管辖范围内的事项，提出建议、计划和工作方案并付诸实施等。执行机关一般由最高权力机关推选少数成员国的代表组成。在选举时各成员国原则上具有平等权利，但也要考虑某些特殊利益和地域分配的因素。① 如国际货币基金组织的执行董事会由 24 名执行董事组成，其中 8 名由基金份额最多的 8 个成员国分别委派，其余 16 名由其他成员国按地域分成选区联合推选产生。审议机关休会期间，一般由执行机关行使职权。

(三) 行政机关

国际组织一般都有一个负责处理日常行政事务的机关，通常称为秘书处，但国际劳工组织称之为国际劳工局，万国邮政联盟和世界知识产权组织称之为国际局等。国际组织的秘书处一般由一个称为秘书长或总干事的主要行政长官和其他工作人员组成。与审议机关和执行机关的成员不同，他们不是各成员国的代表，而是一批以个人资格任职的国际文职人员。秘书处的任务主要是负责处理组织中的各种经常工作，协调组织中各常设机关的活动并为其提供各种服务。作为国际组织行政工作的核心，它具有财政、会务、调研、技术、情报、对外代表本组织等多方面的职能。

国际组织为了保证秘书处的独立性与工作效率，一般都要求秘书长和所有职员，应以"国际官员"的身份为本组织整体执行职务，只对本组织负责。各成员国也应尊重秘书处工作人员所负责任的国际性质，不在其履行职责时设法施加影

---

① 江国青：《联合国专门机构法律制度研究》，武汉大学出版社 1993 年版，第 121—123 页。

响。秘书处工作人员如果在雇佣或职务方面与秘书处发生纠纷，一般应由该组织所设立的内部司法机构或行政法庭解决，而不受其所在地的法院管辖。

四、国际组织的议事规则

国际组织的议事规则是指组织的各机构在行使其职能和日常活动过程中所遵循的程序性规则和制度，主要包括会议制度和表决程序等内容。国际组织的基本文件通常只对其主要机构的活动程序作出原则性规定，而更详细、具体的议事规则往往由各机构自行制定，以作为维持其日常运作与活动的依据。

（一）会议制度

1. 会议的类型

国际组织各机关召开的会议，大致可以概括为三种类型，即经常会议、定期会议和特别会议。

2. 会议的议程

国际组织各机构会议的具体议题及其讨论次序，通常称为会议议程。议程是各机构议事规则中的重要内容，直接关系国际组织的工作成效与效率。实践中，国际组织的各机构也都非常重视对议程内容及其审议程序的确定。

3. 会议主席

为确保会议的有效和顺利进行，国际组织各结构通常都实行会议主席制度。根据有关议事规则的规定，会议主席一般可以由组织的上一级机关任命、成员国选举或由成员国轮流担任等几种方式而产生。

（二）表决程序

表决程序是国际组织在决策过程中的一项重要制度，其内容通常涉及两个基本问题。一个是投票权的分配问题，这是表决的前提条件，其分配方法主要包括一国一票制与加权投票制两种。另一个是表决权的集中问题，这是表决的有效结果，其方法主要包括全体通过制、多数通过制及协商一致等。

1. 一国一票制与加权投票制

关于投票权的分配制度，绝大多数国际组织都是根据国家主权平等原则实行一国一票制。早在19世纪会议外交盛行时期，这些外交会议的参与国，不论大小强弱，都有平等的投票权。进入20世纪后，世界上进一步出现各种类型的国际组织，包括第一次世界大战后建立的国际联盟和第二次世界大战后的联合国及其一系列专门机构等。这些国际组织在其决策程序上，绝大多数也都沿袭了19世纪会议外交时代所采用的一些原则和规则。在投票权分配制度上，仍然是按照"传统国际法的平等主义"，实行一国一票制。

第二次世界大战后也有一些专门性国际组织，特别是国际经济组织，为了实现成员国的某些特殊利益，而采用一种按照各成员国实力的大小、责任和贡献的多少而分配投票权的方法，即所谓"加权投票制"。这一制度给占有某种优势的成员国以较大的投票权。但是构成这一制度基础的加权因素，常因各组织情况不同而并不完全一样。例如，国际糖业理事会等有关国际商品协定组织，通常是按照商品进出口的实际比例来分配投票权；而国际货币基金组织和世界银行集团等几个国际金融组织的加重投票权，分别是根据成员国在组织中认缴的份额和出资比例来确定的。但是，加权投票制在整个国际组织体系中并不占主导地位，一国一票制仍为国际组织表决程序的通常制度。

2. 全体一致与多数表决

国际组织决议的通过，一般有全体一致和多数表决两种规则。全体一致规则主要也是在传统外交会议的基础上发展而来的。第一次世界大战后成立的国际联盟，基本上也采用一致同意的决策规则。这与当时传统多边外交的主体并不多、所涉内容也比较少的国际关系现实基本上也是相适应的。值得注意的是，一国一票和一致同意规则，虽然充分尊重了国家的主权和平等，但也有其局限性。有的时候，少数国家为了自己的特殊利益，往往不惜阻碍大多数国家的意志。这常常并不利于国际组织决议的通过和执行，从而严重影响了国际合作的效能。

20 世纪以来，多数表决规则在一些国际组织中逐渐发展起来。显然，这既是一种民主政治的表现，又是国际组织在某种程度上自主性的要求。就具体制度而言，多数表决通常又分为简单多数制与特定多数制两种情况。简单多数表决是指决议只要求超过所投票数的 1/2 即可通过。这种方式主要适用于通过一些程序方面或其他一些不太重要的决议或建议。特定多数表决指的是对于某些决议要求一个限定的大于 1/2 的多数同意才能通过的表决方法，如 2/3 的多数、85% 的多数等。这种规则比全体一致规则具有弹性，又比简单多数规则更具权威性。因此，它在各国际组织的实践中运用得相当广泛，通常适用于对一些比较重要的问题的决定。

3. 协商一致的决策程序

协商一致的决策程序是 20 世纪中期以后开始发展形成的。一般认为，国际社会之所以在晚近产生这样的决策程序，主要是为了弥补已有诸种规则的缺陷或不足。此种程序，往往是在正式投票规则不能令人满意或不能据此作出行之有效的决定时，在成员国间广泛协商的基础上达成一种不经投票的一般合意的决策方法。协商一致可以通过避免易于引发对抗的生硬投票方式作出基本上能为大家所接受的决议，因此在现代国际组织的法律与实践中比较流行。例如，1995 年《建立世界贸易组织的协定》第 9 条规定，"世界贸易组织应继续沿用 1947 年关贸总协定以协商一致进行决策的方法"。只有当不能以协商一致作出决定时，才采用投票方法。联合国的一些主要机关和其他一些专门性国际组织也都经常采用协商一致的做法。协商一致多用于行政及技术事项，其决议也较多的属于建议性质。这也是国际组织决策程序的一个发展趋势。①

第三节 联合国及其法律制度

一、联合国概述

（一）联合国的建立

联合国是第二次世界大战后于1945年建立的一个全球性组织，它是在集体安全原则基础上维持国际和平与安全的职能非常广泛的一个一般政治性组织，也是当今最大、最有影响力的一个综合性国际组织。主张在战后建立一个国际安全体系的思潮，早在第二次世界大战中期就已经出现了。1942年1月1日，正在对轴心国作战的中、苏、美、英等26个国家的代表，在华盛顿签署共同反对法西斯的《联合国家宣言》。该宣言第一次采用了联合国家的名称，但这还不是指一个定型的国际组织，只是对德、意、日法西斯作战的各个国家的总称。1943年10月，中、苏、美、英四国代表在莫斯科会议上发表《普遍安全宣言》（又称《莫斯科宣言》），声明有必要在尽速可行的日期，根据一切爱好和平国家主权平等的原则，建立一个普遍性国际组织，所有国家无论大小，均得加入为会员国，以维持国际和平与安全。

实际着手创建联合国的具体步骤，是从1944年秋季在华盛顿郊区的敦巴顿橡树园召开的中、英、美、苏四国会议开始的。经过会议两个阶段的谈判，草拟了这个战后国际组织章程的草案，即《关于建立普遍性国际组织建议案》。建议案为这个组织提出的名称是"联合国"。

敦巴顿橡树园会议还遗留了一些未能完全解决的问题，其中最重要的是安理会的表决程序问题。这些问题一直到1945年2月在克里米亚的雅尔塔举行的英、美、苏三国首脑会议上才达成协议。会议通过一个所谓"雅尔塔方案"，即后来的"五大国一致"原则，通称"否决权"。会议还确定，于1945年4月25日在旧金山召开联合国家会议，正式制定联合国宪章。

1945年4月25日，50个国家的代表在旧金山举行名为"联合国家关于国际组织的会议"（简称旧金山制宪会议或旧金山会议），在敦巴顿橡树园建议案和雅尔塔方案的基础上，着手制定《联合国宪章》。代表们经过两个月的紧张工作，于6月26日在旧金山歌剧院举行了隆重的签字仪式。在中、法、苏、英、美5国以及

---

① 江国青：《联合国专门机构法律制度研究》，武汉大学出版社1993年版，第217—220页。

多数签字国递交批准书后,《联合国宪章》于 1945 年 10 月 24 日正式生效,联合国正式宣告成立,总部设在纽约。

(二)《联合国宪章》

《联合国宪章》是联合国的根本法。它由一个序文和 19 章组成,全文共 111 条。此外,《国际法院规约》也为宪章的组成部分。宪章的主要内容包括:联合国的宗旨与原则;联合国的会员国;联合国主要机关的组织、职权、活动程序与主要工作以及联合国组织的地位与宪章的修正等条款。《联合国宪章》在性质上仍然是一项多边条约,不可能不反映大战末期的复杂国际关系,它是各种势力的一种妥协。

联合国是在国际联盟的废墟上建立起来的。宪章所确立的原则和制度,虽然不少是借鉴国联的经验,但在许多方面已有很大的发展。与《国际联盟盟约》相比较,《联合国宪章》有以下特点:首先,在形式上,《国际联盟盟约》并非作为一个国际组织的独立法律文件,只是《凡尔赛和约》的第一章,构成和约的一部分;《联合国宪章》则是一个独立的组织文件,自成体系。其次,从内容上看,《国际联盟盟约》只包括一个序文和 26 个条文;《联合国宪章》有一百多个条文,其规定更加系统,更加完善。《联合国宪章》不仅勾画了战后维护世界和平与安全的蓝图,而且是国际法和国际关系史上一部划时代的重要文献。它所确立的宗旨与原则及有关规定,是全世界公认的指导一切国际关系的基本准则。[①]

二、联合国的宗旨与原则

(一)联合国的宗旨

联合国的宗旨载于《联合国宪章》第 1 条,分为四项:

第一,维持国际和平与安全。这是联合国的首要目的。为了达到这一根本目的,宪章规定了两个步骤:一是采取有效集体措施,以防止和消除对和平的威胁,制止侵略行为或其他破坏和平的行为;二是用和平的方法并依据正义及国际法原则,调整或解决可能导致破坏和平的国际争端或情势。各种"预防"和"制止"措施以及"解决"方法,分别在宪章的第七章与第六章等作了进一步的具体规定。

第二,发展各国间的友好关系。宪章规定:"发展国际间以尊重人民平等权利及自决原则为根据之友好关系,并采取其他适当办法,以增强普遍和平。"各国人民平等及民族自决原则,是发展各国友好关系的基础。没有这个基础,就谈不上维持国际和平与安全。各国人民均有权自愿选择自己的政治、经济和社会制度,有权获得民族独立。只有如此,各国间的友好关系才能得到发展,全世界的和平

---

① 梁西:《国际组织法(总论)》(第五版),武汉大学出版社 2001 年版,第 64—66 页。

才能得到确实保证。

第三，促进国际合作。宪章规定，促成国际合作，以解决国际间属于经济、社会、文化或人道主义性质的问题，并且不分种族、性别、语言或宗教，促进和鼓励对于一切人的人权和基本自由的尊重。宪章序言也宣告了这一宗旨的精神。要维持国际和平与安全，除上述措施外，还必须在平等基础上广泛地促进经济、社会、文化等领域的合作，尊重全人类的人权和基本自由，不进行任何歧视，以消除引起战争的经济及其他因素。为实现这一宗旨，宪章在第九章至第十三章进一步作了具体规定。

第四，协调各国行动。宪章规定，联合国作为"协调各国行动之中心，以达成上述共同目的"。这里强调联合国应当成为一个协调一切国家的行动并使之进行协作的重要场所。其主要活动方式是通过彼此协商，取得协调，以实现上述各项规定。

（二）联合国的活动原则

为了实现联合国的宗旨，宪章第2条规定了联合国本身及其成员国应遵循的七项原则：主权平等原则，善意履行宪章义务原则，和平解决国际争端原则，禁止使用武力或以武力相威胁原则，集体协助原则，保证非成员国遵守宪章原则，不干涉内政原则。其中绝大多数原则已构成现代国际法的基本原则（详见第四章）。

三、联合国的会员国

《联合国宪章》第二章专门规定了联合国会员资格的取得与丧失。

（一）会员资格的取得

根据取得成员资格程序的不同，联合国的成员可以分为创始会员国和纳入会员国两类。凡参加旧金山会议或以前曾签署《联合国家宣言》的国家，签署了宪章并依法予以批准的，均属于创始会员国。联合国的创始会员国共有51个。凡根据宪章规定的条件和程序被接纳的成员，均为纳入会员国。

宪章第4条规定，凡爱好和平的国家，接受宪章所载之义务，经联合国组织认为确能并愿意履行这些义务的，都可以成为联合国的会员国。在联合国实践中，接纳会员国的程序一般如下：首先，有关国家按规定向联合国秘书长提出申请；然后由秘书长将申请书交安理会"接纳新会员国委员会"进行审查并提交审查报告；继而由安理会审查并推荐；最后，由联合国大会审议并作出决议。

（二）会员资格的丧失与权利的中止

《联合国宪章》规定，在一定条件下，会员国有可能丧失其已有的成员资格或权利被中止。

根据宪章的有关规定，对于屡次违反宪章原则的会员国，大会可依安理会的建议，以 2/3 的多数将其开除出联合国。开除是一种最严厉的组织制裁。《国际联盟盟约》也有类似的规定，还曾被适用过，但联合国迄今尚未适用过这一条款。

会员国所享有的各种权利，在某些情况下，有可能被中止。宪章第 5 条规定，经安理会对其采取防止或强制行动的会员国，大会可根据安理会建议，以 2/3 的多数，中止其会员国权利和特权的行使。对此种权利和特权的恢复，得由安理会单独决定，无须经过大会决议。此外，宪章第 19 条还规定了另一种中止会员国权利的情况，即拖欠联合国经费摊款的会员国，其数目如已达到其前两年应缴纳的总数，即应丧失其在大会的投票权。不过，如果大会认定欠缴的原因是由于该会员国无法控制的情况（如自然灾害、严重的政治动荡、经济危机等），则可准许投票。当缴纳足以恢复其投票权的欠款后，投票权即应恢复。

《联合国宪章》关于成员国自动退出的问题，与《国际联盟盟约》不同，没有作明文规定。尽管如此，根据宪章的立法精神，联合国会员国作为主权国家，显然还保有自动退出组织的权利。实践中也曾发生过类似会员国自动退出的事例。在此种情况下，自然也会发生失去会员资格的事实。

（三）联合国会员国发展的特点与趋势

联合国接纳新会员国，不只是一个法律问题，在第二次世界大战后东西方对立的复杂关系中，曾一度高度政治化。由于受政治因素的制约，联合国曾多次发生接纳新会员国的僵局。另外，随着会员国中小国成分的增加，联合国出现了所谓"微型国家"问题，在会费分摊、表决效果和权力分配上，曾引起不少矛盾。

尽管联合国在接纳会员国过程中曾出现波折，但同国联相比，联合国会员国一直比较稳定，具有普遍性，数量也在持续增长。进入 20 世纪 90 年代后，联合国的会员国大幅度增加，这在很大程度上是由于东欧的变化和苏联的解体。联合国从 1990 年年初至 1994 年 12 月 15 日的四年多时间里，迅速增加了 28 个会员国。截至目前，联合国会员国总数已达到 193 个。

长期以来，随着会员国的增加，联合国的会员结构和力量对比不断发生变化。联合国成立时，亚洲与非洲许多国家尚处在殖民主义的枷锁下，创始会员国中欧美国家居多数。现在亚非拉国家、发展中国家，占了联合国成员国总数的 2/3 以上。这种结构变化，使这个组织乃至整个世界格局，正朝着多极化发展。这一演变使联合国特别是大会的权力重心发生了转移，并在一定程度上改变了大国可任意摆布联合国事务的局面，有利于国际和平与安全。

四、联合国的主要机关及其职权

联合国为了实现其宗旨和履行其职责，设有 6 个主要机关：大会、安全理事会、经济及社会理事会、托管理事会、国际法院和秘书处。

（一）大会

1. 大会的组成

根据《联合国宪章》第四章的规定，大会由联合国全体成员国组成。大会在每年九月的第三个星期二举行常会，一般在12月25日前闭幕，如果议程尚未讨论完毕，则在第二年春天继续开会。各会员国派代表团前往参加大会。大会还可根据安理会或过半数成员国的请求，召开特别会议或紧急特别会议。根据宪章规定，大会自行制定议事规则。每届会议应选举主席1人，副主席20余人，按地区小组分配，由会员国轮流选任。安理会5个常任理事国的代表不担任主席，但可当选为副主席。

大会举行常会时，除全体会议外，还设有7个主要委员会，分别进行讨论和准备工作。此外，大会为行使其职能，还设有若干特别委员会，其中既有常设的，也有临时的。大会通过这些辅助机构，保证工作持续不断地进行。

2. 大会的职权

大会具有广泛的职权。它可以讨论宪章范围内的任何问题或事项；除安理会正在处理者外，并可向成员国或安理会提出关于此等问题或事项的建议。宪章对大会的职权就下列几个方面特别作了规定：

（1）国际方面的职权：大会可审议为维持国际和平与安全而进行合作的一般原则，并提出这方面的建议；讨论成员国、安理会或一定条件下的非成员国提出的涉及国际和平与安全的任何问题，除安理会正在处理者外，并可提出建议；提请安理会注意足以危及国际和平与安全的情势；除安理会正在处理者外，可就和平解决任何它认为足以妨碍国际公共福利或友好关系的情势，建议应采取的调整措施；发动研究并提出建议，以促进政治方面的国际合作，提倡国际法的进一步发展与编纂；促进经济、社会、文化、教育和卫生方面的国际合作，帮助实现全人类的人权和基本自由；行使有关托管职能，核准、更改或修正托管协定。

（2）组织监督方面的职权：接受并审议安理会和其他机构的报告；选举安理会的非常任理事国、经社理事会的所有理事国、托管理事会的那些须经选举的理事国，同安理会平行并彼此独立投票选举国际法院的法官；根据安理会的推荐委派联合国秘书长；根据安理会的推荐通过决议接纳新成员国；根据安理会的建议中止成员国的权利或开除成员国。

（3）内部行政方面的职权：审议和批准联合国的预算；分配成员国的经费负担；审查各专门机构的行政预算。

在联合国6个主要机关中，大会和安理会占有中心地位。不过，大会虽然在政治、经济、社会、文化、教育、卫生等领域享有极为广泛的职权，但这些职权多属于建议性质，其中政治方面的讨论和建议权还受到安理会职能的制约。联合国活动的效率，在很大程度上不仅取决于成员国的真诚合作，还取决于大会和安理会的协调一致的努力。

3. 大会的表决程序

大会实行一国一票制，各成员国不论大小，在大会上均享有一个投票权。对于所谓"重要问题"①的决议，须由成员国以 2/3 的多数来决定。对于"其他问题"，只要求会员国以简单多数作决定。大会关于所有问题的表决，其"多数"均以"出席并投票"的成员国计算，因此不包括"缺席"和"不参加投票"者，投弃权票的会员国应被认为没有参加投票。大会的表决方式有举手表决（无记录表决）、唱名表决（记录表决）和不记名投票，以及不经投票而以敲槌通过的协商一致方式等多种。近些年来，大会努力通过协商一致而不是正式投票作决定。

（二）安全理事会

1. 安全理事会的组成

安理会最初由中、法、苏②、英、美 5 个常任理事国和其他 6 个非常任理事国组成。1963 年修改宪章，将非常任理事国名额扩至 10 个。在安理会中，每个理事国应有代表 1 人。非常任理事国由联合国大会选举，任期两年，交替改选，每年改选 5 个，改选时不得连选连任。大会在选举非常任理事国时，首先应特别考虑到联合国各成员国对维持国际和平与安全以及联合国其他宗旨的贡献，也需顾及地理上的公匀分配。近年来，各成员国正在讨论改变安理会成员组成的问题，致力于反映当前政治经济现实。

安理会各理事国应有常驻联合国总部的代表。安理会主席的职位，由安理会各理事国按照其国名英文字首的排列次序轮流担任，任期 1 个月。根据宪章和议事规则的规定，安理会除每年应举行两次常会外，还应由主席在他认为必要时随时召开会议，且两次会议的间隔时间不得超过 14 天。同时，如经有关方面请求，安理会主席也应召开会议。安理会还有一种定期会议，这是一种较高级的会议，一般由政府首脑或外长参加。安理会还设有一个军事参谋团和两个常设委员会及其他辅助机构。

2. 安全理事会的职权

《联合国宪章》授予安全理事会的主要责任是维持国际和平与安全。安理会是维持国际和平与安全的主要机关，是联合国组织体系中唯一有权根据宪章规定采取执行行动来维持国际和平与安全的机关，其有关决议对成员国具有约束力。所有成员国都有义务按照宪章的规定执行安理会的决定。同大会职权主要是属于审

---

① 主要包括"维持国际和平与安全、接纳新成员国、制定联合国预算"等问题。
② 1991 年 12 月 21 日，苏联 11 个加盟共和国首脑签署《阿拉木图宣言》，正式宣告：苏联"停止存在"以后，苏联在联合国安理会的常任理事国席位由俄罗斯联邦接替（继承）。

议性的相比，安理会职权则主要是属于执行性的。

（1）和平解决争端方面的职权：可以促请各争端当事国用和平方法解决争端；可调查任何争端或情势，以断定其继续存在是否足以危及国际和平与安全；对于上述性质的争端或情势，可在任何阶段建议适当的调整方法；任何成员国、在一定条件下的非成员国、大会或秘书长，均得就可能危及国际和平与安全的争端提请安理会注意。

（2）维持和平与制止侵略方面的职权：应断定任何对和平的威胁、破坏和平的行为或侵略行为是否存在；可促请有关当事国遵行安理会认为必要或适当的临时措施，以防止情势恶化；可建议或决定采取不牵涉使用武力的措施（包括经济制裁、停止交通电信和断绝外交关系等），并促请成员国执行此等措施；如认为上述措施不够用，可采取必要的武力行动（包括成员国的空、海、陆军示威，封锁或其他军事行动），以维持和恢复国际和平与安全。在极少数情况下，安理会授权成员国使用包括集体军事行动在内的"一切必要手段"，以实施其决定，为此安理会可组织并使用联合国部队。

（3）其他方面的职权：负责拟定军备管制方案；在战略性地区行使联合国的托管职能；建议或决定应采取的措施以执行国际法院的判决；同大会平行彼此独立投票选举国际法院法官；向大会推荐新成员国和联合国秘书长；向大会建议中止成员国的权利和开除成员国。

3. 安全理事会的表决程序

安理会每个理事国享有一个投票权。其表决程序是：（1）关于程序事项以外的一切事项的决定，应以9个理事国的可决票决定之，其中应包括全体常任理事国的同意票在内。这就意味着，常任理事国享有否决权。但是对于和平解决争端方面的决定，任何常任理事国或非常任理事国为争端当事国时，均不得投票。（2）关于程序事项的决定，则以任何9个理事国的可决票决定之。此外，根据各大国多次磋商得出的解释：关于某一事项是否属于程序性这一先决问题的决定，也必须以9个理事国的可决票决定之，其中应包括全体常任理事国的同意票在内。这意味着五大国在安理会享有所谓"双重否决权"。

安理会的投票一般分为赞成、反对、弃权三种，但现在也有自愿不参加投票的做法。根据联合国在实践中形成的惯例，"弃权"并不对实质问题所做的决定产生否决效果。如果一常任理事国不支持某项决定，但又无意阻止该决定的通过，则可弃权。这种做法对安理会极其尖锐的表决程序有一种缓冲的作用。不参加投票似乎与缺席一样，然而安理会无所谓缺席，因为它必须在全体理事国到齐后才能开会。

在安理会的表决程序中，常任理事国的否决权（即"大国一致"原则）占有极其重要的地位。虽然安理会实行的是"一国一票"制,但由于各常任理事国可行使否决权,所以每个非常任理事国与每个常任理事国的表决效果并不相等。"否决权"实质上是一种少数抵制或阻止多数的权力。因此,安理会的表决程序是一种"受限制的多数表决制"。在这种制度下,只要一个常任理事国对某一决定投反对票,即使安理会其他所有14个理事国都投赞成票,该项决定也不能通过。但是,另一方面,某项得到5个常任理事国一致同意的决定,如果有7个非常任理事国反对或弃权,因而不能获得9票的多数时,该项决定同样也不能通过。这种情况,可称为非常任理事国的"集体否决权"。

尽管安理会"大国一致"的表决原则在实践中一直富有争议,但比国联行政院"全体一致"的原则有了很大的发展。从理论上讲,安理会的表决程序可称为一种"复轨表决制"。对程序事项来说,它只要求多数,而不要求一致;对实质事项来说,它不仅要求理事国的多数,而且要求常任理事国的一致。这种多数既不是简单的过半数,这种一致也不是理事国清一色的同意,它是国际组织中突出大国的一种特殊的表决制度,其核心是赋予大国以特权,即"否决权"。

从国际实践来分析,否决权的行使深受国际政治的影响。例如1990年8月伊拉克侵占科威特后,安理会曾接连就海湾危机通过了十几项决议,5个常任理事国没有一个对这些决议投过否决票。这在安理会的表决史上是空前的,无疑反映了当时国际形势的某些特点。但是,安理会常任理事国的否决权有时也被滥用,从而影响安理会的工作效力。因此,要求修改或限制否决权的主张一直是联合国改革的一个重大问题。

(三)经济及社会理事会

经济及社会理事会(以下简称"经社理事会")是联合国大会权力下负责协调联合国及联合国系统各组织的经济和社会工作的主要机关。作为讨论国际经济和社会问题以及拟订政策建议的中心论坛,经社理事会在加强国际合作促进发展方面发挥着关键作用。经社理事会还同非政府组织协商,使联合国与民间社会保持密切联系。

经社理事会最初由18个理事国组成。1963年修改宪章将理事国名额扩大到27国。1971年又扩大到54国。理事国由联合国大会选举,任期3年。交替改选,每年改选1/3。理事国名额基本上按地区分配,不过安理会的5个常任理事国都能被选为经社理事会的理事国,这已形成惯例。

经社理事会每年举行两届会议,每年7月举行主要会议,其中包括一次部长级特别会议,讨论重大的经济、社会和人道主义问题。其经常工作由所属各区域委员会、职司委员会以及其他辅助机构来进行。经社理事会的附属机构定期开会,并向经社理事会汇报情况。例如,人权理事会(原人权委员会)监测世界各地尊重人权的情况,其他机构重点处理社会发展、妇女地位、预防犯罪、麻醉药品、环境保护等问题。五个区域委员会在各自区域负责促进经济发展和合作。

经社理事会每一理事国享有一个投票权。理事会的决议,以出席并投票的理事国的过半数赞成票获得通过。

宪章规定经社理事会的职权应包括:(1)作成或发动关于国际间经济、社会、文化、教育、卫生等事项的研究与报告,并得向联合国大会、成员国和有关专门机构提出此种建议。(2)为促进尊重和遵守一切人的人权和基本自由起见,得提出建议。(3)得就其职权范围内的事项拟定公约草案提交大会。(4)得召开国际会议,讨论其职权范围内的事项。(5)同由各国政府间协定所成立的各种专门机构订立协定,使其同联合国建立关系;并通过各种磋商和协议来协调各专门机构的活动。(6)同各有关的非政府(间)组织磋商各种有关事项等。

(四)托管理事会

托管理事会是联合国负责监督托管领土行政管理的机关。它同经社理事会相似,也是在联合国大会的权力下进行活动的。

宪章没有给托管理事会规定固定的理事国名额,只规定托管理事会由下列成员国组成:(1)管理托管领土的联合国成员国;(2)未管理托管领土的安理会常任理事国;(3)由联合国大会选举必要数额的其他非管理国的成员国(任期3年),以使该理事会的理事国在管理国与非管理国的名额上保持平衡。

联合国设立托管制度的基本目的之一,是增进托管领土居民"趋向自治或独立之逐步发展"。适用托管制度的领土有以下三类:(1)前国联委任统治下的领土;(2)因第二次世界大战而从战败国割离的领土;(3)负管理责任的国家(即殖民国家)自愿置于托管制度下的领土。自联合国成立以来,置于国际托管制度下的领土共有 11 个。由于托管领土人民坚持反对殖民统治、争取民族解放,到 1994 年,所有托管领土都已实现自治或独立,有的成为单独国家,有的加入邻近的独立国家。最后一个实现自治的是由美国管理的太平洋岛屿托管领土帕劳,成为联合国第 185 个会员国。鉴于其工作已大致完成,托管理事会在联合国的地位,将是宪章修改工作中一个急待解决的问题。

(五)国际法院

国际法院是联合国的主要司法机关(详见第十六章)。

(六)秘书处

联合国秘书处是联合国的第六个主要机关,它的任务是为联合国其他机关服务,并执行这些机关制定的计划和政策。秘书处根据大会、安全理事会和其他机关的指示,从事联合国的事务工作和行政工作。秘书处由秘书长1人,副秘书长、助理秘书长若干人以及联合国组织所需要的其他行政人员组成。秘书处的首脑是秘书长，负责提供通盘行政指导。

秘书处的所有职员，均由秘书长依照大会所定的规章聘用或委派。为了保证秘书处的独立性和工作效率，宪章规定，秘书长和秘书处职员仅对联合国负责，必须以"国际官员"的地位为联合国整体履行职责。每个工作人员均不得寻求或接受任何政府或联合国以外的任何其他机构的指示，以保证秘书处的纯国际性质。根据2012年秘书长在第67届联合国大会上的报告，目前秘书处在世界各地的工作人员约有43 000人，工作人员来自170多个国家。工作地点包括纽约联合国总部以及日内瓦、维也纳、内罗毕和其他地点的联合国办事处。

联合国秘书长是联合国的行政首脑，由大会根据安理会的推荐来委派。秘书长的任期为5年，连任任期也为5年。根据宪章的有关规定来解释，大会有权拒绝安理会所推荐的候选人，但是大会无权任命安理会所未推荐的人选为秘书长。在安理会的推荐中，常任理事国享有否决权。因此，秘书长的选举不仅是一个法律程序问题，而且带有强烈的政治色彩，向来为各成员国和世界所注意。联合国过去的九任秘书长有四任是欧洲人，亚洲人和非洲人各占二任，拉美人占一任。现任秘书长是来自葡萄牙的安东尼奥·古特雷斯。

秘书长及其工作人员的职责十分广泛，涉及行政、技术、政治和财政等联合国工作的各个方面。秘书处的职责主要包括：筹备组织各种会议；负责与会员国和其他机构的联系；接受、翻译、印刷和散发大会及其委员会和机构的文件、报告和决议；编制、印刷和散发会议记录；保管并妥善保存大会的归档文件；进行条约登记及公布；推动发展议程，提供技术援助等。

此外，联合国秘书长作为本组织的行政首长，对外代表联合国。秘书长在大会、安全理事会、经社理事会及托管理事会之一切会议，应以秘书长资格行使职务，并应执行各该机关托付之其他职务。秘书长应向大会提送关于本组织工作的常年报告，并得将其所认为可能威胁国际和平与安全之任何事件，提请安理会注意。在财政方面，秘书长应负责编制联合国的预算草案，然后提交给一个专门负责行政和预算工作的咨询委员会审核，最后提交大会审核批准等。

第四节 专门性国际组织及其法律制度

一、概述

专门性国际组织本身可以分出不同的种类。如果按其成员的性质来分，专门性国际组织有民间的和政府间的两大类。如果按其地域范围来分，有的是全球性组织，有的是地区性组织。若从这些组织的专业领域来考察，则又可以分为通信运输组织、文化科教卫生组织、金融贸易组织、工农业方面的组织等。

值得注意的是，现代专门性国际组织多与一般综合性国际组织建立了工作关系，有的则是根据一般综合性国际组织的决定而创设的。它们以某一综合性国际组织为中心，形成若干个国际组织的分支体系，如欧洲联盟体系、世界银行体系、国际商品协定组织体系等。

二、专门性国际组织的基本体制

（一）基本文件

虽然政府间专门性组织的基本文件是各式各样的，具体名称也不尽一致，但它们都是一种国际协定。这些协定是各专门性组织据以存在的法律基础，是规定此等组织的宗旨原则、成员资格、职权与活动程序等基本问题的章程。

专门性国际组织的基本文件除少数是在原章程基础上修订而成的以外，绝大多数是在第二次世界大战以后制定的。同其他国际组织的章程一样，这些基本文件须经全体或特定数量的参加者批准或接受后才能生效。不过，同政治性较强的一般性国际组织相比，专门性国际组织章程的修订程序则较为灵活。这主要是因为政治性国际组织章程所涉及的问题极为敏锐，其修订案不易得到所有成员国的同意，而专门机构章程所涉及的通常是一些专业技术性问题，在成员国间更容易达成共识，其修正案的通过程序也较为简便。

（二）成员资格

如前所述，专门性国际组织关于成员资格的规定，通常比一般政治性组织的条件要简单一些。因此，有些国家在特殊情况下虽然不可能加入联合国或其他政治性组织，但却有可能成为专门性组织的成员国。一般来说，政府间专门性组织的成员主要是主权国家。但是也有不少此等组织允许在有关专业领域内享有某种管理权的非主权的实体，如非自治领土、单独关税区、一体化经济组织等，作为其成员或准成员。世界气象组织、万国邮政联盟、世界卫生组织、世界贸易组织等就是如此。

（三）组织结构

尽管每一个专门性国际组织的机关在数量和名称上并不完全一致，但大多数是由三个主要机关组成的，即审议与决策机关、执行与管理机关和常设秘书机关。这可以说是专门性国际组织的"三分结构"体制。

审议与决策机关，是最高权力机关，一般称为"大会"，由全体成员国组成。大会的职能主要在于制定方针政策、审查预算、选举执行机关成员、制定及修正有关约章、提出建议与决定各有关事项、实行内部监督等方面。但是国际劳工组织的大会则有其独特之处。各成员国参加国际劳工大会的代表团，按规定是由政府代表2人、工人和雇主代表各1人混合组成的。而工人代表与雇主代表的委派需取得有关工会与企业联盟的同意。另外,有些专门性组织的最高权力机关称为"理事会",如世界银行;或称"部长级会议",如世界贸易组织。

执行与管理机关,一般称为执行局或理事会,也有称为委员会或执行董事会的。执行机关多由大会选举少数成员国的代表组成,但也有由成员国按定额委派的。执行机关的职责在于执行大会的决议,提出建议、计划和工作方案并付诸实施。

各专门机构均设有一个以秘书长或总干事为首的常设机关,一般称为国际秘书处。秘书处的工作人员是国际公务员,从各成员国中挑选和招聘,不代表成员国的意志,不接受任何外来影响,独立地为本组织工作。秘书处主要负担各常设机关的协调任务并处理各种日常工作,是现代专门性国际组织的核心。

(四)表决方式

现代专门性国际组织一般实行的是"一国一票"的多数表决制,而一致通过只是一种例外。在这一制度中,根据所审议和决定事项的不同,有的采用特定多数制,有的则只需简单的过半数。另外,如前所述,某些专门性国际组织还采用一种"一国多票"的"加权表决制"。这种制度主要适用于一些有关经济、金融领域的专门性国际组织。

三、联合国专门机构

在现代专门性国际组织之中,联合国专门机构占有突出的地位。与国联相比,联合国更强调经济、社会、文化、教育、卫生等问题,并在组织上单独设立了经社理事会主管这方面的协调工作。

根据《联合国宪章》第57条和第63条的有关规定,联合国专门机构是指依据各国政府间协定所创立,并以特别协定而同联合国建立了关系的于某一特定业务领域负有广大国际责任的专门性国际组织。其具有下列特征:

第一,它们是政府间组织。构成联合国专门机构的组织必须是"政府间"性质的,而不是民间的或政府之上的组织。

第二,它们是具有独立国际法律人格的组织。联合国专门机构均有各自独立的组织章程、机关体系、运作体制和成员国,它们不是联合国的附属机构。

第三,它们是在某一特定领域负有"广大国际责任"的全球性专门组织,因此不包括各种区域性的专门组织。

第四,它们是同联合国具有特殊法律关系的专门组织。虽然现代国际组织与联合国均有某种形式的关系,但联合国专门机构与联合国之间的关系具有某种特殊性。它们是根据同联合国的经社理事会签订的关系协定而与联合国建立工作联系的。此种关系协定，使各专门机构正式被纳入联合国体系。

拓展阅读
国际劳工组织行政法庭就针对国际农业发展基金的指控作出的第2867号判决的咨询意见（国际法院，2012）

联合国现有的 19 个专门机构是：国际电信联盟、国际劳工组织、世界卫生组织、世界气象组织、世界知识产权组织、国际货币基金组织、国际复兴开发银行、国际开发协会、国际金融公司、解决投资争议国际中心、多边投资担保机构、万国邮政联盟、联合国粮食及农业组织、联合国教科文组织、国际民用航空组织、国际海事组织、国际农业发展基金、联合国工业发展组织、世界旅游组织。此外，国际原子能机构、禁止核试验条约组织预备委员会、禁止化学武器组织和世界贸易组织也分别与联合国安理会或大会建立了比较稳定的工作关系。这些专门机构和组织在经济、社会、文化、教育、卫生和有关领域负有广泛的国际责任。

第五节　区域性国际组织及其法律制度

一、区域性国际组织的建立与发展

区域性国际组织是与全球性国际组织相对应而言的。两次世界大战之后，区域性组织迅速增长。各种区域性国际组织与全球性国际组织平行发展，已成为一种重要的趋势。现代区域性国际组织已遍及世界的各个地区。

美洲现存的国际组织中，渊源最早、规模最大的是美洲国家组织，它是一个一般政治性区域组织。此外，还有若干颇具影响的组织，如拉美自由贸易协会（现为拉美一体化协会）、安第斯集团、加勒比共同体、亚马孙合作条约组织、北美自由贸易区等。

第二次世界大战后，在亚洲及太平洋地区成立了众多的区域性国际组织。在现存组织中，东南亚国家联盟、阿拉伯国家联盟和海湾合作委员会等具有颇大影响，均系一般政治性组织。此外，还有亚太经济合作组织、阿拉伯石油输出国组织、亚洲开发银行、南太平洋委员会、上海合作组织等。

非洲的区域性国际组织均成立较晚，其中最大的是非洲统一组织，现在更名为非洲联盟。此外还有蒙罗维亚集团、卡萨布集团等，都是一般政治性组织。此外，西非经济共同体、中非关税与经济联盟、南非关税同盟、西非国家经济共同体等，都是重要的区域经济合作组织。

欧洲最早的区域性组织有 19 世纪初建立的莱茵河委员会和多瑙河委员会，它们也是专门性组织。第二次世界大战之后，欧洲的区域性国际组织有了长足的发展。其中较重要的有北欧理事会、欧洲委员会、欧洲共同体/欧洲联盟、欧洲自由贸易联盟、比荷卢经济联盟、欧洲安全合作组织、北大西洋公约组织等。

二、区域性国际组织的基本特征

第一，与全球性国际组织相比，区域性组织有地域上的局部性。区域性组织的成员国通常只限于特定地区内的国家。它们疆域相邻，接触频繁，比较容易建立一定组织形式的合作关系。不过，区域性组织不一定包括该区域的所有国家。有的区域性组织也可能接纳本地区外的有关国家参与该组织的活动。

第二，区域性组织往往在民族、历史、语言、文化或精神上具有某种联系，培育了某种共同意识，有的甚至实行类似的政治、经济与社会文化制度。因此，同其他类型的国际组织相比，区域性组织具有更加稳定的政治、经济及社会基础。

第三，区域性组织的宗旨及活动主要是维护本区域内的和平与安全，促进本区域经济、社会、文化等关系的发展，保障本区域的共同利益，因此，它具有较明显的集团性。区域性组织是整个国际组织体系的组成部分，它的存在及其活动对本地区甚至全世界的和平与发展产生重要影响。

三、区域性国际组织与全球性国际组织的法律关系

现代区域性组织与全球性组织的并行发展，必然产生两者之间的关系问题。

国际联盟的缔造者因着眼于要建立一个强有力的国际联盟，唯恐明文承认区域性组织的作用会削弱其地位，所以，虽然在盟约中提到了"区域协商"，但并没有关于区域性组织的明确条款。

联合国成立之际，国际组织的发展进入了一个新的阶段。鉴于区域性组织在国际事务中的实际地位与影响，《联合国宪章》专门以第八章各条款确认了区域性组织的法律地位。此外，宪章第51条的规定也与此密切相关。这些条款构成了区域性组织与联合国发生关系的法律基础。

通过上述规定，宪章已把区域性组织纳入联合国维持国际和平与安全的全球体制。宪章特别强调两点：一是区域性组织的基本职能是以区域行动来维持国际和平与安全；二是区域性组织的存在不得违反联合国的宗旨与原则。在联合国之后成立的各区域性组织，多将这一基本条款的精神载入其组织法，作为其活动的准则。

综上可见，虽然区域性组织的存在与活动都是自主的，但在维持国际和平与安全方面，它同联合国的关系却处于一种补充和辅助的地位。这种体制上的结合，既使区域性组织在和平解决争端与实施强制性行动等方面发挥应有的作用，而又不会损害联合国的主导地位。

国际实践还表明，除一般政治领域中的区域性组织与联合国组织之间建立了法律关系外，专门领域中的区域性组织与全球性组织之间也有各式各样的法律关系，并呈现一种两极相互渗透的倾向。例如，世界贸易组织与区域性贸易集团的关系，主要通过1994年关贸总协定第24条、1979年的授权条款、《服务贸易总协定》、贸易政策审查机制和区域贸易协定委员会予以规制和协调。根据有关规定，欧洲联盟（2009年12月1日前为欧洲共同体）也成为世界贸易组织的一个缔约方。由此可见，国际组织理论与实践中的区域主义与普遍主义并不是互相排斥的，而是一种可以互补的关系。

第六节　中国与国际组织

1899年和1907年，中国清政府先后派代表参加两次海牙和会，签署了有关公约并向常设仲裁法院指派了仲裁员，开启了中国参与国际机构的先河。1911年，中华民国政府自动继承和接受了两个海牙公约，并继续指派仲裁员。[①] 第一次世界大战后，中国于1920年参加了国际联盟，逐渐开始参加国际组织的活动。自20世纪70年代初中华人民共和国恢复在联合国的合法席位之后，尤其是实行改革开放政策以来，我国不断扩大与各种国际组织的关系，全面参与国际组织的各种活动。

一、中国与联合国

（一）中国在联合国的代表权问题

第二次世界大战后，中国于1945年参加创建联合国，并成为第一个在《联合国宪章》上签字的创始会员国和安理会的5个常任理事国之一。中国人民革命胜利后于1949年建立的中华人民共和国政府，是代表中国人民的唯一合法政府，按照公认的国际法原则，应立即取代旧政府，享有其在联合国的一切合法权益。但在这一问题上，却经历了一段较长时间的波折。

中华人民共和国成立之初，中国政府于1949年11月15日即分别致电联合国秘书长赖伊和第四届联大主席罗慕洛，并郑重声明："中华人民共和国中央人民政府是代表中国人民的唯一合法政府，国民党政府丧失代表中国人民的任何法律与事实根据，要求立即取消中国国民政府代表团继续代表中国人民参加联合国的一切权利"。此后，由于美国等西方国家的反对和阻挠，中国在联合国的代表权问题在历届联大会议上都以"延期讨论"或"暂缓讨论"或属于"重要问题"需由联

---

① 段洁龙主编：《中国国际法实践与案例》，法律出版社2011年版，第371页。

大 2/3 多数赞成的决议方式搁置起来。

时至 20 世纪 70 年代初，随着亚非拉一系列新独立国家加入联合国，联合国的成员国结构发生了重大变化。与此同时，中国的国际地位和影响有所提高。1971 年 10 月 18—25 日，第 26 届联合国大会专题讨论恢复中华人民共和国在联合国的合法席位问题。美、日代表采取各种手段对所有能够施加影响的国家代表做工作，希望他们能支持美、日等国的提案，甚至试图在程序上推迟表决时间，以便拉拢更多的国家，或提出把"双重代表权"的提案放到阿尔巴尼亚等国提案的前面表决等，但结果都失败了。25 日，联大首先表决美、日等国提出的驱逐蒋介石集团是"重要问题"的提案，结果以 55 票赞同（包括蒋介石集团的一票）、59 票反对、15 票弃权，遭到了否决。接着表决阿尔巴尼亚等国提出的恢复中华人民共和国合法席位和驱逐国民党集团代表的提案。结果以 76 票赞同、35 票反对、17 票弃权压倒多数通过了联合国大会第 2758 号决议。该决议"承认中华人民共和国政府的代表是在联合国组织的唯一合法代表，中华人民共和国是安全理事会五个常任理事国之一，决定：恢复中华人民共和国的一切权利，承认它的政府的代表为中国在联合国组织的唯一合法代表并立即把蒋介石的代表从它在联合国组织及其所属一切机构中所非法占据的席位上驱逐出去。"由于以上两项提案表决的结果，"双重代表权"的提案没有付诸表决就夭折了。

中国在联合国之外的其他一些国际组织中的代表权或成员资格问题也经历了类似波折，后面也将相应有所述及。

（二）中国在联合国的作用和地位

恢复在联合国的合法席位后，中国以"最大的发展中国家"全面参与联合国事务，尊重联合国的权威地位，维护宪章的宗旨和原则，在联合国的作用和地位不断得到加强。

第一，中国作为安理会常任理事国，在维持国际和平与安全方面作出了积极的贡献。如果说在 20 世纪 70 年代，中国对联合国事务尚处于适应过程，在有些问题上采取了观望态度，甚至选择了不参加表决，但自 70 年代末以来，中国即开始积极主动地参与联合国安理会及其他各机构的工作与活动。1978 年，中国参加了联合国第一届关于裁军问题的特别大会，随后派出专职裁军事务大使常驻日内瓦；1982 年，中国开始承担联合国维和费用；1984 年，中国全面阐述了对维和行动的原则立场；1988 年，中国正式成为联合国维和行动特别委员会成员国；1989 年，中国首次参加联合国维和行动。截至 2013 年年底，中国共参与了 24 项联合国维和行动，参与的人数共计 2 078 人，其中军事人员 1 805 人、警察 174 人、军事观察员（专家）39 人。2015 年 9 月 28 日，中国国家主席习近平在纽约联合国总部出席联合国维和峰会并发表讲话。他宣布，为支持改进和加强维和行动，中国将加入新的联合国维和能力待命机制,决定为此率先组建常备成建制维和警队,并建设 8 000 人规模的维和待命部队。今后 5 年,中国将为各国培训 2 000 名维和人员,开展 10 个扫雷援助项目。中国现已成为维和行动主要出兵国和出资国。

第二,中国为联合国的发展事业承担了更大的责任。根据惯例,中国一直也是联合国经社理事会的理事国。2003 年,中国首次发布关于中国在实施联合国千年发展目标方面所取得进展的报告,但同时指出我国在贫富差异和地区间差距、性别差距、老龄化、城市贫民窟、艾滋病毒/艾滋病扩散等方面面临严峻的挑战。中国在实现自身发展的同时,也加强对发展中国家发展的援助。在人权领域,中国于 2006 年成功当选新成立的人权理事会成员。中国本着积极和建设性态度参与人权理事会的建章立制工作,包括确立普遍定期审议、人权特别机制、专家咨询委员会、来文申诉机制,以及制定人权理事会议程、工作方法和议事规则等,并在平等和相互尊重的基础上积极开展国际人权领域的对话与交流。

第三,为了适应形势变化的需求,中国积极支持联合国改革。中国一贯强调联合国在国际事务中的主导作用,坚持在联合国框架内通过和平谈判和合作方式解决重大国际问题,反对任何绕开联合国的单边主义军事行动,不鼓励对成员国轻易采取经济制裁和禁运等措施。2005 年,中国政府公布了《中国关于联合国改革问题的立场文件》,阐述对联合国改革的立场。文件指出,通过改革加强联合国的作用,符合全人类的共同利益。文件强调联合国的改革应有利于推动多边主义、提高联合国的权威和效率以及应对新威胁和挑战的能力。改革是全方位、多领域的,在安全和发展两方面均应有所建树,扭转联合国工作"重安全、轻发展"的趋势,最大限度地满足所有会员国尤其是广大发展中国家的要求和关切。中国也完全赞同 2005 年《世界首脑会议成果文件》中将法治作为一项价值观和基本原则的观点和主张,认为法治是人类文明和进步的重要标志,并支持联合国大会第六委员会(法律委员会)将"国内和国际两极法治"问题列入其议题进行审议。

2015 年 9 月,中国发布了关于联合国成立 70 周年的立场文件。该立场文件全面介绍了中国对联合国成立 70 周年有关重大问题的看法,就联合国安理会作用、联合国维和行动、公共卫生安全、儿童、教育、残疾人权益、气候变化、恐怖主义、网络安全、人权、加强联合国工作效率等问题阐述中方立场和主张。中国国家主席习近平在第 70 届联合国大会一般性辩论时发表题为"携手构建合作共赢新伙伴,同心打造人类命运共同体"的讲话。他指出,和平、发展、公平、正义、民主、自由,是全人类的共同价值,也是联合国的崇高目标。在新的历史起点上,联合国需要深入思考如何在 21 世纪更好回答世界和平与发展这一重大课题。中国认为,当今世界,各国相互依存、休戚与共。我们要继承和弘扬《联合国宪章》的宗旨和原则,构建以合作共赢为核心的新型国际关系,打造人类命运共同体。中国也在努力为联合国的进一步发展与改革贡献智慧和方案。

二、中国与专门性国际组织

（一）中国与联合国专门机构

中国与联合国各专门机构的关系也经历了一个与联合国组织本身相类似的过程。在恢复在联合国合法席位之前,中国也分别向万国邮政联盟、世界卫生组织、世界气象组织、国际民航组织、国际劳工组织、国际货币基金组织等联合国专门机构提出了恢复我国代表席位的要求。但由于美国的阻挠或推行所谓"两个中国"的政策,中国也没有能够顺利恢复参加这些专门机构的活动。

中国政府在联合国合法席位的恢复,大大促进了各专门机构有关中国代表资格问题的解决。随后,中国又以同样方式陆续恢复和参加了其他的一些专门机构。① 现在,中国是前述所有 19 个联合国专门机构的成员国,并在其中发挥着日益重要的作用。

（二）中国与其他专门性国际组织

20 世纪 70 年代以来,中国与非联合国系统的国际组织关系也有了很大的发展。例如,国际奥林匹克委员会执委会于 1979 年 11 月 26 日通过决议,确认中华人民共和国使用"中国奥林匹克委员会"的名称,并规定中国台湾地区只能以"中国台北奥林匹克委员会"的名义参加。

又如,1984 年 9 月在卢森堡举行的第 53 届国际刑事警察组织年会上,中华人民共和国被正式接纳为该组织的成员国。同年 11 月,"国际刑警组织中国国家中心局"在北京成立。1985 年 9 月的第 54 届大会上,中国当选为该组织执委会成员。

再如,1986 年 7 月 11 日,中国驻日内瓦常驻代表团向关税与贸易总协定提交了中国政府关于恢复缔约国地位的申请书,表示愿意就恢复条件同总协定缔约方进行以关税减让为基础的各项实质性谈判。总协定理事会于 1987 年成立了审议中国恢复要求的工作组。中国问题工作组成立以后,自 1987 年 10 月至 1994 年 12 月,先后召开了 19 次会议。但由于以美、欧为首的缔约方要价过高,直至 1995 年年底作为一个临时性国际机构的 1947 年关贸总协定不复存在,中国"复关"谈判仍未结束。中国因此也未能成为世界贸易组织的创始成员。世界贸易组织成立后,中国"复关"工作组更名为中国"入世"工作组。中国"复关"谈判变成"入

---

① 江国青:《联合国专门机构法律制度研究》,武汉大学出版社 1993 年版,第 98—100 页。

世"谈判。2001年9月17日,世贸组织中国工作组第18次会议在日内瓦总部举行正式会议,通过了中国加入世贸组织的所有法律文件,标志着中国长达15年的马拉松式复关和入世谈判宣告完成。2001年12月11日,中国正式成为世界贸易组织的成员。中国台湾地区作为一个"单独关税区"也于2002年1月1日以"中国台北"的名义加入世界贸易组织。而中国的香港特别行政区和澳门特别行政区在此之前已经是世界贸易组织的成员。

三、中国与区域性国际组织

除了以上全球性国际组织之外,中国还同一些重要的区域性国际组织发展了友好关系。

（一）中国与欧洲联盟

1975年5月6日,中国同欧洲共同体（欧洲联盟前身）组成机构之一——欧洲经济共同体建立正式关系,并于当年9月在布鲁塞尔设立驻欧洲经济共同体使团。1983年11月1日,中国同欧共体另外两大机构（即欧洲煤钢共同体和欧洲原子能共同体）建立关系,从而实现了与欧共体的全面建交。根据双方于1987年签订的《中华人民共和国政府和欧洲共同体委员会关于在中华人民共和国设立欧洲共同体代表团及其特权与豁免协定》,1988年10月,欧共体委员会在华设立代表团。从1998年起建立了中欧领导人年度会晤机制。21世纪伊始,双方致力于构建全面战略伙伴关系。如今,中欧双方不仅分别是对方的第一大和第二大贸易伙伴,而且合作涉及政治、军事、经济、贸易、人权、法律、反恐、环保、科技、文化、体育、教育等广泛领域。目前,双方正在开展《中欧投资协定》的谈判。[①]

（二）中国与上海合作组织

1996年4月,中国与俄罗斯、哈萨克斯坦、吉尔吉斯斯坦、塔吉克斯坦五国元首在上海首次会晤,并启动了五国元首每年一次、轮流在五国会晤的机制。2001年6月,"上海五国"元首和乌兹别克斯坦总统在上海会晤,将"上海五国"机制提升到更高层面,共同发表了《上海合作组织成立宣言》。上海合作组织于2001年6月15日正式成立,秘书处设在北京,是迄今唯一在中国境内成立、以中国城市命名、总部设在中国的区域性国际组织。

上海合作组织现已建立元首、总理、总检察长、最高法院院长、安全会议秘书、外长、国防部长、公安内务部长、司法部长、经贸部长、文化部长、卫生部

---

① 曾令良:《欧洲联盟法总论——以〈欧洲宪法条约〉为新视角》,武汉大学出版社2007年版,第2页。

长、教育部长、交通部长、紧急救灾部长（中方为民政部）、科技部长、农业部长、国家协调员等会议机制。根据《上海合作组织宪章》，元首理事会是上海合作组织最高机构，每年举行一次例会，会议举办国担任组织轮值主席国。2004年1月，上海合作组织在乌兹别克斯坦首都塔什干设立地区反恐怖机构。地区反恐怖机构和秘书处一样也是常设机构，主要职能是协助成员国打击"三股势力"、协助培训反恐专家以及同其他国际组织开展反恐合作等。地区反恐怖机构下设理事会和执行委员会。上海合作组织除现有8个成员国外，还有蒙古、伊朗、阿富汗3个观察员国，白俄罗斯、斯里兰卡、土耳其3个对话伙伴。

（三）中国与亚太经合组织

1989年11月正式成立的亚太经合组织是亚太地区层级最高、领域最广、最具影响力的经济合作机制。1991年10月，中国与亚太经合组织就加入问题签署了谅解备忘录，其中明确规定中国作为主权国家，中国台湾地区、中国香港地区作为区域经济以"中国台北"和"中国香港"的名称同时加入亚太经合组织，该组织也是仅有的几个同时接受中华人民共和国、中国台湾地区和中国香港地区作为完全会员的国际组织之一。

亚太经合组织现有21个成员，分别是澳大利亚、文莱、加拿大、智利、中国、中国香港、印度尼西亚、日本、韩国、墨西哥、马来西亚、新西兰、巴布亚新几内亚、秘鲁、菲律宾、俄罗斯、新加坡、中国台北、泰国、美国和越南。此外，还有3个观察员，分别是东盟秘书处、太平洋经济合作理事会、太平洋岛国论坛秘书处。其运作机制包括领导人非正式会议、部长级会议、高官会、委员会和工作组等。秘书处设在新加坡，负责为亚太经合组织各层次的活动提供支持与服务。秘书处负责人为执行主任，2010年起设固定任期，任期3年。亚太经合组织采取自主自愿、协商一致的合作方式，所作决定不经过投票程序，但须经各成员协商一致同意。会议成果文件不具法律约束力，但各成员在政治上和道义上有责任尽力予以实施。一般认为，亚太经合组织是一种介于传统国际组织和国际经济论坛之间的新型国际组织，采取的是符合本区域特点的非强制性或自愿的合作模式。①

2001年，中国政府在上海承办了亚太经合组织第九次首脑会议，达成了旨在加速实现茂物目标的上海共识。② 亚太经合组织第22次领导人非正式会议于2014年11月10日至11日在北京举行，会议主题为"共建面向未来的亚太伙伴关系"。会议取得多项重要成果，发表了《北京纲领：构建融合、创新、互联的亚太——

---

① 张献：《APEC的国际经济组织模式研究》，法律出版社2001年版，第1页。
② "茂物目标"是指1994年在印度尼西亚茂物召开的亚太经合组织峰会上提出的"发达成员在2010年，发展中成员在2020年实现贸易和投资自由化"的目标。

亚太经合组织第 22 次领导人非正式会议宣言》和《共建面向未来的亚太伙伴关系——亚太经合组织成立 25 周年声明》。

（四）亚洲基础设施投资银行

亚洲基础设施投资银行（Asian Infrastructure Investment Bank，简称亚投行或 AIIB），是一个由中国倡议并发起建立的新型国际金融机构。亚投行依据《亚洲基础设施投资银行协定》（简称《亚投行协定》）于 2015 年 12 月 25 日正式成立，总部设在中国北京。

1. 成立背景

2013 年 10 月 2 日，中国国家主席习近平在雅加达同印度尼西亚总统苏西洛举行会谈时表示，为促进本地区互联互通建设和经济一体化进程，中方倡议筹建亚洲基础设施投资银行，愿向包括东盟国家在内的本地区发展中国家基础设施建设提供资金支持。这一倡议得到许多国家的支持和响应。2014 年 10 月 24 日，包括中国、印度、新加坡等在内 22 个首批意向创始成员国的财长和授权代表在北京签署《筹建亚投行备忘录》，共同决定成立亚洲基础设施投资银行。2015 年 6 月 29 日，《亚洲基础设施投资银行协定》在北京签署；同年 12 月 25 日，该协定正式生效，标志着亚投行的正式成立。

2016 年 1 月 16 日，亚洲基础设施投资银行开业仪式在北京举行。习近平在开业仪式上强调，通过各成员国携手努力，亚投行一定能成为专业、高效、廉洁的 21 世纪新型多边开发银行，成为构建人类命运共同体的新平台，为促进亚洲和世界发展繁荣作出新贡献，为改善全球经济治理增添新力量。

2. 宗旨和职能

根据《亚投行协定》，亚投行的宗旨在于：（1）通过在基础设施及其他生产性领域的投资，促进亚洲经济可持续发展、创造财富并改善基础设施互联互通；（2）与其他多边和双边开发机构紧密合作，推进区域合作和伙伴关系，应对发展挑战。

为履行其宗旨，亚投行的职能包括：推动区域内发展领域的公共和私营资本投资，尤其是基础设施和其他生产性领域的发展；利用其可支配资金为本区域发展事业提供融资支持，包括能最有效支持本区域整体经济和谐发展的项目和规划，并特别关注本区域欠发达成员的需求；鼓励私营资本参与投资有利于区域经济发展，尤其是基础设施和其他生产性领域发展的项目、企业和活动，并在无法以合理条件获取私营资本融资时，对私营投资进行补充；以及为强化这些职能开展的其他活动和提供的其他服务。

3. 成员资格

亚投行成员资格向国际复兴开发银行和亚洲开发银行成员开放，一般区分为意向成员和正式成员、域内成员和域外成员、创始成员和普通成员几种不同情况。不享有主权或无法对自身国际关系行为负责的申请方，应由对其国际关系行为负责的银行成员同意或代其向银行提出加入申请。截至 2017 年 12 月 19 日，亚投行共有 84 个成员。

4. 法定股本

亚投行的法定股本为 1 000 亿美元，分为 100 万股，每股的票面价值为 10 万美元。初始法定股本分为实缴股本和待缴股本。实缴股本的票面总价值为 200 亿美元，待缴股本的票面总价值为 800 亿美元。域内外成员出资比例为 75∶25。经理事会超级多数同意后，亚投行可增加法定股本及下调域内成员出资比例，但域内成员出资比例不得低于 70%。域内外成员认缴股本在 75∶25 范围内以 GDP 为基本依据进行分配。初始认缴股本中实缴股本分 5 次缴清，每次缴纳 20%。目前中国认缴额为 297.804 亿美元（占比 30.34%），实缴 59.561 亿美元。

5. 投票权

亚投行的总投票权由股份投票权、基本投票权以及创始成员享有的创始成员投票权组成。每个成员的股份投票权等于其持有的亚投行股份数，基本投票权占总投票权的 12%，由全体成员（包括创始成员和今后加入的普通成员）平均分配，每个创始成员同时拥有 600 票创始成员投票权，基本投票权和创始成员投票权占总投票权的比重约为 15%。目前中国投票权占总投票权的 26.06%。

6. 业务营运

亚投行按照稳健原则开展经营。亚投行的业务分为普通业务和特别业务。普通业务是指由亚投行普通资本（包括法定股本、授权募集的资金、贷款或担保收回的资金等）提供融资的业务；特别业务是指为服务于自身宗旨，以亚投行所接受的特别基金开展的业务。

银行可以向任何成员或其机构、单位或行政部门，或在成员的领土上经营的任何实体或企业，以及参与本区域经济发展的国际或区域性机构或实体提供融资。在符合银行宗旨与职能及银行成员利益的情况下，经理事会超级多数投票同意，也可向非成员提供援助。亚投行开展业务的方式包括直接提供贷款、开展联合融资或参与贷款、进行股权投资、提供担保、提供特别基金的支持以及技术援助等。

7. 治理结构

亚投行设立理事会、董事会、管理层三层管理架构。理事会由所有成员派代表组成，是亚投行的最高决策机构，拥有亚投行的一切权力。董事会负责亚投行的总体运营，一般在非常驻的基础上运作。董事会共有 12 名董事，其中域内 9 名，域外 3 名。亚投行设立行长 1 名，从域内成员产生，任期 5 年，可连选连任一次。

同时设立副行长若干名。行长是银行的法定代表，是银行的最高管理人员，应在董事会的指导下开展银行日常业务。

8. 决策机制

理事会采用简单多数、特别多数和超级多数规则进行决策。简单多数指投票权的半数以上；特别多数指理事人数占理事总人数半数以上、所代表投票权不低于成员总投票权一半的多数通过；超级多数指理事人数占理事总人数 2/3 以上、所代表投票权不低于成员总投票权 3/4 的多数通过。

除《亚投行协定》另有明确规定外，理事会讨论的所有事项均应由所投投票权的简单多数决定。选举行长、增加资本金、修改协定、下调域内出资比例等重大事项均需要以超级多数批准，吸收新成员则采用特别多数规则批准。

除《亚投行协定》另有明确规定外，董事会讨论的所有问题，均应由所投投票权的简单多数决定。其中，董事会制定主要业务和财务政策、向行长下放政策及项目决定权须不低于总投票权的 3/4 多数批准。

亚投行自 2015 年 12 月 25 日正式成立两年多来，成员在不断扩展，投资运营也稳步展开。截至目前，亚投行已在 12 个成员国开展 24 个投资项目。项目贷款总额 42 亿美元，主要涉及能源、交通、城市基础设施等领域，其中一个是对华项目。① 实践表明，中国倡议建立亚投行是基于一种共商共建共享的新型国际关系理念，目的是支持各国共同发展。亚投行的建立，一方面能推动国际货币基金组织和世界银行的进一步改革，另一方面也具有补充当前亚洲开发银行在亚太地区的投融资与国际援助的职能。这也是中国秉持道义为先、互利共赢、共同发展的义利观，积极参与全球金融体系改革与治理的一个有益尝试和贡献。

思考题：

1. 何谓国际组织？国际组织可分为哪些类型？其基本特征是什么？
2. 何谓国际组织的法律人格？怎样理解国际组织秘书处的"纯国际性质"？
3. 联合国是怎样建立的？简述《联合国宪章》在现代国际法上的地位和意义。
4. 专门性国际组织在基本文件、成员资格、组织结构和决策程序等方面有什么特点？

---

① 报道称，亚投行目前已投资的 24 个项目都位于亚洲，包括菲律宾、印度、巴基斯坦、孟加拉国、缅甸、印尼等国，内容涉及贫民窟改造、防洪、天然气基础设施建设、高速公路/乡村道路、宽带网络、电力系统等方面。其中首个对华项目批准 2.5 亿美元贷款用于"北京空气质量改善和煤改气"项目。

5. 以联合国和世界贸易组织为重点,试概述中国与国际组织的关系,并谈谈你的建议与感想。

▶ 自测习题及参考答案

第八章 国际法上的个人

个人（individuals），主要指自然人，在一定语境下，也包括法人。在国际交往日益繁盛的全球化时代，法人（特别是跨国公司）的地位与作用、在国际社会应受的保障、应承担的社会责任问题，引起了广泛的重视。虽然对于个人能否成为国际法的主体还存在着争论，但是国际法存在着人本化发展趋势，即强调以人为根本，以人的利益为出发点和最终目标，[①] 国际法的许多制度最终都是为人服务的，而且存在着一些直接针对个人的规范。[②] 一国境内的且受该国管辖和支配的所有人有时被称为国际法上的居民，具体包括本国人、外国人、无国籍人。本章主要以人为中心，阐释国籍、外国人的法律地位与待遇、引渡、庇护和关于难民的制度。

第一节 个人的国籍

2014年10月23日中共十八届四中全会通过的《中共中央关于全面推进依法治国若干重大问题的决定》要求，"强化涉外法律服务，维护我国公民、法人在海外及外国公民、法人在我国的正当权益，依法维护海外侨胞权益"。这里的我国公民、外国公民都是以国籍为基础的，国籍是人与国家法律联系的重要纽带。

一、国籍的概念及意义

（一）概念

个人（自然人）的国籍（nationality），是指个人作为某一特定国家的国民或公民的一种法律资格或身份。国籍原本是一个仅适用于个人的概念。后来，由于跨国投资的广泛发展，法人的国籍问题也成为人们关注的对象。从更广泛的意义上，国籍可以理解为作为一国成员、隶属于该国的法律资格或身份。

（二）法律意义

国籍的根本作用是在个人和国家之间建立一种稳固的法律联系，它包含着一系列的权利义务关系，意味着某人处于该国的属人优越权之下。国籍对于有关国家和个人均有重要的意义，它构成了国际法上引渡、外交保护、管辖等相关制度

---

① 曾令良：《现代国际法的人本化发展趋势》，《中国社会科学》2007年第1期。
② 何志鹏：《人的回归：个人国际法上地位之审视》，《法学评论》2006年第3期。

的基础。

第一，国籍是一个国家确定某人为其国民或公民，进而确定一个人的法律地位的重要依据。根据习惯国际法和相关国际条约，判断一个人是本国人还是外国人的依据只能是国籍。国籍由此成为个人与国际法发生联系的法律上的连结点。国际法并不直接对个人赋予权利和施加义务，而是通过国家与个人发生联系，将个人与国家连结起来的最主要因素就是国籍。

第二，国籍是一国区分本国人和外国人以及给予境内居民不同待遇的前提。具有本国国籍的人就处于本国公民的地位，享有本国公民的权利，包括外国人不能享有的选举权和被选举权；承担本国公民的义务，包括外国人不能承担的服兵役义务。不具有本国国籍的外国人或无国籍人，就处于外国人地位。外国人享有的权利和承担的义务和本国人是有区别的，国家对于外国人，既无权利予以外交保护，也无义务接纳其入境。

第三，国籍是确定国家属人管辖权的依据。国籍成为本国人在境外仍受本国管辖或外国人受其本国管辖的法律依据。

第四，国籍是国家对居民提供外交保护的依据。国家对侨居在外国的本国人有权予以外交保护，并且有义务接纳其回国。一国国民在国外的合法权益受到另一国不公正的待遇或非法侵害，又不能通过正常途径得到当地的适当救济或已用尽当地救济时，其国籍所属国可对其行使外交保护权，国家与个人的争端可以通过个人国籍所属国的介入转变成国家之间的争端。

（三）国籍法

国籍法是规定个人国籍的取得、变更（包括国籍的恢复）、丧失以及处理国际冲突的规则和原则的法律规范的总体。

到目前为止，国籍法主要体现为国内法，欧盟虽然确立了欧盟公民资格，但是并没有取代各成员国的国籍法律规范。尽管如此，欧洲公民资格仍应被视为国际法的一种突破和发展。一国有权决定谁是它的国民（取得、丧失国籍），其他国家应当予以尊重（产生法律效力）。

国籍法属于一国主权范围内的事项，因而一国是否允许本国人放弃本国国籍或允许外国人、无国籍人加入本国国籍，以及需要什么条件、程序，纯属国内管辖事项，一国政府可以拒绝外国人入籍的要求而不说明任何理由。

国籍法同时受相关国际法的约束，不应当违背该国所加入的国际公约、习惯及普遍承认的关于国籍方面的法律原则。

二、国籍的取得与丧失

（一）国籍的取得

国籍的取得是指一个人取得某一国家或公民的资格。根据各国的国籍立法和实践，国籍的取得主要有两种方式：一种是因出生而取得一国国籍；另一种是因加入而取得一国国籍。

1. 因出生而取得国籍

又称原始国籍、固有国籍，是指一个人由于出生而取得一国国籍。这是最主要的一种取得国籍的方式。各国国籍立法对因出生而取得国籍的规定，采取的立法原则是不相同的。

（1）血统主义。就是根据血统关系取得国籍，即以父母的国籍来确定一个人的国籍。根据这一原则，凡是本国国民的子女，不论出生在国内还是国外，当然具有本国国籍。血统原则又进一步分为单系（父系）血统原则和双系（父母）血统原则两种。前者以父亲的国籍确定子女的国籍，故又称为父系血统原则；后者以父母的国籍决定其子女的国籍，亦即父母的国籍对子女的国籍均有影响。

（2）出生地主义，指一个人的国籍不依其父母的国籍而取决于其出生的地方，即一个人出生在哪国，就取得哪个国家的国籍，而不问他的父母具有哪国国籍。历史上曾经大量吸收移民的国家，均曾采取过出生地主义。

（3）混合主义，即依血统原则和出生地原则相结合的混合原则取得国籍，是指血统关系和出生地都是决定国籍的根据、兼而采之的一种立法模式。不过，采取混合原则的国家，立法上也有不同。有的以血统原则为主，以出生地原则为辅，而有的则平衡地兼采两种原则。

目前各国实践的趋势是同时兼采血统主义和出生地主义，只不过在各国国籍法中侧重点有所不同。例如美国法律规定：出生在美国境外及其海外领地的人，双亲中一人是外国人，而另一人是美国公民的，在出生时即为美国国民和公民。

2. 因加入而取得国籍

又称后来国籍或继有国籍，简称入籍，指根据加入国籍者本人的意志或某种事实，并符合入籍国的法定条件和履行法定的程序而取得国籍。"入籍"有狭义和广义之分。狭义入籍是指外国人或无国籍人按一国法律之规定，通过本人自愿申请并经批准而取得该国国籍。广义入籍还包括基于婚姻、收养、准婚生、领土变更等原因而取得某国国籍。

具体方式包括：

（1）申请入籍。旧称归化，是指外国人或无国籍人按照一国法律规定，通过本人自愿申请并经批准而取得该国国籍。通常所说的入籍，是指这种狭义的入籍。一个国家是否允许外国人或无国籍人加入本国国籍，是一国主权范围内的事。国家可以根据本国法律的规定，或者批准当事人的申请而入籍，或者拒绝当事人的申请而不准入籍，别国无权干涉，任何人也没有权利主张一个国家必须接受他入籍。

（2）婚姻入籍。是指一国公民与另一国公民结婚而取得另一国国籍。由于婚姻而变更国籍的问题，主要是婚姻对女子国籍产生影响的问题。关于婚姻对女子国籍的影响，各国法律规定不同，主要有三种情形：第一种情形是无条件的妻随夫籍。第二种情形是外国女子与本国男子结婚，采取妻随夫籍的原则，无条件取得本国国籍；而本国女子与外国男子结婚，采取女子国籍独立的原则，不必然变更国籍。第三种情形是有条件的妻随夫籍，即外国女子与本国男子结婚，原则上取得本国国籍，但有一定条件；而本国女子与外国男子结婚，原则上丧失本国国籍，但也有一定条件（如居住年限要求）。现代大多数国家国籍立法的倾向是，根据男女平等的原则和妇女国籍独立的原则，规定婚姻不影响国籍。

3. 因收养或认领非婚生子女入籍

是指一国国民收养无国籍或具有外国国籍的儿童为养子女，或者认领非婚生子女，而使被收养或认领的儿童取得收养或认领者国家的国籍。

收养能否使被收养者的国籍发生变更，各国的法律规定是不同的，大致也有三种情形：第一种情形是收养影响国籍，即本国国民收养的外国国籍或无国籍的养子女，因收养而取得本国国籍。第二种情形是收养不影响国籍，即养子女不因收养而取得养父母所属国的国籍。第三种情形是收养虽不影响国籍，但养父母所属国可按优惠条件（如居住满一定年限或拥有一定的财产）给被收养人以该国国籍。

4. 由于交换领土入籍

两国在平等的基础上依条约交换部分领土，该领土上的居民的国籍是否随领土的交换而变更，一般是依双方的协议解决的。例如，美国兼并夏威夷后，于1900年立法宣布，所有在1898年8月12日系夏威夷人民的人均成为美国人。

（二）国籍的丧失

国籍的丧失是指一个人基于某种原因丧失他所具有的某一国家的国籍。国籍的丧失可分为自愿和非自愿两种。

自愿丧失（解除）国籍，是指根据本人的意愿而丧失国籍。自愿丧失国籍有两种情形：（1）本人自愿申请退籍，经批准后丧失本国国籍。但是各国国籍法都规定了一些退籍的条件。（2）在两个以上国籍中选择一个国籍，从而丧失未选择的国籍。

非自愿丧失国籍，是指基于法定原因而非出于本人自愿而丧失本国国籍。非自愿丧失国籍，主要是由于取得外国国籍、婚姻、收养、认领而丧失本国国籍，偶尔也有被剥夺国籍的情况。但是，各国剥夺国籍不得违反《联合国宪章》的宗旨和其他国籍法义务。事实上，由于剥夺国籍不符合现代人权理念，实施的也非常少。

（三）国籍的恢复（回复）

一个丧失某国国籍的人可以通过履行登记或声明手续恢复该国的国籍，或采用入籍的一般程序恢复国籍。

三、国籍的抵触（冲突）及其解决

国籍的抵触，也称国籍的冲突，是指一个人同时有两个或两个以上的国籍或不具有任何国籍的法律状态。前者为积极的国籍冲突，后者为消极的国籍冲突。由于国际法没有统一的国籍规则，国籍的取得和丧失是由国内法规定的，而各国法律又不尽相同，故不可避免地产生了国籍的冲突问题。双重国籍、多重国籍和无国籍均与"一人一国籍"原则相违背，是一种不正常的国籍状态，可能给有关个人和国家造成不利影响。实践中，主要通过国内立法和缔结国际条约的方式来解决国籍抵触状态，包括确定国籍抵触状态下有关个人的地位、减少或避免现存的国籍抵触状态和产生新的国籍抵触状态。

（一）国籍的积极抵触

一个人同时具有两个国家的国籍称为双重国籍，具有两个以上国家的国籍称为多重国籍。其中最为常见的是双重国籍，故国籍的积极抵触常称为双重国籍问题。

产生国籍积极抵触的具体原因主要是出生、婚姻、收养、入籍、认领等，但根本原因是各国国籍法规定不同。例如：（1）出生。由于各国对因出生而赋予国籍所采取的原则不同就产生双重国籍。（2）婚姻。由于各国对女子与外国人结婚是否影响其国籍的问题采取不同的立法原则，妇女就可能由于婚姻取得双重国籍。（3）收养。由于各国对收养外国人是否影响该外国人的国籍问题采取不同的立法原则而产生双重国籍。（4）入籍。由于各国对入籍的规定不同，也可能产生双重国籍。（5）认领。由于各国对认领的规定不同，也可能产生双重国籍。

国籍的积极抵触，有时会给相关国家和个人都带来负面的法律效果。（1）对相关个人而言，双重国籍使个人陷入困难境地。因为双重国籍人与两个国籍国都有固定的法律联系，他可以享受两个国籍国赋予的权利，但同时他也应效忠于两个国籍国，同时承担两个国籍国法律规定的服兵役、纳税等义务。这样有时就会导致双重国籍人或多重国籍人因无法履行对两个或两个以上国家的义务而陷入困境，尤其是对两个相互抵触的国家义务。（2）对于相关国籍国而言，会引起它们之间行使属人管辖权等问题的冲突。（3）对第三国来说，双重国籍有时会给第三国对外国人的管理带来不便，特别是在国籍国同时行使外交保护时，第三国无所适从。

解决双重国籍的问题,是国际法和国际私法共同面临的问题。国际私法的侧重点在于认可事实、选择国籍,即当存在双重国籍时如何选择、确定相关个人的国籍;国际法则主要侧重于解决问题本身、避免发生,即消除已经存在的个人双重国籍以及防止今后产生双重国籍的问题。主要的途径有:(1)进行国内立法,这是防止和减少双重国籍产生的有效办法。各国在制定国籍法时,就避免制定可能产生双重国籍的条款,或从积极方面制定避免产生双重国籍的条款。如在本国国籍法中规定:凡本国国民加入外国国籍即丧失本国国籍。(2)签订双边条约,即有关国家在平等的基础上,通过协商达成协议,签订双边条约,以解决两国间存在的双重国籍问题,这也是一种比较有效的方法。如1955年缔结的《中华人民共和国和印度尼西亚共和国关于双重国籍问题的公约》第1条规定:凡是同时具备中国与印度尼西亚国籍的人,都应就中国和印度尼西亚国籍中选择一种国籍。(3)签订多边公约,这是最理想但难奏实效的方法。为了解决双重国籍问题,国际上签订了一些国际公约,不过由于各国的利益、历史、人口、文化传统等存在差异以及国际社会的复杂性,以致参加此类国际公约的国家不多,而且还附有不少保留,因此效果不明显。

(二) 国籍的消极抵触

无国籍产生的具体原因有出生、婚姻、收养、国籍被剥夺等,但根本原因也是各国国籍法的不同规定。具体来说,主要有几种情形:(1)出生。一对无国籍的夫妻在采取纯血统主义的国家所生的子女,或者一对采取出生地主义国家的夫妻在采取纯血统主义国家所生的子女,就是无国籍人。(2)婚姻。一个采取婚姻影响国籍原则的国家的女子与一个采取婚姻不影响国籍原则的国家的男子结婚,就会产生无国籍人。(3)收养。一个采取收养影响国籍原则的国家的被收养人被一个采取收养不影响国籍原则的国家的收养人收养,就会产生无国籍人。(4)国籍被剥夺。某些国家的国籍法和有关法律规定有剥夺国籍的条款,如果一个人基于某种原因被剥夺了国籍,在取得新国籍之前,他就是一个无国籍人。

存在无国籍人的状况会给个人和国家带来不良的法律后果:(1)现在多数国家对无国籍人通常给予一般外国人的待遇,但无国籍人是"没有祖国的外国人",因此他们是居住国的负担。(2)无国籍人不能享受根据互惠原则给予某些特定国家的公民的优惠待遇,而且当无国籍人的利益遭到侵害时,他们不能请求任何国家给予外交保护,而任何国家也不会给予外交保护。

解决无国籍问题,通常采取国内立法和签订国际公约两种方法:(1)签订国际公约,如1954年《关于无国籍人地位的公约》、1961年《减少无国籍状态公约》等。(2)通过国内立法的规定避免无国籍状态,这是更为有效的办法。

四、中国的国籍法

中国历史上有三部国籍立法,即 1909 年(宣统元年)颁布的《大清国籍条例》、1914 年颁布的《民国三年修正国籍法》和 1929 年颁布的《修订国籍法》。1980 年 9 月 10 日,中华人民共和国第五届全国人大第三次会议通过并于同日公布施行的《中华人民共和国国籍法》(以下简称《国籍法》)是新中国成立以来颁布的第一部国籍法。这部国籍法共有 18 条,内容比较简单,近十多年来,很多学者和人大代表都提出了修改这部法律的建议。这部法律的主要内容如下。

(一)各族人民平等地具有中国国籍

这一规定包含两方面的含义:其一,我国境内各民族的人民都具有中国国籍。其二,我国各族人民所具有的国籍,是统一的中华人民共和国的国籍。这一原则,既反对了歧视少数民族的大民族主义,也反对了少数民族中的分裂主义。

(二)男女国籍平等

这是指男女国籍具有同等的法律效力,不因性别不同而有所差异。主要表现在以下两个方面:其一,在赋予原始国籍上,否定歧视妇女的父系血统主义,采取体现男女平等的双系血统主义。父母双方或一方为中国公民,不论出生在国内或国外,都具有中国国籍。其二,在对待婚姻是否影响国籍的问题上,否定妻随夫籍的原则,采取妇女国籍独立的原则。

(三)在原始国籍赋予上采取双系血统主义和出生地主义相结合的原则

我国采取的是血统主义和出生地主义相结合的原则,以血统主义为主,出生地主义为辅。《国籍法》第 4—6 条规定:(1)父母双方或一方为中国公民,本人出生在中国,具有中国国籍。(2)父母双方或一方为中国公民,本人出生在外国,具有中国国籍;但父母双方或一方为中国公民并定居在外国,本人出生时即具有外国国籍的,不具有中国国籍。上述两条规定采取的是血统主义。(3)父母无国籍或国籍不明,定居在中国,本人出生在中国,具有中国国籍。这条规定采取的是出生地主义。

(四)不承认中国公民具有双重国籍

《国籍法》第 3 条明确规定不承认中国公民具有双重国籍,包括:既不承认具有中国国籍的人同时具有外国国籍,也不承认具有外国国籍的人同时具有中国国籍。中国政府一贯明确宣布,不承认双重国籍,鼓励华侨自愿加入侨居国国籍。

为了防止与消除双重国籍状态,《国籍法》还规定:(1)定居外国的中国公民,自愿加入或取得外国国籍的,即自动丧失中国国籍。(2)父母双方或一方定居在外国的中国公民，本人出生在外国，具有中国国籍，但本人出生时即具有外国国籍的，不具有中国国籍。（3）中国公民申请退出中国国籍获得批准的，即丧失中国国籍。（4）外国人申请加入中国国籍获得批准的，即取得中国国籍，但不得再保留外国国籍。（5）曾经有过中国国籍的外国人被批准恢复中国国籍的，不得再保留外国国籍。

就出生获得国籍的问题，《国籍法》规定：外国人在中国所生子女具有外国国籍；定居在外国的中国公民，自愿加入或取得外国国籍，即自动丧失中国国籍；父母双方或一方为中国公民并定居在外国，本人出生时即具有外国国籍的，不具有中国国籍；经批准加入中国国籍的，不再保留外国国籍；申请恢复中国国籍获批准的，不再保留外国国籍。

（五）防止和减少无国籍人

为了避免产生无国籍问题，《国籍法》确立了几项措施：（1）对无国籍人，只要他们愿意遵守中国法律，具备一定条件并经本人申请，主管机关审查批准，可以加入中国国籍。（2）父母无国籍或国籍不明，定居在中国，只要在中国出生，即具有中国国籍。（3）不以任何理由剥夺中国公民的国籍。

（六）依据最密切联系的原则决定入籍和出籍

《国籍法》第7条规定了加入中国国籍的特别条件：（1）中国人的近亲属；（2）定居在中国的；（3）有其他正当理由。第10条规定了退出中国国籍的特别条件：（1）外国人的近亲属；（2）定居在外国的；（3）有其他正当理由。

（七）自愿申请和审批相结合的原则

《国籍法》第14条规定，中国国籍的取得、丧失和恢复，除因为出生而取得中国国籍外，必须办理申请手续。未满18周岁的人，可由其父母或其他法定代理人代为办理申请。第16条规定，加入、退出和恢复中国国籍的申请，由中华人民共和国公安部审批。经批准的，由公安部发给证书。

（八）关于香港、澳门永久居民的规定

由于香港和澳门曾有作为英国和葡萄牙殖民地的历史，所以其永久居民存在国籍的特殊问题。在这两个地区的主权移交给中国之前，香港永久居民大多持用英国属土公民护照（BDTC）与英国国民（海外）护照（BNO），而澳门居民则大多持有葡萄牙护照。主权移交后，两地居民除有中国国籍以外，大多还有其他身份。对此，全国人大常委会在港澳主权移交之前作出了《关于〈中华人民共和国国籍法〉在香港特别行政区实施的几个问题的解释》和《关于〈中华人民共和国国籍法〉在澳门特别行政区实施的几个问题的解释》，表明拥有中国国籍的港、澳永久居民可以使用外国政府签发的有关证件去其他国家或地区旅行，但只要拥有中国国籍，在中华人民共和国领土及相关特别行政区均不得因持有上述证件而享有外国领事保护的权利。①

第二节　外国人的法律地位与待遇

一、外国人的概念与法律地位

外国人是指在一国境内不具有居留国国籍而具有其他国籍的人。为了便于管理，无国籍的人也往往归入外国人的范畴。双重国籍人，如果他所具有的两个国籍都不是居留国的国籍，属于外国人；如果他具有的国籍中有一个是居留国的国籍，居留国一般不把他作为外国人看待。

（一）国家对外国人的管辖权

外国人的法律地位包括外国人在入境、居留、出境等各个方面的权利义务，大多通过一国法律对外国人权利和义务的规定来体现。根据习惯国际法中的属地管辖原则，给予外国人何种法律地位，是一国主权范围内的事项，不受别国干涉。国家通过其国内法对外国人的法律地位自主地作出规定。但是，对外国人法律地位的规定不得违背国家依据条约所承担的国际义务或国际法的一般原则、规则，并应考虑外国人国籍国的属人管辖权。

外国人处于居留国的属地管辖之下，必须遵守居留国的法律和法令。由于外国人同时处于国籍国的属人管辖之下，也仍然负有效忠本国的义务，当他的合法权益受到侵害而用尽当地救济方法未获解决时，可以申请本国的外交保护。

（二）外国人入境、居留和出境的管理

从理论上看，一国没有接纳外国人入境和居留的义务，是否允许外国人入境和居留由各国国内法作出规定。但各国有权依法强制外国人出境，而不能禁止其合法出境。实践中，各国一般允许外国人在本国规定的条件下入境、居留和出境。

1. 入境。根据国家主权原则，国家没有准许外国人入境的义务，外国人也没有要求别国政府必须准许他入境的权利，因此一国有权自行决定是否允许外国人入境，在什么条件下允许外国人入境等问题。在现代国际社会里，各国在互惠的基础上都允许外国人为合法的目的而入境，但一般都要求持有护照和经过签证。也有些国家在条约和互惠的基础上，通过协议，互免签证。一国为了本国的安全和利益，有权拒绝某些外国人入境，如精神病患者、传染病患者、刑事罪犯、从事不正当职业者等，但是，不应在外国人入境问题上实行种族歧视。

2. 居留。国家没有允许外国人居留的义务，是否允许外国人居留是接受国自

---

① 张勇、陈玉田：《香港居民的国籍问题》，法律出版社 2001 年版，第 74—75 页。

行决定的事，任何外国人没有主张接受国必须准予居留的权利，任何国家也不能主张它的国民有在外国领土内居住的权利。合法进入一国境内的外国人，根据居留国的法律、法令和有关的国际条约、协定，可在该国短期、长期或永久居住。外国人在居留期间的权利和义务由居留国的法律规定，按照国际实践，外国人的民事权利（包括人身权、财产权、著作权、发明权、劳动权、受教育权、婚姻家庭权和继承权）和诉讼权等，一般都受到居留国的保护。至于本国人享受的政治权利，外国人一般是不能享受的。外国人在居留期间，必须遵守居留国的法律、法令，交纳捐税，接受居留国的属地管辖。但政治权利方面则不享受本国人享受的政治权利，外国人也一般没有服兵役的义务。

3. 出境。一国不得禁止外国人合法离境。各国法律一般都规定，外国人出境，必须没有未了结的司法案件或债务，交清应交纳的捐税，并办理了出境手续。对于合法出境的外国人，应允许按照居留国法律的规定，带走其合法财产。

在特定情况下，可以限令外国人离境或可将其驱逐出境。例如：（1）危害居留国的公共秩序或公共安全；（2）侮辱居留国；（3）危害或者侮辱其他国家；（4）在内国或在外国犯有可罚的行为；（5）经济上损害居留国；（6）违反禁止居留义务而居住在居留国。

驱逐权不得滥用，否则将招致当事人本国的抗议、报复或其他反应，并引起国际责任。

二、外国人待遇的一般原则

外国人的待遇主要指一国为其境内的外国人（特别是长期和永久居留的外国人）所设定的权利义务。从国家责任的角度来看，一国给予外国人的待遇应符合一定的标准。关于这一标准的内容，存在"国内标准主义"和"国际标准主义"两种不同的主张。对于外国人的待遇国际上并无统一要求，除非受条约和习惯国际法的约束，国家可以自行决定给予外国人何种待遇。各国在实践中给予外国人的待遇存在以下四种原则或标准。

（一）国民待遇

国民待遇是指国家在一定范围内给予外国人与本国公民同等的待遇，即在同样条件下，外国人所享受的权利和承担的义务与本国人相同。根据国际实践，国家给予外国人国民待遇，是限制在一定范围内的。一般只限于民事、诉讼权利，不包括公民权利和政治权利。

国家之间通常在互惠原则的基础上互相给予国民待遇，体现了国家之间的平等关系。

（二）最惠国待遇

最惠国待遇是指一国（施惠国）给予另一国（受惠国）的国民或法人、商船等的待遇，不低于现时或将来给予任何第三国国民或法人、商船等的待遇。最惠国待遇一般通过条约中的最惠国条款给予。国家之间通常在互惠原则基础上互相给予此种待遇，但也曾有缔约国一方有义务给另一方以最惠国待遇，但自身却无权从缔约另一方获得最惠国待遇的情况（片面最惠国待遇）。① 中华人民共和国成立后，取消了帝国主义的一切在华特权，在平等互利的基础上同一些国家订立的条约中的最惠国条款，其作用与旧中国时期根本不同。

最惠国待遇有无条件的和有条件的区分。前者指缔约一方已给予或将来给予任何第三国的优惠和豁免，也无条件地给予缔约另一方。后者指缔约一方给予缔约另一方以它给予第三国的权利与优惠，是以对方给予同样的或等价的报偿为前提的。有条件的最惠国条款形式流行于19世纪上半叶。现在，国际上广泛采用的是无条件的最惠国待遇。各国实践中，最惠国待遇适用的范围通常包括：（1）外国自然人和法人的定居、个人的法律地位；（2）国家之间商品进出口关税及附加税的税率和其他费用的征收、海关手续、商船进出口许可证以及其他证件的发给、商品的过境存仓；（3）交通工具（船舶、航空器、铁路运输工具、机动车）出入停留所需燃料、修理、淡水、食品供应；（4）铁路、水路、公路的使用；（5）外国著作权、商标权和专利权的法律保护；（6）外国法院判决或仲裁裁决的承认和执行等。

最惠国待遇通常适用于经济和贸易等方面，一般不适用于以下情形：（1）给予邻国的利益、特惠、特权和豁免，特别是为了方便边境贸易给予邻国的优惠；（2）关税同盟、自由贸易区或优惠贸易区、经济共同体范围内的优惠，如北美自由贸易区、南方共同市场等；（3）双边或者多边的互免签证协议，如申根协定等；（4）经济货币联盟，如欧盟；（5）历史性安排，如英联邦。

（三）互惠待遇

互惠待遇是指一国给予外国国民某种权利、利益或优遇须以该外国给予本国国民同等的权利、利益或优遇为前提。在外国人待遇中，互惠原则是基础性原则。国家之间根据平等互惠的原则，互相给对方公民在税收优惠、互免入境签证、免收签证费等方面的待遇。

---

① 17、18世纪西方资本主义国家间的商务条约中经常出现最惠国条款，其目的在于防止本国国民或法人在外国或在与外国的经济交往中处于不利地位，即低于第三国的国民或法人在该国的地位。19、20世纪，帝国主义曾用它作为对一些亚洲和拉丁美洲国家侵略和掠夺的工具。例如，1843年中英在虎门签订的《五口通商附粘善后条款》中规定，"有新恩施及各国，亦应准英人一体均沾，用示平允。"1858年中美《天津条约》中规定："嗣后大清朝有何惠政、恩典、利益施及他国或其商民……亦当立准大合众国官民一体均沾。"此后百年，外国人在华的特权，因最惠国条款之援引，内容和实施范围都日益扩大。而且在享有在华特权的国家之间利用最惠国条款形成共同对华的阵营，对中国的利益损害极大。

（四）差别待遇

差别待遇是指国家在外国人与本国人之间或在不同国籍的外国人间给予不同的待遇。它包括两种情况：一是指国家给予外国公民或法人的民事权利，在某些方面少于本国公民或法人。例如，1919年在英国的外国人限制法中规定，外国人不得在英国担任引水员，不得在英国注册的商船上担任船长、大副、轮机长，不得担任英国渔船的船长或船长助手。我国有法律规定外国人不得在我国拥有土地所有权和对矿藏、水流、森林、山岭、草原、荒地、滩涂等自然资源的所有权。二是指对不同国籍的外国公民和法人给予不同的待遇。例如，国际贸易领域的普遍优惠制（简称普惠制）就是一种优惠待遇，它是发达国家单方面给予发展中国家某些产品（通常为原材料、制成品或半制成品）进入发达国家、享受减免关税的待遇，而不要求发展中国家给予发达国家同样的优惠。

在外国人待遇问题上，西方国家及国际法著作曾提出"最低限度国际标准"的主张。它要求，对外国人的待遇，应该符合所谓"文明世界"的"国际标准"或"最低标准"。这种理论遭到了很多发展中国家的反对，认为它可能成为发达国家对他国内政进行干涉的借口。

三、外交保护

（一）外交保护的含义

外交保护是指一国对在外国的国民（包括本国法人）的合法权益遭到所在国家非法的侵害而得不到救济或适当救济时，通过外交途径向加害国进行交涉和寻求补偿的行为。实践中，各国都是通过本国外交机关对在国外的本国国民提供各种保护。具体包括：

1. 如果一国国民的人身、财产等基本权益在外国受到不法侵害，且依该外国法律程序得不到救济的，该国的行为将被认为是国际不法行为，受害人的国籍国有权代表他进行干涉、提出抗议，并可通过外交方式要求该外国予以救济或承担责任，以保护其国民或国家的权益。

2. 一国的立法或行政行为即将危害外国人的合法权益的，该外国人的国籍所属国的外交代表可以进行非正式交涉，要求其侨民的利益得到应有的保护。

外交保护的基础是国家的属人管辖权，将国民的权利视为国家权益的组成部分，所以对其在外的国民具有保护的权利。外交保护在国家之间进行，本质是处理国家关系的制度；无论其国民是否作出请求，国家均可自行决定；实施外交保护应尊重外国的主权和属地管辖权。

（二）外交保护行使的范围

外交保护原则上适用于一国的国家行为已经或必将侵害外国人合法权益的各

种事项。实践中主要包括：

1. 侨民无辜受到逮捕或拘留。
2. 侨民在司法程序中被拒绝司法。
3. 侨民的财产或利益被非法剥夺。
4. 侨居国不给予侨民足够的保护以防范私人或团伙的暴力行为。
5. 侨民受到歧视性待遇，无故受到侨居国的驱赶和野蛮迫害。

（三）行使外交保护的条件限制

外交保护的限制条件主要有：

1. 本国国民的合法权益遭受所在国的非法侵害。
2. "国籍持续原则"与"国籍实际联系原则"。前者指从受害人受害之日起到国家提出求偿时，他必须连续具有保护国国籍。后者指个人的国籍须反映出其与国籍国的真实联系，个人属于该国实际人口，与该国保持实际的权利义务关系。因为外交保护权源于属人管辖权，因而，被保护的外国人必须具有保护国的国籍。当然，如果一个外国政府与提供保护的国家缔结有相反的条约的，不在此例。但是一个国家有权拒绝外国对自己的国民的保护。
3. 在所在国已经"用尽当地救济"（exhaust local remedies）。即在提出外交保护之前，受害人必须用尽当地法律规定的、全部的、有效的、可采用的救济办法，包括地方的、区域的、中央的所有司法办法和行政办法，并且将各种办法的审级用到最终。同时，受害人充分正确地利用加害国法律规定的各种救济办法中的所有程序。用尽当地救济的规则是构成国家责任的前提，它作为提起外交保护的条件，可以通过国际条约排除。用尽当地救济原则适用于国民或法人权益被侵害的一般情况，不适用于国家本身权益受侵害或国家之间有另外协议的情况。

（四）外交保护的具体方式

1. 被捕侨民应有机会与本国外交代表或领事官员交谈。
2. 审判外国被告时，应保证其国籍所属国外交代表（或使馆人员）或领事官员有权旁听审判过程。
3. 侨民的财产若被侨居国无偿征用，外交代表应建议他采取侨民国国内法律的补救方法，以求得一定的补偿。
4. 本国侨民遭到侨居国的个人或组织的暴力攻击时，如果侨民国有关机关不尽力采取保护性措施，外交代表可向有关当局进行交涉，要求赔偿。
5. 本国侨民如受到侨居国的歧视性待遇，遭驱赶或迫害时，外交代表应当提出抗议，要求侨居国立即停止此类行为，保证侨民正常的生活与工作，否则须对此产生的一切后果承担全部责任。

（五）卡尔沃主义

卡尔沃主义是由阿根廷法学家卡尔沃在其国际法著作中提出的。他主张外国人在南美国家不应享受比本地人更多的权利，而外国人在私法上的权利应属当地普通法院管辖，任何的外交干涉将造成强国欺凌弱国的结果。正是由于外交保护权在历史上常被西方列强作为干涉弱小国家的理由，才催生了卡尔沃主义。

卡尔沃主义被应用于南美国家涉外契约中，形成了一个专门条款，即卡尔沃条款。依据这类条款，外国当事人享有声明放弃要求其本国政府外交保护的权利。有学者认为，外交保护权是国际法授予国家的权利，而非个人的，因而个人无权放弃属于国家的权利。事实上，一国政府及其驻外使馆的任务之一，就是保护本国侨民的民事和商业利益，而无须被保护者同意的。

四、中国对外国人的管理制度

我国有关外国人权利义务的国内立法以及我国缔结或参加的有关外国人权利义务的国际条约对外国人在我国的入境、居留、出境以及在华外国人的待遇等问题分别作出了规定。

（一）外国人在中国的法律地位

随着中国法律的不断发展，在改革开放不断深化的背景下，外国人在中国的法律地位也逐渐提升。

1. 有关外国人在华法律地位的立法。中华人民共和国成立后，除了同有关国家缔结双边条约和普遍性国际公约规定缔约国国民在对方境内的待遇以外，还制定了一系列有关外国人在华法律地位的法律和法规。1982年《中华人民共和国宪法》第32条对外国人的待遇作了原则性规定："中华人民共和国保护在中国境内的外国人的合法权利和利益，在中国境内的外国人必须遵守中华人民共和国的法律。"所以守法的外国人的人身、财产及其他正当权益受到我国法律的保护。非经人民检察院批准、决定或者人民法院决定，并由公安机关执行，外国人不受逮捕。其他有关外国人的法律都以宪法为依据对外国人的实体权利和义务作了具体规定，如中国《民法通则》《著作权法》《商标法》《专利法》《中外合资经营企业法》《民事诉讼法》等。

2. 外国人的权利义务。外国人在民商事领域可以基于我国国内法、我国缔结和参加的国际条约以及互惠或对等原则、国民待遇原则、最惠国待遇原则，在民事和商事领域享有广泛的权利，如人身权、财产权、著作权、商标权、专利权、经营权、贸易权等。外国人还享有与中国人同等的社会权利，如合法收益权、同工同酬、诉诸司法或仲裁权利以及各种社会保障权利。

外国人在享受中国法律和有关条约赋予的各种权利的同时，负有遵守中国法律的义务，如有违反，必须承担相应的法律责任，接受相应的处罚。例如，按照中国《刑法》的规定，外国人在中国犯罪，除对享有外交特权和豁免的刑事责任者须通过外交途径解决外，依中国刑法处罚。外国人在中国领域外对中国国家或者公民犯罪，若该人在中国境内，也依中国刑法处罚。

（二）外国人在中国出入境、居留方面的管理制度

根据 2013 年开始实施的《中华人民共和国出境入境管理法》、2013 年修订的《中华人民共和国外国人入境出境管理条例》和 2004 年发布的《外国人在中国永久居留审批管理办法》，我国关于外国人入境、出境和居留的主要原则和规则包括：

1. 外国人入境，应当向驻外签证机关申请办理签证。签证分为外交签证、礼遇签证、公务签证、普通签证。对因工作、学习、探亲、旅游、商务活动、人才引进等非外交、公务事由入境的外国人，签发相应类别的普通签证。

外国人有下列情形之一的，不予签发签证：被处驱逐出境或者被决定遣送出境，未满不准入境规定年限的；患有严重精神障碍、传染性肺结核病或者有可能对公共卫生造成重大危害的其他传染病的；可能危害中国国家安全和利益、破坏社会公共秩序或者从事其他违法犯罪活动的；在申请签证过程中弄虚作假或者不能保障在中国境内期间所需费用的；不能提交签证机关要求提交的相关材料的；签证机关认为不宜签发签证的其他情形。对不予签发签证的，签证机关可以不说明理由。

对于那些根据中国政府与其他国家政府签订的互免签证协议属于免办签证的人员，持有效的外国人居留证件或者搭乘国际航空器、船舶、列车在中国过境停留不超过 24 小时的人员可以免办签证。

入境时应当向出入境边防检查机关交验本人的护照或者其他国际旅行证件、签证或者其他入境许可证明，履行规定的手续，经查验准许，方可入境。

2. 外国人所持签证注明的停留期限不超过 180 日的，持证人凭签证并按照签证注明的停留期限在中国境内停留。需要延长签证停留期限的，应当在签证注明的停留期限届满 7 日前向停留地县级以上地方人民政府公安机关出入境管理机构申请，按照要求提交申请事由的相关材料。经审查，延期理由合理、充分的，准予延长停留期限；不予延长停留期限的，应当按期离境。

对于有下列情形之一的外国人，不予签发外国人居留证件：所持签证类别属于不应办理外国人居留证件的；在申请过程中弄虚作假的；不能按照规定提供相关证明材料的；违反中国有关法律、行政法规，不适合在中国境内居留的；签发机关认为不宜签发外国人居留证件的其他情形。对于符合国家规定的专门人才、投资者或者出于人道等原因确需由停留变更为居留的外国人，经设区的市级以上地方人民政府公安机关出入境管理机构批准可以办理外国人居留证件。

外国人在中国境内停留居留，不得从事与停留居留事由不相符的活动，并应

当在规定的停留居留期限届满前离境。根据维护国家安全、公共安全的需要,公安机关、国家安全机关可以限制外国人、外国机构在某些地区设立居住或者办公场所;对已经设立的,可以限期迁离。

对于有下列情形之一的外国人,可遣送出境:被处限期出境,未在规定期限内离境的;有不准入境情形的;非法居留、非法就业的;违反本法或者其他法律、行政法规需要遣送出境的。被遣送出境的人员,自被遣送出境之日起1—5年内不准入境。

外国人在中国境内工作,应当按照规定取得工作许可和工作类居留证件。任何单位和个人不得聘用未取得工作许可和工作类居留证件的外国人。属于非法就业的行为包括:未按照规定取得工作许可和工作类居留证件在中国境内工作;超出工作许可限定范围在中国境内工作;外国留学生违反勤工助学管理规定,超出规定的岗位范围或者时限在中国境内工作。

3. 对中国经济社会发展作出突出贡献或者符合其他在中国境内永久居留条件的外国人,经本人申请和公安部批准,取得永久居留资格。对于在中国经济、教育、研究等企事业单位任职,具有副高级以上职称及享受同等待遇,已连续任职4年,且4年内在中国累计居留不少于3年且纳税记录良好的外国人而言,他们可以根据相关程序规定,申请在中国永久居留。取得永久居留资格的外国人,凭永久居留证件在中国境内居留和工作,凭本人的护照和永久居留证件出境入境。

公安部可决定取消具有下列情形之一的外国人在中国境内的永久居留资格:对中国国家安全和利益造成危害的;被处驱逐出境的;弄虚作假骗取在中国境内永久居留资格的;在中国境内居留未达到规定时限的;不适宜在中国境内永久居留的其他情形。

4. 外国人出境,应向出入境边防检查机关交验本人的护照或者其他国际旅行证件等出境入境证件,履行规定的手续,经查验准许,方可出境。下列人员不准出境:被判处刑罚尚未执行完毕或者属于刑事案件被告人、犯罪嫌疑人(按照中外有关协议移管被判刑人的除外);有未了结的民事案件,人民法院决定不准出境的;拖欠劳动者的劳动报酬,经国务院有关部门或者省、自治区、直辖市人民政府决定不准出境的;法律、行政法规规定不准出境的其他情形。

第三节 引渡和庇护

一、引渡

(一)引渡的概念与历史发展

引渡(extradition, rendition)是指一国的主管机关应他国主管机关的请求,将在本国境内而被他国指控犯罪或判刑的人交给请求国审判或执行处罚的国际司法协助行为。

引渡是国家间的刑事司法协助行为，国家没有一般性的引渡义务，国家通常通过条约对引渡的内容和程序予以明确规定。国际社会形成了一些专门性的引渡条约，如1971年《美加引渡条约》、1957年《欧洲引渡公约》等；也有一些含有引渡条款的条约，如1970年《海牙公约》第7、8条关于劫机犯引渡的规定。

在没有条约的情况下，国家完全根据主权自主通过立法或者其他方式决定引渡的条件、程度和后果。

现代意义上的引渡制度产生于18世纪的欧洲，在此之前属君主之间的交易（引渡政治犯、宗教犯和逃兵）。18世纪末，在近代资产阶级法制革命的推动下，引渡逐渐成为一项成熟的法律制度，通常以条约为依据。引渡的对象只限于普通刑事犯，不包括政治犯或宗教犯。从国家间签订的引渡条约、各国的引渡法以及各国进行引渡的实践来看，在引渡罪犯的问题上，已形成一些公认的国际习惯法规则。

（二）引渡的主体与对象

1. 请求引渡的主体。指有权请求引渡的国家，一般是对罪犯主张管辖权的国家。有以下三类国家：（1）罪犯本人所属国。根据国家的属人优越权，国家对于本国人在外国的犯罪行为具有管辖权，因此，罪犯的所属国有权要求引渡。（2）犯罪行为发生地国。根据国家的属地优越权，不管罪犯是否本国人，只要犯罪行为发生在该国，该国就有权请求引渡。（3）受害国。根据国家属地优越权的延伸原则，国家享有保护性管辖权。因此，尽管犯罪行为发生地不在本国，甚至犯罪人也不属于本国人，但是犯罪行为的后果及于该国，该国就可以行使管辖权，因而有权请求引渡。以上三类国家对罪犯都有权提出引渡要求。但是，如果这三类国家同时都对同一罪犯提出引渡要求时，在原则上，被请求国有权决定把罪犯引渡给何国。有些国际公约对这个问题作了具体规定。

2. 引渡的对象。是指被某国指控为犯罪或判刑的人。他可以是请求引渡的国家的国民，也可以是被请求引渡的国家的国民，还可以是第三国的国民。大多数国家基于维护本国的属人优越权的考虑，均不允许向外国引渡本国国民。此即"本国国民不引渡"原则。只有英、美等极少数国家不拒绝引渡本国国民。《中华人民共和国引渡法》（以下简称《引渡法》）第8条规定，根据中国法律，被请求引渡人具有中华人民共和国国籍的，中国政府拒绝引渡。

（三）引渡的条件

1. 政治犯例外原则。政治犯不引渡是各国公认的一项国际法原则，是指国家对由于政治原因而遭受外国追诉的外国人不予引渡。该原则形成于法国资产阶级革命以后西欧一些国家的国内立法和各国间的引渡条约的规定。但是，这项原则实施起来是困难的。因为：（1）关于政治犯的含义和范围缺乏明确性，各国的解释不尽一致，而且有的政治活动兼有普通罪行，即所谓相对的或混合的政治犯罪，如何适用这一原则，就很困难。（2）对于某种犯罪行为是不是政治犯的决定权，属于被请求引渡的国家，因此政治犯不引渡原则可能被歪曲或滥用。

2. 双重犯罪原则，又称相同原则，是指被请求引渡人的行为，必须是请求引渡国和被请求引渡国双方法律都认定是犯罪并可以起诉的行为，且此种罪行能达到判处若干年有期徒刑以上的程度。

3. 罪名特定原则（principle of identity），又称同一原则，指请求国在将被引渡人引渡回国后，只能以请求引渡时所主张的罪名进行审判和处罚，不得以不同于引渡罪名的其他罪名进行审判或惩处。

此外，各国会出于基本人权或者本国司法体制的考虑而拒绝引渡。国家还会提出拒绝引渡的任择性理由。在那些废除死刑的国家，经常会有死刑不引渡原则，即对于那些有可能在引渡后被判处死刑的人，不予引渡。

（四）引渡的程序与后果

1. 引渡的程序。引渡的程序通常在引渡条约或有关引渡的国内立法中加以规定。引渡罪犯的请求与回复，一般通过外交途径办理。一般程序是：（1）被请求国应请求国的要求对被引渡人临时逮捕；（2）请求国提出正式的引渡请求（附有关文件）；（3）被请求国有关机关对引渡请求进行审查并将决定交由有关机关批准；（4）被请求国按约定的时间、地点、方式与请求国完成对罪犯的移交。

2. 引渡的后果。引渡成功后，请求引渡国即可根据其法律对罪犯进行审判，但是，根据罪名特定原则，对该罪犯，请求国只能就其请求引渡时所指控的罪名加以审判和处罚。如果请求国对被引渡的人就另外的罪名审判和处罚，被请求引渡国是有抗议的权利的。

被引渡的罪犯是否可以由原来的请求国转交给第三国，国际实践并不一致。有些条约规定，未经被请求国同意，请求国不得将被引渡人转交（再引渡）给第三国。

（五）中国关于引渡的立法与实践

首先，中国参加了一系列包含有引渡条款的多边条约。例如，1980年加入《关于制止非法劫持航空器的公约》和《关于制止危害民用航空安全的非法行为的公约》；1988年12月20日签署《联合国禁止非法贩运麻醉药品和精神药物公约》，1989年9月4日批准该公约。

其次，中国和很多国家签订了双边引渡条约。中国自1986年起开始同一些国家谈判签订司法协助协定，中国和泰国于1993年8月26日缔结了双边引渡条约，此后相继与俄罗斯、白俄罗斯、保加利亚、罗马尼亚、哈萨克斯坦等国缔结了双边引渡条约。

再次，在缺乏条约的情况下，中国一般通过外交途径进行引渡。例如，1989年8月10日，中国政府通过外交途径，在菲律宾移民局等有关方面的合作下，将在中国犯罪以后潜逃到菲律宾马尼拉的中国公民张振忠从菲律宾引渡回国交付审判。在存在相关条约的情况下，中国则按照条约的规定，处理有关引渡的问题。2012年5月10日，"金三角"特大武装贩毒集团的首犯糯康在老挝万象机场由老挝警方正式依法移交给中国警方。该案首犯被引渡到中国，是我国在引渡领域的又一次成功实践。

最后，2000年12月28日，第九届全国人大常委会第十九次会议通过了《引渡法》，按照国际通行做法确立了中国接受和提出引渡请求的一般规则。例如，第7条规定，外国向中国提出的引渡请求必须同时符合下列条件：（1）引渡请求所指的行为，依照中国法律和请求国法律均构成犯罪；如果引渡请求有多种犯罪，只要其中一项符合"双重犯罪"条件，就可以对上述各种犯罪准予引渡。（2）为了提起刑事诉讼而请求引渡的，根据中国法律和请求国法律，对于引渡请求所指的犯罪均可判处1年以上有期徒刑或者其他更重的刑罚；为了执行刑罚而请求引渡的，在提出引渡请求时，被请求引渡人尚未服完的刑期至少为6个月。

又如，第8条确立了拒绝引渡的规则，除了政治犯不引渡、本国人不引渡之外，其他不引渡的情况有：（1）在收到引渡请求时，中国司法机关对于引渡请求所指的犯罪已经作出生效判决，或者已经终止刑事诉讼程序的；（2）根据中国或者请求国法律，引渡请求所指的犯罪纯属军事犯罪的；（3）根据中国或者请求国法律，在收到引渡请求时，由于犯罪已过追诉时效期限或者被请求引渡人已被赦免等原因，不应当追究被请求引渡人的刑事责任的；（4）被请求引渡人在请求国曾经遭受或者可能遭受酷刑或者其他残忍、不人道或者有辱人格的待遇或者处罚的；（5）请求国根据缺席判决提出引渡请求的。但请求国承诺在引渡后对被请求引渡人给予在其出庭的情况下进行重新审判机会的除外。

再如，第9条进一步规定不宜引渡的另两种情况：（1）中国对于引渡请求所指的犯罪具有刑事管辖权，并且对被请求引渡人正在进行刑事诉讼或者准备提起刑事诉讼的；（2）由于被请求引渡人的年龄、健康等原因，根据人道主义原则不宜引渡的。

此外，第10—46条细致地规定了我国被请求进行引渡时的具体工作程序。

二、庇护

（一）庇护的概念

庇护（asylum），指一国对因政治原因遭受追诉或迫害而来请求避难的外国人，给予保护并拒绝将其引渡给另一国的行为。庇护的做法可追溯至古希腊和古罗马的宗教避难所，当时地方政府不进入寺庙，所以那些受到世俗权力追诉或迫害的人往往逃入寺庙寻求避难。现代庇护制度产生于18世纪的欧洲资产阶级革命时期。1793年法国宪法明确规定了庇护制度。现代庇护一般是领土庇护（territorial asylum），是指以国家的属地优越权为依据，对遭受追诉的外国人的入境和居留给予保护并拒绝将他引渡给另一国的行为。

除了领土庇护以外，还有一种域外庇护，又称外交庇护，是指在驻在国的使馆、领事馆、军营、军舰、军用航空器内给避难者以庇护，即庇护国在外国领土上庇护外国人。其中，利用使馆庇护政治犯亦称为外交庇护。外交庇护虽为一些南美国家采用，但是《维也纳外交关系公约》不予认可。域外庇护一直未得到国际社会的普遍接受。针对逃到外国军舰的犯罪嫌疑人，当地国虽不能强行到军舰上拿捕逃亡者，但可以要求舰长交出该逃犯，也可向军舰所属国提出抗议。商船和民用航空器不得在他国境内庇护政治避难者，否则当地国家可采取强制措施，带走躲藏的政治避难者或其他犯罪分子。如果在一国领水、港口、机场内非法地给予外国人以庇护，也侵犯了其他国家的领土主权。

1950年国际法院在"庇护权案"中特别指出，"外交庇护"是侵犯领土国的领土主权的，因为这种做法使罪犯逃脱领土国的管辖，从而构成了对纯属领土国管辖的事务的干涉。这与领域庇护是完全不同的，因此在一般国际法上不能承认这种有损他国领土主权的做法。

> **拓展阅读**
>
> 国际法院庇护权案

（二）庇护的规则

庇护是国家的主权行为，是国家从它的属地优越权引申出来的权利。对于请求政治避难的外国人是否给予庇护，由给予庇护的国家自行决定。

庇护的主要法律依据是国内法，也有一些国际法文件。例如，1948年的《世界人权宣言》肯定了庇护权，并以以政治性罪行而被起诉的人为庇护对象；1967年联大的《领土庇护宣言》进一步规定了庇护问题上国际社会应予遵循的一般原则。

庇护的对象限于政治犯，反对殖民统治、维护公共利益、从事科学进步事业和创作活动而受迫害的人士（包括争取民族解放的士兵），政治避难者。根据联合国大会1967年12月14日通过的《领土庇护宣言》的规定，凡犯有"危害和平罪、战争罪或危害人类罪之人"，不在庇护之列。从第二次世界大战后引渡和惩处战争罪犯的实践看，各国对犯有上述国际罪行的人是不予庇护的。被国际公约和习惯国际法确认犯有国际罪行的其他罪犯，如海盗、贩毒、贩奴等罪犯，以及一般公认的普通刑事罪犯，也都不属于庇护对象。

庇护国采取庇护措施后，对受庇护人本国而言，排除了其属人管辖权。对庇护国而言产生双重义务，一方面要求其积极的作为，允许其入境、居留、加以保护；另一方面要求消极不作为，不将其引渡，也不驱逐。就受庇护的人的地位而言，这些受庇护的外国人通常被称为政治避难者，同一般外国侨民一样，处于所在国领土管辖权之下，遵守庇护国的一切法律法令，在所在国保护之下，可以在该国居留，不被引渡，也不被驱逐。根据《领土庇护宣言》第4条的规定，给予庇护之国家不得准许享受庇护之人从事违反联合国宗旨与原则之活动。

（三）我国关于庇护的立场与实践

尽管中国对于遭受迫害的外国人允许其请求领土庇护，但是在国内立法中很长时期内没有使用庇护这一概念。例如，1978年宪法规定，中国对于任何拥护正义事业、参加革命运动、进行科学工作而受到迫害的外国人，给以居留的权利。1982年宪法对于庇护权予以了明确的规定：中国对于因为政治原因要求避难的外国人，可以给予受庇护的权利。2012年6月，第十一届全国人大常委会第二十七次会议通过的《中华人民共和国出境入境管理法》第46条从难民的角度对庇护作了规定（见本章第四节）。此外，我国遵行缔结的国际条约中有关庇护外国人的规定。

第四节　难　民

一、难民和国际难民法的概念

难民（refugee），是指那些基于惧怕战争、种族、宗教、国籍、属于某一社会团体或具有某种政治见解等原因遭受迫害而逃离到其本国之外，并由于这种迫害不能或不愿受其本国保护的人，或者不具有任何国籍的人。广义上的难民指因政治迫害、战争或自然灾害而被迫离开其本国或经常居住国而前往别国避难的人，包括政治难民、战争难民、经济难民。狭义上的难民，仅指政治难民。

国际难民法，即关于难民保护的国际法律规范，始于20世纪20年代。第一次世界大战留下了大量的难民问题，引起国际社会的关注。1921年，国际联盟设立难民事务高级专员，由挪威人弗里德约夫·南森担任，负责保护和救援第一次世界大战后仍滞留在各国的难民。这是世界上第一个专门处理难民事务的国际机构。为了争取各国支持难民事务高级专员的工作并承认他所颁发的旅行证件——南森护照，国际上出现了一些关于颁发难民证件的专门规定。1951年联合国通过了《关于难民地位的公约》，因该公约规定的难民限于1951年1月1日以前发生的事，此限制不符合后来发生难民的新情况需要。为使公约对难民的定义能适用世界各地任何时候出现的难民情况，1967年国际上订立了《关于难民地位的议定书》（以下简称"议定书"），废除了有关时空的限制。

除了全球性的条约之外，还有一些关于难民的区域立法。例如，1969年非洲统一组织首脑会议通过的《非统组织关于非洲难民某些特定方面的公约》、1984年十几个拉美国家通过的《卡塔西拿宣言》等。此外，在实践中，联合国难民署在20世纪70年代以后的职权和工作范围实际上也已超出了其规章所规定的难民定义的范围，包括了"流离失所者"和"寻求庇护者"等。国际社会在难民问题上的立法和实践，意味着世界各国在难民的接纳、安置、援助、保护和难民事务开支的分担以及消除和减少难民产生的根源等方面致力于加强团结与合作，以共同解决国际难民问题。

二、难民身份的确定

难民所在国和国际难民机构可以根据有关国际条约或其他国际文件规定的条件和程序对有关个人的难民身份进行认定。

（一）确定难民身份的主要条件

1. 该人迁移或滞留于本国或经常居住国之外。这一条件要求有国籍的人必须处于其国籍国之外，即在外国领土内或不属于任何国家的领土范围内；无国籍人必须处于其经常居住国之外。

2. 不能或不愿受本国保护和不能或不愿返回经常居住国。不能或不愿受本国保护是指由于有国籍的人在国籍国内发生了迫害他们的事件，本国不保护他们；或者他们由于畏惧迫害或其他理由而不愿受本国保护。例如，1994年在卢旺达境内政府支持对图西族人进行屠杀，数百万人失去了政府的保护而成为难民。不能或不愿返回经常居住国是针对无国籍人而言的，是指其经常居住国发生了迫害他们的情况，使他们逃离，并且该国不再接受他们，或者由于他们畏惧迫害等原因不愿意再返回该国。

3. 该人有正当理由畏惧因种族等原因受到迫害。畏惧迫害是指个人思想上或心理上存在惧怕或忧虑对他们的侵害或迫害。正当理由则是指个人畏惧迫害的产生是由于他们的种族、宗教、国籍、属于某一社会团体或持有某种政治见解。

（二）难民身份的排除条件

个人取得难民身份必须同时具备以上三个条件，但并非具备这些条件者都可以取得难民身份。1967年《关于难民地位的议定书》还规定了排除条款，具有以下情况的人不能取得难民身份：

1. 已取得联合国保护。指已从联合国难民高级专员以外的联合国机关或机构获得保护和援助的人。此项排除旨在使特定的难民保护问题继续得到单独解决。

2. 被认为无须保护,指被居住地国家的主管当局认为具有附着于该国国籍权利和义务的人,因为他们已经在该国居住并享受等同国民的权利和义务或该国国民通常享有的大多数权利,故无须再获得一般难民享有的保护和援助。

3. 被认为不得保护的人。这是指有重大理由足以认为其违反国际文件中已作出的规定,犯有破坏和平罪、战争罪或危害人类罪的人;在以难民身份进入避难国之前曾在避难国以外犯有严重的非政治罪行的人;曾有违反联合国宗旨和原则的行为并认为有罪。例如,实施灭绝种族行为或其他大规模严重侵犯人权的行为并具有重大犯罪嫌疑的人。

(三)难民身份的确认程序

确认难民身份,并无国际法上的明确规定,各国基于主权自行处理。联合国难民署发布了《根据1951年难民地位公约和1967年议定书确定难民地位的程序和标准手册》,作为难民署自身工作的依据,有关国家也可以参考。

三、难民的法律地位

难民根据有关的国际条约享受国际保护,同时根据所在国的有关国内法承受具体的权利义务。1951年《关于难民地位的公约》和1967年《关于难民地位的议定书》对难民的入境、居留、出境和待遇等问题分别做了规定。

(一)难民的入境、居留和出境

《关于难民地位的公约》和《关于难民地位的议定书》的缔约国并不负有主动接受难民入境并准其在本国居留的积极义务,但应具有宽容态度并提供便利,不应以一般外国人的标准要求难民。在拒绝难民入境、居留以及将之驱逐出境等方面则受到了以下限制:

1. 边界不拒绝。对于未经许可进入或逗留于缔约国领土但毫不迟延地自动向有关当局说明了正当理由的难民,该国不得因该难民非法入境或逗留的事实本身而对之加以惩罚;该国如决定不予接纳,应给此类难民以获得另一国入境许可的合理期间和必要的便利;在此类难民在该国取得正常地位或者获得另一国入境许可之前,该国不得对之加以不必要的限制。

2. 对于合法在缔约国境内的难民,该国除非基于国家安全或公共秩序的理由且根据法定程序作出的判决,不得将之驱逐出境;对于决定予以驱逐的难民,该国应给他们一个合理的期间,以便其取得合法进入另一国家的许可。

3. 不推回原则(principle of non-refoulement)。不推回原则是国际难民法的核心原则,是难民地位中最主要的方面,它要求缔约国不得以任何方式将难民推回至其生命或自由受威胁的领土边界。《关于难民地位的公约》第33条规定,"任何缔约国不得以任何方式将难民驱逐或送回（推回）至其生命或自由因为他的种族、宗教、国籍、参加某一社会团体或具有某种政治见解而受威胁的领土边界。"不推回原则也存在例外情况，公约第33条第2款规定："如有正当理由认为难民足以危害所在国的安全，或者难民已被确定判决认为犯有特别严重罪行从而构成对该国社会的危险，则该难民不得要求本条规定的利益。"因此，除非有正当理由认为难民有足以危害其所处国家的安全等其他严重情形，国家不能将难民驱逐出境或送回国籍国、经常居住国。

（二）难民的待遇

一个人经申请获准取得难民地位后，难民本人及其家庭成员便可以根据《关于难民地位的公约》和《关于难民地位的议定书》，在缔约国境内负有服从接受国管辖，遵守所在国的法律、规章以及该国为维持公共秩序所采取的措施的一般义务，同时享受所在国赋予的权利和待遇。

在受庇护国（避难国）的个人身份受到住所地国家的支配，一般被赋予国民待遇或最惠国待遇，不低于一般外国人，不应受到歧视。难民可以享受广泛的权利和义务，具体包括：动产与不动产、知识产权、结社权利和向法院申诉的权利均受保护；经济活动方面应保护他的就业、自营职业的活动，保护他在社会福利方面的有关权利；难民有获得身份证件的权利，以便其旅行；尽可能便利其入籍、同化、加速办理难民的入籍程序，降低此项程序的费用。

四、中国保护难民的基本立场和实践

中国政府认为，国际难民问题必须从源头入手，以预防为主，制造难民的国家应承担主要责任。公正合理地解决地区冲突、消除热点和加强国际合作是消除难民问题根源的唯一途径，同时主张共同分摊保护和救援难民的负担。

（一）中国难民保护法律制度

中国现有的与难民有关的法律分三类：

1. 多边国际公约。1956年12月，中国分别加入《关于战俘待遇之日内瓦公约》和《关于战时保护平民之日内瓦公约》；1982年9月24日，中国分别加入了《关于难民地位的公约》和《关于难民地位的议定书》。

2. 双边条约。如中国与老挝之间的《关于遣返在华老挝难民的议定书》。

3. 国内立法。如1982年中国《宪法》第32条第2款规定："中华人民共和国对于因为政治原因要求避难的外国人，可以给予受庇护的权利。"2004年宪法修正后在第33条第3款规定："国家尊重和保障人权。"1985年《中华人民共和国外国人入境出境管理法》（已废止）第15条规定："对因为政治原因要求避难的外国人，经中国政府主管机关批准，准许在中国居留。"2012年《中华人民共和国出境

入境管理法》第46条更明确规定:"申请难民地位的外国人,在难民地位甄别期间,可以凭公安机关签发的临时身份证明在中国境内停留;被认定为难民的外国人,可以凭公安机关签发的难民身份证件在中国境内停留居留。"

我国具体应对国际难民问题的指导性文件,主要从属于国家突发事件总体应急预案体系的国家涉外突发事件应急预案及各地方政府基于此制定的各地涉外突发事件应急预案。

(二) 我国的难民保护机构

世界各国对难民身份的认定机构具有双重性,即主权国家和联合国难民署。按国际条约和国际习惯,如一国是《关于难民地位的公约》及《关于难民地位的议定书》的签字国,则由该国政府负责给予难民地位。我国有关部门由于缺乏明确的法律依据,对难民地位的认定基本上是一事一议,由外交部国际司协调联合国难民署及各有关国家,并与民政部等国内有关部门合作,针对个案制定政策。

(三) 我国的难民保护实践

中国政府一向支持国际社会解决难民问题的努力,在实践中接受并安置了大量难民。例如,我国对正常来华的缅甸公民采取就地融合的做法,规定:凡已按外侨登记并已发给外侨居留证的原缅甸籍人,按外侨对待;但如他们未持有缅甸护照,或者所持护照已经过期失效,又没有办理延期手续,可改按无国籍人对待;如本人要求加入中国国籍,必须办理申请入籍手续,并按规定审批。

思考题:

1. 国籍在国际法上有何重要意义?
2. 国籍的抵触对于个人而言有何不便?如何解决?
3. 如何理解难民的法律地位?
4. 中国在引渡、庇护方面取得了哪些历史进步?还存在哪些问题?
5. 外国人如何在中国取得永久居留资格?

▶ 自测习题及参考答案

第九章 国际人权法

第一节 概 述

一、国际人权法的概念

国际人权法，在英文中通常称为 international human rights law，或者 international law of human rights，实际上是指关于人权保护的国际法，而不是关于国际人权的法。这是因为人权是人作为人享有或应该享有的权利，不分国内人权和国际人权。但是，人权法，作为人权保护的法律原则、规则和制度的总称，是可以分为国内人权法和国际人权法的。① 与国内人权法不同，国际人权法是由一系列关于人权保护的，包括全球性的和区域性的，国际公约和条约以及国际习惯组成的国际法的独立分支，是国际上保护人权的原则、规则和制度的总称。②

作为国际法的一个分支，国际人权法与其他国际法的分支，如国际条约法、国际海洋法、外交和领事关系法等，在法律渊源、效力根据、法律性质等方面有许多相同之处，但是由于它是关于人权保护的国际法，即它所保护的对象绝大部分是个人的权利③，不是国家的权利，它所调整的关系不是国家与国家之间的关系，而是个人与国家特别是个人与其本国之间的关系，因此，它是国际法的一个特殊分支。

（一）国际人权法的特殊性

首先，国际人权法有较强的政治性。国际法与国际政治之间的密切关系是不言而喻的，国际法所调整的许多问题，例如国家的领土完整与政治独立、国家陆地领土和海上边界的划界等，涉及国家的重大利益，具有很强的政治性。但是，国际法的多数领域技术性较强或者其性质属于中立，例如国际条约法和外交和领事关系法，政治性相对较弱或者没有政治性。与这些领域相比，国际人权法的政治性较强。主要原因是人权问题归根结底与各国的政治体制联系在一起，还涉及宗教、文化、历史、民俗等复杂问题。国际法的任何其他分支都没有国际人权法与国家的内政联系得如此直接而全面。加上一些国家大搞人权外交，使人权问题的政治化对国际人权法的发展产生了不容忽视的影响。④

---

① 张晓玲主编：《人权法学》，中共中央党校出版社2014年版，第1页。
② 张晓玲主编：《人权法学》，中共中央党校出版社2014年版，第2页。
③ 还有少数的由个人组成的团体的权利，即集体人权，如自决权、发展权、和平权和环境权等。关于集体人权，参见张晓玲主编：《人权法学》，中共中央党校出版社2014年版，第227—242页。
④ 关于美国的人权外交，参见周琪：《美国人权外交政策》，上海人民出版社2001年版。

其次，个人是国际人权公约的直接受益者。如上所述，国际人权法所调整的是一种特殊的国家之间的国际关系，国际人权公约不是为了规定国家之间的权利和义务，而是为了保护国家管辖下的个人的人权和自由。但是，国际人权公约的制定者是国家。"国家参加国际人权文件有两种不同的角色：缔约国是共同的立法者，制定法律。立法的结果，是每一个缔约国都成为一个'义务人'，有责任和义务去尊重并保证已被承认的作为其本国居民的'人权'。协议生效之后，作为立法者的国家消失了（通过解释和适用继续立法的情况除外），仅保留了作为义务人的国家"。① 个人虽然不是国际人权公约的立法者，但却是公约所保护的人权的主体，成为国际人权公约的直接受益者。

最后，国际人权法是弱法中的弱法。这是因为国际法本身就是一个弱法，它与国内法相比，没有系统的立法机构，也没有系统的司法和执法机构，相比之下，它是一个弱法。作为国际法的分支之一，国际人权法具有所有这些特征。之所以说国际人权法是弱法中的弱法，是因为国际人权法不能利用国际法这个弱法所特有的执行机制，即主权平等国家之间的相互制约机制。例如，甲乙两国都是《公民权利和政治权利国际公约》的当事国，当甲国违反了公约的规定对该国一个少数民族实行种族清洗时，如果是在国际法的其他领域，乙国由于甲国违反公约的规定而使其权利和利益受到损害，可以采取相应对抗措施，从而使甲国纠正错误，但是对于违反人权公约的国家则不能那样去做。在上述例子中，乙国不能因为甲国违反公约的规定搞种族清洗，自己也在本国对少数民族进行相应的行为，那是国际法所禁止的，也是不可能的事。2001 年通过的《国家对国际不法行为的责任条款草案》第 50 条规定的"不受反措施影响的义务"中包括"保护基本人权的义务"和"禁止报复的人道主义性质的义务"②。

（二）国际人权法的主要内容

自 1945 年以来国际人权法已经发展成具有一定规模和体系的国际法分支，主要由国际公约和相关文件（统称为国际人权文件或文书）和国际习惯构成。从地域来划分，国际人权文件包括全球性或普遍性国际人权公约和区域性国际人权公约。③ 前者例如联合国大会 1965 年《消除一切形式种族歧视国际公约》、1979 年

---

① ［美］L.亨金：《权利的时代》，吴玉章等译，知识出版社 1997 年版，第 43 页。
② 贺其治：《国家责任法及案例浅析》，法律出版社 2003 年版，第 337—350 页。
③ 参见联合国人权事务中心出版的《人权国际文件汇编》。该文件汇编包括两卷：第一卷（分上下两册，即第一和第二部分）汇集了所有全球性国际人权公约和文件；第二卷收集了美洲国家组织、欧洲委员会、非洲统一组织和欧洲安全和合作会议通过的区域性人权公约和文件。此外，董云虎和刘武萍编著的《世界人权约法总览》（四川人民出版社 1990 年版）及《世界人权约法总览（续编）》（四川人民出版社 1993 年版），除了国际人权文件外还收集了世界各国与人权相关的法律文书。

《消除对妇女一切形式歧视公约》、1989 年《儿童权利公约》等;后者例如 1950 年《欧洲保障人权和基本自由公约》、1969 年《美洲人权公约》、1981 年《非洲人权和民族权宪章》等。从内容来看,这些国际文件大致可以分为宪章性文件和专门性文件。前者例如联合国大会 1948 年通过的一个决议,即《世界人权宣言》和 1966 年通过的两个国际人权公约,即《公民权利和政治权利国际公约》和《经济、社会和文化权利国际公约》,通常称为"世界人权宪章"以及上述三个区域性人权文件;后者例如联合国大会 1948 年通过的《防止及惩治灭绝种族罪公约》、联合国大会 1984 年通过的《禁止酷刑和其他残忍、不人道或有辱人格的待遇或处罚公约》、国际劳工大会 1951 年通过的《同工同酬公约》、1949 年在日内瓦召开的关于建立保护战争受难者国际公约的外交会议上通过的《关于战俘待遇之日内瓦公约》等。从功能上来看,国际人权文件还可以分为规范性的和建章立制性的。前者是指上述所有人权文件;后者例如《前南斯拉夫问题国际法庭规约》《国际刑事法院罗马规约》等。

二、国际人权法的形成与发展

(一)人权问题进入国际法领域

国际人权法的形成和发展主要是从第二次世界大战以后开始的。① 为什么是这样一种情况呢?主要有以下两个原因。

首先,在第二次世界大战之前,人权问题被普遍认为是国家主权管辖范围内的事。或者说,一个国家如何对待其本国国民或者其本国国民究竟享有哪些权利和自由以及如何保护这些权利和自由,都是国家的内政,由一国的国内法加以规定,国际法很少涉及这些问题。不干涉内政是国际法基本原则之一,人权被人们普遍地认为纯属于一国内政的问题。②

其次,在第二次世界大战期间,德国法西斯对犹太人的大屠杀、对一些少数民族的残酷迫害,日本法西斯对整个亚洲人民犯下的反人道罪,特别是惨绝人寰的南京大屠杀,这些严重的大规模侵犯人权的残酷事实震撼了世界人民的心灵,促使人们对人权与国家、人权与世界和平的关系等问题进行深刻反思。③ 各国人民

---

① 龚刃韧:《关于人权与国际法若干问题的初步思考》,《中外法学》1997 年第 5 期。
② 形成这种观点的主要原因是传统的国际法把个人作为国际法的客体,只有国家才是国际法的主体。Thomas Buergenthal, *International Human Rights in a Nutshell*(《简明国际人权》),4th ed., West Group, 2009, pp. 2-3.
③ 在联合国建立前夕的一系列历史文件中均反映了人们的共同认识:对人的尊严的尊重与和平有着密切的联系。Boutros Boutros-Ghali, Establishing the System: Towards the adoption of the International Covenants on Human Rights (1949—1966), in *the United Nations and Human Rights (1945—1995)*[《联合国与人权》(1945—1995 年)], The United Nations Blue Books Series Volume VII, 1995, p. 6.

认识到,当国家当权者利用国家机器推行法西斯政策,利用国家的公权力来侵犯人权时,因人权是国家内政而国际社会不得干涉的原则,就成为侵犯人权的挡箭牌。纵观世界历史,凡是侵犯人权的行为规模最大、程度最严重的,几乎都是通过行使国家权力作出的,包括行使国家的立法、司法和行政权力。如果还是坚持人权问题纯属国家内政的传统观点,国际社会不闻不问,人权是不能得到保障的。在这种情况下,必须使人权问题国际化才能达到保护人权的目的。此外,历史的教训还告诉人们,当国家成为侵犯人权的罪魁祸首时,侵犯人权的行为就会与侵略战争联系在一起,结果是对世界和平与安全的破坏,而且在世界和平与安全遭到严重破坏时,对人权的侵犯往往是最为惨烈的。因此,为了尊重人权并维护世界和平与安全,在第二次世界大战结束后起草《联合国宪章》的时候,就把对人权和基本自由的尊重写了进去。《联合国宪章》中规定增进并激励对于全体人类之人权的尊重,这是人权进入国际法领域的一个开端。①

(二) 第二次世界大战前对人权的国际保护活动

说人权的问题在第二次世界大战之后才进入国际法领域,并不是说在此之前国际社会根本不关注人权问题。国际社会过去在保护人权方面也有一些活动,但是一般集中在一些具体的、比较狭窄的范围。主要涉及以下几个方面:

第一,对少数者的保护。对少数者的国际保护是在第一次世界大战之后出现的。第一次世界大战结束后,在签订《凡尔赛和约》的时候一些双边条约里规定了保护少数者的条款。这些条约涉及许多国家特定的少数人群体的权利,例如犹太人、穆斯林人等。②此外,虽然《国际联盟盟约》中没有包括任何关于保护少数者的条款,但是国际联盟却建立了允许少数者通过国家向临时建立的"少数人委员会"申诉的程序。③

第二,禁止奴隶贩运和废除奴隶制。免于奴役的自由如果不是第一个也是首先成为国际法上的问题之一。④在 19 世纪末,国际社会就开始了禁止奴隶贩运和废除奴隶制的活动。最初是从一个国家内部开始的,像美国和英国这些国家,通过

---

① 《联合国宪章》是第一个将人权的普遍尊重明确地作为其宗旨的国际条约。Boutros Boutros-Ghali, Establishing the System: Towards the adoption of the International Covenants on Human Rights (1949—1966), in *the United Nations and Human Rights (1945—1995)* [《联合国与人权》(1945—1995 年)], The United Nations Blue Books Series Volume VII, 1995, p. 5.
② 周勇:《少数人权利的法理》,社会科学文献出版社 2002 年版,第 60 页。
③ 周勇:《少数人权利的法理》,社会科学文献出版社 2002 年版,第 61 页;沈宗灵等主编:《西方人权学说》(下),四川人民出版社 1994 年版,第 455 页。
④ Nina Lassen, *Article 4*, in *The Universal Declaration of Human Rights: A Common Standard of Achievement* (《世界人权宣言第 4 条:实现人权的共同标准》), Gudmandur Alfredsson and Asbjorn Eide (eds.), Martinus Nijhoff Publishers, 1999, p. 103.

其国内立法，或者通过与一些国家签订双边条约展开禁止奴隶贩运和废除奴隶制的活动。此外还有一些多边公约，例如1889年至1890年布鲁塞尔会议通过的总决议书和1919年的《圣日耳曼公约》，也表达了国际社会废除奴隶制的决心。但是，比较重大的一次活动是1926年国际联盟通过的《禁奴公约》，该公约第3条规定，"缔约各国承允采取一切适当的措施，以便制止和惩罚在其领水内，以及一般而言，在悬挂各自国旗的船舶上，装运、卸载和运送奴隶"；第4条规定，"缔约各国应相互支援，以便实现消灭奴隶制和奴隶的贩卖"。禁止奴隶贩运和废除奴隶制度现已成为国际法上的强行法规则。

第三，国际劳工的保护。从20世纪初国际劳工组织建立之后，国际上通过了很多保护劳工的国际公约。这些公约包括了一些保护劳工权利的规则和制度。国际劳工组织还建立了一系列监督机制，为促进和监督国际劳工标准的遵行作出了巨大贡献。

第四，国际人道法对人权的保护。国际人道法是战争法中关于人权保护的那部分（详见本书第十八章）。关于在战争期间保护人权的公约主要包括对战俘、战争当中的伤病员以及平民的保护。一些西方学者的著述将人道主义干涉也视为早期国际人权保护的一部分①，这是难以接受的。因为所谓的"人道主义干涉"多数情况下都是强大国家占领或侵略弱小国家的借口。

第二次世界大战之后，从《联合国宪章》的制定一直到后来的《世界人权宣言》和两个国际人权公约的通过，国际人权法有了很大的发展。

三、国际人权法的渊源

国际人权法的渊源和国际法的其他分支的渊源基本上是相似的。国际人权法的主要渊源是国际人权公约和国际习惯法。与其他国际法领域不同的是，作为国际人权法的主要渊源，关于人权的国际条约几乎都是多边公约而且都是造法性的，包括全球性的和区域性的。此外，联合国大会以及其他全球性和区域性国际组织通过的宣言和决议，虽然对国家没有法律的拘束力，但对国际人权法的发展发挥着重要作用。类似的国际文件还有国际人权保护机构通过的关于解释和补充国际人权公约内容的"一般性意见"以及"结论性意见"，它们对于国际人权公约的贯彻实施都是非常重要的辅助资料，无论是做人权实务还是搞人权研究的人都不能忽视这些资料。②

---

① Thomas Buergenthal et al, *International Human Rights in a Nutshell*（《国际人权精要》），4th ed., West Group，2009，p. 3.
② 关于各国际人权公约机构通过的一般性意见（general comments），可以访问北京大学人权人道法研究中心网站 www.hrhl.pku.edu.cn。

在国际条约这种渊源里，国际人权法的两个重要领域值得特别加以强调：国际劳工保护和国际难民法。这两个领域各有特色，人权的研究者应该予以关注。国际劳工组织自从1920年建立以来制定了大量的国际劳工公约，并且形成了自己的一套执行体系，对于后来发展起来的国际人权法的其他领域具有重要的参考价值。① 国际难民法可以说是国际人权法中另一个发展比较完善的领域。与国际劳工保护形成鲜明的对比，这个领域没有很多的国际公约。但是国际难民保护机制却非常发达，是国际人权法的其他任何领域都不能比的。联合国难民署在世界各个地区的许多国家都设有代表处，有联合国专职难民保护官员从事监督难民公约的执行和保护难民的具体工作。联合国难民署为难民公约的实施制定了许多配套的手册和类似文件，这些都是非常重要的辅助资料。

除国际人权公约外，国际人权法上还有一些国际习惯法的规则，这些习惯法的规则主要体现在像《世界人权宣言》那样的国际文件当中。这些在联合国大会和其他国际组织通过的文件对国家没有法律拘束力，但里边包含了一些各国普遍接受的保护人权的规则，许多国际法学者都认为这些规则已经形成了国际习惯法的一部分。在这些习惯法规则中，有些已经具有了国际强行法的性质。构成国际强行法一部分的国际人权法规则主要有以下一些内容：禁止种族灭绝，禁止奴隶贩卖和废除奴隶制，禁止种族隔离，禁止种族歧视，禁止酷刑，等等。

最后，与国际人权法的渊源相关的一个问题是，人权是否存在等级？这基本上属于理论问题，在国际法学者之间一直存在激烈争论。② 一些人权，例如构成国际强行法的人权或者"不可克减的人权"，是否由于其与人类共同利益的紧密关系而享有比其他人权更高的地位？一些人权是否由于其本身所具有的某种特性而成为享有其他人权的先决条件并因此而更高级或更重要？实际上，正如1993年《维也纳宣言和行动纲领》第二部分第三段所指出的，一切人权均为普遍、不可分割、相互依存、相互联系。国际社会必须站在同等地位上，用同等重视的眼光，以公平、平等的态度全面看待人权。③ 任何试图以某种借口厚此薄彼，甚至抬高此人权

---

① 关于国际劳工组织通过的各种公约，可以访问 www.ilo.org/ilolex/english/index.htm；关于国际难民法方面的国际公约，可以访问 www.unhcr.org/cgi-bin/texis/vtx/protect?id=3c0762ea4。
② Prosper Weil, Towards Relative Normativity in International Law? 77 *A. J. I. L.* 413–442 (1983); ThoedorMeron, Observations on a Hierarchy of Norms, in *Human Rights Law-Making in the United Nations: A Critique of Instruments and Process* (《联合国的人权造法：文件与过程的批判》), Clarendon Press, 1986, pp. 173–202.
③ 北京大学法学院人权研究中心编：《国际人权文件选编》，北京大学出版社2002年版，第43页。

忽略彼人权的做法，都是不能容忍的。①

第二节 国际人权法保护的对象与范围

通常认为国际人权法所保护的对象是个人不是国家。这是与人权权利主体相关的问题。因为人权的主体是个人不是国家，所以国际人权法保护的对象也是个人。但是，个人作为人权的主体不是仅指单个的人，也包括由个人组成的群体，例如殖民地的人民与被外国统治和压迫的人民，又如种族、宗教和语言的少数群体等。国际人权法保护的范围是指人权的权利范围，即人权的主要内容和类型。

一、国际人权法保护的对象

国际人权法保护的对象要从被保护的权利和被保护的人这两个方面来理解。

（一）个体权利与群体权利

从权利本身的角度来看，国际人权公约所载的人的权利和自由就是国际人权法所保护的权利，既有个人个体权利，也有由个人所组成的群体的群体权利或"集体权利"，但是绝大多数是个人个体权利，群体权利寥寥无几。目前已经没有任何争议的群体人权有1966年两个国际人权公约共同第1条中规定的自决权、1981年《非洲人权和民族权宪章》中规定的发展权、和平与安全权和环境权等。总之，尽管当《世界人权宣言》和1966年两个国际人权公约起草时，围绕是否存在集体人权或者集体权利是不是人权的问题在起草者之间存在很大争议，但是目前人们的共识是，个人的个体权利和由个人组成的群体的群体或集体权利都是人权，都是国际人权法保护的对象。

（二）个人与由个人组成的群体

从权利的主体来看，无可否认的是，人权的权利主体主要是个人。如上所述，作为受益者个人是国际人权法保护的主要对象。此外，由个人组成的群体，例如种族、宗教、语言上的少数者群体，残疾人、艾滋病毒或乙肝病毒携带者、不同性取向、妇女和儿童等弱势群体，也是国际人权法保护的对象。但是，国际人权法对这些群体的保护必须区分下面两种情况：第一种是在主权国家内存在的诸如人种的、宗教的或语言的少数人群体或者上述残疾人、妇女和儿童等弱势群体。作为群体的整体，他们是国际人权法保护的对象，但是他们作为群体所特有的权

---

① 白桂梅：《国际法中的人权分等级吗?》，载刘楠来等编：《人权的普遍性和特殊性》，社会科学文献出版社1996年版，第147—158页。

利不是由群体作为一个集体来享有而是由组成群体的个人所享有的。换言之，诸如妇女权利、儿童权利、残疾人权利、少数民族权利等，权利的主体不是个人组成的群体而是个人自己。因此他们所享有的特有权利，例如信奉自己的宗教或使用自己的语言的权利仍然是个人的权利，只不过是以一个特定群体成员的身份而享有的个体权利。关于这一点，《公民权利和政治权利国际公约》第 27 条规定得很清楚："在那些存在着人种的、宗教的或语言的少数人的国家中，不得否认这种少数人同他们的集团的其他成员共同享有自己的文化、信奉和实行自己的宗教或使用自己的语言的权利"。第二种是一个集体，即作为集体他们是国际人权法保护的对象。他们作为该集体所特有的权利由整个集体来享有，而非组成该集体的个人。例如，享有自决权的集体是殖民地人民、被外国压迫的民族、被外国占领的领土上的人民，等等。又如，下面讲到的关于和平权和发展权的国际人权法所保护的对象也是一个集体，即一国的全体人民。[①]

（三）禁止歧视

《世界人权宣言》第 1 条规定："人人生而自由，在尊严和权利上一律平等。他们赋有理性和良心，并应以兄弟关系的精神相对待"。第 2 条接着规定："人人有资格享受本宣言所载的一切权利和自由，不分种族、肤色、性别、语言、宗教、政治或其他见解、国籍或社会出身、财产、出生或其他身份等任何区别"。根据这些规定，人权是与生俱来的，人人享有《世界人权宣言》所载的权利和自由，不能有任何歧视。这意味着国际人权法保护每一个人。这是不言自明的，也是普遍接受的观点。不能因为个人的家庭出身、社会地位、贫富、信仰或政治见解等原因而有任何区别。但是，我们必须从历史发展的角度来看待这个问题，否则历史上存在的奴隶制度、封建等级制度以及其他不平等现象就无法解释。我们不能忘记妇女的选举权从 18 世纪末才开始作为问题被提出，一个世纪以后才有国家承认妇女的选举权；《禁奴公约》1926 年才得以签订，奴隶制在世界上的彻底废除要比这晚得多。从国际劳工组织 2014 年 6 月 11 日通过的《1930 年强迫劳动公约 2014 年议定书》可以看出，虽然废除了奴隶制，但是奴役仍然存在，在世界上消除歧视任重道远。

二、国际人权法保护的权利范围与类型

这是涉及国际人权法内涵与外延的问题。国际人权法由两个部分构成，一是国际人权保护的实体权利，二是国际人权保护的机制。换言之，即保护什么和如

[①] 群体与集体，在用词上存在一些争议。有学者认为"集体"一词容易与政府、国家等实体混淆，因此主张用"群体"取代"集体"。

何保护的问题。这里将讨论保护什么的问题，即国际人权保护的权利范围和类型。关于如何保护，即国际人权保护机制，在下一节专门讨论。国际人权保护的权利范围相当广泛，包括人的人身权利、政治权利、经济权利、社会权利和文化权利等，涉及人的生活的方方面面。两个国际人权公约所载的权利和自由基本涵盖了这些权利范围。

（一）权利范围

《公民权利和政治权利国际公约》中所载的权利有：生命权、人身自由和安全权、免遭酷刑的权利、公正审判权、言论自由、思想、良心和宗教自由、参与公共事务权、选举权和被选举权、参与本国公务权等。《经济、社会和文化权利国际公约》中所载的权利包括工作权、适当生活水准权、受教育权、健康权、组织和参加工会权、社会保障权、婚姻自由、免于饥饿权、食物权、住房权、文化权等。

（二）权利类型

1. 关于三代人权

法国学者瓦萨克将人权分成三代：第一代人权，即公民和政治权利，产生于资产阶级革命时期；第二代人权，即经济、社会和文化权利，产生于社会主义革命时期；第三代人权，即集体权利，产生非殖民化时期。三代人权的划分方法是学理上的分类，比较形象地描述了人权的发展路程。这种划分曾经在人权学术界盛行一时，现在已经逐渐被淡忘了。特别是所谓"集体"权利，由于此类权利最典型的是"自决权"，而该项权利有时容易被某些分裂主义者作为主张享受"自决"的集体权利而分裂国家的借口，许多学者主张尽量用"群体权利"取代"集体权利"。

2. 消极与积极权利

消极与积极权利两分法以国家保护人权的义务性质为基础。消极权利是指国家只要消极地不作为就可以实现的人权，例如生命权、人身自由、宗教自由以及《公民权利和政治权利国际公约》中的大部分权利。这些权利的尊重需要国家不进行干预的不作为。积极权利是指需要国家积极采取措施才能实现的人权，例如工作权、适当生活水准权、健康权以及《经济、社会和文化权利国际公约》中所载的大部分权利。由于各国的发展水平存在差距，发展中国家和欠发展国家经济落后，不可能立即履行依据人权公约承担的义务，《经济、社会和文化权利国际公约》第2条第1款规定："每一缔约国家承担尽最大能力……采取步骤……逐渐达到本盟约所承认的权利的充分实现"。虽然这种两分法有一定道理，但也有其不足，因为有些权利是很难明确地划分为积极或消极的，而且有些消极权利同样需要国家积极采取措施才能实现。

三、关于和平权问题

和平、发展和人权是联合国的三大支柱。联合国的所有活动都围绕着这三大支柱进行。和平是联合国关注的首要问题也是世界人民的渴望。在这个并不完全和平与安全的世界里，人们将其渴望和平的愿望上升为人权的主张是值得庆幸的事。在起草《联合国宪章》的过程中，虽然人类认识到人权和世界和平与安全之间的密切联系，但是因为宪章没有包括任何人权，所以更不可能把和平与安全作为一项人权来加以规定。不过宪章在第2条第4款进一步限制了国家使用武力的权利，规定"各会员国在其国际关系上不得使用威胁或武力，或与联合国宗旨不符之任何其他方法，侵害任何会员国或国家之领土完整或政治独立"。

第一个，也是目前唯一的一个规定和平与安全权的国际公约是《非洲人权和民族权宪章》。该宪章第23条第1款规定："一切民族均有权享受国内和国际的和平与安全，联合国宪章所首肯并为非洲统一组织所重申的团结和友好关系的原则应当指导各国之间的关系。"此外，联合国大会也曾通过决议，即《人民享有和平权利宣言》，宣布"全球人民均享有和平的神圣权利"，并宣布："维护各国人民享有和平的权利和促进实现这种权利是每个国家的根本义务。"

在国际法上各国有权不受侵犯，因此各国同时承担不侵犯的义务。这是在《联合国宪章》中明确规定的国际法基本原则。这项原则的普遍遵守是全球人民享有和平的保障。但遗憾的是，一些国家常常破坏这项原则，使世界上的部分人民不能享受和平与安全。在人权的价值得到越来越广泛的接受的当今世界，为了强调和平与安全对人类享受所有人权的重要性，人们将和平与安全提升到人权的高度。和平与安全作为一个人类追求的目标或者作为国际社会的政策或策略，这是无可非议的，但是作为一项法律权利，和平与安全的定义、权利的内容和相应的义务等问题都存在很多不确定因素。

四、关于发展权问题

发展权是与人民自决权的经济自决有着密切联系的一项集体权利。发展权的概念与人民自决权同时提出，但是在不同的历史发展阶段国际社会对这项集体权利的关注程度与对后者有所不同。随着发达国家与发展中国家之间的人权斗争不断深入，关于发展权的讨论出现了一些新的焦点，例如，发展权是政府的权利还是人民的权利？发展权是否仅仅限于经济的发展？这些问题涉及发展权的概念、权利的持有者、与该权利相对应的义务以及义务承担者等问题。

（一）发展权的概念及其发展

1. 发展权概念的提出

20世纪60年代，第三世界国家对现存国际经济秩序提出质疑，掀起建立国际经济新秩序的运动。发展权的概念就是在这样的背景下产生并被国际社会接受的。

第一个使用发展权概念的是塞内加尔法学家凯巴·姆巴耶①。他于 1972 年在法国斯特拉斯堡人权国际研究所的一次演讲中讨论了发展权的问题。1977 年，在他担任联合国人权委员会主席时，该委员会通过了一个决议专门提到发展权并建议对此课题进行研究。关于发展权的讨论从 20 世纪 70 年代一直延续到 20 世纪 80 年代，其焦点是发展权的内涵和外延。虽然有一些强劲的反对者，却没能阻止发展权概念在国际层面的传播和发展。从 20 世纪 80 年代初开始，发展权越来越多地出现在国际文件当中。

2. 国际文件中规定的发展权

（1）联合国《发展权宣言》。1981 年联合国人权委员会通过决议，建立了一个关于发展权的工作组［CHR Res. 36/37（1981）］。工作组由 15 个成员国组成，主要负责起草《发展权宣言》的工作。经过发展权工作组和发展中国家的不断努力，联合国大会终于在 1986 年第 41 届会议上以 146 票赞成、1 票反对、8 票弃权通过了《发展权宣言》。该宣言指出："发展权利是一项不可剥夺的人权，由于这种权利，每个人和所有各国人民均有权参与、促进、享受经济、社会、文化和政治发展，在这种发展中，所有人权和基本自由都获得充分实现。"该宣言并原则性地阐释了发展权的主体、内涵、地位、保护方式和实现途径等基本问题。

（2）《非洲人权和民族权宪章》。第一个将发展作为一项集体人权加以规定的国际文件是《非洲人权和民族权宪章》。该宪章第 22 条第 1 款规定："一切民族在适当顾及本身的自由和个性并且平等分享人类共同遗产的条件下，均享有经济、社会和文化的发展权。"第 2 款又规定："各国均有义务单独或集体保证发展权利的行使。"但是该宪章并未对发展权作出任何具体的界定。

（二）发展权的内容

1. 经济权利还是政治权利

发展权的权利内容是什么？在上述《发展权宣言》和《非洲人权和民族权宪章》中都没有作出明确规定。一些发展中国家常常把经济的增长视为发展的标准，然而多数西方国家则更加强调其他方面的发展。例如国际法院法官威拉曼特里对发展权作出的解释是，该项权利不仅仅是指对发展的追求以及由于发展带来的经济所得，还在于人的幸福和福利总的价值的增长。此外，发展与环境之间的关系也在不同场合得到强调，其中包括良好健康的自然环境对实现发展权的重要性，也包括适当的发展对于保护自然环境的影响。

2. 集体权利还是个人权利

---

① Roland Rich, Right to Development, in James Crawford (ed.), *The Rights of Peoples*（《人权》），Clarendon Press, 1992.

20世纪七八十年代，从殖民统治之下解放出来的新独立国家在获得政治自决之后发现他们的经济自决也是非常重要的，从而提出了建立国际经济新秩序以实现其经济自决的主张。在这种背景下提出的发展权是以集体为权利主体的。随着人权国际化以及发展中国家与发达国家之间人权斗争的不断深入，发展权作为个人的权利得到发达国家的强调，以避免将人权与国家或政府的权利混为一谈。发展权究竟是集体权利还是个人权利仍然是一个有争议的问题。

五、关于环境权问题

什么是环境权？在英文中有三种不同表达法，即人利用环境的权利（right to environment）、环境自身的权利（right of environment）和关于环境的权利（environmental rights）。所谓人利用环境的权利是一种人权，即生活在一个最低标准环境的权利，在这种环境中能够享有具有尊严和福利的生活。在环境一词的前面人们往往会加上一些修饰语，例如健康的、安全的、满意的、适当的、干净的、纯洁的，等等。所谓环境自身的权利或"环境的权利"是指从其自己的内在价值派生出来的，不同于人类对环境之利用的"环境的权利"。这是以人类学为核心的环境保护主义者们所主张的概念，他们主张直接赋予环境本身以权利，认为这是最好的保护环境的方法。所谓关于环境的权利是指那些与实施实质的环境权相关的程序上的权利，例如获取环境信息、参与环境政策的决策过程以及一般意义上的正当程序权利。[①] 虽然在国际人权文件中找不到环境权的定义，但是在人权话语中，环境权的概念首先应该是人的权利，然后再是个人或由个人构成的集体的权利，环境本身是无法享有权利的。

国际环境法已经形成国际法的一个新的分支，国际人权法与这个分支有着密切的联系。在国际人权法中，健康的环境权与其他集体权利一样存有很大争议。在1972年联合国人类环境大会上，环境权首次得到承认。会议通过的《人类环境宣言》宣布："人类有权在一种能够过尊严和福利生活的环境中，享有自由、平等和充足的生活条件的基本权利，并且负有保护和改善这一代和将来的世世代代的环境的庄严责任。"1981年《非洲人权和民族权宪章》规定的民族权中也包括环境权。该宪章第24条规定："一切民族均有权享有一个有利于其发展的普遍良好的环境。"但是，这两个文件都没有为环境权下定义。环境权的内容是什么？与环境权相对应的义务承担者是本国政府还是外国国家或政府？环境权应当如何保障？甚至环境权究竟是个人人权还是集体人权？这些都是存有很大争议

---

① Luis E. Rodriguez-Rivera, Is the Human Right to Environment Recognized Under International Law? It Depends on the Source, 12 *Colorada Journal of International Law and Policy*, 9-16（2001, Winter）.

的问题。

第三节 国际人权保护的监督机制

一、国际监督机制

（一）联合国体系内人权保护机构

1. 人权理事会

人权理事会是根据联合国大会 2006 年 3 月 15 日通过的决议（A/60/251）建立的。该决议决定，2006 年 5 月 9 日选举理事会首批成员，2006 年 6 月 19 日举行理事会首次会议。新成立的人权理事会是大会的附属机构，直接向联合国所有会员国负责。在与高级专员办事处关系上，人权理事会将继承人权委员会的任务和责任。理事会将承担、审查并在必要时改进及合理调整人权委员会的所有任务、机制、职能和职责，以便保持特殊程序、专家指导和申诉程序的制度。理事会应在举行首届会议一年内完成此项审查。

人权理事会由 47 个成员国组成，经联合国大会所有会员国投票产生，当选者必须获得联大 193 个成员半数以上支持。对于理事会中严重并有计划侵犯人权的成员，大会经出席并投票的 2/3 多数成员投票，可决定暂时停止其在理事会的成员资格。

人权理事会每年定期开会，会址设于日内瓦。每年计划举行的会议不少于三次，包括一次主要会议，总会期不少于 10 周。人权理事会在需要时经成员要求及 1/3 成员同意的情况下可举行特别会议。包括非政府组织、其他政府间组织、国家人权机构和专门机构在内的观察员均可参与人权理事会活动。

作为联合国改革的重要组成部分，建立人权理事会的主要目的是取代其前身——人权委员会。联合国人权委员会自 1946 年建立以来尽管在国际人权法的发展方面作出了不少贡献，但是随着人权政治化的日趋严重，人权委员会变成一些国家进行人权外交的场合和工具，使联合国的人权工作受到很坏的影响。新建立的人权理事会建立的一些减少和消除人权政治化的制度，其中非常重要的一项就是普遍定期审议制度（Universal Periodic Review，UPR）。

普遍定期审议制度是联合国人权理事会在联合国体系内建立的独特的报告审议制度。在该制度下，所有联合国会员国每四年都要受到人权理事会的审议。普遍定期审议制度为联合国会员国提供了宣示其采取行动改善其国内人权状况履行人权义务的机会。人权理事会的特点之一就是在人权状况问题上对每个会员国一律平等。依据联合国大会第 60/251 号决议，普遍定期审议是一个合作的过程，到

2011年，每个会员国都应被审议一次。

人权理事会负责对所有联合国会员国履行人权义务和承诺的情况进行普遍定期审议。审议的原则是：范围普遍、平等对待；被审议国家的充分参与；补充其他人权机制；客观、透明、非选择性、建设性、非对抗、非政治化；充分的社会性别视角；所有利益相关者，包括非政府组织和国家人权机构的参与。普遍定期审议以下述文件和法律为基础：《联合国宪章》、《世界人权宣言》和会员国参加的人权公约；国家的自愿承诺；可适用的国际人道法。

被审查会员国的挑选标准是：人权理事会成员在任期间都要受审议，因此任期一年或两年的应先被审议；人权理事会的会员国和观察员都应被审议；均衡的地域分配也是挑选时要考虑的因素。每审议一轮的间隔时间没有确定，只是规定了间隔要合理的原则。第一轮的定期审议时间为4年，即每年审议48个国家，4年审议完毕。中国已经于2009年2月9日和2013年10月22日被审议过两次，第三次被审议将发生在2018年11月5—16日举行的普遍定期审议工作组第31届会议期间。

普遍定期审议的工作方法是：建立工作组，理事会主席担任工作组主席，工作组由47个会员国组成。此外还选派三个报告员，被审议国可以要求其中一个报告员与其来自同一地域。每个国家被审议的时间是3个小时，此外还有1个小时在理事会大会上考虑审议的结果。工作组用半小时通过每个受审议国的报告。但在审议与通过报告之间要留有合理的时间。最终结果将在理事会大会上通过。为资助发展中国家特别是最不发达国家参与审议，专门建立普遍定期审议志愿信托基金。

审议的最终结果包括下述主要内容：客观透明的评价；最好的实践；强调促进和保护人权方面的合作；在与相关国家商议并取得其同意的前提下，建议提供技术援助和能力建设；被审议国的资源承诺。结果通过之前需要征求各方意见，特别是被审议国的意见。虽然根据《联合国宪章》的规定联合国大会及其下属机构作出的决议或意见均没有法律拘束力，但是被审议国仍然应当实施审议结果，以后的普遍定期审议设有普遍审议后续行动的事项。如果被审议国拒不实施审议结果，理事会将在用尽与国家进行合作的一切努力后把一贯不合作的情况予以公开。

2. 联合国人权高级专员

联合国人权高级专员（人权高专）是联合国秘书长的下属，于1993年设立。联合国人权高专的选派由联合国秘书长提名，经联合国大会批准。任期为四年，可以连任一次。目前联合国人权高专办公室雇用了1 085名一般工作人员。

根据联合国大会第48/141（1993）号决议的规定，人权高专的主要职责包括：促进和保护各种人权；对要求援助的国家提供人权领域的咨询和技术、财政支持；在人权领域的联合国教育和公共信息计划方面进行协调；消除全面实现人权的障碍；在保障对人权的尊重方面与政府对话；为促进和保护人权增强国际合作。

3. 其他机构

除了上述综合性人权机构外，联合国还有一些专门的与国际人权保护相关的机构，例如联合国妇女署，联合国难民署，联合国开发计划署，联合国儿童基金会，联合国教育、科学和文化组织，联合国艾滋病规划署，等等，在此不予赘述。

（二）国际人权条约机构

1. 条约机构概述

目前国际社会的普遍性国际人权公约建立的条约机构主要有：经社文权利委员会、人权事务委员会、消除对妇女歧视委员会、消除种族歧视委员会、儿童权利委员会、禁止酷刑委员会、防止酷刑小组委员会、迁徙工人权利委员会、残疾人权利委员会和强迫失踪问题委员会，共 10 个。这些人权条约机构设立的根据是 9 个核心人权公约，即《经济、社会和文化权利国际公约》《公民权利和政治权利国际公约》《消除对妇女一切形式歧视公约》《消除一切形式种族歧视国际公约》《儿童权利公约》《禁止酷刑和其他残忍、不人道或有辱人格的待遇或处罚公约》《保护所有迁徙工人及其家庭成员权利国际公约》《残疾人权利公约》和《保护所有人免遭强迫失踪国际公约》。上述条约机构均位于日内瓦。

这些国际人权条约机构的主要任务是监督缔约国履行公约义务。它们与联合国的人权机构的主要区别是：（1）人权条约机构是根据相关人权条约建立的为监督缔约国在国际和国内（主要是在国内）执行该公约从而保护人权的机构。联合国的人权机构是根据《联合国宪章》和联合国主要机关的决议建立的促进和保护人权的机构，并不以任何人权条约为基础。这一区别的意义在于：条约机构的职权范围仅局限于参加该条约或任择议定书的缔约国，对第三国没有管辖权；而联合国的人权机构职责所涉及的范围及于所有联合国会员国。①（2）人权条约机构是由以个人身份工作的人权专家组成的，他们不代表任何国家或组织，而联合国的人权机构是由联合国会员国指派的代表组成的，是政府间官方机构。条约机构与联合国人权机构的相同之处是：它们都不是司法机构，它们对审理的案件作出的决定或提出的意见，不具有法律的拘束力。

概括起来，人权条约机构有如下一些特点：第一，独立性。由人权专家组

---

① 这使联合国人权委员会按照 1503 程序受理个人来文的权力范围不受任何国际人权条约的限制，因此与条约机构相比占有很大优势。

成的条约机构有相对的独立性，有利于个人人权的保护。第二，专业性。由于人权公约具有一定的专门领域，人权条约机构处理的人权问题也具有一定的专业性，除两个人权公约外，其他都是涉及人权某一领域的内容，例如妇女、儿童、种族歧视和酷刑等领域。第三，规范性。由于人权条约机构是在相关人权条约的基础上建立的，其职权、活动的范围等都必须以条约为基础，因此比较规范。

2. 条约机构保护人权的制度

（1）报告制度

这是人权条约机构普遍实行的一种比较有效的制度。一般是在相关人权条约对个别缔约国生效后一年内，缔约国向相关人权条约机构提交首次报告，以后定期提交，间隔时间从两年到五年不等，依相关人权条约的具体规定而定。① 最近，人权事务委员会废除了四年一次报告的惯例，采取了一个新的做法，即在审议报告之后作出的总结性意见中说明该缔约国下一次提交报告的最后期限。② 有的国际人权条约要求缔约国除了提交定期报告外还要随时按条约机构的要求提交报告，一般称为"特别报告"。③

报告制度是国际人权条约执行机制中唯一的具有强制性的制度，即国家没有任何选择的余地，只要参加了任何上述国际人权公约，就必须提交报告并接受人权条约机构审议报告的权力。虽然在效力方面常常受到批评，但是报告制度的作用还是不能低估的。

首先，报告制度迫使缔约国彻底地反映它是否以及如何在国内法律制度中履行根据公约规定的义务。报告制度之所以重要，是因为国际人权条约的执行主要取决于缔约国政府在国内履行其条约义务。一些国家认真对待报告制度，报告的内容比较全面，不仅有法律上的，也包括事实上的人权状况，同时还包括执行公约中存在的困难和问题。还有一些政府在准备报告时还吸收一些非政府组织和研究机构参与，以便增强报告的确切性和客观性。为了便于缔约国履行报告义务，人权条约机构通过了编写初期和定期报告内容和方式的指南。此外，在联合国的咨询服务和技术合作项目中，与独立的人权研究所合作组织研讨班为准备报告训练政府官员。

其次，报告制度是国际人权条约机构与缔约各国建立对话联系的渠道。所有

---

① 报告周期具体为：每两年，ICERD；每四年，ICCPR, CEDAW, CAT；每五年，ICESCR, CRC, ICRMW。
② 该调整是根据 2002 年 7 月 16 日通过的 General Comments No. 30 作出的。
③ 参见《公民权利和政治权利国际公约》第 40 条第 1 款，《消除对妇女一切形式歧视公约》第 18 条第 1 款（b），《保护所有迁徙工人及其家庭成员权利国际公约》第 73 条第 1 款（b）。

的报告都由人权条约机构公开审议,有关国家的代表一般在场。人权条约机构审议报告一直坚持以建设性对话为基础的原则。在审议报告的过程中,人权条约机构充分听取相关国家代表的陈述。在审议之后作出的结论性意见中,人权条约机构尽量采取温和的措辞,以便维持良好的对话关系。①

除上述关于个别国家的意见外,人权条约机构根据相关公约的规定,作出一般性意见或评论。评论是针对缔约各国整体的,不针对任何个别国家。各个人权条约机构作出的一般性意见已经汇集成册,即《国际人权文书:各人权条约机构通过的一般性意见和一般性建议汇编》②。

(2) 国家对国家的指控制度

这也是国际人权条约普遍规定的制度。一般为任择性质,即在相关人权条约中有一个条款规定这一制度,但缔约国可以随时作出声明接受这一制度。该制度仅对已经作出声明的缔约国发生效力。只有一个公约中的国家对国家指控制度不是任择性质的,即《消除一切形式种族歧视国际公约》(参见该公约第 11 条)。这就意味着所有批准了该公约的缔约国都自动地接受了这一制度,而且原则上这一条是不能保留的(参见该公约第 20 条第 2 款)。但是到目前为止,这项制度从来没有被适用过。③

(3) 个人来文制度

个人来文制度是《消除一切形式种族歧视国际公约》首先建立起来的制度,现已基本上在 9 个核心人权公约中普及。在起草《公民权利和政治权利国际公约》时,是否建立个人来文制度是一个争议很大的问题,最后采取了折中的办法,即在单独的任择议定书中对个人来文制度作出规定。根据议定书第 1 条和第 2 条的规

拓展阅读

经社文权利委员会关于个人来文的意见

---

① 各个人权机构的总结性意见都十分注意这个问题,以避免与缔约各国发生不必要的对抗。总结性意见首先肯定报告的积极方面,然后用婉转的措辞指出存在的问题。通常使用的词汇根据问题的严重程度分别是"注意到""关切地注意到""严重关切地注意到"等。
② 联合国人权事务高级专员人权事务中心:《国际人权文书:各人权条约机构通过的一般性意见和一般性建议汇编》,联合国文件号:HRI/GEN/1/Rev. 9, 27 May 2008。该汇编分一、二两卷,第一卷是经社文权利委员会和人权事务委员会的汇编,第二卷是其他几个委员会的汇编。
③ 其他建立了此程序的国际人权机构也没有适用过。但是,与普遍性国际人权条约机构不同,欧洲人权法院的国家对国家指控制度不仅多次被适用,而且还有一定效果。参见 Soren C. Prebensen, Inter-State Complaints Under Treaty Provisions—The Experience Under the European Convention on Human Rights, in GudmundurAlfredsson et al (eds.), *International Human Rights Monitoring Mechanisms: Essays in Honour of Jakob Th. Moller* (《国际人权监督机制:纪念雅各·莫勒文集》), Martinus Nijhoff Publishers, 2001, pp. 533-559。

定，只有个人可以向委员会提出申诉，团体或非政府组织以及其他实体均不得向委员会提出申诉。

个人来文的可受理性标准是比较严格的，不能是匿名的，不能滥用申诉权或违反任择议定书的规定。虽没有时间的限制，但是要求用尽当地救济。此外，议定书还要求，不能同时向不同的国际人权机构提出申诉。根据任择议定书第4条，一旦委员会决定申诉是可以接受的，来文的情况将通知给被控告的国家，要求国家在接到通知的6个月内书面向委员会提出解释或声明，说明原委。如果该国已经采取了救济办法，也一起作出说明。

委员会要根据个人和国家提供的一切书面材料对来文进行审查。审查是秘密进行的，并仅仅在双方书面材料的基础上进行。审查之后向个人和有关国家提出解决的意见。因此，整个过程，没有口头答辩，没有证人证据的审查，没有事件调查程序。

对于案件的处理意见，将作为"最后的意见"包括在委员会的年度报告中，向世人公布，而且是全文公布，其中包括委员会成员的反对意见和个别意见。如果委员会认为《公民权利和政治权利国际公约》的规定被违反了，它会建议有关国家对受害人提供救济，例如释放被关押的人，给予适当金钱赔偿或者采取适当措施以免类似事件再发生，等等。但是有些国家不遵守这些意见。为此，1990年委员会委派了一个特别报告员，专门对监督国家遵守委员会提出的"最后意见"的问题进行研究。① 委员会的建议没有法律的拘束力。

二、国内监督机制

由于国家在国际人权法上承担的主要义务是在国内尊重、促进和实现所有人的人权和自由，因此，国际人权保护的国内监督机制对于国家履行义务是至关重要的。随着国际人权法的迅速发展，履行国际人权公约的国内机制也同步取得很大进展。最值得一提的是国家人权机构的普遍设立。

（一）国家人权机构的概念

国家人权机构，是主权国家设立的关于人权的专门国家级机构的统称，"是指一国根据宪法或法律而设立的专司促进和保护人权职能的国家机构"②。首先，国

---

① 该特别报告员的研究结果见人权事务委员会1990年度报告，A/45/40, Vol. I, pp. 44-45, Vol II, Appendix X。关于国际人权条约机构审议意见的后续程序，参见 Markus G. Schmidt, Follow-up Procedures to Individual Complaints and Periodic State Reporting Mechanisms, in GudmundurAlfredsson et al (eds.), *International Human Rights Monitoring Mechanisms*: *Essays in Honour of Jakob Th. Moller*（《国际人权监督机制：纪念雅各·莫勒文集》），Martinus Nijhoff Publishers, 2001, pp. 201-216.
② 董云虎主编：《国家人权机构总览》，团结出版社2011年版，第1页。

家人权机构是国家机构,不是民间团体组织或非政府组织;其次,它是依据国家的宪法和法律而设立的,其职能和权限均得到法律的保障;最后,它是促进和保护人权的专门机构,因此那种在职能上仅与人权有一定联系的不是国家人权机构,例如国家的司法机构是可以保护和促进人权的,但是不是人权专门机构。国家人权机构已经在世界许多国家建立起来,尽管这些机构的职能在各国存在很大差异并可能有不同的名称。[①] 目前来看,国家人权机构一般称为国家人权委员会、人权咨询委员会、人权检察署、监察专员公署或办公室、人权协会或人权中心,等等。关键不在于称谓,而在于其促进和保护人权的职能以及如何履行其职责。为了国家人权机构更好地发挥作用,联合国人权委员会早在1978年就曾召集这个主题的研讨和培训活动,试图为国家人权机构建立相对统一的标准和规则。经过数十年的不懈努力,联合国人权事务中心于1991年在巴黎举办的国际讲习班上起草了《关于保护和促进人权的国家机构的地位和职责的原则》的建议,该建议于1993年由联合国人权委员会核准并于1994年在联合国大会通过,简称《巴黎原则》。[②]

(二)《巴黎原则》

《巴黎原则》对国家人权机构的权限与职责、组成、独立性、多元化保障、工作方法作出规定。关于权限与职责,《巴黎原则》规定,"应赋予国家机构促进和保护人权的权限",并要求"赋予国家机构尽可能广泛的授权,对这种授权在宪法和立法案文中应有明确规定,并具体规定其组成和权限范围"。《巴黎原则》为国家机构规定的7项职责包括:听审案件;就促进和保护人权向政府议会和其他主管机关提出意见、建议、提议和报告;监督国家立法,确保国家的立法、规章和惯例与国家参加的国际人权文件相协调和有效执行;处理侵犯人权的情况;与联合国人权机构合作;协助制定并参与人权教学方案;进行人权宣传工作;等等。

在国家人权机构的组成、独立性和多元化方面,《巴黎原则》规定,不论是选举还是通过其他方式产生都必须按照一定程序予以确定;其成员应有代表性和多元化,应包括负责人权和对种族歧视作斗争的非政府组织、工会、有关的社会和专业组织,例如律师协会以及医生、新闻记者和著名科学家协会;还应包括大学和合格的专家、议会和以顾问身份参加的政府部门等。《巴黎原则》规定,为确保国家人权机构独立有效地工作,它"应具备使其能顺利开展活动的基础结构,特

---

① 据统计,现在世界上已有100多个国家人权机构,董云虎主编的《国家人权机构总览》(团结出版社2011年版,第1页)收集并介绍了89个国家人权机构。
② 参见联合国大会决议[根据第三委员会的报告(A/48/632/Add.2)通过],促进和保护人权的国家机构,A/RES/48/134, 4 March 1994。

别是充足的经费。这一经费的目的是使它能有自己的工作人员和办公房舍，以便独立于政府，而不受可能影响其独立性的财政控制"。另一项关于确保独立性的规定是，机构成员的任命要"通过一项正式法令来实行。这种法令应规定明确的任务期限"。

《巴黎原则》还就机构的工作方法做了规定，目的是保障机构的工作效率。

（三）国家人权机构的类型及其认证

国家人权机构按照不同的标准主要有以下几种分类：

从机构的职权范围来看，可以分为综合型的机构和专门型的机构。综合型的机构职权范围比较广泛且职能全面，不仅可以审理侵犯人权的案件，还可以提供咨询、审查立法并进行人权教育和宣传；专门型的机构职权范围限于某个领域或针对某个或某些人群，例如巴勒斯坦公民权利独立委员会、荷兰平等待遇委员会，但是其权限也可能是全面的，即既可以审理案件也可以提供咨询等。

从机构的权限来看，可以分为可审理案件型的机构和咨询型的机构。上述综合型机构大多具有审理侵犯人权案件的权限，然而咨询型的机构的权限不包括审理案件，它们主要为促进人权提供咨询服务，对政府和其他部门提出关于保护人权方面的意见和建议。

从机构的组成结构来看，可以分为团体组织型机构和监察专员型机构。上述所有机构均属于团体组织型，尽管组织结构和职能不同但都是一个组织，由若干成员组成。然而监察专员型机构则只有一名官员，在欧美比较常见。但是监察专员均有在其领导下的办公署，称为监察公署或监察署。

国家人权机构的认证是指联合国国家促进和保护人权机构国际协调委员会依据《巴黎原则》对国家人权机构作出的认证。作为联合国人权高专领导下的下属机构，国家人权机构协调委员会（International Coordination Committee，ICC）专门成立的认证小组委员会负责对申请认证的国家人权机构进行首次认证并对已经认证为 A 级和 B 级的机构进行调整级别的再认证或循环认证。ICC 认证小组委员会依据《巴黎原则》将国家人权机构主要分为 A、B、C 三个等级：A 级是符合《巴黎原则》标准的，获得 A 级的机构即可自动成为 ICC 成员；获得 B 级的则不完全符合标准，称为 ICC 的观察员；被认证为 C 级的机构就是不符合标准。初次认证之后，B 级和 C 级的机构可以在任何时候申请再次认证。为了保证 A 级国家人权机构的质量，认证小组委员会还要进行定期的循环认证，间隔的时间由小组委员会决定。2007 年以后，认证小组委员会将接受定期认证的机构扩及 B 级机构。这就意味着首次认证为 B 级的机构即使不申请认证也要接受该小组委员会的调整级别的再认证，其结果可能获得升级或被降级。

第四节　中国关于人权问题的基本立场与实践

2004 年修订的《中华人民共和国宪法》第 33 条规定，"国家尊重和保障人权"。这是我国第一次将人权概念写入宪法。实际上早在中国共产党领导民主革命时期所颁布的一系列宪法性文件中，就已经包括保障人民权利和保障人权方面的内容，例如《中华苏维埃共和国宪法大纲》和《陕甘宁边区施政纲领》等。中华人民共和国颁布的第一部宪法，即 1954 年宪法，以"公民权利和义务"专章规定了公民在政治、经济、文化、人身安全等方面的权利和义务，充分体现了对人权和自由的尊重。虽然我国经历了像"文化大革命"那样的曲折弯路，但是改革开放之后我国积极参与联合国促进和保护人权领域的活动，对国际人权法的发展作出了贡献。我国在人权问题上的基本立场在 1991 年以来发表的《人权白皮书》中得到充分阐释，我国积极践行人权保护的努力和成就也是有目共睹的。在 2018 年第十三届全国人大第一次会议通过的《中华人民共和国宪法修正案》中，体现习近平新时代中国特色社会主义思想主要内容之一的"推动构建人类命运共同体"被写入宪法序言中。近年来，中国关于构建人类命运共同体的理念逐渐得到国际社会的接受。

一、中国关于人权问题的基本立场

我国在国际人权领域的基本立场可以概括为："促进人权，尊重主权，反对霸权"①。我国的基本立场可以从以下几个方面加以理解。

（一）承认人权具有普遍性

我国接受国际社会公认的人权普遍性原则。这一立场表明，国际社会只有一个适用于所有区域的国际人权法，国际人权保护的标准也只有体现在国际人权公约和国际习惯中的标准。尽管世界不同区域确实存在着仅仅适用于该区域的国际人权法和国际人权保护的标准，例如欧洲人权法、美洲人权法和非洲人权法，但是普遍适用的国际人权法在这些不同的区域都是适用的，只是各个区域的区域人权法不能自动跨区域加以适用。区域国际人权法的存在也证明人权存在着一定的特殊性。根据这一立场，我国已经参加了 26 项国际人权公约，其中包括联合国 9 项核心人权公约中的 6 项。② 这充分证明：我国不仅接受人权普遍性原则，还接受普遍国际人权标准。

---

① 参见中国人权研究会网站：http://www.humanrights.cn/html/2014/rqzs_0612/593.html，2015 年 2 月 17 日访问。
② 目前我国尚未批准《公民权利和政治权利国际公约》，尚未签署《保护所有迁徙工人及其家庭成员权利公约》和《保护所有人免遭强迫失踪国际公约》。

（二）尊重主权

在主权与人权的关系上，我国一贯反对以保护人权为借口无视国家主权、干涉国家内政的做法。我国认为，"人权问题本质上是属于一国内部管辖的问题，尊重国家主权和不干涉内政是公认的国际法准则，适用于国际关系的一切领域。中国反对任何国家利用人权问题推行自己的价值观念、意识形态、政治标准和发展模式，反对借人权问题干涉别国内政"①。

（三）反对霸权

反对霸权是我国一贯奉行的外交政策和立场，这一政策和立场同样适用于人权领域。我国认为，"用某一国的模式作标准或将一国模式强加于其他国家，既不恰当，也根本行不通。人权国际保护应当照顾到各种政治、经济、社会制度和不同历史、宗教、文化背景，本着求同存异、互相尊重、增进了解、加强合作的精神来进行"②。反对霸权原则与上述两项原则相辅相成，形成相互密切联系的体现习近平新时代中国特色社会主义思想的指导我国外交实践的人权原则立场。提倡人权普遍性原则就不能接受某一国家将其人权标准或价值观强加于人，因为那样就既违反了国家主权原则也违反了反对霸权原则。

二、中国积极践行人权保护的努力与成就

中国在人权保护方面所取得的成就可以从两个方面加以阐述。

（一）中国对国际人权事业的贡献

首先，积极负责地参加联合国的人权活动与工作。特别应当指出的是，作为联合国第一个人权文件——《世界人权宣言》起草工作的关键参与者，张彭春先生凭着他对多元文化的广博学识，为《世界人权宣言》贡献了中国智慧。他不仅经常在起草工作发生严重分歧时提出让委员会走出僵局的办法，还主张《世界人权宣言》应当融入儒家思想并成功地将"仁"的概念（即"良心"）写入《世界人权宣言》的序言中。③ 自从1971年恢复在联合国席位后，中国积极支持联合国人权机构的工作，向人权条约机构推荐专家委员；参加国际人权文书的起草和制定；支持人权条约机构的报告审议工作，定期提交相关人权公约执行情况的报告；对于联合国人权理事会的普遍定期审议工作，中国也尽最大努力予以支持并于2009年和2013年接受了两轮人权理事会的审议。第三轮对中国的审议在2018年

---

① 参见中国人权研究会网站：http://www.humanrights.cn/html/2014/rqzs_0612/593.html，2015年2月17日访问。
② 参见中国人权研究会网站：http://www.humanrights.cn/html/2014/rqzs_0612/592.html，2015年2月17日访问。
③ 当时张彭春是联合国人权委员会副主席。

11 月进行。

其次,中国还积极开展与西方国家的人权对话,邀请众多外国人权官员和专家访华并派代表团赴外国就国际人权领域的问题进行交流。

再次,应当特别指出的是,在习近平新时代中国特色社会主义思想的指引下,中国在各种国际场合,特别是在联合国人权机构,主动提出构建人类命运共同体的新理念并得到国际社会的积极响应。中国提出的《促进人权领域的互利合作》的决议于 2018 年 3 月 23 日在联合国人权理事会上获得通过。该项决议"吁请所有国家奉行多边主义并共同促进人权领域的互利合作……;重申技术援助能力建设对促进和保护人权的重要作用……;强调普遍定期审议是一项建立在合作和建设性对话基础上的重要机制……"①

最后,应当特别强调的是,近年来中国在国际人权事业方面所取得的成就均离不开习近平主席人权思想的指引。习近平主席在给"2015·北京人权论坛"的贺信中指出,"中国主张加强不同文明交流互鉴、促进各国人权交流合作,推动各国人权事业更好发展"。

(二) 中国在国内履行国际人权公约义务的情况

由于国际人权保护的实现最终还是要落实在国内,因此,国际人权文件在国内的履行是重中之重。可以从建立健全法治、人权教育和人权研究三个方面来看中国在履约方面所取得的成就。

首先,建立和健全法治。法治与人权保护的密切关系不言自明。改革开放以来,人权从一个公开讨论和研究的禁区到明确写进宪法,中国在建立和健全社会主义法治方面取得了长足进步。特别值得一提的是,截至目前,中国已经制定了相当全面的保护人权的法律,例如《中华人民共和国劳动法》《中华人民共和国劳动合同法》《中华人民共和国妇女权益保障法》《中华人民共和国残疾人保障法》《中华人民共和国老年人权益保障法》《中华人民共和国未成年人保护法》等。此外,中国还几次修订《刑法》和《刑事诉讼法》,以便更加符合普遍国际人权标准并为批准《公民权利和政治权利国际公约》积极创造条件。另外,继 1996 年废除收容审查制度、2003 年废除收容遣送制度后,又于 2013 年废除了存在近 60 年的劳动教养制度。

其次,中共十八大以来,中国的人权事业有了长足的进步和发展。宏观上,中国两年一度的国家人权行动计划涵盖了人权的方方面面,其中包括:全面保障经济社会和文化权利;依法保障公民权利和政治权利;充分保障各类群体权利;深入开展人权教育和积极参与国际人权工作。具体而言,为了实现中国人民的生

---

① 参见联合国人权理事会文件:《促进人权领域的互利合作》(A/HRC/37/L.36)。

存权和发展权,中国各级政府抓紧在习近平主席"实施精准扶贫、精准脱贫"思想的指引下,为早日实现小康采取具体措施,取得可嘉成就。特别是在"2015·北京人权论坛"上通过的《北京宣言》,标志着中国人权事业取得了具有里程碑式的伟大成果。

再次,人权教育。三十多年前,人权的概念很少在大学教科书中出现。经过几十年的努力,目前中国已经有一百多所大学开设人权课程,包括国际人权法、人权与法治、人权与外交、妇女与儿童权利、国际人权保护机制、难民法、国际人道法等;授课对象从本科生到硕士研究生;开课范围从法学、政治、外交、哲学和历史院系到全校。为了更好地进行人权教育,与人权相关的教科书也如雨后春笋般地出版发行①,据不完全统计,目前中国已经有近20部人权教科书②。此外,全国各地还有许多大专院校和研究单位组织进行了各种人权培训活动,培训对象包括检察官、警察、律师、企业家等。

最后,人权研究。20世纪90年代初,第一部《中国的人权状况》白皮书发表后,人权研究在中国蓬勃展开。各种人权研究机构纷纷在大专院校和科研单位建立起来,其中已经在联合国经济及社会理事会取得咨商地位的国家级人权研究机构是中国人权研究会。该研究会于1993年建立,创设了中国第一个人权研究期刊——《人权》,自2008年开始每年召集全国各人权机构开展交流会议,迄今已经召开了10届年会,为中国从事人权研究的学者提供了一个相互学习和促进的平台。中国的人权研究已逐渐深入,涉及人权的各个方面,为中国的人权事业奠定了重要的理论基础。

思考题:

1. 国际人权法有哪些特点?
2. 国际人权宪章由哪些文件构成?
3. 联合国有哪些人权保护机构?
4. 人权条约机构有哪些职能?

---

① 目前比较流行的人权法教科书包括:李步云主编:《人权法学》,高等教育出版社2009年版;徐显明主编:《人权法原理》,中国政法大学出版社2008年版;白桂梅主编:《人权法学》,北京大学出版社2011年版;徐显明主编:《国际人权法》,法律出版社2004年版;方立新、夏立安编著:《人权法导论》,浙江大学出版社2007年版;杨春福主编:《人权法学》(第二版),科学出版社2010年版;等等。

② 包括人权法教材和教学辅助资料,参见《国内人权教材、参考书一览》(2012年5月9日更新),北京大学法学院人权与人道法研究中心网站 http://www.hrol.org/Education/Courses/2013-11/3399.html,2015年2月26日访问。

5. 中国关于人权的基本立场是什么?

▶ 自测习题及参考答案

第十章 国家领土法

第一节 国家领土的概念与构成

一、国家领土的概念

国家领土（state territory）是指隶属于国家主权的地球的特定部分。

领土对国家来说，是非常重要的。国家领土的重要性主要表现在以下两个方面：

第一，领土是国家的构成要素之一。领土是国家赖以存在的物质基础。没有领土，国家就不可能存在。因此，一个国家是不可能没有领土的，至于领土面积，则可以有大有小。

第二，领土是国家主权活动和行使排他性权力的空间。国家领土是国际法的客体。国际法承认国家领土权力的最高性和排他性，就意味着国家在其领土内可以充分独立而无阻碍地行使其权力。没有领土，国家就没有管辖的空间。

二、国家领土的构成

国家领土是由各种不同的部分所组成的，包括领陆、领水、领陆和领水之下的底土以及领陆和领水之上的领空。

（一）领陆

领陆（land territory）是指国家疆界内的所有陆地，包括岛屿。领陆是国家领土的最基本的组成部分。国家可以没有领水，但不可能没有领陆。

（二）领水

领水（territorial waters）是指位于陆地疆界以内或与陆地疆界邻接的一定宽度的水域。它包括内水和领海。

1. 内水。内水（internal waters）是指陆地领土内的水域以及领海基线向海岸一面的海域。它包括河流、湖泊、内海水等。内水的法律地位与领陆一样，沿岸国对这些水域拥有与领陆相同的领土主权。

（1）河流。根据河流的具体情况，一般把河流分为四类：内河、界河、多国河流和国际河流。

内河是指完全流经一国境内的河流。内河完全处于国家主权管辖下。国家对内河的管理和使用享有完全的、排他的权利。除另有条约的规定外，任何外国船舶都没有在内河航行的权利。

界河是指分隔两个不同的国家的河流。界河的法律地位是分属沿岸国家的内水。一般以河流的中心线或河流主航道的中心线作为疆界线。界河一般不对非沿岸国开放。关于界河河水的使用、捕鱼以及河道的管理与维护等事项,通过沿岸国之间的协议加以解决。

多国河流是指流经两个国家以上的河流。多国河流的各沿岸国,对流经其领土的一段水域享有主权。但沿岸国不能滥用其权利,要顾及其他沿岸国的利益。关于多国河流的航行问题,一般是对所有沿岸国家开放,而禁止非沿岸国船舶航行。

国际河流是指流经数国可以通往海洋,并且根据国际条约的规定对一切国家船舶开放的河流。国际河流流经各沿岸国的部分属于各沿岸国的领土,各沿岸国对其拥有主权。法国大革命以后,如莱茵河、多瑙河等欧洲的一些主要河流根据有关国际条约的规定,先后对一切国家的商船开放,从而逐步确立了国际河流制度。1921年,在国际联盟的主持下,国际社会缔结了《国际性可航水道制度公约及规约》。此后,国际河流制度成为一项普遍性的法律制度。

国际河流制度的主要内容有:第一,国际河流对沿岸国的商船、军舰及非沿岸国的商船开放,但非沿岸国的军舰不享有自由航行权;第二,航行时,各国的国民、财产及其船舶应享有平等待遇;第三,沿岸国对于通过自己领土的那段河流行使管辖权,特别是关于警察、卫生、关税等事项;第四,沿岸国负责管理和维护在其管辖下的河流部分,并得为维持和改善河道航运,征收公平的捐税;第五,沿岸国保留"沿岸航运权",外国船舶不得从事同一沿岸国的各口岸间的航运;第六,由特别设立的国际委员会制定必要的、统一的管理规章,以保障河流的航行自由。

(2)通洋运河。运河是在一国领土内用人工开凿的可航水道。其地位与内河相同,完全受该国主权的管辖。在国际法上具有重要意义的是连接海洋、构成国际要道的通洋运河,如苏伊士运河和巴拿马运河等。这些通洋运河一般受国际条约规定的法律制度的支配。

(3)湖泊。湖泊一般分为淡水湖和咸水湖。咸水湖又称内(陆)海(inland sea)。湖泊如被一国领土所包围,则被认为是该国领土的组成部分,由该国对其行使主权管辖。如果湖泊被两个或更多的国家的领土所包围,除国际协议另有规定外,原则上属于所有沿岸国,并通常以湖的中心为界线,分别由各沿岸国管辖。

(4)内海水。内海水是指一国领海基线内的全部海域,包括海港、内海湾、内海峡、河口以及领海基线与海岸之间的海域。内海水是国家领土不可分割的一部分,国家对其拥有完全的、排他的主权。

2. 领海。领海(territorial sea)是指沿着国家的海岸和内水或群岛水域的受国家主权支配和管辖的一定宽度的海水带。领海属于国家领土的一部分,沿海国对领海享有主权。领海与内水的区别在于，外国船舶在领海内享有无害通过权。

（三）领陆和领水之下的底土

领陆和领水之下的底土属于国家领土的组成部分，完全受国家主权的管辖。

（四）领陆和领水之上的领空

领陆和领水之上的领空是国家领土不可分割的部分，国家对其拥有完全的、排他的主权。

第二节 领土的取得与变更

一、传统国际法取得领土的方式

一般认为，传统国际法上领土取得的方式主要有五种：先占、时效、添附、割让和征服。然而，上述取得领土的方式有些已不符合现代国际法原则了。

（一）先占

先占（occupation），又称占领，是指一国有意识地占有无主地并取得对它的主权的行为。按照传统国际法，先占必须具备两个条件：一是先占的客体是无主地，即不属于任何国家的土地，或完全无人居住的土地，或虽有土著部落居住但尚未形成国家的土地。然而，1975年国际法院在"关于西撒哈拉法律地位问题的咨询意见"中则指出："凡有部落或人民居住并有一定的社会和政治组织的地方，就不能认为是无主地。"二是实行有效的占领，即国家必须将无主地置于其占有之下并实行某种行政管理。因此，单纯发现无主地，只构成在一定时间内阻止他国占领的初步权利。

作为原始取得领土的一种方式，先占在西方殖民扩张时期占有重要地位。而到现今，世界上的无主地几乎没有了。因此，以先占作为取得领土的方式，已失去了现实意义。然而，在解决国家之间的领土争端时，有时还应考虑先占作为领土变更的方式所具有的效果。1933年"东格陵兰案"就是其中的一例。

（二）时效

时效（prescription），是指一国原先不正当地和非法地占有某块领土，并且已经在相当时期内不受干扰地加以占有，以致造成了一种信念，认为事物现状是符合国际秩序的，那么该国就取得该土地的主权。时效与先占的区别主要在于，先占的对象是无主地，而时效是非法占有他国的领土。

时效是否应作为一种领土取得的方式，国际法学家的意见是有分歧的。到目前为止，虽然有些判决或仲裁裁决是部分地以时效为理由确认领土主权的，但是还没有一个判决或仲裁裁决主要是以时效为理由来确认领土主权的。① 至于时效的期限，国际法没有明确规定，学者们的意见也不一致。

当今，由于互相尊重主权和领土完整已成为国际法的一项基本原则，以时效取得领土无疑是违反这一原则的，因此，在现代国际法中，以时效作为取得领土的方式已失去了其现实意义。

（三）添附

添附（accretion），是指由于自然的因素或人为的原因而形成新的土地，从而使国家领土增加。添附分为自然添附和人为添附。自然添附是指由于自然的作用而使一国的领土扩大。例如，一国的河口因泥沙冲击而形成三角洲、在领海内出现新的岛屿以及在海岸产生涨滩等，均使得沿岸国的领土范围扩展。自然添附历来被认为是取得领土的一种合法方式。1805年国际法上有名的"安娜号案"（the Anna Case）就是其中的典型例子。

人为添附是指由于人为的原因而使一国领土增加，如填海造地使领海向外延伸，从而增加领土。一般情况下，人为添附也是一种取得领土的合法方式。然而，如果一国在人为添附领土时，损害了相邻国家的权利，就不能认为是合法的。例如，在界河的情况下，一国未经对岸国的同意，不应以人为方式在河岸建造堤防或围滩造田，因为这样做很有可能使界河的分界线发生变化而使该国领土增加，从而损害对岸国的利益。

因添附而形成的新土地，无须由有关国家采取任何特别的法律步骤，就当然成为其领土。

（四）割让

割让（cession），是指一国根据条约将其领土的一部分移转给另一个国家。割让一般分为两类：一类是强制性的领土移转，即在非自愿的条件下无代价地转移领土主权。这是传统国际法中严格意义上的割让，它往往是战争的结果。例如，普法战争后，法国根据1871年《法兰克福和约》将阿尔萨斯和洛林割让给德国；甲午战争后，中国根据1895年《马关条约》被迫将台湾割让给日本；日俄战争后，俄国根据1905年《朴次茅斯和约》将库页岛南部割让给日本。传统国际法承认强制性割让是领土取得的合法方式。但在现代国际法中，强制性割让已失去其合法性，因为《维也纳条约法公约》第52条明确规定："条约系违反联合国宪章所含国际法原则以威胁或使用武力而获缔结者无效"。

割让的另一种类型是非强制性的领土移转，即有关国家以平等自愿为基础通过协商或缔结条约转移部分领土，它通常包括赠与领土、买卖领土和交换领土。

---

① 丘宏达：《现代国际法》，三民书局1995年版，第501页。

例如，1604 年，英国国王查理二世与葡萄牙公主结婚，葡萄牙把非洲属地丹吉尔作为嫁妆送给英国；1867 年，沙皇俄国以 720 万美元将阿拉斯加卖给美国；1960 年，中国根据与缅甸所签订的边界条约，将中缅边界的中国猛卯三角地与缅甸的班洪、班老部落地区进行了交换。在现代国际法中，非强制性割让仍然是合法的。不过，除在平等互利的基础上对边界作某些调整外，赠与领土、买卖领土在当今已十分罕见了。

由于割让的效果是领土主权的移转，因此，许多国家的宪法对这种重大的国家行为都有限制性的规定，如必须由公民投票来决定或须经国会批准。

（五）征服

征服（conquest），是指一国以武力兼并他国的全部或部分领土，从而取得该领土的主权。征服与割让的区别在于：征服并不缔结条约，而是将战时占领下的敌国的全部或部分领土在战后予以兼并；如战后订有和约，则征服就变成了割让。

按照传统国际法，有效的征服必须满足以下两个条件：第一，占有的意思表示，即征服国一般要发表正式兼并战败国领土的宣告。第二，保持占有的能力，即：如果兼并的是战败国的部分领土，战败国必须已放弃收复失地的企图；如果兼并的是战败国的全部领土，征服国的权力必须遍及被征服的全部领土，且战败国及其盟国的一切反抗必须停止。

征服是传统国际法所承认的国家领土取得的方式之一。它是以战争的合法性为基础的。自从现代国际法废止战争以来，征服已不再是取得领土的合法方式了。用武力兼并他国领土就是侵略行为，是非法的，由此取得的领土在法律上是无效的。例如，1990 年 8 月，伊拉克侵占科威特以后，联合国安理会通过了一系列决议予以谴责，并宣布伊拉克的兼并行为无效。

二、现代国际法变更领土的方式

随着国际关系的发展变化，现代国际法上产生了一些新的领土变更方式，主要有以下两种：

（一）民族自决

前已述及，民族自决是现代国际法的一项基本原则。根据这一原则，一切处于外国殖民统治、外国占领和外国奴役下的民族，具有自己决定自己的命运与政治地位、建立独立的主权国家和自主地处理其内外事务的权利。民族自决既可以采取和平的方式，也可以通过武装斗争来实现。民族自决是同第二次世界大战后殖民地人民争取民族解放和独立运动紧密相连的，它是当代国际关系中最常见的领土取得或变更的方式。

（二）全民公决

全民公决（referendum），又称公民投票，是指由当地居民以投票方式决定有关领土的归属。全民公决最先适用于18世纪末的法国。在现代国际关系的实践中，也有不少这方面的实例。例如，1935年德国萨尔区经过全民公决重新并入德国；1944年冰岛根据公民投票的结果获得独立；1972年巴布亚新几内亚的居民通过投票建国。最新的一例是2011年南苏丹通过公民投票的方式，获得独立。① 作为一种变更领土的方式，全民公决的合法性取决于居民的意志能否自由地表达。

根据国际实践，通过全民公决的方式来决定领土的变更，应具备三个条件②：其一，有合法和正当的理由；其二，没有外国的干涉、威胁和操纵，当地居民能够自由地表达意志；其三，应由联合国监督投票。例如，联合国对下述领土的公民投票或选举进行了监督：1956年，不列颠多哥托管领土；1958年，法属多哥；1959年和1961年，北喀麦隆；1961年，南喀麦隆；1962年，西萨摩亚；1972年，巴布亚新几内亚等。

值得注意的是，2014年3月，乌克兰克里米亚自治共和国就克里米亚半岛的未来地位问题举行全民公决。虽然乌克兰克里米亚自治共和国超过95%的公民赞成克里米亚加入俄罗斯，但是这次全民公决在国际社会还是引起了较大争议。联大还以压倒性多数通过了一项决议，认定克里米亚举行的脱离乌克兰加入俄罗斯的全民公决"破坏了国家的领土完整，违反了国际法，是一次不合法的投票活动"。

三、领土争端及其解决

（一）领土争端产生的原因

领土争端主要是边界争端。由于边界涉及有关国家的领土主权，边界争端成了国际关系中极其敏感的问题，它很容易引发有关国家之间的武装冲突。因此，如何解决领土争端是现代国际法上的一个重要课题。

引发领土争端的原因是多方面的，既可能是两国间边界线的位置或走向不明确，也可能是双方对边界条约中有关边界线的规定有不同的解释，或者由于边境被侵占、边界线被单方面移动等。③

（二）领土争端的解决方式

解决领土争端应坚持的一个基本原则是采用和平方法，而不是诉诸武力。在国际实践中，解决国家间领土争端的方式主要有以下两种：

---

① 值得注意的是，2011年1月南苏丹的公投，其实是一次"单边公投"，它仅限于南苏丹公民投票，而不是在拥有4 200万人口的苏丹全境举行公投。因此，"南苏丹公投模式"对于任何一个有分离主义隐患的主权国家而言，都是应当警惕的。
② 梁西主编：《国际法》，武汉大学出版社2000年版，第164页。
③ 周鲠生：《国际法》（下册），商务印书馆1976年版，第427页。

其一，通过双方谈判，签订边界条约。争端当事国通过谈判协商、签订边界条约的方式，来解决国家间的领土争端，不但简单、易行，而且比较合理、有效。中华人民共和国成立以来，一直主张通过友好协商来解决与邻国间的领土争端问题，并取得了良好的成效。例如，2004年10月，中国政府与俄罗斯政府签订了《中华人民共和国和俄罗斯联邦关于中俄国界东段的补充协定》。该协定进一步明确了已达成一致的中俄国界东段第7至第8界点及第10至第11界点两地段的国界线走向。例如，按照该协议第1条的规定，从第10/1界点起，国界线沿上述垂线向南行，至第10/2界点；该界点在黑瞎子岛（俄罗斯地图为博利绍伊乌苏里斯基岛）上。

其二，提交仲裁或国际司法程序。提交仲裁或国际司法程序，也是一种比较常见的解决国家间领土争端的方式。通过这种方式解决领土争端，有利于实现边界的稳定性与确定性。在现代国际关系的实践中，有不少通过国际司法程序解决领土争端的著名案例，1962年柬埔寨和泰国之间的"柏威夏寺案"就是其中的一例。

第三节 领土主权及其限制

一、领土主权

领土主权（territorial sovereignty），是指国家对其领土范围内的人和物所行使的最高的和排他的权力。

领土主权主要包括三方面的内容：

第一，领土管辖权。领土管辖权又称属地优越权或属地最高权，是指国家对其领土范围内的人、事、物拥有排他的管辖权。领土管辖权是领土主权的主要内容和标志。

第二，领土所有权。这是指国家对其领土范围内的一切土地和资源拥有占有、使用和支配的权利。

第三，领土完整不可侵犯。领土主权和领土完整是国家独立的重要标志，是现代国际法的基本原则。尊重一个国家的领土主权，就必须尊重一个国家的领土完整。

二、对领土主权的限制

虽然国家对其领土具有排他的主权，但领土主权并不是绝对的。根据一般国际法的原则和规则，国家在行使领土主权时通常受到两种限制：一种是一般性限制，即对一切国家或大多数国家领土主权的限制，如领海的无害通过制度、领土的利用不得损害邻国的利益等；另一种是特殊限制，即根据国际条约对特定国家的领土主权所作的限制，如共管、租借、势力范围和国际地役等。这里着重介绍对国家领土主权的特殊限制。

1. 共管。共管（condominium），是指两个或两个以上国家对某一特定领土共同行使主权。在国际法的实践中，出现了若干共管的例子。例如，苏丹从 1898 年到 1955 年由英国和埃及共管；第一次世界大战以后直到 1968 年，英国、澳大利亚和新西兰对瑙鲁岛的共管等。

2. 租借。租借（lease），是指一国根据条约将其部分领土租借给另一国，在租界期内用于条约所规定的目的。承租国取得对租借地范围内某事项的管辖权，但出租国仍保有对租借地的主权。

租借领土只有以平等自愿为前提、通过租界条约进行才是合法的。例如，根据 1947 年和平条约第 4 条，芬兰在租期 50 年和每年租金 500 万芬兰马克的基础上，允许苏联使用和管理波卡拉半岛地区的领土和水域以建造苏联海军基地。然而，近代历史上的租借大多数是缔结不平等条约的结果。例如，1898 年中国清政府将胶州湾租借给德国，将广州湾租借给法国，将旅顺港和大连港租借给俄国，将威海卫租借给英国，等等。上述租借地，中国政府均已全部收回。

3. 势力范围。势力范围（sphere of influence），原指 19 世纪末期，英、德、法、葡、意等国通过缔结条约，以瓜分非洲东部、中部的方式而享有的对部分领地的某种权利。这类条约规定，凡缔约国互相承认各所占有的地理上的范围，各国在其势力范围内有取得殖民地或设立保护地的完全权利，他方缔约国不得加以侵害。

此外，19 世纪末叶欧美列强也通过强迫清政府签订不平等条约的方式，迫使清政府将中国的大片领土作为英、法、德、日等国的势力范围。这种根据不平等条约所取得的特权，既破坏了中国的领土完整，也违反了国际法原则。

4. 国际地役。国际地役（international servitude），也称国家地役，是指根据条约对一个国家的属地最高权所加的特殊限制，根据这种限制，一国领土的一部分或全部在一定范围内必须永远地为另一个国家的某种目的或利益服务。① 国际地役的主体是国家，客体是国家领土的一部分或全部，其中不仅包括陆地，还包括河流、领海、地下领土和领空。

国际地役有积极地役和消极地役之分。积极地役是指一国承担义务允许他国在自己有关的领土上从事某种活动，如一国依条约而允许他国在其领土上通行，

---

① ［英］詹宁斯、瓦茨修订：《奥本海国际法》（第一卷第二分册），王铁崖等译，中国大百科全书出版社 1998 年版，第 65 页。

或者允许他国人民在本国领海内捕鱼。消极地役是指一国承担义务承诺不在其特定领土上从事某种活动，如一国依条约同意为另一国的利益而不在其国境上的特定地点建立军事要塞或设防。

地役的概念源自罗马法，意思是指某人拥有的土地为他人所拥有的土地的利益服务。前者称供役地，后者称需役地。国际法上的国际地役与国内法上的地役有所不同：国际地役根据国际条约而设定，并不以土地相邻关系为必要条件。1932年常设国际法院对"上萨瓦自由区和节克斯区案"的判决和1960年国际法院对"印度领土通行权案"的判决，都肯定了国际地役的存在。

国际地役作为一种对物的权利，并不因有关领土归于另一国的属地最高权之下而消灭。国际地役可以根据有关国家的同意而予以终止，也可以因需役地国家的明示或默示的放弃而消灭。

第四节 边界和边境制度

一、边界的形成与划分

边界又称国家边界（state boundary）或国界，是划分国家领土范围的界线。由于国家的领土由各个部分组成，因此国家边界也可以分为陆地边界、水域边界、海上边界、空中边界以及地下边界等。

根据国际实践，国家边界的形成主要有两种情况：一种是在长期的历史过程中根据双方历来行政管辖所及的范围而逐渐形成的传统边界线；另一种是有关国家依条约划定的条约边界线。在大多数情况下，国家边界是通过条约来划定的。条约边界线更具稳定性，可以减少边界争端。

国家之间划分边界线主要有三种方法，即自然划界法、几何学划界法和天文学划界法。

第一，自然划界法。自然划界法是指国家利用天然地形，如河流、湖泊、山脉、沙漠和森林等为界，来划定边界线的方法。采用自然划界法而形成的边界线，称为自然边界线或地形边界线。国家间在适用自然划界法的过程中，形成了以下一些习惯法规则：以山脉为界时，边界的划定一般以分水岭为准；以河流为界时，通航河流以主航道中心线为界，不通航河流则以中间线为界；界河上的桥梁以桥的中间为界；湖泊以中间为界。

第二，几何学划界法。几何学划界法是指以两个固定点之间的直线作为国家的边界线的方法。采用几何学划界法而形成的边界，称为几何学边界。

第三，天文学划界法。天文学划界法是指以一定经纬度来确定国家边界的方法。采用天文学划界法而形成的边界，称为天文学边界。

几何学划界法和天文学划界法多用于海上或人口稀少的地区。几何学边界、天文学边界、海上边界、空中边界和地下边界都属于无形边界。

二、边境制度

边境是国家边界线两边的一定区域。边境制度是指国家为了边境的安全、边界线的维护、边境居民生活的便利以及交通和经济的利益等，通过双边条约和国内立法的方式而确立的法律制度。一般来说，边境制度主要包括以下内容。

（一）边界标志的维护

有关边界问题的条约一般都规定，双方国家负有保护边界标志以免损坏或移动位置的责任，以及各自负责修理或恢复本国一方境内界桩的责任。

（二）地方居民的往来

由于边境居民的生活需要或民族、种族等关系，有关边境制度的条约一般都规定，边境居民在航运、小额贸易、探亲访友、治病、进香朝圣等方面进出国境时享有特殊便利，不受一般出入边境的正规手续的限制。

（三）界河和边境土地的利用

按照有关边境制度的条约的规定，沿岸国在界河的使用上不得有损害邻国利益的行为，如使得河水污染或毒化、使得邻国一方遭受河水枯竭或泛滥的危害等；沿岸国对界河航运享有平等的权利；沿岸国对界河生物资源的保养负有共同责任；国家对边境土地的利用不得损害邻国边境居民的安全，如不得在靠近边界线的地区鸣枪、爆破和进行战术演习等。①

（四）边境争端的处理

邻国之间一般根据条约设立边界委员会或其他负责的边界当局和处理争端的程序，负责处理边境方面发生的事故或争端。除特别严重的事件必须通过外交途径解决外，边境地区的一般事件都可以由上述机构处理。

三、中国的边界现状

中国领土面积约为960万平方公里（不含领海），陆地边界线长22 000多公里，海岸线长18 000多公里。同中国接壤的陆上邻国有14个：朝鲜、俄罗斯、蒙古、哈萨克斯坦、吉尔吉斯斯坦、塔吉克斯坦、阿富汗、印度、巴基斯坦、尼泊尔、不丹、缅甸、老挝和越南。在海上与中国相邻或相向的国家有8个：朝鲜、韩国、

---

① 例如，2009年5月朝鲜进行的第二次核试验的实验场距离中朝边界图们江仅约65公里，距离延吉不到160公里，引起了中方的高度关切。

日本、菲律宾、马来西亚、文莱、印度尼西亚和越南。

基于历史原因，旧中国政府给新中国留下了许多棘手的边界问题。中华人民共和国成立后，本着友好协商精神，以和平的方式积极推进边界谈判，稳妥处理与中国相关的边界问题。

到目前为止，中国已与以下 12 个邻国签订了边界条约，全部或基本解决了与这些国家的陆地边界问题：缅甸（1960 年）、尼泊尔（1961 年）、朝鲜（1962 年）、蒙古（1962 年）、阿富汗（1963 年）、巴基斯坦（1963 年）、老挝（1991 年）、俄罗斯（东段 1991 年，西段 1994 年）①、哈萨克斯坦（1994 年）、吉尔吉斯斯坦（1996 年）、塔吉克斯坦（1999 年）② 和越南（1999 年）。

海洋方面，1992 年 2 月颁布了《中华人民共和国领海及毗连区法》（以下简称《领海及毗连区法》）、1996 年 5 月通过了《中华人民共和国政府关于中华人民共和国领海基线的声明》、1996 年 5 月批准了《联合国海洋法公约》、1998 年 6 月通过了《中华人民共和国专属经济区和大陆架法》（以下简称《专属经济区和大陆架法》），从而确立了中国的领海、毗连区、专属经济区和大陆架制度。

值得注意的是，在批准《联合国海洋法公约》时，中国政府作出了四点声明，其中第二点声明是，"中华人民共和国将与海岸相向或相邻的国家，通过协商，在国际法的基础上，按照公平原则划定各自海洋管辖权界限"③。在 1998 年 6 月颁布的《专属经济区和大陆架法》中，中国政府重申了根据《联合国海洋法公约》应享有的 200 海里专属经济区和大陆架的主权权利和管辖权，同时强调海域划界应在国际法的基础上，按照公平原则以协议划定。上述声明，体现了当今中国政府在海域划界问题上的原则立场。然而，中国与邻国的陆界问题尚未完全解决，特别是海域划界和岛屿归属面临复杂严峻的形势，因而全面彻底解决中国边界和海洋争端问题仍任重道远。

第五节　南极和北极

一、南极的法律地位

南极洲是世界七大洲之一，总面积达 1 400 多万平方公里。南极洲不但蕴藏着

---

① 2004 年 10 月，中俄两国外长在北京签署了《中华人民共和国和俄罗斯联邦关于中俄国界东段的补充协定》，成功地解决了中俄国界的所有问题。
② 2002 年 5 月，中塔两国签署了《中华人民共和国和塔吉克斯坦共和国关于中塔国界的补充协定》，标志着中塔历史遗留的边界问题获得全面解决。
③ 关于中国政府的声明，参见《人民日报》1996 年 5 月 16 日。

极其丰富的自然资源①，而且在战略地位上也非常重要。因此，从20世纪初开始，英国、法国、澳大利亚、新西兰、挪威、阿根廷、智利和南非等国家先后对南极提出领土要求，其中有些要求互相重叠，争执很大。美国和苏联虽然没有正式提出对南极的领土要求，但都声明不承认上述国家对南极地区的领土要求，并且保留本国提出领土要求的权利。

在这种争夺相持不下的情况下，由美国倡议，1959年12月1日，阿根廷、澳大利亚、比利时、智利、法国、日本、新西兰、挪威、美国、英国、苏联以及南非等12国在华盛顿签署了《南极条约》。该条约于1961年6月23日生效。

《南极条约》包括序言、14项条款和最后议定书。其主要内容有：

第一，南极只能用于和平之目的，禁止在南极洲建立军事基地、建筑要塞、进行军事演习以及进行任何类型武器的试验。

第二，各国在南极洲享有科学调查的自由，并为此目的而进行国际合作。

第三，冻结对南极的领土要求。条约第4条第2款规定："在本条约有效期间所发生的一切行为或活动，不得构成主张、支持或否定对南极的领土主权的要求的基础，也不得创立在南极的任何主权权利。在本条约有效期间，对在南极的领土主权不得提出新的要求或扩大现有的要求。"

第四，缔约各方有权指派观察员在任何时间进入南极任何地区进行视察。

第五，建立缔约国协商会议制度。根据条约的规定，条约协商国为便于交换情报，召开会议共同协商有关南极的共同利益问题，并阐述、考虑以及向本国政府建议旨在促进条约的原则和宗旨的措施。

自南极协商会议制度建立以来，已召开了多次会议，并订立了下列公约：1972年《南极海豹保护公约》、1980年《南极海洋生物资源保护公约》、1988年《南极矿物资源活动管理公约》和1991年《南极条约环境保护议定书》等。这些公约与《南极条约》一起，共同构成了"南极条约体系"。2001年7月，第24届南极条约协商会议在俄罗斯圣彼得堡举行。会议决定将南极条约秘书处总部设在阿根廷首都布宜诺斯艾利斯。2006年6月，第29届南极条约协商会议在英国爱丁堡举行，来自28个南极条约协商国、9个非协商国及12个国际组织的近300名代表与会。会议讨论了南极环保、生物勘探、旅游和非政府活动等问题，确定了3个特别保护区、1个特别管理区及相关管理计划。会议通过了《关于国际极地年的爱丁堡南极宣言》，号召南极条约协商国全面支持国际极地年科研活动并开展广泛国际合作。另外，为了致力于应对全球气候变暖问题，联合国秘书长潘基文于2007年11月访

---

① 有资料认为，南极地区可采石油储量达500亿至1 000亿桶，天然气为3万亿至5万亿立方米，尤其是南极冰的总量约为2 400万立方千米，为全球冰量的90%，相当于全世界淡水资源量的72%，被誉为人类未来的天然"淡水库"。

问了南极。潘基文成为有史以来第一位亲临南极的联合国秘书长。

值得注意的是，建立南极海洋保护区问题成为近年来南极的热点问题之一。早在2004年，南极海洋生物资源养护委员会的成员国就开始讨论建立南极海洋保护区的问题。目前，英国提出建立的南奥克尼群岛海洋保护区已经建立起来。正在酝酿建立的保护区还有很多，如美国和新西兰提出的南极罗斯海海洋保护区、澳大利亚和法国提出的东南极海洋保护区以及欧盟和德国提出的威德尔海海洋保护区。在2015年南极海洋生物资源养护委员会第34届年会上，中国、美国和新西兰三方就建立罗斯海海洋保护区的问题达成了共识。

1983年6月，中国加入《南极条约》。1985年，中国成为《南极条约》的协商国，同年，中国在南极建立了第一个常年科学考察站——"长城站"。1989年2月，中国又设立了"中山站"。2008年，中国单独提出的格罗夫山哈丁山南极特别保护区管理计划，以及中澳联合提出的阿曼达湾南极特别保护区管理计划获得批准。2009年1月，中国首个南极内陆考察站"昆仑站"在南极内陆冰盖最高点冰穹A建成，实现了中国从南极大陆边缘向腹地挺进的历史性跨越，标志着中国从极地考察大国向极地考察强国迈出关键一步。2014年2月，中国又在中山站和昆仑站之间的伊丽莎白公主地建立了第四个考察站——"泰山站"。

二、北极的法律地位

北极即北冰洋，面积达1 478万平方公里，除了少量岛屿外，并无陆地，气候严寒。美国、加拿大、丹麦（格陵兰岛）、冰岛、芬兰、挪威和俄罗斯等北冰洋沿岸国已划分了北极地区周围的陆地。一些国家对北极地区的领土权利主张的根据是所谓的"扇形原则"（sector principle），即：毗连北极地带的国家拥有以该国海岸或某一纬线为底线，以北极为顶点，以从北极到该国东西两端的国界的两条经线为腰的扇形空间内的一切陆地和岛屿以及流动冰群。1926年4月，苏联根据上述原则，制定了有关法律。然而，苏联的这一单方面主张，遭到了美国、挪威等其他北冰洋沿岸国的反对。

迄今为止，还没有国际协议对北极的法律地位问题加以规定。1973年，加拿大、丹麦、挪威、美国和苏联签订了《保护北极熊协定》。1990年，北极地区有关国家成立了国际北极科学委员会。同年，加拿大、丹麦、芬兰、冰岛、挪威、瑞典、美国和苏联8个国家共同签订了《八国条约》。该条约主要规定的是各国在北极的科学研究行为规范和环保责任，并没有对各国领土和资源的分配作出界定。1991年，北极国家首脑会议发表了《保护北极环境宣言》，并制定了《北极环境保护战略》。

1996年9月，芬兰、瑞典、挪威、丹麦、冰岛、加拿大、美国和俄罗斯8个北极沿岸国家，在加拿大渥太华成立了北极理事会。北极理事会的宗旨是保护北极地区的环境，促进该地区在经济、社会和福利方面的持续发展。2011年5月，北极理事会在格陵兰岛首府努克举行外长会议，会上不但通过了该机构成立以来第一份具有法律约束力的文件——《北极空中和海上搜救合作协定》，还通过了一份规定理事会观察员权限和义务的文件。会议决定，在挪威设立北极理事会常设秘书处，将来北极理事会的建议会逐步有更大的效力；同时规定，申请成为北极理事会观察员的国家或国际组织，必须承认北极沿岸国家在北极地区拥有主权权利。2013年，北极理事会制定了《北极海洋油污预防与反应合作协定》，中国、意大利、印度、日本、韩国和新加坡成为北极理事会正式观察员国。

近年来，很多国家都不约而同地将目光投向北极，再度引起有关北极地区主权和资源归属的热闹争论。据估计，北极地区潜在的可采石油储量有1 000亿—2 000亿桶，天然气在50万亿—80万亿立方米之间，被誉为"地球尽头的中东"。北极地区的矿产资源也相当丰富，蕴藏有大量优质煤，有世界上最大的铜、镍、钚复合矿基地，还盛产金、银、钻石以及铀和钍等战略性矿产。此外，随着全球气候变暖、冰川的融化和航海季节的延长，连接西欧和东南亚之间最短的海上通道——"西北航道"可能彻底贯通。因此，近些年来北极地区的主权和资源争夺战悄然升温。例如，2007年8月，俄罗斯小型潜水艇"和平1号"抵达北冰洋4 261米深的海底，并在北冰洋底插上一面钛合金俄罗斯国旗。这一举动被外界解读为俄罗斯宣示对北极的主权。同年8月，加拿大总理奔赴北极进行视察，宣示主权①；美国海岸警卫队的"希利"号重型破冰船开赴北冰洋进行科考②；丹麦一支科考队也前往北极进行科学考察，以证明罗蒙诺索夫海岭为丹麦所属格陵兰大陆架的延伸，从而宣称对这一地区拥有主权③；德国和法国也相继向北极地区派遣科学考察船；丹麦和瑞典科学家共同组成的科考队也乘坐瑞典的破冰船前往北极地区。2007年9月，英国也加入争夺北极的行列，声称对北极附近大西洋水域水下大陆架拥有主权，试图获得与丹麦、冰岛有争议的罗卡尔岛附近地区丰富的油气资源的开采权。

值得一提的是，近年来一些北极沿岸国对"东北航道"和"西北航道"主张主权，引发了国际争议。例如，俄罗斯、加拿大等国坚持邻近航道属于其内水航

---

① 加拿大制定了一整套计划来应对各国对北极的争夺。加拿大政府准备拨款70亿美元在2012年前组建北极舰队，还打算在北极建设军事基地，专门培训在极寒条件下作战的士兵。
② 2009年美国颁布《国家安全和国土安全总统令》，宣布美国在北极有着广泛而重要的国家利益。
③ 丹麦政府于2010—2014年组建北极联合指挥部，并在格陵兰岛设立军事基地，组建北极快速反应部队。

道，要求过往船只接受管辖、缴费及接受强制破冰服务等。2010 年，加拿大实施了强制性的"加拿大海岸警备队北极交通系统"，要求在北纬 60 度以北航行的有关船舶必须向加方报告有关情况。而一些非北极沿岸国则主张，北极航道属于用于国际航行的海峡，适用《联合国海洋法公约》规定的过境通行制度，各国有权不经批准自由航行。

近些年来，中国多次派遣科研人员赴北极进行科学考察活动。2004 年 7 月，中国第一个北极科学考察站——"黄河站"建成并投入使用。鉴于南北极地区的地位日益重要，今后中国政府，一要进一步加深对南北极，尤其是南北极对全球气候变化的影响及其资源状况等的认识；二要进一步强化中国在南北极地区的实质性存在，进行综合性的科学考察活动；三要积极参与国际极地事务，确立中国在南北极事务中的战略地位。

思考题：
1. 各国之间应如何解决领土争端？
2. 试论领土的变更方式。
3. 什么是领土主权？它有哪些限制？
4. 试述南极地区的法律制度。
5. 试论近年来北极地区的主权和资源争夺战的新动向及中国的对策。

▶ 自测习题及参考答案

第十一章 国际海洋法

第一节 国际海洋法的发展

一、海洋的重要性

生命起源于海洋。海洋广袤浩瀚，有 3.6 亿多平方公里，约占地球表面的 71%。气候和天气，甚至人们呼吸的空气的质量，在很大程度上都取决于海洋与大气之间的相互作用。海洋不仅始终是生命的主要营养来源，而且从最早有记录的历史起，人们就利用海洋从事贸易和商业，在海上冒险，去探索海洋。

现在世界上大部分人口生活在距大海 200 英里的范围内，与大海密切相关。当人口的不断增长、资源的匮乏、环境的污染将人类生存的陆地弄得不堪重荷之时，众多的目光投向了包裹着陆地的海洋。海洋拥有的矿物资源、海洋食物资源是陆地的千余倍，它所提供的水产品至少能养活 300 亿人口。海洋既是人类生存的基本空间，也是国际政治斗争的重要舞台，而海洋政治斗争的中心是海洋权益。全球愈演愈烈的海权之争，背后都是巨大的海洋利益。

世界强国无一不是海洋大国。西班牙曾凭借其无敌舰队攫取了滚滚财富；大不列颠的坚船利炮也为其打开过世界所有的门户；而今，悬挂着星条旗的舰队随时都会出现在全球任何一处与"美国利益"有关的地方。毋庸置疑，每个有作为的民族在看到这条历史踪迹时都不应也不会无动于衷。各国努力维护和谐海洋秩序，强调《联合国海洋法公约》是解决海洋领域各种问题和挑战的重要依据，特别是各国的法律和规章应符合公约规定的人类共同继承财产原则、内陆国出入海洋自由原则和航行自由原则等，以构建新的和谐的海洋秩序。尤其需要强调的是，缔约国应诚意履行根据公约承担的义务并以不致构成滥用权利的方式行使公约所承认的权利。

我国是一个海洋国家。我们要向海洋进军，拥抱蓝色文明。我们要坚决维护我国的海洋权益，为建设一个海洋强国而奋斗。

2018 年 3 月，中共中央印发《深化党和国家机构改革方案》，决定将原中央外事工作领导小组改组为中央外事工作委员会；将维护海洋权益工作纳入中央外事工作全局中统一谋划、统一部署，不再设立中央维护海洋权益工作领导小组，有关职责交由中央外事工作委员会及其办公室承担，并在中央外事工作委员会办公室内设维护海洋权益工作办公室，负责组织协调和指导督促各有关方面落实党中央关于维护海洋权益的决策部署，收集汇总和分析研判涉及国家海洋权益的情报信息，协调应对紧急突发事态，组织研究维护海洋权益重大问题并提出对策建议等。

二、国际海洋法的概念

传统的海洋法主要研究领海和公海制度。

现代海洋法，又称国际海洋法，是指有关各种海域的法律地位和在各种海域中从事航行、资源开发和利用，海洋科学研究和环境保护等活动的原则、规则和规章制度的总称。

有些国际法学者从另外的角度来分析海洋法，认为海洋法绝不是一套静态的法律体系，而是一个法律应变过程，或是一个暂得其平的法律秩序。它的使命一方面是满足各国的共同要求，另一方面是满足各国的特殊要求。因此，海洋法必然地包含着两大类规则：第一类规则，可以被归纳于公海自由规则之下，是基于各国的共同利益或国际社会的利益而形成的；第二类规则，可以被归纳于沿海国主权延伸之下，是基于各国的特殊利益而形成的。

现代海洋法较之传统的海洋法有很大的突破。它不再局限于传统的领海和公海制度，涉及海洋的各个领域，涉及世界上所有的国家。新的海洋法是随着科学技术的发展和第三世界的兴起，在发展中国家与帝国主义、霸权主义的长期较量中形成和发展起来的，是在20世纪40年代到70年代特别是联合国第三次海洋法会议上逐步确立下来的。因此，它比旧的海洋法有了较大进步，它对维护人类共同继承财产和各国的正当海洋权益作出了一系列的新规定，打破了旧海洋法片面地有利于少数海洋大国的局面。

新的海洋法主要内容包括领海、毗连区、专属经济区、大陆架、公海、国际海底区域、用于国际航行的海峡、群岛及群岛水域、海洋科学研究、海洋环境保护和海洋争端解决等一系列制度。就其内容和范围而言，既涉及政治、经济，又涉及军事、外交和科学技术；既包括平时法，也包括战时法。因此，海洋法作为一门科学，与国际政治、外交、国际关系、军事、社会制度和各国历史紧密相连，与社会科学和自然科学也是不可分的。海洋法也是一部海洋自然资源法，是国际经济新秩序和国际经济法的主要内容之一。

《联合国海洋法公约》已成为现代海洋法律体系的基石，成为国际强行法律规范，为世界各国普遍遵守。但是，其中根本没有美国所谓的"国际空域"和"国际海域"的规定和制度。

三、国际海洋法的编纂与发展

（一）国际海洋法的编纂

国际海洋法的编纂活动始于20世纪。除1926年、1928年国际法学会讨论通过领海问题并草拟过《和平时期海上管辖权法公约（草案）》外，其编纂活动主要是通过国际联盟1930年召开的海牙国际法编纂会议以及联合国相继主持召开的三次海洋法会议进行的。第二次世界大战后海洋法的发展有了重大的突破，不仅为传统海洋法的公海与领海增添了许多新的内容，而且增加了许多新领域。随着科学技术的进步，海洋生物及非生物资源开始有更多的利用的可能性，一些海上强国因而对海洋提出新的主张。1945年，美国总统杜鲁门发表了两个有关海洋的声明：一个宣布美国在连接本国海岸的海上有权对渔业采取养护措施；另一个宣布"毗连美国海岸的大陆架的底土和海床的自然资源属于美国，受美国的管辖和控制"。1949年国际法委员会在第一届会议上选定了14个编纂项目，其中与海洋法有关的是公海和领海制度。1954年联合国大会要求国际法委员会将其所拟的关于公海、领海、毗连区、大陆架和海洋生物资源的保全等条文系统化。

1958年4月24日至4月27日，联合国在日内瓦召开第一次海洋法会议，86个国家的代表参加了会议。这次会议通过了四个海洋法公约（简称"日内瓦四公约"），即《领海及毗连区公约》《公海公约》《捕鱼及养护公海生物资源公约》和《大陆架公约》。此外，这次会议还通过了一项《关于强制解决争端的任意签字议定书》。

1960年3月17日至4月27日，联合国第二次海洋法会议在日内瓦举行，主要审议领海宽度与捕鱼界限问题。88个国家的代表以及若干联合国专门机构和国家组织的代表参加了会议。会议就领海宽度和渔区界限的问题展开了激烈的争论，各国均发表了不同的观点，提出一些方案。几个方案均未获得通过，无果而终。

1973年12月3日，第三次联合国海洋法会议在纽约联合国总部揭开帷幕，1982年9月24日闭幕，历时9年，共召开了11期16次会议。167个国家和50多个国际组织的代表出席了会议。1982年4月30日，会议以130票赞成、4票反对和17票弃权的表决结果通过了《联合国海洋法公约》。中华人民共和国第一次自始至终参加了这次联合国海洋法会议，并作为会议副主席之一，参与了会议的领导和组织工作。

《联合国海洋法公约》于1982年12月10日在牙买加的蒙特哥湾开放签字，117个国家的代表签署了公约。这次会议被视为建立国际经济新秩序的第三次尝试。公约于1994年11月16日正式生效。

《联合国海洋法公约》被称为"海洋宪章"，截至2018年5月1日，《联合国海洋法公约》缔约方共168个，其中包括欧洲共同体（现为欧洲联盟）。公约已获得比较普遍的接受，国际实践中绝大多数国家对公约予以承认，证明公约已成为现代海洋法的基石。

新确立的海洋法基本制度有：（1）确定了12海里领海宽度，并同时确保了其他国家在沿海国领海内的无害通过权。(2) 允许沿海国为开发海洋资源、保护海洋环境及管理海洋科学研究等目的设立200海里专属经济区，但不得限制其他国家在该区域的合法活动；所有国家，不论是沿海国或内陆国，在本公约有关规定的限制下，享有第87条所指的航行和飞越的自由、铺设海底电缆和管道的自由以及与这些自由有关的海洋其他国际合法用途。(3) 建立了基于自然延伸原则的大陆架制度，规定了结合科学标准、地质标准及距离标准确定大陆架外部界限的方法，设立了解决200海里外大陆架外部界限的大陆架界限委员会，并对200海里外大陆架资源的利益分享问题作了规定。(4) 对国家管辖范围以外的海床洋底建立了专门的国际开发制度，并设立了国际海底管理局以管理作为"人类共同继承财产"的国际海底区域及其资源；各国有义务在合理条件和基础上，顾及各方合法权益，促进海洋开发技术的发展和转让。(5) 确认了航行自由、飞越自由等传统的公海自由原则，并根据科学技术的发展补充了新的公海自由原则，但同时又对公海生物资源的养护和管理作了专门规定，对公海传统的公海自由和新的公海自由原则作出限制。(6) 确保了各国的船舶和飞机在世界上各群岛水域和用于国际航行的海峡不受阻碍地航行或飞越的权利，同时对群岛国制度和海峡沿岸国的权利作了规定。(7) 在扩大沿海国权利的同时，也确保了内陆国出入海洋的权利。(8) 确立了进行海洋科学研究和海洋技术转让的规则；专属经济区内和大陆架上的科研活动要征得沿海国的同意。(9) 对海洋环境的保护和保全作了全面的规定，使各国承担了保护海洋免受各种污染源污染的义务。(10) 推动各国和平解决海洋争端，规定了强制解决争端的各种程序，并设立了国际海洋法法庭。

(二) 国际海洋法的新发展

自公约签署以来，海洋法又取得快速进展，特别是20世纪90年代发生的几起重大事件促进了海洋法的发展。

第一，1990年7月，当时的联合国秘书长佩雷斯·德奎利亚尔发起了一项非正式磋商活动，就公约有关深海海底采矿规定中的一些问题展开协商。1994年7月28日，通过了《关于执行1982年12月10日〈联合国海洋法公约〉第十一部分的协定》，并于1996年7月28日生效。截至2006年7月28日，协定共有123个缔约方。这部新的海洋法典是科技进步的成果，同时也为海洋科学技术的发展开辟了广阔而美好的前景。

第二，国际海底管理局理事会和大会于2000年7月13日通过了《"区域"内多金属结核探矿和勘探规章》。

第三，1995年12月4日，通过了《关于执行〈联合国海洋法公约〉有关养护和管理跨界鱼类种群和高度洄游鱼类种群的规定的协定》。该协定发展了《联合国海洋法公约》有关养护公海渔业资源的规定，确立了关于养护和管理跨界鱼类种群和高度洄游鱼类种群两种资源的一般制度。协定要求各国对公海渔业管理和专属经济区渔业管理均采取"预防办法""合作办法",是迄今关于公海渔业问题最全面的公约。

此外,还有若干与《联合国海洋法公约》执行直接相关的法律文件,对海洋秩序和海洋法的发展产生了重要影响。同时,区域渔业管理机制得到快速发展,并已成为公海渔业资源养护和管理的重要特征。海洋环境的保护和保全日益受到重视,诸如《生物多样性公约》和《联合国气候变化框架公约》等环境保护条约对海洋管理和海洋法的发展也产生了重要影响。

第二节 领海与毗连区

一、领海的概念与法律地位

(一) 领海的定义

沿海国的主权及于其陆地领土及其内水以外邻接的一带海域,在群岛国的情况下则及于群岛水域以外邻接的一带海域,称为领海。国家对领海的主权及于其上空、海床和底土。领海主权是仅受无害通过限制的完全主权,其行使受《联合国海洋法公约》和其他国际法律的限制。

领海制度及其概念并不是从来就有的,而是随着人类对海洋的认识和利用,与公海制度同时产生和确立的。著名的国际法学家格劳秀斯认为那部分可以从岸上进行控制的海面属于沿岸国所有。格劳秀斯的理论指出了领海本身存在的根据。当然,领海这一概念还可以追溯到更古老的时期。一般认为中世纪进入封建社会之后,才产生把国家权力扩大到沿海水域的思想。雷普斯科特在《海洋政治地理》一书中曾说过:"在这一概念的形成过程中,第一个步骤是罗马法注释家采取的。他们断定,皇帝有权像惩罚在陆地犯罪的人一样,惩罚在海洋上犯罪的人。"意大利法学家真提利斯采取了决定性步骤,他深信沿岸海域是毗连海岸所属国领土的延续,而且他说服了其他人。所以,一般认为在真提利斯之后才在国际法上正式提及领海。沿海国领海的确立,对沿海国的安全、海关、卫生、沿海资源的保护都具有十分重要的意义。

(二) 领海的法律地位

领海是国家领土的一部分,受沿海国主权支配。沿海国对其领海内的一切人和物享有排他的管辖权。领海主权是受某种限制的领土主权。领海主权及于领海的上空、水域、海床和底土。按照主权原则沿海国在其领海内享有下列基本权利:(1) 开发和利用领海水域、海床和底土的一切生物和非生物资源的主权权利。

(2) 对其领海上空享有领空权。(3) 沿海航运权，又称沿海贸易权。(4) 制定有关航行，海关，卫生，移民，环境保护，海洋生物资源养护和保护，海底电缆和管道，引航、助航设备和设施的保护，海洋科学研究以及其他维护国家安全和经济利益的法律、法令和规定的权利，对违法、不法和违章者有权予以相应的制裁。(5) 紧追权。(6) 国家保卫权，即采取安全措施以保卫国家权利。如建造防御设施，设置或划定禁区，设立水上防卫区，军事演习，管制船舶和飞机在领海的航行和飞越，监督无线电在领海内使用，等等。还可以禁止或限制外国军舰或飞机进入其领海及其上空；沿海国有权要求外国军舰立即离开其领海等。(7) 无线电监督权。(8) 管辖权。沿海国在领海对一切人和物享有民事管辖权，对领海内犯罪的人享有刑事管辖权，在某种情况下，有扣押无害通过非军用船舶和逮捕乘客的权利。(9) 海上礼节。(10) 沿海国在战时保持中立，包括其领海中立的权利，交战国不得在中立的领海内交战或拿捕商船。

领海主权的行使受《联合国海洋法公约》和其他国际法规则的限制。所有国家，不论为沿海国或内陆国，其船舶均享有无害通过领海的权利。这就是说，沿海国在领海的主权要受到本公约所规定的无害通过权及其他国际法规则的限制。

无害通过权是领海中的一项重要制度，是领土主权和领海主权根本区别的关键所在。领海中的无害通过权适用于所有国家（包括沿海国和内陆国）的所有船舶。这是传统国际法中的一项规则和制度。"通过"系指为了横渡领海但不进入内水，或为了驶入或驶出内水而通过领海的航行。"通过"应继续不停和迅速进行。"通过"不包括停船和下锚在内，不包括停靠泊船处和港口设施。但通常航行所附带发生的停泊和下锚，或因不可抗力或遇难所必要的或为援助遇险或遭难的人员、船舶或飞机的目的停泊或下锚则是允许的。无害通过则是指通过只要不损害沿海国的和平、良好秩序或安全，就是无害的。外国船舶在行使无害通过权时应遵守沿海国的法律、规章和习惯；沿海国对所有行使无害通过权的船舶不应有任何形式上或事实上的歧视，沿海国应将领海内已知的对航行有危险的情况予以适当公布。

二、领海基线与领海宽度

（一）领海基线

领海基线是国家内水与领海的分界线，又称领海的内部界限。它是指沿海国测算其领海、毗连区、专属经济区和大陆架宽度的起算线。领海基线有三种：正常基线、直线基线和混合基线。

正常基线，即沿岸低潮线，又称自然基线，是国际实践中采用较早的基线方法。它是沿海国海岸在海水处于低潮时，海水与海岸自然形成的一条分界线。《联合国海洋法公约》规定:"除本公约另有规定外,测算领海宽度的正常基线是沿海国官方承认的大比例尺海图所标明的沿岸低潮线。"在国际实践中,正常基线多用于那些海岸比较平直的情况。一般适用于陆海分界明显、海岸线比较平直且近岸又无岛屿的海域。它是一条沿海国官方承认的海图上所标明的沿岸大潮最低低潮线,或海图上以适当标记的礁石向海的低潮线,或全部或一部分与大陆或岛屿的距离不超过领海宽度的低潮高地的低潮线。

直线基线,是沿海国以在海岸的陆地上、岛屿上或礁石上选定的特殊点作为基点,将这些点用直线连接起来而成的领海基线。在海岸线极为曲折的地方,或者如果紧接海岸有一系列岛屿,测算领海宽度的基线的划定可采用连接各适当点的直线基线法。1951年12月18日,国际法院在对"英挪渔业案"的判决中对直线基线予以确认。在使用直线基线时应注意以下几点:(1)直线基线不得偏离海岸的总方向,即一般走向。(2)除构筑有永久性设施并为国际上所承认外,不得以低潮高地作为基点。(3)使用直线基线时应适当考虑传统的习惯经济利益和情况。(4)海岸发生变化时,在沿海国重新修改公布新的基线前,原基线仍然有效。(5)不得因使用直线基线致使另一国的领海同公海或专属经济区隔断。如果一国的海岸并不是极为曲折,考虑到该地区特有的并经长期惯例清楚地表明其为实在而重要的经济利益,也可使用直线基线。

依照1992年我国《领海及毗连区法》的规定,"中华人民共和国领海为邻接中华人民共和国陆地领土和内水的一带海域。中华人民共和国领海基线采用直线基线法划定,由各相邻基点之间的直线连线组成"。

混合基线,即采用正常基线和直线基线混合和交替使用确定的领海基线。当沿海国海岸线较长、地形复杂时,可交替使用正常基线法与直线基线法及具体规定的任何方法来确定基线。

(二)领海的宽度

《联合国海洋法公约》规定:每一国家有权确定其领海的宽度,直至从按照本公约确定的基线量起不超过12海里的界限为止。领海的外部界限是一条其每一点同基线最近点的距离等于领海宽度的线。

最早对领海宽度发表主张的是把妥·拉斯,他在14世纪就主张领海的宽度为100海里。16世纪真提利斯接受了这一主张。在16—17世纪的许多条约和法令中规定:国家管辖的海域应达到"视力所及的地平线"。17世纪时,格劳秀斯主张:"如果在一部分海面航行的人能被在岸上的人所强迫……那么,这一部分海面就是属于这一块土地的。"从这一原则演变为下列公式:一国的领海宽度应以大炮的射程为准。1703年,宾克舒刻(Bynkershoek, Kornilius van)把关于领海宽度的大炮射程说引进国际法文献中。后来从视线说和大炮射程说中演变出了3海里的宽度,从而提出"三海里规则"。《联合国海洋法公约》规定:"从按照本公约确定的基线量起不超过 12 海里的界限。"这一规定是本国利益和国际利益相调和的折中产物。

各国可根据本国的具体情况,使用以下三种方法确定领海的外部界限:(1)平行线法,即领海外部界限与海岸曲折相平行;(2)圆弧法,即以领海基线各点为圆心,以领海宽度为半径所作圆的迂回曲线;(3)直线法,即外沿线与直线基线相平行,与海岸的一般走向相一致。

中华人民共和国领海为邻接中华人民共和国陆地领土和内水的一带海域。中华人民共和国领海的宽度从领海基线量起为 12 海里。

三、海岸相向或相邻国家间领海界限的划定

《联合国海洋法公约》第 15 条明确规定,"如果两国海岸彼此相向或相邻,两国中任何一国在彼此没有相反协议的情形下,均无权将其领海伸延至一条其每一点都同测算两国中每一国领海宽度的基线上最近各点距离相等的中间线以外。但如因历史性所有权或其他特殊情况而有必要按照与上述规定不同的方法划定两国领海的界限,则不适用上述规定。"这一规定援引了 1958 年日内瓦《领海及毗连区公约》的相关规定。这就是我们通常所说的"等距线"和"中间线"的划界方法或原则,亦即所谓的"中间线+特殊情况"的公平原则。

首先,通常情况下在相邻或相向国家间没有相反协议时,通过友好协商可以按照中间线或等距线划定彼此的领海界限。其次,在领海界限划定的谈判中,彼此均无权将其领海伸延至一条其每一点都同测算两国中每一国领海宽度的基线上最近各点距离相等的中间线以外。尤其是在用于国际航行的海峡两岸国家间划界时,应特别注意这种情况的发生。再次,如因历史性所有权或其他特殊情况而有必要按照与上述规定不同的方法划定两国领海的界限,则不适用上述规定。这里主要指历史性海湾、历史性水域和其他难以确定领海基线的例外和特殊情况。最后,包括政治、经济、地质等在内的特殊情况必须予以慎重考虑,而且要在中间线或等距线的基础上,充分考虑特殊情况,以便通过谈判求得公平的结果。

四、毗连区制度

毗连区是沿海国领海以外但又毗连其领海的一定宽度的海域。它是国家管辖范围的水域,是由习惯法发展而来的一项国际法制度。沿海国可在其毗连区行使下列事项所必要的管制:(1)防止在其领土或领海内违反其海关、财政、移民或卫生的法律规章;(2)惩治在其领土或领海内违反上述法律和规章的行为。毗连区从测算领海宽度的基线量起,不得超过 24 海里。

毗连区又称邻接区、保护区、特别区域或专门管辖区等。1930 年海牙国际法

编纂会议上曾试图从国际立法的角度对毗连区的概念、性质和地位予以规定。会议提交的《国际领水公约草案》第 5 条规定:"沿海国在邻接其领水的公海中采取必要的管制措施,以防止外国船舶在其领水内违反海关警察规章或卫生警察规章,或者对安全的蓄意侵犯。在距离海岸 12 海里的界限外,沿岸国即不得采取此种管理措施。"1958 年联合国第一次海洋法会议以 1930 年海牙会议草案中的毗连区条款为基础,经修改载入《领海及毗连区公约》。该公约第 24 条规定,毗连区是指沿海国在毗连其领海的一定范围内,为了对海关、缉私、卫生和移民等类事项行使管制而设置的区域,其宽度从领海基线量起不得超过 12 海里,并规定毗连区属公海区域。第三次海洋法会议对此项规定做了两点修改:(1)取消毗连区属于公海的提法;(2)把毗连区的外部界限从领海基线量起 12 海里延至 24 海里。沿海国在其毗连区的权利和管辖与在专属经济区的权利和管辖大体上相同,只不过是沿海国在毗连区内侧重于安全方面的考虑,而在专属经济区内则侧重于经济上的考虑而已。

五、中国的领海与毗连区法

为了更好地行使中国对领海的主权和对毗连区的管辖权,维护国家安全和海洋权益,全国人大常委会于 1992 年 2 月 26 日通过了《领海及毗连区法》,以国家立法形式确定了中国的领海及毗连区法律制度。该法对中国领海主权、毗连区的管辖权及其基本制度作出了规定。具体内容是:(1)中华人民共和国领海为邻接其陆地领土和内水的一带海域。中华人民共和国的陆地领土包括中国大陆及其沿海岛屿、台湾及其附属各岛、澎湖列岛、东沙群岛、西沙群岛、中沙群岛、南沙群岛,以及其他一切属于中国的岛屿。中华人民共和国的内水为领海基线向陆一侧的水域。(2)领海的宽度为 12 海里。中华人民共和国领海基线为直线基线,即各相邻基点之间的直线连线。(3)中华人民共和国领海主权及于领海上空、领海的海床及底土。(4)中华人民共和国毗连区为领海以外邻接邻海的一带海域。毗连区的宽度为 12 海里。(5)外国非军用船舶,依照本法享有无害通过中华人民共和国领海的权利。外国军用船舶进入中华人民共和国领海,须经中华人民共和国政府批准。外国潜水艇和其他潜水艇通过中华人民共和国领海,必须在海面航行,并展示其旗帜。(6)外国船舶通过中华人民共和国领海,必须遵守中华人民共和国有关法律、法规和规章的规定,不得损害中华人民共和国的和平、安全和良好秩序。(7)任何外国、国际组织、外国法人或者自然人,在中华人民共和国领海内进行科学研究、海洋作业等活动,须经中华人民共和国政府或其有关主管机关批准,并遵守中华人民共和国有关法律、法规和规章。(8)可自内水、领海或者毗连区开始行使紧追权。紧追权由中华人民共和国军舰、军用航空器或者中华人民共和国政府授权的为政府服务的船舶、航空器行使。

第三节　专属经济区

一、专属经济区概念的形成

专属经济区是领海以外并邻接领海的一个实行特定法律制度的国家管辖海域。专属经济区从测算领海宽度的基线量起，不应超过200海里。它是《联合国海洋法公约》确立的一项新的海洋法律制度。

1945年美国总统杜鲁门发表公告，表示美国对其近海大陆架享有管辖权之后，南美洲国家立即掀起了扩大海洋权的斗争。在200海里海洋权的斗争中，1946年阿根廷提出对"大陆外缘海"的主权主张；1947年智利提出对邻近其海岸的海域的主权主张；1952年，智利、厄瓜多尔和秘鲁在《关于领海的圣地亚哥宣言》中宣布，各该国对其沿海宽至200海里的海域拥有专属的主权和管辖权。但是专属经济区概念的形成和提出则是在1972年。当时拉美和加勒比海的一些国家通过《圣多明各宣言》，宣布沿岸不超过200海里的海域为"承袭海"，受各沿海国的管辖。但是，专属经济区的名称和概念是非洲国家首先提出来的。1972年6月，阿尔及利亚等17个非洲国家在喀麦隆首都雅温得举行关于海洋法的讨论会，会上提出的"经济区"概念得到了与会各国的支持。同年8月，肯尼亚向联合国海底委员会提交了"关于专属经济区概念的条款草案"，并规定200海里为专属经济区的最大宽度。1973年7月6日，非洲14国向海底委员会又联合提出了"专属经济区条款草案"。1974年在委内瑞拉首都加拉加斯举行的联合国第三次海洋法会议上，200海里专属经济区得到广大发展中国家的支持。1982年《联合国海洋法公约》第五部分对专属经济区制度作出了详细的规定。

二、专属经济区的法律地位

专属经济区属于国家管辖海域，具有特殊的法律地位。专属经济区是领海以外并邻接领海的一个区域，受《联合国海洋法公约》第六部分规定的特定法律制度的限制，在这个制度下，沿海国的权利和管辖权以及其他国家的权利和自由均受本公约有关规定的支配。

按照《联合国海洋法公约》的规定，沿海国在专属经济区内的权利包括：（1）以勘探和开发、养护和管理海床上覆水域和海床及其底土的自然资源（不论为生物或非生物资源）为目的的主权权利，以及关于在该区内从事经济性开发和勘探，如利用海水、海流和风力生产能源等其他活动的主权权利。（2）本公约有关条款规定的对下列事项的管辖权：人工岛屿、设施和结构的建造和使用；海洋科学研究；海洋环境的保护和保全。（3）本公约规定的其他权利和义务。在专属经济区保留了航行、飞越等六项自由，但是，沿海国完全有权制定有关法律规章，对以上之自由加以限制，保留下来的自由也不是原来意义上的公海概念中的自由了。所以，专属经济区的法律地位显然不是公海的法律地位。

那么，专属经济区的法律地位与领海一样吗？当然也不是。领海属于国家的领土范围，在国家的主权范围内，只是较之陆地领土来说，国家的领海主权要受无害通过权的限制，不如陆地那么广泛就是了。质言之，沿海国在专属经济区内根据公约行使其权利和履行其义务时，应适当顾及其他国家的权利和义务，并应以符合公约规定的方式行事。而各国在专属经济区内根据公约行使其权利和履行其义务时，应适当顾及沿海国的权利和义务，并应遵守沿海国按照公约的规定和其他国际法规则所制定的与公约不相抵触的法律和规章。所以，专属经济区是《联合国海洋法公约》产生的一个新的国家管辖海域，具有特殊的法律地位。

三、专属经济区的法律制度

根据《联合国海洋法公约》的规定，沿海国在该区域的权利具体规定如下：

1. 勘探和开发、养护和管辖海床和底土及其上覆水域的自然资源为目的的主权权利。（1）对该区生物资源的主权权利。沿海国对其经济区的生物资源享有所有权，有勘探和开发、养护和管理的主权权利。它可按照最可靠的科学依据，制定对专属经济区生物资源养护和管理的措施，决定生物资源的勘探和开发及其他有关活动的规定。其他国家未经沿海国同意，不得擅自开发区内的生物资源。（2）对非生物资源的主权权利。沿海国对其专属经济区的海床和底土及水域中的矿物资源和其他非生物资源，为勘探和开发的目的，行使主权权利。这种权利是专属性的，即：如果沿海国不勘探或开发其自然资源，任何其他国家未经沿海国同意，均不得从事这种活动。专属经济区的非生物资源包括该区内的大陆架上和水域中的全部非生物资源。另外，沿海国对其生物或非生物资源之外的其他资源，如利用风力、海流和水力生产能源等其他活动享有主权权利。沿海国有为开发其自然资源开凿隧道的权利。

2. 沿海国对专属经济区内的人工岛屿、设施和结构的建造和使用享有专属管辖权。另外，有在人工岛屿、设施和结构周围设立特定宽度（500米）安全区的权利。

3. 对海洋科学研究的专属管辖权。沿海国对其专属经济区（包括大陆架）内的科学研究应有专属管辖权，有权按照公约的有关规定，管理、授权和进行在其经济区内（包括大陆架）的海洋科学研究的专属权利。其他国家在专属经济区内进行海洋科学研究需经沿海国的明示同意。

4. 对海洋环境保护和保全的专属管辖权。沿海国为了保护和保全海洋环境在其专属经济区内享有专属管辖权。沿海国有权根据本国的实际情况制定有关法律和规章，包括规则和标准，以防止、减少和控制来自船舶、陆地、海底活动、人工岛屿、设施和结构、第三国在海底铺设管道、倾倒和其他事项等对其专属经济区的污染。沿海国有权强制执行本国所订立的防止污染的标准，保护和保全该区海洋环境的法律规章。

5. 国际法所赋予的其他权利和管辖权。沿海国在其主权权利和管辖权范围内，在其专属经济区内有行政管辖权。在行使其主权权利和管辖权时有民事管辖权。在罪行的后果及于沿海国行使其勘探开发，养护和管理该区自然资源的主权权利时，或罪行是在领海内发生且后果及于该国者，沿海国可以行使刑事管辖权。沿海国除上述各项权利外，在专属经济区还应有国际法所赋予的其他应由沿海国行使的权利和管辖权。

权利和义务是相辅相成不能截然分开的。如沿海国有勘探和开发专属经济区生物资源的权利，那么就有保全、养护、管理该区域内生物资源的义务，有防止、减少和控制专属经济区环境污染，保全和保护环境的义务等。

拓展阅读

查戈斯群岛海洋保护区案

四、中国的专属经济区制度

中国于1996年5月15日正式批准《联合国海洋法公约》，并于1998年颁布了《专属经济区和大陆架法》，宣布中华人民共和国的专属经济区为其领海以外并邻接领海的区域，从领海基线量起向外延伸至200海里。中华人民共和国与海岸相邻或者相向国家关于专属经济区和大陆架的主张重叠的，在国际法基础上按照公平原则以协议划定界限。

第四节 大陆架制度

一、大陆架的概念

大陆架，又称"大陆礁层"，是指沿海国陆地领土在领海外部界限水下向海的自然延伸部分。《联合国海洋法公约》第76条第1款规定："沿海国的大陆架包括其领海以外依其陆地领土的全部自然延伸，扩展到大陆边外缘的海底区域的海底和底土，如果从测算领海宽度的基线量起到大陆边的外缘的距离不到200海里，则扩展到200海里的距离。"

《联合国海洋法公约》关于大陆架的定义具有三个特点：(1) 重申了《大陆架公约》关于大陆架的法律概念以及它与自然延伸的自然事实之间的关系。(2) 建立了大陆架作为一个法律概念与大陆架作为一个地貌概念的联系。(3) 引入了距离标准，使一个沿海国无论是否有自然意义上的自然延伸，都可以主张从领海基线量起远至200海里的大陆架。① 自然延伸相对距离标准具有相对优先的地位。第2款原则规定，超出200海里的大陆架扩展到最大外限。岛屿的大陆架应按照本公约中"适用于其他陆地领土的规定加以确定"。但不能维持人类居住或其本身的经济生活的岩礁，不应有专属经济区和大陆架。

对于宽大陆架国家超过200海里的外大陆架应以下列两种方式划分大陆架的外缘：(1) 从大陆坡脚起始向外延伸的距离不超过60海里，或每一定点上沉积岩厚度至少为从该点至大陆坡脚的最短距离的1%；(2) 大陆坡脚应定为大陆坡坡底变动最大之点。按照上述方法划定的大陆架外部界限的各定点，不应超过从测算领海宽度的基线量起350海里，或不应超过连接2 500米深度各点的2 500米等深线100海里。沿海国应将永久标明其大陆架外部界限的海图和有关情报，包括大地基准点，交存于联合国秘书长。秘书长应将这些情报妥为公布。

大陆架界限委员会（UN Commission on the Limits of the Continental Shelf, CLCS）是根据《联合国海洋法公约》设立的三大机构之一，由21位地质学、地球物理学或水文学等方面的专家组成，负责审议沿海国提出的关于扩展到200海里以外的大陆架外部界限的资料和其他材料，并按照公约第76条和1980年8月29日第三次联合国海洋法会议通过的谅解声明提出划界建议。目前，该委员会已收到50多个国家提交的60项外大陆架划界案，并已就十多项划界案提出了建议。沿海国根据该委员会的建议确定的大陆架外部界限应是最后的确定界限。

二、大陆架的法律地位

《大陆架公约》中规定："沿海国为勘探和开采自然资源的目的，对大陆架行使主权权利。"上述权利是专属性的、固有的，即如果沿海国不勘探大陆架或开采其自然资源，任何人未经沿海国的明示同意，均不得进行这种活动，也不得对大陆架提出权利主张。国际法院在1969年"北海大陆架案"判决中提出，沿海国在其大陆架区域的权利是由于大陆架构成其行使主权的陆地领土事实上或自古以来向海或水下的自然延伸。沿海国有授权和管理为一切目的在大陆架上进行钻探的专属权利，有开凿隧道以开发底土的权利，不论底土上覆水域的深度如何。对大

---

① 张海文主编：《〈联合国海洋法公约〉释义集》，海洋出版社2006年版，第125页。

陆架上的人工岛屿、设施和结构有建造、授权和管理建造、操作和使用，沿海国有专属权利，并对人工岛屿、设施和结构有包括海关、财政、卫生、安全和移民的专属管辖权。对大陆架上的海洋科学研究享有管辖权，在大陆架上进行海洋科学研究应经沿海国同意，但通常情形下应对专为和平目的和为增进科学知识以谋全人类利益的海洋科学研究计划给予同意。沿海国对大陆架上海洋环境的保护和保全有管辖权，非经沿海国事前明示核准，不应在大陆架上进行倾倒，即从船舶、飞机、平台或其他人造海上结构故意处置废物或其他物质的行为，或故意处置船舶、飞机、平台或其他人造海上结构的行为。另外，沿海国对大陆架权利的行使，不应影响大陆架上覆水域或水域上空的法律地位，即其上覆水域或上空的法律地位受专属经济区的法律地位支配。沿海国对大陆架权利的行使，不应对其他国家的依本公约享有的其他权利和自由有所侵害或不当干扰。

200海里以外的大陆架的法律地位是一种特殊的法律地位。对其非生物资源的开发，应缴纳费用或实物，200海里以外大陆架的上覆水域和上空属于公海。

三、相邻或相向国家间大陆架的划界问题

相邻或相向国家间大陆架界限的划定从其一开始就是一个非常复杂、难以解决的问题。至于划界原则，最早使用的是等距原则。这一原则得到国际法委员会的支持，并在1958年《大陆架公约》中获得通过。这一规定仅是一种协定国际法规则，归纳起来有三个方面：（1）以协议划定。（2）在无协议的情况下，要考虑各种特殊情况。（3）在无协议的情况下，适用等距加特殊情况的方法。上述规则只是一种划界方法，仅适用于缔约国。且等距规则不是主要的，仅是第三位。所以，把等距规则作为主要划界方法是没有充分法律依据的。

等距规则主要适用于领海划界，而领海与大陆架是有严格区别的，其不同有三：（1）领海制度所依据的是邻接原则，而大陆架制度所依据的是自然延伸原则。紧邻一国的海水带只能是该国的领海带，而邻近一国的大陆架区域则可能是另一国陆地领土的自然延伸。（2）领海制度虽然包括水域或底土，但其划界完全不考虑海底的地质构造。（3）领海的宽度一般较窄，而大陆架的宽度一般要宽阔得多，所以在相邻国家的侧向划界上，在海岸构造的某些条件下，侧向疆界线的歪曲效果在领海范围内仍然是较小的，但在大陆架进一步向外延伸的情况下，其歪曲效果则要大得多。由此可见，把适用于领海的划界规则类推适用于大陆架划界显然是不合适的。在著名的"北海大陆架划界案"中，国际法院根据习惯法指出："如果《日内瓦公约》在其起源或开始时没有宣告使用等距离规则是习惯国际法的一项强制性规则，那么其后的效力也就不能构成这样一项规则"。在"英法大陆架案"中，仲裁庭也指出，采用等距离方法或任何其他方法都是为适当反映每个特

定条件的地理及其他有关情况，以达到公平划分疆界的目的。在"北海大陆架划界案"中，国际法院使用了自然延伸原则，并指出自然延伸原则是与大陆架有关的所有法律规则中最基本的规则，按照这种方式便可以使每一当事国都尽可能地得到同构成其陆地领土向海自然延伸的一切部分，而不会侵害另一当事国陆地领土的自然延伸。

自然延伸原则得到普遍承认的主要原因是：（1）自然延伸是大陆架法律概念的本质特点。（2）自然延伸原则是国家对大陆架主权权利的根据，一定海底区域，如果不构成沿海国陆地领土的自然延伸，那么即使该区域距离其比任何其他国家更为接近，也不能被认为属于该国。（3）自然延伸是指导大陆架划界的根本原则。大陆架是沿海国主权权利的客体，不是有关区域的分配或是复合部分的分割，而是原则上已经归属于沿海国的一个区域的疆界的确定。

大陆架界限划定的原则是公平原则，这是各有关条约和判决中一直强调和适用的原则。国际法院认为，公平原则从一开始就反映了划界问题的法律信念，在公正和诚意这些最普遍的箴言基础上，包含着指导大陆架划界的实际法律规则，这种规则在所有划界上都对国家有拘束力。一般说来，所谓公平原则是指把公平合理作为调整大陆架划界方式的国际法规范的总和。在"英法大陆架案"中，仲裁庭指出："在具体情况下究竟采用何种划界方法，必须从具体情况出发，并以划界必须符合公平原则这一基本规范来衡量，来决定"。

《联合国海洋法公约》第83条本身具有四层含义：（1）划界所依据的法律是《国际法院规约》第38条所指国际法，即：国际条约；习惯国际法；一般法律原则；公认国际法学家的学说和国际法判例作为补助资料。（2）以协议划定。如果有关国家间存在现行有效的协定，关于大陆架界限的划定应按照该协定的规定加以决定。如原来没有协定，则可经协商达成新的划界协定划定大陆架界限。（3）在达成大陆架划界协定以前，有关各国应该基于谅解和合作的精神尽一切努力作出实际性的临时安排，并在此过渡期间内，不危害或阻碍最后协定的达成。这种安排应不妨害最后界限的划定。（4）有关国家如在合理期间内未能达成任何协定，应诉诸本公约第15部分所规定的程序，即提交调解、强制调解、仲裁和司法程序等。

需要指出的是，国际法不是判例法，国际判例在形成习惯法之前只对当事国具有约束力，对第三国没有法律约束力。当然，判例不能取代成文法的现行规定。最近国际司法机构在审理海洋划界案中，大多支持中间线的划界方法，这只能说明目前法官们在海洋划界中的一种倾向和趋势，而绝不能更改或形成海洋划界的原则。

四、中国的大陆架制度

中国是世界上宽大陆架国家之一。在中国黄海、东海和南海有宽阔的大陆架。

黄海海底全部是大陆架，是中国陆地领土向海的自然延伸。东海大陆架也是我国陆地领土的自然延伸，终止于冲绳海槽。根据大陆架是一国陆地领土的自然延伸的原则，中国对邻接本国陆地领土的广大的大陆架地区拥有主权权利。至于大陆架涉及其他国家的部分，中国政府一贯主张同有关国家协商确定划界问题。

对于有关国家单方面宣布划定与中国大陆架的重叠区范围的行为，对其他国家侵犯中国大陆架权利的行为，中国坚决反对，不予承认。中国政府曾多次提出抗议，根据大陆架是陆地领土自然延伸的基本原则，中国对东海大陆架拥有不容侵犯的主权权利。东海大陆架涉及其他国家的部分，理应由中国和有关国家通过协商加以划分。

第五节 用于国际航行的海峡及群岛水域

一、用于国际通行的海峡与过境通行制度

（一）用于国际通行的海峡

用于国际航行的海峡指在公海或专属经济区的一部分和公海或专属经济区的另一部分之间的用于国际航行的海峡，又称国际海峡。一些重要的国际海峡已有条约规定其通过制度，如直布罗陀海峡、麦哲伦海峡、黑海海峡和波罗的海海峡。国际法院在1949年"科浮海峡案"的判决中，认为是否属于必须给予外国船舶以通过权的国际通路，决定性因素是"它连接公海两部分的地理位置，以及它被作为国际航行之用的事实"。随着领海宽度的扩大，导致许多重要的国际海峡成为沿岸国的领峡。据统计，有116个海峡处于一国或几国的领海范围内，而其中有30个海峡被认为是用于国际航行的海峡。按照本公约规定，用于国际航行海峡的规定和定义不适用于有在航行和水文特征方面同样方便的一条穿过公海或穿过专属经济区的航道。

在用于国际航行的海峡中，所有船舶和飞机均享有过境通行的权利，过境不应受阻碍，但这种海峡的水域其他方面的法律地位和沿海国对这种水域及其上空、海床和底土行使主权或管辖权不受影响。关于这种海峡的水域的法律地位的规定包含三层意义：（1）用于国际航行的海峡适用过境通行制度；（2）沿岸国对这种海峡的水域及其上空、海床和底土行使主权或管辖权，且不受过境通行制度的影响；（3）沿岸国主权或管辖权的行使受本部分和其他国际法规则的限制。

除过境通行权外，这种海峡的法律地位按照本公约对不同海域的规定由沿岸国行使权利。如果海峡宽度小于24海里或由海峡沿岸国的一个岛屿和该国大陆形成，则属沿岸国的领峡，除过境通行权外，沿岸国对其水域、上空、海床和底土

行使主权。如海峡宽度宽于 24 海里，则领海之外的专属经济区水域由沿岸国按照《联合国海洋法公约》第五部分的规定行使主权权利和管辖权。

（二）过境通行制度

过境通行是指按照《联合国海洋法公约》的规定，专为在公海或专属经济区的一个部分和公海或专属经济区的另一部分之间的海峡继续不停和迅速过境的目的而行使航行和飞越自由。但是，对继续不停和迅速过境的要求，并不排除在一个海峡沿岸国入境条件的限制下，为驶入、驶离该国或自该国返回的目的而通过海峡。任何非行使海峡过境通行权的活动，仍受本公约其他适用的规定的限制。过境通行权的行使须具备三个条件：（1）仅适用于在公海或专属经济区的一部分和公海或专属经济区的另一部分之间的用于国际航行的海峡；（2）继续不停；（3）迅速过境。不符合这三个条件的则不属过境通行，其他活动受本公约其他有关规定的限制。

船舶和飞机在行使海峡过境通行权时应承担下述义务：（1）毫不迟延地通过或飞越海峡。（2）不对海峡沿岸国的主权、领土完整或政治独立进行任何武力威胁或使用武力，或以任何其他违反《联合国宪章》所体现的国际法原则的方式进行武力威胁或使用武力。（3）除不可抗力或遇难而有必要外，不从事其继续不停和迅速过境的通常方式所附带发生的活动以外的任何活动。（4）遵守其他有关规定。此外，行使过境通行权的船舶还应承担下述两项义务：其一，遵守一般接受的关于海上安全的国际规章、程序和惯例，包括《国际海上避碰规则》；其二，遵守一般接受的关于防止、减少和控制来自船舶的污染的国际规章、程序和惯例。在过境通行时，非经海峡沿岸国事先准许，不得进行任何研究或测量活动。

在由海峡沿岸国的一个岛屿和该国大陆形成，而且该岛向海一面有在航行特征方面同样方便的一条穿过公海，或穿过专属经济区的航道，过境通行不适用；在这种海峡和在公海或专属经济区的一个部分和外国领海之间的海峡中适用无害通过的制度。

二、群岛与群岛国

（一）群岛与群岛国制度

群岛国制度是海洋法中新建立的一项重要制度。群岛是指一群岛屿，包括若干岛屿的若干部分、相连的水域和其他自然地形，彼此密切相关，以致这种岛屿、水域和其他自然地形在本质上构成一个地理、经济和政治的实体，或在历史上已被视为这种实体。群岛国是指全部由一个或多个群岛构成的国家，并可包括其他岛屿。印度尼西亚和菲律宾是典型的群岛国。但是，群岛国不包括其本身拥有一个或多个沿海群岛的大陆国家。群岛国制度的基本特点是：第一，允许直线群岛基线连接群岛最外缘各岛,因此,满足了群岛国的愿望。第二,创设了一个新的法律概念——"群岛水域",但这一水域不影响其他国家的航行利益。

(二) 群岛水域及其法律地位

群岛国可划定连接群岛最外缘各岛和各干礁的最外缘各点的直线基线。这条基线作为测量其领海、毗连区、专属经济区和大陆架宽度的基线,称为群岛基线。群岛基线的划定主要受下述条件限制:(1) 应按照包括环礁在内的陆地面积和水域面积的一定比例进行之。陆地和水域面积的比例应为1:1到1:9之间。陆地面积包括位于岛屿和环礁的岸礁以内的水域,其中包括位于陡侧海台周围的一系列灰岩岛和干礁包围的或几乎包围的海台的那部分。最大的比例1:1可以防止由一个最大岛的群岛国使用群岛基线,而最小的比例1:9则可以防止群岛基线连接非常远的岛屿。(2) 群岛基线的长度不应超过100海里。但围绕任何群岛的基线总数中至多有3%可以超过该长度,但要在100—125海里之间。(3) 群岛的主要岛屿应包括在基线以内。(4) 这种基线的划定不应在任何明显的程度上偏离群岛的一般轮廓。(5) 除在低潮高地上建有永久高于海平面的灯塔或类似设施,或者低潮高地全部或一部分与最近的岛屿的距离不超过领海的宽度外,这种基线的划定不应以低潮高地为起止点。(6) 这种基线不应以隔断另一国领海同公海或专属经济区联系的方法划定。(7) 群岛基线应在大比例尺的海图上标出,并连同地理坐标表一起妥为公布,并应将各该海图或坐标表的一份副本交存于联合国秘书长处。

群岛基线内的水域构成群岛水域。但群岛水域内可以在每个岛上的河口、海湾和港口处按照正常的基线规则划定一条封闭线,这条封闭线内的水域称为内水。所以严格地说,群岛水域是指群岛基线以内,河口、海湾和港口封闭线以外所包括的水域。珊瑚礁内的环礁湖应算群岛水域,而不是内水。

群岛水域是国际法上的一个新的概念和水域。尽管这部分水域与领海极为相似,但它既不属于内水又不是领海,而是具有特殊法律地位的新的水域。群岛国的主权及于群岛水域,及于群岛水域的上空、海床和底土,以及其中所包含的资源。

但是群岛国的这项主权要受到其他第三国所享有之权利的限制,主要有:(1) 群岛国应尊重与其他国家的现有协定以及由此产生的权利。这是为避免在群岛国根据《联合国海洋法公约》所享有的权利和其依原来的协定所承担的义务之间可能产生的矛盾和冲突。(2) 群岛国应承认直接相邻国家在群岛水域范围内的某些区域内的传统捕鱼权利和其他合法活动。行使这种权利和进行这种活动的条款和条件,包括这种权利和活动的性质、范围和适用的区域,经任何有关国家的要求,应由有关国家间的双边协定予以规定。群岛国的部分群岛水域位于一个直接相邻国家的两个部分之间,该邻国传统上在该水域内行使的现有权利和一切其他合法利益以及两者协定所规定的一切权利,均应继续,并予以尊重。(3)群岛国应尊重其他国家所铺设的通过其水域而不靠近海岸的现有海底电缆。群岛国在接到关于这种电缆位置和修理或变换这种电缆的意图的适当通知后,应准许其进行维修和更换。(4)其他国家在群岛水域内享有航行权。所有国家的船舶均享有无害通过群岛水域的权利。另外,外国船舶和飞机在群岛国与主管国际机关协商后指定的海道和空中航道中享有更广泛的群岛海道通过权。

三、南海诸岛、钓鱼岛的法律地位

(一) 南海诸岛的法律地位

1. 中国对南海诸岛及相关海域拥有无可争辩的主权

中国南海诸岛包括东沙群岛、西沙群岛、中沙群岛和南沙群岛。这些群岛分别由数量不等、大小不一的岛、礁、滩、沙等组成。其中,南沙群岛的岛礁最多,范围最广。

中国人民在南海的活动已有2000多年历史。中国最早发现、命名和开发利用南海诸岛及相关海域,最早并持续、和平、有效地对南海诸岛及相关海域行使主权和管辖。中国对南海诸岛的主权和在南海的相关权益,是在漫长的历史过程中确立的,具有充分的历史和法理依据。

南沙群岛历史上一直被视为群岛,由230多个岛、礁、滩、沙等组成,分布面积达24.4万平方海里,约80多万平方公里,占我国海洋国土总面积的1/3以上。

南沙群岛自古以来就是中国神圣领土的一部分,中国对它拥有无可争辩的主权。这不仅有我国的大量史实为佐证,而且早已为世界各国所公认。早在公元前2世纪的汉武帝时代,中国人民通过长期的航海实践就先后发现了西沙群岛和南沙群岛。这表明早在两千多年前,中国人民首先发现并取得了南沙群岛,自发现之时起,南沙群岛就成为了中国领土的一部分。正如"克利柏顿案"裁决中所述,"对于不宜居住的土地的占领,只要占领国一直绝对地没有争议地支配该领土,就构成了完全占领,并不要求行使有效的行政管辖和有效控制"。所以,早在国际法形成之前,南沙群岛便是中国领土的一部分。

20世纪30年代,法国以武力侵占了我国南沙群岛的9个岛屿。对此,中国人民奋起反抗,中国政府也通过外交途径向法国当局进行严正交涉。第二次世界大战期间,日本非法侵占了我国南海诸岛。1945年日本投降后,根据《开罗宣言》和《波茨坦公告》,南海诸岛又重新回到了中国的主权管辖之下。当时的中国政府于1946年冬指派林遵、麦蕴瑜等高级军政官员由海军护送,分赴西沙、南沙群岛,在岛上举行了接受仪式,并竖立主权碑,派兵驻守。在对南海诸岛重新进行地理测绘的基础上,中国政府于1947年组织编写了《南海诸岛地理志略》,审定《南海诸岛新旧名称对照表》，绘制标有南海断续线的《南海诸岛位置图》。1948 年 2 月，中国政府公布《中华民国行政区域图》，包括《南海诸岛位置图》。中华人民共和国成立后，周恩来外长于 1951 年 8 月 15 日发表《关于美英对日和约草案及旧金山会议声明》，庄严指出：西沙、南沙群岛和东沙、中沙群岛一样，"向来为中国领土"，"在日本帝国主义发动侵略战争时虽曾一度沦陷，但日本投降后已为当时中国政府全部接收"，中国对西沙群岛、南沙群岛的主权，不论美英对日条约草案有无规定和如何规定，均不受影响。侵略行为不能产生主权，不能成为违法者法律权利的依据。

新中国成立以来，中央人民政府对南沙群岛持续进行管辖，捍卫和行使着自己的主权。1958 年 9 月 14 日，越南总理范文同照会中国国务院周恩来总理，郑重表示越南政府承认和赞同中华人民共和国政府 1958 年 9 月 4 日关于领海的决定声明，承认南沙群岛是中国的领土。根据国际法中禁止反言原则，越南总理、国防部长及外交部长代表其政府发表的声明对越南是有拘束力的。1988 年 3 月 14 日，中国击退了越南当局在南沙群岛赤瓜礁海域对中国船只发起的武装袭击，再次有力地捍卫了国家主权。中国依照联合国的提议，于 1988 年 8 月在南沙永暑礁建成了中华人民共和国永暑礁海洋观察站。特别是 2012 年正式成立地级三沙市行使行政管辖，这是中国处理内政和行使主权的行为。

中国一贯尊重各国依据国际法在南海享有的航行自由和飞越自由。南海问题涉及多个国家，加上各种复杂的历史背景和敏感的政治因素，需要各方的耐心和政治智慧才能实现最终解决。中国坚持认为，有关各方应当在尊重历史事实和国际法的基础上，通过协商和谈判寻求妥善的解决办法。在有关问题得到彻底解决之前，各方应当开展对话，寻求合作，维护南海的和平与稳定，不断增信释疑，为问题的最终解决创造条件。

2. 菲律宾单方提起的南海仲裁案

2013 年 1 月 22 日，菲律宾外交部照会中国驻菲律宾大使馆，单方面提起《联合国海洋法公约》（以下简称《公约》）附件七下的强制仲裁。菲律宾提起仲裁的同时指定国际海洋法法庭德国籍法官沃尔夫鲁姆作为仲裁员。中国政府认为菲律宾单方面提起仲裁不符合《公约》所规定的条件，因而不接受菲律宾的仲裁请求，不参与指定仲裁员等程序。于是，应菲律宾分别于 2013 年 2 月和 3 月提出的两次请求，时任国际海洋法法庭庭长日本籍法官柳井俊二指定了剩余的四名仲裁员组成仲裁庭。

2013 年 7 月，仲裁庭选择位于荷兰海牙的常设仲裁法院作为案件的书记处。

几经修改，菲律宾提出了 15 项所谓的"《联合国海洋法公约》解释和适用"的仲裁诉求。这些诉求可以归纳为三个方面：一是中国在南海"九段线"内所主张的"历史性权利"与《公约》不符；二是中国依据黄岩岛和南沙群岛的海洋地物所提出的权利主张与《公约》不符；三是中国非法干涉菲律宾基于《公约》所享有和行使的权利。

2014年12月7日，中国外交部受权发表《中华人民共和国政府关于菲律宾共和国所提南海仲裁案管辖权问题的立场文件》，从各个方面论证了仲裁庭对仲裁事项无管辖权。该文件特别指出，菲律宾的诉求与中国在南海的领土主权和海洋划界有关，不属于仲裁庭可管辖的事项。

拓展阅读
中华人民共和国政府关于菲律宾共和国所提南海仲裁案管辖权问题的立场文件摘要

(二) 钓鱼岛的法律地位

钓鱼岛及其附属岛屿是中国领土不可分割的一部分。无论从历史、地理还是从法理的角度来看，钓鱼岛都是中国的固有领土，中国对其拥有无可争辩的主权。日本在明治维新以后加快对外侵略扩张，1879年，日本吞并琉球并改称冲绳县，密谋侵占钓鱼岛并于甲午战争末期将钓鱼岛秘密"编入"版图。随后，日本又迫使中国签订不平等的《马关条约》，割让台湾全岛及包括钓鱼岛在内的所有附属岛屿。第二次世界大战后，根据《开罗宣言》和《波茨坦公告》等国际法律文件，钓鱼岛回归中国。但20世纪50年代，美国借托管琉球群岛之机，擅自扩大托管范围，将中国领土钓鱼岛划入其中；70年代美国将琉球群岛和钓鱼岛的"施政权""归还"日本。美日对钓鱼岛进行私相授受，严重侵犯了中国的领土主权，是非法的、无效的。

20世纪70年代，中日在实现邦交正常化和缔结《中日和平友好条约》时，两国老一辈领导人着眼两国关系大局，就"钓鱼岛问题放一放，留待以后解决"达成谅解和共识。中国1992年通过的《领海与毗连区法》明确规定，中华人民共和国的陆地领土包括中华人民共和国大陆及其沿海岛屿、台湾及其包括钓鱼岛在内的附属各岛。但近年来，日本不断对钓鱼岛采取单方面举措，特别是对钓鱼岛实施所谓"国有化"，严重侵犯中国主权，背离中日两国老一辈领导人达成的谅解和共识。这是对中国领土主权的严重侵犯，是对历史事实和国际法理的严重践踏，不但严重损害了中日关系，也是对世界反法西斯战争胜利成果的否定和挑战。中国坚决反对日本采取任何方式侵犯中国对钓鱼岛的主权。中国在钓鱼岛问题上的立场是明确的、一贯的，维护国家主权和领土完整的意志坚定不移，捍卫世界反法西斯战争胜利成果的决心毫不动摇。

第六节 公 海

一、公海的概念与法律地位

(一) 公海的概念

公海制度是一项重要的国际海洋法律制度，也是传统海洋法——公海和领海制度中一项重要制度。《联合国海洋法公约》规定，公海是指"不包括国家的专属经济区、领海或内水或群岛国的群岛水域在内的全部海域"。即指各国内水、领海、群岛水域和专属经济区以外不受任何国家主权管辖和支配的海洋部分。公海是海洋的主体。

随着海洋技术的进步、人类对海洋资源开发的进展以及沿海国管辖权的扩大，产生了专属经济区和群岛水域的新概念和其他新制度，大大缩小了公海的面积。传统的公海制度受到专属经济区、大陆架和国际海底制度的挑战和影响。这些变化主要表现在以下几方面：（1）由于200海里专属经济区的建立，公海的范围相应缩小了40%左右。（2）群岛国制度的设立，使大片原来的公海水域成为群岛水域。（3）领海的最大宽度不超过12海里，从而保持了公海界限的确定性与稳定性。（4）国际海底制度的确立，使国际海底区域成为一个独立的部分，并实行一种与公海水域完全不同的新的海洋制度。这些变化是科学发展和历史变迁的结果，是海洋法发展的重要里程碑。

（二）公海的法律地位

公海自由被看作公海制度的法律基础。关于公海的法律地位，《联合国海洋法公约》中有较为详细的规定：（1）公海对所有国家开放；（2）公海应只用于和平目的。任何国家不得有效地声称将公海的任何部分置于其主权之下。（3）每个国家均有权在公海上行驶悬挂其旗帜的船舶。船舶具有旗国的国籍，但该国与船舶之间须有真正的联系。（4）每个国家应对悬挂该国旗帜的船舶有效地行使行政、技术及社会事项上的管辖和控制，并采取为保证海上安全所必要的措施和保证有关国际规章、程序及惯例得到遵行所必要的任何步骤。各国还应责成本国船舶的船长在不严重危及其船舶、船员或乘客的情况下，救助在海上遇到的任何有生命危险的人和遇难船舶。（5）遇有船舶在公海上碰撞或任何其他航行事故及船长或任何其他为船舶服务的人员的刑事或纪律责任时，对此种人员的任何刑事诉讼或纪律程序，仅可向船旗国或此种人员所属国的司法或行政当局提出。（6）军舰和由一国所有或经营并专用于政府非商业性服务的船舶在公海上有不受船旗国以外任何其他国家管辖的完全豁免权。（7）每个国家应采取措施，防止和惩罚本国船舶贩运奴隶。所有国家均应尽最大可能进行合作，以制止在公海上从事海盗行为、麻醉药品或精神药物的非法贩运和未经许可的广播。（8）所有国家均有权在大陆架以外公海海底铺设海底电缆和管道。（9）所有国家均有权由其国民在公海上捕鱼，并有义务为该国国民采取，或与其他国家合作采取养护和管理公海生物资源的必要措施。

二、公海的法律制度

公海自由的基本含义是：（1）公海对所有国家开放，不论其为沿海国或内陆国；（2）在《联合国海洋法公约》和其他国际法规则所规定的条件下，各国均有行使公海自由的权利；（3）违背公海自由原则被认为是违反国际法的行为。

公海是自由的，但这种自由不是绝对和无限制的。公海自由本身就是一种法律状态。第一，公海自由是在《联合国海洋法公约》和其他国际法规则所规定的条件下行使的。第二，各国在行使公海自由时，须适当顾及其他国家行使公海自由的利益，并适当顾及公约所规定的同"区域"内活动有关的权利。第三，公海应只用于和平目的，而不应把公海变成进行军事活动、侵略和战争的场所。

公海自由习惯上只有两项：航行自由和捕鱼自由。1958年《公海公约》第一次以国际公约形式将公海自由的内容列为四项：航行自由；捕鱼自由；铺设海底电缆和管道的自由；飞行自由。《联合国海洋法公约》规定，公海自由对沿海国和内陆国而言，除其他外，主要有：（1）航行自由；（2）飞越自由；（3）铺设海底电缆和管道的自由，但受第六部分的限制；（4）建造国际法所容许的人工岛屿和其他设施的自由，但受第六部分的限制；（5）捕鱼自由，但受第二节规定条件的限制；（6）科学研究的自由，但受第六和第十三部分的限制。

第七节 国际海底区域制度

一、国际海底区域的概念及其意义

国际海底区域，简称"区域"，指国家管辖范围以外的海床和洋底及其底土。区域是《联合国海洋法公约》设立的一个崭新的概念。

1967年11月1日，阿维多·帕多在联合国大会第一委员会上提出专为和平目的而保留国家管辖范围以外公海之下的海床洋底及其底土，为全人类的利益利用其资源。他建议："用人类共同继承财产这一新概念取代古老的海洋自由，并建议联合国宣布国家管辖范围之外的海床洋底及其资源为人类共同继承财产，起草一系列支配海底活动的原则，之后进行谈判，明确规定国际海底范围，创设一个新型的国际机构，为全人类的利益管理其财产。"人类共同继承财产仅用于和平目的。联大第2749号决议，即"关于各国管辖范围以外海床洋底与下层土的原则宣言"，确立了区域及其资源的法律地位：（1）任何国家不应对区域的任何部分或其资源主张或行使主权或主权权利，任何国家或自然人或法人，也不应将区域或其资源的任何部分据为己有。任何这种主权和主权权利的主张或行使，或这种据为己有的行为，均应不予承认。（2）对区域内资源的一切权利属于全人类，由管理局代表全人类行使。这种资源不得让渡。但从区域内回收的矿物，可按照区域和管理局的规则、规章和程序予以让渡。（3）任何国家或自然人或法人，除按照本部分外，不应对区域矿物主张、取得或行使权利。否则，对于任何这种权利的主张、取得或行使，应不予承认。区域定义为国家管辖范围之外的海床洋底及其下层土，是人类共同继承财产。区域内的权利只能按照国际海底管理局的授权而取得。区域内的开发活动只能由国际海底管理局企业部和经管理局批准的商业公司进行。此种活动应为了全人类的利益，特别是要考虑到发展中国家和还没有取得自治地位的人民的利益而进行。另外，由于上覆水域和空气空间保留公海地位，所以要适当顾及水域和区域本身的其他合法用途。

二、国际海底区域的法律地位

"人类共同继承财产原则"于1967年在联合国大会上被正式提出，得到大会及其他联合国机构许多决议的重申和确认，从而成为确立国际海底区域法律地位的原则。人类共同继承财产原则具有清楚确定的含义：（1）共同所有和共同管理国家管辖范围以外的海床洋底及其资源。（2）任何国家或国家集体不得占有或分割国家管辖范围以外的海床洋底及其资源。（3）在所有国家间公平分配所有利益，应特别考虑发展中国家的特别需要和利益。

三、国际海底区域的开发与管理制度

区域实行平行开发制度，即由海底管理局企业部和其他国家及私人公司同时进行开发。根据这一制度，第一阶段的开发预计基本上是自由的，只要求将开发区域向管理局提出申请，并保证遵守公约的有关保护环境、培训人员的规定。这种申请不产生专属权利。勘探和开发活动需要得到国际海底管理局的特别批准，批准后便得到专属权利。具有资格的申请人要提交工作计划报管理局审批。如果申请者具备缔约国的国籍，或由缔约国或其国民控制，便具备申请资格，如果申请者不是缔约国或其国民控制，那么，控制国或控制者的国籍国必须一起对申请者担保。如是跨国企业集团，那么所有成员的国籍国和控制国都必须是缔约国。申请者还必须由这些国家保证，而且要符合管理局规定的标准，这些标准涉及申请者的财政、技术能力以及其对原有合同的履行情况。曾违反原有合同条款的申请者，不具有申请资格。申请人有义务遵守公约及其有关规则，接受管理局对区域内活动的控制，书面保证诚实履行合同义务，最重要的是执行有关技术转让的规定。合格申请者提交的工作计划必须具体规定两块具有同样商业价值的矿址，每一块都可以单独进行开发活动。管理局将其中一块留给企业部开发，而批准另一矿址，并签订开发合同交由申请者开发。企业部可以利用其要求技术转让的权利，自己从事开发活动，也可以和其他商业开发者合资开发。这样既可以使企业部尽快进入保留矿区，赢得政治荣誉，也可以取得经济效益。通过企业部的开发

活动，先进技术和技术诀窍便可转让给发展中国家，促进海底的进一步开发。这是一种为全人类的共同利益开发人类共同继承财产的途径。另一种实现人类共同继承财产分配的方法，是在所有国家中特别是在发展中国家和人民中收集和分配管理局企业进行海底开发活动所赢得的利润。

区域开发制度是国际海底法律制度的一项最基本的内容。开发制度的实施已进入准备阶段。有一些国家已开始预备性投资，进行可行性研究，称为开辟活动，这些国家被称为"先驱投资者"。1990年，我国在法、日、俄、印后成为第五个先驱投资国。近年来，我国在北太平洋克拉拉顿地区和印度洋分别取得了两块合同矿区。

国际海底管理局是根据《联合国海洋法公约》设立的三大机构之一，是公约缔约国管理国家管辖范围以外的国际海底区域内的活动，特别是管理"区域"内资源勘探和开发活动的组织。管理局的主要机关是大会、理事会和秘书处。大会由管理局的所有成员组成，是管理局的最高机关，其他各主要机关应向大会负责。大会有权就管理局权限范围内的任何问题或事项制定一般性政策，拥有选举理事会成员、选举管理局秘书长、设立执行其职务所必要的附属机关等权力。理事会是管理局的执行机关，有权依照管理局的一般政策制定管理局权限范围内所应遵循的具体政策，有较大的实质性权力。管理局由36个成员组成：A组（4个最大消费国）、B组（4个最大投资国）、C组（4个生产国）、D组（6个代表特殊利益的发展中国家）以及E组（18个按照确保理事会的席位作为一个整体予以公平地区分配的原则选出的国家）。当前，中国以最大消费国之一入选A组，任期4年（2017—2020）。理事会设有法律和技术委员会等重要机构。管理局总部设在牙买加首都金斯顿。

四、关于执行《联合国海洋法公约》第十一部分的协定

1990年7月，联合国秘书长哈维尔·佩雷斯·德奎利亚尔先生主动召开非正式协商会议，以期使《联合国海洋法公约》得到普遍参加。与此同时，联合国会员国和国际海底管理局筹委会会议参加国均认识到公约对于维护和平、正义和全世界人民的进步的重要贡献；重申国家管辖范围以外的海床洋底及其底土，以及区域资源为人类的共同继承财产；考虑到公约对保护和保全海洋环境的重要性，以及人们对全球环境的日益关切；注意到影响公约第十一部分的执行的各种政治和经济上的变化，包括各种面向市场的做法；希望促使公约得到普遍参加。因此，认为达成一项协定是达到上述目标的最佳方式。自1990年至1994年，一共召开了15次会议。联合国第48届大会于1994年7月28日表决通过了海洋法的两个文件：《关于执行1982年12月10日〈联合国海洋法公约〉第十一部分的协定》和《关

于执行 1982 年 12 月 10 日《联合国海洋法公约》第十一部分的协定的决议》。

协定将公约中 9 个未解决问题的协商作为附件载于协定之后，即：（1）缔约国的费用和体制安排；（2）企业部，管理局秘书处应履行企业部的职务，直至其开始独立于秘书处而运作为止；（3）决策，管理局的一般政策应由大会会同理事会制定；（4）审查会议；（5）技术转让；（6）生产政策；（7）经济援助；（8）合同的财政条款；（9）财务委员会，财务委员会应由财务方面具有适当资格的 15 名委员组成。

为了进一步加强对海底资源勘探活动的管理，国际海底管理局于 2000 年发布《"区域"内多金属结核探矿和勘探规章》，于 2010 年发布《"区域"内多金属硫化物探矿和勘探规章》，于 2012 年发布《"区域"内富钴铁锰结壳探矿和勘探规章》。这三个规章的出台为全球各国申请勘探区块提供了行为指南。《"区域"内矿产资源开发规章》即将出台。

为了规范深海海底区域资源勘探、开发活动，推进深海科学技术研究、资源调查，保护海洋环境，促进深海海底区域资源可持续利用，维护人类共同利益，全国人大常委会于 2016 年 2 月 26 日通过《中华人民共和国深海海底区域资源勘探开发法》，以规范中国公民、法人或者其他组织的相关活动。当前，中国在西太平洋、西南印度洋、东太平洋拥有多金属结核、多金属硫化物、富钴铁锰结壳等矿种的 4 个矿区，面积总计 16.1 万平方千米。

思考题：

1. 论述海洋法的新发展。
2. 论述国家海洋权益的范围。
3. 论述海洋法中的专属经济区和大陆架制度。
4. 论述海上管辖权的执行。
5. 阐述国际海底区域的法律地位及其开发制度。

▶ 自测习题及参考答案

第十二章 空 间 法

地球表面以上的空间分为空气空间和外层空间。随着人类空间技术和空间活动的发展，逐步形成了规范人类空间活动的空气空间法律制度和外层空间法律制度。在当今国际社会，各国的经济发展、社会进步和日常生活与空间紧密相连，而各国开发与利用空间的能力差距明显，因此，确立公平合理的国际空间法律制度，对于保障人类各种空间活动的有序、可持续发展，确保各国经济社会发展能公平受益于空间具有重要意义。

第一节 概 述

1783年法国人蒙特哥菲兄弟将空气热气球载人升空，从而揭开了人类征服空气空间的历史。1903年12月7日，美国人莱特兄弟发明了世界上第一架飞机，开始了人类真正的航空活动。随着人类航空技术和航空活动的发展，各国开始制定管制其航空飞行的国内法律。国际社会也于1919年10月13日在巴黎签订了《关于管理空中航行的公约》，这是世界上第一部关于航空活动的国际条约。此后，国际社会通过一系列的国际公约和国内立法，逐步形成了现行的空气空间法（air law），亦称航空法，即规制空气空间的法律地位、航空器的法律地位、航空运输责任及航空安全等问题的各类原则、规则和制度。

1957年10月4日，苏联成功发射人类历史上第一颗人造地球卫星斯普特尼克1号（Sputnik 1），标志着人类进入外空时代。随着人类外空技术和外空活动的发展，各国为促进空间活动的发展、规范空间行为制定了各自的法律。在联合国框架下，国际社会围绕和平探索与利用外层空间通过了一系列国际条约，逐步形成了现行的外层空间法（outer space law），亦称空间法，即有关确立外层空间、月球和各种天体及空间物体的法律地位，规范人类空间活动的各类原则、规则和制度。

航空法与空间法既有联系，又有区别。两者的联系主要表现在：一方面，两者有相似的法律渊源。航空法与空间法的法律渊源都包括国际条约、国际习惯及相关的国内立法，同时，国际组织通过的一些国际文件也是航空法与空间法的重要法律渊源。另一方面，两者的法律属性相似。航空法与空间法都同时兼具国际法和国内法的属性，也同时兼具公法与私法的属性。

两者的区别主要表现在调整对象不同。空间法的调整对象是空间活动，即人类在外层空间或与外层空间相关的活动；而航空法的调整对象是航空活动，即人类在空气空间或与之相关的活动。

此外，两者管辖的客体亦不同。空间法管辖的客体主要是外层空间、天体及空间物体，空间物体主要是指飞越大气层，依靠地球引力运行的人造物体。而航空法管辖的客体是空气空间及航空器，航空器主要是指依靠空气的反推力能在空气空间运行的飞行器。①

第二节　空气空间法

一、空气空间法的法律渊源

空气空间法的法律渊源包括国际法渊源和国内法渊源两个层次。

（一）国际条约是空气空间法的主要国际法渊源

有关空气空间的国际条约主要包括两类：一类是调整空气空间及飞行器法律地位、航空安全等方面具有公法性质的国际条约，其主要规范国家有关航空活动。如 1919 年《关于管理空中航行的公约》（简称《巴黎航空公约》）、1944 年《国际民用航空公约》（简称《芝加哥公约》）、1963 年《关于在航空器内犯罪和某些其他行为的公约》（简称《东京公约》），等等。另一类是调整有关航空运输法律关系等具有私法性质的国际条约，其主要规范航空承运人与货物和乘客之间的法律关系。如 1929 年《统一国际航空运输某些规则的公约》（简称《华沙公约》）和 1999 年《统一国际航空运输某些规则的公约》（简称《蒙特利尔公约》），等等。

除此以外，相关国家在航空国际实践中缔结的双边或多边条约，也是空气空间法的重要组成部分，如 2004 年中美两国缔结的《中美民航运输协定》、1992 年美国与荷兰签署的《1992 年美国-荷兰航空运输协定》，等等。

（二）国内立法是空气空间法的主要法律渊源

1784 年法国巴黎市政府颁布未经批准不得放飞的治安法令，可以说是开启了国家有关空气空间立法的先河。随着人类航空技术和航空活动的发展，各国相继制定了一系列的法律、法规，构成了当今空气空间法最主要的法律渊源。如《中华人民共和国民用航空法》（简称《民用航空法》）等。

（三）国际组织通过的国际文件是空气空间法的重要辅助渊源

国际民航组织、国际航空运输协会及欧洲民航会议等区域性航空国际组织通过的一些国际文件不仅是现行国际航空法的补充和发展，而且在国际航空活动中

---

① 参见《国际民用航空公约》附件二"空中规则"中对航空器所下的定义：航空器是指"能够从空气的反作用，而不是空气对地面的反作用，在大气中获得支持的任何器械"。

具有直接适用效力。如国际民航组织为《国际民用航空公约》制定的一些技术业务附件,国际航空运输协会在国际航空客货定价、统一国际航空运输制度等方面组织制定的国际文件,对于现行国际民用航空运输法律制度的完善和发展具有重要意义。

(四) 司法裁决是空气空间法的辅助渊源

国内法院的裁决对于相关航空运输法律制度的完善,特别是对于《华沙公约》等公约规则的适用及解释,具有十分重要的补充作用。因此,无论是大陆法系国家还是普通法系国家,国内司法裁决的判例法的作用在空气空间法领域尤为明显。

此外,在国际航空运输争端解决实践中,国际仲裁机构有关航空运输的国际仲裁裁决也是空气空间法的重要法律渊源,对现行国际航空法律制度及惯例和相关国内航空运输法的完善和发展具有重要意义。

二、空气空间的法律地位

空气空间是指地球表面以外不包括外层空间的大气层。现行国际法对于空气空间与外层空间的划界没有明确规定,但国际社会大多认为,空气空间主要是指海平面以上 100 公里以下的部分。[1]

关于空气空间的法律地位,在 1919 年《巴黎航空公约》确立领空主权制度之前,关于国家领土上空的法律地位存在不少争论和学说:(1) 完全自由论。该学说主张空气空间完全自由,认为空气空间和海洋一样是人类共同财富,是完全自由的。(2) 有限自由论。该学说认为,空气空间是向各国开放和完全自由的,但国家享有自保权,在必要时国家对领土上空享有干预的权利。早在 1906 年就有人提出,"空气空间是自由的,无论是在平时还是战时,对空气空间享有为了自保的必要权利"[2]。(3) 国家主权论。此说强调,国家领土上空属于国家主权,是国家领土的组成部分,完全受地面国家法律管辖和支配。(4) 有限主权论。该说主张,国家在原则上对其领土上空享有主权,但外国航空器享有无害飞越国家领土上空的权利,即国家领空主权受外国航空器无害通过制度的限制。

上述学说从不同方面阐述和说明了空气空间的法律地位,由于空气空间涉及各国对其领土上空的经济利益和安全要求,其实质反映在各国对空气空间行使主权的限度上。实践上,1911 年英国颁布空中航行法令,禁止在规定的区域上空飞行。在英国的带动下,法国在 1913 年也颁布法令,规定可以在整个领土上空禁止航空器飞行。第一次世界大战中,领空主权问题变得更加突出,如交战国航空器

---

[1] 李寿平、赵云:《外层空间法专论》,光明日报出版社 2009 年版,第 22 页。
[2] 转引自董杜骄、顾琳华主编:《航空法教程》,对外经济贸易大学出版社 2007 年版,第 92 页。

飞越中立国去轰炸敌对国是否影响中立国地位问题。因此，第一次世界大战结束后，国际社会在1919年《巴黎航空公约》中就明确各国对其领土之上的空气空间享有"完全的和排他的主权"。这样，国家领空主权的观念获得了国际公约的确认和肯定。继1919年《巴黎航空公约》之后，一些重要的国际条约又不断重申和肯定了国家对领空的主权权利，确立了领空主权制度。例如，1944年《国际民用航空公约》第1条规定："每一国家对其领土上空享有完全和排他的主权"。1958年日内瓦海洋法会议通过的《领海及毗连区公约》和1982年《联合国海洋法公约》都有类似的规定（参见第十一章）。

国家对空气空间"完全和排他的主权"主要包括以下内容：（1）自保权。即未经一国许可，任何外国的航空器不得进入该国领空。任何国家都依法享有保证其领空不受外来侵犯的权利。（2）管辖权。管辖权是国家主权的重要组成部分，是国家对领空享有主权的重要内容和直接体现。（3）管理权。国家对空气空间的管理权主要表现在，通过制定法律和制度来加强空中航行安全、维护空中航行正常秩序、保护国家及国民合法权益。（4）支配权。即国家对其主权管辖下的空气空间有权许可外国航空器过境通行和进行营运。对空气空间的自由支配权也是国家主权权利的重要内容。

但对于国家完全和排他主权所及的空间高度，现行国际法至今尚无任何明确的制度予以规定。从目前航空实践来看，支持飞机和气球等航空器上升的最高处应该是为距地面20千米的空域，也就是说，在现行技术下，国家真正行使安全和排他主权所及的空间高度为20千米。

而处于20千米以上和外层空间最下限以下的部分，现在技术上称之为临近空间（near space）。临近空间的物理特性确实不同于适合航空器飞行的空气空间、外层空间，临近空间飞行器的活动原理也明显不同于航天器和航空器的飞行原理，因此，临近空间具有独特性。但是，现行国际法并没有关于临近空间的法律地位和临近空间利用的法律制度。

三、国际民用航空运输法律制度

国际民用航空运输是指航空运输的经营人通过民用航空器经过一个以上国家的空气空间运送旅客、货物和邮件的公共航空运输。国际民用航空运输制度是通过《国际民用航空公约》《国际航班过境协定》《国际航空运输协定》等国际条约和一系列双边航空运输协定确立的。

（一）关于空中航行的法律制度

1919年《巴黎航空公约》是世界上第一个关于航空活动的国际公约。公约一方面确定了国家对其领土上空具有完全和排他的主权，但又承认了领空的"无害通过权"。另一方面，公约规定了航空器登记制度，凡用于国际飞行的航空器必须进行注册登记，航空器取得注册登记国之国籍。该公约规定，航空器分为民用航空器和国家航空器两类，国家航空器则包括军用航空器和公务航空器。公务航空器一般指为邮政、海关、公安服务的航空器。按照公约规定，任何缔约国的军用航空器，未经另一缔约国特许，不得飞越或降落于该国领土。但公约允许各缔约国保留"国内的两地间空运"的权利。

1944年芝加哥国际民用航空会议通过了《国际民用航空公约》《国际民用航空临时协定》《国际航空运输协定》和《国际航班过境协定》。其中《国际民用航空公约》重申，"每一个国家对其领土上空有完全和排他的主权"。公约把"在缔约国上空的飞行"区分为"非航班飞行"和"航班飞行"，分别规定了不同的飞行规则和制度。所谓"非航班飞行"（non-scheduled flight），又称为不定期飞行，或称不定期的国际航空运输业务，即不按公布的或固定的班期表运输，也不受正常航班运费率约束的航空运输业务。公约第5条规定，缔约国一切不从事国际航班飞行的航空器，在遵守公约规定的条件下，不需事先获准，有权飞经或飞入其他缔约国领土而不降停，或作非运输业务性的降停，但该国有权命令它降落。所谓"航班飞行"（schedueld flight），是指定期的国际航空运输业务，即以航空器从事国家间旅客、货物、邮件运输的定期航空运送业务。公约第6条规定，从事国际航班飞行，非经一缔约国特准或许可，不得在该国领土上空飞行或飞入该国领土。按照公约的规定，如果一缔约国的民用航空器在另一缔约国领土内遇险，则在可能的情况下，遇险民用航空器所在国应采取援救措施，应准许航空器所有人或其登记国的有关当局采取必要援救措施。

《国际航空运输协定》则明确规定国际定期航班空中自由，被称为"五种自由协定"。这五种自由主要是指：（1）不降停而飞越其领土的权利；（2）非商业性降停的权利；（3）卸下来自航空器国籍国领土的旅客、货物、邮件的权利；（4）装载前往航空器国籍国领土的旅客、货物、邮件的权利；（5）装卸前往或来自任何第三国领土的旅客、货物、邮件的权利。《国际航班过境协定》则规定了不降停而飞越缔约国领土的权利和非运输业务性降停的权利。

（二）关于国际航空运输管理的法律制度

1944年的芝加哥国际民用航空会议的主要目的是解决1919年《巴黎航空公约》未能解决的航空自由问题，其通过的四个国际公约确立了"五种自由"，建立了国际民航组织。但是，会议确立空中自由的两个主要协定并没有受到国际社会的广泛支持，且国际航空运输中的定价、航空运量、航线分配等问题并没有得到解决。

1945年4月16—19日，主要航空国家航空公司的代表在古巴首都哈瓦那召开会议，成立了"国际航空运输协会"，目的在于建立多边航空运输的定价机制。1946年1月15日至2月11日，英美两个航空大国在百慕大举行谈判，签订了双边航空运输协定，即著名的《百慕大协定》。该协定规定了第五种自由运营权利；在运力管理上实行"事后审议"制度，即由航空公司根据市场情况投入航空运力，事后再由政府审议调整，并将航空运价纳入国际航协的多边运价制定机制。特别是，英美双方承诺在处理双边通航关系上，各自均按《百慕大协定》的模式分别与第三国签订双边航空运输协定。

自此后，《百慕大协定》确立了国际航空运输的双边管理模式，即由各国缔结双边航空运输协定来规定航空运力、航路分配、运费定价等主要通航问题。这种双边航空管理体制的主要内容包括：（1）充分肯定领空主权原则，并以此作为国际航空运输的法律基础，通过国际民用航空组织负责创制和拟订统一的航空运输的技术性规范。（2）各国通过签订双边的航空运输协定相互赋予经营定期国际航空运输的运营权利，并确定双边通航的航线、交换运营权利和运力管理，非定期航空运输由飞入国实施单方面管理。（3）通过国际航协多边运价机制统一协调各国之间的航空运价。

四、国际航空安保法律制度

随着国际民用航空运输业的发展，危害航空安全的非法行为及空中劫持等航空犯罪行为日益突出。为了维护空中航行安全，国际社会缔约了一系列国际公约，如1963年《关于在航空器内的犯罪和其他某些行为的公约》（简称《东京公约》）、1970年《关于制止非法劫持航空器的公约》（简称《海牙公约》）、1971年《关于制止危害国际民用航空安全的非法行为的公约》（简称《蒙特利尔公约》）以及1988年《制止在用于国际民用航空的机场发生的非法暴力行为以补充1971年9月23日订于蒙特利尔的制止危害民用航空安全的非法行为的公约的议定书》（简称《蒙特利尔议定书》）。这些国际公约明确了危害国际民用航空安全的罪行及其管辖，并对此类犯罪的起诉或引渡问题进行了规制。

（一）危害民用航空安全的罪行

1970年《海牙公约》第1条规定："凡在飞行中的航空器内的任何人，用暴力或暴力威胁，或用任何其他恐吓方式，非法劫持或控制该航空器，或企图从事任何这种行为，或是从事或企图从事这种行为的人的同犯，即是犯有罪行。"1971年《蒙特利尔公约》将危害民用航空安全的非法行为概括为下列五种：（1）对飞行中的航空器内的人从事暴力；（2）破坏使用中的航空器使它不能飞行；（3）在使用中的航空器内放置危及其飞行安全的装置或物质；（4）破坏、损害或妨碍航行设备危及其飞行安全；（5）传送假情报危及飞行中航空器的安全。并且，公约规定，

"从地面人员或机组人员为某一特定飞行而对航空器进行飞行前的准备时起,直到降落后 24 小时止,该航空器应被认为是在使用中"。

(二)危害民用航空安全犯罪的刑事管辖权

在 1963 年《东京公约》制定前,国际社会并不存在对航空器上犯罪确定刑事管辖权的一般规则,原则上刑事管辖权主要由各国国内法加以规定。因此,在具有国际因素的航空犯罪案件的管辖问题上常常会引起管辖权冲突,限制和妨碍了各国通过刑事司法合作来制止和打击危害国际民用航空的非法活动。

1963 年《东京公约》对"空中劫持"规定了并行管辖制度。一方面,航空器登记国拥有管辖权,公约第 3 条第 1 款规定,航空器登记国有权对航空器上所犯罪行行使管辖权。另一方面,非登记国的缔约国也拥有一定限度的管辖权,按照公约第 4 条规定,各缔约国在下列情况下也拥有管辖权:(1)罪行在该国领土上具有后果;(2)犯罪人或受害人为该国国民或在该国有永久居所;(3)罪行危及该国安全;(4)罪行违反该国现行关于航空器飞行或操作的任何规则或条款;(5)为确保该国遵守根据多边国际协定所承担的任何义务而有必要行使管辖权。此外,公约第 3 条第 3 款还明确规定,该公约不排除依照本国法律行使的任何刑事管辖权。

1970 年《海牙公约》第 4 条第 1 款规定,下列国家有权行使管辖权:(1)航空器登记国,即罪行是在该国登记的航空器内发生的;(2)降落地国,即发生罪行的航空器在该国降落时被指称的罪犯仍在航空器内;(3)承租人主要营业地或永久居所地国,即罪行是在租来时不带机组的航空器内发生的,而承租人主要营业地或永久居所地是在该国;(4)罪犯所在国,即被指称的罪犯在缔约国领土内且未将此人引渡给上述三类国家;(5)各国可以根据本国法律行使任何刑事管辖权。

1971 年《蒙特利尔公约》增加了"罪行发生地国管辖权",扩大了针对航空犯罪的管辖范围,以方便缔约国对发生在机场的危害航空安全的非法活动实施刑事管辖权。另外,《蒙特利尔公约补充议定书》还进一步规定,若罪犯发现国不将此人引渡给罪行发生地国,即应对罪行实施管辖权,从而使罪行发生地国有要求引渡罪犯的优先权。

(三)危害民用航空安全犯罪的引渡和起诉

《东京公约》对劫机犯罪的引渡作出了原则性规定。按照公约第 14—16 条的规定,在缔约国登记的航空器内所犯的罪行,为引渡的目的,应被视为不仅发生在发生地,也发生在登记国领土上。当降落地国拒绝受理时,该国可将他送回本国,但公约的任何规定不能被解释为同意给予引渡的义务。

《海牙公约》和《蒙特利尔公约》第 8 条扩大了引渡范围,并对引渡的根据和规则作出了如下规定：（1）危害民用航空安全的犯罪是可引渡的罪行，在缔约国之间被看作包括在缔约国间现在引渡条约中的可以引渡的罪行，并且在今后缔结的引渡条约中也应包括这类罪行。（2）没有引渡条约时，被请求引渡国可自行决定以本国法律作为请求引渡的法律依据。（3）引渡应遵照被请求国法律规定的条件进行。

在起诉方面，《海牙公约》和《蒙特利尔公约》的一个重要突破就是在第7条中规定了"或引渡或起诉原则"。按照公约规定，在其境内发现被指称的罪犯的缔约国，如不将此人引渡，则不论罪行是否在其境内发生，应无例外地将此案件提交其主管当局以便起诉，该当局应按照本国法律以对待任何严惩性质的普通罪行案件的同样方式作决定。

"或引渡或起诉原则"强调了空中劫持属于可引渡罪行，但并未给缔约国设置强制性的引渡义务，而是允许缔约国对劫机罪犯在引渡和起诉两者间自主作出决定。一方面，《海牙公约》只是规定把空中劫持看作包括在缔约各国之间现有引渡条约中的可引渡罪行，在缔约国之间缺乏引渡条约的情况下，可以自行决定以公约作为引渡的法律依据。对于政治犯的引渡问题，仍由有关国家法律决定。另一方面，《海牙公约》强调，案犯所在国如果不引渡，则应无例外地将案件提交有关当局，以便按照该国法律起诉，并且将此种犯罪视作严重罪行给予惩处。

五、中国的航空法律制度

中国政府在1946年就批准了《国际民用航空公约》，1974年承认该公约的效力并当选为国际民航组织理事会的理事国。1958年加入了航空私法领域的《华沙公约》，1978年加入了《东京公约》，1980年加入了《海牙公约》和《蒙特利尔公约》，2005年批准了《蒙特利尔公约》。

随着中国航空工业和航空运输业的发展，中国已经确立了相对比较完善的国内民航法律法规体系，现已经形成了由1996年生效的《民用航空法》（2015年4月进行了修订）、27部行政法规和行政法规性文件以及118部现行有效规章组成的多层次的民航法规体系框架。

中国《民用航空法》对民用航空器国籍、民用航空器权利、民用航空器适航管理、航空人员、民用机场、空中航行、公共航空运输企业、公共航空运输、通用航空、搜寻援救和事故调查、对地面第三人损害的赔偿责任、对外国民用航空器的特别规定、涉外关系的法律适用、法律责任等涉及民航的各方面问题都做了规定。

随着中国经济的高速发展和航空需求的高速增长，中国现行的航空法律体系显然不能满足航空活动飞速发展的需要。一方面，现行的法律体系主要规范民用航空活动，对民用航空活动以外的其他航空活动的规范缺乏统一的法律制度，因此，中国亟需一部统一、完善的综合性航空法，以维护国家航空权益，规范国家航空管理，形成完备统一的中国航空法律体系。另一方面，航空活动实践中出现的空域管理、部门协调、航班延误、航空人员立法、航空器的权利等问题，亟待通过完善立法予以规范和发展。

第三节　外层空间法

外层空间法起源于 20 世纪 50 年代，其发展大致经历了三个阶段：第一阶段是 1957—1979 年。联合国通过了五大国际公约，确立了空间法的基本原则和制度，而这五大公约也已经成为现行外层空间法的核心内容。第二阶段是 1980—1992 年。1979 年之后联合国框架下没有新的国际公约出现，只是通过了四项大会决议，进一步完善了外层空间法的法律框架。第三阶段是 1993 年至今。"冷战"结束后，外层空间活动出现了新的发展趋势。在此阶段，外空活动较为频繁，外空技术得到空前的发展，国际外空合作也达到了一个新的高度。虽然在国际层面各国未能达成任何新的国际公约，但是双边或区域性的条约却得到了充分的发展。这些条约涉及的内容相当广泛。同时，国内外空立法也得到了较快的发展，许多国家制定或修订了空间法。目前已经有二十多个国家制定了国内外空法，履行其在国际条约项下的各项义务，建立了一整套有关空间活动许可、监管、登记和损害赔偿的制度。

一、外层空间法的法律渊源

（一）国际条约是外层空间法的主要法律渊源

外层空间法的最主要渊源是国际条约，这是由外空活动的本身特点决定的。如联合国框架下通过的五个国际空间条约[①]及与空间活动有关的国际多边条约。此外，作为外层空间法法律渊源的国际条约还应当包括现存的大量用于调整和规范外层空间研究和开发活动、促进国际合作的双边协定。

[①] 五个条约是指 1967 年通过的《关于各国探索和利用外层空间包括月球和其他天体活动所应遵守原则的公约》（简称《外空条约》）、1968 年通过的《营救宇宙航行员、送回宇宙航行员和归还发射到外层空间的物体的协定》（简称《营救协定》）、1972 年通过的《空间物体造成损失的国际责任公约》（简称《责任公约》）、1975 年《关于登记射入外层空间物体的公约》（简称《登记公约》）、1979 年通过的《指导各国在月球和其他天体上活动的协定》（简称《月球协定》）。

(二) 国际习惯是外层空间法的法律渊源

国际习惯是外层空间法的另一渊源。如在遥感活动中不需要被遥感国的事先同意就是一项国际习惯。[①]

(三) 国内法是外层空间法的重要法律渊源

随着人类空间活动的发展,各主要空间国家通过加强国内有关外层空间立法促进了其空间活动的发展,确立了空间活动行为规范,既履行了国际义务,也对国际空间立法进行了补充和发展。国内空间立法的重要性在 1979 年以后体现得更加明显。外空活动发展迅速,出现许多新的发展趋势,但是从 1979 年以来一直没有新的条约达成。各国对外空活动通过立法加以规范,这些国内空间法对于调整外空活动、维护外空探索和利用的健康发展、完善国际空间活动行为规范起着不可或缺的作用。

(四) 外层空间法的其他辅助法律渊源

联合国机构通过的决议、司法判决、外空法的权威著作等都是确定外层空间法律规则的辅助手段,它们虽不是外层空间法的直接法律渊源,但在实践中可以证明某些外空法原则和制度的存在,具有一定的参考价值。这里尤其要指出,联合国大会的决议已经是指导外空活动不可或缺的重要文件。虽然这些决议和宣言没有法律约束力,但是这些文件所包含的内容往往都是得到大多数国家认可的,是在长期的空间探索和利用的实践中逐渐形成并获得广泛遵守的。这些文件对于国际空间习惯法的形成起着非常重要的作用。

二、外层空间的法律地位

外层空间就是指地球及空气空间以外的部分。对于外层空间与空气空间的划界,现行国际法和国际社会一直没有定论。相对比较一致的观点认为,海平面 100 公里以上区域是外层空间。

关于外层空间的法律地位,联合国大会于 1961 年 12 月 20 日通过的 1721 号决议,肯定了外层空间由所有国家按照国际法自由探索和使用而不得由任何国家据为己有的原则。1963 年《各国探索和利用外层空间活动的法律原则宣言》(简称《外空宣言》)进一步明确国家对外层空间不享有主权的原则,使之逐渐形成一项

[①] C. Q. Christol, *The Planning of Space Services Using the Geostationary Satellite Orbit 1985–1988*, in the Proceedings of Conferencia Latinoamarican/Transporte Aereo Intemacional Actividades en el Espacio Ultraterrestre—Latin American Conference/International Air Transport and Activities in Outer Space 30 (Mexico, 1988).

公认的习惯国际法规则。①

在此基础上，1967年《外空条约》对外层空间的法律地位作出了更为明确的规定，主要包括以下三方面的内容：

首先，外空不得据为己有。外层空间，包括月球与其他天体在内，不得由国家通过提出主权主张，通过使用或占领，或以任何其他方法，据为己有。

其次，外层空间由各国在平等基础上自由探索和利用，不得有任何歧视。外层空间是对全人类开放的开发范围。天体的所有地区均得自由进入。这种自由包括科学调查的自由，各国应在此类调查方面提供便利并鼓励国际合作。《外空条约》明确了各国在探索和利用外空时，应以合作和互助的原则为指导，而且其进行的各项外空活动要充分考虑其他国家的相应利益。

最后，探索和利用外层空间必须为全人类谋福利和利益，并为了维护国际和平与安全及增进国际合作与谅解而进行。这意味着，技术先进的国家不得仅仅为了自身的利益而利用外层空间，由于多数国家还不具备空间技术和能力，空间大国要对国际社会承担义务，从事外空活动的国家应该为一切国家谋福利和利益。②

三、外层空间的基本法律制度

（一）外层空间法的基本原则

外层空间法的基本原则是为各国公认的，具有普遍约束力，并构成外层空间法基础的强行法规范。这些原则构成了外层空间法规则体系中最核心和最基础的规范，各国必须绝对遵守并严格执行。③

1963年12月13日，联合国大会一致通过《外空宣言》，宣布了外空活动应该遵守的八项原则。这八项原则在1967年《外空条约》中再次得到确认和发展，这是国际社会第一次用条约的形式确立了外空活动的基本原则，得到国际社会普遍的赞同和遵守，对外空法的形成和发展起到了重要作用。

这八项基本原则包括：（1）探索和利用外层空间，必须为全人类谋福利和利益原则；（2）各国在平等的基础上，根据国际法自由探索和利用外层空间及天体原则；（3）外层空间和天体不能通过主权要求、使用或占领或者其他任何方法据为一国所有原则；（4）各国探索和利用外层空间必须遵守国际法原则；（5）各国对本国在外层空间的活动负有国际责任原则；（6）各国在探索和利用外层空间时应遵守合作和互助的原则；（7）和平探索与利用外层空间原则；（8）保护外空环

---

① John S. Lewis & Christopher F. Lewis, A Proposed International Legal Regime for the Era of Private Commercial Utilization of Space, 37 *George Washington International Law Review* 751 (2005).
② 贺其治、黄惠康主编：《外层空间法》，青岛出版社2000年版，第41页。
③ 李寿平、赵云：《外层空间法专论》，光明日报出版社2009年版，第14页。

境原则。

（二）空间物体登记制度

1974年11月12日，联合国通过《登记公约》，确立了现行的空间物体登记制度。

从该公约的序言可以发现，空间物体登记制度的主要目的是确认空间物体的身份，确认空间物体的控制和管辖权，为未来空间物体造成损害确立责任提供身份信息。

该公约规定，发射国不仅应在本国登记其发射的空间物体，还应将其设立登记册的情况通知联合国秘书长，并向联合国秘书长通报如下登记信息：（1）发射国的名称；（2）外空物体的标志或其登记号码；（3）发射的日期和地点；（4）基本的轨道参数；（5）外空物体的一般功能。

除上述应纳入登记的事项以外，登记国还有义务随时向联合国秘书长提供外空物体的其他情报。

（三）外层空间法中的营救制度

外层空间法中对宇航员的营救与归还、对空间物体的返还制度的讨论早在1959年就已经在联合国和平利用外层空间委员会展开。1963年《外空宣言》第7条就有关援救宇航员的问题作出原则性规定。《外空条约》第5条和第8条为营救和归还宇航员及返还空间物体进行了原则性规定。

1968年《营救协定》确立了比较完善的空间营救制度，具体内容包括：

第一，关于营救对象，《外空条约》第5条规定为"宇航员（astronaut）"，而《营救协定》则规定为"宇宙飞船人员（personnel of spacecraft）"，《月球协定》第10条更明确将营救对象界定为月球上的任何人。随着空间旅游等外空商业活动的发展，结合《外空条约》确立的营救制度的人道主义原则，营救对象应该包括空间物体上的所有人员。

第二，关于营救条件，只有相关人员在因意外事故、遇难和紧急的或非预定的降落时，相关国家才有营救的义务。

第三，关于归还对象，根据《外空条约》的规定，被营救的宇航员和空间物体应归还给登记国，但是《营救协定》则规定应归还给发射当局，并将发射当局界定为对发射负责的国家或组织。从营救的国际实践和两条约的立法背景来看，归还对象应该是登记国或登记的国际组织。

第四，关于缔约国的义务，《营救协定》规定了三项，即通知义务、营救义务以及归还义务。即缔约国在获悉或发现空间物体或其组成部分返回地球，或宇宙飞船人员在其管辖的区域、在公海、在不属任何国家管辖的其他任何地方，发生意外、处于灾难状态、进行紧急或非预定的降落时，要立即通知发射当局和联合国秘书长，积极协助营救并迅速归还宇航员和空间物体。

（四）外层空间法中的责任制度

《外空条约》第6条、第7条及1972年《责任公约》确立了现行的空间责任制度。

第一，关于责任主体，根据《外空条约》第7条及《责任公约》第2条和第3条的规定，空间物体造成损害的责任主体是空间物体的发射国。根据《责任公约》第1条，发射国是指发射或促使发射空间物体的国家，或从其领土或设施发射空间物体的国家。

第二，关于归责原则，《责任公约》对空间物体造成涉外损害规定了两种归责原则：空间物体对地球表面或飞行中的飞机造成损害适用绝对责任原则，对地球表面以外造成的损害适用过失责任原则。

第三，关于赔偿范围，《责任公约》第1条就规定，赔偿的损害主要是指"生命丧失，身体受伤或健康的其他损害；国家、自然人、法人的财产，或国际政府间组织的财产受损失或损害"。

第四，关于求偿途径，《责任公约》规定了两种途径：一是由受害国或其自然人或法人使用当地救济办法通过发射国的法院、行政法庭或机关向发射国提出求偿；二是由受害国通过外交或类似仲裁的途径直接向发射国求偿。

第五，关于免责事由，《责任公约》第6条规定，绝对责任应依发射国证明损害全部或部分系由求偿国或其所代表之自然人或法人之重大疏忽或意在造成损害之行为或不行为所致之程度，予以免除。

（五）探索与利用月球的法律制度

1979年《月球协定》对于人类探索与利用月球活动提供了较好的法律制度。可惜的是，该协定目前仅有17个缔约国①，这表明该制度并没有得到国际社会的广泛认同。

该协定明确规定：月球应供全体缔约国专为和平目的加以利用，禁止各种为军事目的而利用月球；对月球的探索和利用应为一切国家谋福利；月球及其自然资源是人类共同财产，所有缔约国应公平分享这些资源的利益，并应对发展中国家以及对探索作出贡献的国家给予特殊照顾；应将探测、利用月球的活动尽可能通知秘书长、科学界和各国；各国对其在月球上的人员、运载器、站所保有管辖

---

① 《月球协定》17个缔约国分别是乌拉圭、秘鲁、菲律宾、哈萨克斯坦、摩洛哥、荷兰、巴基斯坦、黎巴嫩、墨西哥、比利时、澳大利亚、奥地利、智利、科威特、沙特阿拉伯、委内瑞拉、土耳其。

权和控制权；各国对其在月球上的活动负有国际责任。

(六) 卫星直播电视广播制度

所谓卫星直播电视广播，是指通过卫星将电视广播直接传送到地面电视机，而不需要通过地面电视接收站的电视广播。[1] 卫星直播电视广播会引起一系列法律问题：应否征得接受国的事先同意？如何保护作者的著作权？违反国际法规则所进行的为接受国明确禁止的广播是否构成未经许可的非法广播？

联合国教科文组织于 1972 年 10 月通过《关于利用卫星进行电视广播的指导原则宣言》，认为使用卫星直播的主导原则是促进信息自由流通、改善与推动教育与文化交流，所以要求各国在传送电波至其他国家之前，彼此应先作协商。

1982 年，第 37 届联合国大会通过了《关于各国利用人造地球卫星进行国际直接电视广播所应遵守的原则》的决议，尽管该决议没能就事先同意、有些传播内容的禁止以及国家有权采取行动阻挡其认为不适当的传播三项原则达成一致意见，但其所包含的九项原则对卫星直播活动起到了积极的指导作用。

(七) 卫星遥感地球法律制度

遥感是指为了改善自然资源管理、利用土地和保护环境，利用被感测物体所发射、反射或衍射的电磁波的性质从空间感测地球表面的一种空间科技方法。其包括卫星遥感和航空遥感两类。卫星遥感地球是通过卫星上的传感器接收各种地物发出的信息，并将这些信息传递到地面接收站，转译为相关的数据和资料，以便研究和监控地球的资源及其环境条件。

卫星遥感技术给人类的生产和生活带来诸多好处，已经广泛应用于资源勘探、环境监测、气象预报、自然灾害预测、海洋勘察、地址测绘等诸多方面。同时，遥感技术的运用也带来一些国际法问题：遥感活动是否会侵犯被遥感国对自然资源的主权或其他权利？对一国或其资源进行遥感，是否需要有被遥感国的事先同意？遥感国是否在发布和利用有关遥感资料时受到一些限制？能否公开发表或自由转让给第三国？被遥感国在获取遥感资料的时候享有哪些权利？遥感资料的收集、保管、散发等是否应置于国际管理或监督之下？[2]

1986 年 12 月 3 日举行的联合国大会上协商一致通过的《关于从外层空间遥感地球的原则》为卫星遥感地球活动确立了一些基本原则。其主要包括以下几个方面的内容：

1. 遥感活动应为所有国家谋福利和利益。进行遥感活动应遵守国际法，尊重

---

[1] 李寿平、赵云：《外层空间法专论》，光明日报出版社 2009 年版，第 124 页。
[2] P. Haanappel, *The Law and Policy of Air Space and Outer Space: A Comparative Approach* (《空气空间与外层空间法律与政策比较法方法》), Kluwer, 2003, p.160.

所有国家和人民对其财富和自然资源享有完全和永久主权的原则，同时应适当顾及其他国家及其管辖下的实体依照国际法享有的权利和利益。这种活动的进行不得损及被遥感国的合法权利和利益。遥感国应对其活动承担国际责任，并确保此类活动的实施符合这些原则和国际法规范。任何争端应通过既定的和平解决争端程序予以解决。

2. 进行遥感活动的国家以及联合国和联合国系统内有关机构都应促进遥感活动方面的国际合作，包括技术援助和协调。

3. 被遥感国管辖下领土的原始数据和处理过的数据已经制就，该国即可以在不受歧视的基础上依照合理费用条件取得这些数据。被遥感国还可以按照同样基础和条件取得任何参与遥感活动的国家所拥有的关于其管辖下领土的分析过的资料，在这方面，应特别考虑到发展中国家的需要和利益。

4. 遥感应促进保护人类免受自然灾害侵袭。国家参加遥感活动并确定拥有的处理过的数据和分析过的资料对受到自然灾害侵袭或很可能受到即将发生的自然灾害侵袭的国家也许有助益的，应尽快将这种数据和资料送交有关国家。

（八）外层空间使用核动力源的法律制度

自 1961 年起，核动力源（NPS）就已被用来为空间物体[①]提供能源，并从此被视为许多空间活动所专用或必不可少的能源。目前应用于外层空间的核动力源有两种，即同位素源（isotopic source）和核反应堆（nuclear reactor）。[②] 核动力源的使用可能造成外层空间的放射性污染，但现行国际空间法并没有禁止使用核动力源。1992 年《关于在外层空间使用核动力源的原则》（简称《核动力源原则》）最终获得通过。[③] 该决议旨在促进对人类和"生物圈"的保护，使其免受核辐射的危害。决议为核动力源的安全应用和评估列出了 11 条原则。在考虑到国家活动中涉及在外层空间使用核动力源这一事实的同时，该决议也规定了某些限制，以保证核动力源的安全使用。在过去的二十多年里，国际社会严格遵守《核动力源原则》的规定，为核动力源在外层空间的使用创设了有秩序的环境。

联合国外空委科学和技术小组委员会与国际原子能机构于 2009 年联合发布了《外层空间核动力源应用安全框架》，这是一个自愿性的、不具有法律约束力的国

[①] 1961 年 6 月 29 日发射的导航卫星 Transit 4A 是世界上首枚核动力卫星。当时，有些人认为外层空间和核能是两个相伴共生的事物。

[②] D. Tan, Towards a New Regime for the Protection of Outer Space as the "Province of All Mankind", 25 *Yale Journal of International Law* 149 (Winter 2000).

[③] Principles Relevant to the Use of Nuclear Sources in Outer Space（《关于在外层空间使用核能的原则》），UN G. A. Resolution A/Res/47/68 (December 14, 1992); GAOR, 47th Session, Supp. No.20, UN Doc.A/47/20 (1992).

际文件，但是为相关国家在外空使用核动力源提供了行动指南，重点是保护地球生物圈中的人与环境，使其免受空间核动力源应用在有关发射、运行和寿终飞行阶段可能带来的危害。

该安全框架提供了三个主要的行动指南：（1）对政府的指南，即对负责授权、批准或执行空间核动力源飞行任务的国家政府和有关国际政府间组织（如区域空间机构）提供指导；（2）管理指南，即对涉及空间核动力源应用的组织提供管理方面的指导；（3）技术指南，即对涉及空间核动力源应用的组织提供技术指导。

（九）外层空间环境保护法律问题

从当前的外层空间活动国际实践来看，外层空间环境损害产生的原因主要包括人类发射活动中核动力源的使用、人类空间活动产生的空间碎片等。

现行国际法中并无关于保护外层空间环境的专门性条约。但是，通过1963年《禁止在大气层、外层空间和水下进行核武器实验条约》（简称《部分禁止核试验条约》）、1967年《外空条约》、1979年《月球协定》等相关条约，特别是联合国及国际社会通过的一系列决议、宣言中有关外层空间环境保护规定的法律文件，以及在半个多世纪国际空间实践中形成的国际习惯，有关规范空间环境保护的国际法律制度已经基本形成。

具体而言，一方面，确立了外层空间环境保护的基本原则，即避免空间污染原则、保护空间环境的国际磋商原则以及共同但有区别责任原则。另一方面，确立了空间碎片减缓的基本行为规范。机构间空间碎片协调委员会于2002年10月15日制定的《IADC空间碎片减缓指南》及联合国和平利用外层空间委员会于2007年6月通过的《空间碎片减缓指南》，为相关国家在空间活动中加强空间碎片减缓提供了重要的行为规范。

四、中国的外层空间立法

中国的空间事业始于1956年。1970年，中国使用长征运载火箭成功发射第一颗人造卫星"东方红一号"（DFH-I），成为世界上第五个独立自主研制和发射人造地球卫星的国家。中国现已经成为具备卫星发射与回收、载人航天及深空探测等空间能力的世界空间大国。中国于1983年12月30日加入《外空条约》，1988年12月12日加入《责任公约》和《登记公约》，1988年12月14日加入《营救协定》。但是，中国国内空间立法严重滞后于空间技术及空间活动的发展。

在民用空间立法方面，2001年2月8日，中国国防科学技术工业委员会和外交部发布了《空间物体登记管理办法》，这是中国第一部规范空间活动的规章，该规章也是《登记公约》在中国国内化的体现。2002年11月21日，中国国防科学技术工业委员会又公布了《民用航天发射许可证管理暂行办法》，该办法建立了对在中国境内非军事用途的航天器进入外层空间的行为的许可证管理体系。与之相配套，还出台了《民用航天发射许可证审批办理程序》。2002年8月18日，国防科学技术委员会和财政部联合下发了《国防科技工业民用专项科研管理办法》，对于由国家财政支持的、属于国防科技工业领域的民用航天、军转民技术开发等科学研究活动做了明确的规定，纳入了法制的轨道。

在与军事有关的空间立法方面，1997年10月22日，国务院和中央军委联合发布《中华人民共和国军品出口管理条例》，并于2002年10月15日对条例进行了修订。该条例规定中国的军品出口实行许可制度，军品出口项目由国家军品出口主管部门或者由国家军品出口主管部门会同国务院、中央军委的有关部门审查批准。2002年8月22日，国务院颁布了《中华人民共和国导弹及相关物项和技术出口管制条例》以及相应的导弹及相关物项和技术出口管制清单。该条例的目的在于维护我国的国家安全和社会公共利益，通过出口控制的方式限制大规模毁灭性武器的扩散。

从上述中国空间立法的现状来看，中国空间立法与中国空间技术的发展极不匹配，与中国空间大国的形象也极不匹配，因此中国空间立法亟待关注和完善。

首先，中国空间立法中尚无法律、法规层次的空间法，空间立法层次太低，没有形成中国特色的空间法律体系。

其次，正是由于中国综合性空间法的缺失，中国在现行的空间活动管理和空间立法中出现多部门交叉管理、多部门立法，空间活动管理和空间立法的条块分割必然导致中国空间立法和政策的不协调。

最后，尽管中国空间政策覆盖了空间活动诸多领域，随着中国空间活动和空间技术的发展，中国空间立法在以下方面亟待立法完善：促进空间活动商业化发展中的空间知识产权保护立法、空间环境保护立法、空间商业保险立法；随着我国载人航天的成功，空间营救的国内立法；空间损害赔偿责任立法；明确空间活动管理体制和机制的国内立法；等等。

思考题：

1. 论述外层空间法与空气空间法的关系。
2. 阐述空气空间与外层空间的法律地位。
3. 论述现行航空安全国际法律制度的主要内容及其存在的问题。
4. 阐述外层空间法的法律渊源及基本原则。

▶ 自测习题及参考答案

第十三章 条约法

第一节 概述

一、条约的概念与特征

根据1969年《维也纳条约法公约》第2条和1986年《关于国家和国际组织间或国际组织相互间条约法的维也纳公约》第2条的规定，条约是国家之间、国际组织之间以及国家与国际组织之间缔结的受国际法支配的书面国际协议。

该定义所概括的条约的特征主要是：

1. 由国家、国际组织缔结。条约是国家之间、政府间国际组织之间、国家与政府间国际组织之间缔结的国际协议。从联合国的条约实践看，作为国际法主体的国家可以包括类似国家的政治实体，如巴勒斯坦解放组织。条约是国际法的渊源，其他法律主体不具有"立法"资格。

2. 受国际法支配。条约"受国际法支配"首先意味着条约规定了当事方的国际法上的权利和义务，不是没有法律拘束力的政治或道义的承诺或声明，也不是受国内法支配的协议。1952年7月22日国际法院关于"英伊石油公司案"（Anglo-Iranian Oil Company Case）的判决认为，1933年英伊石油公司（英国企业）与伊朗政府的受国内法支配的特许协议不是国际条约，国际联盟的调解和两国政府为解决该争端而进行的谈判都不能改变该协议的非条约性质。其次，条约受国际法支配意味着违反一般国际强制规范的条约自始无效，条约的缔结、解释、适用、效力和争端解决等条约事项应当适用国际法。

3. 是书面协议。"协议"的内在要求是缔约各方的意思表示一致。有关的条约法公约都把书面形式定义为条约的要件，不是不承认非书面形式的国际协议的效力，而是因为书面形式的国际协议是常态，而且比口头协议有利于解释和适用。口头国际协议偶尔出现，事后仍须以书面形式记载协议内容。中国已缔结500多项多边条约、25 000多项双边条约，均为书面形式。中国尚无缔结口头国际协议的实例。

二、条约的名称与种类

（一）条约的名称

广义的条约名称包括符合条约特征的所有国际协议，狭义的条约名称指广义条约名称中以"条约"命名的那一类国际协议。

常见的广义的条约的名称有：

1. 条约（treaty）：规定政治、经济、边界、法律等重大事项通常须经缔约各方最高权力机关依照正式的法律程序予以确认的双边或多边条约的名称。如《中日和平友好条约》《全面禁止核试验条约》。

2. 公约（convention）：规定重大国际问题通常须经各项缔结程序的多边条约的名称。如《联合国海洋法公约》《烟草控制框架公约》。

3. 宪章、规约、盟约、组织法（charter, statute, covenant, constitution）：宪章和规约是创立国际组织的多边协议即国际组织章程的常用名称，如《上海合作组织宪章》《国际刑事法院规约》；盟约、组织法也是国际组织的章程的名称，如《国际联盟盟约》《联合国粮食及农业组织法》。

4. 协定（agreement）：规定经济、社会、文化等领域的专门事项的双边或多边条约的常用名称。如《亚洲基础设施投资银行协定》《马拉喀什建立世界贸易组织协定》。

5. 议定书（protocol）：通常作为主条约的附属条约用来细化、变更、补充主条约的双边或多边条约的名称，有时也作为规定某些具体事项的单独条约的名称。如《欧洲人权公约》的各项议定书、《关于禁用毒气或类似毒品及细菌方法作战的日内瓦议定书》。

6. 换文（exchange of notes）：缔约双方的外交机构或外交代表通过交换外交照会就有关事项达成的协议，也就是一方就某一事项以明确的表述发出要约照会，另一方以同样明确的表述（全部转载来文内容）发回承诺照会所缔结的条约。换文可以单独使用，如《关于中国与加拿大相互增设总领馆（领事馆）的换文》；也可以作为主条约附件，如《关于中美领事条约的补充换文》。换文的缔结程序简便，在联合国秘书处登记的条约中，约有 1/3 是换文。

7. 备忘录或谅解备忘录（memorandum of understanding）：有时用于通常条约之外的有法律拘束力的操作性或技术性事项的双边协议、实施框架条约的协议的名称。如《中英关于便利人员合法往来和打击非法移民活动谅解备忘录》。

8. 宣言（declaration）、声明（statement）、公报（communique）：有时用作双边或多边条约的名称。如《上海合作组织成立宣言》《中英关于香港问题的联合声明》《中美关于建立外交关系的联合公报》。

国际法上没有关于条约必须使用何种名称的规则，但条约名称也不是可以随意使用的。条约名称的不同可能反映着条约的重要性、内容、适用范围、缔结程序及缔约方的数量等方面存在的差别。无论使用何种名称，条约对当事方的法律拘束力是没有区别的。

（二）条约的种类

按条约的法律性质，条约可以分为造法性条约和契约性条约。造法性条约规定缔约方之间的一般性权利和义务关系，一般无期限，如《联合国气候变化框架公约》；契约性条约规定缔约方之间的具体性事务性权利义务关系，通常有期限，如《中澳关于假日工作签证安排的谅解备忘录》。

按缔约方的数目，两个当事方缔结的条约称为双边条约，三个或更多当事方缔结的条约称为多边条约。

条约还可以根据内容进行分类。《中华人民共和国条约集》按内容把条约分为14类：政治类、法律类、边界类、边境问题类、经济类、文化类、科技类、农林类、渔业类、卫生保健类、邮政电信类、交通运输类、战争法规类和军事类。

条约的分类是相对的。

三、条约法的编纂

以前，条约法主要是习惯国际法。1949年联合国国际法委员会在第一届会议上就将条约法的编纂列为优先考虑的项目之一，先后编纂了1969年5月23日维也纳外交会议上通过的《维也纳条约法公约》（本章以下简称"1969年公约"，我国于1997年9月3日加入）和1986年3月21日通过的《关于国家和国际组织间或国际组织相互间条约法的维也纳公约》（本章以下简称"1986年公约"，截至2018年5月尚未生效）。1969年公约和1986年公约以下简称"两公约"。

1969年公约是目前适用于国家之间的条约关系的最重要的条约法文件。它主要是习惯国际法的编纂，如条约必须遵守、条约对第三国的效力等规定，也有逐渐发展，如条约的登记、条约签署国在条约生效前不得违背条约的目的和宗旨等规定。1986年公约适用于国家和国际组织或国际组织相互间的条约关系，其实质性内容与1969年公约基本相同。

联合国国际法委员会2011年通过了《条约保留的实践指南》和《武装冲突对条约的影响的条款草案》，正在编纂"与条约相关的嗣后协议和嗣后惯例""条约的暂时适用"和"最惠国条款"等条约法专题。

第二节　条约的缔结

一、缔约权能

（一）缔约权能概述

缔约权能包括缔约能力和缔约权两个问题。

缔约能力（capacity to conclude treaties），是指国际法主体作为国际人格者依照国际法所享有的缔结条约的权利能力或法律资格。根据一般国际法，具有国际法主体资格的国家、国际组织具有缔约能力。这种能力的有无应根据国际法来确定。

缔约权（competence to conclude treaties），是指国际法主体的特定机关或其授权的人代表该主体缔结条约的权限。这种权限的有无应根据缔约方的国内法或内部法来确定。

缔约能力与缔约权是相互联系的。缔约能力是缔约权的前提，无缔约能力的实体就不存在由谁或如何行使缔约权的问题；缔约权是实现缔约能力的条件，缔约能力必须通过具体的职能部门行使缔约权来实现。

（二）国家的缔约能力和缔约权

1969年公约第6条规定："每一国家皆有缔结条约之能力。"相对其他国际法主体而言，国家的这种能力是与国家主权相联系的，是国家自身固有的，能力的范围比其他国际法主体更广泛。

由哪个机关代表国家行使缔约权，由各国的国内法通常是宪法来规定。一般是国家元首、最高行政机关或外交机关对外代表国家缔结条约。

缔约权应由一国中央政府统一行使，地方政府经特别授权才可在授权范围内对外缔结国际协议。

（三）国际组织的缔约能力和缔约权

关于国际组织的缔约能力的法律依据，有成员国集体缔约说、国际组织的国际人格说、习惯法赋予说以及国际组织章程赋予说等理论。[①] 1986年公约序言载明："国际组织具有为执行其职务和实现其宗旨所必需的缔约能力。"该公约第6条规定："国际组织的缔结条约的能力依照该组织的规则确定。"一个国际组织的规则尤其是指其组织章程包含的规则，根据组织章程通过的决定和决议中的规则，以及该组织在缔约实践中所确立的惯例。与国家相比，国际组织的缔约能力来自该组织章程的规则的明示的和暗含的授权，而非本身所固有；国际组织的缔约能力是有限的，不得超出组织规则的授权和"执行其职务和实现其宗旨所必需"的范围。国际组织缔结的条约大多是双边条约，如国际组织与东道国的总部协定、联合国与各专门机构的协定；也有多边条约，如欧洲共同体/欧洲联盟作为经济一体化组织是《联合国气候变化框架公约》等一系列多边条约的缔约方。

国际组织的缔约权也由该组织的规则确定。一般是行政首长负责对外谈判缔结条约，审议机关负责认可或确认条约。

（四）全权证书问题

全权证书（full power），是指一国主管当局或一国际组织主管机关所颁发，指

---

① 有关理论上的分歧，详见万鄂湘等：《国际条约法》，武汉大学出版社1998年版，第99—102页。

派一人或数人代表该国或该组织谈判、议定或认证条约约文,表示该国或该组织同意受条约拘束,或完成有关条约之任何其他行为之文书。

"两公约"第7条对此作了具体规定:

1. 国家的缔约代表

(1) 国家的缔约代表通常须通过持有和出示"全权证书"来表明其缔约权限。一个人出示了一国主管当局颁发的适当的全权证书,才会被认为基于议定或认证条约约文或表示一国同意受条约拘束的目的而代表该国。有关的例外情况是,如果从惯例或其他情况看来(如各方同意或约定),各有关国家和国际组织的意思认为该人为这些目的代表该国的,无须出示全权证书。

(2) 担任国家的特定职务的人无须出示全权证书也被认为是代表其所任职的国家。具体包括:① 国家元首、政府首脑及外交部长,为了实施有关缔结一个或更多国家和一个或更多国际组织间的条约的一切行为;② 国家任命出席国际组织或国际会议的代表,为了议定该国和有关国际组织间的条约约文;③ 国家任命派往国际组织或其某一机关的代表,为了在该组织或机关内议定条约约文;④ 使馆馆长,为议定派遣国与驻在国间条约约文;⑤ 常驻国际组织代表团团长,为了议定派遣国和该组织间的条约约文。

2. 国际组织的缔约代表

国际组织的缔约代表通常须通过持有和出示"全权证书"来表明其缔约权限。

一个人出示了一国际组织主管机关所颁发的适当的全权证书,才会被认为基于议定或认证条约约文或表示一国际组织同意受条约拘束的目的而代表该组织。有关的例外情况是,如果从各种情况看来,各有关国家和国际组织的意思认为该人按照该组织的规则为这些目的代表该组织的,无须出示全权证书。

二、缔约程序

按照"两公约"的规定和国际实践,缔结条约的一般程序是:

(一) 议定约文

谈判过程就是起草约文的过程。双边条约通常在提议缔约的一方提出的草案的基础上形成新的草案,也可以双方交换草案供对方确定谈判方案,双方共同起草约文。多边条约的最初的谈判草案的形成方式有两种:由常设的编纂机构或临时设立的起草委员会起草;由发起缔约的国家提出建议草案,并在此基础上协商出统一或单一草案(案文)。条约草案经议定程序才能成为正式文本。根据"两公约"第9条,国际会议议定条约之约文应以出席及参加表决国家或国际组织的2/3多数表决为之,但此等国家以同样多数决定适用另一规则者不在此限;如无法适用上述规则,议定条约约文应以所有参加草拟约文的国家或国际组织之同意为之。

(二）认证约文

约文的认证（authentication），是指谈判各方确认所拟约文是正确的和作准的，除经修正程序外不得更改的缔约程序。根据"两公约"第 10 条的规定，条约以下列方式确定作准文本：依约文所载或经参加草拟约文国家和国际组织协议之程序；若无此程序，则由此等国家或国际组织代表在条约约文上或在载有约文之会议最后文件上签署、作待核准之签署或草签。

签署（signature），通常是指缔约代表正式代表其所代表的国家或国际组织在条约文本上签署姓名，表示认证约文和有同意受条约拘束意向的缔约行为。

待核准签署或草签是非正式的或不完全的签署。所谓待核准签署，又称暂签，是指缔约代表在条约约文之后签名，待其所代表的国家或国际组织确认后就具有正式签署效力的一种非正式签署行为。如果得到确认，确认的效力可追溯至暂签之日。所谓草签，是指谈判代表将其姓名的第一个字母（中国代表一般是用汉字将其姓氏）签在每页约文的下端，以表示其个人认证约文的非正式的签署行为。尽管从理论上讲草签过的约文仍可更改，但除措辞、错字漏字、标点外一般不做改动。按照"两公约"第 12 条第 2 款，如果谈判国另有协议，约文的草签构成约文的正式签署。除谈判国有上述协议外，草签过的条约还需要正式签署，正式签署后也不具有追溯的效力。待核准的签署和草签都不具有正式签署的效力，都是在从谈判结束到正式签署尚有一段较长的时间的情况下非正式的认证约文以等待正式签署的步骤。关于香港回归问题的中英联合声明和关于澳门回归问题的中葡联合声明都经过了草签。

依照国际习惯，双边条约的签署顺序采用轮换制，即条约文本的每个执存方签于首位（即在自己保存的文本上签于首位），对方签于次位，以体现平等原则。多边条约依约定的顺序签署，如依国名的英文字母顺序签署。

（三）表示同意受条约拘束

国家表示同意受条约拘束的方式可以有签署、交换构成条约的文书、批准、接受、核准或加入或以其所协议的任何其他方式表示。新国家表示同意受条约拘束的方式还有继承。国际组织表示同意受条约拘束的方式与国家相似，只不过相当于国家批准条约的行为，被称为"正式确认"。

签署除具有认证条约约文的意义外，也可以具有表示同意受条约拘束的意义。以签署方式表示同意受条约拘束，程序便捷，效率高。根据 1986 年公约第 12 条第 1 款的规定，有下列情形之一时，一国或一国际组织以该国或该组织代表的签署表示同意受条约拘束：（1）条约规定签署有此效果；（2）通过其他方法确定各谈判国和谈判组织或按情况各谈判组织已达成协议签署应有此效果；（3）从该国或该组织代表全权证书可以看出，或于谈判时已表示，该国或该组织有意使签署有此效果。

在国际实践中,一些重要的条约签署后还须履行国内法或内部法上的批准或正式确认程序。"批准"是指缔约国的权力机关(立法机关)对其代表所签署的条约的认可并同意受条约拘束的行为。国际组织的相当于国家批准条约的程序为"正式确认"。根据"两公约"第14条,在下列情况下,条约须经过批准或正式确认:(1)条约如此规定;(2)另经确定,谈判方如此协议;(3)谈判方已对条约作出须经批准或须正式确认之签署;(4)谈判方代表的全权证书表明或在谈判时已表示应当如此。

确立批准或正式确认程序的目的主要是权力机关履行监督职能或立法职能的需要。如《芬兰宪法》第33条规定:"与外国缔结的条约如包含属于立法范围或依照本宪法规定需经议会同意的事项的条款者,应提交议会批准。"国家对于其已经签署的条约并无批准的义务。如1919年美国参议院不批准美国总统威尔逊参与谈判并签署的《凡尔赛和约》。

除批准外,国家还可以采用核准、接受或赞同等方式同意承受条约的拘束。核准、接受或赞同的决定往往由行政机关作出,比立法机关批准条约的程序简便。

缔约方签署条约或以批准、核准、加入、接受或正式确认等方式表示同意受条约拘束之后到条约生效之前这段时间,条约所规定的法律关系仍然处在不确定的状态。根据"两公约"第18条,缔约方负有不在条约生效前妨碍其目的及宗旨的义务。

(四)通知批准、交换或交存批准书

有些双边条约,还需要交换批准书。按照惯例,若条约在一国签署,则一般应在另一国交换有关文书。例如,1978年《中日和平友好条约》在中国北京签署,批准书在日本东京交换。但是也有例外,如《中英联合声明》和《中葡联合声明》的签署地点和交换批准书的地点都是北京。

需要批准或核准的多边条约,依照国内法或内部法批准、核准或正式确认后,通常应当向条约的保管机关交存批准书或类似文书。

三、条约的加入

加入(accession),是指未签署条约的国家或国际组织同意受已签署或已生效的开放性的多边条约的拘束的国际法律行为。传统意义上的加入限于已生效的条约,但现代的实践表明,也可以加入已签署但未生效的条约。

"加入"适用于开放性的多边条约,尤其是造法性的国际公约。有些多边条约只向特定国家开放,如《南极条约环境保护议定书》只向《南极条约》的当事国开放加入。双边条约通常没有加入问题。不开放的多边条约增加新缔约方是有严格的条件和程序的。例如,加入欧洲联盟的有关条约从而成为欧盟成员国须达到欧盟的严格标准并须经成员国一致同意。

根据"两公约"第15条的规定,在以下三种情况下,一国或一国际组织得以加入方式表示承受条约拘束的同意:(1)条约本身规定该国或该组织得以加入方式表示这种同意;(2)另经谈判方协议确定该国或该组织得以加入方式表示这种同意;(3)全体当事方嗣后协议,该国或该组织得以加入方式表示这种同意。第一种情况属于含有"加入条款"的条约,非缔约方只要将加入书送交条约的保管机关,即可成为条约的当事方。在后两种情况下,谈判方的另行协议或全体当事方一致同意是加入的必要条件。

四、条约的保管、登记与公布

条约之保管机关通常在条约中指定,可以由国家、国际组织及其行政首长担任。联合国秘书长作为保管机关的条约已有500多项。条约保管机关之职务系国际性质,有秉公执行其职务之义务。

全球性的条约登记与公布制度起源于国际联盟。创设该制度的主要目的是防止危害国际关系的秘密外交或秘密条约。《联合国宪章》第102条规定:"一、本宪章发生效力后,联合国任何会员国所缔结之一切条约及国际协定应尽速在秘书处登记,并由秘书处公布之。二、当事国对于未经依本条第一项规定登记之条约或国际协定,不得向联合国任何机关援引之。"据此,一项条约在联合国秘书处登记是该条约在国际法院及其他联合国机关援引的必要条件。1986年《中英联合声明》是中华人民共和国向联合国登记的第一个条约。

五、中国的缔结条约程序法

1990年12月28日通过的《中华人民共和国缔结条约程序法》(以下简称《缔结条约程序法》)根据中国《宪法》规定了中国的缔约权、缔约名义、缔约步骤等缔约程序事项问题。该法符合国际法和国际惯例,反映中国缔约的实践经验,与过去的法律和相关规定相衔接,内容繁简适度,对规范对外缔约发挥了重要作用。2017年3月,外交部拟订的《缔结条约程序法实施条例草案》公开向社会征求意见。

根据中国《宪法》,中华人民共和国国务院,即中央人民政府,同外国缔结条约和协定;中华人民共和国全国人民代表大会常务委员会决定同外国缔结的条约和重要协定的批准和废除;中华人民共和国主席根据全国人民代表大会常务委员会的决定,批准和废除同外国缔结的条约和重要协定。

根据《缔结条约程序法》第4条,中国以下列名义同外国缔结条约和协定:

(1) 中华人民共和国；（2) 中华人民共和国政府；（3) 中华人民共和国政府部门。

《缔结条约程序法》第7条规定，以下六类条约或重要协定须由全国人民代表大会常务委员会批准：（1）友好合作条约、和平条约等政治条约；（2）有关领土和划定边界的条约、协定；（3）有关司法协助、引渡的条约、协定；（4）同中华人民共和国法律有不同规定的条约、协定；（5）缔约各方议定须经批准的条约、协定；（6）其他须经批准的条约、协定。根据该法第8条和第12条的规定，除应由全国人大常委会决定批准或加入的条约、协定外，条约的核准、加入或接受由国务院决定。

根据"一国两制"方针和相关法律，中国香港特别行政区和澳门特别行政区在国防、外交以外的特定领域享有缔约权。[①]

根据《缔结条约程序法》第17条和第18条的规定，中华人民共和国缔结的条约和协定由外交部按照《联合国宪章》的有关规定向联合国秘书处登记。

第三节 条约的保留

一、条约保留的定义

根据联合国国际法委员会《条约保留的实践指南》，条约的保留（reservation）是指一国或一国际组织在签署、批准、正式确认、接受、核准或加入条约，或一国发出继承条约的通知时所作的单方声明，不论其措词或名称如何，该国或该组织意图借此排除或更改条约中某些规定对该国或该组织适用时的法律效果。

条约保留的目的，是排除或更改条约中某些规定或整个条约的特定方面对提出保留的国家或国际组织适用时的法律效果。例如：条约规定有关条约解释和适用的争端，经争端一方的请求，应提交国际法院，保留国声明不受此类条款的拘束。条约的保留与"解释性声明"等其他性质的单方声明的根本区别在于保留具有排除或更改条约中某些规定对该国或该组织适用时的法律效果，其他性质的单方声明则没有这种效果。

双边条约比多边条约容易达成一致，一般不发生保留问题。多边条约因缔约国较多，难以达成完全一致，有时有必要适用保留制度。在不妨害条约的目的和宗旨的实现的前提下，允许在某些非实质性分歧的问题上提出保留，有利于条约

---

① 参见《中华人民共和国香港特别行政区基本法》第151条，《中华人民共和国澳门特别行政区基本法》第136条。

谈判的成功和吸引更多的国家成为条约当事国。条约保留有利于实现条约的普遍性，但不利于保持条约的完整性。

二、条约保留的范围

缔约方只能在允许保留的条约或条款的范围提出保留。

根据"两公约"第19条的规定，以下三种情况不得提出保留：

1. 条约禁止保留。如1998年《国际刑事法院罗马规约》第120条规定："不得对本规约作出保留。"

2. 条约仅准许特定的保留，而有关保留不在其内。这包括两种情况：一是条约明确规定不得保留的条款，其余条款均可保留。例如，1957年《已婚妇女国籍公约》第8条仅允许对其规定妇女国籍独立的第1条及第2条以外之条款提出保留。二是条约明确规定可以保留的条款或事项，其余条款或事项均不得保留。例如，《旨在废除死刑的〈公民权利和政治权利国际公约〉第二任择议定书》第2条规定，仅可以对战争期间严重的军事罪行提出保留，不允许对其他条款或事项提出保留。

3. 该项保留不符合条约的目的与宗旨。1992年美国批准《公民权利和政治权利国际公约》时对第6条提出的"在符合美国宪法规定的限制的情况下，有权对18岁以下的罪犯判处和执行死刑"的保留，有11个欧洲国家认为不符合条约的目的和宗旨，因而提出了对该项保留的反对意见。2005年，美国最高法院以5∶4的微弱多数作出判决：对未成年人执行死刑违背美国宪法第八修正案。

中国在缔约实践中提出过的保留主要有以下类别：争端解决方式条款、与中国的政治制度和外交政策不符的条款（如对《维也纳条约法公约》有关"教廷大使"的条款的保留）、与中国国内法相抵触的条款（如对《联合国国际货物销售合同公约》第11条的保留及其撤销）、中国履约暂时有技术性困难的条款（如对《1973年国际防止船舶造成污染1978年议定书》附则Ⅲ、Ⅳ、Ⅴ的保留）。近年来，中国政府对许多技术性多边条约的仲裁条款没有提出保留。

三、条约保留的接受与反对及其法律效果

（一）保留的接受与反对

在1951年国际法院对1948年12月9日《防止及惩治灭绝种族罪公约》的保留问题作出咨询意见的基础上，"两公约"第20条规定：

1. 对明文许可保留的条约提出的保留的成立，无须各缔约国和缔约组织事后予以接受，除非条约有相反的规定或者相关保留违背条约的目的和宗旨。

2. 如果从各谈判国和谈判组织或按情况谈判国或谈判组织数目有限的事实以及从条约的目的和宗旨可以看出，该条约在全体当事方间全部适用是每一当事方

同意受条约拘束的必要条件,保留须经全体当事方接受才能成立。

3. 如果一个条约是一个国际组织的组织约章,除另有规定外,保留须经该组织主管机关接受。

4. 凡不属以上所述情况的,除条约本身另有规定外:(1)如果保留经一缔约国或一缔约组织接受,在与接受保留的国家或组织的关系上,保留国或国际组织即成为该条约的当事方,但以该条约对保留国或国际组织和接受国或国际组织均已生效或开始生效为条件;(2)如果保留经一缔约国或一缔约组织反对,并不妨碍该条约在反对国或国际组织与保留国或国际组织之间生效,除非反对国或国际组织明确地表示了相反的意思;(3)一国或一国际组织表示同意承受条约拘束的行为如附有一项保留,只要至少有一缔约国或一缔约组织接受该项保留,该项保留就发生效力。

除条约另有规定外,如果一国或一国际组织在接到保留的通知后12个月的期间届满之日,或至其表示同意承受条约拘束之日为止,未对保留提出反对意见,该保留即被推定为已为其所接受。上述两个日期以较后的一个为准。

(二) 保留及反对保留的法律效果

根据"两公约"第21条的规定,依照国际法或这两个公约有效成立的保留的效果,只及于保留国或国际组织与其他缔约国或国际组织之间的关系,并不影响其他缔约国或国际组织相互间的关系。凡是依条约法公约的有关规定对另一当事方成立的保留,在保留国或国际组织与该另一当事方之间的关系上,依保留的范围排除或更改保留所涉及的条约规定,也就是提出保留的当事方和接受保留的当事方之间适用依照保留的范围修改过的条约;在其他当事方相互之间,则不排除或更改保留所涉及的条约的规定,也就是不受条约的保留的影响。

如果反对保留的国家或国际组织并未反对条约在该国或国际组织与保留国或国际组织之间生效,则在这些国家或国际组织之间仅在保留所排除或修改的范围内不适用保留所涉及的条约规定。

这就是说,反对保留的意见只要不反对条约在反对国和保留国间生效,就意味着条约在两国间生效。1992年6月8日美国批准《公民权利和政治权利国际公约》时提出了多项保留,德国的反对意见没有说明条约是否在两国间生效,比利时、丹麦、意大利、挪威、西班牙、瑞典在各自的反对意见中声明它们的反对意见不构成条约在它们和美国之间生效的障碍,都不影响该条约在有关国家间生效。[①]

---

① United Nations: *Multilateral Treaties Deposited with the Secretary-General*—Status as at 31 December 2002, Volume I, Part I, Chapters I to XI, United Nations Publication, Sales No. E. 03. V. 3, pp. 175–181.

四、条约保留的程序

根据"两公约"第 23 条的规定，保留、明示接受保留以及反对保留都必须以书面形式提出，并通知各缔约国和缔约组织及有权成为条约当事方的其他国家和国际组织。撤回保留、撤回对保留的反对，也应以书面形式提出。用电子邮件和传真等形式通知条约保留的事项是可以的，但应以书面正式照会为准。

第四节 条约的生效与暂时适用

一、条约的生效

条约的生效（entry into force），是指一个条约正式开始对各当事方产生法律拘束力，各当事方自此承担条约义务和享有条约权利。"两公约"第 24 条第 1 款和第 2 款都规定，一项条约生效的方式和日期，依该条约的规定或依各谈判方之间的协议。假如条约中没有关于条约生效的规定并且没有相关协议，可以理解为条约在各谈判方均同意受条约拘束后生效。

双边条约生效的方式一般有：（1）自签署之日起生效。（2）自双方均履行完毕国内或内部法律程序并相互通知之日或之后若干天开始生效。（3）自互换批准书或其他同意受条约拘束的文书之日或之后若干天起生效。

国家间多边条约生效的方式一般有：（1）自签署国达到一定数目之后生效。（2）自全体签署国批准或各签署国明确表示承受拘束之日起生效。（3）自一定数目的国家交存批准书或加入书之日或之后某日起生效。（4）自一定数目的国家，其中包括某些特定的国家提交批准书等同意受条约拘束的文书后生效。（5）自一定数目的国家交存批准书或加入书并且达到一定标准后生效。

条约的生效一般是指条约本身的生效，这与条约开始对某一国家生效不同。如果在条约本身生效之前交存批准书或加入书，条约本身的生效日期和对这些国家的生效日期是一致的。在条约本身生效之后交存批准书或加入书的，条约对这些国家的生效日期肯定晚于条约本身的生效日期。

在许多国家，条约的公布是条约在国内生效的必要条件或必经程序。

二、条约的暂时适用

条约的暂时适用（provisional application）通常涉及的是须经批准或核准的条约。有时，为了将条约的规定或部分规定及早付诸实施，缔约方会约定在条约生效之前暂时适用；上述暂时适用的情况到条约生效、条约对暂时适用者生效或暂时适用的国家或国际组织通知有关方面不愿成为条约当事国之后终止。"两公约"

第 25 条规定，在下列两种情形下，一个条约或该条约的一部分在其生效前暂时适用：一是该条约本身有这样的规定；二是各谈判国和谈判组织或按情况谈判国或谈判组织以其他方式作出了这样的约定。2016 年，中国与欧盟《关于互免持外交护照人员短期停留签证的协定》规定，"协定自签署之日后第三日起临时适用"。

三、条约的有效期

就有效期限来说，条约分为无期限和有期限两种。无期限的条约除非另订新约，永远有效。造法性的国际公约、边界条约、建立外交和领事关系的条约一般是无期限的。有期限的条约，通常在条约里明文规定有效期。有些有期限的条约到期后不再延续，有些到期后还可以通过缔结专门协定或按条约的规定予以延长。1978 年 8 月 12 日签署的《中日和平友好条约》有效期是 10 年，如果缔约任何一方在最初 10 年期满时或在其后的任何时候，没有以书面形式预先通知缔约另一方终止该条约，则该条约继续有效。如果缔约任何一方通知另一方终止该条约，自通知之日起一年后该条约终止。

第五节 条约的遵守与适用

一、条约必须遵守

"条约必须遵守"（pacta sunt servanda）是一项古老的国际法原则。"两公约"序言都指出了条约作为发展国际关系的有用工具和确保不分宪法体制及社会制度的各国间和平合作条件的重要性，强调了条约作为国际法渊源的日益重要性。在国际社会的"无政府状态"下，国际关系在很大程度上是建立在条约关系的基础上的。坚持条约必须遵守原则，是维持互相信赖的国际关系的必要条件，是保证国际和平与发展的必要条件，是维系国际社会正常秩序的必要条件。

"两公约"第 26 条都在"条约必须遵守"的题目下规定：凡有效之条约对其各当事方均有拘束力，必须由各该方善意履行。据此，"条约必须遵守"的含义主要是：（1）各当事方必须遵守条约，承认条约对其各当事方的拘束力。（2）各当事方必须遵守所有对其有效的条约。凡根据缔约程序达到生效条件并且在有效期内的条约均为有效条约。因出现"条约无效"的原因而自始无效或撤销同意的条约以及效力终止的条约，没有法律拘束力，都不存在遵守的问题。（3）各当事方必须善意履行条约义务。善意的履行，是指诚实、公正和合理的履行，这就要求在履行条约时，既要按照条约的文字规定的含义，又要符合条约的目的和宗旨，不折不扣地履行条约义务。（4）各当事方不得以国内法或国际组织的规则为由而不遵守条约，但因缔约行为违反国内法或国际组织的规则中的具有根本重要性的关于缔约权的规定的情况除外。

二、条约的适用

(一) 条约适用的时间范围

条约适用的时间范围主要涉及条约的有效期以及条约有无溯及力的问题。有期限的条约通常在条约中明文规定有效期或有效期的延长问题。造法性条约，包括国际组织的章程，一般不规定有效期，其适用时间原则上是没有限制的。

条约的规定不溯及既往。即使是"两公约"本身的规定，也仅适用于其生效以后所缔结的条约。"两公约"第28条规定：除条约表示不同意思，或另经确定外，关于条约对一当事方生效之日以前所发生之任何行为或事实或已不存在之任何情势，条约之规定对该当事方无拘束力。《国际刑事法院规约》第24条规定："个人不对本规约生效以前发生的行为负本规约规定的刑事责任。"

(二) 条约适用的空间范围

条约适用的空间范围，通常是指条约适用的领土范围。"两公约"第29条规定：除条约表示不同意思，或另经确定外，条约对每一当事方之拘束力及于其全部领土。这是公约规定的条约的领土适用的一个总原则。一般情况下，条约适用于当事方的全部领土。"全部领土"包括构成国家领土的所有陆地及底土、附属于陆地的领水以及空气空间。如果条约是关于毗连区、专属经济区或大陆架的，或者根据上下文和条约规定的目的应有这样的适用效果的，当然也适用于沿海国的毗连区、专属经济区或大陆架。只要没有相反的规定，应推定条约适用于各该当事国的全部领土或其全部管辖范围。有关极地、公海、国际海底区域、外层空间及其天体的条约的适用范围问题，依照相关条约的规定予以解释和适用。

然而，条约适用于当事方全部领土是有例外的。一是条约本身规定它适用于特定的地理区域，如特定的岛屿、边界、河流等，或者排除条约适用于某一领土区域。二是经条约当事方另行确定，条约适用于特定领土区域或排除适用于特定领土区域。有些条约允许当事方在签署、批准、加入条约时声明适用的领土范围。

根据《中华人民共和国香港特别行政区基本法》第153条和《中华人民共和国澳门特别行政区基本法》第138条，中华人民共和国缔结的国际协议，中央人民政府可根据香港或澳门特别行政区的情况和需要，在征询香港或澳门特别行政区政府的意见后，决定是否适用于香港或澳门特别行政区。

(三) 条约冲突时的适用

条约的冲突是指同一条约当事方就同一事项先后所订条约的规定不一致而无法同时执行这些规定的矛盾状态。关于应当如何解决相互冲突的条约中哪一条约规定应当优先适用的问题，"两公约"第30条规定了以下规则：（1）如果条约明文规定，该条约不得违反先订或后订的条约，或不得视为与先订条约或后订条约不符，则该先订条约或后订条约优先。① （2）在条约没有明文规定的情况下，如果先后两个条约的缔约方完全相同，则先订条约仅在其规定与后订条约相符的范围内才适用，即后订条约优于先订条约。（3）如果先后两个条约的缔约方不完全相同，在每一方均为前后两个条约的当事方间，适用后订条约优于先订条约的办法；在一方为前后两个条约当事方而一方则仅为其中一个条约当事方间，适用双方均为当事方的条约。（4）上述各项规则，以不违反《联合国宪章》第103条关于《联合国宪章》优先于其他条约的规定为条件。

第六节　条约与第三方

一、条约的相对效力原则

如果一个国家或国际组织完成了同意受一项条约拘束的国际行为，该国或该组织就是该条约的缔约国或缔约组织（或缔约方），不论该条约是否对其生效；如果一项条约对一个国家或国际组织生效，该国或该组织就是该条约的当事国或当事组织（或当事方）②；一项条约的非当事方就是该条约的第三国或第三组织（或第三方）。例如，2001年11月11日，中国完成了同意受"WTO协定"拘束的所有程序，成为"WTO协定"的缔约国；2001年12月21日，"WTO协定"对中国生效，中国成为"WTO协定"的当事国。2001年12月21日之前，中国是"WTO协定"的第三国。

所谓"条约相对效力原则"，是指条约仅对各当事方有拘束力，而对第三方不发生法律效力。这是相对于一般国际法即习惯国际法具有普遍效力而言的。根据"两公约"第34条，条约非经第三方同意，不为第三方创设义务或权利。这是"约定对第三者既无损也无益（pacta tertiis nec nocent necprosunt）"一般法律原则的具体体现，也是国家主权原则或国际组织的国际法主体资格的具体体现。

在特定情形下，如果第三方同意（或不反对）并符合法律要求，国际法也允许某些条约为第三方创设权利或义务。此外，根据国际法，第三方应尊重和不妨碍自己不是当事方的条约的实施。例如，应当尊重别国的边界条约。

---

① 例如，《马拉喀什建立世界贸易组织协定》第16条第3款规定："在本协定的条款与任何多边贸易协定的条款产生抵触时，应以本协定的条款为准。"
② 参见1969年《维也纳条约法公约》和1986年《关于国家和国际组织间或国际组织相互间条约法的维也纳公约》第2条第1款。

二、条约为第三方创设权利

根据"两公约"第36条的规定,如果一项条约要为第三方创设一项权利,必须具备两个条件:(1)条约当事方必须有给第三方创设权利的意图。(2)第三方对此表示同意。如果该第三方无相反之表示,应推定其同意,除非条约另有规定。第三方同意后,应当严格按照条约规定行使相关权利,不得僭越。条约为第三方创设权利,多见于关于国际海峡(如黑海海峡)或通洋运河(如巴拿马运河、苏伊士运河、基尔运河)的条约。在依据最惠国待遇条款享有最惠国待遇的国家范围内,条约实际上也可以为第三国创设权利。

三、条约为第三方创设义务

根据"两公约"第35条的规定,如果一项条约或条约条款要对第三国或第三组织创设义务并产生效力,必须符合两个条件:(1)条约当事方有给第三方施加义务的意图;(2)第三方以书面形式明示接受此项义务。

《联合国宪章》第2条第6款规定,联合国在维持国际和平与安全的必要范围内,应保证联合国非会员国遵行主权平等、善意履行宪章义务、和平方法解决国际争端、禁止使用武力或武力威胁等原则。这表明,在牵涉包括第三国在内的整个国际社会的根本利益的情况下,如条约的目的和宗旨是创设国际社会的"公共产品"并为实现条约的目的和宗旨所必需,条约可以例外地为第三国创设某种一般性义务。

第七节 条约的解释

一、条约解释的含义

条约的解释(interpretation),是指条约当事方或其授权的解释主体按照一定的规则对有分歧的条约条款或其他条约的适用问题作出明确具体的说明。

有些条约,受缔约方主观或客观条件的限制,缔约时没有作出具体和明确的规定。如《联合国海洋法公约》第17条规定:"在本公约的限制下,所有国家,不论为沿海国或内陆国,其船舶均享有无害通过领海的权利。"各国从不同立场或利益出发解释该条规定中的"船舶"一词,有些国家解释为包括军用和非军用在内的所有船舶,有些国家解释为仅包括非军用船舶。

二、条约解释的主体

条约当事方、经授权的国际组织的机关、有管辖权的国际仲裁或国际司法机构有解释条约的权力，其所作解释有拘束力。

1. 当事方以协议方式作出的解释。条约的"立法者"是各当事方，所以无论双边还是多边条约，由各当事方平等协商达成有拘束力的解释协议是最好的选择。

2. 经条约授权的国际组织的有关机构的解释。例如，1944年《国际民用航空公约》第84条规定，如果出现解释争议，"经任何与争议有关的一国申请，应由理事会裁决"。

3. 有管辖权的国际仲裁和国际司法机构的解释。如果依据条约中的争议解决条款或当事方临时达成的协议将解释争议交付国际仲裁或司法机构解决的，仲裁或司法机构就获得对该条约解释争议的管辖权。如果是解释多边条约，国际仲裁机构或国际司法机构的解释仅对提交争端的当事方有效。但依照《国际法院规约》第62条和第63条的规定，如果条约的其他当事国经申请参加了诉讼的，法院的解释对这些诉讼参加国也有拘束力。

三、条约解释的原则与基本方法

（一）条约解释的理论

关于条约的解释，存在互有长短的三种理论：客观论主张严格依据条约用语的通常意思进行解释；主观论主张通过探寻当事国缔约时的真实意图进行解释；目的论主张从条约的目的和宗旨出发进行解释。

这三种理论任何一种都在条约解释的实践中得到了适用，但任何一种理论都无法完全满足条约解释的需要。解决纷繁复杂的条约解释问题，需要综合的思路。例如，《联合国宪章》第23条规定的安理会常任理事国包括中华民国和苏维埃社会主义共和国联盟，如果严格按照条约用语进行解释就会出现荒谬结果，使中华人民共和国和俄罗斯联邦的联合国成员国资格成为问题。在谈判过程中各方意见未能统一而不得不使用笼统的表述的问题是无法通过探寻缔约国的原意的规则进行解释的。脱离了约文和缔约国的原意也是无法根据条约的目的和宗旨进行解释的。

《维也纳条约法公约》关于条约解释的规定包含了上述三种学说。

（二）条约解释的通则

"两公约"第31条规定了条约解释的通则。根据该条第1款关于"条约应依其用语按其上下文并参照条约之目的及宗旨所具有之通常意义，善意解释之"的规定和第4款关于"倘经确定当事方有此原意，条约用语应使其具有特殊意义"的规定，可以得出条约解释的通则的要点主要是：（1）依照条约用语的通常意义解释，因为条约如同国内法律条款一样，往往使用有关用语的通常意义。只有当事国关

> 拓展阅读
>
> 南极捕鲸案

于条约用语的原意不是通常意义而是特殊意义时才应按特殊意义解释。（2）依照条约用语在上下文中的含义解释，即推定为上下文一致，把条约作为一个整体来解释，避免孤立的片面的断章取义的解释。根据"两公约"第 31 条第 2 款和第 3 款，"上下文"的含义十分广泛。例如，中俄对《中俄航空协定》中应税"收入"一词的解释所用的"嗣后惯例"就属于"上下文"的范围。（3）参照条约的目的及宗旨解释，因为条约是在其目的和宗旨指导下缔结并为实现其目的和宗旨服务的。① 国际组织的组织文件的解释尤其需要参照有关组织的宗旨。（4）善意地解释，即诚实、公正和合理地解释。善意是适用任何解释规则时都应同时适用的规则。条约解释通则是正确解释条约的必要条件。

有学者认为条约解释需要遵从"有效原则"，即"与其无效，不如使之有效"（*ut res magis valeat quam pereat*）。在编纂《维也纳条约法公约》的过程中，国际法委员会认为，该原则已被公约的解释规则吸收，尤其是包含在善意原则、目的和宗旨解释规则之中，如果规定该原则，可能会鼓励不合法地扩大条约含义的企图。

（三）条约解释的补充资料

"两公约"第 32 条规定：为证实由适用第 31 条所得之意义起见，或遇依第 31 条作解释而：（a）意义仍属不明或难解；或（b）所获结果显属荒谬或不合理时，为确定其意义起见，得使用解释之补充资料，包括条约之准备工作及缔约之情况在内。②

运用条约解释的补充资料的目的是在运用通则无法清晰合理地解释条约时来确定条约用语的含义，当然也可以为了证明运用解释通则所得出的解释的正确性而运用补充资料。

第八节　条约的修订、终止与无效

一、条约的修订

条约的修订（revision），是指条约当事方在缔结条约后于该条约有效期内改变

---

① 德国是 1899 年 7 月 29 日《禁止使用专用于散布窒息性或有毒气体的投射物的海牙宣言》（海牙第二宣言）的当事国。第一次世界大战中德国军队在战场上打开装有剧毒氯气的铁桶，毒气随风吹向敌方阵地导致敌军伤亡。德国辩称没有使用发射毒气弹的方法释放毒气，因而不违背根据该条约承担的义务。这种解释是不符合该条约的目的和宗旨的。

② 1919 年《妇女夜间工作公约》第 3 条规定："除只雇用同一家庭成员的企业外，妇女不分年龄将不得在夜间受雇于任何其他公营或私营工业企业或其任何分支机构。"国际常设法院的咨询意见认为，该条中的"妇女"一词是指所有妇女，无论从事体力劳动还是从事管理工作。法官迪奥尼西奥·安齐洛蒂（Dionisio Anzilotti）研究该公约的准备资料后认为，这里的"妇女"一词仅指从事体力劳动的妇女。

其规定的行为。"两公约"把条约全体当事方对条约的修订定义为"修正"（amendment），把条约的部分当事方对条约的修订定义为"修改"（modification）。

（一）条约的修正

条约的修正是重新缔结条约的部分规定，应当适用原条约的缔结程序。按照"两公约"第 39 条和第 40 条，"条约得以当事方之协议修正之"，修正的规则主要是：(1) 修正多边公约的任何提议，必须通知全体缔约方，各缔约方均应有权参加条约修正的谈判。(2) 凡有权成为条约当事方之国家或国际组织亦应有权成为修正后条约的当事方。(3) 未参加修正协定的原条约当事方不受修正协定的拘束。(4) 修正条约之协定生效后成为条约当事方之国家或国际组织，若无相反表示，应视为修正后的条约的当事方，并就其对不受修正条约协定拘束的条约当事方的关系而言，应视为未修正条约的当事方。

如果条约规定了修正事项的，适用各该条约的关于修正的规定。例如《联合国宪章》第 108 条规定："本宪章之修正案经大会会员国三分之二表决并由联合国会员国之三分之二，包括安全理事会全体常任理事国，各依其宪法程序批准后，对于联合国所有会员国发生效力。"

（二）条约的修改

如果是部分条约当事方修订条约，则原有规定在其他当事国之间仍然适用。根据"两公约"第 41 条的规定，有以下几种情形之一时，多边条约的两个或多个当事方彼此间可缔结协定修改条约：(1) 该条约规定有作这种修改的可能；(2) 该条约不禁止作这种修改，且这种修改不影响其他当事方享有该条约规定的权利或履行其义务，也不涉及任何如予减损即与有效执行整个条约的目的和宗旨不相容的规定。如果若干国家或国际组织彼此间按上述原则对条约进行了修改，应将修改的内容通知其他当事方。这里既规定了实质性的限制，即不得影响其他当事方依条约享有的权利，也不得影响条约的目的和宗旨，也规定了程序性的限制，即必须将缔结修改协定的意思、准备修改和已作修改的内容，通知其他当事方。

二、条约的无效

条约成立的实质要件包括主体合法、意思表示真实以及内容不违反一般国际法强制规范三个要件。而条约的无效（invalidity of treaty），是指条约因不符合国际法所规定的条约成立的实质要件而自始或自撤销同意时无法律效力。条约是否无效，不能由缔约国单方面随意决定，必须依照国际法来判断。

（一）条约自撤销同意时无效

1. 违反一国国内法或一国际组织的规则关于缔约权限的规定。"两公约"第 46 条规定：(1) 一国不得以其同意受条约拘束的表示违反该国国内法关于缔约权限为理由、一国际组织不得以其同意受条约拘束的表示违反该组织关于缔约权限的规则为理由而主张其同意无效,但违反情势明显且涉及其具有根本重要性的规则时不在此限。一方面,考虑到缔约行为是国际法上的行为,国内法或国际组织规则关于缔约权的规定在国际法上不应具有影响条约有效性的效力;另一方面,在例外情形下,如果属于明显地违反具有根本重要性的规定的情况,可以考虑国内宪法或国际组织规则,允许作为撤销同意的理由援引。(2)违反情势如对按照国家和在适当情况下国际组织的通常惯例善意地对待此事的任何国家或任何国际组织来说属客观明显时,即为明显。但从现代的缔约实践看,在现代国际和国内的法治环境中,不大可能出现"明显"违反缔约方国内法或国际组织规则的情况,更不可能出现明显违背"具有根本重要性"的规则。所以,虽然"两公约"表面上承认违反缔约方的内部规则可以作为条约无效的理由,但实际上是几乎不可能被援引的。

国际法主体在缔结条约时没有义务了解其他国家或组织的国内法或内部法关于缔约权的规定。在"东格陵兰案"中,关于挪威外交部长的口头答复的效力,挪威政府认为,它的外长无权以这种表示拘束其本国,因为国际法只对属于外交部长宪法权限内的那些行为赋予法律效力。常设国际法院在判决中则认为,这种性质的答复,即外交部长代表其本国政府就属于其职权范围内对一个外国的外交代表提出的请求的答复,对其本国具有拘束力。

2. 违反关于表示一国或一国际组织同意的权力的特定限制。如果一国谈判代表的授权是有限的,比如,对于一项以签署方式表示同意受拘束的条约,全权证书明文表示该代表的权限为作"待核准之签署",该代表签署时并未特别注明"待核准"字样,其他国家的代表也未能以其他方式得知这一特别限制,该国是否可以据此宣布该代表的签署行为无效呢?对此,"两公约"第47条作如下规定:如代表表示一国或一国际组织同意受某一条约拘束的权力受特定限制,除非在其表示同意前已将此项限制通知各谈判国和谈判组织,该国或该国际组织不得援引该代表未遵守该项限制的事实,以撤销其承受条约拘束之同意。

3. 错误。"两公约"第48条规定:(1)一国或一国际组织可援引一项条约内的错误,以主张其受该条约拘束的同意无效,但以此项错误涉及该国或该国际组织在缔结该条约时假定存在且构成其同意受该条约拘束的必要基础的事实或情况为限。(2)如果错误是由该国或该国际组织本身的行动所致,或如当时情况足以使该国或该组织知悉有错误的可能,则不得援引此项理由。(3)只涉及条约约文措辞的错误,不影响该条约的有效性,只需按照适当的更正程序予以更正。①

---

① 这项规定是从"柏威夏寺案"(The Temple of Preah Vihear Case)的判决中引申出来的,参见 *ICJ Reports 1962*, p. 26。

在"柏威夏寺案"中，国际法院拒绝了泰国关于地图存在根本性错误，因此泰国没有义务遵守这样的地图的理由。国际法院认为，"如果提出主张的一方以其自身的行为助成或能够避免一项错误，或者该国有足够的可能知悉该错误，那么，就不能将错误作为使其同意无效的理由而加以主张"①。

4. 诈欺。

5. 贿赂。

条约自撤销同意时无效的原因，涉及缔约各方的利害关系。"两公约"的相关规定力图实现各方利益的平衡。

（二）条约自始无效

1. 强迫。"两公约"第 51 条规定：以行为或威胁对一国或一国际组织的代表施加强迫而取得的该国或该国际组织同意受条约拘束的表示应无任何法律效果。

2. 以武力威胁或使用武力对一国或一国际组织施行强迫。"两公约"第 52 条规定：违反《联合国宪章》所体现的国际法原则，以武力威胁或使用武力而获缔结的条约无效。

在强迫缔约代表或缔约方的情况下，被强迫的缔约代表或缔约方所表达的不是其应代表的国家或国际组织的意愿，而是采取强迫的国家或国际组织的意愿。

中国近现代史上的不平等条约就是列强强迫的结果。在《马关条约》的缔结过程中，日本对中国实施了武力强迫行为，对中国的缔约代表实际上也有强迫行为。

传统国际法对以武力手段强迫国家缔结条约的效力问题没有明确的规则，这是与当时国际法没有禁止战争行为或武力行为相一致的。自 1919 年《国际联盟盟约》限制国家的战争权、1928 年《巴黎非战公约》（《白里安—凯洛哥公约》）禁止以战争为解决国际争端的手段以来，开始出现了明显变化。1945 年《联合国宪章》禁止使用或威胁使用武力，与现代国际法不承认以武力手段缔结的条约的国际法效力是一致的。

3. 与一般国际法强制规范（强行法）相抵触的条约。条约在缔结时与现行的一般国际法强制规范抵触者无效。

上述条约绝对无效的原因关系整个国际社会的整体的、重大的利益。

三、条约的终止及暂停施行

（一）条约的终止

条约的终止（termination），是指条约生效以后，由于国际法所承认的原因的

---

① *ICJ Reports 1962*, pp. 6, 26.

出现，条约所规定的权利和义务不再拘束原有的当事方。条约终止的后果是指当事方因条约不再有效而终止其依条约所享有的国际法上的权利或应承担的国际法上的义务。

根据"两公约"的规定和国际实践，条约的终止一般包括如下情况：

1. 依照条约规定终止或全体当事方同意终止或当事方退出条约。"两公约"第54条规定，有下列情形之一时，一项条约可以终止或由一当事方退出：（1）依照条约的规定。例如，有期限的条约，若期限届满，又无续约行为，条约便自然终止；如果条约明确规定了解除条件，在该条件成立时，条约即告终止。《马拉喀什建立世界贸易组织协定》第15条规定："任何成员均可退出本协定。此退出适用于本协定和多边贸易协定，并在WTO总干事收到书面退出通知之日起6个月期满后生效。"多边条约在出现当事国退出的情况下，条约对退出国终止，但条约的效力并不终止，除非退出导致条约当事国不足条约生效所需的数目。（2）不论何时，经同各缔约国和缔约组织磋商后全体当事方表示同意。条约是各当事方共同缔结或经共同同意而生效的，当然也可以在生效后由当事方共同同意而终止。这是条约法上的自由同意原则的体现。例如1946年4月，国际联盟第21届大会宣布《国际联盟盟约》终止，国际联盟正式解散。

2. 依照当事方的原意或条约的性质默示的权利解除或退出条约。依照"两公约"第56条，如果条约未载有终止的规定，亦未对解除或退出作出规定，不得解除或退出，除非经证实当事方原意容许或条约的性质默示有解除或退出的权利。联合国人权事务委员会1997年第26号一般性意见认为，《公民权利和政治权利国际公约》没有关于终止、解除和退出的规定，属于缔约方缔约时没有容许终止、解除或退出的意图，并且除当事国之间的指控机制和个人申诉机制外，该条约从性质上讲不是默示或隐含终止、解除或退出权利的条约。

3. 依照条约规定于多边条约的当事国减少至条约生效所必需的数目以下时终止条约。

4. 条约因缔结后订条约而终止，也即新条约代替了旧条约。

5. 条约因重大违约而终止。"两公约"第60条规定：（1）双边条约当事方一方有重大违约情势时，他方有权援引违约为理由终止该条约。（2）多边条约当事方之一有重大违约情势时，其他当事方有权采取包括终止条约在内的相应的措施。根据《中华人民共和国对外贸易法》第47条，其他缔约方违反条约规定，使中国相关利益丧失或者受损的，中国有权要求有关缔约方采取适当的补救措施，并可以根据有关条约的规定中止或者终止履行相关义务。

6. 因实施条约所必不可少之标的物永久消失或毁坏等意外情况以致不可能履行。

7. 情况的基本改变。情况的基本改变（fundamental change of circum stances），旧称情势变迁（rebus sic stantibus），是指当事方以缔约时存在的基本情况为依据作出承受条约拘束之同意，如果这种情况发生缔约时预料不到的基本改变，条约当事方有权单方终止条约。如果在情况发生基本改变的情况下仍然要求履行过时的条约义务，是不公平的。不过，情势变迁原则屡屡被帝国主义强国滥用，作为它们撕毁条约的遮羞布。因此，"两公约"不仅没有使用"情势变迁"这一传统的术语，而且规定了严格的限制条件。根据"两公约"第62条第1款，条约缔结时存在之情况发生基本改变而非当事方所预料者，不得援引为终止、退出条约之理由，除非：此等情况之存在构成当事方同意承受条约拘束之必要根据而且该项改变之影响将根本变动依条约尚待履行之义务之范围。上述否定性的和有条件的表述说明，条约关系的稳定性要求只能在例外的情况下适用情势变迁原则。据此，可以作为终止条约的理由的并不是缔约后的情况的任何改变，而必须是：缔约时无法合理预见的改变；基本的改变；因改变而不存在的情况是缔约时同意受条约拘束的必要根据，并且新情况将根本改变依条约尚待履行义务的范围。在"加布奇科沃—大毛罗斯案"中，国际法院认为，匈牙利所主张的情势变迁无论单独地还是整体地看，都不具有这样的性质，即不是它们的影响将根本改变为完成该工程尚待履行义务的范围。① 此外，该条第2款还规定了适用该原则的两个例外：一是不得援引它作为终止或退出边界条约的理由；二是如果因为当事方自己违反条约义务而引起情况改变的，该方不得援引其终止或退出条约。

鸦片战争以后，帝国主义列强以中国的法律制度民刑不分、野蛮落后为由迫使清政府缔结了一系列含有领事裁判权条款的不平等条约。从20世纪初开始，中国大规模地持续地进行法律改革，仿效欧美建立了基本完备的法律制度。1926年，中国政府曾尝试以情势变迁为由，要求终止1865年中国与比利时缔结的含有领事裁判权条款的条约。

8. 断绝外交或领事关系。

9. 爆发战争或武装冲突。

10. 新的一般国际法强制规范的产生。"两公约"第64条规定：遇有新的一般国际法强制规范产生时，与该项规范抵触之任何现行条约成为无效而终止。这说明国际强行法规范无溯及力，新产生的强行法规范只能使与其冲突的现行条约终止，不能使与其冲突的现行条约自始无效。

（二）条约的暂停施行

条约的暂停施行（suspension of the operation of a treaty），又称条约的中止

---

① *ICJ Reports 1997*, p. 65.

（suspension of treaty），指全体或部分当事方在一定期间内暂停施行条约的一部或全部，在停止施行期间中止条约的效力。它与条约的终止是两个不同的概念。条约的终止是从终止之日起终止条约的效力，解除当事方履行条约的义务；而条约的暂停施行只是在暂停施行期间解除当事方履行条约的义务，嗣后必要时，可依一定程序恢复条约的施行，但也可能导致条约效力的终止。

"两公约"第57条规定，根据条约规定或经全体当事方同意，一项条约可对全体当事方或某一特定当事方中止施行。

多边条约仅经部分当事国协议而暂停施行的情形，根据"两公约"第58条的规定，应当符合以下条件：（1）该项条约内规定有此种暂停施行之可能或有关之暂停施行非为条约所禁止；（2）不影响其他当事方享有条约上之权利或履行其义务；（3）与条约之目的及宗旨不相冲突；（4）有关当事方应将其暂停施行的协议通知其他当事方。

思考题：

1. 如何理解条约的特征？
2. 如何评价和完善条约保留制度？
3. 谈谈你对不平等条约的认识。
4. 如何理解条约必须遵守原则与情势变迁原则的关系？
5. 条约无效与条约终止的原因和效果有何不同？

▶ 自测习题及参考答案

第十四章 外交与领事关系法

第一节 概 述

外交与领事关系法是适用于外交关系和领事关系的国际法原则、规则和制度的总称。外交关系法和领事关系法是国际法中两个具有密切联系而又有一定区别的部门法。在传统的国际法中，外交与领事关系法主要是以习惯国际法的形式表现出来的。20世纪60年代以来，国际上编纂和缔结了一系列有关外交与领事关系的条约和公约。1961年《维也纳外交关系公约》和1963年《维也纳领事关系公约》是有关外交与领事关系法的两个最重要的国际法律文件。

一、外交与外交关系

在当代国际法上，外交主要是指国家通过其外交机关和授权代表与其他国家和政府间国际组织所进行的职业化对外交往行为。国家进行对外交往的方法和手段通常包括在对方国家设立使馆，派遣或接受代表团或特别使团，领导人出访，参加国际组织的活动和政府间国际会议，用通信、谈判和缔结条约等方法与其他国家或国际组织进行交涉和处理其相互关系等。国际法意义上的外交是国家为了实现其对外政策，调整和处理与其他国家和国际组织之间关系的一种主权或官方行为，一般不包括非国家主体之间或政府外交部门与其他非国家主体之间的"民间外交"或"公共外交"的内容。

相应地，国际法上的外交关系一般可定义为国家通过其外交机关和授权代表与其他国家和政府间国际组织以和平方式进行交往所形成的关系。由于国与国之间互设使馆被认为是保持两国之间正常关系的最主要、最有效的方法，因此，狭义上的外交关系往往指国家互相在对方领土内设立常驻使团并通过它们进行交往的关系。但现实的外交关系并不限于常驻外交使团的关系，也包括"临时外交"（ad hoc diplomacy），如基于特定目的派往另一国家或国际组织的特使、特别使团或参加外交会议等。所谓"以和平方式"，是指外交作为一种处理国家间关系的职业化方法是排除了战争和类似战争的方法和手段的。一般情况下，如果国家之间处于战争状态，也就断绝了正常的外交关系。

当代国际法上的外交关系，除了国家与国家之间的双边外交，也有国家与国际组织或国际会议之间所形成的多边外交关系。第二次世界大战结束以来，以联合国和其他政府间国际组织为平台的多边外交形式越来越普遍。这些国际组织同样也有特权与豁免问题。但这些问题往往由有关国际组织的专门公约或组织文件处理，属于国际组织法的范畴。本章主要讨论国家之间的外交关系。外交和外交关系在很大程度上属于国家对外政策和国际政治的范畴，但是与外交活动有关的一些事项，如外交关系的建立、外交特权与豁免、使馆及其人员对接受国的义务等，则属于国际法特别是外交关系法的调整范围。

二、外交关系法的编纂与发展

外交关系法或称外交法（diplomatic law），是指适用于外交关系领域的国际法原则、规则和制度的总称。内容主要包括：代表国家进行活动的中央外交代表机关和官员的地位，国与国之间外交关系的建立，常设外交代表机构和临时性外交代表机构的设立和人员的派遣，外交代表的等级和优先位次，外交特权与豁免，外交代表机关及其人员对接受国的义务，等等。

外交关系法是国际法最古老的部门之一。传统外交法的渊源主要是国际习惯，只有极少几个专门性和地区性国际条约，如1815年有关外交使节等级和位次的《维也纳规章》和1928年的《哈瓦那外交官公约》。"二战"后，外交法的编纂取得了显著进展。在联合国的主导下，一系列适用于外交关系领域的国际条约相继签订和生效，这些条约包括1961年《维也纳外交关系公约》、1969年《特别使团公约》、1973年《关于防止和惩处侵害应受国际保护人员包括外交代表的罪行的公约》和1975年《维也纳关于国家在其对国际组织关系上的代表权公约》。

1961年《维也纳外交关系公约》于1964年4月24日生效，是适用于国家之间外交关系的最主要的条约法渊源。该公约共计53条，分别对国家之间外交关系的建立、使馆的职务、使馆馆长的派遣和接受、使馆馆长的等级、使馆和外交代表的特权与豁免、享有外交特权与豁免权的人员对接受国的义务等问题予以明确规定。① 截至2018年4月，该公约共有191个缔约国。中国于1975年11月25日加入该公约，但对该公约第14条、第16条有关教廷公使和教廷代表的有关内容持有保留。

第二节 外交关系机关与外交人员

一国有权与他国和其他国际法主体进行外交活动的各种机关，都属于国家的外交关系机关。国家的外交关系机关可分为国内的机关和国外的机关。前者是位

---

① 《维也纳外交关系公约》在序言中重申，凡未经本公约明文规定之问题应继续适用国际习惯法的规则。

于国内的中央外交机关，后者是驻外的外交代表机关。

一、国内外交机关

国家的国内外交机关一般包括国家元首、政府和外交部门。这些机关根据本国宪法和法律，在对外关系方面有各自的职权范围，在国际法上都可代表本国进行外交活动。

（一）国家元首

国家元首是国家在对外关系上的最高代表。国家元首可以是个人，也可以是集体。在对外关系上，凡是以国家元首名义作出的决定或行为就被认为是代表其国家的决定或行为。关于国家元首在对外关系上的具体职权及其行使方式或条件，各国宪法规定与实践不尽相同。一般而言，国家元首在对外关系方面的职权主要包括：派遣和接受外交代表，批准和废除条约，出国访问或参加国际会议，宣战与媾和。有的国家元首，也可以同外国进行谈判和签订条约。根据国际法，一国元首进行外交活动无须出具全权证书，在国外时享有全部外交特权与豁免。

中国的国家元首是中华人民共和国主席。根据我国《宪法》，中国国家主席的有关外交职权包括：代表中华人民共和国，进行国事活动，接受外国使节；根据全国人民代表大会常务委员会的决定，派遣和召回驻外全权代表，批准和废除同外国缔结的条约和重要协定；根据全国人民代表大会的决定和全国人民代表大会常务委员会的决定，宣布战争状态。

（二）政府

作为国家最高行政机关的中央政府或联邦政府，一般也是国家对外关系的管理和执行机关。政府首脑统一领导政府工作。各国政府的名称并不一致，有的称为内阁，有的称为部长会议或国务院。政府首脑也相应地称为内阁首相、部长会议主席或国务院总理。

政府和政府首脑在对外关系方面的职权主要包括：领导外交工作，管理对外事务；签发外交代表的全权证书，任免外交人员；同外国政府进行谈判，签订条约；参加国际会议，同外国首脑发表共同宣言；等等。政府首脑进行外交活动时无须出示全权证书，在国外享有全部外交特权与豁免。

中国国务院是中华人民共和国的中央人民政府。根据我国《宪法》和有关法律规定，国务院在对外关系方面的职权主要包括：统一领导各部和各委员会的工作，包括外交部的工作；管理对外事务，同外国缔结条约和协定，核准某些协定和议定书；保护华侨和其他海外中国公民的正当权利和利益，保护国家的海外利益不受威胁和侵害；国务院总理签发某些谈判和会议代表的全权证书和任免一定等级的外交人员；国务委员受总理委托可以代表国务院进行外事活动。

(三) 外交部门

各国政府中都设有一个主管外交事务的专门机关或部门,通称外交部。也有些国家使用不同的名称,如美国称为国务院,英国称为外交与英联邦事务部,等等。

外交部门在对外关系方面的职权主要包括:负责执行国家关于外交政策的决定;领导和监督驻外代表机关及其人员的工作和活动;与外国使馆、国际组织使团、特别使团保持联系和进行谈判;负责本国政府和政府各部门同外国政府及其各部门的联系。

外交部门的首长一般称为外交部长,但也有一些别的称谓,如美国的国务卿、英国的外交与英联邦事务大臣等。外交部长的职权主要包括:全面领导外交部贯彻国家对外政策和处理日常外交工作;同外国政府谈判、签订条约;参加国际会议和国际组织的活动等。在国际法上,外交部长也有代表其国家或政府的特殊地位,进行外交活动时无须出具全权证书并享有全部外交特权与豁免。

二、外交代表机关

(一) 临时外交与使馆制度的产生

临时外交是古代外交关系的基本形式。据历史记载,古希腊城市国家之间很早就相互派遣临时性使节或特别使团。古罗马也积极参与建立这种关系,并以礼仪对待和尊重外国使节。古代中国也与一些邻近国家如日本、印度和伊朗等国有使节往来,有时还是相当频繁的。

随着生产力和国际关系的发展,在15世纪的欧洲出现了作为常设外交代表机关的使馆,并逐渐形成为各国普遍接受的制度。中国在19世纪中叶开始接受欧美国家的常设外交代表机关。1858年不平等的中英《天津条约》规定英国所派使节得住北京,并在通商各口设领事官。1861—1862年,英、法、美、俄等国公使相继入京设馆。1877年,中国在伦敦设立公使馆。此后,中国相继在其他国家派驻常设外交代表机关。

(二) 外交关系和使馆的建立

国家之间建立外交关系和互派常驻使节必须经过双方的同意,这是一项公认的国际法原则。1961年《维也纳外交关系公约》以条约法的形式确认了这一原则。该公约第2条规定:"国与国间外交关系及常设使馆之建立,以协议为之。"这种协议,可以采用有关双方交换照会的方式,也可采用发表联合声明或缔结条约的方式。两国之间维持外交关系的最有效方式是一国在另一国领土建立常驻使团,但并不排除两国同意以其他方式进行外交往来,如通过其在第三国的使团维持外交关系。

国际法理论上有所谓使节权（right of legation）的概念，即国家有派遣和接受外交代表的权利。但是国家的这种权利并不是绝对的，原则上必须得到有关国家的同意才能行使。一个国家同哪些国家、按照什么条件建立外交关系和互设使馆，属于该国主权范围内自由决定的事项。在建立外交关系和互设使馆之后，一国在认为必要时可以单方面决定暂时或长期撤回驻另一国的使馆，中止或断绝同另一国的外交关系。为了维护国家主权和领土完整，中国坚持以承认中华人民共和国政府为中国唯一合法政府、台湾是中国领土不可分割的部分为条件，同外国谈判建立外交关系和互设使馆。

（三）使馆的职务

根据《维也纳外交关系公约》的规定，使馆主要有五项职务：（1）在接受国中代表派遣国；（2）于国际法许可之限度内，在接受国中保护派遣国及其国民的利益；（3）与接受国办理交涉；（4）以一切合法手段调查接受国之状况及发展情形，并向派遣国政府报告；（5）促进派遣国与接受国间之友好关系，及发展两国经济、文化与科学关系。

以上五项职务是使馆的主要职务，此外，使馆还可以担负国际法许可和接受国同意的其他职务，例如执行领事职务，受托保护第三国及其国民在接受国的利益等。

（四）使馆人员

根据《维也纳外交关系公约》第1条的规定，使馆人员由使馆馆长和使馆职员组成。使馆职员包括外交职员、行政及技术职员和事务职员几个类别。

1. 外交职员，指具有外交官职位的使馆人员，包括使馆馆长和其他外交人员，如公使、参赞，一、二、三等秘书，陆、海、空武官，随员等。使馆馆长和其他外交职员统称为"外交代表"。

2. 行政及技术职员，指承办使馆行政及技术事务的使馆职员，如译员、打字员、会计、无线电技术员等。

3. 事务职员，指为使馆服务的使馆职员，如司机、厨师、传递员、保洁员等。

此外，该公约有关条款中还列有使馆职员雇佣的"私人仆役"和"构成同一户口之家属"两类人员。这两类人员享有一定的特权与豁免，但他们不属于使馆职员。

（五）使馆馆长的等级和优先地位

关于使馆馆长的等级和位次，早在1815年《维也纳外交代表等级规章》中就有了较明确的规定。1961年《维也纳外交关系公约》的有关条款基本沿用了《维也纳外交代表等级规章》的规定，将使馆馆长分为三级：（1）向国家元首派遣的大使或教廷大使，及其他同等级位之使馆馆长；（2）向国家元首派遣的使节、公使及教廷公使；（3）向外交部长派遣的代办。以大使、公使或代办为馆长的驻外代表机构，相应地称为大使馆、公使馆或代办处。应当注意，代办与临时代办不同。代办是一级馆长，临时代办则是在馆长缺位或不能执行职务时被委派暂代使馆馆长，主持使馆日常行政事务的外交人员。

《维也纳外交关系公约》第14条第2款还规定，除关于优先位次及礼仪事项外，各使馆馆长不应因其所属等级而有任何差别。该规定主要是为了强调不同等级馆长在法律上的平等地位。至于同级使馆馆长的优先位次问题，公约规定应按照使馆馆长开始执行职务的日期及时间先后确定。公约没有关于馆长以下其他外交职员等级和位次的具体规定，一般的实践是由派遣国确定其等级，如公使、公使衔参赞、参赞、各等秘书、随员等，并根据其到达日期确定其优先地位。公约第17条要求使馆馆长应将使馆外交职员的优先顺序通知外交部或另经商定的其他部门。

国家之间互派什么等级的使馆馆长，应由有关国家商定。历史上曾经只有大国才能互派大使，而小国只能派遣和接受公使。第二次世界大战后，特别是《维也纳外交关系公约》签订以来，委派大使级馆长的做法越来越普遍。现在基本上所有国家，不论大小，都委派大使。国与国之间互派代办是很少见的，往往是在两国关系出现某些问题时才这样做。例如，1972年以前，中国与英国、荷兰之间仅互派代办，就是因为这两国与台湾地区保持领事关系并阻挠恢复中国在联合国的合法席位。在英、荷两国政府改变态度后，中国才与这两个国家分别达成协议，互相把派驻对方的代办升格为大使。1981年，鉴于荷兰政府批准向台湾地区出售海军潜艇的决定违反了1972年中荷两国使馆升格公报的原则，经中华人民共和国政府要求并经过谈判决定，中荷两国的大使馆降为代办处。后来，荷兰政府拒绝台湾地区再次提出的出售潜艇的要求后，中荷两国于1984年又恢复到大使级关系。

（六）使馆人员的委派与接受

使馆人员原则上是由派遣国自由委派的。但是由于使馆人员，特别是使馆馆长的人选，对于派遣国与接受国之间的关系有重要的影响，因此使馆人员也应当是接受国能够接受的。一般认为，国家有权拒绝接受某一特定的人为外交代表，而且不必说明拒绝的理由。《维也纳外交关系公约》在有关国家实践和国际习惯法基础上作了明文规定。

1. 使馆馆长和陆、海、空武官的委派。《维也纳外交关系公约》第4条规定："一、派遣国对于拟派驻接受国之使馆馆长人选务须查明其确已获得接受国之同意。二、接受国无须向派遣国说明不予同意之理由。"上述规定表明派遣国对于使馆馆长人选必须事先征求接受国的意见，在接受国明确表示同意接受后，派遣国才正式任命派遣。接受国有权拒绝派遣国提出的人选，而且无须说明拒绝同意的理由。关于陆、海、空武官的委派，公约第7条则规定接受国可以要求派遣国先行提名，以决定是否同意接受。

2. 其他使馆职员的委派。除使馆馆长和陆、海、空武官以外的其他使馆职员，派遣国原则上可以自由委派，无须事先征得接受国同意。但公约第8条规定，委派具有接受国国籍的人为使馆外交职员的，应征得接受国的同意。此外，公约还允许接受国根据本国实际情况和特定使馆的需要，要求使馆构成人数不超过合理与正常的限度。

3. 不受欢迎和不能接受的人员。为了保障接受国的利益和防止外交特权与豁免的滥用，《维也纳外交关系公约》规定了有关宣告使馆外交人员为不受欢迎的人和使馆其他人员为不能接受的人的制度。公约第9条明确规定，接受国得随时不具解释地通知派遣国宣告使馆馆长或任何外交职员为不受欢迎人员或使馆任何其他人员为不能接受。遇此情形，派遣国应斟酌情况召回该人员或终止其在使馆中的职务。任何人员得于其到达接受国国境前，被宣告为不受欢迎或不能接受。如果派遣国拒绝或不在相当期间内履行其有关义务，接受国可以拒绝承认该人员为使馆人员。

4. 递交国书。作为使馆馆长的外交代表到达接受国后，应立即与接受国外交部联系并商定递交国书（或委任书）事宜。一般而言，国书是派遣国国家元首向接受国国家元首发出的用以证明大使或公使身份的正式文件。国书由国家元首签署，外交部长副署，由大使或公使向接受国元首递交。如果两国只互派代办一级的馆长，国书则由外交部长向对方外交部长签发，由代办向接受国外交部长递交。公约规定，使馆馆长在呈递国书后，或在向接受国外交部或另经商定之其他部通知到达并将所奉国书正式副本送交后，即视为已在接受国内开始执行职务。

三、特别使团

（一）概说

特别使团是指一国经另一国同意，为了就特别问题同该另一国进行交涉，或为了执行同该另一国有关的特别任务，而派往该国的、代表其本国的临时使团。作为一种临时外交形式，特别使团的出现远较常驻外交使团为早。但在相当一段时间内，关于特别使团的法律地位并没有形成一套明确的国际法规则，往往由有关国家协议或一般国际实践决定。

第二次世界大战以后，由于国际关系不断发展的需要，特别使团的作用也越来越重要了。联合国大会于1969年12月8日通过了《联合国特别使团公约》。这个公约是对有关习惯法规则的编纂，已于1985年6月21日生效。特别使团和常设外交使团都是外交代表机构，但前者是临时性的，后者是常驻的，二者的地位和行为规则也有所差异。

（二）特别使团的派遣和组成

根据《联合国特别使团公约》的规定，一国在事先通过外交途径或者其他双方同意或共同接受的途径取得另一国同意后，可以向另一国派遣特别使团。特别使团的派遣和接受不以双方存在外交关系或领事关系为必要前提。

特别使团应由派遣国的一名或几名代表组成，派遣国可以从其中指定一人为团长。特别使团也可以包括外交人员、行政和技术人员以及服务人员。派遣国在向接受国提供了关于特别使团的规模和组成，特别是它准备任命的人员的姓名和职务等一切必要的情况后，原则上可以自由任命特别使团的成员。但接受国可以不说明理由而拒绝接受任何一人为特别使团成员。

（三）特别使团的职务

特别使团的职务应由双方同意而予以决定。关于开始执行职务，公约规定，特别使团一经同接受国的外交部或者经商定的其他机构进行正式接触，即开始执行职务，而不取决于派遣国常设外交使团的介绍或者提交信任状或全权证书。特别使团团长，或者在派遣国未任命使团团长时，由派遣国指定的一名代表，有权代表特别使团行事，并向接受国递送文件。接受国应将关于特别使团的文件直接或通过常设外交使团递送给特别使团团长，或者在没有团长时递送给上述代表。

《联合国特别使团公约》还规定，派遣国委托特别使团同接受国办理的一切公务，应同接受国的外交部或通过外交部，或者同可能商定的接受国其他机构进行。

四、外交团

外交团是外交惯例上的一个概念，它包括驻在一国首都的所有使馆馆长和这些使馆的所有外交职员。在现代的实践中，几乎所有国家的外交部都会编制一个外交官名册并不时予以公布，有的名册中也包括国际组织常驻代表团的外交职员及其家庭成员。

外交团团长一般由驻在一国的使馆馆长中等级最高、开始执行职务最早的担任。此外，在一些天主教国家，教廷大使按这些国家的传统往往任外交团团长。这在《维也纳外交关系公约》第16条中有所反映。中国政府在加入该公约时声明对该条持有保留。

外交团的作用主要是礼仪性的，例如，外交团团长代表外交团在接受国的庆典或宴会上致辞。此外，外交团团长可以应东道国政府的请求向外交团成员通知一些事情或传达一些意见，也可以向接受国政府转达外交团成员在一些日常事务方面的请求。由于接受国在这方面的惯例并不一致，《维也纳外交关系公约》并没有就此予以规定。一般而言，外交团不是实体外交代表机关，不具有任何法律职能。其活动不得违反接受国的法律和干涉接受国内政。历史上，外交团干涉中国内政和逼迫中国政府接受横蛮要求的事例，都是不符合国际法的恶劣行为。

五、外交代表职务的终止

根据《维也纳外交关系公约》和《联合国特别使团公约》的规定以及相关国际实践，外交代表的职务一般可因下述情况而终止：

1. 任期届满。使馆人员和为特别使团指定的任职期限届满，其职务即告终止，除非明确予以延期。

2. 本国召回。外交代表由于调职、辞职和其他原因被派遣国召回，其职务即终止。

3. 接受国要求召回。外交代表因某种原因被接受国宣布为不受欢迎或不能接受人员，其职务即终止。

4. 派遣国与接受国断绝外交关系。两国一旦断交，其直接后果之一就是各自关闭使馆，使馆人员职务即终止。但就特别使团而言，派遣国和接受国之间外交关系或领事关系的断绝，其本身不应造成在断交时存在的特别使团的结束。

5. 发生革命产生新政府。无论派遣国或接受国发生革命导致政权变更，新政府一般会决定是否与其他国家继续维持外交关系。例如，1949年10月1日中华人民共和国成立后，所有原来驻华使馆人员的职务即终止。

6. 与有关国家达成协议。由于国家之间的外交关系包括特别使团的派遣都是在双方同意或共同接受的基础上进行的，因此外交代表的职务同样也可以由有关国家间的协议终止。

第三节　外交特权与豁免

一、外交特权与豁免的根据

外交特权与豁免，是外交代表机关及其人员根据国际法或有关协议在接受国所享有的特别权利和优惠待遇的总称。外交代表所享有的豁免其实也是一种特权。为了使外交代表机关及其人员有效地执行职务，各国通常根据互惠原则相互给予对方外交代表机构及其人员一定的特别权利和优惠待遇。在各国实践的基础上，逐渐形成了有关外交特权与豁免的国际法原则、规则和制度。

关于外交特权与豁免的理论根据，国际法学界主要有以下三种学说：

1. 治外法权说。该学说认为，使馆虽然处于接受国领土上，但在法律上应被拟制为派遣国的领土，使馆应视为派遣国领土的域外延伸。因此，使馆人员应不受接受国管辖。这是一种传统的国际法学说,它既不以事实为根据,也不符合各国在外交特权与豁免方面的实践,现已被摒弃。

2. 代表性说。该学说认为,外交代表机关及其人员之所以在接受国享有特权与豁免,是因为他们代表派遣国,是派遣国国家或国家元首的代表。根据主权平等国家之间无管辖权的原则,接受国不应对派遣国的代表行使管辖权。

3. 职务需要说。这种学说认为,外交特权与豁免是维持国家间正常关系所必不可少的。外交代表机关及其人员只有在享有外交特权与豁免的情况下,才能不受驻在国的干扰和压力,自由地代表本国执行职务。因此,外交特权与豁免的根据在于外交代表机关及其人员在接受国执行职务时有此需要。

1961年《维也纳外交关系公约》以条约的形式肯定了职务需要说和代表性说。该公约序言指出:"确认此等特权与豁免之目的不在于给予个人以利益,而在于确保代表国家之使馆能有效执行职务。"1969年《联合国特别使团公约》的序言中也有类似规定。

二、使馆的特权与豁免

(一)使馆馆舍不得侵犯

使馆馆舍是指供使馆使用及供使馆馆长寓邸使用之建筑物或建筑物之各部分,以及其所附属之土地。根据《维也纳条约法公约》第22条的规定,使馆馆舍不得侵犯的内容包括:

1. 接受国官吏非经使馆馆长许可,不得进入使馆馆舍。

2. 接受国负有特殊责任,采取一切适当步骤保护使馆馆舍免受侵入或损害,并防止一切扰乱使馆安宁或有损使馆尊严之情势。

3. 使馆馆舍及设备以及馆舍内其他财产与使馆交通工具免受搜查、征用、扣押和强制执行。

(二)使馆档案及文件不得侵犯

《维也纳外交关系公约》第24条规定,使馆档案及文件,不论位于何处,均属不得侵犯。

(三)通信自由

根据《维也纳外交关系公约》第27条的规定,有关使馆通信自由的内容包括:

1. 接受国应允许使馆为一切公务目的自由通信,并予保护。使馆与派遣国政府及无论何处之该国其他使馆及领事馆通信时,得采用一切适当办法,包括外交信使及明密码电信在内。但使馆非经接受国同意,不得装置并使用无线电发报机。

2. 使馆来往公文不得侵犯。来往公文指有关使馆及其职务之一切来往公文。

3. 外交邮袋不得予以开拆或扣留。

4. 外交信使享有人身不得侵犯权，不受任何方式之逮捕或拘禁。

（四）免纳捐税、关税

根据《维也纳外交关系公约》的有关规定，使馆所有租赁之馆舍，概免缴纳国家、区域或地方性捐税，但其为对供给特定服务应纳之费用，例如清除垃圾费，不在免除之列。使馆办理公务所收的规费和手续费免征一切捐税。接受国应依本国制定的法律规章，准许使馆公务用品入境并免除一切关税。

（五）使用国旗、国徽

《维也纳外交关系公约》第 20 条规定，使馆及其馆长有权在使馆馆舍，及在使馆馆长寓邸与交通工具上使用派遣国国旗或国徽。

三、使馆人员的特权与豁免

（一）外交代表的特权与豁免

使馆馆长和其他使馆外交职员都享有全部外交特权与豁免，具体包括以下内容：

1. 人身不可侵犯。《维也纳外交关系公约》第 29 条规定：外交代表人身不得侵犯，外交代表不受任何方式之逮捕或拘禁。接受国对外交代表应特示尊重，并采取一切适当步骤以防止其他人身、自由或尊严受到任何侵犯。

2. 寓所、文书、信件和财产不可侵犯。《维也纳外交关系公约》第 30 条规定，外交代表之私人寓所一如使馆馆舍享有同样之不得侵犯权及保护。① 外交代表之文书及信件同样享有不得侵犯权；其财产除第 31 条第 3 项另有规定外，也是不可侵犯的。

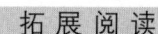

拓展阅读

美国驻德黑兰的外交和领事人员案

3. 管辖豁免。具体内容包括：

（1）刑事管辖豁免。《维也纳外交关系公约》第 31 条规定，外交代表对接受国之刑事管辖享有豁免。这种豁免是没有例外的。但这并不是说外交代表不必尊重接受国的法律，可以犯罪而不负责任。如果外交代表的行为在接受国属于犯罪，有关外交代表的刑事责任问题可以通过外交途径解决，包括由接受国宣布该外交官为不受欢迎的人，以便派遣国加以审判或处罚。国际习惯法允许接受国对使用武力的外交官保留自卫权，但这并不等同于刑事管辖。

（2）民事及行政管辖豁免。根据《维也纳外交关系公约》第 31 条，外交代表对于接受国的民事和行政管辖原则上也均享有豁免，但有以下三种例外："（甲）

---

① 私人寓所是与馆舍相分离的外交人员所住的地方，包括临时寓所，如旅馆房间等。

关于接受国境内私有不动产之物权诉讼，但其代表派遣国为使馆用途置有之不动产不在此列；（乙）关于外交代表以私人身份并不代表派遣国而为遗嘱执行人、遗产管理人、继承人或受赠人之继承事件之诉讼；（丙）关于外交代表于接受国内在公务范围以外所从事之专业或商务活动之诉讼。"此外，外交代表或其他享有管辖豁免的人如主动提起诉讼而被告提起"与主诉直接相关之反诉"时，就不得对这种反诉主张管辖豁免。

（3）管辖豁免与执行豁免的放弃。外交代表的管辖豁免可由派遣国放弃。豁免的放弃必须是明示的，派遣国的放弃决定通常由使馆馆长通知接受国。外交代表仅仅出庭辩护并不构成豁免的放弃。接受国法院只有在得到关于豁免经适当放弃的通知后，才可受理有关诉讼。还应指出，接受国放弃在民事或行政诉讼程序上的管辖豁免，不得视为对判决执行之豁免亦默示放弃，对判决执行豁免的放弃必须另外单独进行。

（4）作证义务的免除。《维也纳外交关系公约》第31条第2项规定，外交代表无以证人身份作证之义务。但这并不等于外交代表一定要拒绝任何与接受国法院或其他机构的合作。一般认为，在某些不涉及其官方职务的场合，外交代表在出于自愿并得到派遣国同意的条件下，也是可以作证的。

（5）免纳捐税。《维也纳外交关系公约》第34条规定，外交代表免纳一切对人和对物课征之国家、区域或地方性关税，但同时也规定了六项例外。这些例外是：通常计入商品和劳务价格内之间接税；对于接受国境内私有不动产课征之捐税；遗产税、遗产取得税或继承税；对在接受国内获得的私人所得以及商业投资课征的捐税；为供给特定服务所收费用；不动产登记费、法院手续费或记录费、抵押税及印花税。

（6）免除关税和免受查验。《维也纳外交关系公约》第36条规定，接受国应依本国制定之法律规章准许外交代表的私人用品入境并免除一切关税。外交代表私人行李免受查验，但有重大理由推定其中装有不在免税之列的物品或接受国法律禁止进出口或有检疫条例加以管制之物品者，接受国可以在外交代表或其授权代理人在场的情况下检查。

（7）其他特权与豁免。根据《维也纳外交关系公约》第33条、第35条的规定，外交代表还免于适用接受国施行的社会保险办法；接受国对外交代表应免除一切个人劳务及所有各种公共服务，并应免除关于征用、军事募捐及屯宿等之军事义务。

（二）使馆其他人员的特权与豁免

根据《维也纳外交关系公约》的规定，使馆其他人员包括外交代表的家属、使馆行政和技术人员和事务职员等，也都享有不同程度的特权与豁免。

1. 外交代表的家属的特权与豁免。《维也纳外交关系公约》第37条规定，与外交代表构成同一户口的家属，如果不是接受国的国民，应享受该公约第29—36条所规定之特权与豁免，即享受与外交代表本人一样的特权与豁免。公约并没有对哪些人是外交代表的"构成同一户口之家属"作具体规定。但各国一般认为，外交代表的配偶和未成年子女属于"构成同一户口之家属"。至于一些可能的其他情况，主要应以接受国的法律规定或实践为准。

2. 行政和技术人员及其家属的特权与豁免。使馆行政与技术人员及与其构成同一户口之家属，如果不是接受国国民或永久居留者，均享有《维也纳外交关系公约》第29—35条所规定的特权与豁免。比较外交代表而言，他们享有的特权与豁免有以下限制：（1）执行职务范围以外的行为不享有民事和行政管辖豁免；（2）免纳关税仅限于最初安家时进口之物品；（3）行李不免受海关的查验。

3. 事务职员与私人服务人员的特权与豁免。根据《维也纳外交关系公约》的规定，使馆的事务职员如果不是接受国国民或永久居留者，就其执行公务之行为享有豁免，其受雇所得酬报免纳捐税，并享有第33条所规定的有关免除适用接受国施行的保险办法之豁免。

使馆人员之私人服务人员如果不是接受国国民或永久居留者，其受雇所得酬报免纳捐税。在其他方面，此等人员仅得在接受国许可范围内享有特权与豁免。但接受国对这些人员所实施的管辖应妥为行使，以免对使馆职务的行使有不当之妨碍。

（三）外交特权与豁免的开始与终止

根据《维也纳外交关系公约》的规定，凡享有外交特权与豁免之人，自其进入接受国国境前往就任之时起享有此项特权与豁免，其已在该国境内者，自其委派通知外交部或另经商定之其他部之时开始享有。

享有特权与豁免人员的职务如已终止，此项特权与豁免通常于该员离境之时或听任其离境之合理期间终了之时停止；而且即使有武装冲突情事，也应继续有效至该时为止。对于以使馆人员资格执行职务的行为，豁免应始终有效。在使馆人员死亡时，其家属应继续享有其所应享的特权与豁免，至听任其离境之合理期间终了之时为止。

（四）使馆人员在第三国的地位

外交实践中，使馆人员包括外交信使有时需要途经第三国国境。根据以往的惯例，使馆人员在第三国的地位一般由有关国家在互惠的基础上作出安排或签订双边条约予以规定。《维也纳外交关系公约》根据各国一般实践对此予以规定。这里的第三国，是指派遣国和接受国以外的其他公约当事方。

该公约第40条规定，遇外交代表前往就任或返回本国，而该国曾发给所需之护照签证时,第三国应给予不得侵犯权及确保其过境或返回所必需之其他豁免。享有外交豁免的家属与外交代表同行时,或单独旅行前往会聚或返回本国时,也享有同样的不可侵犯权和其他豁免。对于行政和技术人员或事务职员及其家属,遇有上述类似情形,第三国不得阻碍其经过该国国境。

四、特别使团及其人员的特权与豁免

为了确保代表国家的特别使团能有效地执行职务,1969 年《联合国特别使团公约》参照《维也纳外交关系公约》对特别使团及其人员享有的特权与豁免予以规定。特别使团及其人员享有的特权与豁免与使馆及其人员享有的特权与豁免大体相同,但在某些问题上,《联合国特别使团公约》作了变动和限制。

(一) 特别使团的便利、特权与豁免

1. 特别使团的房舍不可侵犯。《联合国特别使团公约》规定,接受国照顾到特别使团的性质和任务,应给予特别使团为执行其任务所必需的便利。如果特别使团提出要求,接受国应协助它取得必需的房舍,并为它的成员获得适当住所。依照本公约建立的特别使团的房舍,应属不可侵犯。接受国的办事人员不得进入上述房舍,除非获得特别使团团长的允许。在发生火灾或其他严重危及公众安全的灾难的情况下,并且只有在不可能获得特别使团团长的允许,或者在适当情况下不可能获得常设外交使团团长允许的情况下,才可以认为已经获得这项允许。

2. 特别使团的档案和文件不可侵犯。根据《联合国特别使团公约》第 26 条的规定,特别使团的档案和文件无论在何时何地都不可侵犯。这些档案和文件必要时应带有易于识别的外部标识。

3. 通信自由。特别使团的通信自由主要包括:接受国应准许和保护特别使团为执行一切官方任务的通信自由;特别使团的官方信件不可侵犯;特别使团在可行的情况下应使用派遣国常设外交使团的通信工具,包括邮袋和信使。

4. 免纳捐税、关税。根据《联合国特别使团公约》第 24 条的规定,派遣国和特别使团中代表该团行事的成员,应在符合特别使团任务的性质和期限的范围内,免缴对特别使团所占用房舍的一切全国的、地区的或市政的捐税,但相当于支付特殊服务的费用除外。根据《联合国特别使团公约》第 35 条的规定,接受国在它指定的法律和规章范围之内,应准许供特别使团公务用的物品入境并免除一切关税、征税。

5. 使用国旗、国徽的权利。根据《联合国特别使团公约》第 19 条的规定,特别使团应享有在使团占用的房舍上和它用于公务的交通工具上使用派遣国国旗和国徽的权利。该条规定与《维也纳外交关系公约》第 20 条的规定区别在于,对交通工具限制为"用于公务",而且《联合国特别使团公约》第 19 条还规定,在行

使本条给予的权利时，应尊重接受国法律、规章和惯例。

（二）特别使团中派遣国代表和外交人员的特权与豁免

1. 人身不可侵犯。《联合国特别使团公约》第29条规定，特别使团的派遣国代表和外交人员人身不可侵犯。他们不受任何形式的逮捕和拘留。接受国应以应有的尊重对待他们，并应采取一切适当步骤防止他们的人身、自由或尊严受到任何侵犯。

2. 私人住所不可侵犯。根据《联合国特别使团公约》第30条的规定，特别使团中的派遣国代表和外交人员的私人住所，应享有与特别使团房舍同样的不可侵犯权的保护。他们的文件、信件以及他们的财产，除公约另有规定的情况外，也都享有不可侵犯权。

3. 行动自由。《联合国特别使团公约》第27条规定，在遵守因国家安全的理由而禁止或限制进入某些地区的法律规章条件下，接受国应保证特别使团全部成员在其领土内享有为执行任务所必要的行动和旅行自由。与《维也纳外交关系公约》第26条的相应规定有所不同，该条增加了"为执行任务所必要"的限制。

4. 豁免司法管辖。在管辖豁免方面，《联合国特别使团公约》第31条的规定与《维也纳外交关系公约》第31条的规定大体相同。但在排除民事和行政管辖豁免方面，《联合国特别使团公约》列举了四类诉讼，增列了一类"关于有关人员在公务范围之外由于使用车辆肇事造成损害的诉讼"。

5. 免缴捐税、免除关税和检查。除《联合国特别使团公约》规定的几项例外，特别使团中的派遣国代表和外交人员也免缴各种捐税，免除关税和检查，免除作为证人作证的义务，免除社会保险规定，免除一切个人劳役。在这些方面，《联合国特别使团公约》与《维也纳外交关系公约》相应条款所规定的内容基本相同。

6. 国家元首和高级人员的地位。实际上，不少特别使团的团长或代表是由国家元首或其他高级人员担任的。根据《联合国特别使团公约》第21条的规定，对于率领或参加特别使团的国家元首、政府首脑、外交部长和其他高级人员，在接受国或第三国内，除享有本公约所规定的特权与豁免外，还应享受国际法所赋予的便利、特权与豁免。

（三）其他人员的特权与豁免

1. 派遣国外交代表和外交人员的家属。根据《联合国特别使团公约》第39条的规定，特别使团中派遣国代表和外交人员的家属在伴随上述人员时，如果不是接受国国民或永久居民，应享有该公约第29—35条所规定的特权和豁免。

2. 行政和技术人员及其家属。特别使团的行政和技术人员享有的特权与豁免与外交人员大体相同，但以下几点区别或限制：（1）对接受国民事管辖的豁免，不适用于他们不是在执行职务时采取的行为；（2）他们输入的个人使用的物品免除关税限于最初进入接受国国境时物品;(3)他们也不享受私人行李免受查验的特权。行政和技术人员的伴随家属,如果不是接受国国民或永久居民,享有的特权与豁免与行政和技术人员相同。

3. 服务人员。《联合国特别使团公约》规定,特别使团的服务人员在执行其职务时所采取的行为应豁免接受国的管辖,免缴对他们由受雇所得报酬而征收的捐税,并免除社会保险法规的约束。特别使团的私人服务人员应免缴由受雇所得而征收的捐税。

五、外交代表机关及其人员对接受国的义务

为防止外交特权与豁免的滥用,外交代表机关及其人员在接受国享受外交特权与豁免权的同时,也必须遵守公认的国际法原则和规则,并对接受国承担一定的义务。

(一)使馆及其人员对接受国的义务

根据《维也纳外交关系公约》第41条的规定,使馆及其享受外交特权与豁免的人员对接受国负有以下义务:

1. 尊重接受国的法律和规章。公约规定,在不妨碍外交特权与豁免的情形下,凡享有外交特权与豁免的人员,均负有尊重接受国法律的义务。

2. 不干涉接受国内政。外交代表机构及其人员负有不干涉接受国内政的义务,如不参与有关接受国内政治体制的活动。这也是一项公认的国际法规则。

3. 通过外交部进行公务联系。公约规定,使馆承派遣国之命与接受国洽商公务,概应径与或经由接受国外交部或另经商定之其他部办理。根据以往的惯例,外交部往往是使馆与接受国政府进行联系的唯一渠道。但现代外交实践中使馆更经常地与其他部门进行直接联系,这取决于有关国家间的协商,公约对此也予以确认。

4. 使馆馆舍不得用于与使馆职务不相符合的用途。公约第41条第3款规定:"使馆馆舍不得充作与本公约或一般国际法之其他规则,或派遣国与接受国间有效之特别协定所规定之使馆职务不相符合之用途。"一些拉丁美洲国家之间缔结过有关承认外交庇护的条约,但其仅对这些条约的当事国有效,并不影响一般国际法的规则。一般认为,使馆没有履行本条款义务并不使得公约第22条所规定的使馆馆舍不可侵犯权归于无效,但这种不可侵犯权也没有授权使馆可将其用于与使馆职务不相符合的用途。

5. 不从事专业或商业活动。根据公约第42条的规定,外交代表不应在接受国内为私人利益从事任何专业或商业活动。

(二)特别使团及其人员对接受国的义务

根据《联合国特别使团公约》第47条和第48条的规定,特别使团及其人员

对接受国的义务与使馆及其人员基本相同，主要包括：尊重接受国的法律规章，不干涉接受国内政，不将使团的房舍用于与特别使团任务不相容的用途。此外，特别使团中的派遣国代表和外交人员在接受国内也不得为私人利益从事任何职业性或商业性活动。但关于与之办理公务的接受国机构，公约第 15 条规定，"应同接受国的外交部或通过外交部，或者同可能商定的接受国其他机关进行"。

六、防止和惩处侵害应受国际保护人员

（一）概述

尽管《维也纳外交关系公约》和《联合国特别使团公约》都明确规定了外交代表的人身不可侵犯以及一些相应的特权与豁免，实际上这些公约本身并没有解决对外交人员进行侵害或攻击的问题。自 20 世纪 60 年代早期以来，就不断出现了一些外交代表遭到绑架或谋杀以及恐怖袭击外交人员的情况。与此同时，随着多边外交的发展，一国派往国际组织的代表或国际组织的官员的安全也逐渐成为国际社会所关注的问题。为了维护正常国家间关系和合作，联合国于 1973 年制定了《关于防止和惩处侵害应受国际保护人员包括外交代表的罪行的公约》。该公约共 20 条，比较系统地规定了预防、禁止和惩处应受国际保护人员罪行的国际法制度。该公约于 1977 年 2 月 20 日生效，现有 180 个缔约国。中国于 1985 年加入该公约，加入时对其有关争端解决的第 13 条第 1 款提出了保留。

（二）应受国际保护人员的定义

《关于防止和惩处侵害应受国际保护人员包括外交代表的罪行的公约》第 1 条明确规定，为本公约的目的，"应受国际保护人员"是指：(1) 一国元首、包括依关系国宪法行使国家元首职责的一个集体机构的任何成员或政府首长或外交部长，当他在外国境内时，以及他的随行家属；(2) 在侵害其本人或其办公用馆舍、私人寓所或其交通工具的罪行发生的时间或地点，按照国际法应受特别保护，以免其人身、自由或尊严受到任何攻击的一国任何代表或官员或政府间性质的国际组织的任何官员或其他代理人，以及与其构成同一户口的家属。

（三）侵害应受国际保护人员的罪行及其特征

根据《关于防止和惩处侵害应受国际保护人员包括外交代表的罪行的公约》第 2 条的规定，侵害应受国际保护人员的罪行是指故意：(1) 对应受国际保护人员进行谋杀、绑架或其他侵害其人身或自由的行为；(2) 对应受国际保护人员的公用馆舍、私人寓所或交通工具进行暴力攻击，因而可能危及其人身和自由；(3) 威胁进行任何这类攻击；(4) 企图进行任何这类攻击；(5) 参与任何攻击的从犯。

根据公约的有关规定，侵害应受国际保护人员罪行的特征主要体现为以下几个方面：(1) 犯罪主体是人。公约规定"嫌疑犯"是指有充分证据可以初步断定

为犯有或参与第 2 条所列举的一项或数项罪行的人。因此，排除了国家或其他组织或实体犯有侵害应受国际保护人员罪行的问题。（2）故意行为。根据公约规定，各种侵犯应受国际保护人员的罪行都应属故意犯罪行为。因此，如果行为人主观上不具备侵害应受国际保护人员的故意，并不知晓所侵害对象是一个应受国际保护人员，即使客观上造成应受国际保护人员人身或自由受侵害的事实，也不构成本公约所界定的侵害应受国际保护人员罪。（3）该罪所侵害的对象是应受国际保护人员的人身和自由。根据公约规定，这种侵害包括直接对应受国际保护人员进行谋杀、绑架或其他侵害其人身自由的行为；也包括对应受国际保护人员的公用馆舍、私人寓所或交通工具进行暴力攻击，因而可能危及其人身或自由的行为；还包括威胁进行上述攻击、企图进行上述攻击和参与上述攻击的行为。（4）是一种应纳入国内法予以惩罚的国际犯罪。侵害应受国际保护人员的罪行是国际社会公认的严重国际犯罪，这类犯罪行为不仅危害到应受国际保护人员的安全，也严重威胁到国家间友好关系和合作的维持与发展。根据公约第 2 条规定，每一缔约国应将这些罪行定为其国内法上的犯罪，并应按照这类罪行的严重性予以适当的惩罚。

（四）国家对侵害应受国际保护人员罪行的管辖权

《关于防止和惩处侵害应受国际保护人员包括外交代表的罪行的公约》第 3 条规定了缔约国对侵害应受国际保护人员的管辖权制度。该条第 1 款明确规定，每一缔约国应采取必要措施，以确定其在下列情况下对侵害应受国际保护人员的管辖权：（1）所犯罪行发生在本国领土之内或在本国登记的船只或飞机上时；（2）嫌疑犯是本国国民时；（3）所犯罪行是对因代表本国执行第 1 条所规定的职务而享有应受国际保护人员地位的人员所犯时。

公约第 3 条第 2 款还规定，每一缔约国应同样采取必要措施，于嫌疑犯在本国领土内，而本国不依第 8 条规定将该犯引渡至本条第 1 款所指明的国家时，对这些罪行确定其管辖权。此外，公约并不排除依照国内法行使的刑事管辖权。

一般看来，公约第 3 条第 1 款分别适用了属地管辖、属人管辖和消极属人管辖几种不同的管辖权原则，第 2 款在某种程度上是一种普遍性管辖权。公约规定的普遍管辖是对属地管辖、属人管辖和消极属人管辖原则的补充。在管辖权理论上，一般认为属地管辖和属人管辖是主要管辖权，消极属人管辖和普遍管辖都是次级的管辖权根据。如果在管辖权的实际行使过程中出现冲突，属地管辖和属人管辖往往具有优越地位。尽管这些规定只适用于当事国之间，但公约所规定的管辖权制度整体上是相当严密的。

（五）"或起诉或引渡"原则

《关于防止和惩处侵害应受国际保护人员包括外交代表的罪行的公约》明确规

定了"或起诉或引渡"原则。根据公约第6条的规定，嫌疑犯所在地的缔约国确信情况有此需要时，应采取其国内法所规定的适当措施保证嫌疑犯留在其国内，以便进行起诉或引渡。公约第7条进一步规定，缔约国于嫌疑犯在其领土内时，如不予以引渡，则应毫无例外，并不得不当稽延，将案件交付主管当局，以便依照本国法律规定的程序提起刑事诉讼。

（六）国际合作措施

为了切实达到防止和惩处侵害应受国际保护人员罪行的目的，公约要求各缔约国采取适当和有效的措施，加强国际合作。在预防方面，公约第4条要求各缔约国应特别以下列方式进行合作，以防止侵害应受国际保护人员的罪行：（1）采取一切切实可行的措施，以防止在各该国领土内策划在其领土以内或以外实施这些犯罪；（2）交换情报，并协调为防止这些罪行发生而采取的适当行政或其他措施。

在惩处方面，公约相关条款要求各缔约国应就为公约所列举的罪行提起刑事诉讼彼此提供最大限度的协助，包括供给缔约国所有而为诉讼所必需的一切证据。境内发生公约所列举的任何罪行的缔约国如有理由相信嫌疑犯已逃离其领土，应将有关发生罪行的一切事实及可以获得的一切关于嫌疑犯的情报，直接或经由联合国秘书长送达所有其他有关国家。在各缔约国之间的任何现行引渡条约未将公约所列举的罪行列为应该引渡的罪的范围内，这些罪行应视为属于应该引渡的罪。为便于各缔约国之间进行引渡，每一罪行应视为不但发生于实际犯罪地点，而且发生于依照公约规定必须确定其管辖权的国家的领土内。

第四节　领事关系法

一、领事关系法的编纂

（一）领事关系概说

领事，或领事官员，一般是指一国派驻在他国承办领事职务的人员。领事关系是指国家间根据协议，相互在对方境内派驻领事官员执行领事职务所形成的国家间关系。

领事制度植根于各国人民的日常交往生活，其萌芽在古希腊就出现了。但作为现代国际法意义上的领事制度，主要产生于中世纪后期，是为适应国际贸易的需要而形成的。由于国际贸易的发展，一国在他国的商人为了保护他们在当地的利益，往往从他们之间推选出一人或数人作为领事，代表这些外国商人与地方当局交涉并解决商务纠纷。这种通过本国侨商自选的领事称为"商人领事""选任领事"或"仲裁领事"。中世纪后期，意大利、西班牙、英国和法国等欧洲国家已有不少这类领事。到了 16 世纪，领事逐渐不再从当地侨商中挑选，而改由国家委派，称为"委任领事"。18 世纪中叶以后，随着资本主义的发展，领事制度得到更大重视和进一步发展。与此同时，西方资本主义大国利用领事制度作为争夺市场和向外扩张的工具，它们以亚非国家的制度劣于或异于欧美列强的制度为借口，将"领事裁判权"等一些不平等的领事制度强加给中国等许多亚非国家。所谓领事裁判权，是指西方列强在一些亚非国家的领事根据不平等条约享有的依照本国法律对其本国侨民行使司法管辖权的片面特权。鸦片战争后，西方大国通过一系列不平等条约在中国攫取了严重侵犯中国主权的领事裁判权。直到第二次世界大战以后，所谓领事裁判权才相继予以废除。1949 年中华人民共和国成立后，彻底废除了西方列强在中国的一切特权。这些违反国际法基本原则的不平等领事关系和领事制度已成为历史。

（二）领事关系法的编纂

直到 1963 年制定《维也纳领事关系公约》，领事关系法的渊源除了少量的国际习惯法规则，其他的就是大量的双边条约和几个有关区域性条约。① 关于领事关系法两项公认的习惯国际法规则是领事档案不可侵犯和领事的公务行为享有豁免权。但许多双边和区域领事条约的规定往往不尽一致，有的甚至相互冲突。

联合国成立后即致力于缔结一项有关领事关系的多边条约，并于 1957 年开始其编纂工作。1963 年 3 月 4 日至 4 月 22 日，联合国领事关系大会在维也纳召开并通过了《维也纳领事关系公约》，公约于 1967 年 3 月 19 日正式生效。《维也纳领事关系公约》以《联合国宪章》关于各国主权平等等基本原则为基础，全面编纂了现代国家之间领事关系的原则、规则和制度。该公约共计 79 条，分别对国家之间领事关系的建立、领事职务、领馆馆长等级、领馆馆长的委派及承认、领馆官员之委派、领馆及领馆人员的特权与豁免、享有领事特权与豁免人员对接受国的义务等问题予以明确规定。至 2018 年 4 月，该公约已有 179 个缔约国。中国于 1979 年 7 月 3 日正式加入这一公约。

二、领事关系的建立与领馆的设立

《维也纳领事关系公约》第 2 条规定：国与国间领事关系之建立，以协议为之。除另有声明外，两国同意建立外交关系亦即谓同意建立领事关系。断绝外交关系并不当然断绝领事关系。该条规定表明，与外交关系一样，领事关系也是一种国家间关系，必须建立在相互同意的基础之上。

该公约所称"领馆"指任何总领事馆、领事馆、副领事馆和领事代办处。相

---

① 两个区域性条约是 1911 年的《加拉加斯条约》和 1928 年的《哈瓦那领事代表公约》。

应地，领馆馆长也分为总领事、领事、副领事和领事代理人四级。公约第3条规定，领馆须经接受国同意始得在该国境内设立。领馆的设立地点、领馆类别及其辖区由派遣国决定，但须经接受国同意。在原设领馆所在地以外开设办事处作为该领馆之一部分，亦须事先征得接受国明示同意。这些规定是符合国家主权平等原则的。根据公约规定，领馆辖区是指为领馆执行领事职务而设定的区域。

三、领事职务

《维也纳领事关系公约》第5条具体规定了13项领事职务，主要包括：（1）于国际法许可之限度内，在接受国内保护派遣国及其国民的利益；（2）依本公约的规定，增进派遣国与接受国间之商业、经济、文化及科学关系的发展，并在其他方面促进两国间的友好关系；（3）以一切合法手段调查接受国内商业、经济、文化及科学活动的状况及发展情形，向派遣国政府报告，并向关心人士提供资料；（4）向派遣国国民发给护照及旅行证件，并向拟赴派遣国旅行人士发给签证或其他适当文件；（5）帮助及协助派遣国国民；（6）担任公证人、民事登记员及类似职司，并办理若干行政性质的事务，但以接受国法律规章无禁止之规定为限；（7）对具有派遣国国籍的船舶、在派遣国登记的航空器以及其航行人员，行使派遣国法律规章所规定的监督及检查权，并对上述船舶、航空器及其航行人员给予协助；等等。

比较而言，领事职务和使馆职务既有联系又有区别。在传统国际法上，领事职务的范围很广泛，包括外交、政治、商业、司法和海事等各种职务。随着国家间政治关系的发展，外交关系从领事关系中逐渐独立出来，形成一个相对独立的概念和法律部门。但领事馆和使馆都是国家的对外关系机关，在职务上仍有许多联系。例如，领事与外交代表同属于外交人员组织系统，由外交部领导。外交代表一般可以同时执行领事职务，使馆可以设立领事部。当两国无外交关系时，领事官员获得政府特别授权，也可以兼办外交事务，从而促进两国建立或恢复外交关系。

领事职务与使馆职务的主要区别在于：使馆全面代表派遣国，与接受国中央政府进行外交往来，而领馆通常就领事职务范围内的事项同地方当局进行交涉；使馆着重保护派遣国国家和国民的整体利益，活动范围是接受国全境，而领馆的保护一般表现为经常性事务，活动范围一般限于有关领事区域。

四、领馆人员

（一）领馆人员的类别

根据《维也纳领事关系公约》规定，领馆人员分为领事官员、领馆雇员及服务人员。领事官员是执行领事职务的人员，包括领馆馆长。领馆雇员是指受雇担任领馆行政和技术事务的人员。服务人员是担任领馆杂务的人员，如传达员等。

领事官员具体又分为职业领事官员和名誉领事官员两类。职业领事是派遣国任命的专职领事官员，原则上为派遣国国民，由派遣国政府支付薪金，不得从事私人商业活动。名誉领事则是委派国从接受国当地人士中选任的兼职领事官员，他们可以是接受国的国民，除了收取一定的领事报酬外，也允许从事其他营利业务。是否委派或接受名誉领事，由各国自由决定。而一旦作出肯定性决定，就要遵守公约的有关规定。荷兰、英国等国家选用名誉领事。中国既不委派也不接受名誉领事。

(二) 领馆人员的委派及承认

领馆馆长由派遣国委派，并由接受国承认准予执行职务。《维也纳领事关系公约》和习惯国际法并不要求委派领馆馆长须事先征得接受国同意。但有些国家要求事先征求同意。在这种情况下，有关国家可以就事先同意事项达成协议。根据公约规定，领馆馆长奉派到职，应由派遣国发给"委任文凭"(consular commission) 或类似文书，经由外交途径送交接受国政府。领馆馆长须经接受国以发给"领事证书"(exequatur) 的形式给予准许，才能执行职务。发给领事证书，实际上也是接受国承认或接受的一种方式。一国拒不发给领事证书，无须说明理由。

关于领馆馆长委派或任命的程序，国际领事实践的发展趋势是日益简化。如根据1992年中国和美国达成的口头协议，对美方以照会通知方式任命的领馆馆长，中方不再复函确认，也不颁发领事证书。在此情况下，只要接受国通知其驻外使馆为派遣国任命的馆长颁发签证，就构成对新任命馆长的承认。但也有不少中外领事条约明文规定，任命领馆馆长须事先征得接受国同意。

领馆馆长以外的领馆人员，原则上由派遣国自由委派。但派遣国应在充分时间前将这些人员的全名、职类及等级通知接受国，以便接受国依其所愿，行使公约第23条第3项所规定的权利。根据该项规定，任何领馆人员得于其到达接受国国境前或于其在领馆就职前，被宣告为不能接受。遇此情势，派遣国应撤销该员之任命。委派具有接受国国籍之人为领事官员，须经接受国明示同意。

根据公约规定，派遣国依其本国法律规章确有必要时，得请接受国对领馆馆长以外的领事官员发给领事证书。接受国依其本国法律规章确有必要时，得对领馆馆长以外的领事官员发给领事证书。但实践中一般只有领馆馆长才需要取得领事证书以执行职务，而对其他领馆成员一般只发给领馆成员身份证。公约第23条还规定，领馆人员开始执行职务后，接受国得随时通知派遣国，宣告某一领事官员为不受欢迎人员或任何其他领馆馆员为不能接受。遇此情势，派遣国应视情形召回该员或终止其在领馆中之职务。倘派遣国拒绝履行或不在相当期间内履行其上述义务，接受国得视情形撤销关系人员之领事证书或不复承认该员为领馆馆员。

五、领事特权与豁免

领事特权与豁免的内容与外交特权与豁免基本上相同。《维也纳领事关系公约》的序言表明，领事特权与豁免的目的"在于确保领馆能代表本国有效执行职务"。领事官员履行职务的行为也是派遣国的行为，根据国家主权平等原则而不属于接受国的管辖范围之内。但由于领事官员并不能正式代表派遣国，领事特权与豁免更强调其职能需要的依据，在有些方面略低于外交特权与豁免。

（一）领馆的特权与豁免

根据《维也纳领事关系公约》规定，领馆的特权与豁免主要包括：

1. 领馆馆舍不可侵犯。领馆馆舍于公约规定的限度内不得侵犯。接受国官员非经领馆馆长或其指定人员或派遣国使馆馆长同意，不得进入领馆馆舍中专供领馆工作之用的部分。惟遇火灾或其他灾害须迅速采取保护行动时，得推定领馆馆长已表示同意。接受国负有特殊责任，采取一切适当步骤保护领馆馆舍免受侵入或损害，并防止任何扰乱领馆安宁或有损领馆尊严之情势。领馆馆舍、馆舍设备以及领馆之财产与交通工具应免受为国防或公用目的而实施之任何方式之征用。如为此等目的确有征用之必要时，应采取一切可能步骤以免领馆职务之执行受有妨碍，并应向派遣国为迅速、充分及有效之赔偿。

2. 领馆档案及文件不得侵犯。公约第33条规定，领馆档案及文件无论何时，亦不论位于何处，均不得侵犯。

3. 通信自由与行动自由。根据公约第35条的规定，领馆的通信自由主要包括：（1）接受国应准许领馆为一切公务目的自由通信，并予保护。领馆与派遣国政府及无论何处之该国使馆及其他领馆通信，得采用一切适当方法，包括外交或领馆信差、外交或领馆邮袋及明密码电信在内。但领馆须经接受国许可，始得装置及使用无线电发报机。（2）领馆之来往公文不得侵犯。（3）领馆邮袋不得予以开拆或扣留。但如接受国主管当局有重大理由认为邮袋装有不在本条第四项所称公文文件及用品之列之物品时，得请派遣国授权代表一人在该当局前将邮袋开拆。如派遣国当局拒绝此项请求，邮袋应予退回至原发送地点。（4）领馆信差享有人身不得侵犯权，不受任何方式之逮捕或拘禁。

根据公约第34条的规定，除接受国为国家安全设定禁止或限制进入区域所订法律规章另有规定外，接受国应确保所有领馆人员在其境内行动及旅行之自由。

4. 与派遣国国民通信及联络。根据公约第36条的规定，为便于领馆执行其对派遣国国民之职务，领事官员得自由与派遣国国民通信及会见。派遣国国民与派遣国领事官员通信及会见应有同样自由。遇有领馆辖区内有派遣国国民受逮捕或监禁或羁押候审，或受任何其他方式拘禁之情势，经其本人请求时，接受国主管当局应迅即通知派遣国领馆。领事官员有权探访受监禁、羁押或拘禁之派遣国国民，与之交谈或通信，并代聘其法律代表。领事官员有权探访其辖区内依判决而受监禁、羁押或拘禁之派遣国国民。

5. 免纳捐税、关税。领馆馆舍及职业领馆馆长寓邸之以派遣国或代表派遣国人员为所有权人或承租人的，概免缴纳国家、区域或地方性之一切捐税，但其为对供给特定服务应纳之费用不能免除。领馆公务用品应准允入境，并免除一切关税。

6. 使用国旗和国徽。依公约规定，领馆所在之建筑物及其正门上，以及领馆馆长寓邸与在执行公务时乘用之交通工具上得悬挂派遣国国旗与国徽。

（二）领馆人员的特权与豁免

领事官员及其他领馆人员享有的特权与豁免主要包括：

1. 领事官员人身不得侵犯。公约规定，接受国对于领事官员应表示适当尊重并应采取一切适当步骤以防其人身自由或尊严受任何侵犯。领事官员不得予以逮捕候审或羁押候审，但犯有严重罪行并依主管司法机关裁判执行的不在此限。如对领事官员提起刑事诉讼，该员须到管辖机关出庭。确有羁押领事官员之必要时，对该员提起诉讼，应尽速办理。

2. 管辖豁免。公约第43条规定，领事官员及领馆雇员对其为执行领事职务而实施之行为不受接受国司法或行政机关之管辖。但下列民事诉讼不能免除管辖：（1）因领事官员或领馆雇员并未明示或默示以派遣国代表身份而订契约所生之诉讼；（2）第三者因车辆船舶或航空器在接受国内所造成之意外事故而要求损害赔偿之诉讼。

3. 作证义务及其免除。领馆人员得被请在司法或行政程序中到场作证。于可能情形下得在其寓所或领馆录取证言，或接受其书面陈述。领馆人员就其执行职务所涉事项，无担任作证或提供有关来往公文及文件之义务。领馆人员并有权拒绝以鉴定人身份就派遣国之法律提出证言。除上述情形外，领馆雇员或服务人员不得拒绝作证。如领事官员拒绝作证，不得对其施行强制措施或处罚。要求领事官员作证之机关应避免对其执行职务有所妨碍。

4. 免除捐税、关税和免受查验。领事官员及领馆雇员以及与其构成同一户口之家属免纳一切对人或对物课征之国家、区域或地方性捐税，但间接税、遗产税等以及为供给特定服务的费用不在免除之列。领馆服务人员就其服务所得之工资，免纳捐税。

领事官员或与其构成同一户口之家属之私人自用品，包括供其初到任定居之用之物品在内,免除关税。领馆雇员就其初到任时运入之物品,免纳关税。领事官员及与其构成同一户口之家属所携私人行李免受查验。倘有重大理由认为其中装有不在免税之列的物品或接受国法律规章禁止进出口或须受其检疫法律规章管制之物品,接受国应在有关领事官员或其家属前予以查验。

5. 其他特权与豁免。根据公约有关规定,领事官员及领馆雇员,以及与其构成同一户口之家属应免除接受国法律规章就外侨登记及居留证所规定之一切义务。除公约另有规定外,领馆人员就其为派遣国的服务而言,应免适用接受国施行的社会保险办法。接受国应准领馆人员及与其构成同一户口之家属免除一切个人劳务及所有各种公共服务,并免除有关征用、军事捐献及屯宿等之军事义务。

六、领馆及其人员对接受国的义务

《维也纳领事关系公约》第 55 条规定,在不妨碍领事特权与豁免之情形下,凡享有此项特权与豁免之人员均负有尊重接受国法律规章之义务。这些人员并负有不干涉接受国内政之义务。领馆馆舍不得充作任何与执行领事职务不相符合之用途。第 57 条规定,职业领事官员不应在接受国内为私人利益从事任何专业或商业活动。

第五节 中国关于外交与领事工作的立法和制度

一、中华人民共和国外交特权与豁免条例

1986 年 9 月 5 日,第六届全国人民代表大会第十七次会议通过了《中华人民共和国外交特权与豁免条例》(以下简称《外交特权与豁免条例》)。该条例共计 29 条,其基本原则和主要内容与《维也纳外交关系公约》的规定都是相同的。但对公约中未作规定或规定得不够明确的地方,该条例则根据我国的法律和实践,并参照有关国际惯例,作了必要的补充,使其内容更加明确、具体。

(一)关于有关用语的含义

《外交特权与豁免条例》第 28 条规定了有关用语的含义,并基本上采用了《维也纳外交关系公约》中文本的用语。但公约中文本中的部分用语,如"使馆职员""外交职员",与国内的习惯用法不一致,故改为"使馆工作人员""外交人员"。"使馆馆长"明确定义为派遣国委派担任此项职位的大使、公使、代办以及其他同等级别的人。"私人仆役"称谓在我国已不使用,改为"私人服务员"。

(二)使馆人员的派遣与接受

根据《外交特权与豁免条例》第 2 条规定,使馆外交人员原则上应当是具有

派遣国国籍的人。如果委派中国或者第三国国籍的人为使馆外交人员，必须征得中国主管机关的同意。中国主管机关可以随时撤销此项同意。

（三）使馆的特权与豁免

《外交特权与豁免条例》规定的使馆特权与豁免包括：使馆馆舍不受侵犯；使馆的馆舍、设备及馆舍内其他财产和使馆交通工具免受搜查、征用、扣押或者强制执行；使馆馆舍免纳捐税；使馆办理公务所收规费和手续费免纳捐税；使馆的档案和文件不受侵犯；使用国旗和国徽。

条例的这些规定与《维也纳外交关系公约》的规定基本一致，但也有个别补充规定。例如，根据我国现行有关法规，同时考虑到许多国家在枪支、弹药方面都有严格规定，条例第19条对向中国境内运进枪支、弹药作了一定的限制。根据该条规定，使馆和使馆人员携运自用的枪支、子弹入境，必须经中国政府批准，并且按中国政府的有关规定办理。

（四）外交代表的特权与豁免

该条例规定的外交代表的特权与豁免包括：外交代表人身不受侵犯，不受逮捕或者拘留；寓所不受侵犯，并受保护；文书和信件不受侵犯；财产不受侵犯；外交代表享有刑事管辖豁免、民事管辖豁免和行政管辖豁免；外交代表没有以证人身份作证的义务；免纳捐税；免除关税和行李免受查验等。

条例的这些规定与《维也纳外交关系公约》的规定基本一致，但也有某些不同或补充。例如，在民事管辖和行政管辖豁免方面，《维也纳外交关系公约》第31条列举了三类诉讼的管辖豁免例外，而该条例仅规定了两类管辖豁免的例外。根据该条例第14条规定，外交代表享有民事管辖豁免和行政管辖豁免，但下列各项除外：（1）外交代表以私人身份进行的遗产继承的诉讼；（2）外交代表违反本条例第25条第3项规定在中国境内从事公务范围以外的职业或者商业活动的诉讼。此外，该条例第19条有关使馆人员在携运自用枪支、子弹入境方面的限制性规定，当然也适用于外交代表。

（五）使馆其他人员的特权与豁免

《外交特权与豁免条例》第20条规定的使馆其他人员的特权与豁免与《维也纳外交关系公约》的规定基本一致。但该条例有关条款将公约规定中"构成同一户口之家属"的表述，改为"共同生活的配偶及未成年子女"，这样意思比较明确。

（六）其他人员的特权与豁免

《外交特权与豁免条例》还对有关临时来访人员的特权与豁免作了规定。该条例第23条规定，来中国访问的外国国家元首、政府首脑、外交部长及其他具有同等身份的官员，享有本条例所规定的特权与豁免。根据该条例第24条规定，来中国参加联合国及其专门机构召开的国际会议的外国代表、临时来中国的联合国及其专门机构的官员和专家、联合国及其专门机构驻中国的代表机构和人员的待遇，按中国已加入的有关国际公约和中国与有关国际组织签订的协议办理。

(七) 对等原则

《外交特权与豁免条例》第 26 条根据国际惯例强调了对等的原则。根据该条规定，如果外国给予中国驻该国使馆、使馆人员以及临时去该国的有关人员的外交特权与豁免，低于中国按本条例给予该国驻中国使馆、使馆人员以及临时来中国的有关人员的外交特权与豁免，中国政府根据对等原则，可以给予该国驻中国使馆、使馆人员以及临时来中国的有关人员以相应的外交特权与豁免。

(八) 享有外交特权与豁免人员的义务

《外交特权与豁免条例》第 25 条规定，享有外交特权与豁免的人员：（1）应当尊重中国的法律、法规；（2）不得干涉中国的内政；（3）不得在中国境内为私人利益从事任何职业或者商业活动；（4）不得将使馆馆舍和使馆工作人员寓所充作与使馆职务不相符合的用途。该条规定基本上也是转化了《维也纳外交关系公约》的相应规定。

二、中华人民共和国领事特权与豁免条例

1990 年 10 月 30 日，第七届全国人大常委会第十六次会议通过了《中华人民共和国领事特权与豁免条例》（以下简称《领事特权与豁免条例》）。该条例共计 29 条，主要包括以下内容。

(一) 领馆的地位

《领事特权与豁免条例》第 1 条规定，为确定外国驻中国领馆和领馆成员的领事特权与豁免，便于外国驻中国领馆在领区内代表其国家有效地执行职务，制定本条例。该条明确规定了领馆在领区内代表其国家执行领事职务的地位。

(二) 领馆的特权与豁免

《领事特权与豁免条例》规定的领馆的特权与豁免主要包括：领馆馆舍不受侵犯；领馆档案和文件不受侵犯；领馆公务通信自由；免纳捐税和关税；领馆及其馆长有权在领馆馆舍、馆长寓所和馆长执行职务所乘用的交通工具上，使用派遣国国旗或者国徽。这些规定与《维也纳领事关系公约》的规定基本一致。但该条例第 20 条规定，领馆和领馆成员携带自用的枪支、子弹入出境，必须经中国政府批准，并且按照中国政府的有关规定办理。

(三) 领馆成员的特权与豁免

《领事特权与豁免条例》所称的"领馆成员"是指领事官员、领馆行政技术人员和领馆服务人员。该条例所称的"领事官员"是指总领事、副总领事、领事、

副领事、领事随员或者领事代理人。条例有关领馆成员的特权与豁免在《维也纳领事关系公约》的基础上予以必要的补充并适当增加了新的规定。例如该条例第13条有关"领事官员的寓所不受侵犯""领事官员的文书和信件不受侵犯""领事官员的财产不受侵犯"的规定,反映我国给予了领事官员更多的特权与豁免。该条例第14条规定,领事官员和领馆行政技术人员执行职务的行为享有司法和行政管辖豁免。领事官员执行职务以外的行为的管辖豁免,按照中国与外国签订的双边条约、协定或者根据对等原则办理。领事官员和领馆行政技术人员享有的司法管辖豁免不适用于下列四项民事诉讼:(1)涉及未明示以派遣国代表身份所订的契约的诉讼;(2)涉及在中国境内的私有不动产的诉讼,但以派遣国代表身份所拥有的为领馆使用的不动产不在此限;(3)以私人身份进行的遗产继承的诉讼;(4)因车辆、船舶或者航空器在中国境内造成的事故涉及损害赔偿的诉讼。上述规定比《维也纳领事关系公约》的相关规定更加明确具体。

(四)对等原则

《领事特权与豁免条例》第26条规定,如果外国给予中国驻该国领馆、领馆成员以及途经或者临时去该国的中国驻第三国领事官员的领事特权与豁免,不同于中国给予该国驻中国领馆、领馆成员以及途经或者临时来中国的该国驻第三国领事官员的领事特权与豁免,中国政府根据对等原则,可以给予该国驻中国领馆、领馆成员以及途经或者临时来中国的该国驻第三国领事官员以相应的领事特权与豁免。

(五)享有领事特权与豁免人员的义务

《领事特权与豁免条例》第24条规定,享有领事特权与豁免的人员:(1)应当尊重中国的法律、法规;(2)不得干涉中国的内政;(3)不得将领馆馆舍和领馆成员的寓所充作与执行领事职务不相符合的用途。该条例第25条规定,领事官员不得在中国境内为私人利益从事任何职务范围以外的职业或者商业活动。

三、中华人民共和国驻外外交人员法

新中国成立以后,特别是改革开放以来,随着我国国力的不断增强和国际地位的稳步提升,中国日益走向世界舞台中央,驻外外交人员在对外交往中发挥着越来越重要的作用。与此同时,在中国驻外外交人员管理工作中,也遇到一些亟须解决的问题。2009年10月31日,第十一届全国人大常委会第十一次会议通过了《中华人民共和国驻外外交人员法》(以下简称《驻外外交人员法》)。该法共10章48条,主要包括以下内容。

(一)适用范围

根据中国加入的《维也纳外交关系公约》和《维也纳领事关系公约》对外交

职员、领事官员、行政及技术职员的分类，以及《中华人民共和国公务员法》（以下简称《公务员法》）对公务员的定义，《驻外外交人员法》第2条明确规定本法的适用范围为：在中国驻外外交机构中从事外交、领事等工作，使用驻外行政编制，具有外交衔级的人员。

驻外外交人员作为公务员的组成部分，原则上应当适用《公务员法》。但是，考虑到驻外外交人员在境外工作的特殊性，其义务权利与国内公务员有所不同，《驻外外交人员法》规定：驻外外交人员的义务、权利和管理适用本法；本法未作规定的，适用《公务员法》的规定。

驻外外交机构中的武官不属于公务员的范围。驻外外交机构武官参照《驻外外交人员法》管理，具体办法由中央军事委员会制定。

（二）外交职务和衔级制度

《驻外外交人员法》第11条规定，驻外外交人员的职务分为外交职务和领事职务。外交职务分为：特命全权大使、代表、副代表、公使、公使衔参赞、参赞、一等秘书、二等秘书、三等秘书、随员。领事职务分为：总领事、副总领事、领事、副领事、领事随员。

第12条规定了驻外外交人员实行外交衔级制度。外交衔级设七级：大使衔、公使衔、参赞衔、一等秘书衔、二等秘书衔、三等秘书衔、随员衔。驻外外交人员的外交衔级，根据其在驻外外交机构中担任的职务、公务员职务级别和外交工作需要确定。

外交职务和衔级的决定、批准和授予权限为：特命全权大使和代表、副代表为特命全权大使的，由全国人大常委会决定；大使衔，由国务院总理批准授予；总领事由外交部决定，公使衔、参赞衔，由外交部或者其他派出部门批准、外交部部长授予；一等秘书衔、二等秘书衔，派遣时由派出部门批准和授予，驻外工作期间由派出部门根据驻外外交机构的意见批准和授予；三等秘书衔、随员衔，派遣时由派出部门批准和授予，驻外工作期间由驻外外交机构批准和授予。

（三）驻外外交人员的职责、条件、义务和权利

驻外外交人员在境外工作有其特殊性，为了保证其更好地完成工作任务，《驻外外交人员法》对驻外外交人员的职责、条件、义务和权利做了具体规定，主要包括以下内容：

驻外外交人员应根据职务和工作分工，履行代表国家，维护国家主权、安全、荣誉和利益，贯彻执行国家外交方针政策，发展双边和多边关系，维护中国公民和法人在国外的正当权益，报告驻在国情况和有关地区、国际形势，介绍中国情况和内外政策等职责。

驻外外交人员应当具有中国国籍，年满23周岁，拥护中国宪法，品行良好，

并具备相应的知识、技能、身体、心理条件以及法定的其他条件。

驻外外交人员应当履行忠于祖国和人民,维护国家荣誉和尊严,忠于国家宪法和法律,尊重驻在国的法律和风俗习惯,忠于职守,勤勉尽责,服从调遣,保守秘密等义务。

驻外外交人员获得履行职责所需的职权和工作条件,享有外交特权和豁免,获得与常驻国外生活、工作相适应的工资福利保险待遇,以及法定的其他权利。

（四）馆长负责制

《驻外外交人员法》第21条规定,驻外外交机构实行馆长负责制,馆长统一领导驻外外交机构各项工作,组织、协调各内设机构开展工作。此外,为了加强对驻外外交机构馆长的监督管理,馆长应当向派出部门提交到任和离任的书面报告,并按期回国述职。

（五）驻外外交人员的工资福利制度

为了保障驻外外交人员的合法权益,充分调动其工作积极性,《驻外外交人员法》第八章规定了驻外外交人员的工资福利制度,包括:实行职务、职衔与级别相结合的驻外工资制度;建立驻外外交人员工资调整机制,适时调整驻外外交人员的工资和生活待遇;驻外外交人员按照国家规定享受津贴、补贴;国家为驻外外交人员提供必要的医疗保障和安全措施;驻外外交人员享受国家规定的带薪年休假和任期假。

《驻外外交人员法》第九章进一步规定了驻外外交人员的配偶和子女的合法权益,以解除驻外外交人员的家庭后顾之忧。

四、有关领事保护与协助工作的法律制度

多年来,中国一直在开展有关领事工作的立法与研究工作。随着中国对外开放持续扩大及"一带一路"建设、国际产能合作稳步推进,海外中国公民和机构不断增多。为切实维护海外中国公民和机构的安全与正当权益,落实中共十九大提出的关于全面依法治国、完善新时代中国特色社会主义法律体系的总体部署,国务院有关部门结合新形势下领事保护与协助工作需要,经过认真调研,起草了《中华人民共和国领事保护与协助工作条例（草案）》（征求意见稿）（以下简称《征求意见稿》）。[①]

《征求意见稿》共38条,分总则、领事保护与协助案件处置、预防性措施与机制、法律责任和附则五章,主要内容如下。

---

① 《征求意见稿》于2018年3月26日由外交部正式发布向社会公开征求意见,现已进入国务院有关部门审查程序。

（一）领事保护与协助的职责概述与履责原则

1. 关于职责概述。《征求意见稿》第 3 条明确规定驻外外交机构和驻外外交人员依法维护在驻在国中国公民、法人和非法人组织的正当权益，列举了主要工作方式。

2. 关于履责原则。《征求意见稿》第 5 条规定了驻外外交机构和驻外外交人员履行领事保护与协助职责时的主要原则，包括："遵守中国法律和中国缔结或者参加的国际条约"，"尊重驻在国法律、宗教信仰和风俗习惯"，"充分考虑驻在国各方面客观因素"，"为中国公民、法人和非法人组织提供相应方式和程度的领事保护与协助"。并明确指出不得为中国公民、法人和非法人组织谋取不正当利益或袒护其非法行为。

（二）中国公民、法人和非法人组织的基本权利义务

与规定驻外外交机构和驻外外交人员具有领事保护与协助职责相对应，《征求意见稿》在第 6 条第 1 款明确规定，中国公民、法人和非法人组织有"请求驻外外交机构提供领事保护与协助的权利"。从权利与义务统一的角度，在第 2 款、第 3 款列明了中国公民、法人和非法人组织的有关基本义务。

（三）不同情形下的领事保护与协助职责

为进一步规范驻外外交机构和驻外外交人员相关工作，《征求意见稿》第二章从中国领事工作实际出发，着重列举了若干较为典型的对中国公民、法人和非法人组织提供领事保护与协助的情形，包括被限制人身自由、死亡、无人监护、重大突发事件、下落不明、严重生活困难、航班延误或取消等，明确了不同情形下驻外外交机构和驻外外交人员的相应职责，并规定可提供法律服务、翻译、医疗、殡葬等机构名单和旁听庭审。第 23 条规定了不属于领事保护与协助职责的事项。

（四）预防性领事保护有关措施与机制

为有效应对日益增加的海外安全风险，提高海外中国公民、法人和非法人组织的风险防范意识和自我保护能力，提升驻外外交机构相关工作水平，《征求意见稿》按照预防与处置并重的原则，结合工作实际，规定了预防性领事保护的有关措施和机制，主要包括：

1. 安全提醒制度。《征求意见稿》第 24 条明确规定了外交部发布海外安全提醒的职责。为充分发挥海外安全提醒的引导作用，第 25 条规定了国务院有关部门和省级人民政府根据相关安全提醒加强人员和机构动态监管、指导的职责，第 26 条规定中国公民、法人和非法人组织关注安全提醒、加强安全防范的相关义务，第 27 条规定了旅行社及旅游经营者关注安全提醒、向旅游者作出说明和警示的相关义务。

2. 领事登记制度。为进一步了解在驻在国中国公民、法人和非法人组织情况，

以便有针对性地开展预防和处置工作,《征求意见稿》第 28 条规定了领事登记制度。

3. 日常安全防范与机制建设。《征求意见稿》第 29 条规定,在外国的中国公民、法人和非法人组织应当根据所在国安全形势,加强自身安全防范。第 30 条则对驻外外交机构相关机制建设提出了要求。

(五)法律责任

为敦促领事保护与协助法律关系的双方主体切实履行有关义务,保障领事保护与协助工作的有效开展,《征求意见稿》专设"法律责任"一章,从与有关国内法衔接的角度,规定了驻外外交人员和中国公民、法人及非法人组织须承担责任的情形。①

思考题:

1. 试述使馆与领馆职务的主要内容及其联系与区别。
2. 试述外交特权与豁免的法律依据和主要内容。
3. 试述领事关系法的历史发展与编纂。
4. 试述有关外交人员保护的国际法制度。
5. 试述中国关于外交与领事法的主要法规及其基本内容。

▶ 自测习题及参考答案

---

① 参见外交部领事保护中心:《培养法治素养 共同打造海外中国平安体系》,《法制日报》2018 年 5 月 19 日。

第十五章 国际责任法

国际责任是现代国际法上最为重要的制度之一。它对于树立国际法的权威，加强国际法的法律性质，促进国际关系的健康发展具有重要的意义。在主权平等的国际社会，国际责任是一个敏感的问题，直接关系各国的切身利益，其发展直接受制于国际政治的影响，因此，国际责任法在现代国际法中是发展最为缓慢的法律部门之一。

第一节 概 述

一、国际责任的概念

（一）国际责任的概念和特征

国际责任也称国际法律责任，它是指国际责任主体对其国际不法行为或损害行为所应承担的法律后果。①

从国际责任的定义可以看出，它有如下特征：

第一，国际责任的主体与国际法的主体基本上是一致的。国家、国际组织、民族解放组织等国际法主体都具有承担国际责任的资格，这是国际责任的理论与实践一致认可的。对于个人能否成为国际法的主体，理论界一直存在分歧。但个人在国际法的个别领域，如国际人权领域、国际刑法领域等，可以成为国际责任的主体，这是没有异议的。当然，个人不能成为国际法所有领域的责任主体。

第二，国际责任的实质就是一种法律后果。这种法律后果包含两方面的内容，一方面包括受害者享有的权利，另一方面包括责任方应承担的义务。

第三，国际责任产生的根据具有多样性。传统的国际法理论认为，国际不法行为是产生国际责任的唯一根据。随着科技的发展，国际法不加禁止行为造成损害后果的，也产生行为方的国际责任，这是现代国际责任制度的新发展。

第四，国际责任的性质具有特殊性。国际责任不同于国内法上的民事责任和刑事责任，而是自成一类的、具有强制性的法律责任。特别是在全球化的国际浪潮中，全人类的共同利益日益突出，在全人类的共同利益与国家的个别利益相互冲突和协调的将来，国际责任的强制性将会变得更加明显。当然，在主权林立的

---

① 参见联合国文件 A/RES/56/83，《国家对国际不法行为的责任条款草案》第 1 条；《国际组织责任条款草案》第 3 条；李寿平：《现代国际责任法律制度》，武汉大学出版社 2003 年版，第 24 页。

国际社会,国际责任的强制性与国内法上的法律责任的强制性永远不可能同日而语。

(二) 国际责任制度的意义

由于国际法的特殊性,国际责任制度在国际法上具有十分重要的意义:

首先,国际责任制度是维护受害者合法权益的重要保障。当国际不法行为或损害行为侵害了受害者的合法权益时,受害者就可以依据国际法追究责任方的国际责任,以维护自己的合法权益。

其次,国际责任制度是维护国际法律秩序的有力手段。国际责任制度是保证国际法主体遵守国际法,善意履行国际义务,维护国际法律秩序的有力手段。

最后,国际责任制度也是纠正和制止国际法主体的国际不法行为,确保国际关系正常发展的重要保证。

二、联合国框架下有关国际责任的编纂活动

国际法委员会 1949 年召开第一次会议时就把国家责任问题列为应优先审议的 14 个 "编纂和逐步制定" 的主题之一,并在 1955 年指定古巴国际法学者加西亚·阿马多为此项专题的第一任特别报告员。此后,国际法委员会先后任命罗伯特·阿戈、威廉·里普哈根、加埃塔诺·阿兰焦·鲁伊斯、詹姆斯·克劳福德为起草国家责任公约的特别报告员,为国际法委员会研究和发展国家责任问题提供了重要的理论研究基础及条款和评论。

在特别报告员的研究基础上及国际社会的推动下,2001 年 8 月,国际法委员会第 53 届会议二读通过了《国家对国际不法行为的责任条款草案》①;2001 年 12 月,联合国大会通过《国家对国际不法行为的责任条款》的决议。

在编纂和审议由国家不法行为所引起的国家责任问题的同时,国际法委员会也注意到国家责任问题的新发展,即关于国际法不加禁止行为所产生的损害性后果的国际责任,于 1978 年将这一议题列入了委员会的议程,同时任命新西兰国际法学家昆汀-巴克斯特为特别报告员,着手准备《关于国际法不加禁止的行为造成损害后果的国际责任条文草案》。但 "由于这些活动是国际法所允许或不加禁止的合法行为,因此对于一旦造成损害,究竟应适用何种责任制度,存在严重分歧"②,所以该项工作一直进展缓慢。

1996 年,国际法委员会设立了一个工作组,参照特别报告员提交的各份报告

---

① 第 53 届联合国大会官方记录,Supplement No.10(A/56/10),http://www.un.org/law/ilc/reports/,2011 年 12 月 10 日访问。
② 贺其治:《联合国国际法委员会 1996 年第 48 届会议》,《中国国际法年刊》(1995 年卷),法律出版社 1996 年版,第 471 页。

和委员会多年来所进行的讨论来审议此专题的所有方面。国际法委员会明确在本专题之下处理两个问题，即"预防"问题和"国际责任"问题。委员会于1998年第50届会议上一读通过了包含17个条文的《关于预防危险活动的跨境损害的条款草案》。委员会2001年第53届会议通过了序言草案和包含19个条文的《关于预防危险活动的跨境损害的条款草案》定本，从而结束其对本专题第一部分的工作。

国际法委员会2002年第54届会议恢复审议本专题第二部分，并任命彭马拉朱·斯里尼瓦萨·拉奥先生为本专题的特别报告员，并在2004年7月23日举行的第2822次会议上审议了起草委员会的报告，并且一读通过了《关于在危险活动造成的跨界损害案件中损失分配的八项原则草案》。2006年，国际法委员会第58届会议上通过了《关于在危险活动造成跨界损害中的损失分配原则草案》。

此外，国际法委员会也开始注意国际组织的国际责任问题，[①] 并在2000年第52届会议上决定将国际组织的责任问题列为其长期工作方案。此后，委员会在2002年任命乔治·加亚为本专题的特别报告员并设立了一个关于本专题的工作组。工作组在其报告中简要讨论了这一专题的范围、这一新项目与《国家对国际不法行为的责任条款草案》的关系、行为归属问题、与成员国对归于国际组织的行为的责任有关的问题以及与国际责任的内容、责任的履行和争端的解决有关的问题。委员会从2003年第55届会议到2009年第61届会议，收到并审议了特别报告员的7次报告，并一读通过了包括66个条款的草案。2011年6月，国际法委员会二读通过了国际组织责任的67个条文并提交联合国大会，委员会建议大会通过一项决议注意到国际组织的责任条款草案并将该条款草案附在该决议之后，考虑在以后某个阶段以该条款草案为基础拟订一项公约。

国际法委员会关于国家对国际不法行为的国际责任的条文、国际组织的国际责任及关于国际法不加禁止行为造成损害的国际责任的条款起草工作，既是对几百年来国际责任方面的国际法实践的系统总结、编纂成法的过程，也是对国际责任制度的发展过程。因此，目前国际法委员会所做的工作，对完善和发展现代国际责任制度有着重要的积极作用。同时，起草工作中所产生的大量工作文件，为我们进一步研究与发展国际责任制度提供了丰富的文献资料。

三、国际责任制度的新发展

从17世纪中期到20世纪初，国际法中的责任制度几乎没有实质性的发展。进入20世纪后，随着国际组织法、空间法等国际法其他部门法的飞速发展，国际责

[①] 参见《1973年国际法委员会年鉴》第2卷，第169页；《1975年国际法委员会年鉴》第2卷，第87页。

任制度也相应地发展起来。综观20世纪以来的国际责任制度，其发展主要表现在以下几个方面：

第一，国际责任的主体呈现多元化的发展趋势。在20世纪以前，国际责任的主体仅限于国家。20世纪以后，随着国际组织的爆炸性增长，国际组织在国际关系中的广泛介入，国际组织成了国际责任的重要主体。不仅如此，随着第二次世界大战后的非殖民化运动的发展，国际社会一致承认，争取独立的民族同样能承担国际责任。在国际责任的主体理论中，个人的有限国际责任主体资格也得到了国际社会的广泛认可。

第二，国际责任制度的适用范围在不断地扩大。自20世纪50年代以来，随着联合国国际法委员会对"国际责任"问题的研究与编纂及关于国际责任的国际实践的发展，国际责任制度不仅适用于一切国际不法行为产生的国际责任，也适用于国际法不加禁止行为造成损害后果所产生的国际责任。可以说，在现代国际法中，国际责任制度的适用范围几乎扩展到了国际法所适用的一切领域。

第三，国际责任的归责原则产生了新的变化。在国际法鼻祖格劳秀斯"无过错即无责任"原则的影响下，过错责任原则一直在国际责任领域占主导地位。但自20世纪60年代以来，随着科学技术的迅猛发展，国际社会在核能利用、外层空间探索、海底开发等方面开展了大规模的活动，这些活动伴有高危险性，常给别国带来巨大的损害和威胁。为此，国际责任的归责原则也引入了严格责任原则。

第四，国际责任的形式与实现途径正朝多样化方向发展。在国际责任的形式朝多样化发展过程中，国际刑事责任形式的发展可能最为显著。在国际责任的实现途径中，随着国际司法组织的出现与发展，国际责任不仅可以通过国际仲裁途径来实现，还可通过国际司法机构或外交途径来实现。而且，通过国内司法机构来实现国际责任也正在尝试之中。

第五，国际责任制度的法律渊源在不断地丰富。传统的国际责任制度主要是以国际习惯作为其法律渊源。但从1907年第二次海牙国际和平大会开始，国际社会开始关注国际责任问题，在一些公约中开始涉及国际责任，条约开始成为国际责任制度的法律渊源。从联合国关于国家责任条文的编纂实践来看，国际责任制度的法典化趋势已逐步明显。当然，在现代国际责任制度的法律渊源中，占主导地位的还是国际司法判例。

第六，国际责任制度的法律"硬"性因素在不断地加强。随着国际组织的发展和国际社会的进步，国际责任制度的法律属性已越来越明显，国际责任制度的法律"硬"性因素也在不断加强。不过，在主权林立的国际社会，国际责任制度的法律属性的"硬"性程度永远不可能与国内法法律体系中的法律责任的"硬"

性程度等同。

第二节　国际不法行为的责任

一、国际不法行为责任的概念

国际不法行为责任，是指国际责任主体对其国际不法行为所要承担的法律后果。

从该定义可以发现，国际不法行为责任具有如下特征：

第一，国际不法行为责任产生的根据是国际不法行为，不包括国际法不加禁止但造成损害性后果的行为。

第二，国际不法行为责任的主体与国际法的主体基本上是一致的，一般不包括个人、法人等私人实体。

第三，国际不法行为责任是一种法律后果，因此，也具有强制性。

二、国际不法行为责任的构成要件

国际责任的构成要件，是指国际责任主体承担国际责任必备的条件，或者说是判断责任主体是否应负国际责任的根据。

国际不法行为责任包括两个构成要件，即只要行为可归于国际责任的主体，且该行为构成国际不法行为，则该责任主体就应为其国际不法行为承担国际责任。下面对国际责任的两个构成要件分别加以分析。

（一）可归于国际责任主体的行为

1. 可归于国家的行为

在国际法律关系中，国家作为国际法的完全主体，它的行为是由组成国家机器的各个机关或个人来实施的，国家的意志也通过这些机关或个人的行为表示。因此，代表国家行事、其违法行为的法律后果依国际法应归于国家的国家机关或个人行为称为"国家行为"。[①]

一个机关或一个人是否在事实上行使国家权力是国际法在认定国家行为时的一个基本原则。无论是国家的行政机关还是立法机关、司法机关，其行为在国际法上都可归于国家。同时，依照其本国国内法的规定事实上行使国家权力的实体，它的行为也应归于国家。

对于个人的行为，一般来说，代表国家行事的个人的行为毫无疑问可归于国

[①] 《1971年国际法委员会年鉴》第2卷，第216—218页。

家，如国家元首、政府首脑、外交使节的行为，国家公务人员的公务行为。当然，纯粹的私人行为是不能归于国家的。

此外，在特定情况下，别国的行为也可能归于本国。一般来说，一国之所以要承担别国的国际不法行为的责任，是因为该国对别国的国际不法行为提供了援助，或对别国的国际不法行为行使着控制权，或胁迫别国从事了国际不法行为，则该国就应对行为国的行为承担责任。但这并不影响接受援助国、被控制国和被胁迫国因实施国际不法行为而应承担的国际责任。

2. 可归于国际组织的行为

所谓"国际组织的行为"，就是指代表国际组织行事，可归于该国际组织的行为。一般来说，国际组织的决议、国际组织权威机构的法律性文件及司法机构的裁决，是判断行为是否可归于国际组织的重要依据。具体地说，国际组织的机构及其职员在其职权范围内的行为毫无疑问是代表国际组织的，是可归于该国际组织的。在"联合国行政法庭的赔偿判决的效力问题"的咨询意见中，国际法院就阐述了这一原则，即"联合国服务合同是由有关职员和以联合国行政长官的资格并代表该组织的联合国秘书长订立的。他代表这个具有法人资格的组织承担法律责任……如果因该服务合同而发生争议，这一争端的双方当事人就是有关职员与秘书长代表的联合国组织"[1]。可见，该咨询意见就明确了联合国官员的行为可归于联合国。

但从《联合国特权与豁免公约》有关联合国职员的特权与豁免的规定可以看出，国际组织的职员的非职务行为或越权行为是不能归于国际组织的。《联合国特权与豁免公约》规定，给予职员以特权与豁免主要是基于职员的"公务言论与行为"，是为保障他们能独立执行其有关联合国的职务而给予的，这实际表明联合国对其职员的非公务行为是不予承认的。几乎大多数的国际组织的章程都有类似的规定。

同时，交由国际组织支配的国家机构或人员的行为，一般来说是依照有效控制原则由国际组织承担责任。如由联合国秘书长应安理会的决定而派遣的联合国维持和平行动人员，在联合国军事观察团和维持和平部队工作期间，受联合国的派遣，受安理会的控制，所以其行为可视为联合国安理会为执行其职务而采取的行为。如果这些行为构成国际不法行为，就应归于联合国。如果以国际组织的名义行事，但国际组织对此机构或人员并没有支配权，那么，责任应由实际支配者承担。如1950年朝鲜战争爆发，美国操纵安理会通过非法决议，组织所谓的"联

---

[1] 中国政法大学国际法教研室编：《国际公法案例评析》，中国政法大学出版社1995年版，第80、118页。

合国军"到朝鲜参战。这支军队虽然打着联合国的旗号，但实际上是受美国的指挥。联合国自身的文件也承认："驻在朝鲜的国际部队并不是联合国维持和平行动，因为这支部队不是在联合国的控制之下，而且不是以有关各方的同意为依据。"① 如果这些行为也归于联合国，则显然是不合理的。

此外，执行国际组织决议的行为应归于国际组织，而不应归于执行者。如果执行国际组织决议的行为明显违反一般国际法的基本原则，则执行国就不能免于承担国际责任。

（二）国际不法行为

国际不法行为（international wrongful act），就是指国际责任主体所做的违背国际义务的行为。所谓违背国际义务，就是指国际责任主体的行为不符合国际义务对它的要求，而不论该义务来源于习惯国际法、条约或其他国际法渊源，也不论该国际义务的主题为何。

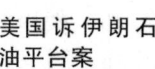

美国诉伊朗石油平台案

行为构成国际不法行为是国际不法行为责任的客观构成要件。国际不法行为可分为一般国际不法行为和严重国际不法行为。所谓严重国际不法行为，主要是指严重违背依一般国际法强制性规范的义务的行为，此类国际不法行为在国际法委员会 1996 年一读通过的《关于国家责任的条款草案》第 19 条中称为国际罪行。② 由于国际社会对国家的国际罪行和国家的国际刑事责任形式及责任的履行存在争议，因此，在国际法委员会 2001 年通过的《国家对国际不法行为的责任条款草案》中称之为严重违背依一般国际法强制性规范的义务的行为。

三、国际不法行为责任的免责事由

在国际法中，有些行为虽然符合国际责任的构成要件，但由于某些特定情势，可导致免除国际责任的结果。这些特定的可免除国际责任的情势或事由就叫国际责任的免责事由。

国际不法行为责任的免责事由在现行国际法中很少有系统的规定，在理论上也是一个长期讨论的问题。根据国际实践和国际法委员会《国家对国际不法行为的责任条款草案》第五章的规定，国际责任的免责事由主要包括如下几种情况。

（一）同意（consent）

受害方以有效方式表示同意加害方实行某项与其所负义务不符的特定行为时，则可以免除加害方因其行为不符合国际义务而应承担的国际责任。

---

① 联合国新闻部编：《联合国手册》（第九版），中文本，第 74 页。
② 参见《关于国家责任的第一次报告（增编）》，联合国文件 A/cn.4/490 和 Add.1，中文本，第 51 段。

但受害方的同意必须符合以下条件：第一，同意必须通过有效的方式作出。如国家的同意就必须是该国的正式权力机关作出，而由外国扶植和控制的傀儡政府作出的同意则是无效的。第二，同意必须是受害方的真实意思表示，因被欺诈或被胁迫而作出的同意也是无效的。第三，一般来说，同意应在实施行为前作出，而不是在实施行为后追认。第四，同意不得与国际法强制规范产生的义务不一致。

（二）不可抗力（force majeure）

在国际法中，不可抗力是指由于无力控制、无法预料的外界事件而使义务不可能履行或不可能知道其行为不符合义务的规定的情况。这就表明，不可抗力首先必须是无法预料、无力控制的外因造成的。其次，不可抗力是指履行义务不可能的情况。如一架甲国的飞机，由于故障失控或暴风雪被迫飞入乙国领空，但没有事前通知或经得乙国的同意。在此情况下，暴风雪或飞机故障显然就构成了不可抗力。

一般来说，不可抗力构成免责事由的首要条件就是，不可抗力是损害发生的唯一原因。也就是说，当事人对于损害的产生和扩大并没有起促成作用。只有损害结果与不可抗力有直接的、唯一的因果关系时，不可抗力才构成对此损害的免责理由。其次，不可抗力的情况必须"真正非故意"的、不存在任何"促成"的情况。最后，不可抗力必须是国家控制范围外的因素或事件。

（三）反措施（countermeasure）

反措施是指受害国为回应责任国一个先前国际不法行为所采取的原本也会构成受害国违反其相对于责任国的一项或多项国际义务的措施。① 反措施作为受害国的一项促使责任国履行义务的权利可以得到肯定，但是，现行国际法并没有确立有关反措施的法律制度。尽管国际法委员会2001年通过的《国家的国际不法行为的国际责任》第49—54条明确了反措施规则，但在实践中，国际社会由于担心反措施的滥用对此问题一直持慎重态度。②

但受害方在采取反措施时，应注意以下三点：首先，反措施必须是针对别的主体的不法行为实施的；其次，反措施的实施有一定的"度"，即必须与所遭受的损害相称；最后，从程序上说，先应由受害方向责任方提出一项履行其义务的要求。在采取反措施前还应将采取反措施的任何决定通知责任国并提议与该国进行谈判。

---

① 江国青：《反措施与国际司法：变化中的国际法实施机制》，《中国国际法年刊》（2008年卷），世界知识出版社2009年版，第81页。
② 参见《国家责任：各国政府提出的评论和意见》，联合国文件A/CN.4/515，中文本，第64—78页。

(四) 危难和危急情况 (distress and necessity)

所谓危难，就是指行为人在极端困难的情况下，为拯救其生命或受其监护者的生命，仅能做违背义务的行为，别无他法。在国家责任领域，一般来说，危难不应延伸到人道主义干涉等其他领域。

一般情况下，危急情况不应作为免责事由，除非有关行为是"保护该国基本利益，对抗某项严重迫切危险的唯一办法"[①]。因此，援引危急情况作为免责事由必须是有极其严重的危险存在。另外，援引危急情况作为免责事由不得违反国际强制性规范。

(五) 与强制性规范相一致

在国际责任领域，如果一项违背条约义务的行为与一般国际强制性规范的规定是一致的，这就可构成该违约行为的免责事由。例如，根据一项军火供应协定承诺提供武器，但假如提供的武器是用来灭绝种族或危害人类，在此情况下，按照军火协定提供军火是协定规定的义务，但由于该军火是用以灭绝种族或危害人类，显然，不履行该条约义务是有理由的，这种违约行为就不产生违约责任。

四、国际不法行为的责任形式

从有关国际条约、国际习惯和国际实践可以发现，国际不法行为的国际责任形式主要包括限制主权、赔偿、停止国际不法行为、恢复原状和道歉、保证不再犯等。

(一) 限制实施国际不法行为国家的主权

当责任方是一个主权国家时，如果其行为构成严重国际不法行为，受害方或整个国际社会有权对其行使主权的权利予以限制，这是国际不法行为引起的最严重的后果。

与其他责任形式所不同的是，限制主权的适用是比较严格的。一方面，限制主权的适用对象只能是国家。另一方面，只有当国际不法行为构成严重国际不法行为，且只有构成侵犯他国主权、独立和领土完整或破坏国际和平与安全的国际不法行为时，如侵略、灭绝种族罪的行为，才可对行为国实施限制主权的惩罚。

在国际实践中，限制主权的方式有两种：一是全面限制严重国际不法行为实施国的主权；二是部分限制严重国际不法行为实施国的主权。所谓全面限制主权，一般就是指对实施严重国际不法行为的责任国在一定时期内实行军事占领或军事控制。如在第二次世界大战后，为惩罚侵略者和防止侵略势力东山再起，根据国际协定，同盟国对德国和日本实行了军事管制，将德国和日本的最高权力交由盟

[①] 李寿平：《现代国际责任法律制度》，武汉大学出版社2003年版，第139页。

国管制委员会代为行使。如美、苏、英、法四国就共同行使了德国的最高权力，包括德国政府、军事和各州、市等地方政府的一切权力。这实际上就是将德国、日本的主权全面限制了。所谓部分限制主权，就是指对实施严重国际不法行为的责任国的某些方面的主权予以限制，但对该国的其他主权并不限制。如海湾战争后，安理会对伊拉克的侵略行为的责任问题进行讨论后决定，对伊拉克的部分主权予以限制，如销毁和限制伊拉克的核武器和生化武器。

(二) 恢复原状 (restitution)

恢复原状是指恢复到如不法行为不发生应有的状态。① 国际法上赔偿的目的就是消除不法行为的一切后果，从这一点来说，恢复原状也是赔偿的一种形式。从恢复原状的字面含义来看，它应是一种自然、直接的赔偿损害的方式，也应是国际法上的一种完整的赔偿损害的方式。作为一种赔偿形式，恢复原状在理论上是可以单独适用的。但在实践中，该赔偿形式很少单独存在，一般都是与其他赔偿形式结合使用。在多数情况下，它由金钱赔偿全部或部分替代或补充。因为恢复原状在实践中经常遇到一些障碍，这种障碍就是我们所说的恢复原状不可能的例外情况。如有些损害是不能被恢复原状的，这种事实上的不能就是一种例外。正是由于有了这种例外情况，恢复原状成了一种任择性而非绝对的责任形式。

(三) 补偿 (compensation)

补偿是支付一笔金钱以取代或结合恢复原状，以达到消除国际不法行为的一切法律或物质后果的一种责任形式。一般来说，等值补偿适合于补偿能按金钱估价的损害，其意图是取代受害方由于国际不法行为而被全部或部分剥夺的任何物质或非物质利益，补偿国际不法行为造成的一切经济上能估价的损害。

(四) 抵偿 (satisfaction)

抵偿也是一种责任形式，它主要包括道歉、保证不再犯及惩罚性的赔偿金等形式。

在抵偿的各种形式中，道歉是一种主要的形式。在国际关系中，只要出现国

---

① 关于恢复原状的概念，国际法没有统一的规定，国际法学界的认识和国际实践也不一致。有人认为，恢复原状意味着恢复不法行为发生以前原来存在的状况。如《规范南极矿产资源活动公约》第8条第2款第 (1) (2) 项规定，恢复原状应限于恢复以前状态，因为以前的状态可以清楚确定，而且不会损害对损失利润的任何赔偿。有人认为，恢复原状意味着恢复不法行为如果未发生本应存在的状况。实际上，从充分赔偿的原则来看，作为一种完整的赔偿形式，仅要求不法行为者对受害者的损害恢复到原来的状况，显然是不合理的，也是不公平的。如在第二次世界大战中，侵略国德国将被侵略国的大批劳力掠夺到其本土服役，同时，他们还占领了许多别国的领土。对于这些严重的国际不法行为仅要求其返还被占领的土地，释放被掠夺的劳力，显然是不够的。因此，本书认为，恢复原状的含义应是恢复到如不法行为不发生应有的状态。

际不法行为,其首要的抵偿形式就是道歉,当然,道歉一般都是与其他抵偿形式结合使用的。如"孤独号案"就是一个多种责任形式并用的典型案例。该案中,一艘美国国民所有的加拿大船只被美国海岸警卫队击沉。求偿委员会认为,美国海岸警卫队击沉这艘船是非法行为,美国应当承认其行为的非法性,并为此向英王陛下的加拿大政府道歉,并向英王陛下的加拿大政府支付 25 000 美元。① 此案中就是采用道歉与赔偿金并用的责任形式。在国际关系中,道歉的形式也是多种多样的,可以是口头的,也可以是书面的,还可以某种行为作为道歉形式。如在 1874 年的"马吉案"中,危地马拉政府向英国政府道歉的方式就是同意下令鸣炮 21 响向英国国旗致敬。

保证不再发生该不法行为作为一种抵偿形式,与其他抵偿形式的区别就是,其着眼点是在将来的行为,具有预防性,并不在于对已作出的行为的后果进行补救。这种抵偿形式通常是与其他抵偿形式一起作出,而很少作为一种单独的抵偿形式加以强调。在国际实践中,一般来说,有两种保证不再犯的形式:一是仅作出不再犯的保证,而不加任何具体的说明;二是受害方还可要求行为方采取某项特定的措施或特定的行为加以预防。

当然,抵偿形式还包括惩罚性的赔偿金及惩罚肇事人等。

第三节 国际法不加禁止行为造成损害性后果的国际责任

国际法不加禁止行为造成损害性后果的国际责任(international liability for injurious consequences arising out of acts not prohibited by international law),也称国际赔偿责任。国际赔偿责任制度产生较晚,在国际实践中还没有一个系统的实在法规则。目前的国际赔偿责任制度主要是由第二次世界大战后签订的少数责任公约和一些国际条约或公约中的责任条款构成的。此外,联合国国际法委员会 2001 年通过的《关于预防危险活动的跨界损害的条款草案》和 2006 年通过的《关于在危险活动造成跨界损害中的损失分配原则草案》,将为国际法不加禁止行为造成损害性后果的国际责任提供重要的法理依据。

一、国际法不加禁止行为造成损害性后果的国际责任的概念及适用范围

(一)国际法不加禁止行为造成损害性后果的国际责任的概念

国际法不加禁止行为造成损害性后果的国际责任也称国际赔偿责任,这种国际

---

① 《国际仲裁裁决报告》(联合国出版物)第 3 卷,第 1618 页。

法不加禁止但造成损害后果的行为也称国际损害行为。国际损害行为与国际不法行为相比，具有如下特点：（1）其活动是由国家或相关实体在其本国领土或控制范围内从事的，但其危险具有跨国性；（2）其活动通常具有潜在的危险性；（3）活动本身都是现行国际法未加禁止的；（4）受害国有权要求加害国给予合理赔偿。

国际不法行为的国际责任与国际损害责任两者之间的区别十分明显，主要表现在以下几个方面：（1）国际不法行为责任的性质是不法行为的责任，责任的产生取决于行为的不法性；而国际赔偿责任的产生不仅取决于消极地不履行义务，更取决于跨国损害的事实和结果的存在。（2）在国际不法行为责任中，如果国家或其他主体能够证明它已采取了可以采取的合理手段来阻止违法义务事实和结果的发生，即使其努力失败，也可免除其责任；但在赔偿责任中，一般而言，只要行为造成了损害性后果，就可能产生赔偿责任。（3）在国际不法行为责任中，即使行为国对其违背义务的行为采取了补救措施，行为国也不能再实施该行为；而在国际赔偿责任中，只要行为国对其造成的损害给予赔偿，其行动继续进行就不受限制，因为该行为是国际法不加禁止的行为，甚至可以说是合法行为。（4）从责任主体来看，国际损害责任的主体更具有多元性，不仅包括国家和国际组织，也包括经营人与国家的共同责任及经营人的独立责任。

因此，从上述比较中我们可发现，国际赔偿责任同国际不法行为产生的国际责任相比，具有独特的法律特征。这主要表现在：（1）国际赔偿责任是在从事国际法不加禁止的活动中因造成跨国损害的事实与结果而引起的；（2）国际赔偿责任的承担方式仅仅在于赔偿一种方式，国际责任的其他承担方式（如限制主权等形式）一般不适用于国际赔偿责任；（3）对赔偿责任的追究不仅要求造成损害的行为的存在，更强调该行为导致的实际物质损害。

对于国际法不加禁止行为造成损害性后果产生国际赔偿责任，在一系列国际公约、国际双边条约中都有明确规定。同时，在有关国际实践和国际司法裁决中也有充分的说明。

第二次世界大战以来，国际社会已有一系列的国际公约和文献，如《关于核损害的民事责任的维也纳公约》《核动力船舶经营人的责任公约》《核能方面第三者责任公约》《国际油污损害民事责任公约》《国际防止船舶造成污染公约》《远程跨界空气污染公约》《及早通报核事故公约》等，都在不同程度上规定了国家对从事特定活动所负的义务以及对其活动所造成损害应承担的国际责任。1982年《联合国海洋法公约》更是明文规定，"各国应采取必要措施，确保其管辖和控制下的活动进行不致使其他国家及其环境遭受污染的损害"，"各国有责任履行其关于保护和保全海洋环境的国际义务。各国应按照国际法承担赔偿责任"。1972年《空间物体造成损害的国际责任公约》也规定，发射国应对本国或在本国境内发射的空间物体对他国及他国境内的人身、财产所造成的损害承担绝对的赔偿责任。

同时,联合国国际法委员会也正致力于对国际法不加禁止的行为造成损害的国际责任的编纂。从目前已完成的《预防危险活动的跨界损害》和《危险活动所致跨界损害的损失分配》条文草案来看,对于危险活动跨界损害的预防措施及程序,危险活动造成跨界损害的赔偿条件、赔偿范围及赔偿原则等进行了明确。

经济合作与发展组织(OECD)环境委员会在1989年的"跨国污染的责任与赔偿"的报告中也指出:"跨国界的国际赔偿责任基于一般国际法原则。没有履行习惯法或条约义务则引起责任。大多数成员国认为,赔偿责任仍然是当一国不履行上述'适当注意'(due dilligence)的国际义务引起……只有当该国失职没有尽到其国际义务时,才产生国家责任"①。

国际司法实践对于国际法不加禁止的行为造成损害的国际责任也是肯定的。在"特雷尔冶炼厂仲裁案"中,仲裁庭就认为,"根据国际法原则及美国法,任何国家都没有权利这样地利用或允许利用其领土,以致让其污烟在他国领土或对他国领土上的财产和人身造成损害"②。

(二)国际法不加禁止行为造成损害性后果的国际责任的适用范围

国际法不加禁止行为造成损害性后果的国际责任的适用范围在现行的国际法中没有明确规定,且国际社会的工业化、高科技的发展日新月异,要明确规定哪些行为是属于国际法不加禁止的行为也很困难,对此,国际法委员会通过的《预防危险活动的跨界损害》第1条就规定为"适用于国际法不加禁止的、其有形后果有造成重大跨界损害的危险的活动",《危险活动所致跨界损害的损失分配》的原则一则规定为"适用于国际法未加禁止的危险活动所造成的跨界损害"。从字面上来看,这类活动必须符合以下三个条件:第一,该项活动必须是国际法没有禁止的,也就是说该活动的本身并不违反国际义务;第二,该项活动的后果可能造成跨国损害。这实际上就将行为主要限定在了环境领域,因为一般在环境领域才有可能造成跨国损害;第三,该项活动必须是在本国领土范围内实施的。结合这三个条件,我们可看出,国际法不加禁止行为造成损害性后果国际责任主要适用于民用核活动、航空飞行、外空利用、国际河流和共同水域的利用、海洋开发、远洋石油运输等防止环境污染等领域。可以肯定地说,随着人类科技的发展和利用自然环境能力的扩大,国际法不加禁止行为造成损害性后果国际责任的适用范

---

① 经济合作与发展组织:《有关跨国界污染的责任与赔偿问题》,1987年,第7页。转引自慕亚平等:《当代国际法论》,法律出版社1998年版,第187页。
② 陈致中编著:《国际法案例》,法律出版社1998年版,第276页。

围肯定会不断地扩展。

二、国际法不加禁止行为造成损害性后果的国际责任的构成要件

一般来说,国际法不加禁止行为造成损害性后果的国际责任的构成要件包括两个方面:(1)行为可归责于责任主体。国际法不加禁止行为造成损害后果的行为主体包括国家、国际组织和作为经营者的个人或法人,这种行为造成跨界损害时,责任主体仍然是国家、国际组织或经营者。(2)行为虽然是国际法未加禁止但造成了损害。

国际法不加禁止行为造成损害性后果的国际责任的构成要件一般不包括过错或过失。因为在跨国界的高度危险的活动中,存在国家疆界的障碍,受害者往往难以收集到必要的证据来证明行为者的过失。为维护受害者的利益,对这类活动应适用严格责任,只要受害者证明其受到的损害与行为者的行为之间存在因果关系,就可以得到赔偿。但是,在有些国际公约中,却规定了过错作为责任的构成要件,如在发射空间物体造成损害的责任方面,发射国的空间物体在地球表面以外的地方,对另一国的空间物体或其所载的人员或财产造成损害,如果发射国没有过错,就不产生国际责任。

三、国际法不加禁止行为造成损害性后果的国际责任的形式

国际法不加禁止行为造成损害性后果的国际责任的形式主要有道歉、恢复原状、赔偿损失等。

关于赔偿损失的原则和范围,现行国际法没有明确规定。依照《关于在危险活动造成跨界损害中的损失分配原则草案》的规定,赔偿损失范围包括对人员、财产或环境所造成的重大损害,具体包括:人员死亡或人身伤害;财产的损失或损害,包括构成文化遗产一部分的财产的损失或损害;环境受损而引起的损失或损害;对财产或包括自然资源在内的环境的合理修复措施的费用;合理应对措施的费用。

赔偿损失的原则是及时、充分赔偿跨界损害原则。该原则要求各国采取一切立法、监管和行政措施无歧视地保证受害人得到及时、充分的赔偿。

思考题:

1. 什么是国际不法行为?国际不法行为责任的构成要件是什么?
2. 阐述国际责任法律制度的发展趋势。
3. 比较国际法不加禁止行为造成损害性后果的国际责任与国际不法行为的国

际责任。

4. 国家能否成为国际刑事责任主体?

▶ 自测习题及参考答案

第十六章 国际争端解决法

正如个人与个人间有纷争一样,国家之间由于利益冲突或对某种特定事实观点不一致,也不可避免会有纠纷和争端。国际争端的存在,对于正常的国际交往是一个障碍,对国际和平与安全是一个威胁,如果解决不当或不及时,甚至有可能酿成武装冲突或战争。因此,正确、及时、公正地解决国际争端,对于消除冲突因子、减少战争危险、维护国际和平与安全、促进各国间友好关系以及国际经济社会发展都有重大意义。经过国际实践的长期积累,有关国际争端解决的原则、规则、程序、机构、方法已渐成体系,构成国际争端解决法。

第一节 国际争端的特征与类型

一、国际争端的概念与特征

何谓国际争端?这并不单纯涉及理论概念的探讨,它在解决争端的过程中经常又构成双方争执的焦点。例如,在国际法院审理的"西南非洲案""北喀麦隆案"中,被告方都曾以"原告方对争议标的无法律利益,因而双方间不存在争端"为由提出抗辩,否定国际法院的管辖权。由此可见,对国际争端概念的不同理解常有可能影响到案件的实际解决,确有必要对其作一厘清。

关于国际争端的定义,学者意见不一,有学者认为它应较狭窄地理解为"是由国际裁判来确定的法律关系",即所谓法律权利的争端。而多数意见则认为,争端所涉事项既可以是法律权利,也可能是政治利益。[①] 从现有的国际实践看,我们认为,对国际争端这样理解似乎较为妥当:它是两个或两个以上公认的国际法主体间,主要是国家之间,由于法律权利或政治利益的冲突所产生的争执和对立。

国际争端和国内争端在法律特征上有着根本区别,根据周鲠生教授的总结,它们之间至少有以下两个方面的不同:

1. 在国内社会中,个人之上有共同的最高权力,即国家为他们争端的最高裁判者;在国家之内,管制私人间争端的有三个要素:(1)一般适用的法则;(2)适用法规的法庭;(3)执行法庭判决的公共权力。而在国际社会,在处理国家间争端方面,这三种要素,尤其是后两种,一向(至少在《联合国宪章》制定

---

① 常设国际法院对"争端"的定义曾有权威表述:"争端是……关于法律观点或利益的冲突。" Mavrommatis Palestine Concessions Case, PCIJ, Series A, No. 2 (1924), p. 11.

以前)是欠缺的。国家是主权者,国家之上并没有也不可能有超国家的组织,可以像国家对私人间关系一样管制国家间关系。

2. 国际争端比私人间争端更难解决。国际争端所涉利益特别重大,它不是关系当事者个人之事,而是有关整个国家的荣誉和利益,争端解决的后果甚至可以影响国民后代的利益。因此,处理国际争端不能适用私人间争端的解决办法,而在国际法上有承认特殊的解决办法之必要。①

当今国际社会组织化程度大为增加,统一适用国际法的法庭和执行国际法庭判决的公共权力都有不少进展,但从总的方面看,周鲠生教授的论断似乎仍然还是准确和有效的。

二、国际争端的类型

一切国际争端是否都能从法律上加以评论?传统理论认为,不是一切国际争端都能从法律上加以评判,根据争端自身性质的不同,可以区分为法律争端和政治争端,前者或称为"关于权利的争端",而后者是所谓"关于利益的争端"。法律争端,法律性较强而关涉利益较小,适合利用仲裁或国际法庭依现行国际法规则加以裁判解决。而政治争端,涉及重大利益而其法律性较弱或者有关的法律规则不甚明确,适合通过政治途径解决而不适合司法裁判。

将国际争端从性质上区分为法律争端和政治争端,并把它们同争端解决办法相联系的做法,可以追溯到早期的仲裁实践。1907年的《海牙和平解决国际争端公约》第38条提出了法律争端的名称,并把"对条约的解释"列举归属在其项下。第一次世界大战后的《常设国际法院规约》把"法律争端"的范围扩大到四个方面:(1)条约的解释;(2)国际法上的问题;(3)如经确定足以违反国际义务的事实的存在;(4)由于破坏国际义务应予赔偿的性质和范围。现在的《国际法院规约》也沿袭了这种列举模式。正式对"法律争端"予以定义的是1925年《洛迦诺公约》,它将"法律争端"定义为"当事者就一个权利相互进行争论"的那些国际争端。

持相反观点的学者,如凯尔森认为,没有什么争端按其本质是不可能适用现行国际法加以解决的——只有两种可能性:现行国际法为被告设定了必须履行的义务,则判原告胜诉;或者,现行国际法没有对被告设定必须履行的义务,则判决驳回原告的主张——在这两种情况下,任何争端都是可能由法庭按照国际法加以解决的,因为"法律所未禁止的,就是法律所允许的"。从法律逻辑上讲,只要问题是在普遍接受的现状框架内,即依现行国际法规则来决定权利或协调利益,

---

① 周鲠生:《国际法》(下册),商务印书馆1976年版,第755—756页。

法庭就可以根据案情作出利于原告或被告的裁决。无论何时,这些判决必定有利于维持现状,拒绝改变现状。只是在当事一方或双方都不愿依现行国际法加以解决,关键的问题在于要求改变法律现状时,这样的争端才真正是"政治"意义的。①

在凯尔森等看来,法律争端和政治争端概念划分的基础,在于推导出解决争端的方法,而从上述分析看,从争端自身是不能当然推断出解决争端的方法的。另有学者亦指出,在争端中法律因素和政治因素往往是交织难分的。胡伯在常设国际法院演讲时曾说:"一切国际争端总有政治因素存在。"② 在很多情况下,只要当事双方愿意,不论什么性质的争端,都可在现行国际法框架内评介,都是可裁判的;相反,如双方或一方不愿意,即使是条约的解释或赔偿问题,也是政治性的。基于此,菲德罗斯等认为,法律争端和政治争端的名称应予抛弃。③

三、解决国际争端的方法

在传统国际法中,战争是解决争端的合法方法,因为诉诸战争被视为主权国家的自然权利。进入20世纪后,现代战争给人类造成的巨大灾难使人们的战争观有了重大改变,战争作为解决国际争端和推行国家政策的合法手段被彻底废弃,而和平解决国际争端被确立为国际法的一项基本原则。

战争是非和平的方法,战争以外的都是和平的方法,而在和平方法当中又可分为非强制的和平方法和强制的和平方法。

非强制的和平方法又可分为政治解决和法律解决。政治解决包括谈判、协商、斡旋、调停、和解和国际调查等,在广义上利用国际组织的解决也可包括在内。法律解决包括仲裁和司法裁判。

强制的和平方法虽然不直接涉及战争行为而被传统理论视为"和平性"的,但其中一些方法不仅常有滥用危险,而且可能涉及武力或武力威胁,与《联合国宪章》精神及和平解决国际争端的本旨有不小冲突,值得认真分析:

所谓反报,是一国针对另一国的不礼貌、不友好、不公平的行为还以同样或类似的行为。例如,1885年,德国宰相俾斯麦为了与俄国不合理的进口关税政策相对抗,曾禁止德国银行经办以俄国国债为抵押的贷款。反报针对的是不友好行为而非不法行为,因此反报行为本身亦不能超出法律的限度。

报复又称报仇,是指一国为制止另一国的国际不法行为或寻求补救而采取的

---

① [美] 凯尔森:《国际法原理》,王铁崖译,华夏出版社1989年版,第318—323页。
② 转引自丘宏达主编:《现代国际法》,三民书局1986年版,第542页;[英] 马尔科姆·N. 肖:《国际法》(第六版)(上),白桂梅等译,北京大学出版社2011年版,第797页。
③ [奥] 阿·菲德罗斯等著:《国际法》,李浩培译,商务印书馆1981年版,第497页。

强制措施。不同于反报,报复针对的是他国的国际不法行为而非不友好行为,报复行为本身如果没有他国的不法行为的存在为前提,有可能构成国际不法行为。此外,报复只能在向对方提出合法要求无法满足时才能使用,而且不应超出所受实际损害的合理限度。虽然目前报复仍被视为国际法所认可的严格意义上的自助手段,但许多学者认为它若涉及武力使用的话就有可能与联合国管制武力使用的目标不相一致,因此对它的合法性抱有一定怀疑。

平时封锁,是指在和平时期,一国或数国以武力封锁他国的港口或海岸,迫使被封锁国满足其有关争端解决的要求。平时封锁如果是安理会依《联合国宪章》第42条而采取的一种集体安全行动,其合法性不成问题,但如果是争端方的单方行为,那么其合法性就大可推究。

> **拓展阅读**
>
> 2018年中国对美国非法关税措施的反措施

至于干涉,如果是针对一国内政,因其与不干涉内政原则相抵触,当然属于非法和被禁止之列。而在干涉被视为合法的场合,干涉就是国际法所承认的种种强制行为的总称,如由国际组织为实施条约规定所进行的制裁、国家为保护本国公民而进行的自卫或报复等。

总之,作为解决国际争端的主要方法,最适当的当然是非强制的和平方法,这也是和平解决国际争端原则及《联合国宪章》的要求。

第二节 国际争端的政治解决方法

一、谈判与协商

国家间处理争端的正常方法是通过外交途径直接谈判,对争端的事项进行讨论协商,以求得争端的和平解决。

贝索法官在"巴勒斯坦特许权案"的反对意见中称:"谈判是利益相对立的代表间的辩论与讨论,在讨论中,各方提出理由并反驳对方的论据。"① 一般来讲,它是协调双方主张、求得争端解决的一种方法。当事国就争端事项进行协商或妥协时,以何种形式进行争执以及在什么基础上加以解决,都可自由决定。由于谈判取得和平解决较其他解决方法更为灵活,许多国际条约都应强调首先依靠外交途径通过直接谈判的方式解决争端。

20世纪50年代以前,协商并不被认为是解决国际争端的独立方法,至多只被

---

① Mavrommatis Palestine Concessions Case, PCIJ, Series A, No. 2 (1924), p. 91.

认为是协调双方政策、为谈判创造条件的辅助手段。20世纪50年代以后，协商方式经由长期的国际实践，开始形成若干自己的特点，并为一些重要的条约所确认和肯定，例如，1978年《关于国家在条约方面继承的维也纳公约》的争端解决部分，就有协商方法的专门规定。

与谈判相比较，协商有这样一些特点：第一，协商的运用，可以是在争端发生后为解决争端而进行的接洽，也可能是争端发生前为避免争端就潜在问题进行的信息交流和意见沟通过程，而谈判一般是在争端发生后；第二，谈判双方地位虽然在法律上是平等的，但实力因素的介入往往是主导性的，而协商过程中，实力因素的介入程度较小，友好互谅的精神体现较明显；第三，谈判往往排除第三方的参与，而协商并不排斥第三方的加入，斡旋和调停中的第三方一般与争端无利害关系，而参加多边协商的第三方可能与争端有某种程度的利害关联，这是协商与调停、斡旋的差异所在；第四，对谈判结果的遵守是出于法律上的承诺，其中法律约束的成分多而道义约束的成分相对较少，而对协商结果的遵守更多是基于自愿和道义上的约束。尽管协商形成了一些自身的特点，但它是否已成为一种独立和制度化的争端解决方法，目前仍有一定疑问。

二、斡旋与调停

争端当事国不愿或不能以直接谈判或协商解决其争端时，可以由第三方出面协助当事国解决，包括斡旋和调停。

所谓斡旋，是指第三方不介入具体的争端，主要运用外部手段促成争端当事国展开谈判以解决争端。在斡旋中，第三方一般是国家，但有时也可能是个人，可以是当事国一方委托第三方，也可能是第三方主动进行斡旋。不论如何，斡旋完全是任意性的，第三方并无对他国争端进行斡旋的法律义务，争端国也无接受第三方斡旋的义务，即使接受，也不影响其采取其他合法行动的自由。应该强调的是，斡旋者的介入是极为谨慎的，不直接参加谈判也不提出任何解决方案，所做的仅仅是劝告当事方及提供谈判场所、通信等事务性协助，全部目的仅仅是促成争端方直接谈判。

与斡旋形成对照的是调停。调停也是经由第三方介入以解决争端的方法，不过调停中的第三方介入程度较深，调停人的作用不仅限于促成争端当事国开始谈判，而且更以积极姿态参与谈判，提出其认为适当的争端解决方案作为谈判基础，帮助解决争端。像斡旋一样，调停人既可以是国家也可以是个人，既可是当事者委托的也可是调停人主动的，而且调停也完全是任意性的。

三、其他方法

除了上述四种经常被使用的方法外，调查、和解也是解决国际争端的传统外交工具。20世纪国际组织兴起后,利用国际组织的各种政治机制来解决争端,也成为政治解决的重要内容。

一个国际争端的发生,有时是因事实不清造成误会所致,一旦事实真相得以澄清,则争端常常就迎刃而解。因此,调查方法的运用,对因事实不清而起之争端的解决有特殊的价值。

调查作为争端解决办法之一,源于1899年《海牙和平解决国际争端公约》,但当时仅是一种辅助手段,并不是独立的争端解决办法。[1] 至1907年海牙和会,其运用程序又得到补充,开始形成较独立的争端解决制度。1907年《海牙公约》规定:调查仅限于对事实真相的陈述,不涉及责任归属等任何主观价值判断;调查属任意性质,仅在情况允许时采用,当事国对调查报告并无接受的义务;调查委员会的组成以特别协定确立。1913年的布莱恩和平条约体系使国际调查程序进入了常设性的阶段,根据条约成立了常设性的调查委员会供缔约国利用,缔约国有义务把外交程序不能解决的一切争端提交委员会,由其作出调查报告。在调查报告提交前的期间内,当事国不得诉诸武力,这样可以缓和紧张局势,起到"冷却"效果。布莱恩条约中的这种"冷却期"设置对后来《国际联盟盟约》第12条的"暂时停战"制度有很大影响。

和解,又称调解,是指把争端提交一个中立的国际和解委员会,由其查明事实并提出报告和建议,促使当事国达成协议,以解决争端。

从性质上说,和解似乎是介于调查和仲裁方法之间的一种制度。调查的主要目的是澄清事实,不涉及解决争端的建议或判断,澄清事实后的解决方案悉听当事国自行决定。而对和解来讲,通过调查弄清事实只是第一步,更重要的是还要在事实基础上提出报告和建议,积极帮助当事方达成协议。仲裁和司法方法都强调依法律为依据,而且裁决是有法律拘束力的,而和解报告无法律拘束力,虽然也要尊重事实和力求公允,但并不一定需要以法律为依据。

像调查制度一样,和解也是在1899年《海牙和平解决国际争端公约》及1913年后的布莱恩和平条约体系基础上逐步确立的。经1928年《和平解决国际争端总议定书》和1949年联合国《和平解决国际争端修订总协定书》,和解进一步形成独立的制度。

在近代,最先尝试用某种集体安排来推动国际争端解决的,当数拿破仑战争后的"欧洲协调"机制,当时定期召开的外交会议给欧洲国家很大的空间,使它们能以集体方式干预国际争端的解决。而在国际联盟和联合国的推动下,利用国

---

[1] [英] J. G. 梅里尔斯:《国际争端解决》(第五版),韩秀丽等译,法律出版社2013年版,第53页。

际组织的各种政治机制来解决争端逐渐成为一种制度化的实践。

在联合国机构中，国际法院专门以司法方法解决国际争端，其他机关如联合国大会、安理会等在和平解决争端方面也拥有广泛的职能。此外，区域机关或区域办法也属于联合国和平解决国际争端范畴内的方法和途径。《联合国宪章》第33条和第八章对其利用有明确的规定。

一般来说，能以区域机关或区域办法来解决的争端都具有区域特征，并且争端应当与维持和平与安全有关。区域内的相关当事国，有义务首先将争端提交区域机关或区域办法解决，只有在用尽区域机关或区域办法后，才可诉诸安理会的争端解决机制。不过，这种安排不影响安理会自己主动判断或调查争端情势的权利，也不妨碍有关国家向大会或安理会提请注意该情势。以区域机关或区域办法和平解决国际争端，可以是完全自主的，无须联合国的授权或监督。但如果区域机关或区域办法涉及强制行动，则必须有安理会的授权，并随时向安理会作出充分的报告。

第三节 国际争端的法律解决方法

一、仲裁

仲裁，又称公断，是指争端当事国把争端交付给它们自行选择的仲裁者处理，并相约服从其裁决的争端解决方式。

仲裁作为解决国际争端的方法起源很早，在古代东西方的历史典籍和考古发现中均能找到遗迹。不过，多数西方学者认为近代仲裁制度的确立完善主要得益于18、19世纪的国际实践，并与资本主义的兴起密切相关。其中，公认为对仲裁制度发展最有影响的国际文件是1794年的英美《杰伊条约》，而最重要的仲裁实践当数1872年的"阿拉巴马号案"。该案的裁决成功地化解了英美之间一项严重的争端，突出地抬高了仲裁方法的价值和效用。后来，受"阿拉巴马号案"成功解决的鼓舞，欧美国家之间签订了一系列仲裁条约，许多重大的国际争端纷纷诉诸仲裁解决，各国议会积极投票赞成在条约中采用仲裁条款。利用仲裁方法来解决争端一时间在国际社会中蔚成风气。

就现有的国际实践看，仲裁具有如下特点：

首先，诉诸仲裁就包含着遵守裁决的义务，仲裁裁决对当事国有拘束力。从法律逻辑上说，一项裁决的效力与实现效力的方法是两个概念。就仲裁而言，虽然在绝大多数情况下，当事国对裁决的履行都是自愿的，但这并不说明在特定情况下裁决不会或不能被强制履行。应该说，"诉诸仲裁即承允遵守裁决"是一项久已确立的习惯国际法规则，遵行仲裁裁决，既是道义责任，也是法律义务。

其次，仲裁案件的当事国有相当大的自主权。例如，仲裁庭通常只是为特定案件而设立，组成仲裁庭的仲裁员很大程度上由当事国自己选择，仲裁依据的规则是当事国选择的，仲裁程序也由当事国自行确定。

最后，仲裁裁决通常是终局性的。除非仲裁人有违反仲裁规则、越权、法律适用错误、受贿赂等行为，或者当事国间的仲裁协议对仲裁裁决的可上诉性事先作出了约定。

上述特点把仲裁与和平解决国际争端的其他方法区别于两个方面：一方面，对谈判、和解、调查等解决争端的政治方法来讲，仲裁是法律性的。调停的方案、调查委员会的报告及和解委员会的建议对当事国不具有约束力，当事国可以在调查、调停或和解的过程中任意终止其进程。相反，仲裁裁决对当事国有拘束力，而且一旦当事国承允仲裁并就仲裁庭组成、法律适用、程序等全部事项达成协议，就不能任意终止其同意。另一方面，相对于解决争端的司法方法，仲裁是准司法性的和准政治性的，其法律性不够严格。仲裁庭的设置一般是临时的、个案的，仲裁员由当事国选择并且不一定具备法律专家的资格，所适用的规则和程序也是由当事国确定的。而在司法方法中，法院的设置通常是常设性的，有完整的组织体制。法官均具备法律上的资格，正常情况下不允许当事国选择。法院的判决是依法律进行，法律适用和程序一般也不允许当事国选择。判决在理论上不是终局性的，除非法院章程（或规约）明确规定其是终局性的。

1958年，联合国国际法委员会制订了一项《仲裁程序示范规则（草案）》提交联合国大会，对现行仲裁制的原则和程序进一步予以明确和具体化：

第一，仲裁的提起包括任意性仲裁和强制性仲裁两种方式。任意性仲裁，是指争端发生后，当事国签订协议将争端交付仲裁。强制性仲裁，是指各当事国在争端发生前，先经协议同意将未来可能发生的争端交付仲裁，如发生争端，依一方当事国请求，即可开始仲裁程序的仲裁。通常，当事国只在特定种类的法律争端上才接受强制仲裁管辖，而且还往往以保留方式对仲裁庭的管辖权加以限制。这些保留把涉及独立、领土完整、荣誉或重大利益等方面的政治争端排除在外。

第二，仲裁职务由争端当事国自己选任的仲裁者行使。历史经验表明，仲裁者的选任范围和组织方式极为宽泛，当事国向来有决定的充分自由。[①] 最常见的方式，是由各当事国在本国国民中各选任1名，其余1名或3名由当事国共同指定或委托局外第三方指定，共同组成一个人数为奇数的仲裁庭。

第三，争端当事国对仲裁庭所适用的实体法和程序法有相当程度的决定权。

---

① 周鲠生：《国际法》（下册），商务印书馆1976年版，第770页。

仲裁庭在尊重国际法的基础上处理案件，这意味着当事国在仲裁协议中所选择确定的实体法和程序法应优先适用，只是在当事国对法律适用未作约定时，才适用一般国际法或公允原则。

1900年在海牙正式成立的常设仲裁法院，包括三个机构：一是常设行政理事会，由各缔约国常驻荷兰的外交代表及荷兰外交大臣组成，负责监督和指导国际事务局的工作；二是国际事务局，作为仲裁法院的书记处，通知裁判开庭事宜，保管档案，处理一切行政事务；三是经登记的仲裁员名单，由各缔约国至多选任4名"精通国际法问题、享有最高道德声誉"，且愿担任仲裁员职务的人士，列入仲裁员名单，由国际事务局通告各缔约国。仲裁庭成员由各当事国从仲裁员名单中选任。

常设仲裁法院从1902年开始审案到1932年止，总共作出了约20项重要的仲裁裁决，但其后由于国际局势的剧烈变化，受案数量大跌，长期处于萧条状态。"冷战"结束后，常设仲裁法院为"厄立特里亚—也门仲裁案"等多个案件提供了机制性的协助，还通过了包括《国家间仲裁解决争端任择规则》在内的数个仲裁示范程序文本。一些学者因此认为常设仲裁法院可能已走出低谷，重新获得了生机。①

二、司法或准司法方法

（一）常设国际法院

在1919年的巴黎和会上，各国人士都希望建立一个真正的国际法院来克服国际仲裁的局限性，希望有这样一个法院来为公正合法地解决国际争端提供强有力的支持，希望它成为战后国际秩序的一块"法律基石"。常设国际法院因此而得以建立。

常设国际法院从1922年成立接受第一件咨询案起，到1946年正式解散时止，共受理了66个案件，其中诉讼案38件、咨询案28件。至1940年2月纳粹德国军队占领海牙而致法院事实上停止活动时止，法院实际已就29个诉讼案作了32份判决，发表了27份咨询意见，颁发了200道以上的院令，制定了法院规则和法院司法惯例并多次进行了修订。

应该说，常设国际法院的成就是举世公认的，这不仅表现在它帮助解决了一些严重的、其中很多是第一次世界大战遗留的国际争端，也不仅表现在通过这些判决，法院澄清了大量以前不太明确的国际法的领域，更重要的是法院空前地超

---

① W. E. Butler, The Hague Permanent Court of Arbitration, in Mark Janis, *International Courts for the Twenty-first Century*(《21世纪的国际法院》), Springer, 1992, p. 43.

越了各国国内法体系和以往的国际仲裁经验,发展了真正的国际司法技术,树立了一套完整的国际司法制度,使国际法真正有了它自己的适用机关。

(二) 国际法院

1. 创立背景

第二次世界大战结束后,创立联合国的旧金山会议决定放弃常设国际法院而建立一个新法院,同时强调新法院与常设国际法院间应保持连续性。根据《联合国宪章》第7条和第42条,国际法院是联合国6个主要机关之一,同时也是其主要的司法机关。《国际法院规约》以《常设国际法院规约》为根据,并构成《联合国宪章》之组成部分。联合国会员国是《国际法院规约》当然的缔约国。

1946年1月31日,常设国际法院法官全体辞职;2月5日,联合国大会及安全理事会分别平行选举了第一届法官;4月18日,新当选的法官在海牙和平宫集会,国际法院正式宣告成立。

2. 组织体制

从性质上讲,国际法院是联合国的主要司法机构,同时也是一个由独立法官组成的司法实体。根据《国际法院规约》规定,国际法院由15名法官组成,其中不得有两人为同一国家的国民。选任条件是:"法官不论国籍、就品格高尚并在各国具有最高司法职位之任命资格或公认为国际法之法学家中选举之",同时,"还应务使法官全体确能代表世界各大文化及主要法系"。

符合条件的法官候选人,由常设仲裁法院的各国团体提名产生。大会和安理会根据所提名单彼此独立地秘密投票选举法官,候选人要在两处都得到绝对多数票,方算当选。法官任期9年,可连选连任,每3年改选5人。为保证法官的司法独立,法院支付法官优厚薪俸,给予法官及其同户家属外交特权及豁免,规定法官不得从事其他职业并要进行忠诚宣誓。

法院由法官秘密投票选举院长和副院长各一人,任期3年,可连选连任。同时,法院还设有书记处,由书记官长、书记处职员组成,负责法院日常行政事务或应付其他特别需要。

受案法庭是国际法院司法活动的基本单位,根据案件情况不同,受案法庭的类别亦不相同,它可分为普通庭和分庭两大类。

普通庭由组成法院的全部15名常任正式法官组成(因故不能出席,亦必须有9人才构成法定人数)。对于涉及本国的案件,拥有该国国籍的法官不必回避。若是当事国在法庭中没有本国国籍的法官,则可临时选派一名"专案法官"参与组成普通庭。案件若涉及特殊知识领域,法院还可委派一名或数名不具表决权的襄审官共同组成受案法庭,以普通程序审理呈讼案件。

分庭一般由常任正式法官的一部分组成,某些情况下,还可包括专案法官和不具表决权的襄审官。分庭形式多样,国际法院所设分庭就包括:(1)特种案件分庭。有一个或数个,由法官 3 人或 3 人以上经常组成,以普通程序或简易程序处理特种案件,如劳工案件、过境与交通案件等。(2)特定案件分庭。随时组成,由法院经当事国同意后决定的一定数目的法官(既包括常任正式法官,也包括当事国选任的专案法官)组成,以普通程序或简易程序处理不特定种类的某一案件。(3)简易程序分庭。每年由法官 5 人组织一个,处理案件时应包括正式法官和专案法官,以简易程序处理不特定种类的案件。

分庭的裁决和普通庭的裁决具有同等效力,但与普通庭相比,分庭运用的程序可简可繁、法官的组成可多可少、费用较低廉、既灵活又方便,对某些诉讼标的比较清楚、所涉法律问题较明确的案件有很好的适应性。

3. 管辖权

国际法院的管辖权分为诉讼管辖和咨询管辖两种。

(1)诉讼管辖权

《国际法院规约》第 34 条第 1 款规定:"在法院得为诉讼当事者,限于国家"。由此可见,只有国家才能向国际法院提起诉讼,个人、国际组织和其他实体都不是国际法院诉讼案件的合格主体。在个人、法人等权益受到侵害时,只能通过本国政府才能向国际法院寻求司法救济。

根据《国际法院规约》第 36 条,国际法院有权处理的案件可分为三类:一是争端发生后,当事国协商同意下自愿提交的一切案件,这种方式的管辖被称为"自愿管辖"。二是争端发生前,当事国在现行各种条约、协定中事先约定,遇有条约解释或适用方面的争端时,应提交国际法院解决,这类以协议方式事先约定的管辖被称为"协定管辖"。三是所谓"任择强制管辖",根据《国际法院规约》第 36 条第 2 项的规定,规约当事国可随时声明,对于接受同等义务的其他任何国家,承认国际法院对下列一切法律争端享有强制管辖权:① 条约的解释;② 国际法上的任何问题;③ 如经确定即属违反国际义务的任何事实的存在;④ 违反国际义务应作赔偿的性质或范围。法院对此类案件的管辖权,既不是根据自愿亦不是依协议,而是根据当事国的事先声明来行使的,这种管辖权对法院来讲是强制性的,对当事国来讲则是任意承担的。

(2)咨询管辖权

《联合国宪章》第 96 条规定:"(一)大会及安理会得请求国际法院就任何法律问题发表咨询意见;(二)联合国其他机关及各种专门机关,对于其工作范围的任何法律问题,得随时以大会之授权,请求国际法院发表咨询意见。"可以看出,在国际法院的咨询案中,合格的主体有两类:一类是有直接请求权的,限于大会和安理会,它们可以就"任何法律问题"请求法院咨询管辖;另一类是无直接请求权的,包括联合国的其他机关或专门机构,它们仅能在获得大会授权时才成为适格主体,而且它们能够请求法院咨询管辖的案件范围亦有限制:"就其工作范围内的法律问题"。

比较而言,诉讼案的主体是国家,而咨询案的主体限于联合国内部机构(包括主要机构和专门机构);法院诉讼管辖的事项范围较宽泛,咨询管辖的范围较为特定;法院对诉讼案的判决是有拘束力的,而咨询意见仅是权威的法律参考,本身并无拘束力。

4. 法律适用

适用国际法解决国际争端,是国际法院这样的国际司法机构区别于国际政治组织的主要方面。根据《国际法院规约》第38条,法院对于呈诉各争端,应依国际法裁判之,裁判时所适用的法律包括:(1)国际条约;(2)国际习惯;(3)文明各国所承认的一般法律原则;(4)作为确定法律的补助资料的司法判例和权威国际法学说。并且,在经当事国同意后,法院亦可本着"公允及善良"这样的衡平原则断案。

5. 适用程序

国际法院的适用程序依其所承担的职责可分为诉讼程序和咨询程序。

(1)诉讼程序

起诉。国际法院的起诉,可区分为以双方自愿为基础的特别协议方式和以单方自愿为基础的单方请求书方式。区分诉讼提起的方式,对确定当事方在诉讼中的地位有重要作用,有人认为,这对举证责任的分担有一定影响——以特别协议起诉,没有原告和被告之分,在提交书状和辩论时,当事方自行决定顺序;以请求书起诉,则当事国区分为原告和被告,请求方得先提出诉状并对事实、法律和诉讼主张先行陈述,这就有加重举证责任的味道。当事方起诉文书,应提交给国际法院书记官长,书记官长在接到书状后,应审查书状格式、登录通知书或请求书并将书状和文件转送给有关各方。

书面程序。国际法院的正式审理是以书面程序开始的,通常情况下,书面程序包括诉状和辩诉状的相互提交,有时也有提交答辩状和复辩状的需要。书状通常是同时或按一定次序提交,提交的次序一般按当事双方的约定或程序的规定来确定:在以特别协议起诉的案件中,因无原被告之分,诉状常是同时或按双方约定次序提交;而在以请求书起诉案件中,则原告先提交,被告后提交。在提交诉状时一般应随附书证材料。在最后判决前,书状通常对公众保密,但近来在具体做法上有一些例外。

口述程序。一旦所有书状都已提出,案件即进入口述程序,可以开庭审理了。口述程序通常是以当事方的初次口头陈述开始的,在以请求书起诉的案件中,一一般是由原告先作口头陈述，再由被告陈述；如果是以特别协议提交的案件，无原被告之分，则由双方协商陈述的次序。初次口头陈述结束后，就每一仍有分歧的问题，还可能进行口头陈述。法庭在听取陈述和接受证据时，可以询问各当事方代理人、证人和鉴定人，或以其他调查方法对证据进行查实。在口述程序结束前，一般由当事双方代理人作结案陈词，宣读最后的诉讼主张。然后，法官退席秘密评议、讨论判决。

除上述一般性的程序事项外，还有可能遇到一些特殊的程序问题，这些问题虽只在个别案件中涉及，但仍对诉讼的进程有影响。这些"附带程序"主要包括当事方的确定、先决抗辩、临时保全、第三方的参加、反诉、判词的解释和复核、案件的中止等。

（2）咨询程序

咨询程序仍以诉讼程序为基础，主要步骤包括：咨询案的提出、书面和口述程序、咨询意见的作出。

6. 判决执行

《国际法院规约》和《国际法院规则》对判决的执行没有规定。目前，国际法院不是主权国家之上的"超国家司法机关"，而是国家间的司法组织，它并无能力采取强制措施迫使当事国执行判决。并且，在某种意义上，执行行动还被认为是政治性而非司法性的。基于这种理解，《国际法院规约》对判决的执行不置一词，留交法院以外的机制去解决。联合国则承担了这一任务。《联合国宪章》第94条规定："（一）联合国每一会员国的任何案件的当事国，承诺遵行国际法院的判决。（二）遇有一方不履行依法院判决应负之义务时，他方得向安理会申诉，安理会认为必要时，得作成建议或决定应采取办法，以执行判决。"

从根本上讲，国际法院判决的执行主要依靠自觉。许多学者认为，在国际社会，服从法律和履行国际义务的动机主要并不是来自对制裁的畏惧，畏惧制裁与服从法律的关系并不大，事实上，不履行国际法院判决的情况是相当罕见的。①

（三）其他司法或准司法机构

1. 裁决国家间争端的机构

除常设国际法院和国际法院外，国际上还有不少与其类似的司法或准司法机构，如中美洲法院、联合国国际海洋法法庭、世界贸易争端解决机构等，它们在组织体制、管辖权、法律适用和程序等方面都颇为接近。之所以如此，是因为这些国际法庭或法院裁判的都是国家之间的争端，调整的是平等主体之间的关

---

① ［英］M.阿库斯特：《现代国际法概论》，汪瑄、朱奇武等译，中国社会科学出版社1981年版，第9—13页。

系——这种同质性使得这些司法机构的演进具有明显的连续性和相关性。

2. 裁判公权力与个人之间争端的机构

这种裁判机构主要包括两类国际司法机构：一是刑事国际司法机构，包括欧洲国际军事法庭、远东国际军事法庭、前南斯拉夫国际刑事法庭、卢旺达国际刑事法庭和国际刑事法院等。它们的司法权所涉及的是国际公权力对作为国际罪犯的个人自上而下的追诉和惩治关系。二是人权国际司法机构，包括人权国际法院和国际组织行政法庭。前者有欧洲人权法院、美洲人权法院、非洲人权与民族权利法院等，后者包括联合国行政法庭、国际劳工组织行政法庭和世界银行行政法庭等。这些法院和法庭裁判的是被侵权的个人对公权力（可能是国家政府，也可能是国际组织行政当局）自下而上的抗告和求偿案件。①

3. 区域一体化组织的司法机构

这主要是指欧洲联盟的司法体系。欧洲联盟设有欧盟法院、普通法院和特别法庭，分别受理和裁判欧盟成员国之间、成员国与欧盟机构之间、欧盟机构相互之间、个人与欧盟机构之间涉及欧盟法的解释与适用的各种争端。欧盟的司法体系在国际上独树一帜，具有诸多超国家因素。②

第四节　中国解决国际争端的立场与实践

一、一贯坚持和平解决国际争端

研究中国历史的学者大多都认同，中华民族是爱好和平的民族，中国在历史上是一向爱好和平的国家。在先秦时期，史书就有所谓春秋"善解纷，贵远怨，恶兵戎"的说法。秦汉之后，儒家思想强调"和为贵"的观念。1840年鸦片战争失败后，清政府洋务派将近代国际法引入中国，作为与西方国家交涉解纷的工具。1864年普丹战争期间，清政府援引国际法成功地处理了与普鲁士的外交纠纷。甲午战争失败后，被迫推行新政的清政府开始转变观念，派使团参加了两次海牙和会，这是与和平解决国际争端有关的重大外交实践活动，也是中国第一次参加国际会议。辛亥革命后，中华民国政府依循国际法并利用各种外交方法来和平解决国际争端，成为民国外交思想的基本内容。③例如，曾利用1919年的巴黎和会来

---

① 邓烈：《国际司法机构的源起与发展路径》，《法学研究》2010年第5期。
② 曾令良：《欧洲联盟法总论——以〈欧洲宪法条约〉为新视角》，武汉大学出版社2007年版，第224—236、264—332页。
③ 参见《临时大总统宣告各友邦书》，张忠绂编著：《中华民国外交史》，正中书局1943年版，第64页。

解决与日本间的山东权益问题。但"九一八事变"后，国民政府不与日本直接交涉，而是诉诸国联寻求国际调查，结果于事无补。

中华人民共和国成立之后，尤其是自改革开放以来，一直坚持和平自主的外交政策，秉持共商共建共享的全球治理理念，主张国家不分强弱大小，一律通过平等协商解决彼此间的各种分歧和争端。在实践中，中国在坚持协商与谈判是首选方法的同时，对于其他外交政治方法和法律方法的利用亦持开放和积极的态度。

二、坚持协商与谈判为首选方法

在中国政府看来，由当事方直接协商谈判来解决争端是最简明有效的方法，而第三方介入的效果却常常难以把握。有时第三方介入能推动协商谈判的进程，起到很好的辅助效果。而在另一些场合，第三方的介入反而会使问题复杂化，甚至成为某些霸权国家插足和干涉的机会。

在毛泽东时代，中国一方面受到西方阵营的围堵，另一方面在社会主义阵营内部又不得不反对和抵制苏联的大国沙文主义倾向。这种严峻复杂的外交局面，使得中国在考虑和决定利用何种方法来解决国际争端时格外敏感和谨慎：

首先，基于对国际法在第二次世界大战以后现实适用状况的高度质疑，中国政府对国际司法的公正性不作期待。这种不信任既有意识形态上的理由，也有现实政治的依据，同时还有历史教训的印证。① 因此，诉诸国际仲裁或司法解决争端，一向不在当时中国政府的考虑范围之内。

其次，对于国际调查与和解，中国也持明显的保留态度。由第三方对争议事实作调查和判断，并以此作为争端解决的基础，这本身就带有某种裁判的因素。在当时的国际环境下，中国既不可能允许某些西方国家或国际组织来为中国作争议事实的判断，也不可能让有着霸权倾向的苏联染指——那样无疑是为外来干涉打开了大门。在历史上，中国曾有指望国际联盟的李顿调查团来解决"九一八事变"的旧事，而那段经历无疑是令人愤懑失望的。

最后，对于斡旋和调停，中国不完全排斥，但也心存顾忌。不排斥，是因为它们基本上只是协商谈判的辅助手段，在直接谈判无法开始或面临僵局的情况下，第三方的斡旋和调停有时的确有积极的效果。有顾忌，是因为这毕竟给了其他国家介入和扩大影响的机会，如果把握不好，会使问题更加复杂。基于这些考虑，

---

① 包括苏联、中国在内的社会主义国家，认为国际法庭多由西方法律人士组成，他们在意识形态和法律观念上就存在着深刻的偏见和敌视。而且从现实状况上看，其裁判活动也不可能不受西方国家的政治影响。参见苏联科学院法律研究所主编：《国际法》，国际关系学院翻译组等译，世界知识出版社1959年版，第395页。就中国而言，民国时期"中国比利时修约案"（常设国际法院，1926年）的失败，也印证了上述看法。

中国一般不会接受大国介入斡旋和调停，但可能会邀请某些中立的中小国家出面。例如，在1962年的科伦坡会议上，中国曾接受斯里兰卡等六国对中印边界冲突的调停，因为这六国是对华友好的亚非小国。

比较而言，直接协商谈判最能被中国接受，因为谈判是第三方介入余地最小的解纷方法，最能保证当事国的自主权，特别是在关涉领土、安全等敏感政治议题的时候尤其如此。

另一个现象是，中国倾向将协商与谈判相区分，并且给协商以更大的认可，因为它更为灵活而且包涵更多互谅互让的意涵，与和平共处五项原则以及中国"和为贵"的传统在精神上有更大的契合。

改革开放以后，随着国力的增长和观念的转变，中国已成为塑造国际体系的建设性力量。"冷战"的结束和国际地位的变化，使得中国有更大的外交自信，同时也能更正面、理性地看待国际法的作用，务实灵活地运用各种争端解决方法。

具体来说，中国政府原则上不再否定和排斥包含第三方因素的解纷方法，对于斡旋、调停和调查，中国的态度由较为警觉转为基本开放。中国意识到，随着国力的提升，中国被迫将自己置于外国调停、斡旋和调查之下的日子已一去不返。而作为大国，中国有机会以斡旋人或调停人的身份推动国际争端的解决，这对于发挥自身的国际影响力，维护国际和平是有利的。实践中，中国在处理朝鲜事务时曾多次扮演了斡旋人或调停人的角色。如1997年，在中国的调停下，韩国和朝鲜解决了向朝鲜提供粮食援助的问题。在朝鲜核问题上，中国通过六方会谈机制，积极展开外交斡旋，协调各方立场，推动以谈判方式政治解决争端。

不过在总体上，中国依然愿意将协商和谈判作为解决国际争端的首选方法。在中国对外缔结的很多国际协定中，中国常会建议在争议解决条款中把协商谈判列为优先考虑的方法。在外交实践中，中国除了重视以协商谈判解决自己与别国的争端外，也常常会在参与处理国际热点问题的时候，建议相关争端方尽量通过协商谈判来化解矛盾。

此外，对于仲裁和司法方法在国际争端中的利用，中国的态度也较以往有了明显的改变。

三、不排除法律方法或准司法方法

我们在前面曾提到，传统中国的解纷思想追求整体关系的和谐，而常将案件中具体利益分配的公平性置于相对次要位置。国人对协商谈判的推崇和对诉讼裁判的拒斥，某种程度上正是这种思维模式影响的结果。

实行改革开放政策以前，中国排斥任何仲裁或司法解决国际争端的想法。1962年中印边界冲突发生后，中国拒绝了印度提出的将争端提交国际仲裁的建议，认为"中印边界争端是涉及两国主权的重大问题，而且涉及的领土面积又有10万平方千米之大。不言而喻，它只能通过双方直接谈判求得解决，绝不可能通过任何形式的国际仲裁求得解决"。1972年中华人民共和国政府开始行使在联合国的代表权始，即撤回了中华民国政府于1946年所声明接受的国际法院任择强制管辖权。在所加入的条约或公约中，对其中提交司法或仲裁解决的协议管辖条款中国政府亦声明保留。

1979年以后，随着改革开放的深入和法治水平的提高，中国在仲裁或司法解决国际争端问题上的态度有了实质性的调整。原则上，中国反对一切形式的霸权主义和强权政治，支持国际法治的理想和追求，并且认为仲裁和司法解决国际争端是国际法治的应有之意。在肯定其积极作用的同时，中国也对仲裁和国际司法的局限性有客观的评价和认识。在实践中，这种立场可以解读为：

第一，中国对仲裁或司法解决国际争端持积极和开放的态度，不排除利用任何仲裁庭、国际法院或法庭以及准司法机制解决中国与他国间争端的可能。

第二，对于经济、贸易、文化等领域中法律性较强、不涉及重大主权利益的争端，中国可以接受以仲裁、国际司法或者准司法的方法来解决。为此，中国愿意接受这类国际条约中的"协议管辖条款"，也可以在争端发生后与其他当事国签订特别协定，将争端提交某一国际仲裁庭或国际法庭裁决。

第三，仲裁和国际司法方法一般不适合用来解决涉及领土归属、国家尊严以及重大主权利益的争端。中国将保留对此类争端的判断，因此不轻易接受有可能损害该判断权的任何仲裁庭或国际法庭的强制管辖权，无论它是任择强制管辖还是协议约定的强制管辖。同时，对于属于此类性质的争端，中国将主要以协商谈判的方法加以解决。

与上述立场相适应，从20世纪80年代初起，中国就全面恢复了在常设仲裁法院和国际法院的活动。1984年中国首次提名倪征𠶡作为国际法院法官候选人并成功当选，其后又先后有史久镛、薛捍勤两位当选法官。90年代初，中国政府就"联合国国际法十年"的议题提交报告，赞同加强国际法院的作用，建议国际法院适当利用分庭程序，提高效率，考虑扩大咨询管辖权的范围。

从20世纪80年代末开始，中国开始同意在贸易、技术、文化等双边条约中载入仲裁或司法解决条款，对于一些经济、技术性公约中的仲裁或司法解决条款也不再不加区别地一概予以保留。2001年，中国加入WTO，正式接受了包含专家组、上诉机构和仲裁在内的争端解决机制，当年即向WTO专家组提出了对美国钢铁保障措施的申诉，开始了真正意义上的国际诉讼实践。截至目前，中国作为申诉方或被申诉方已参与了55起案件。

对于涉及领土归属、国家尊严以及重大主权利益的争端，中国依然坚持通过协商谈判加以解决的既定政策。客观上讲，无论是国际法院还是国际刑事法院，都难脱西方法院的底色，贸然接受其强制管辖，有可能使一些敏感、重大的政治利益和主权权利面临风险——民国时期的"中国比利时修约案"就是前鉴。出于对国家和人民的负责，中国政府未恢复接受国际法院的任择强制管辖条款，在签订或加入各种重要条约时，一般也都会严格审查其协议管辖条款，通常情况下会就"涉及领土归属、国家尊严以及重大主权利益的事项"提出保留，① 对参加法院的诉讼持严谨、审慎的态度。② 此外，虽然中国还未加入《国际刑事法院罗马规约》，但是一直以观察员身份出席缔约国大会的各次会议。

思考题：
1. 试述国际争端的概念和特点。
2. 国际争端政治解决的方法有哪些？相互间有何区别？
3. 仲裁和司法解决有何异同？
4. 试述国际法院的职权及其诉讼程序。
5. 试述中国解决国际争端的立场与实践。

▶ 自测习题及参考答案

---

① 例如，中国在批准1982年《联合国海洋法公约》时就根据公约第298条发表了排除性声明，表示对于海洋划界、军事活动、渔业和科研执法等重要领域的争端，中国政府不接受《联合国海洋法公约》第十五部分第二节规定的任何国际司法或仲裁管辖。基于这一保留，中国反对菲律宾将所谓的"南海争端案"提交国际仲裁，因为该案实际涉及的是中菲有关南海岛礁归属的领土争端。
② 段洁龙主编：《中国国际法实践与案例》，法律出版社2011年版，第368—369页。

第十七章 国际刑法

在国际刑法实践中，国际法庭案例一般都会在国际社会引起很大反响和讨论，并产生深远的社会影响。例如，日本前首相东条英机第二次世界大战后被远东国际军事法庭判处绞刑、南斯拉夫联盟前总统米洛舍维奇被前南国际刑事法庭起诉审判、卢旺达前总理坎班达被卢旺达国际刑事法庭判决无期徒刑、利比里亚前总统泰勒 2012 年被裁定犯有战争罪并被处以 50 年监禁以及苏丹总统巴希尔被国际刑事法院起诉，等等，都引起了广泛的讨论。

但讨论中难免会产生一些疑问，如：国家元首为他们国家做事，怎么会被审判呢？是什么样的国际法庭能审国家元首并能将他们判刑呢？被告犯的又是什么罪呢？等等。

上述问题涉及国际刑法的基本内容。国际刑法的发展，使得国际社会已成立了不少国际刑事司法机构，它们的目的是要惩治国际罪行、实现正义。国际刑法的基本概念和特征是什么？它们是怎么发展起来的？有哪些国际罪行？对这些罪行管辖的法律依据是什么？这些都是本章要探讨的问题。

第一节 概 述

拓展阅读

国际刑事法院调查与起诉

国际刑法已成为国际法领域内最具有强制力的一个部门法，并正在对国际政治和国际关系产生深远的影响。国际刑事法院 2008 年对苏丹总统巴希尔的起诉以及 2011 年对当时利比亚领导人卡扎菲颁布的逮捕令清楚地表明：国际法庭的决定，对一国的政局稳定及国际秩序都会产生不可忽视的冲击和影响。

国际刑法兼容国际法、刑法、国际关系及国际政治等方面内容，是一个具有边缘交叉性质的国际法分支。国际刑法是关于对国际罪行进行起诉、审理和惩治的国际法律规范，具有明显的正义性和强制性并与国家主权紧密相连。研究国际刑法，首先必须要了解与之相关的基本概念和特征等。

一、国际刑法的概念与特征

（一）国际刑法的概念

国际刑法是国际法的一个分支，还是属于刑法的一部分？学术界对此时有争论。有的学者认为国际刑法属于国际法的一部分，有的则认为是国内刑法的域外延伸，属于刑法。其实，国际刑法应该说是兼有这两方面的内容。

简单地讲，国际刑法是国际法里的刑法部分与刑法里的国际法部分的结合。至于这两个部分的范畴，国际刑法学者谢里夫·巴西奥尼教授认为：

"国际法的刑事方面包括国际犯罪，国际刑事责任方面的要素，国际刑法直接实施体制的程序方面，以及国际刑法非直接实施体制的实施方法的某些特定方面。国际法这些刑事方面的范围已经有所扩展，从而引起了与国内刑事（法律）国际法方面的重叠……

国内刑法的国际法方面包括域外管辖规则，国家与国家之间以及一个国家与一个国际法律机构之间刑事管辖权的冲突，以及适用于在刑事问题上国际合作方法或非直接实施体制的法律的国际渊源。后者体现在多边和双边条约以及习惯国际法之中，也包含在适用于国内法律诉讼的国内规则之中。"①

国际刑法在国际法方面，含有国际人道法、国际人权法的基本原则以及国际法下的国际罪行部分（如侵略罪、反人道罪、战争罪和种族灭绝罪等）。而在国际刑法的刑法方面，除了刑法上实体法和诉讼法以外，还涉及各国的司法制度。因此，国际刑法是关于对国际罪行进行界定并要求主权国家对一些严重国际罪行进行起诉和惩罚的国际法律规范。这些法律规范同时也包括对犯有国际罪行的人如何提起公诉及如何进行审判的程序规则。所以说，国际刑法既是国际法的一个分支，同时也属于刑法的一个部分。

（二）国际刑法的特征

1. 维护国际社会的共同利益

国际刑法的目的是维护整个国际社会的共同利益。

随着科学技术的不断发展，所有国家相互之间的关系越来越紧密。在全球化的趋势下，世界各国政治、经济、文化和法律的相互之间发生了日益趋同的变化。整个国际社会逐渐形成了共同的利害关系及利益追求，产生了共同的道德判断标准和价值取向。一些国际犯罪震撼了整个国际社会的"公众良知"，侵害了国际社会的共同利益。对此，各国均认为是对全人类的罪行，如侵略罪、种族灭绝罪、反人道罪、战争罪以及其他侵害人类尊严与权利的严重罪行。由于这些罪行的性质，致使犯罪行为的受害者不仅仅只是犯罪的直接受害者，而是整个国际社会，或是整个人类。

《罗马规约》的序言宣布，国际刑事法院的缔约国"认识到这种严重犯罪危及

---

① Cherif Bassiouni, *Introduction to Internaitonal Criminal Law*（《国际刑法导论》），Transnational Publishers, Inc., 2003, pp. 4–5.

世界的和平、安全与福祉,申明对于整个国际社会关注的最严重犯罪,绝不能听之任之不予处罚,为有效惩治罪犯,必须通过国家一级采取措施并加强国际合作"。

上述这段序言表明,国际社会正是为了维护整个国际社会的共同利益,才要起诉和追究严重的国际犯罪行为。刑法已经成为法典化的法律。在世界上,每个国家都有一部刑法典。刑法典一般分为"总则"和"分则","总则"部分规定刑事责任的一般原则,"分则"部分规定各种具体犯罪的定义。国际刑事法院的法律文件如同一国国内刑法典,它既有关于刑事责任的一般原则,也有各种具体犯罪的定义和罪行的构成要件。

如此规定,就是因为国际刑法所禁止的犯罪行为通常是那些对国际社会具有很大危害性质的严重罪行。国际刑事法院为了保护整个国际社会的利益,不仅将犯罪行为本身确定为国际罪行,同时将可能犯下这些罪行或为犯这些罪行作准备的行为也确定为犯罪。因此,这些规则对于维护整个国际社会的共同利益来讲,具有防范的作用。

2. 具有很强的制裁力

国际刑法是国际公法的组成部分。

国际公法时常被认为是"软法",原因是主权国家之上没有超国家的世界立法机构。国际法的这一特性与有强大国家机器作后盾的国内法有很大的不同,所以国际法在履行国际条约规定时特别强调"善意"原则,其原因就是它缺少一个强制执行的机构。

但国际刑法与其他国际法分支不一样。它的目的是维护国际社会的共同利益、对国际罪行予以惩治,所以具有很强的制裁力。比如,联合国安理会在 1993 年 5 月通过第 827 号决议成立前南国际刑事法庭时,就明确声明:

"(联合国安理会)设立一个国际法庭,其唯一目的就是要起诉应对 1991 年 1 月 1 日至一俟和平恢复之日安理会确定的日期之间在前南斯拉夫境内实施的严重违反国际人道法的行为负责的人。(联合国安理会)为此目的通过附加在上述(联合国秘书长)报告后面的国际刑事法庭的规约。"

这里,联合国安理会把惩治犯罪作为成立前南国际刑庭的"唯一目的"。另外,在 1994 年 11 月通过第 955 号决议成立卢旺达国际刑事法庭时也明确表明:"联合国安理会在对卢旺达局势调查的大量报告进行研究的基础上认为,在卢旺达境内发生了灭绝种族以及其他有系统及大规模严重违反国际人道法的行为。"所以,安理会是在断定"该局势持续构成对国际和平与安全的威胁"之后才决定建立卢旺达国际刑事法庭。

3. 惩治特别严重的国际罪行

刑事罪行有许多，但国际刑法并不是对所有国际罪行进行惩治。它起诉和追究的只是属于严重性质的国际犯罪行为，如1948年《防止及惩治种族灭绝罪公约》中的"灭绝种族罪"以及1949年日内瓦四公约所规定的被界定为"严重违反"的行为等。因为这些是特别严重的国际罪行，其构成要件和适用标准在不同的条约和国际刑事法庭中都力求一致。

国际刑事法院《罗马规约》在其序言中声明：该法院缔约国"申明对于整个国际社会关注的最严重犯罪，绝不能听之任之不予处罚，为有效惩治罪犯，必须通过国家一级采取措施并加强国际合作，决心使上述犯罪的罪犯不再逍遥法外，从而有助于预防这种犯罪"。

国际刑事法院要起诉和追究的，就是上述声明中属于"国际社会关注的最严重犯罪"，不是所有的国际罪行。从现有的国际刑事审判机构，如前南国际刑事法庭、卢旺达国际刑事法庭、塞拉里昂特别法庭等机构的属事管辖权方面来看，相互之间也都有共同之处，要追究和审判的国际罪行基本都一样，即种族灭绝罪、反人道罪和战争罪。这些罪行都是国际法下的严重罪行，有时被称为国际法上的"核心罪行"。当然，这些罪行由于属于严重的国际罪行，所以不管发生在世界任何地方，都要受到追究和审判。

4. 包含实体法和程序法两个部分

国际刑法由两方面的规则组成：一方面是实体法规范，即与国际罪行有关的国际法规则，包括国际犯罪的定义、构成要件以及在何种情况下国家有对这些罪行进行起诉和惩罚的义务；另一方面是程序法规范，是关于对犯有国际罪行的被告提起公诉或审判所必须遵守的程序规则和证据规则。

由于国际刑法里包括有证据和程序规则，所以国际刑法如果与国际法其他分支相比，就制定得较为详细、清晰和明确。一般国际法规则主要是为了协调主权国家的利益而订立，目的是保证所有国家在国际社会都能够和平相处。所以，国际法其他分支比较强调"共存"和"合作"，而不是要追究某一国家的国际不法行为；为达到这样的目的，很多用语故意用得比较"模糊"，目的是更容易调和国家之间的矛盾。而国际刑法不同，国际刑法的根本目的就是通过惩罚犯有严重国际罪行的人来维护国际法，其中被认为是刑法中最重要的法律原则，即"罪刑法定原则"，也要求国际刑法规则必须明确而具体。当然，落实"罪刑法定原则"至关重要，因为它关系被告人的基本权利能否得到完全和公正的实现。

二、国际刑事司法机构

迄今为止，国际社会已成立了不少国际刑事司法机构。从性质上看，它们大致可分为特设的、混合的和常设的。这些司法机构的组织结构和具体使命相互之间有很大的区别。

(一)"特设"国际刑事法庭

"特设"一词,是从拉丁语 ad hoc 翻译而来的,意思是"一事一理"。特设国际刑事法庭就是为了起诉和惩治在某一时间内、某一地方发生的某些特定罪行而设立的国际性质的刑事司法机构,所以它具有临时性质。纽伦堡国际军事法庭、远东国际军事法庭、联合国前南国际刑事法庭和卢旺达国际刑事法庭在性质上都属于特设国际刑事法庭。

1. 纽伦堡与远东国际军事法庭

第二次世界大战以轴心国的失败而告终。就在德国和日本分别在 1945 年 5 月 8 日和同年 9 月 2 日无条件正式投降以后,取得胜利的同盟国便在德国纽伦堡和日本东京先后设立了两个国际军事法庭。前者名为"纽伦堡国际军事法庭";后者名为"远东国际军事法庭",由于审判地在东京,所以有时又被称为"东京国际法庭",对日本军国主义分子的审判有时被简称为"东京审判"。

纽伦堡与远东国际军事法庭成立的目的是惩治战争罪犯。在这两个国际军事法庭受审的主要战争罪犯都是当年纳粹德国和法西斯日本政府中对策划、准备、发动或执行侵略战争有最高或主要责任的人物。这些人对于国家侵略战争政策的制定和侵略战争的进行是起过重大作用的,所以在报纸和新闻媒体方面时常被称为"甲级战犯"。

把战犯分为甲、乙、丙级是一种习惯性的用语。在正式的国际文件中,比如在 1945 年英、美、法、苏四国签订的"伦敦协定"和《国际军事法庭宪章》中,用的是"控诉及处罚欧洲轴心国主要战争罪犯"一语;1946 年 1 月 19 日东京盟军最高统帅部颁布的设立远东国际军事法庭的通告和法庭的宪章中,用的是"公平及迅速审讯并惩罚在远东的主要战争罪犯"。

对战犯进行审判并定罪更是第二次世界大战后国际法和国际关系中的一件大事,也是人类发展史上的一个创举。战争罪、灭绝种族罪、危害人类罪和侵略罪等国际犯罪以及个人的国际刑事责任原则在第二次世界大战后通过国际习惯、条约及纽伦堡和远东国际军事法庭的实践而得以确立和发展。中国作为战胜国之一,参加了远东国际军事法庭的审判,为国际法上确立个人刑事责任作出了贡献。

2. 前南斯拉夫与卢旺达特设国际刑事法庭

联合国前南斯拉夫与卢旺达两个国际刑事法庭与第二次世界大战后成立的纽伦堡和远东国际军事法庭一样,都属于"特设"性质,但相互之间还是有许多不同之处。

前南国际刑事法庭是针对在 1991 年前南斯拉夫联邦解体的过程中,武装冲突各方犯下的严重违反国际人道法的行为而设立的。在这场武装冲突中发生了大规模的屠杀平民百姓、有组织有计划地拘留和强奸妇女、实施酷刑、毁坏文化和宗教财产等不法行为。联合国安理会鉴于这一情形，断定它对国际和平与安全构成威胁，于是就在《联合国宪章》第七章"关于维护世界和平和安全"规定的基础上通过第 827 号决议，决定设立一个特设国际法庭来审理前南斯拉夫境内所发生的上述罪行。

卢旺达国际刑事法庭则是针对 1994 年发生在卢旺达境内的种族大屠杀而设立的。1994 年 4 月 6 日，卢旺达总统哈比·亚里马纳的座机在卢旺达首都基加利机场上空遭火箭袭击坠毁，总统遇难。这一事件立即引发了在卢旺达境内由胡图族对图西族所实施的种族大屠杀。

从 1994 年 4—7 月，在短短的一百天左右的时间里，就有 80 万—100 万人被杀，其屠杀情形可以说是惨不忍睹，全世界都为之震惊。联合国安理会鉴于这一屠杀行为构成了 1948 年《防止及惩治种族灭绝罪公约》里所界定的罪行，并断定这一局势对国际和平与安全也构成威胁，于是接受卢旺达总统给联合国秘书长信里关于要成立一个国际刑事法庭的建议，于 1994 年 11 月在《联合国宪章》第七章"关于维护世界和平和安全"规定的基础上通过了第 955 号决议，设立一个特设国际法庭来审理 1994 年在卢旺达境内所发生的种族灭绝及其他严重违反国际人道法的行为，以达到维护和平和民族和解的目的。

卢旺达国际刑事法庭与前南国际刑事法庭的目的一样，都是为了惩治在这些国家发生的严重国际罪行。联合国安理会为成立这两个特设法庭而通过的决议表明：成立这两个司法机构是为维护世界和平和安全而采取的措施，是为了将对这些罪行负有刑事责任的人交付法庭审判，以便能依法起诉和审判，从而打破对无辜的人民采取暴力行为和报复的无止境循环。

3. 黎巴嫩特别法庭

这也是联合国安理会成立的特设国际刑事法庭，但同时还带有国际与国内的混合性质。

2005 年 2 月 14 日，黎巴嫩总理拉菲克·哈里里和其他 22 人在贝鲁特受到袭击并遇难。这一事件在性质上属于恐怖活动，并在国际上引起很大的反响。2005 年 12 月 13 日，黎巴嫩政府向联合国提交申请，要求专门设立一个国际刑事法庭。联合国安理会经过讨论后，通过第 1664（2006）号决议，决定由联合国组织和黎巴嫩谈判达成设立一个特别法庭协定。随后，联合国安理会又通过第 1757（2007）号决议，宣布成立一个特别法庭，并规定由该决议所附文件的规定和特别法庭章程自 2007 年 6 月 10 日起生效。

黎巴嫩问题特别法庭成立的目的，就是负责对向拉菲克·哈里里总理及其他人进行袭击的负责者提起诉讼。为了弄清事实真相，也是为了还一个公正，该特别法庭规定，其管辖权可追溯至 2005 年 2 月 14 日爆炸事件之前。这是因为，袭击事件虽发生在 2005 年 2 月 14 日，但有些相关的要素和行为却非常有可能是在这之前的，如关于犯罪的意图（动机）、攻击的目的、被攻击者的身份、攻击模式（作案手法）和行为人等。

黎巴嫩特别法庭将由法官、检察官、书记官处和辩护方办公室四个机构组成。黎巴嫩特别法庭由黎巴嫩法官和国际法官以及国际检察官共同组成。法庭的司法标准，其中包括法律程序原则，则与其他国际刑事法庭所采用的标准基本一致。在黎巴嫩特别法庭的开支方面，《黎巴嫩特别法庭规约》规定，49%将由黎巴嫩政府支付，另外的 51%则由其他国家自愿捐款。①

（二）混合型法庭

混合型法庭有时被称为国际化法庭。它里面既有国内诉讼因素，同时又有国际诉讼因素。之所以混合，是为了在尊重国家主权的前提下、在当事国的参与之下保障在审判过程中适用国际标准，尊重被告的权利，并通过公开审判能使所有国家都能够全面参与和目睹正义和公正的实现。

1. 东帝汶严重罪行特别法庭

东帝汶严重罪行特别法庭是 2000 年根据联合国过渡行政管理局于 1999 年颁布的法令建立的。

东帝汶原是葡萄牙殖民地，1960 年成为非自治领土。1975 年，葡萄牙为了使它逐渐过渡到独立就撤出东帝汶。然而，葡萄牙一撤出东帝汶，印度尼西亚便占领了东帝汶，并于 1976 年 12 月 7 日宣布东帝汶是印度尼西亚的第 27 个省。但不少民众对此不服，1999 年 8 月 30 日，联合国就东帝汶是否独立举行了公民投票。结果，绝大多数东帝汶人投票反对东帝汶继续留在印度尼西亚内。在公民投票前，当地就已发生暴力事件。投票后，遍布东帝汶的暴力事件越发增多，其中包括谋杀、绑架、强奸、破坏财产、偷盗、放火和捣毁军事设施、办公室和民用住宅，其目的是强制驱逐东帝汶人。在这些暴力事件中，许多东帝汶人被杀害，成千上万人被迫流离失所。

1999 年 9 月 20 日，联合国派维和部队恢复了东帝汶的秩序，而后设立了联合国过渡行政管理局（UNTAET）。2000 年，联合国过渡行政管理局颁布了关于东帝汶法院的组织法，规定在帝力地区法院内设立一个由国际和当地法官组成的特别法庭，对严重犯罪具有专属管辖权。

东帝汶特别法庭关于设立对严重刑事犯罪行为进行排他性管辖的组织法第 22

---

① 关于该特别法庭的背景情况，请参考《黎巴嫩特别法庭规约》，http://www.un.org/chinese/focus/lebanon/tribunal/docs.shtml。

部分对上诉庭的组成明确规定,该法庭在帝力地区的上诉庭应由两名国际法官和一名东帝汶法官组成。在特别重要或严重的案件中可以由三名国际法官和两名东帝汶法官共五名法官组成。

在迄今为止成立的几个混合型特别法庭中,东帝汶严重罪行特别法庭是第一个。该法庭是在当地社会秩序混乱、司法体系受到严重破坏的情况下成立的。所以,在其成立之初,法庭本身就存在一些司法管理方面的问题。然而,东帝汶严重罪行特别法庭在2001年正式开始运转以后,通过努力理顺自己内部体制,逐渐提高法庭的工作效率,成功地对犯有严重国际罪行的嫌疑人都进行了起诉和审理,从而为以后成立的其他混合法庭提供了经验和借鉴。

2. 塞拉利昂特别法庭

塞拉利昂特别法庭是2002年1月16日通过塞拉利昂政府与联合国组织签署协议建立的。

1991年3月,利比里亚总统查尔斯·泰勒支持的塞拉利昂革命统一战线发动了反政府的起义,并杀害了成千上万的平民。1997年革命统一战线和军队革命委员会一起夺取了政权,并于1999年5月22日与政府签署了《洛美和平协议》,给予革命统一战线成员以大赦。然而,联合国秘书长特别代表在《洛美和平协议》签署时附了一个声明:认为联合国并不认可《洛美和平协议》的大赦条款应适用于灭绝种族罪、危害人类罪和战争罪以及其他严重违反国际人道法的国际罪行。

《洛美和平协议》签订后不久,安理会建立了塞拉利昂维和部队帮助执行《洛美和平协议》以及解除武装等。但《洛美和平协议》不久又被撕毁,武装冲突再度发生,其间发生了攻击联合国维和人员、绑架数百名维和部队人员等严重的违法事件。2000年8月14日,联合国安理会通过第1315号决议,对在塞拉利昂所发生的针对塞拉利昂人民、联合国维和人员及其他相关人员的犯罪行为表示了关切,要求联合国秘书长与塞拉利昂政府谈判,以便能设立一个独立的特别法庭来对犯罪分子进行起诉和审理。

与此同时,塞拉利昂总统写信给联合国秘书长,请求国际社会的援助以恢复国内司法程序,并要求对在国内动乱时期犯了罪行的人进行审判。在这一背景形势下,联合国秘书长与塞拉利昂政府进行了谈判,就成立塞拉利昂特别法庭达成了协议并通过了《塞拉利昂特别法庭规约》。

《塞拉利昂特别法庭规约》第1条规定了该法庭的管辖权问题,即该法庭"有权起诉为1996年11月30日以来发生在塞拉利昂境内的严重违反国际人道法和塞拉利昂法律而负最大责任的人,包括那些对塞拉利昂和平进程的确立和执行构成威胁的人。"

《塞拉利昂特别法庭规约》第12条规定,法庭应有8位或11位独立法官。关于这些法官的分配，该条款规定："（1）初审庭由三名法官组成，其中一名应由塞拉利昂政府任命，另外两名由联合国秘书长任命；（2）上诉庭由五名法官组成，其中两名法官应由塞拉利昂政府任命，三名由联合国秘书长任命。"

塞拉利昂特别法庭于 2002 年 7 月 1 日开始运作后，已对不少被怀疑犯有国际罪行的人进行了起诉和审判，其中包括利比里亚总统查尔斯·泰勒。这些人被控犯有战争罪、危害人类罪和其他严重违反人道法的行为，包括谋杀、灭绝、强奸、恐怖主义行为、奴役、抢劫和放火、性奴役、招募儿童参军、强迫结婚、攻击联合国维和部队人员和人道救援人员等。

3. 柬埔寨特别法庭

柬埔寨特别法庭是根据《联合国和柬埔寨王国政府关于按照柬埔寨法律起诉在民主柬埔寨时期所犯罪行的协定》建立的。

柬埔寨在 20 世纪下半叶经历了一个悲惨的时期。1970 年，西哈努克政府由于军事政变而被推翻，成了流亡政府。红色高棉组成了新的政府，并制定政策对共产主义者和越南人进行镇压。1975 年，红色高棉掌握了政权，宣告成立民主柬埔寨共和国。1975—1979 年，红色高棉在全国进行了清洗运动，尤其对受过国外教育的知识分子进行迫害，意图建立一个不受外国支持的由工厂工人和农场农民组成的公社组织。在这一政策的执行过程中，城市里不少人被强制迁移到农场去，很多人被饿死或劳累致死，甚至不经审判被处死。在红色高棉统治的 4 年间，不计其数的人被迫害致死。

以后，柬埔寨有关这段血腥历史的材料逐步公之于众，引起整个国际社会的愤慨。1997 年，柬埔寨政府请求联合国帮助起诉和审理红色高棉在其统治时期所犯下的罪行。但与此同时，柬埔寨出于维护本国主权的考虑，又不同意联合国专家小组关于建立一个国际法庭的建议，认为柬埔寨完全有能力进行审判。联合国与柬埔寨经过协商和谈判，最后同意在国际参与的情况下、根据柬埔寨的法律建立一个在柬埔寨控制下的法庭。

协定第 1 条规定了其宗旨和目的，即："制订本法的目的，是审判民主柬埔寨高级领导人和那些为 1975 年 4 月 17 日至 1979 年 1 月 6 日之间发生的犯罪和严重违反柬埔寨刑法、国际人道法和习惯以及柬埔寨承认的国际公约的行为而负主要责任的人。"所以，柬埔寨特别法庭并不是对什么人都进行审理，它只是要审判民主柬埔寨高级领导人和那些对犯罪负主要责任的人；法庭的属时管辖也只是从 1975—1979 年期间。

关于法庭混合性的组成，协定第 9 条明确规定："审判庭将是一个由五名专业法官组成的特别法庭，其中三名为柬埔寨法官，一名为庭长，另外两名是外国法官；联合检察官将向该庭提交他们的案件。庭长将任命一名或多名职员参加法庭工作。"

柬埔寨特别法庭是一个国际和国内混合型的法庭，这与塞拉利昂特别法庭一样。但不同的是，柬埔寨特别法庭设立在柬埔寨法院内，所以不是一个完全独立于国内司法体系之外的法院。

4. 非洲特别法庭

非洲特别法庭其实是塞内加尔政府和非洲联盟通过协议、为审理乍得前总统侯赛因·哈布雷（Hissene Habré）而专门成立的一个法庭。但这个法庭的成立，却又和比利时在联合国国际法院起诉塞内加尔有关。

2009年2月19日，比利时向联合国国际法院提起诉讼，起诉塞内加尔。其原因是：乍得前总统侯赛因·哈布雷被控在其1982—1990年总统任期期间对数以千计的受害者犯有酷刑、战争罪以及反人道罪的行为。但为逃避惩治，他自1992年政权被推翻后就一直以政治避难者的身份居住在塞内加尔，既不起诉，也不引渡给他国进行审判。比利时认为塞内加尔这样的立场有违于联合国《禁止酷刑及其他残忍、不人道或有辱人格的待遇或处罚公约》，所以就将塞内加尔告到了国际法院。①

国际法院审议后一致认定：比利时和塞内加尔这两个国家的争议要点，主要在于塞内加尔是否遵守了联合国《禁止酷刑及其他残忍、不人道或有辱人格的待遇或处罚公约》第6条、第7条规定的关于缔约国对本国领土内被指控犯有酷刑罪的人"或起诉或引渡"的规定。塞内加尔认为国际法院不具有管辖权，理由是那些被指是哈布雷罪行的受害者当中无一为比利时国籍的国民，所以比利时没有资格提出诉讼申请。但国际法院并不同意塞内加尔的这一观点，认为"缔约国有共同的权益［即"所有参加方的普遍义务"（obligations *erga omnes partes*）］，以确保……实施酷刑的行为能被阻止，另外还要确保在出现酷刑的情况下，作恶者不会逍遥法外"。最后，国际法院裁决塞内加尔败诉，要求它必须履行国际条约义务。②

塞内加尔动作神速，就在国际法院判决下来一个月后，它就与非洲联盟于2012年8月达成协议，成立一个专门法庭来审理哈布雷。根据塞内加尔政府与非洲联盟签订的协议，要设立的非洲特别法庭将被理解为属于塞内加尔司法制度的一部分③。此外，非洲特别法庭是要就被指控的那些在哈布雷任期内所犯下罪行负

---

① Obligation to Prosecute or Extradite (Belgium v. Senegal), Judgment, http://www.icj-cij.org/docket/files/144/17064.pdf, July 20, 2012.

② Obligation to Prosecute or Extradite (Belgium v. Senegal), Judgment, http://www.icj-cij.org/docket/files/144/17064.pdf, July 20, 2012.

③ Agreement on the Establishment of the Extraordinary African Chambers within the Senegalese judicial System between the Government of the Republic of Senegal and the African Union, Article 1 (1), August 22, 2012, 52 *International Legal Materials* 1024 (2013).

责进行审理。因此，法庭的管辖权，在时间上仅限于哈布雷执政时期的行为。但只要是在这段时期，任何人所犯的犯罪行为都会因此而被起诉。非洲特别法庭管辖的罪行，主要是国际法上的四个罪行，即种族灭绝罪、反人道罪、战争罪以及由非洲特别法庭界定的酷刑罪①。"酷刑"，本是"战争罪"和"反人道罪"里的罪行，但在这里却作为一个独立的罪行。

被告如果被定有罪，其刑罚将最低为30年有期徒刑，最高为终身监禁，但没有死刑。非洲特别法庭虽然被认为是属于塞内加尔司法体制的一部分，但它将适用国际法，其中包括塞内加尔政府与非洲联盟达成的协议和规约。但如果在司法过程中遇到法律真空，特别法庭就可能诉诸塞内加尔的国内法。法庭诉讼的程序性规则，则为塞内加尔刑事诉讼程序。根据这个诉讼程序规则，受害者也被允许参与到特别法庭的庭审中来。

（三）常设国际刑事法院

2008年起诉苏丹总统巴希尔、2011年对利比亚前领导人卡扎菲发布逮捕令的，是成立于2002年的国际刑事法院。国际刑事法院与前述所有国际刑事法庭不同，它是一个具有常设性质的、对全世界范围内国际严重罪行都具有管辖权的国际刑事法院。

1989年12月，联合国大会应特立尼达和多巴哥共和国的请求，请国际法委员会重新就国际刑事法院的创设问题进行工作。1994年，国际法委员会将该法院规约草案提交给了联合国大会。经过国际刑事法院筹备委员会的多次讨论和协商，规约草案提交给于1998年6—7月在意大利罗马召开的外交大会，并最后于1998年7月17日得以通过。此后，因为超过60个国家在2002年4月11日批准加入了该规约（又称《罗马规约》），国际刑事法院根据《罗马规约》第126条关于"生效"的规定，于2002年7月1日正式成立。截至2011年年底，已有117个国家批准加入了国际刑事法院。②

《罗马规约》里所规定的管辖权，不仅与国家管辖权不同，而且与前南、卢旺达国际刑事法庭的管辖权相比也有很大的不同。它不是依据安理会决议或联合国与一个国家的双边条约，而是根据一项多边国际条约建立的。它建立在缔约国自愿基础之上，在管辖权方面具有普遍性。所以国际刑事法院本身就是一个独立的国际组织，它对其管辖权范围内的犯罪行动可以启动诉讼程序，不一定非要联合

---

① Statute of the Extraordinary African Chambers within the Courts of Senegal Created to Prosecute International Crimes Committed in Chad between 7 June 1982 and 1 December 1998, Article 3, January 30, 2013, 52 *International Legal Materials* 1028 (2013).

② 第117个成员国是亚洲的菲律宾。关于国际刑事法院的基本情况，参见 www.un.org/international law/icc。

国安全理事会或任何其他国家的特别授权。自成立以后,除起诉了苏丹总统巴希尔及其他一些高官以外,还曾于2011年6月27日对利比亚领导人卡扎菲发出国际逮捕令。不过,由于它起诉的多是非洲国家领导人,所以非洲联盟曾指责国际刑事法院采用"双重标准",并认为国际刑事法院起诉犯有战争罪行、侵犯人权罪行及其他暴行的嫌疑人时,将"矛头专门指向非洲人"。①

国际刑事法院的管辖权,是该法院受理案件的权能和效力的根据。国际刑事法院的权能和效力根据则来自国际刑事法院《罗马规约》,它具有补充管辖权的性质。这是国际刑事法院管辖权方面最重要的特点之一。

《罗马规约》第1条规定:国际刑事法院"为常设机构,有权就本规约所提到的、受到国际关注的最严重犯罪对个人行使其管辖权,并对国家刑事管辖权起补充作用"。《罗马规约》第17条在肯定该规约第1条和序言里"补充原则"的基础上,更是明确规定,如果对案件具有管辖权的国家正在对该案件进行调查或起诉,国际刑事法院就"应断定案件不可受理","除非该国不愿意或不能够切实进行调查或起诉"。

这些规定表明,国际刑事法院对国际罪行的管辖人具备特定的条件,只有当一国的国内法院不愿意或不能够进行审理时,国际刑事法院才可以行使管辖权。因此,国际刑事法院成立的目的,不是为了包揽对所有国际法下灭绝种族罪、危害人类罪和战争罪的起诉和审判,而只是对国家管辖起一种"补充"的作用。当一国国内法庭和国际刑事法院对罪行都有管辖权时,首先由国内法庭来进行审理。只有当国家"不愿意"或"不能够"进行审理时,才轮到国际刑事法院来行使管辖权。因此,成立国际刑事法院的目的,是通过该法院对国家管辖"补充"性的这一司法机制,来防止犯有《罗马规约》里规定的严重罪行的人逃脱法律的惩罚。

第二节　国际刑法的基本原则

国际刑法中有些原则问题,如"国家主权原则""合法性原则""司法公正原则""被告的人权保障原则"等,都属于国际刑法中的基本原则问题。从道理上讲,国际刑法的主体是国家,国家主权是国家在实践中时时坚持的一个原则。此外,一个法庭只有"依法成立",才有资格对刑事案件进行审理,才能有权来确定被告是否有罪,等等。同样,对一个法庭来说,"司法公正和独立"以及保障被告

---

① 《非盟批国际刑事法院双重标准》,《参考消息》2011年4月22日,第3版。

的权利，亦是在任何时候都要遵守的基本原则。

一、国家主权原则

国际刑法是国际法的一部分。国际法包括国家及国家所组成的国际组织的适用准则和实践，它在某些方面渗透到国家的法律制度之中并超越国家的法律制度。国际法要求平等主权国家之间进行自愿合作的协调关系。

国际法与国内法之间的冲突，其实是体现国家主权与国际法律秩序这两种不同价值取向的冲突。国家主权保护一国的国内法律体系免受国际法的干预；国际法律秩序则寻求以共同利益为基础对整个国际社会进行整合与组织。需要强调的是，国际法的发展，尤其是国际刑法和国际人权法的发展，使得本来不少属于国内法的问题都需要通过国际法规则进行调整。

前南国际刑事法庭与卢旺达国际刑事法庭都是联合国安理会通过决议成立的。由于联合国安理会根据《联合国宪章》所具有的权威，与国家管辖相比，这两个法庭具有绝对的优势。联合国《前南斯拉夫问题国际刑事法庭规约》（以下简称《前南国际刑事法庭规约》）第9条是关于"并行管辖权"的规定，具体如下：

"1. 国际法庭和国内法院对起诉自1991年1月1日以来，在前南斯拉夫境内犯有严重违反国际人道法行为的人有并行管辖权。

2. 国际法庭应优于国内法院。在诉讼程序的任何阶段，国际法庭可根据本规约及《国际法庭诉讼程序和证据规则》正式要求国内法院服从国际法庭的管辖。"

《卢旺达问题国际刑事法庭规约》里也有同样的规定。联合国的这两个特设法庭与国内法庭对种族灭绝罪、反人道罪和战争罪都有管辖权。然而当国际刑事法庭与国内法庭的管辖权发生冲突时，国际刑事法庭的管辖权就具有"优先权"（primacy），也就是说，特设国际刑事法庭可以要求国内法庭把案子移送过来，由它们审理。所以，联合国的这两个特设国际刑事法庭在它们与国家管辖权的关系方面，具有优先的地位。

前南与卢旺达国际刑事法庭在管辖权问题之所以能显得凌驾于国家之上，是因为联合国安理会的权威。与此相反，国际刑事法院是由国家通过谈判成立的。所以，它不但没有类似特设法庭的优先权，相反还特地规定了"补充管辖权原则"。

《罗马规约》在其序言中，认为"各国有义务对犯有国际罪行的人行使刑事管辖权"，鼓励国家对国际刑事法院管辖权内的犯罪行使管辖权。但它同时强调"本规约的任何规定不得解释为允许任何缔约国插手他国内政中的武装冲突"，并明确如果在国家和国际刑事法院对《罗马规约》里的罪行具有并行管辖的情况下，"根据本规约设立的国际刑事法院对国内刑事管辖权起补充作用"①,从而确立了国际刑事法院管辖权方面的补充性原则。

此外,《罗马规约》第 1 条还规定:"本法院(国际刑事法院)为常设机构,有权就本规约所提到的、受到国际关注的最严重犯罪对个人行使其管辖权,并对国家刑事管辖权起补充作用。"

所以,国际刑事法院管辖权的补充性的规定是《罗马规约》的一项基本原则,它在整个《罗马规约》里反复得到强调。《罗马规约》第 17 条在肯定该规约第 1 条和序言中的"补充原则"的基础上,更是明确、清楚地规定:

"(一)考虑到序言第十段及第一条,在下列情况下,本法院应断定案件不可受理:

1. 对案件具有管辖权的国家正在对该案件进行调查或起诉,除非该国不愿意或不能够切实进行调查或起诉。

2. 对案件具有管辖权的国家已经对该案进行调查,而且该国已决定不对有关的人进行起诉,除非作出这项决定是由于该国不愿意或不能够切实进行起诉。"

根据这一规定,如果具有管辖权的国家正在对案件进行调查或起诉,或者如果具有管辖权的国家已经对案件进行了调查并决定不对该嫌疑人进行起诉,或者如果该嫌疑人已经因为其行为受到了审判,那么,在出现任何上述情况的条件下,国际刑事法院都不能对该罪行或该嫌疑人行使管辖权,除非有关国家对罪行"不愿意或不能够"切实地进行调查或起诉。

二、合法性原则

合法性问题是国际刑法当中的一个重要问题。国际刑法学者巴西奥尼教授认为:"国际法的刑事方面(的规则)来源于'条约''习惯'以及'一般法律原则',它们都属于《国际法院规约》第 38 条阐述的这个合法性原则的渊源。不过,这些法律渊源从属于适用于国际刑法的一般法律原则的合法性原则。"②

刑法上的合法性原则与依法进行审判和惩治有紧密的联系。所有国际性质的刑事法庭审判的都是国际罪行。从法理上讲,只有通过国际法才能对国际罪行进行界定。除了条约对国际罪行作出规定以外,有些国际罪行还可通过习惯法来确定。此外,"法律的一般性原则"也是国际刑法的渊源之一。但无论是什么渊源,国际刑法确定的任何禁止性的规定,都必须符合"合法性原则"的要求。

联合国安理会分别于 1993 年、1994 年成立了前南国际刑事法庭、卢旺达国际

---

① 《罗马规约》序言,第十段。
② Cherif Bassiouni, *Introduction to International Criminal Law* (《国际刑法导论》), Transnational Publishers, Inc., 2003, pp.4-5.

刑事法庭。按照刑法"合法性原则"，只有经合法、正当程序成立的法庭才能对被告进行审理；法庭也只有经过充分有效的证明以后，才能确定被告是否有罪。这是刑法和国际法的基本原则，任何法庭都要遵循这一原则。因此，一个法庭必须首先是"依法成立"，才有资格进行审理。刑法上这个原则对各国国内法庭是如此要求，对国际刑事法庭也同样是如此要求。如果"人人都得遵守法律"，联合国安理会也不能例外，都得遵守。那么，安理会成立国际刑事法庭，是不是有法律根据呢？

合法性原则要求对禁止性的行为有一个清晰明确的界定，要求国际刑事法庭是依据已有的法律规定而成立。《前南国际刑事法庭规约》明确规定："国际法庭根据现有规约的规定，有权起诉应对1991年以来在前南斯拉夫领域内实施严重违反人道法行为负有责任之人。"

对于前南国际刑事法庭属物事由方面的规定，"联合国秘书长认为，罪刑法定原则的适用要求国际法庭应适用国际人道法规则，这些规则无疑是习惯法的部分，因而某些国家并非所有国家不会因具体公约产生附带问题。这一点似乎对严重违反国际人道法负有起诉责任的国际特设法庭诉讼的程序而言特别重要。"①

除了《欧洲人权公约》规定每个人都有受到独立公正的法庭给予的公平和公开的审理的权利以外，《美洲人权公约》第8（1）条也规定："每个人都有权利在适当的保障和合理的时间内得到由一个事先依法建立的有资格的和公正的法庭进行的审理。"

上述原则表明，任何人在受到刑事指控时，都享有由依法设立的独立和公正的法庭审理的权利。因此，塔迪奇的辩护律师认为："获得一个由依法建立的法庭决定刑事指控这样的权利作为'为文明各国承认的一般法律原则'一部分，是《国际法院规约》第38条中规定的国际法渊源的一部分（one of the sources）。"②

由一个依法建立的法庭来决定被控方的权利，是"为文明各国承认的一般法律原则"，也是国际法的组成部分。塔迪奇的律师为了支持他的这一论断，强调了联合国《公民权利和政治权利国际公约》《欧洲人权公约》和《美洲人权公约》中的"公平审判"或"适当程序"原则的基本性质，认为这些原则是国际法对刑事司法管理的最低要求。③

---

① Report of the Secretary General, UN Doc. S/25704, Adopted by the Security Council at its 321th meeting, on 25 May 1993, para. 29.
②③ Decision on the Defence motion for Interlocutory Appeal on Jurisdiction, Appeals Chamber Decision on the Tadic jurisdictional Motion, 2 October 1995, Case No. IT-94-1-AR72, para. 41.

三、司法公正原则

"司法公正"是所有法律制度中最重要的原则之一。

从司法实践操作层面上看,司法公正主要是通过法官来具体体现的。法官具有"对公民的生命、自由、权利、义务与财产作出最终决定"的权力,一般被认为是刑事审判活动中的关键。国际刑事法庭当然也不例外。

法官的资格,似乎是一个人能否当选为法官的问题。但这不仅是法官的个人问题,而且也是法庭能否具有公正性与独立性的一个极其重要的问题。

法官独立性是司法独立的核心,为了保障国际法官的独立性,各国际司法机构都根据自身的特点制定了相应的规则,以期对于国际法官的独立性实现制度上的保障。其实从国际法角度来讲,如何提出候选人或者推荐谁为候选人,本应是一个国家主权范围的事情,他人或他国无权干涉。然而,由于这个问题涉及法庭的公正性原则,所以不管是联合国特设国际刑事法庭还是国际刑事法院,为了能真正实现司法公正,对法官的资格和选举程序都有具体明确的规定。

《前南国际刑事法庭规约》第 13 条规定,常任(permanent)和专案(ad litem)法官应品德高尚、公正和正直,具有在他们自己的国家担任最高司法职务(the highest judicial offices)所需的资格。前南国际刑事法庭在审判庭总体人员配置上(overall composition)应适当考虑法官在刑法、国际法,包括国际人道法和人权法方面的经验。

《卢旺达问题国际刑事法庭规约》第 12 条也作了与《前南国际刑事法庭规约》第 13 条基本相同的规定。根据这些规定,这两个特设国际刑事法庭的常设与专案法官都应是"品德高尚、公正、正直",并应具备在其自己国家具有"担任最高司法职务所需的资格"的人。考虑到国际刑事法庭审理案件的特点,所以,特设法庭规约还规定法庭的组成要考虑法官在刑法、国际法,包括国际人道法和人权法方面的经验。

从道理上讲,一旦被选举为国际法官,就意味着他(她)既不代表其本国,也不代表其他任何国家。司法机构与其他国际组织不同,它不是由国家代表团组成的。因此,国际法官是独立的,他们必须公平地履行职责,忠于法庭,而不是忠于其国籍国。国际法院是独立的,法官也是独立的。法官们在进入国际法院后,应该是超然于任何国家的"无国籍人",是不偏不倚的正义的化身。

四、被告的人权保障原则

追究个人刑事责任的目的是实现公正。由于国际人权法的发展,现在有一个很普通的道理,即:实现公正意味着不仅要将犯有严重国际罪行的人绳之以法,而且还要保证犯罪嫌疑人和被告人在刑事程序中的权利得到充分尊重。所以国际刑事司法机构在案审过程中，都会力求保障被告的一些基本权利。

刑法的基本要求，就是一个案件不仅在实体上要判得正确、公平，而且还得完全符合程序法的规定和精神，使人感受到判决过程的公平性和合理性。这其中包括一些基本的原则，以用来保障被告的权利。程序正义中的一个重要概念就是"无罪推定"。

所谓"无罪推定"，是指某人虽然已经被起诉、被逮捕和被指控，但在法律意义上仍然是无罪的。推定一词来自拉丁文 *praesumptio*，如果从法律逻辑角度来看，推定主要涉及证明及反证问题。

根据无罪推定原则，任何人在被确定为有罪前，都应被视为无罪的人来对待，所以被告在整个审理过程中享有与起诉检察机构相同的诉讼权利。给检察起诉方与被告方平等对抗的机会，其实也是由刑事司法案件的性质决定的。

在西方国家法律体系中，主要存在两种不同的刑事审判类型，即对抗式审判和讯问式审判。前者适用于英美法系国家，后者则主要为大陆法系国家所实行。国际刑事法庭的审判方式，基本上是普通法系国家的对抗式的方式，但同时又融合了大陆法系讯问式的色彩。对抗式审判，又称辩论式审判，主要是基于相对哲学和公平竞争的理念。依据这一哲理，刑事案件的事实真相，应当由那些与案件结局有着切身利害关系的诉讼双方从有利于自己的角度通过对抗而得以揭示，法庭审判也应当以诉讼双方的对抗性活动为主线而进行。公平竞争则意味着起诉方和被告方应当站在相同的基点上，平等地展开诉讼攻击与诉讼防御活动。法官则不能戴上"有色眼镜"去看待控辩双方的任何一方。

被告的人权保障原则已成为追究个人刑事责任中的一个基本原则。

第三节　国际罪行

国际罪行很多，但并不是所有的都由国际刑事法庭受理并予以惩治。由于国家政治态度和资源有限等原因，只有少数最严重的国际罪行才会被起诉和被惩治。那什么是国际法上最严重的国际罪行呢？

从国际刑法的实践来看，种族灭绝罪、反人道罪、战争罪和侵略罪等，都被认为是国际法上最严重的罪行。国际法称这些罪行为"核心罪行"，是整个国际社会认为必须要予以惩治的罪行。

一、种族灭绝罪

杀人的理由有很多种，其中最可怕的当属于因为人种不同而产生的屠杀灭绝行为。第二次世界大战中发生的德国纳粹屠杀犹太人的事件,至今都一直在震撼人类的良知。老年人相互搀扶、情侣们被迫拆散、妈妈怀抱着婴儿走向焚烧炉,走向死亡,而这不因为其他,只是因为是犹太人……细想一下,这样的罪行确实是最残酷、最没有人性的,是无论如何要被禁止的。所以,第二次世界大战后国际社会就将预防和惩治这样的罪行放在国际法日程表的最前面。

《防止及惩治种族灭绝罪公约》订立于 1948 年。这是国际社会在种族灭绝罪方面迄今为止通过的最具权威的法律文件。国际刑事法庭和国际刑事法院的法律文件中所规定的种族灭绝罪的规定,都是从该公约援引而来的。

联合国秘书长声明说:《防止及惩治种族灭绝罪公约》今天已被认为是习惯国际法的一部分,这可以从 1951 年国际法院《关于防止及惩治种族灭绝罪公约保留案的咨询意见》中显示出来。①卢旺达国际刑事法庭、国际刑事法院及其他国际刑事司法机构规约中关于种族灭绝罪的规定,也都与《防止及惩治种族灭绝罪公约》第 2 条的规定一样。

种族灭绝罪最重要的构成要件,是"特别的杀人动机",即:被控者的行为,必须为了全部或部分地摧毁某一民族、族裔、种族或宗教团体。这个罪行在其表现形式中,必须呈现出灭绝种族的特征。在联合国卢旺达国际刑事法庭"Gambanda 案"中,该法庭的庭长伽玛法官认为:种族灭绝罪是罪中之罪。②

前南和卢旺达国际刑事法庭规约里的种族灭绝罪③,其中不仅有类似《防止及惩治种族灭绝罪公约》第 2 条的定义,而且还根据该公约第 3 条的规定,除了追究该罪行主要行为者,也追究诸如协助人、企图行为人、直接地和公开地鼓动其他人犯下该罪行的人的责任。

二、反人道罪

国际法禁止并惩罚反人道罪的行为。酷刑、非法人体实验、奴役、种族隔离等行为,在法律上都属于反人道罪的犯罪行为。如第二次世界大战后订立的《纽伦堡国际军事法庭宪章》第 6 条(c)和《远东国际军事法庭宪章》第 5 条(c)就分别确立了这种犯罪,《管制委员会第 10 号法案》第 2 条(c)也规定了反人道罪。其反人道罪的规定如下:

"反人道罪。即,战前或战时针对任何平民人口实施的杀害、灭绝、奴役、驱逐以及其他非人道行为,或,基于政治、人种或宗教理由为实施法庭管辖权下的任何罪行而进行迫害或因为与之有关的原因而进行迫害,而不管在犯罪地国是否

---

① Report of the UN Secretary-General, UN Doc. S/25704, May 3, 1993, para. 45.
② Prosecutor v. Kambanda, UN Doc. Case No. ICTR 97-23-S, para. 16.
③ 《卢旺达问题国际刑事法庭规约》第 2 条。

违反其国内法。"

《前南国际刑事法庭规约》也将一些具体行为规定为反人道罪,如杀害,灭绝,奴役,放逐,监禁,酷刑,强奸,基于政治、人种和宗教理由而进行迫害以及其他非人道行为,只要这些行为在国际性的或非国际性的武装冲突中实施,并且针对任何平民人口。

在这一定义中,"国际或国内武装冲突中所犯的针对平民的罪行"一语与"武装冲突"要素联系在一起,要求反人道罪只能发生在武装冲突中。这一规定与卢旺达国际刑庭又不一样。根据《卢旺达问题国际刑事法庭规约》的规定,该法庭对类似于杀害,灭绝,奴役,放逐,监禁,酷刑,强奸,基于政治、人种和宗教理由进行的迫害以及其他非人道行为具有管辖权,只要这些行为作为基于民族、政治、种族、人种或宗教理由而针对任何平民人口的广泛的或系统的攻击的一部分实施。

从反人道罪的国际立法过程来看,在类似于谋杀、灭绝等具体行为方面没有什么争论或不同意见,但对于这些行为发生的大环境,即反人道罪行为究竟是只发生在武装冲突期间,还是应将和平时期也包括在内,则有不同的意见。

前南国际刑事法庭在"塔迪奇案"中认为:

"反人道罪并不需要与国际武装冲突存在联系,这是现在国际习惯法中一个确定了的规则。如同检察官指出的,国际习惯法可以根本就不需要反人道罪和任何冲突之间存在联系。这样,通过要求反人道罪应在国内或国际武装冲突中实施,安理会就把第5条中的罪行定义的比习惯国际法所需要的限度还要狭窄……

第5条可以作为对国内或国际武装冲突期间发生的罪行进行管辖的基础而被援引。"[1]

《国际刑事法院规约》第7条也是关于"反人道罪"的规定。由于在此以前,对平民进行大规模或有系统攻击的反人道罪行为是否应仅被限制在战争时期还是应包括和平期间有不同的规定,所以在国际刑事法院成立的讨论过程中,意见不太统一。但国际社会最后决定不再要求有与"武装冲突"这一要素相联系。其第7条具体行文为:"为了本规约的目的,'危害人类罪'是指在广泛或有系统地针对任何平民人口进行的攻击中,在明知这一攻击的情况下,作为攻击的一部分而实施的下列任何一种行为"。

《国际刑事法院规约》第7条在取消与武装冲突有联系的要素后,"大规模或有系统"攻击这两个因素就显得非常重要。因此,法院在《罪行构成要件》(Ele-

---

[1] Decision on Defence Motion for Interlocutory Appeal on Jurisdiction, Prosecutor v. Tadic, 2 October 1995, UN Doc. IT-94-1-T, paras. 141-142.

ments of Crimes)中进一步规定："每项反人道罪的最后两项要件描述行为发生时的必要背景情况。这些要件明确指出了必须是参加且明知系广泛或有系统地针对平民人口进行的攻击。"

《国际刑事法院规约》第7条关于反人道罪的定义，与国际习惯法在该罪行方面的基本概念是相一致的。从国际刑事法院反人道罪的定义可以看到，该罪行的范围、罪恶的程度和它的规模，都足以对国际社会构成危险，并对人类的良知引起震惊。这在对反人道罪的构成要件进行分析时应作为一个指导性的原则来考虑。

三、战争罪

战争罪是国际法的重要罪行之一。战争罪一词，涵盖着国际公约和国际习惯法里许多被禁止的行为。它也是国际人道法整个法律体系在很长历史时期内的调整对象。

战争罪在历史上被认为是作战人员在国际武装冲突中违反战争法的行为。如果发生有战争罪行为，有关人员（其中也包括职位较低的人员）将会因为其不法行为而被审判和惩罚。当然犯有如此不法行为的人不仅会受到本国司法当局的起诉和惩罚，而且还可能受到敌国的起诉和惩罚。但由于战争的特殊性质，即战争的每一方都声明是为了保护国家的利益，又使得国家不愿起诉己方的将士。所以在历史上很长的一段时间内，都是战争取得胜利的一方在冲突结束以后，通过运用国际法上的"被动国籍原则"，即为了保护本国受害者利益的原则，对战争中对方犯罪的人提起诉讼和实行惩罚。

但随着国际法的发展，尤其是战争法或国际人道法的发展，使得国际社会认识到惩治战争罪的必要性与重要性。在所有国际犯罪种类中，与战争罪相关的国际法律文件的数量最多。它涵盖了广泛的禁止性规定和规范，具体说明、编纂或者阐明了习惯国际法，并规定违反这些文件将在国际法上受到起诉和惩罚。这些文件中比较重要的有：1899年7月29日《关于陆地战争法与习惯公约》（第一次海牙和平会议）；1907年10月18日《关于陆地战争法与习惯公约》（第二次海牙和平会议）；1949年8月12日四个日内瓦公约；1977年6月8日日内瓦公约的两个附加议定书；等等。

这些国际法律文件都充分编纂了战争罪的具体行为，并明确包含了刑罚特征的规定。尽管对这些文件里规定的禁止性条款的执行还做不到完全和彻底，但这些规定至少表明，国际社会一直存在对犯有这类罪行的人进行起诉和惩罚。

战争罪在传统国际法中仅仅适用于国际性的武装冲突。然而随着国际法的发展，尤其是因为国际刑法和国际人道法的发展，战争罪适用于国内性武装冲突也被国际社会所承认和接受。

1994年，联合国安理会通过第955号决议，决定成立卢旺达国际刑事法庭，以对1994年期间在卢旺达国内武装冲突中所犯种族灭绝行为和其他严重违反国际人道法行为的人进行起诉并追究刑事责任。《卢旺达问题国际刑事法庭规约》第4条具体规定：该国际刑事法庭将对违反1949年日内瓦四公约的共同第3条和1977年日内瓦公约第二附加议定书的人进行起诉。它对国际法中战争罪概念的发展，起了相当大的推动作用。

国际刑事法院管辖下的战争罪既有"严重违反国际法既定范围内适用于国际武装冲突的法规和惯例的其他行为"等，同时也包括有"在非国际性武装冲突中，严重违反1949年8月12日四项日内瓦公约共同第3条的行为，即对不实际参加敌对行动的人，包括已经放下武器的武装部队人员，以及因病、伤、拘留或任何其他原因而失去战斗力的人员"的行为。

概括地说，在战争罪定义下，有些行为被国际性的武装冲突所禁止，有些被国内性质的武装冲突所禁止，而有些则被所有性质的武装冲突所禁止。

四、侵略罪

在国际刑法的历史上，除了第二次世界大战后纽伦堡与东京国际军事法庭曾对德国和日本法西斯以反和平罪进行起诉、审判和定罪以外，其后所有国际刑事司法机构还从来没有就"侵略罪"行使管辖权。究其原因，是因为国际法迄今为止还没有一个国际社会能普遍接受的关于侵略罪的定义。

第二次世界大战同盟国在1943年11月1日的《对德国暴行宣言》中表示，它们将承担起诉和处罚战犯的责任和义务。以后在1945年8月8日关于起诉和惩治欧洲轴心国主要战犯的协定《伦敦宪章》和1946年1月19日《远东国际军事法庭宪章》中履行了惩治战犯的承诺，从而成功地对德国纳粹分子和日本法西斯分子进行了审判。在这些法律文件里，反和平罪（侵略罪）的定义为："计划、准备、发动或进行一场侵略战争或一场违反国际条约、协议或保证的战争，或为前述任何行为而参加共同计划或共谋"的行为。

在纽伦堡与东京国际军事法庭的诉讼审判中，虽然订有关于反和平罪（侵略罪）的规则，也成功地进行了审判，但还是缺乏明确处罚战争犯罪的法律禁止性的规定。不少指控"反和平罪"的证据，似乎更能证明是战争罪的行为。所以，自第二次世界大战结束以来，国际社会始终未就"侵略罪"的定义达成普遍共识。

传统国际法上关于"正义"战争与"非正义"战争的观念，在联合国成立之初即被反映在1945年国际社会所起草和通过的《联合国宪章》里面。《联合国宪章》第2条第4款明确禁止对他国使用武力。但在联合国大会1974年12月14日通过《关于侵略罪的定义》之前，国际社会始终没有就"侵略罪"的定义问题达成一致。不过，即便联合国大会通过了关于"侵略罪"定义的决议，从国际法角度来说，也不是一份对国家具有约束性的国际文件。

然而，传统国际法上没有侵略定义的情况已有呈现较大突破之势。2010年6月12日，在乌干达首都坎帕拉会议上，国际刑事法院成员国通过了一项修正《罗马规约》的决议①。

在新增加的第8条之二当中，《罗马规约》对"侵略罪"定义如下：

"1. 为了本规约之目的，'侵略罪'是指能够有效控制或指挥一个国家的政治或军事行为的人策划、准备、发动或实施一项侵略行为，此种侵略行为依其性质、严重性和规模，构成对《联合国宪章》的明显违反。

2. 为了第1款之目的，'侵略行为'是指一国使用武力侵犯另一国家的主权、领土完整或政治独立，或以与《联合国宪章》不符的任何其他方式使用武力的行为。"

如此规定，国际刑事法院就将侵略罪的定义和法院对之行使管辖权的条件写入了《罗马规约》②。但尽管如此，国际刑事法院对犯有侵略罪行为具体真正行使管辖权，却还需耐心等待一些时日。因为根据修正案，法院仅能对修正案获得30个缔约国批准或接受一年后发生的侵略罪行使管辖权。而且，国际刑事法院实际对侵略罪行使管辖权的时间要在2017年1月1日以后作出的一项决定中才加以规定，该决定须由与通过《罗马规约》修正案所需的相同缔约国多数作出。所以综合来看，国际刑事法院真正要对侵略罪行使管辖权，还须经过一段时间才能得到最终实现。

第四节　国际刑事责任的原则

在国际刑法的发展过程中形成了一些国际刑事原则。这些国际刑事责任原则主要有对个人刑事责任的追究、官方身份不免责以及在国际刑事诉讼过程中对基本人权的保障措施等。

一、个人刑事责任

纽伦堡国际军事法庭和远东国际军事法庭的审判，在国际法实践中开创了追究国际犯罪者个人刑事责任的先例。纽伦堡国际军事法庭明确认为，"对破坏国际

---

① Resolution RC/Res. 6.
② http://news.ifeng.com/world/detail_2010_06/12/1616808_0.shtml.

法的个人是可以处罚的。因为违反国际法的罪行是个人作出来的,而不是抽象的集体(国家)作出来的。只有处罚犯有这些罪行的个人,才能使国际法的规定有效实施。"①

上述判决的理念比较清楚:法律实体在法律上是一个较为抽象的概念。但无论哪一种国际法罪行,其政策的制定、操作以及执行都是由具体的个人(自然人)予以实施,因而有必要更加精确地区分个人和法律实体的刑事责任。同时还要对法律实体刑事责任的结果进行鉴别,政策制定者和政策执行者实施的法律禁止行为,作为下级行为人的自然人以及那些仅仅是这种实体的成员,其个人的作用并不构成禁止性的行为,等等。

根据同盟国在战时和战后表示要惩治法西斯战犯的意愿,美国、苏联、英国和法国代表在伦敦召开会议,专门讨论设立国际法庭审判德国和日本战犯问题,并于1945年8月8日签订了关于设立国际军事法庭的"四国协定"和作为协定附件的《纽伦堡国际军事法庭宪章》(以下简称《纽伦堡宪章》),规定了法庭的组织、职权和审判的基本原则。这些文件又被称为《伦敦宪章》。

第二次世界大战后制定的《纽伦堡宪章》和《东京宪章》规定了直接适用的方式,而且经历了国际军事法庭和前南国际刑事法庭的诉讼过程。《纽伦堡宪章》第6条创设了个人刑事责任原则,规定纽伦堡国际军事法庭将有权对犯有该法庭管辖权范围内罪行的"所有人员进行审判和惩处"。

纽伦堡国际军事法庭和远东国际军事法庭这两个法庭的审判,对国际刑法的发展意义重大。纽伦堡国际军事法庭在1946年的判决中明确地声明,《伦敦宪章》有关追究个人刑事责任的规定是宣示国际法的一项不可避免的原则。

联合国大会在纽伦堡国际军事法庭审判结束之后,指示国际法委员会将该国际军事法庭的原则予以编纂并通过决议,一致肯定由该法庭的宪章和法庭审判所确认的国际法原则,即:"任何人实施构成国际法下一项犯罪的行为都应负责并受到惩罚"的原则,这就是国际法上的"纽伦堡原则"②。

继纽伦堡国际军事法庭成立以后,远东国际军事法庭也根据《波茨坦公告》《日本无条件投降书》等一系列国际文件而成立,并通过远东盟军最高统帅部的授权而开始正式运作。

《波茨坦公告》是中、美、英三国政府在1945年7月26日宣布的,后来苏联也附署参加了这个公告。公告目的是促令日本武装部队尽速无条件投降,并规定了日本投降时必须接受的各项条款。公告第六项规定:"欺骗及错误领导日本人民

---

① 纽伦堡审判判决书,转引自 P. A. 施泰尼格尔编:《纽伦堡审判》(上卷),王昭仁等译,商务印书馆1985年版,第188页。
② 联合国大会1946年12月通过的95号(1)决议。

使其亡欲征服世界者之威权及势力，必须永远剔除；盖我人坚持非将不负责之黩武主义驱出世界，则和平及正义之新秩序势不可能。"公告第十项规定："吾人无意奴役日本民族或消灭其国家，但对于战犯，包括虐待吾人俘虏者在内，将处以严厉之法律制裁。"①

自从纽伦堡国际军事法庭和远东国际军事法庭审判以后，所有其后成立的国际刑事司法机构，都无一例外地重申了国际法关于禁止性行为的个人刑事责任原则，从而确立了国际法上关于追究个人刑事责任的原则。

二、指挥官责任

指挥官责任理论和实践的发展表明，这一原则已被世界各国军事法律所接受，并通过国际公约和国际法律实践，成为国际习惯的一部分。

1994年11月8日安理会通过第955号决议，成立了卢旺达国际刑事法庭。《卢旺达问题国际刑事法庭规约》第6条第3款也是关于指挥官责任的规定，其用语与《前南国际刑事法庭规约》的一样。

根据两个特设国际刑事法庭规约关于指挥官责任的规定，一个上级（指挥官）在其部下实施了（战争罪、反人道罪或种族灭绝罪）等犯罪行为时，如果知道或者应当知道正在或将要实施的这些犯罪行为而没有采取合理、必要措施来阻止或惩罚该犯罪者，则不能免除该上级（指挥官）的刑事责任。联合国两个特设法庭成立后至今审判了许多案件，其中不乏依据指挥官刑事责任作出决定的案例。

国际法上的指挥官刑事责任，既包括军事指挥官也包括其他上级（平民指挥官）因为下级实施了犯罪而应当承担的刑事责任。然而，军事指挥官责任为command responsibility，而上级指挥官责任为superior responsibility，不仅词语上不同，所反映出来的罪行构成要件也有所不同。

第二次世界大战后成立的两个国际军事法庭在其各自的法律上没有确定指挥官刑事责任的概念，但在法庭的实际案例中有很多涉及指挥官刑事责任理论的判决。因此，指挥官刑事责任理论在第二次世界大战后的纽伦堡军事法庭和远东军事法庭的审判中得到了充分的发展。不同的是，远东军事法庭审判的日本战犯既包括军事指挥官也包括非军事人员，而纽伦堡军事法庭则只限于追究军事指挥官的刑事责任。

指挥官责任概念刚形成时，主要是作为能够追究军事指挥官个人刑事责任的一种法律依据。但第二次世界大战后远东国际军事法庭对日本战犯的审判突破了

---

① 参见1945年7月26日"中、美、英三国促令日本投降之波茨坦公告"，载《国际条约集（1945—1947）》，世界知识出版社1959年版，第77—78页。

这一限制。例如在按照指挥官刑事责任原则被判决有罪并被执行死刑的日本战犯中就有一个是非军事指挥官,这就是广田弘毅。

广田弘毅被远东国际军事法庭审判并认定其有罪的案例表明,指挥官责任不仅包括军事指挥官,而且还包括政府高级官员。指挥官责任的概念不仅体现在前南与卢旺达国际刑事法庭的规约里,而且在国际刑事法院成立时,又进一步被清楚地体现在该法院的规约里。

国际刑事法院《罗马规约》不但对指挥官刑事责任作了详细的规定,而且还就军事指挥官与其他上级对下属所犯罪行应当承担刑事责任的条件作了不同的规定。所以,《罗马规约》对指挥官责任概念的规定代表了指挥官责任理论的最新发展。

根据《罗马规约》这一规定,军事指挥官如果"知道或者由于当时的情况理应知道"其部队正在实施或即将实施犯罪行为,以及该军事指挥官没有采取在其权力范围内的"必要而合理的措施"以防止或制止这些犯罪行为的实施,那他(她)也应对这些犯罪行为负刑事责任。

对于非军事指挥官,也就是政府官员或上级,如果在下级人员正在实施或即将实施这些犯罪时,"故意不理会"明确反映这一情况的情报,或者没有"采取在其权力范围内的一切必要而合理的措施",防止或制止这些犯罪的实施,或者也没有"报请主管当局就此事进行调查和起诉",那他(她)也应对这些犯罪行为负刑事责任。

《罗马规约》也采用了这种概念,但它比两个联合国特设国际刑事法庭规约里规定得更加详细。前南国际刑事法庭和卢旺达国际刑事法庭的规约中明确规定了可以依据该原则追究处于国家一定领导地位的非军事人员的责任,但规定得很原则;《罗马规约》则规定得非常详细,它区分了军事指挥官与其他上级对下属犯罪的刑事责任,并且对它们的成立要件作了不同的规定。

三、官方身份不免责

依照传统国际法,国家元首和外交代表就刑事诉讼享有完全豁免。国家元首和外交代表根据国际法享有完全豁免权。但纽伦堡和远东国际军事法庭的审判则确立了这样的规则,即:犯有国际法下严重罪行的人在为犯罪行为时其作为国家元首或负责的政府官员的事实不能免除其在国际法下的刑事责任。任何人,其中也包括国家官员,如果犯有严重国际不法行为,也将被追究其个人的刑事责任。即便是国家领导人,其官方身份也不能成为免除他(她)应对其犯下的国际罪行负个人刑事责任的抗辩理由。这是国际刑法发展过程中另一确定的原则。

纽伦堡和远东两个国际军事法庭在机构的组织上略有不同,但它们的任务和目的却是一样的：把轴心国对侵略和其他国际不法行为负责任的领导人当作首要的战争罪犯加以起诉和审判。

针对与身份有关的豁免权的适用问题，建立纽伦堡国际军事法庭的法律文件——《欧洲国际军事法庭宪章》就明确规定,被告的官职地位不得成为其免除责任或减轻刑罚之理由，从而明确取消了国家元首及政府首脑享有的不被刑事起诉的豁免特权。被纽伦堡审判的22名甲级战犯都是纳粹德国最重要的领导人，其中被判处绞刑的有12人，判处无期徒刑的3人，判处有期徒刑的4人，无罪释放的3人。[①]

纽伦堡国际军事法庭和远东国际军事法庭对国家和军队领导人如此规模浩大的审判和极其严厉的惩罚，是以前国际法与国际关系的历史上从未有过的。通过这两个国际刑事司法机构的审判，在国际法上不仅确立了"个人刑事责任原则"，而且还开创了"个人官职地位不能成为其开脱罪责之理由"的原则。

第二次世界大战以后国际刑法的有关实践清楚地表明，国际法上的国家刑事责任和实践发生了变化。国家官员以官方身份所为的行为不由本人负责而是仅由国家负责的这条普遍规则不再适用于导致国际犯罪的行为，行为时具有的官方身份不能成为免除他（她）应对其犯下的国际罪行负个人刑事责任的抗辩理由。由此可见，两个国际军事法庭的国际刑法实践对传统国际法上的管辖豁免原则形成了很大的冲击和影响。

1993年和1994年，联合国安理会通过决议，分别建立了前南斯拉夫国际刑事法庭和卢旺达国际刑事法庭。这是联合国在1945年成立以后第一次用设立国际司法机构的形式，以求达到恢复并维持世界和平与安全的目的。由于人员资源受到限制的原因，这两个国际刑事法庭自然而然地把起诉对象的重点放在国家元首和政府高级官员方面。就在国际刑事法庭准备要成立时，不少人给联合国秘书长写信，要求追究一些政府高级官员的个人刑事责任：

"（联合国）秘书长收到的几乎所有书面评论都主张国际法庭规约应包括关于国家元首、政府官员以及以官方身份行事的人的个人刑事责任的条款。这些主张吸收了'第二次世界大战'之后的先例。因此，规约中应有条款规定以国家元首身份做抗辩或被告人的行为以官方身份实施将不构成辩护理由，也不能减轻惩治。"[②]

《前南国际刑事法庭规约》第7条第2款和《卢旺达问题国际刑事法庭规约》第6条第2款分别规定了国家元首豁免权的不适用性，即"任何被告人的官职，不

[①] 纽伦堡审判宣判书，转引自P. A. 施泰尼格尔编：《纽伦堡审判》（上卷），王昭仁等译，商务印书馆1985年版，第325页。

[②] Report of the Secretary General of the United Nations, UN Doc. S/25704, para. 55.

论是国家元首、政府首脑或政府负责官员，不得免除该被告的刑事责任，也不得减轻刑罚。"

这两个法庭分别起诉了前任国家元首——前南斯拉夫联盟总统米洛舍维奇和卢旺达前总理康班达。他们因犯有种族灭绝罪、反人道罪和战争罪而被起诉。这些案例表明：追究个人刑事责任的实践对国际法豁免原则正在产生巨大的影响和冲击。

四、执行命令引起的刑事责任

个人刑事责任不仅涉及国家元首或政府首脑这样的高官，同时也涉及一般的军人与普通人。前南国际刑事法庭在 1995 年曾有一个案例，被告埃尔德莫维奇因屠杀平民而被指控犯有战争罪或反人道罪。对于犯罪事实，检察官与被告方都没异议，但问题是：埃尔德莫维奇作为军人是在其长官监督下被迫执行命令的。那么从法律方面看，被迫执行命令是否也应被追究其个人刑事责任呢？

"军人以服从命令为天职"，这在各国军队里都是一项重要的规则。从广义上讲，服从权威或服从领导是维护社会秩序的一个基本条件，也是统治者维护和巩固政权一个不可或缺的重要因素。如果下级不服从上级的命令，就会被视为违法犯罪行为。相反，如果服从上级命令，即使造成严重后果也不需承担刑事责任。然而国际法开始主张：一个人只应该服从合法的命令，而不应该服从违法的命令。如果一名军人因服从命令而违反国际法，便要承担其不可逃避的责任。

奥本海是国际法学界的权威之一。他在下级服从上级命令能否免责方面的论点是，"只有当没有得到有关交战政府的命令时实施违反战争规则的行为才是战争犯罪。如果武装部队成员根据他们政府的命令而实施违法行为，那么他们就不是战争罪犯因此不能得到敌人的惩治；不过，这可能会受到敌人的报复。"①

随着国际法的发展，执行上级命令不再被作为免除刑事责任的辩护理由，并逐渐单独构成国际刑法的一项重要原则。执行上级命令者之所以被认定犯罪，主要原因不在于上级命令的违法性，而在于执行行为本身构成了战争罪等罪行，因此它主要是追究作为行为的刑事责任。

第二次世界大战后的国际刑法实践，从理论和实践上对执行上级命令是否应免责的问题产生了很大的冲击和影响。根据《纽伦堡宪章》第 8 条的规定，下级如果服从其政府或部队上级命令而犯有违法行为，不能被免除其刑事责任；然而，如果法庭为了实现公正的需要，则可以在减轻刑罚上予以考虑。

此后，前南国际刑事法庭、卢旺达国际刑事法庭以及国际刑事法院等，也都

---

① Oppenheim, *International Law*（《国际法》）, Longmans and Green, 1906, pp. 264-265.

重申了《纽伦堡宪章》里关于下级执行上级命令不免责的规定。例如,《前南国际刑事法庭规约》第7条"个人刑事责任"中规定:"被告人按照政府或上级命令而犯罪不得免除他的刑事责任,但是如果国际法庭裁定合乎法理则可以考虑减刑。"这个规定反映了当今国际刑法执行上级命令不免责的总体原则。

思考题:

1. 第二次世界大战后的东京审判在今天是否还有现实意义?
2. 前南国际刑事法庭是如何建立起来的呢?
3. 国家元首代表国家,为何有的也会被审判呢?
4. 如何理解国际法上的"侵略罪"呢?
5. 中国是否应该批准加入国际刑事法院呢?

▶ 自测习题及参考答案

第十八章　国际人道法

在国际法领域，有一种法律主要适用战争与武装冲突期间，是当其他一些和平时期法律因为战争停止适用时它才适用。这种法律对与错，也不讲正义或非正义、侵略或反侵略，它要求所有参加战争及武装冲突方都要遵守。这就是关于在战争和武装冲突中不加区别地保护所有"战争受难者"的国际人道法。

第一节　概　　述

国际人道法，是保护战争及武装冲突受害者和适用战争与武装冲突行为的法律规范，是出于人道方面的考虑，限制武装冲突造成后果的规则的总称。换句话说，国际人道法保护未参与或不再参与敌对行动的人员，并且限制作战手段和方法的使用。所以，国际人道法也被称为战争法或武装冲突法。

一、基本概念

国际人道法的英语为 international humanitarian law，法语为 le droit international humanitaire。与国际人权法不同，国际人道法是专门适用战争或武装冲突行为而制定的法律规范。由于战争与武装冲突不断发生，使得这一法律体系在国际法中的地位越来越重要。

拓展阅读　作战方法与手段

国际人道法是适用于战争或武装冲突的法律规则。人类社会历史上曾经历过多次大规模的战争，虽然世界各国和人民都表示热爱和平，也无数次地表明要摒弃战争作为解决国际争端方法的意图，但国际社会还远没有实现脱离战争、维持永久和平的目标。自从第二次世界大战以来，发生了各种大大小小的地区冲突，如朝鲜战争、越南战争、中东战争、两伊战争、海湾战争、科索沃战争、伊拉克战争和叙利亚战争等，这些事实表明人类社会在短期内尚不可能脱离战争和武装冲突。为了避免作战行为肆无忌惮地对无辜的人造成伤害，国际社会需要一个法律体系来规范和战争与武装冲突相关的问题，例如武装冲突中哪些人应该受到保护、作战行动应该如何进行、战场上使用武器是否应当受到限制等。

国际人道法是围绕"人道"而制定的，目的是保护所有战争受难者。每个法律都有自己特定的调整对象。国际人道法从某种意义上讲，只是为了保护在战争中的受难者，有点敌我不分。对国际人道法的这一特性该如何来理解呢？

关于战争有两个拉丁语。一是 jud ad bellum，它是指国家具有诉诸战争的权力；二是 jus in bello，则是指从事战争或武装冲突的方法和手段。jud ad bellum 和 jus in bello 反映了国际法两个层面上的问题，非常重要，是研究国际法或国际人道法时必须了解清楚的。

"国家诉诸战争权"是指国家具有诉诸战争的权力，因而也是关于战争或武装冲突的性质，即某一场战争或武装冲突应该不应该被发动的问题。

作为一个主权国家，在传统国际法下，都有诉诸战争的权力。这是因为在国际社会里，国家是主权的，并且在国家之上不存在能强制国家遵守国际法的任何中央权力机关，所以"战争权"被看作国家的"绝对的主权"，是国家为实现基于国际法或自称基于国际法的权利主张的一种自助手段，甚至是用以否定和改变以现行国际法为依据的合法的工具。① 在 1907 年举行的第二次海牙会议上，只有一种战争，即为了追索私人债权而发动的战争，被认为是非法。②

但在另一方面，所有从事战争的国家都会认为：它们是为了正义的事业才进行战争；它们也正是以这一理由要求憎恨它们的敌人。战争里面的逻辑很简单，也容易被理解，即：自己是正义的，敌人从事的是非正义战争，所以要对战争引起的所有后果，如贫穷、破坏、痛苦、落后等都负有责任。

在战争原因不详及战争各方都有自己立场的情况下，究竟哪一方是遵守国际法，不大好判断。另外，国际法的特点之一，就是国家之上不存在超国家的立法机构。国家彼此相互平等、独立，任何一方都不能充当关于自己事务的法官，所以有时很难辨得出一个曲直。正是基于这种特性，才产生了战争法规则与习惯。这些战争法规则和习惯只是关于战争行为的规范，与战争的性质没有任何关系，但却是每一作战方都必须予以遵守的规则。

二、形成与发展

现在经常提到的国际人道法并不完全是新的东西。从最初的日内瓦公约或战争法公约发展成为现在相当完整的体系，其中经过一百多年的历史和若干阶段。除 1977 年日内瓦公约两个附加议定书中的一些规定以外，它们都是在以前的公约的基础上，吸取历次战争的经验，修正补充而订成的。

---

① 参见［英］劳特派特修订：《奥本海国际法》（下卷第一分册），商务印书馆 1972 年版，第 129 页。
② 1907 年第二次海牙和平会议上缔结的《禁止使用武力索取债务公约》第 1 条规定："凡一国政府，因别国政府，欠其人民订有契约之款项，不得以兵力向其索偿。"这一公约的倡议者为美国的外交官波特（Porter），因而该公约有时又被称为《波特公约》。

在国际人道法的发展过程中形成了日内瓦法体系和海牙法体系。日内瓦法体系是在1864年《关于改善战地伤兵境遇的日内瓦公约》的基础上发展起来的。现行的日内瓦法体系主要包括1949年制定的四个日内瓦公约和1977年制定的补充和重申上述四公约的规则的两个附加议定书。1949年日内瓦四公约是在第二次世界大战后对战争法规则进行大规模编纂、谈判的基础上形成的，如今已经得到各国的广泛接受。海牙法体系是以1907年的海牙公约为代表和开端的关于规范作战手段和方法的条约和习惯。

战争的历史很长。自从有了人类，也就有了战争。但直到19世纪中期为止的战争历史内，战争伤病员的情况一直都非常糟糕。每一场残酷战争过后，战场上到处都是大量被遗弃的伤病员。战争中的伤病员需要护理，但护理的条件却很差。在当时情况下，军队主要是作战人员，医护人员和辅助人员很少；外科手术和其他治疗都还处于比较原始的阶段；没有什么无菌治疗所需要的条件；抗生素和血浆这些现代社会常用的药品都还没被研发出来。

国际人道法的倡导者是一个瑞士人，名叫亨利·杜南。他是一个商人，为了经商而在欧洲四处奔走。1859年他外出经商经过意大利北部的沙斐利洛（Solferino）。那里刚刚经历了法国与奥地利之间的一场大战，战场上到处都是被遗弃的伤病员，无人照应，非常悲惨。亨利·杜南与附近村民将这些伤病员带到卡斯特哥尼村庄，并对他们进行了治疗和护理，以减轻这些人的痛苦。这段经历给亨利·杜南留下了很深的印象。他于1862年发表"沙斐利洛的回忆"，里面详细描述了1859年这场战争中的惨状，以唤起世人对于战时救护伤病员问题的注意。同时，他提倡各国创立救护团体，并建议由各国政府订立"神圣的原则"的协议，以作为各国救护团体活动的基础，为部队的伤、病员提供更好的护理条件。①

亨利·杜南的这些想法，在当时充其量只能算是一些个人设想。但他的书出版以后，却在整个欧洲引起了轰动。瑞士随即发起了红十字组织运动。1863年创立红十字会组织的日内瓦国际会议，在决议中表示希望使伤员和医务人员"中立化"；而这一希望由于1964年瑞士联邦政府召集的外交会议而获得实现。该会议订立了一个改善战地伤兵境遇的公约，此即1864年的日内瓦公约。

1864年日内瓦公约是最早的日内瓦公约，也是狭义的、传统意义上的日内瓦公约。该公约的意义在于它第一次在战争法中规定了有关伤兵待遇的原则，从而使陆战规则"法典化"迈出了第一步。这个公约尽管一共只有10条，但它定出的三个原则，一直为以后的日内瓦公约所保留。它们是：（1）军人负伤、患病，从

---

① Henry Dunant, *A Memory of Solferino* (《沙斐利洛的回忆》), American Red Cross (1939, 1959); Reprinted by the International Committee of the Red Cross, 1986.

而失去战斗力和防卫能力的,都应当不分国籍予以尊重和照顾;(2)为着伤兵的利益,军事救护室和医院以及医务人员均应享受中立利益,即应予保护,不使他们遭到敌对行为;(3)"白底上一个红十字"为鲜明的救护符号。

亨利·杜南的基本思想主要有两点:第一,受伤的人必须得到及时的照顾和治疗;第二,为了能减轻战争受难者的痛苦,必须得有所组织。这个基本思想的道理很简单,如果要去战场照顾伤、病员,就必须要有一个协定,以便能保障安全地从事救护工作;而为将照顾伤、病员的人与进行战斗的人分开,就必须要有一个鲜明的符号,以便区别。这个协定就是1864年日内瓦公约;这区别的标志就是鲜明的白底红十字符号。

最初,日内瓦公约里的人道保护只是适用于战争的伤者、病者。但经过第一次世界大战,不但1906年日内瓦公约需要修订,就是战争的其他受难者,尤其是战俘的境遇,也引起了注意。在战俘待遇问题上,虽然1907年海牙第四公约(即《陆战法规和惯例公约》)的第一编第二章里有所规定,但一共只有17条,且多半属于原则性的规定。第一次世界大战中的经验证明,海牙第四公约不能满足保护战俘的需要,因而对于战俘待遇有作全面规定的必要。

1929年,在瑞士政府的发起下,国际红十字协会在日内瓦又召开了一次会议。该会议除对1906年关于改善战地武装部队伤者病者境遇的日内瓦公约又加以修正和补充外,新订了一个关于战俘待遇的公约,此即1929年日内瓦公约,它取代了1907年海牙第四公约中关于战俘的规定。所有这些公约的内容为后来的1949年日内瓦四公约所代替。

第二节 国际人道法的适用范围与特点

国际人道法中的有些规定,在整个国际法体系中属于比较特殊的。国际人道法主要是适用战争或武装冲突的规则和规范,其宗旨和目的是保护战争受难者。所以,围绕战争这一特殊和紧急情况以及为实现保护目的的需要,国际人道法在适用范围和建立保护机制等方面,有一些特别的规定。

一、适用范围

现在经常提到的国际人道法,并不完全是新的东西。从最初的日内瓦公约发展成为现在相当完整的法律体系,其中经过若干阶段和一百多年的历史。除日内瓦公约的两个附加议定书中的一些规定以外,它们都是在以前的公约的基础上,吸取历次战争的经验,修正补充而成的。

武装部队的伤者、病者、战俘和平民，是国际人道法保护的对象，被通称为"被保护人"。国际人道法基本上是对人的保护，而在某些范围内也涉及对财产和自然环境的保护。① 国际人道法的规则确定了交战各方与战争受难者的关系上的一定的权利义务，使后者的安全和利益具有国际性的保障。

1949年日内瓦四公约和1977年两个附加议定书各自保护的对象不同，然而它们的人道目的却是一致的。为了有效地保护战争受难者，1949年日内瓦四公约和1977年两个附加议定书的共同特点就是尽可能扩大公约的适用范围。为此，公约采取了一些一般国际法上较特殊的做法。

战争法的编纂，主要是从19世纪下半叶开始的。进行编纂的主体是国家，因此，编纂的规则和原则也就和国家所具有的主权特性联系在一起。由于国家是缔结条约的主体，传统战争法的规则一般都不适用于一国国内发生的内战或武装冲突，也不适用于非缔约国。

由于国家是主权的、平等的，在国家之上没有任何强制性的执行机制，"相互原则"就成为处理国际关系和国家之间协议的一个重要原则。从"相互原则"出发，传统战争法中有"普遍参加原则"，规定战争法规则仅在缔约国相互之间的战争情况下生效。如果有一个非缔约国参加交战，规则就因此失去拘束力。另外还有"报复原则"，认为为制止其他国家不法行为的报复是合法的。"普遍参加原则"的用意，是为了防止国家由于不需要承担公约的义务，而单方面地在军事上取得优势；"报复原则"则是为了通过武力制止其他国家的不法行为。

根据不同的保护对象，日内瓦四公约都有自己特殊的规定，然而其中共同的原则性规定也不少。概括起来看，日内瓦公约第一部分（总则）和最后两部分（关于公约之执行部分和最后条款）中的规定，大都属于共同条款。其条文数量和里面规定的内容也都基本上一致。在总则和公约的执行部分，有些共同条款具有重大的原则性，体现了国际人道法中最核心的内容，值得注意。其中最为重要的要数四公约共同第2条和第3条以及关于公约生效的条款。

二、基本特点

1949年日内瓦四公约都是为了保护战争受难者制定的。围绕这个目的，这四个公约有些共同的、基本的条款。这些条款又有着其基本的特点。

日内瓦四公约共同第2条规定：

"于平时应予实施之各项规定之外，公约适用于两个或两个以上缔约国间所发生之一切经过宣战的战争或任何其他武装冲突，即使其中一国不承认在战争状态。

---

① 1949年日内瓦第一公约第50条和1977年第一附加议定书第三章。

"凡在一缔约国的领土一部或全部被占领之场合,即使此项占领未遇武装抵抗,亦适用公约。

"冲突之一方虽非缔约国,其他曾签订公约之国于相互关系上,仍应受本公约之拘束。设若上述非缔约国接受并援用本公约之规定时,则缔约各国对该国之关系,亦应受本公约之拘束。"

四公约共同第3条规定:

"在一缔约国之领土内发生非国际性的武装冲突之场合,冲突之各方最低限度应遵守下列规定:

"(一)不实际参加战事之人员,包括放下武器之武装部队人员及因病、伤、拘留,或他原因而失去战斗之人员在内,在一切情况下应予以人道待遇……

"冲突之各方应进而努力以特别协定之方式,使公约之其他规定得全部或部分发生效力。

"上述规定之适用不影响冲突各方之法律地位。"

上述两个共同条款在划定适用范围上具有以下几个特点:

第一,公约适用所有的战争及武装冲突。

按照共同第2条的规定,日内瓦公约将适用于缔约国之间发生的经过宣战的战争或不宣而战的武装冲突,即使其中一个国家不承认存有战争状态。这样,公约的适用不仅仅限于国际法传统意义上的战争,而且包括任何其他武装冲突,即使其中一方不承认有战争状态。

宣战是一项通知,作用在于使对方和中立国获悉战争状态的开始。早期国际法学家曾把宣战作为正义战争的一个条件,格劳秀斯就认为,"开战前必须宣战"是国际法的规则[①]。1907年海牙公约明确规定开战前应该宣战:"除非有预先而明显之警告,其形式或用有理由之宣战书,或用以宣战为条件之哀的美敦书外,彼此均不应开战"[②]。所谓哀的美敦书,即最后通牒,即用断然的词句拟定的对另一个国家的警告,目的在于:如果所提要求在期限届满时得不到满足,战争状态就自动产生,所以又称为"有条件的宣战"。

按照1907年海牙公约的这一规定,战争应该通过宣战而开始,不宣而战是违反公约规定的义务,因而是非法的,然而,在1907年海牙公约缔结之前及以后,战争往往是不宣而战。一些国家为了既获得战争利益,又能因避免战争的名义而逃避国内法和战争法的义务,没有宣战就使用武力。例如,1937年"七七事变"以后,中日间业已进入战争状态,而首先发动侵略战争的日本拒不承认侵华军事

---

① 王铁崖主编:《国际法》,法律出版社1981年版,第516页。
② 1907年海牙第三公约,第1条。

行动为战争，而说是"警察行动"。德国 1939 年 8 月 31 日对波兰的进攻、1941 年 6 月 22 日对苏联的进攻，苏联 1939 年 11 月 30 日对芬兰的进攻，日本 1941 年 12 月 7 日对美国的进攻，采取的都是不经通知而突然袭击的方式。第二次世界大战以后不宣而战的例子也不少，如 1967 年以色列和阿拉伯国家的战争、1980 年伊拉克和伊朗之间的武装冲突、1982 年英国和阿根廷之间的冲突等。

有不宣而战的战争，但另一方面，战争正式开始并不当然意味着有关国家之间就一定有武装敌对行为，换句话说，国家之间在宣战之后可以未进行武装敌对行为，甚至始终没有武装敌对行为。第二次世界大战期间，一些拉丁美洲国家与轴心国之间的关系就是一例。

正是由于这些国际关系史上的实际事例，日内瓦四公约共同第 2 条规定，公约适用缔约国之间经过宣战的战争或任何其他武装冲突，目的是避免任何一方以未经宣战、战争状态不存在为借口而拒绝遵守公约规定的义务。它明明白白地肯定了在日内瓦公约的适用上不是按形式的意义而是要按照实质的意义解释，只要是缔约国之间的武装冲突，即便是未经过宣战，即便有一方或甚至双方都不承认有战争状态，公约规定的义务双方都应当遵守。

第二，公约不适用国际法上"连带条款"原则。

共同第 2 条规定，在战争或武装冲突期间，即使其中有一方不是缔约国，但公约的规定仍适用于所有其他曾签订公约的国家的相互关系上。如此规定，公约的适用并不限定要全部交战国都是缔约国。这就打破了国际公约上所谓"连带条款"或"一般参加条款"原则的限制。

关于战争法的所有海牙公约都包括有"连带条款"或"一般参加条款"，例如：

1899 年海牙第二公约（即《陆战法规和惯例公约》）规定："第一条（即公约适用范围）所指章程各条款只对缔约国在它们之中两个或两个以上国家之间发生战争的情况下具有拘束力。在缔约国之间的战争中，一俟一个非缔约国参加交战一方时，此章程的条款就失去拘束力。"[①]

1906 年日内瓦公约规定："条约之规定凡缔约各国内二国或数国间有战争时，则该国家有应遵守之义务。倘交战国之一未经入约者，即停止其义务。"[②] 这样一项规定的效果是，在多数国家参加的战争中，只要其中一国不是缔约国，或者战争进行中间参加进来一个非缔约国，条约的义务对全部交战国则都不再继续适用。

"连带条款"或"一般参加条款"，原意就是为防止未参加公约的交战一方由

---

① 1899 年海牙第二公约，第 2 条。
② 1906 年日内瓦公约，第 24 条。

于不需要承担公约规定的义务而单方面地在军事上取得优势。但是，这一条款可能带来的效果是：在一个相当数目国家参加的战争中，一个无论多么小的国家在一个遥远的战区中作出的决定，都会成为普遍取消该公约的约束的起点。例如，在交战国之间产生一系列法律关系的海牙公约，在第一次世界大战中自 1917 年 8 月 8 日起就停止适用了。因为那一天是利比里亚参战日，而该国并不是海牙公约的缔约国。所以，所谓"连带条款"所形成的战争期间公约适用的限制条件，对于公约的实际作用显然是有损害的。

鉴于第一次世界大战中的教训，及至 1929 年日内瓦公约订立时，"连带条款"的限制也都不存在了。按照共同第 2 条的规定，参战一国如不是公约缔约国，则所有参加的缔约国在相互关系上仍受日内瓦公约的拘束，从而使公约不受"连带条款"的限制。

第三，公约可以对非缔约国适用。

根据国际条约法一般性原则，条约只拘束缔约国，对第三国没有拘束力。换句话说，通常只是缔约国相互之间受条约的拘束，而缔约国对于非缔约国一般不适用公约。一个国家如果愿意受公约的拘束，只有按照公约规定的程序履行它必要的程序，加入公约、成为缔约国后才有可能。然而，日内瓦公约里有特殊规定，允许非缔约国在一定条件下，可以和缔约国在武装冲突期间同等地受公约的拘束。

1949 年日内瓦四公约共同第 2 条规定，当非缔约国接受并援用公约规定时，则缔约国对该国的关系就受公约的拘束。1977 年第一附加议定书又重申了这一规定。[①] 按照这个规定，在战争或武装冲突发生的时候，不但缔约国适用公约，并且只要非缔约国表示接受并执行公约的规定，也应当受公约的拘束。在朝鲜战争中，虽然朝鲜民主主义人民共和国不是日内瓦四公约的缔约国，但它同意适用日内瓦战俘公约，因此 1949 年日内瓦四公约对于朝鲜战争是适用的。

日内瓦公约和附加议定书之所以有这么一条规定，目的是扩大公约的适用范围，以便使非缔约国的战争受难者在自己国家不是缔约国的情况下，也能受到公约的保护。至于"承认"以何种方式表达，公约没有明确。因此，非缔约国如果是以书面的声明表达受公约拘束的意愿，无疑是最好的方式，但这不应被理解成唯一的方式。即便是默示的、口头的，只要非缔约国能让缔约国意识到它的意愿，并在实践中执行日内瓦公约的规定，也未尝不可。因此，事实上（*de facto*）的"执行"，应该是在交战的缔约国和非缔约国之间建立法律关系的关键性的条件。

日内瓦公约体系里的这一规定，是其他一般国际公约所不具有的。这是因为它们各自适用的场合不同：一般国际公约适用于和平时期；日内瓦公约则主要适

[①] 1977 年第一附加议定书，第 96 条第 2 款。

用于战争期间。在和平时期,一般国际公约在履行方面的迫切性不太突出,国家可以加入、同意来接受公约的拘束,可以从容地经过批准、加入、同意等通常的程序,与其他缔约国建立法律关系。然而,战争或武装冲突只要一发生,马上就出现保护战争受难者的问题。回顾第二次世界大战时期,由于日本不是1929年日内瓦战俘公约的缔约国,致使当时亚洲地区中战争受难者的命运很悲惨[1],因为这些经历,1949年日内瓦四公约共同第2条才特别作出这一例外的规定。

第四,公约亦适用于缔约国的内战。

按照国际法,只有完全主权的国家才有成为交战国的法律资格。然而,进行战争除了法律资格以外,还有实际能力问题。交战团体虽然不是国家,但拥有武装力量使它们有可能在事实上进行战争。只要存在着内战和普遍敌对行为的状态,只要交战团体占领并在某种程度上有秩序地管理控制着相当大的一部分国家领土,只要在一个负责当局指挥之下作战的团体遵守作战规则,第三国就有明确它们对这一内战的态度的实际需要。所以,国际法创设了承认内战团体地位的权利和义务这一内容。

对交战团体的承认,是在一国发生内战的情况下,其他国家为了保护本国的利益和尊重交战双方的合法权利,而承认内战中的叛乱者一方为交战团体的行为。这一承认制度,最初出现于19世纪初期南美的西班牙殖民地反对宗主国的战争中,后来在美国南北战争时期又进一步发展成为国际法上的一项制度。因此,战时国际法在对方被承认为交战团体的情况下和一定的限度内,对于内战可以适用,这是肯定的。但是战争法范畴内的国际公约作明文规定,并且无条件地适用于非国际性的冲突(包括内战和殖民地战争),则以1949年日内瓦四公约为首创。

日内瓦四公约共同第3条规定,公约适用于一切非国际性的武装冲突。在1949年日内瓦外交会议上,与会代表曾就这一条展开了冗长而激烈的辩论。一些国家的代表以不干涉内政为理由,主张完全删去,或顶多附若干条件而规定。[2] 而另一些国家的代表,则认为对内战和殖民地战争也应同样适用公约以保护战争受难者。[3] 目前日内瓦四公约共同第3条的规定,则是这两个意见的折中条款,它在划定公约适用范围方面仅限于从纯人道原则出发的一些基本规则。如该条所列举的:对于不实际参加战争之人员,包括放下武器之武装部队人员及因病、伤、拘留或其他原因而失去战斗力之人员在内,在一切条件下应予以人道待遇,不得基

---

[1] 美国政府于1943年曾就美国飞行员在日本被处死刑,对日本政府提出严重的抗议,并指出日本政府曾经同美国政府约定遵守日内瓦战俘公约。Hyde, Japanese Execution of American Aviators, in *American Journal of International Law*, July 1943, pp. 480–482.

[2] Final Record, Vol. II, Sec. B, pp. 12–15.

[3] Final Record, Vol. II, Sec. B, pp. 14, 43, 98–99.

于种族、肤色、宗教或信仰、性别、出身或财力或其他类标准而有所歧视；对于上述人员不论何时何地，不得施以暴力。对于人质，不得损害个人尊严或不经正规组织的法庭之宣判而判罪和执行死刑；对于伤者、病者应予以收集和照顾。所有这些第 3 条的规定，也只是应当遵守的最低限度的规则。

第三节　对战争受难者的保护

1949 年 4—8 月召开的日内瓦会议，目的是将人道原则进一步落实在各种类型的战难者的保护方面，会议通过制定的日内瓦四公约，修正补充了 1929 年关于改善战地伤者病者境遇和战俘待遇的两个公约以及 1907 年推行日内瓦公约于海战的海牙公约，产生了一个战时保护平民的公约，从而把对于战争受难者的保护原则，从陆战的伤者、病者，海战的伤者、病者和遇船难者，战俘，一直推及于平民。

一、保护体系的形成

传统战争法有海牙法体系和日内瓦法体系之分。如果日内瓦法体系主要是指那些处理战争与武装冲突结果，即如何保护那些不直接参与战争或先是参与但以后又退出战争的那部分人的法律规则①；那么，海牙法体系主要是指那些战争如何开始、进行和结束的规则。但这是在传统法律意义上的划分，现在所说的国际人道法既包括日内瓦法体系规则，也包括战争法传统意义上的海牙法体系规则。

海牙法体系发端于 1868 年的《圣彼得堡宣言》，该宣言在战争法中首次确立了"禁止使用将引起不必要痛苦的作战手段和方法"的原则。1899 年和 1907 年外交大会制定的海牙公约是海牙法体系中的另一次高潮，这两次海牙会议中制定的海牙公约，在战争法上对作战人员的规则以及对作战方法、手段的限制，都起到

---

① 红十字国际委员会编有《国际红十字手册》。该手册中除有国际人道法最基本的法律文件以外，还有有关章程、红十字会组织的介绍，国际红十字大会有关决议等。由于红十字国际委员会人手一册，被经常引用，故该书被称为该组织的"圣经"。在这一手册的"国际人道法公约和协定"（International Humanitarian Law Conventions and International Agreement）这一目录下有"日内瓦法体系"（Law of Geneva）和"海牙法体系"（Law of the Hague）之分。
"日内瓦法体系"包括 1949 年日内瓦四公约及其 1977 年的两个附加议定书。
"海牙法体系"则包括：1868 年《圣彼得堡宣言》，1899 年和 1907 年《海牙公约》，1954 年《关于发生武装冲突时保护文化财产的公约》，1972 年《禁止细菌（生物）及毒素武器的发展、生产及储存以及销毁这类武器的公约》，1976 年《禁止为军事或任何其他敌对目的使用改变环境的技术的公约》，1980 年《联合国禁止或限制使用某些可被认为具有过分伤害力或滥杀滥伤作用的常规武器公约》。*International Red Cross Handbook*, Twelfth edition, Geneva, July 1983.

了很大的作用。

1868年，俄罗斯政府邀请国际军事委员会在圣彼得堡审查了"文明国家间战争期间禁止使用某种抛射物的权宜之计"。经过讨论，委员会认为新的抛射物必须禁止使用，因为"文明的进程应尽可能地减轻战争带来的灾难"。另外，该会议还就战争的目的提出了一个根本性的论点，即"战争期间各国应努力完成的唯一的真实的目标是减弱敌方的军事力量"。因此，毫无必要地加剧军人痛苦或者致使他们不可避免地死亡就与该战争目的不相符合。

1899年，荷兰政府邀请29个国家的代表聚集到海牙，讨论和平与战争问题。这就是战争法中经常提到的第一次海牙和平会议。该会议的主要目的就是创造条件以阻止未来战争的爆发。基于这一目的，创造了一个和平解决国家间争端的法律机制，即成立了常设仲裁法院，鼓励国家在相互之间发生争端时，将它提交国际仲裁解决。

维持世界和平是会议的一个主要目标。但海牙会议认识到，要完全禁止战争是不现实的。虽然仲裁是解决国际争端的最好方式，但每一争端是否一定要提交仲裁，应由国家自己来决定。必要时不能排除武力的使用。所以，会议讨论并制定了一些关于战争行为规范的法律文件。

会议对"陆地战争的惯例和法律"进行了法典编纂。该编纂工作以早些时候1874年的布鲁塞尔国际会议文本为基础。布鲁塞尔宣言本身是受《利伯法典》的影响制定的，但从来没有实施过。1899年海牙会议就在《利伯法典》、1868年《圣彼得堡宣言》、布鲁塞尔国际会议文本等法律文件的基础上，成功制定了作为海牙第四公约的《陆战法规和惯例公约》以及《陆战法规和惯例章程》。该章程详细地提供了涉及陆地战争的所有方面的缔约方能够达成一致的规则，例如：可被视为战斗员的人的种类（指"交战员"）；战犯的待遇；对发动战争的方法和方式的采用的限制，包括对平民保护的一些基本规则（特别是对轰炸没有防御的城镇的禁止）和对有文化价值的目标的保护；侵占政权的行为的限制；等等。

《圣彼得堡宣言》的意义在于，它在战争法中开始确立"禁止使用将引起不必要痛苦的作战手段和方法"的原则。该宣言为了人道的目的，在其最后一段规定："一旦由于将来在军备方面的改进而提出明确建议时，缔约国或加入国保留今后达成一项谅解的权利，以维护它们已经确定的原则，并使战争的需要符合人道的法律。"

正是为了使战争的需要能够符合人道的法律，后来所制定的1899年和1907年海牙公约的附件（即《陆战法规和惯例章程》）又作了进一步的重申[①]，认为，

---

① 该附件第23条第5款规定，禁止"使用足以引起不必要痛苦的武器、投射物或物质"。

"基于即使是在（战争）这样极端的情势下，仍为人类的利益和日益增长的文明的需要而服务的愿望"①。

然而编纂不可能涵盖所有的内容，尤其是在不能达成完全一致的情况下，会因此留下空白。考虑到这一点，该章程明确表明，"现在还不可能对实践中所出现的一切情况制定一致协议的章程"。但同时，缔约各国又不愿意军事指挥官在战争中任意武断行事。为防止出现这种情况，于是就制定了"马尔顿条款"（Marten's Clause），规定："在颁布更完整的战争法规之前，缔约各国认为有必要声明，凡属他们所通过的规章中所没有包括的情况，居民和交战者仍应受国际法原则的保护和管辖，因为这些原则是来源于文明国家间制定的惯例、人道法规和公众良知的要求。"

需要明确的是，日内瓦法体系和海牙法体系并不是两个孤立的条约体系。它们都是为了从人道的角度出发更好地保护武装冲突中应当受到保护的人，只是侧重点不同而已。相反，在1949年日内瓦四公约以及1977年两个附加议定书中，日内瓦法体系和海牙法体系在一定程度上实现了融合。例如，1977年第一附加议定书中，既有关于如何保护平民的规定，又包含了如何限制作战方式、方法的规定。

1977年两个附加议定书是对1949年日内瓦四公约的必要补充。今天，日内瓦法体系和海牙法体系已构成了一个不可分割的整体。这些条约实质上为在战时对人类实施保护提供了充分的基础。因此，1977年的两个附加议定书应享有与日内瓦公约同等的普遍性和效力。

二、保护体系的基本原则

鉴于战争法的大部分规则都属于人道的性质，对这些规则的遵守并不妨碍战争所追求目标的实现，因此，在战争或武装冲突期间，这些规则是必须不问战争或武装冲突的合法性而必须予以遵守的。

国际人道法条文繁多，其内容规则不但详细，而且还比较复杂。这在客观上为广泛传播国际人道法的精髓，为在武装冲突中准确、迅速地落实国际人道法带来一定的困难。

为克服这一点，红十字国际委员会主席亚历山大·海尔先生于1975年建议：应扼要地制定并公开宣布国际人道法的基本原则，以便使人们对国际人道法的基本要点能一目了然，同时也可使那些严重违反国际人道法的不法行为能马上"曝光"。在这一建议下，红十字国际委员会成立了一个由该委员会有关专家组成的小组，进行了国际人道法基本原则的起草工作。

---

① 1899年和1907年海牙《陆战法规和惯例公约》序言。

1979年，红十字国际委员会专家小组成功地将有关国际人道法的基本原则（以下简称"基本原则"），简单明了地浓缩在七个要点上。同时，为了使人们更清楚地理解概括基本原则的目的和意义，红十字国际委员会郑重声明："该文件（指'基本原则'）总结了该法系（国际人道法）里的基本要点。文件起草者尽可能地努力使用简单而又准确的术语。然而，这些概括在文件里的要点，并不具有国际法律文件的权威，也无意取代已生效的协定。它们（'基本原则'）唯一的目的，是为进一步传播国际人道法提供便利条件。"①

尽管基本原则在法律意义上不可能与日内瓦公约及其附加议定书具有同等的效力，但里面所列举的七个要点，无疑是以最通俗易懂的语言高度概括了现行国际人道法最基本的原则。这七个要点是：

（1）所有不直接参加或已经退出敌对行动的人，享有生命的权利，并不得受到人身或精神上的攻击。他们在任何情况下，都应受到不加区别的保护及人道待遇。

（2）禁止杀害或伤害任何已经投降或已退出战斗的敌方人员。

（3）对处于自己控制之下的任何冲突方，应收集、照顾伤、病员。医务人员、医疗设施、交通工具及其物质应受到保护。红十字及红新月符号，必须受到保护和尊重。

（4）处于敌方控制之下的被俘获的战斗人员或平民，其生存权、人的尊严、个人权利和宗教信仰权必须得到尊重。他们不得受到任何暴力或报复行为。他们享有与其家庭联系及收取救济品的权利。

（5）每一个人都享有最基本的司法保障。任何人都不得为其所没有为的行为而负责。任何人都不得受到人身或精神方面的虐待、体刑、残酷的或与其身份不相符合的待遇。

（6）所有冲突方及其武装部队成员，在进行战斗的方法与手段上，并不是没有限制的。禁止使用那些会引起不必要伤害或过分痛苦的武器。

（7）冲突各方在任何时候都应将平民百姓和作战人员区分开来，以便保护平民及其财产。平民，不管是作为群体还是个人，都不应受到攻击。攻击应只是针对军事目标。

三、保护体系的内容及范围

国际人道法上每个公约的制定，都是国际社会对战争或武装冲突带来的灾

---

① A Report for the Independent Commission on International Humanitarian Issues, presented by Mohammed Bedjaoui, in *Modern Wars*（《现代战争》），Zed Books Ltd., 1986, p. 33.

难进行反思的结果，如 1864 年的日内瓦公约、1929 年的战俘公约、1949 年的日内瓦四公约以及 1977 年的两个附加议定书等。其中最主要的法律文件是 1949 年的日内瓦四公约和 1977 年的两个附加议定书。它们是国际人道法最基本的法律文件。

最初，日内瓦公约中的人道保护只是适用于战争的伤者、病者。但经过第一次世界大战，不但 1906 年日内瓦公约需要修订，就是战争的其他受难者，尤其是战俘的境遇，也引起了注意。在战俘待遇问题上，虽然 1907 年海牙第四公约（即《陆战法规和惯例公约》）的第一编第二章里有所规定，但一共只有 17 条，多半属于原则性的规定。

另外，第一次世界大战中的经验证明，海牙第四公约不能满足保护战俘的需要，因而对于战俘待遇有作全面规定的必要。所以，1929 年日内瓦会议除对于 1906 年改善战地伤者病者境遇的日内瓦公约又加以修正和补充外，新订了一个关于战俘待遇的公约，此即 1929 年日内瓦公约，它取代了 1907 年海牙第四公约中关于战俘的规定。所有这些公约的内容为后来的 1949 年公约所代替。

1949 年 8 月 12 日订立的四个日内瓦公约分别是：（1）《改善战地武装部队伤者病者境遇公约》（以下简称"第一公约"）；（2）《改善海上武装部队伤者病者及遇船难者境遇公约》（以下简称"第二公约"）；（3）《关于战俘待遇公约》（以下简称"第三公约"）；（4）《关于战时保护平民公约》（以下简称"第四公约"）。

归纳起来，1949 年日内瓦四公约主要包括以下几方面的规定：

（1）冲突一方对在其权力下的另一方伤病员，在一切情况下应无区别地予以人道的待遇和照顾，不得基于性别、种族、国籍、宗教、政治意见或其他类似标准而有所歧视。

（2）冲突各方的伤者、病者如落于敌手，应为战俘，国际法上有关战俘之规定应适用于他们。

（3）每次战斗后，冲突各方应立即采取一切可能的措施搜寻伤者、病者，予以适当的照顾和保护；环境许可时，应商定停战或停火办法，以便搬移、交换或运送战场上遗落之受伤者。

（4）冲突各方应尽速登记落于其手中的敌方伤者、病者，或死者之任何可以证明其身份之事项，并应尽速转送战俘情报局，该局转达上述人员之所属国。

（5）冲突各方应保证在情况许可下将死者分别埋葬和焚化之前，详细检查尸体，如可能时，应经医生检查，以确定死亡，证明身份并便于作成报告。

（6）军事当局，即使在入侵或占领地区，也应准许居民或救济团体自动收集和照顾任何国籍之伤者、病者。任何人不得因看护伤者、病者而被侵扰或定罪。

第四节　对作战手段和方法的限制

国际法院应联合国大会请求，于1996年7月8日就使用或威胁使用核武器的合法性问题发表了咨询意见。国际法院在这里主要是审查有关核武器的合法性问题，但为了将问题说清楚，同时也讨论了国际人道法的基本内容和原则，并列出了一些"构成人道法制度的核心原则"，如"区分原则""避免不必要痛苦原则"和"比例原则"①等。这些原则构成对作战手段和方法进行限制的基本原则。

一、区分原则

区分原则要求冲突各方必须区分战斗员与非战斗员、武装部队与平民以及军事目标与非军事目标。区分原则是国际人道法最基本的一个概念，即在武装冲突时期只有削弱敌方军事实力的作战手段才是可接受的。阐述区分原则的第一个多边性质的法律文件是订立于1868年的《圣彼得堡宣言》。此后，它通过多种形式、在相当多的法律文件中得到了重申。

1977年第一附加议定书第48条即"基本规则"规定："为了保证对平民居民和民用物体的尊重和保护，冲突各方无论何时均应在平民居民和战斗员之间、在民用物体和军事目标之间加以区别，因此，冲突一方的军事行动仅应以军事目标为对象。"

根据区分原则，战斗员在武装冲突中可以被攻击，但是当他们不再从事敌对行动或者放下武器时，就应该停止攻击。另外，它要求冲突各方必须区分军事目标与民用物体。军事目标可以被攻击，而民用物体则应受到保护。国际人道法意义上的民用物体包括各种各样的物体，可以是公共的，也可以是私人的；可以是动产，也可以是不动产，比如桥梁、医院以及悬挂保护性标志的国际组织的车辆等。

适用于平民与战斗员之间、军事目标与非军事目标之间的"区分原则"，是所有国际人道法规则的基石。战争法上很多古老的规则，其实都源自此项原则，其范围从确立战斗员和非战斗员的地位到禁止使平民忍受饥饿，等等。国际法院在关于核武器合法性问题的咨询意见中认为："构成国际人道法内容最基本的原则

---

① Legality of the Threat or Use of Nucleat Weapons (Advisory Opinion), *ICJ Reports 1996*, p. 28, para. 78.

是：第一，区别战斗员和非战斗员，以保护平民及其财产；国家决不能将平民作为攻击目标……国家在选择其使用的作战手段和方法方面，并不拥有无限制的权利。"① "区分原则"（即区别战斗员和非战斗员）和"限制作战手段和方法原则"，是国际法院所认为的国际人道法的最基本的原则。

二、避免不必要痛苦原则

武装冲突法禁止使用那些就其性质而言会造成不必要痛苦或过分伤害的武器和军事技术，此即避免不必要痛苦原则。这一原则禁止使用那些将使敌人遭受军事行动所必须造成的以外更大痛苦和伤害的武器，比如一些会造成伤口难以治愈或终生残疾的武器。随着国际人道法的发展，现在禁止或限制某些会引起过分伤害或不必要痛苦武器的条约比较多，比如《禁止生物武器公约》、《禁止化学武器公约》、禁止杀伤人员地雷的《渥太华公约》等。

避免不必要痛苦原则由来已久，早在19世纪，卢梭的有关"战争是国家行为""是国家武装力量的斗争"的思想在欧洲有很大的影响。正是在这一思想流行的背景下，产生了《巴黎会议关于海上若干原则的宣言》（1856年）、《改善战地武装部队伤者境遇的公约》（1864年）以及《圣彼得堡宣言》（1868年）。其中，《圣彼得堡宣言》明确规定要"尽可能减轻战争的灾难"，认为在战争中应尽力实现的"唯一合法目标是削弱敌人的军事力量"，而为了实现这一目标，所有参战各国"应满足于使最大限度数量的敌人失去战斗力"。因此，战争的最直接目的在于消灭敌人的军事力量。既然目标在于消灭敌人的军事力量，因而应尽量避免无助于实现这一目标的"不必要的痛苦"。基于这一逻辑思想，"使用那些将引起失去战斗人员不必要痛苦或使其死亡不可避免的武器"，将被看作会"超越这一目标"。因此，《圣彼得堡宣言》的最后结论是："这类武器的使用违反了人类的法律。"

在国际人道法中，"不必要痛苦"是一个经常使用的术语。它准确地揭示了战争的目的和限制作战手段和方法的逻辑关系：既然战争的最直接目的是消灭敌人的军事力量，那么在战场上只要以正常的手段能将敌人杀伤，使其减少到不能再继续进行战争或武装冲突的状态，即可说是已达到目标。但如果使用某种武器，致使敌人即使在退出战斗以后，仍还继续遭受痛苦，则是已超出作战目标，因而是不必要的，应予以避免和禁止。正是基于这一根本的思想，国际人道法禁止使用达姆弹（进入人体后会引起爆炸的子弹）② 和任何其他主要作用在于以碎片伤人

---

① Legality of the Threat or Use of Nucleat Weapons (Advisory Opinion), *ICJ Reports 1996*, p. 28, para. 78.
② 参见1868年12月11日《圣彼得堡宣言》。

而其碎片在进入人体后无法用 X 射线检测的武器。①

三、比例原则

该原则要求在对军事目标进行攻击时应最大限度地减少对平民和民用物体造成的附带损害，对平民和民用物体造成的附带损害不应超过在军事行动中所要达到的预期的、具体的、直接的军事利益。根据法律制定良好的作战计划和明确的作战规则是对国家的要求，它又只能是在军队受到良好的训练并具备良好的专业素质后才能达到的。违反了比例原则也会给自己一方带来人员和装备方面不必要的损耗。

由于在国际人道法上仅仅借助区分原则还不足以解决选择攻击目标时碰到的所有问题，所以有时还需要借助比例原则。1977 年第一附加议定书第 52 条第 2 款规定攻击"应严格限于军事目标"。另外，该议定书第 56 条第 1 款又规定，"含有危险力量的工程或装置，如堤坝和核发电站，即使这类物体是军事目标，也不应成为攻击的对象，如果这种攻击可能引起危险力量的释放，从而在平民居民中造成严重的损失。其他在这类工程或装置的位置上或在其附近的军事目标，也不应成为攻击的对象，如果这种攻击可能引起该工程或装置危险力量的释放，从而在平民居民中造成严重的损失"。

如果某一方在武装冲突中占领了一家核电厂，并在电厂内部以及电厂周围布置防御阵地，在这种情况下，依照第一附加议定书第 52 条的规定来判断，该核电厂当然属于军事目标，自然也可以被攻击。然而，由于核电厂被攻击可能会造成核泄漏事故，可能会对平民的人身和财产造成极大的威胁，这与攻击它取得的直接军事利益相比其引起的损害过于巨大。因此，在这种情况下，就应根据第一附加议定书第 56 条第 1 款的规定放弃攻击。

对于比例原则存有疑问的还涉及可能引起的平民的损害是仅仅包括直接损害还是也包括间接损害，比较近的一个例子就是北约部队在轰炸南斯拉夫联盟时甚至还轰炸了该国的发电厂和水的供应设施。毫无疑问，电力和水力对于一个国家军队的后勤保障具有重要价值，属于军事目标。但如果运用比例原则分析北约部队轰炸的合法性问题时就会发现，指挥官需要考虑的不仅是军事目标，而且还应考虑攻击对平民可能造成的伤亡或财产损失，因为电力和水力的中断可能会导致淡水净化系统的瘫痪以及灌溉系统的瘫痪。这些对维护平民的正常生活来说，又是至关重要和不可缺少的。

---

① 参见 1980 年 10 月 10 日《联合国禁止或限制使用某些可被认为具有过分伤害力或滥杀滥伤作用的常规武器公约》，附录二。

根据国际人道法上的区分原则和比例原则，一个军事指挥官在发起攻击之前，应尽可能查明将予攻击的目标既非平民也非民用物体，而且不受特殊保护；另外，在选择攻击手段和方法时，采取一切可能的预防措施，以期避免，并无论如何，减少平民生命附带受损失、平民受伤害和民用物体受损害。如果发现目标不是军事目标或是受特殊保护的，或者如果发现要发动的攻击会使平民生命和财产受损程度与预期的具体和直接军事利益相比属于损害过分的攻击，就应停止攻击。

第五节　战俘待遇

战斗员落入敌对方控制之下，即为战俘。在传统观念中，战俘是耻辱的象征，因此"宁死也不当俘虏"是不少军人坚定不移的信条。

但国际人道法对待战俘的哲学思想是：战争是国家政策的结果，国家进行武装冲突的目的是实现一定的国家政策，个人由于国籍的关系有保卫国家利益的义务。因此，个人参加战争与个人（作战人员）相互之间的恩怨无关。一旦战斗员落入敌对方掌握之中，即意味着他（她）就停止参加武装冲突；既然退出战斗，不再成为对方实现战争的障碍，就应享有受到保护的权利。国际人道法将战俘列为战争受害者之一，规定战俘享有受到保护的权利。所以，战俘享有人道待遇是国际法给予的一种权利。

一、战斗员地位的基本定义

根据国际人道法的基本原则，战俘享有受到保护的权利。从定义上讲，战俘就是在战场上被敌方俘获的战斗员。因此战斗员与战俘之间具有不可分的联系。一旦战斗员的概念清楚了，战俘的身份和地位也就一目了然。然而，战俘身份和地位的确定在实践中是一个不太好解决的问题。

1899年和1907年的这两个海牙公约，在战争法上对作战人员的原则和规则以及对战争的手段和方法的限制起了很大的作用，其中不少都是开创性的。海牙公约还对人员的资格作出了规定。根据附件《陆战法规和惯例章程》的规定，有关战争的法规、权利和义务不仅适用于军队，也适用于民兵和志愿兵，只要他们具备以下条件：（1）由一个对部下行为负责的人指挥；（2）有可从一定距离加以识别的固定明显的标志；（3）公开携带武器；（4）在作战中遵守战争法规和惯例。[①]

海牙公约还给予被占领土上的居民以作战人员的地位，只要他们在敌人迫近

---

① 1899年和1907年海牙公约附件《陆战法规和惯例章程》，第1条。

时自动拿起武器,并遵守战争法规和惯例。① 而不管是作战人员还是非作战人员,在被敌人俘获后都有权享受战俘的待遇。② 战俘是"处于敌国政府权力之下,而不是在俘获他们的个人或军队的权力之下"。对于他们所应享有的人道的待遇,海牙公约作出了较为详细的规定。③

为了在原则上确定战斗员的行为范围和战俘的权利,日内瓦公约与第一附加议定书也对"战斗员"及"战俘"做了较为明确的定义。这一定义在广义上或原则上的理解是:冲突一方武装部队的任何成员都是战斗员;而被敌方在战斗中俘获的任何战斗员,都是战俘。在这个定义里,"战斗员"的构成要素显然是至关重要的。一旦"战斗员"清楚了,谁是"战俘"也就一目了然了。

关于战俘待遇的1949年日内瓦第三公约明确规定:该公约所称之"战俘",系指落入敌方权力之下的上述人员之一。④ 而且公约还规定:战俘是那些落入敌方权力之下的作战人员,即便他们"自称效忠于未经拘留国承认之政府或当局之正规武装部队人员"⑤。

因此,所谓战俘,就是根据日内瓦第三公约第4条取得战斗员身份而落入敌对方控制之下的战斗员。属于国际性武装冲突中冲突一方正规军的成员,将取得战斗员的资格;对于不属于正规军的,如果满足其他条件,也属于战斗员之列。此外,如果对确定战斗员身份产生疑问,第三公约第5条还规定:凡曾从事交战行为而陷落于敌者,其是否属于第4条所列举各类人员之任何一种发生疑问时,在其地位未经主管法庭决定前,应享受本公约之保护。这是为了避免在对被俘者是否属于战斗员产生疑问时草率判断而作出的规定。

二、战俘的权利与义务

战俘是指战争或武装冲突中落于敌方权力之下的合法交战者,以及1949年关于战俘待遇的日内瓦第三公约规定的其他人员。根据国际人道法规则,战斗员在被俘后享有一些基本的权利,也承担一定的义务。

(一) 战俘的权利

1949年日内瓦第三公约中明确规定了战俘有受尊重的权利。譬如:战俘的人身荣誉与人格,在任何情况下都应得到尊重。⑥ 这是他们在日内瓦公约及其附加议定书规定下享受的基本权利。对待妇女则更应考虑到她们性别上的区别。至少在

---

① 1899年和1907年海牙公约附件《陆战法规和惯例章程》,第2条。
② 1899年和1907年海牙公约附件《陆战法规和惯例章程》,第3条。
③ 1899年和1907年海牙公约附件《陆战法规和惯例章程》,第4—20条。
④⑤ 1949年日内瓦第三公约,第4条。
⑥ 1949年日内瓦第三公约,第12、14条。

任何情况下，妇女都应最少享受与男性相等的待遇。值得注意的是：战俘在其关押期间，仍享有其在被俘时所具有的全部民事能力。因此，在拘留的范围内，他们根据其本国的法律，将继续享受其公民权。①

1949 年日内瓦公约及其附加议定书规定：交战方在任何时候都必须给予战俘以人道的对待。除了基于官阶、性别、健康状况、年龄或专业原因而给予的特殊待遇以外，所有战俘都应得到平等的对待。这些法律文件还禁止对战俘进行不是出于医疗目的或医疗需要的残伤肢体或任何其他性质的医学与科学实验。不过，在议定书里也有某些例外的规定，如在其自愿的基础上，可以为了输血而捐血，或为了移植而捐皮肤。②

日内瓦附加议定书禁止下令杀无赦，禁止以此威胁敌方。另外，失去战斗能力，或已经投降，或已表示愿意投降，或从遇难机中跳伞降落的敌人，不得继续作为被攻击的目标。③

作为保护战俘的一般基本原则，日内瓦公约与议定书特别规定：冲突方如需撤离战斗地带时，不应让战俘不必要地处于危险的境地。如交战方是在某种特殊的情况下捉获俘虏，同时又不能以通常的方式将他们撤离时，则应释放他们，并应尽其所能，以保证他们的安全。④

对战俘必须提供各种卫生与健康的保证。战俘的拘留点应坐落在陆地上，任何情况下都不得被设置在处于战火之中的冲突地区。也不得将战俘作为人质，以阻挡敌方的军事行动。⑤

公约和议定书对战俘的物质待遇和条件，如住宿、食物、衣服及卫生与医疗条件等，也作了一些比较具体的规定。在任何情况下，战俘都应得到他们所需要的医疗照顾。如有可能，应由与他们属同一国籍的人进行治疗。⑥

1949 年日内瓦公约规定，那些战斗期间在精神或身体状况已受到严重伤害的伤、病员，应被直接送回其国内。而那些伤势不太严重的，则应被送往中立国。⑦为了能落实这一原则措施，第三公约规定在战斗爆发时应设立一混合委员会，以便决定哪些俘虏应被遣送。⑧

日内瓦公约还明确规定，遣送战俘的工作应在战斗终止后马上开始。任何生

---

① 1949 年日内瓦第三公约，第 14 条。
② 1949 年日内瓦第三公约，第 13、16 条。
③ 1977 年第一附加议定书，第 41—42 条。
④ 1949 年日内瓦第三公约，第 19 条；1977 年第一附加议定书，第 41 条。
⑤ 1949 年日内瓦第三公约，第 22、23 条。
⑥ 1949 年日内瓦第三公约，第 25—31 条。
⑦ 1949 年日内瓦第三公约，第 109 条。
⑧ 1949 年日内瓦第三公约，第 112 条。

病或受伤的战俘,都不得违反其个人意愿,在战斗期间被迫遣返。一旦被遣返,则不得再受征召服役于军事服务。①

立即遣返原则的一项例外,就是当战俘因刑事犯罪而被起诉或被判有罪时,他们则可被拘留到司法程序结束时,或至服刑完毕时。②

（二）战俘的义务

战俘的义务主要来源于战争法规和一般的军事规则。日内瓦公约关于审问战俘的条款中明确规定:战俘必须提供自己的姓名、官阶、出生年月以及部队番号、个人的兵籍号码;③ 如果不能提供这些具体的资料,也应至少提供与此相关的情况。不过,该条款又同时规定:不得出于获取资料的目的,对战俘施加任何酷刑,或采取任何其他形式的胁迫。④

三、反恐及战俘的最新发展

在国际法上,自"9·11"恐怖事件发生以后出现了一些新的问题。例如,"不对称战争"。交战方之间越不平等,他们就越不准备合法地对待他们的对手。被界定为"恐怖分子"的团体就可能会被视为罪犯。从事恐怖活动的人通常被认为"不文明""罪犯"或"恐怖分子"等,其成员被视为歹徒有时会被残酷地折磨。

在不对称战争中,交战方是不平等的,地位平等原则也不再适用。交战方具有完全不同的目的并且采用不同的手段和方法来实施他们的战术和策略。例如,在"9·11"事件中,几个仅仅手持小刀的人就能劫持飞机,并在很短的时间内摧毁纽约的世界贸易大楼,杀死了数千人,从而震动了全世界。

当军力强大的一方想通过大规模的使用武力在战场上取得迅速的、决定性的胜利时,军事上处于弱势的一方就会尽量避免这种情况的出现,因为战争就会意味着其部队被彻底歼灭或击溃。如果实在避免不了,弱势一方就会倾向于使用非常规的手段和方法来对抗装备精良的敌军。

新型的恐怖主义暴力不是以获得军事上的胜利为目标的,其主要是通过政治上的破坏来击败敌人。不对称战争在不同的层面上产生,并采取不同的形式。就形式而言,有诡计、隐秘行动、背信弃义、恐怖主义等。就层面而言,军事策略层面有游击战、大规模报复、闪电战等,而在政治策略层面则有道德或宗教战争、文化冲突等。所有这些都表明冲突交战方在力量、手段、方法和组织等方面的不对称。

---

① 1949 年日内瓦第三公约,第 117 条。
② 1949 年日内瓦第三公约,第 119 条。
③④ 1949 年日内瓦第三公约,第 17 条。

恐怖行为已成为不对称战争中一个不可或缺的部分。恐怖袭击极端残酷，它试图通过散播恐怖的方式来达到其政治目的。恐怖行动有三个显著的特征：

第一，它较传统的军队与合法的战斗方法明显不同，因为恐怖行动主要是像劫持客机那样的行为，或是袭击民用物体和平民的背信弃义的行为。第二，恐怖行动经常是利用被禁止的武器来实施，例如使用生物和化学武器来造成大量人员死亡。第三，恐怖行动不再局限于特定的领土内，它在任何地方、任何时候都能实施。

在不对称战争中，平民和战斗员的分界线被有意识地模糊了。某一方由于处于弱势，其军人就会为了避免被打击而混入平民当中，他们会脱掉制服来伪装成平民。这就会对区分战斗员和平民造成困难，从而导致对战争法或人道法中最重要的区分原则的质疑。

国际人道法的目的，是保护并援助武装冲突中的受害者。而不分皂白的暴力则是违法的，应受谴责和反对。国际人道法通过制定的一整套规则，全面规定了武装部队成员在被俘后的待遇及被扣押的条件。这些规则已成为国际习惯法的一部分，并且成为保护战争受害者的国际法律制度中最主要的规则，其中日内瓦第三公约已为世界上绝大多数国家所接受。即便是在反对恐怖活动的战争中，也不应破坏有关保护被俘人员的人道法规则。

从国际人道法一般规则上讲，在武装冲突中被俘的人应作为"战俘"来对待。如果被怀疑犯有恐怖行为，就应通过司法程序来确定。但在尚未确定之前，其仍应享受日内瓦公约的保护。根据1977年第一附加议定书第45条的规定，任何由于参加敌对行动而落于敌方权力下的人，哪怕是被怀疑犯有恐怖行为，都有主张战俘身份的权利，并应推定为战俘，从而享受日内瓦第三公约的保护。如果对于这类人是否有权享有战俘身份的问题有任何怀疑，就应由主管法庭来决定其身份。但在最后确定其身份以前，该被俘人应继续享有受保护的权利。

思考题：

1. 国际人道法的目的是什么？
2. 国际人道法是如何发展与演变的？
3. 国际人道法有哪些基本特点？
4. 什么是"区分原则"？
5. "战斗员"与"战俘"的基本定义是什么？

▶ 自测习题及参考答案

阅 读 文 献

- 恩格斯：《波斯和中国》，《马克思恩格斯文集》第2卷，人民出版社2009年版。

- 马克思：《国际工人协会成立宣言》《国际工人协会总委员会关于普法战争的第一篇宣言》《国际工人协会总委员会关于普法战争的第二篇宣言》，《马克思恩格斯文集》第3卷，人民出版社2009年版。

- 《列宁论国际政治与国际法》，世界知识出版社1959年版。

- 邓小平：《在中央顾问委员会第三次全体会议上的讲话》《在中华人民共和国成立三十五周年庆祝典礼上的讲话》，《邓小平文选》第3卷，人民出版社1993年版。

- 江泽民：《建立适应时代需要的新安全观》，《江泽民文选》第2卷，人民出版社2006年版。

- 胡锦涛：《努力建设持久和平、共同繁荣的和谐世界——在联合国成立60周年首脑会议上的讲话》（2005年9月15日，纽约），《人民日报海外版》2005年9月17日。

- 习近平：《携手构建合作共赢新伙伴，同心打造人类命运共同体——在第七十届联合国大会一般性辩论时的讲话》（2015年9月28日，纽约），《人民日报》2015年9月29日。

- 习近平：《决胜全面建成小康社会　夺取新时代中国特色社会主义伟大胜利——在中国共产党第十九次全国代表大会上的报告》，人民出版社2017年版。

- 王毅：《坚持正确义利观积极发挥负责任大国作用——深刻领会习近平同志关于外交工作的重要讲话精神》，《人民日报》2013年9月10日。

- 周鲠生：《国际法》（上下册），商务印书馆1976年版。

- 王铁崖主编：《国际法》，法律出版社1995年版。

- 王铁崖：《国际法引论》，北京大学出版社1998年版。

- 李浩培：《国际法的概念和渊源》，贵州人民出版社1994年版。

- 原著主编梁西、修订主编曾令良：《国际法》（第三版），武汉大学出版社2011年版。

- 梁西著、杨泽伟修订：《梁著国际组织法》（第六版），武汉大学出版社2011年版。

- 曾令良、饶戈平主编：《国际法》，法律出版社2005年版。

- 饶戈平主编：《国际组织法》，北京大学出版社1996年版。

- 曾令良：《欧洲联盟法总论——以〈欧洲宪法条约〉为新视角》，武汉大学出版社2007

年版。

- 杨泽伟:《国际法史论》,高等教育出版社 2011 年版。
- 万鄂湘主编:《国际法与国内法关系研究》,北京大学出版社 2011 年版。
- 王勇:《条约在中国适用之基本理论问题研究》,北京大学出版社 2007 年版。
- 段洁龙主编:《中国国际法实践与案例》,法律出版社 2011 年版。
- 江国青:《联合国专门机构法律制度研究》,武汉大学出版社 1993 年版。
- 许光建主编:《联合国宪章诠释》,山西教育出版社 1999 年版。
- 黄风:《中国引渡制度研究》,中国政法大学出版社 1997 年版。
- 李浩培:《国籍问题的比较研究》,商务印书馆 1979 年版。
- 梁淑英:《国际难民法》,知识产权出版社 2009 年版。
- 张爱宁:《难民保护面临的国际法问题及对策》,《政法论坛》2007 年第 6 期。
- 龚刃韧:《比较视野下的中国与人权条约》,《中国国际法年刊》(1994 年卷),法律出版社 2015 年版。
- 刘振民编著:《联合国海洋法基本文件集》,海洋出版社 2002 年版。
- 张海文主编:《〈联合国海洋法公约〉释义集》,海洋出版社 2006 年版。
- 周忠海:《海涓集——国际海洋法文集》,中国政法大学出版社 2012 年版。
- 贺其治、黄惠康主编:《外层空间法》,青岛出版社 2000 年版。
- 李寿平、赵云:《外层空间法专论》,光明日报出版社 2009 年版。
- 李浩培:《条约法概论》,法律出版社 1987 年版。
- 万鄂湘等:《国际条约法》,武汉大学出版社 1998 年版。
- 《中国领事工作》编写组:《中国领事工作》(上、下册),世界知识出版社 2014 年版。
- 倪征燠:《国际法中的司法管辖问题》,世界知识出版社 1985 年版。
- 李寿平:《现代国际责任法律制度》,武汉大学出版社 2003 年版。
- 贺其治:《国家责任法及案例浅析》,法律出版社 2003 年版。
- 伍亚荣:《国际环境保护领域内的国家责任及其实现》,法律出版社 2011 年版。
- 朱文奇:《现代国际刑法》,商务印书馆 2015 年版。

- 朱文奇：《国际人道法》，中国人民大学出版社 2007 年版。

- ［美］路易斯·亨金：《国际法：政治与价值》，张乃根等译，中国政法大学出版社 2005 年版。

- ［英］劳特派特修订：《奥本海国际法》（上卷第一分册），王铁崖等译，商务印书馆 1989 年版。

- ［美］凯尔森：《国际法原理》，王铁崖译，华夏出版社 1989 年版。

- ［英］詹宁斯、瓦茨修订：《奥本海国际法》（第一卷第一分册），王铁崖等译，中国大百科全书出版社 1995 年版。

- ［英］詹宁斯、瓦茨修订：《奥本海国际法》（第一卷第二分册），王铁崖等译，中国大百科全书出版社 1998 年版。

- ［英］马尔科姆·N. 肖：《国际法》（第六版）（上），白桂梅等译，北京大学出版社 2011 年版。

- ［英］安托尼·奥斯特：《现代条约法与实践》，江国青译，中国人民大学出版社 2005 年版。

- ［美］依格尔顿：《国家责任论》，姚竹修译，商务印书馆 1967 年版。

- ［德］伯恩哈特主编：《国际公法百科全书》，第一专辑（《争端的解决》），陈致中等译，中山大学出版社 1989 年版。

- ［英］梅里尔斯：《国际争端解决》（第五版），韩秀丽等译，法律出版社 2013 年版。

- Brierly, James L., Codification of International Law, 47 *Mich. L. Rev.* 2 (1948—1949).

- Ian Brownlie, *Principles of Public International Law*, 7th ed., Oxford University Press, 2008.

- Oppenheim, L., *Oppenheim's International Law*, 9th ed., edited by R. Jennings and A. Watts, Longman, Vol. 1.

- Salcedo, J. A. C., Reflections on the Hierarchy of Norms in International Law, 8 *E. J. I. L.* 583 (1997).

- Shelton, Dinah, Normative Hierarchy of International Law, 100 *A. J. I. L.* 291, 2006.

- B Simma (ed.), *The Charter of the United Nations: A Commentary*, 3rd ed., Oxford University Press, 2012, Vol. 1.

- Lowe and C Warbrick (eds.), *The United Nations and the Principles of International Law: Essays in Memory of Michael Akehurst*, Routledge, 1994.

■ Eileen Denza, *Diplomatic Law*, 2nd ed., Oxford University Press, 1998.

■ Luke T. Lee and John Quigley, *Consular Law and Practice*, 3rd ed., Oxford University Press, 2008.

■ J. Craig Barker, *The Protection of Diplomatic Personnel*, Ashgate Publishing Limited, 2006.

■ Dapo Akande, Sources of International Criminal Law, in Antonio Cassese et al. (eds.), *The Oxford Companion to International Criminal Justice*, Oxford University Press, 2009.

■ Robert Cryer, Håkan Friman, Darryl Robinson & Elizabeth Wilmshurst, *An Introduction to International Criminal Law and Procedure*, 3rd ed., Cambridge University Press, 2014.

■ M. Cherif Bassiouni, *Introduction to International Criminal Law*, 2nd revised ed., Martinus Nijhoff Publishers, 2012.

■ Antonie Cassese, *International Criminal Law*, Oxford University Press, 2003.

■ International Committee of the Red Cross, in Jean-Marie Henckaerts and Louise Doswald-Beck (eds.), *Customary International Humanitarian Law*, Cambridge University Press, 2005.

■ Marco Sassoli, Antoine A. Bouvier in co-operation with Laura Olson, Nicolas A. Dupic and Lina Milner, in International Committee of the Red Cross, *How does Law Protect in War—Cases, Documents and Teaching materials on Contemporary Practice in International Humanitarian Law*, 1999.

■ Theodor Meron, The Humanization of Humanitarian Law, 94 *American Journal of International Law* 239 (2000).

国际机构译名对照表

阿拉伯国家联盟	League of Arab States, LAS
北大西洋公约组织	North Atlantic Treaty Organization, NATO
比荷卢经济联盟	Union Economique Benelux
常设国际法院	Permanent Court of International Justice, PCIJ
常设仲裁法院	Permanent Court of Arbitration, PCA
东帝汶严重罪行特别法庭	Special Panels for Serious Crimes (SPSC) in East Timor
东南亚国家联盟	Association of Southeast Asian Nations, ASEAN
多边投资担保机构	Multilateral Investment Guarantee Agency, MIGA
非洲联盟	African Union, AU
非洲特别法庭	Extraordinary African Chambers, EAC
国际电信联盟	International Telecommunication Union, ITU
国际法委员会	International Law Commission of the United Nations, ILC
国际法院	International Court of Justice, ICJ
国际复兴开发银行	International Bank for Reconstruction and Development, IBRD
国际海底管理局	International Seabed Authority, ISA
国际海事组织	International Maritime Organization, IMO
国际航空运输协会	International Air Transport Association, IATA
国际红十字会	International Committee of the Red Cross, ICRC
国际货币基金组织	International Monetary Fun, IMF
国际金融公司	International Finance Corporation, IFC
国际军事委员会	International Military Commission
国际开发协会	International Development Association, IDA
国际劳工组织	International Labor Organization, ILO
国际贸易法委员会	United Nations Commission on International Trade Law, UNCITRAL

国际民用航空组织	International Civil Aviation Organization, ICAO
国际农业发展基金	International Fund for Agricultural Development, IFAD
国际刑事法院	International Criminal Court, ICC
国际刑事警察组织	International Criminal Police Organization, ICPO
国际原子能机构	International Atomic Energy Agency, IAEA
国家促进和保护人权机构国际协调委员会	International Coordinating Committee of National Human Rights Institutions for the Promotion and Protection of Human Rights, ICC
海湾合作委员会	Gulf Cooperation Council, GCC
机构间空间碎片协调委员会	Inter-Agency Space Debris Coordination Committee, IADC
柬埔寨法院特别法庭	Extraordinary Chambers in the Courts of Cambodia
解决投资争议国际中心	International Center for the Settlement of Investment Dispute, ICSID
禁止核试验条约组织预备委员会	Preparatory Commission for the Comprehensive Nuclear-Test-Ban Treaty Organization
禁止化学武器组织	Organization for the Prohibition of Chemical Weapons, OPCW
莱茵河委员会	Central Commission for Navigation on the Rhine
联合国	United Nations, UN
联合国艾滋病规划署	Joint United Nations Programme on HIV/AIDS, UNAIDS
联合国安全理事会	United Nations Security Council, UNSC
联合国大会	United Nations General Assembly, UNGA
联合国儿童基金会	United Nations International Children's Emergency Fund, UNICEF
联合国妇女署	United Nations Entity for Gender Equality and the Empowerment of Women, UN Women
联合国工业发展组织	United Nations Industrial Development Organization, UNIDO

联合国和平利用外层空间委员会	United Nations Committee on the Peaceful Uses of Outer Space, COPUOS
联合国教科文组织	United Nations Educational, Scientific and Cultural Organization, UNESCO
联合国经济及社会理事会	United Nations Economic and Social Council, UNESC
联合国开发计划署	United Nations Development Programme, NUDP
联合国粮食及农业组织	Food and Agriculture Organization of the United Nations, FAO
联合国秘书处	United Nations Secretariat, UN Secretariat
联合国难民署	Office of the United Nations High Commissioner for Refugees, UNHCR
联合国人权理事会	United Nations Human Rights Council, UNHRC
联合国人权事务高级专员办事处	Office of the United Nations High Commissioner for Human Rights, OHCHR
联合国托管理事会	United Nations Trusteeship Council, UNTC
卢旺达国际刑事法庭	International Criminal Tribunal for Rwanda, ICTR
南非关税同盟	Southern African Customs Union, SACU
纽伦堡国际军事法庭	Nuremberg International Military Tribunal
欧洲安全合作组织	Organization for Security and Cooperation in Europe, OSCE
欧洲联盟	European Union, EU
欧洲民航会议	European Civil Aviation Conference, ECAC
欧洲委员会	Council of Europe, COE
欧洲自由贸易联盟	European Free Trade Association, EFTA
前南国际刑事法庭	International Criminal Tribunal for the former Yugoslavia, ICTY
塞拉利昂特别法庭	Special Court for Sierra Leone, SCSL
上海合作组织	Shanghai Cooperation Organization, SCO
世界旅游组织	World Tourism Organization, UNWTO

世界贸易组织	World Trade Organization, WTO
世界气象组织	World Meteorological Organization, WMO
世界卫生组织	World Health Organization, WHO
世界银行	World Bank, WB
世界知识产权组织	World Intellectual Property Organization, WIPO
万国邮政联盟	Universal Postal Union, UPU
西非国家经济共同体	Economic Community of West African States, ECOWAS
亚太经合组织	Asia-Pacific Economic Cooperation, APEC
亚洲基础设施投资银行	Asian Infrastructure Investment Bank, AIIB
远东国际军事法庭	International Military Tribunal for the Far East
中非关税与经济联盟	Customer and Economic Union of Central Africa, CEUCA

人名译名对照表

[意]	阿戈，罗伯特	Roberto Ago
[古巴]	阿马多，F. V. 加西亚	F. V. Garcia Amador
[墨]	艾斯特拉达	Estrada
[意]	安吉洛蒂，艾奥米西奥	Aiomisio Anzilotti
[英]	奥本海，L.	L. Oppenheim
[英]	奥斯丁，约翰	John Austin
[美]	巴西奥尼，谢里夫	Cherif Bassiouni
[英]	边沁，杰里米	Jeremy Bentham
[荷]	宾刻舒克，科尼利厄斯·凡	Cornelius van Bynkershoek
[美]	波利蒂斯，尼古拉斯	Nicolas Politis
[秘鲁]	德奎利亚尔，哈维尔·佩雷斯	Javier Pérez de Cuéllar
[法]	狄骥，L.	L. Duguit
[美]	丁韪良	William A. P. Martin
[美]	杜鲁门，哈里·S.	Harry S. Truman
[瑞士]	杜南，让·亨利	Jean Henri Dunant
[奥]	菲德罗斯，A.	A. Verdross
[美]	富兰克，托马斯·M.	Thomas M. Franck
[荷]	格劳秀斯，雨果	Hugo Grotius
[瑞士]	古根海姆，保罗	Paul Guggenheim
[乍得]	哈布雷，侯赛因	Hissène Habré
[黎巴嫩]	哈里里，拉菲克	Rafik Hariri
[古埃及]	哈图希里二世	Hattusili Ⅱ
[瑞士]	海尔，亚力山大	Alexandre Hay
[德]	黑格尔，乔治·威廉·弗里德里希	Gorge Wilhelm Friedrich Hegel
[美]	亨金，路易斯	Louis Henkin
[美]	惠顿，亨利	Henry Wheaton
[意]	加亚，乔治	Giorgio Gaja
[美]	杰赛普，菲利普·C.	Philip C. Jessup
[奥]	凯尔森，H.	H. Kelsen
[卢旺达]	坎班达，让	Jean Kambanda
[德]	康德，伊曼纽尔	Immanuel Kant

[澳]	克劳福德，詹姆斯	James Crawford
[美]	孔慈，J.	J. Kunz
[新西兰]	昆汀-巴克斯特，罗伯特·昆汀	Robert Quentin Quentin-Baxter
[印度]	拉奥，彭马拉朱·斯里尼瓦萨	Pemmaraju Sreenivasa Rao
[古埃及]	拉姆捷斯二世	Ramerjes II
[美]	拉斯韦尔，H. D.	H. D. Lasswell
[美]	莱特	Wright
[美]	赖斯曼，W. M.	W. M. Reisman
[英]	劳里默，J.	J. Lorimer
[英]	劳特派特，赫谢尔	Hersch Lauterpacht
[荷]	里普哈根，威廉	William Riphagen
[美]	利伯尔，F.	F. Lieber
[意]	鲁伊斯，加埃塔诺·阿兰焦	Gaetano Arangio Ruiz
[德]	马顿斯，H. F.	H. F. Martens
[美]	马歇尔，约翰	John Marshall
[美]	麦克阿瑟，道格拉斯	Douglas MacArthur
[美]	麦克杜格尔，M. S.	M. S. McDougal
[英]	曼宁，C. A. W.	C. A. W. Manning
[法]	蒙特哥菲，J.	J. Montgolfier
[前南]	米洛舍维奇	Melosevic
[德]	摩塞尔，J. J.	J. J. Moser
[塞内加尔]	姆巴耶，凯巴	Keba Mbaye
[英]	诺尔-贝克，菲利普	Philip Noel-Baker
[德]	普芬多夫，S.	S. Pufendorf
[澳]	普雷斯科特，J. R. V.	J. R. V. Prescott
[法]	塞尔，G.	G. Scelle
[英]	苏支，R.	R. Zouche
[德]	特里佩尔，H.	H. Triepel
[苏联]	童金	Tunkin
[厄瓜多尔]	托巴	Tobar
[瑞士]	瓦特尔，E.	E. Vattel
[美]	威尔逊，托马斯·伍德罗	Thomas Woodrow Wilson
[斯里兰卡]	威拉曼特里，克里斯托弗·格雷戈里	Christopher Gregory Weeramantry
[德]	沃尔夫，C.	C. Wolff

[英]	肖,马尔科姆·N.	Malcolm N. Shaw
[德]	耶利内克,格奥尔格	Georg Jellinek
[英]	詹宁斯,罗伯特	Robert Jennings
[意]	真提利斯,阿尔柏利克斯	Albericus Gentilis
[德]	佐恩,菲利普	Philipp Zorn

后 记

《国际公法学》是马克思主义理论研究和建设工程重点教材，是在教育部实施马克思主义理论研究和建设工程领导小组领导下组织编写的。在编写工程中，得到了教育部马克思主义理论研究和建设工程重点教材审议委员会的指导，得到了中宣部、中央党校、中央编译局、求是杂志社、中国社会科学院等有关部门和有关专家学者的支持。同时，广泛听取了高校教师和学生的意见建议。

本教材由首席专家曾令良主持编写，周忠海任副主编。曾令良撰写绪论、第一章，何志鹏撰写第二章、第八章，赵建文撰写第三章、第十三章，余敏友撰写第四章，邓烈撰写第五章、第十六章，黄瑶撰写第六章，江国青撰写第七章、第十四章，白桂梅撰写第九章，杨泽伟撰写第十章，周忠海撰写第十一章，李寿平撰写第十二章、第十五章，朱文奇撰写第十七章、第十八章。李适时、徐显明、黄进、饶戈平、刘楠来等参加了学科专家审议并提出了修改意见。张文显参加了教育部马克思主义理论研究和建设工程重点教材审议委员会审议并提出了修改意见。顾海良、李龙、黄进、杨河作了出版前的审读。

2016 年 7 月 11 日

第二版后记

定期修订马克思主义理论研究和建设工程重点教材是保证其编写质量的重要途径。党的十九大胜利召开后,为推动习近平新时代中国特色社会主义思想进教材、进课堂、进头脑,深入贯彻落实党的十九大和十九届二中、三中全会精神,教育部统一组织对已出版教材进行了全面修订。本书经国家教材委员会高校哲学社会科学(马工程)专家委员会审查通过。

江国青主持了本次教材修订工作,何志鹏、黄志雄、赵建文、余敏友、邓烈、黄瑶、白桂梅、杨泽伟、李寿平、朱文奇参加了具体的修订工作。

2018 年 6 月

郑重声明

高等教育出版社依法对本书享有专有出版权。任何未经许可的复制、销售行为均违反《中华人民共和国著作权法》，其行为人将承担相应的民事责任和行政责任；构成犯罪的，将被依法追究刑事责任。为了维护市场秩序，保护读者的合法权益，避免读者误用盗版书造成不良后果，我社将配合行政执法部门和司法机关对违法犯罪的单位和个人进行严厉打击。社会各界人士如发现上述侵权行为，希望及时举报，本社将奖励举报有功人员。

反盗版举报电话　（010）58581999　58582371　58582488
反盗版举报传真　（010）82086060
反盗版举报邮箱　dd@hep.com.cn
通信地址　北京市西城区德外大街4号
　　　　　高等教育出版社法律事务与版权管理部
邮政编码　100120

意见反馈

为收集对教材的意见建议，进一步完善教材编写和做好服务工作，读者可将对本教材的意见建议通过如下渠道反馈至我社。

咨询电话　400-810-0598
读者服务邮箱　gjdzfwb@pub.hep.cn
通信地址　北京市朝阳区惠新东街4号富盛大厦1座
　　　　　高等教育出版社总编辑办公室
邮政编码　100029

防伪查询

用户购书后刮开封底防伪涂层，利用手机微信等软件扫描二维码，会跳转至防伪查询网页，获得所购图书详细信息。用户也可将防伪二维码下的20位数字按从左到右、从上到下的顺序发送短信至106695881280，免费查询所购图书真伪。

防伪客服电话　（010）58582300